珍藏本
纪念版

汉译世界学术名著丛书

宗教改革史

下卷

瑞士、法国、尼德兰、苏格兰
及英格兰的宗教改革，再洗礼派
及索齐尼派运动，反宗教改革

〔英〕托马斯·马丁·林赛 著

刘林海 徐洋 秦远好 姜守明 译

2017年·北京

Thomas M. Lindsay

A HISTORY OF THE REFORMATION（Ⅱ）

The Reformation in Switzerland, France,

The Netherlands, Scotland and England,

The Anabaptist and Socinian Movements,

The Counter-Reformation

Charles Scribner's Sons, New York

根据纽约查尔斯·斯克里布纳之子出版公司1910年版译出

汉译世界学术名著丛书
（120 年纪念版·珍藏本）
出 版 说 明

2017 年 2 月 11 日，商务印书馆迎来 120 岁的生日。120 年前，商务印书馆前贤怀揣文化救国的理想，抱持“昌明教育，开启民智”的使命，立足本土，放眼寰宇，以出版为津梁，沟通中西，为中国、为世界提供最富智慧的思想文化成果。无论世事白云苍狗，潮流左右激荡，甚至战火硝烟弥漫，始终践行学术报国之志，无改初心。

迻译世界各国学术名著，即其一端。早在 20 世纪初年便出版《原富》《天演论》等影响至今的代表性著作，1950 年代后更致力于外国哲学和社会科学经典的译介，及至 1980 年代，辑为“汉译世界学术名著丛书”，汇涓为流，蔚为大观。丛书自 1981 年开始出版，历时三十余年，迄今已推出七百种，是我国现代出版史上规模最大、最为重要的学术翻译工程。

丛书所选之书，立场观点不囿于一派，学科领域不限于一门，皆为文明开启以来，各时代、各国家、各民族的思想与文化精粹，代表着人类已经到达过的精神境界。丛书系统译介世界学术经典，引领时代思想，为本土原创学术的发展提供丰富的文化滋养，为推动中国现代学术和现代化进程做出了突出的贡献。

为纪念商务印书馆成立120周年，我们整体推出“汉译世界学术名著丛书”120年纪念版的珍藏本，寄望既利于文化积累，又便于研读查考，同时向长期支持丛书出版的译者、编者和读者致以敬意。

两甲子后的今天，商务印书馆又站在了一个新的历史时间节点上。我们不仅要铭记先辈的身影和足迹，更须让我们的步伐充满新的时代精神。这是商务人代代相传的事业，更是与国家和民族的命运始终紧密相连的事业。我们责无旁贷，必须做好我们这代人的传承与创造，让我们的努力和成果不仅凝聚成民族文化的记忆，还能成为后来人可以接续的事业。唯此，才能不负前贤，无愧来者。

商务印书馆编辑部

2017年10月

目　　录

序言 ………………………………………………………………… 1

第三编　改革派教会

第一章　导言 …………………………………………………… 7
　第一节　奥格斯堡和约的局限性 ……………………………… 7
　第二节　德国之外的宗教改革 ……………………………… 11
　第三节　改革派类型的教义 ………………………………… 12
　第四节　改革派教会制度理想 ……………………………… 13
　第五节　人文主义对改革派教会的影响 …………………… 15
　第六节　路德对改革派教会的贡献 ………………………… 19
　第七节　国家特性 …………………………………………… 23
第二章　慈温利领导下的瑞士宗教改革 ………………………… 26
　第一节　瑞士的政治局势 …………………………………… 26
　第二节　慈温利的青年时代和教育 ………………………… 29
　第三节　格拉鲁斯和艾恩西戴恩时期 ……………………… 31
　第四节　慈温利在苏黎世 …………………………………… 33
　第五节　公开辩论 …………………………………………… 37

第六节　苏黎世以外的宗教改革 …………………………… 42

第七节　圣礼之争 ………………………………………… 54

第三章　加尔文领导下的日内瓦宗教改革 ……………… 63

第一节　日内瓦 …………………………………………… 63

第二节　瑞士西部的宗教改革 …………………………… 67

第三节　法雷尔在日内瓦 ………………………………… 75

第四节　加尔文:青年时代及教育 ………………………… 91

第五节　加尔文与法雷尔在日内瓦 …………………… 101

第四章　法国的宗教改革 ……………………………… 133

第一节　昂古莱姆的玛格丽特和"莫城小组" ………… 133

第二节　镇压改革运动的努力 ………………………… 141

第三节　改革运动特点的变化 ………………………… 148

第四节　加尔文及其在法国的影响 …………………… 150

第五节　亨利二世时期的迫害 ………………………… 159

第六节　法国新教教会的组织 ………………………… 162

第七节　对宗教迫害的反应 …………………………… 167

第八节　宗教改革赢得的大贵族 ……………………… 169

第九节　吉斯家族统治下的法国 ……………………… 171

第十节　凯瑟琳·德·美第奇成为摄政 ……………… 176

第十一节　普瓦西会议 ………………………………… 184

第十二节　瓦西镇屠杀 ………………………………… 188

第十三节　宗教战争的开始 …………………………… 189

第十四节　圣巴托罗缪大屠杀 ………………………… 196

第十五节　大屠杀后胡格诺派的抵抗 ………………… 199

第十六节　同盟的开始 …………………………………… 203
第十七节　同盟背叛国王 ……………………………… 205
第十八节　街垒日 ……………………………………… 208
第十九节　国王避难于胡格诺派 ……………………… 211
第二十节　亨利四世的公告 …………………………… 214
第二十一节　亨利四世成为罗马天主教徒 ………… 216
第二十二节　南特敕令 ……………………………… 218
第五章　尼德兰的宗教改革 ……………………………… 221
第一节　政治状况 ……………………………………… 221
第二节　宗教改革的开端 ……………………………… 225
第三节　再洗礼派　………………………………… 231
第四节　西班牙的菲利普与尼德兰 …………………… 236
第五节　奥兰治的威廉 ………………………………… 251
第六章　苏格兰的宗教改革 ……………………………… 269

第四编　英格兰的宗教改革

第一章　亨利八世的教会 ………………………………… 315
第二章　爱德华六世在位时期的宗教改革 ……………… 352
第三章　玛丽在位时期的反动 …………………………… 369
第四章　伊丽莎白在位时期的宗教和解 ………………… 385

第五编　再洗礼派和索齐尼派

第一章　中世纪反教会运动的复兴 ……………………… 425
第二章　再洗礼派 ………………………………………… 433

第三章　索齐尼派 …… 470

第六编　反宗教改革

第一章　某些普遍承认的改革的必要性 …… 485
第二章　西班牙宗教改革的观念 …… 489
　第一节　西班牙的宗教状况 …… 489
　第二节　希梅内斯领导下的改革 …… 491
　第三节　西班牙人和路德 …… 494
　第四节　教皇艾德里安六世和西班牙的宗教改革 …… 497
第三章　意大利自由主义的罗马天主教徒和他们的宗教改革观念 …… 502
　第一节　意大利的宗教状况 …… 502
　第二节　意大利罗马天主教改革家 …… 505
　第三节　红衣主教孔塔里尼和卡拉法 …… 514
　第四节　雷根斯堡会议 …… 520
第四章　伊格纳修斯·罗耀拉和耶稣会 …… 526
　第一节　在曼雷萨 …… 526
　第二节　伊格纳修斯在巴黎 …… 534
　第三节　精神的操练 …… 539
　第四节　伊格纳修斯在意大利 …… 547
　第五节　耶稣会 …… 551
第五章　特兰托会议 …… 567
　第一节　会议的召开 …… 567
　第二节　会议议程 …… 570

第三节　重申教义 …… 573
第四节　公会议的第二次集结 …… 584
第五节　公会议的第三次集结 …… 590
第六章　宗教裁判所和禁书目录 …… 600
第一节　宗教裁判所在西班牙 …… 600
第二节　宗教裁判所在意大利 …… 603
第三节　禁书目录 …… 605
第四节　耶稣会和反宗教改革 …… 609

原著参考书目 …… 616
索引 …… 635
下卷译后记 …… 679

序　　言 vii

在本册书里，我要努力完成在前一册书里许下的诺言，去描述16世纪的改革派教会、再洗礼派和索齐尼派运动以及反宗教改革。

该书是建立在对当时的资料出处进行认真研究基础上的，每个重大事件的记录，都是依据当时的证据。本书参考过的原始资料和晚近的著作，在每章的开头已经列出；然而，还应当特别提到波拉德教授的有关亨利八世和爱德华六世统治时期的著作，以及勒蒙内和马里若尔关于法国新教历史的那些著作。本书参考过的原始资料，大部分刊登在欧洲许多政府出的《公文一览》上，或者为历史和考古学会编辑出版的16世纪男女知名人士的通信里；然而有关爱德华六世、玛丽和伊丽莎白统治时期国内部分的《公文一览》，不过是一本简短的资料内容说明，必须利用档案局里的有关原始资料加以补充。

本册书的覆盖范围很广，以致必须大大压缩各国宗教改革发 viii
生和发展的叙述。我以为，每个运动的开端鲜为人知，更值得研究，曾特意给予较大的篇幅。有一个忽略的地方应予提及。本卷完全没有直接提到波希米亚、匈牙利及其邻近诸国的改革派教会。对这个题目奉献上几页不会有困难；可是，这种简略的叙述会起误

导作用。这些地方改革派教会的发生、发展和衰落,同相应国家的特殊社会和政治环境不可分割地联系在一起,以致不大大超出我所预计的有限篇幅,便无法充分地或者栩栩如生地描写它们。

本书完全印妥之后,再行增删是不可能的。我亲自拿到同论述问题有关的两份重要的资料太迟,无法在行文里引用。

我发现格拉斯哥技术学院图书馆藏有一部书,可能是“兄弟会”的著名的、也许是孤本的赞美诗集,1538 年在乌尔姆出版。其标题为:*Ein hubsch neu Gesangbuch darinnen begrieffen die Kirchenordnung und Geseng die zür Lants Kron und Fulneck in Behem, von der Christlichen Bruderschafft den Piccarden, die bishero für Unchristen und Ketzer gehalten, gebraucht und teglich Gott zum Ehren gesungen werden.* Gedruckt zu Ulm bey Hans Varnier. An. MDXXXVIII. 我知道一部晚得多的纽伦堡本;然而不是这种早期善本。可以有把握地说,这部书证实了我讲过的“兄弟会”的宗教特点。

接着,在 1906 年 12 月,亨里克斯先生在里斯本出版了乔治·
ix 布坎南和科英布拉学院的两位教授同事在宗教法庭受审的原始记录。这些记录表明,这次控告并非如一般想象的那样是耶稣会唆使的,而是该学院前任院长的预谋。因此,第 556 页(指本书边码,凡涉本书上下卷页码者,均指本书边码。——译者)的说法应予改正。

出版社善意地提供一幅历史地图,我相信它是有用的。我认为它首次醒目地标出再洗礼派运动的广大规模。那些红线表示当时资料记载存在再洗礼派公社的地区。可是,至少需要四幅表示相连时期的地图,才能准确地显示出不同信仰的变动边线;一幅地

图只能说明大致的结果。（中译本地图从略。——译者）

还应当感谢我的同事丹尼博士和其他的朋友，因为他们认真校对清样，并且提出许多宝贵的意见。

托马斯·马丁·林赛

1907年1月

第三编　改革派教会

第一章　导　言 1

第一节　奥格斯堡和约的局限性

奥格斯堡宗教和约(1555 年)保证宗教改革在神圣罗马帝国境内,并且接着在欧洲诸国得到法律上的认可。从此以后,那些通过其负责统治者宣布他们打算按照“奥格斯堡告白”所描述的宗教生活的国家,得到国际上的尊重,教皇在法律上和实践上被禁止把他们驱逐出教,让他们“停止圣事”,邀请驯顺的邻国君主去征服其国家,褫夺其君位。罗马主教不再像早些时候那样,按照神圣罗马帝国的公认惯例,发布一纸训令反对某个路德派诸侯并强制予以执行。教皇们当然是慢慢地认识这一点的,并且一再被提醒这种改变了的局面。①

当然,高傲的罗马天主教派世俗和宗教政权,决不认为这样解 2

① 狂热的老教皇保罗四世在一份训令(1559 年 2 月 15 日)中宣布,诸侯仅仅犯有异端罪,便可剥夺其一切合法权力,但他没有点任何人的名。1563 年,当他的继任人打算,仅仅因为是一名新教徒的缘故,就把英格兰的伊丽莎白开除出教时,遭到费迪南德皇帝的责备;并且,这位女王在 1570 年最终被开除出教,原因是参与“万恶的加尔文教圣餐礼”,因此是在奥格斯堡宗教和约之外的。

决是持久的。他们在同伙之间秘密策划，并且公开地反对它。最后一次决定性的废除它的努力是那个名叫三十年战争的骇人听闻的梦魇，而三十年战争主要由得到上帝和魔鬼的帮助的耶稣会的决定引发，对此正如卡莱尔所说，那正是该方案的特点，即整个德国必须重新服从“神圣的后娘教会”，并且服从神圣罗马帝国的最高领导——而这种最高领导随着岁月的流逝变得越来越模糊。然而，这种解决办法保持下来了，大致轮廓一直保留到现在。

但是，奥格斯堡宗教和约并不能结束席卷西欧各地的日益高涨的反抗罗马起义。对于那些大批信仰“奥格斯堡告白”的人来说，如果其君主由于良心或世俗政策的缘故而继续忠于罗马，那么告白并不对这些人提供任何保证，除非允许他们迁往其统治者与他们的信仰相同的那些地区。这些路德教徒在德国到处可以找到，而且在奥地利公爵辖区非常之多。维也纳主教法贝尔说，在那个城市里只剩他本人和费迪南德大公是好天主教徒，自然是言过其实，却是有大量路德追随者的明证。①

因所谓“宗教保留权”条款同罗马天主教派最终拴在一起的，不仅有群众，而且也有大批散布在德国各地教会领地上的统治者。这项条款保证，如果一位教会诸侯选择了路德派信仰，就应当剥夺
3 他的领地。这项条款除保障罗马天主教派在德国的现有阵地外，可能没有任何别的意义。之所以如此，部分是由于，条顿骑士团团

① 在霍伊西和米勒特绘制的“教会图”（蒂宾根，1905 年版）里，力图醒目地绘出在路德派诸侯辖区之外的德国新教徒的状况。见 *Zur Geschichte der deutschen Reformation und Gegenreformation*，第 10 图。

长、勃兰登堡的阿尔贝特夺取他的东普鲁士教产并变成一个路德派，以及科隆地区在其支持改革的大主教赫尔曼·冯·维德领导下险些走上相同道路的事实所引起的惊慌。

奥格斯堡和约，除对信仰奥格斯堡告白的人外，没有一条关于任何新教徒的条款；可是，在巴拉丁和南德意志各地，却有成千上万的人乐于选择另外一种类型的新教信仰。如果路德多活 10 年或 15 年，改革派或称加尔文派与福音派或称路德派教会之间的巨大分歧，应该会弥合；然而，路德逝世以后，他的继承人竭力坚持，如他们所说，路德留下的“真理库”竟是不让梅兰希通去努力弥合分歧。其结果是，1555 年以后，德国境内的路德派教会把大量地盘丢给改革派教会。

在绰号虔诚者的弗里德里克三世选侯统治时期，巴拉丁的地方教会从路德派教会的圈子里分离出去，并且在 1563 年颁布了海德堡教义问答。这个大名鼎鼎的教义声明，立即成为并且仍然是德国境内各支改革派教会的最著名的信条，而且其影响还要远。

1568 年，不来梅效法巴拉丁的榜样。1572 年，那里的牧师公布了一个教义“声明”，并在 1595 年公布了一个更冗长的“不来梅公论”。安哈特在其统治者约翰·乔治时期（1587—1603 年），废除教会政府的宗教法庭制度，停止使用路德的教义问答。1605 年，黑森—卡塞尔加入德国的改革派教会集团。许多较小的诸侯纷纷效法这些榜样，其中大多数仿照所有改革派教会的样子，公布 4

各自独特的信仰告白，这些告白仍然具有改革派公共信条的要义。①

这些德国的诸侯领地、统治者和居民，故意使他们自己脱离奥格斯堡宗教和约的保护。他们信仰的基本原则与路德派没有很大的不同，然而，他们使自己脱离这个和约提供的保护却是一件大事。撇开次要的分歧和个人情感不讲，促使他们与邻邦新教徒分手的、可能比教义更强有力的因素在于，他们反对路德圣餐理论的
5 重要内容“无处不在”论，以及教会体制的宗教法庭制度。他们否定路德体系中明显来源于中世纪教会的这两个部分，并且坚持他

① 在 Müller 的 *Die Bekenntnisschriften der reformirten Kirche* 里，可以找到这些德国的改革派告白的最充分说明——the *Emden Catechism*(1554), pp. 1 and 666; the *Heidelberg Catechism*(1563), pp. 1, 682; the *Nassau Confession* of the Dilemburg Synod(1578), liii, 720; the *Bremen Consensus*(1595), liv, 739; the *Staffort Book*(1559) for Baden, liv, 797; the *Confession of the General Synod of Cassel*, lv and 817, and the *Hessian Catechism*(1607), 822; and the *Bentheim Confession*(1613), 833。所有这些德国的改革派告白，都像梅兰希通那样，力图将加尔文派和路德派的宗教主张糅合在一起。

最受人欢迎的，唯一直到今天还保持其教义代表作地位的，是《海德堡教义问答》。它是在虔敬者选侯弗里德里克的倡议下，由卡斯帕尔·奥勒维亚努斯和扎哈里亚斯·乌尔西努斯两位神学家起草的；这两位神学家能真正出色地表达德国新教徒的思想，即不能接受梅兰希通对手们的僵硬的路德主义。它在德国的许多地方迅速传播，尽管其最强有力的支持者在莱茵各地。它作为一种教诲手段，又作为大多数德国改革派教会的一个教义代表作，同他们自己的代表作一同使用。它的使用范围扩展到荷兰和更远的地方。在苏格兰，有两种单行译本。较早的译本收在(Dunlop 的) *Collection of Confessions of Faith…of public authority in the Chureh of Scotland*, under the title, *A Catechism of the Christian Religion, composed by Zachary Ursin, approved by Frederick III. Elector Palatine, the Reformed Church in the Palatinate, and by other Reformed Churches in Germany; and taught in their schools and churches: examined and approved, without any alteration, by the Synod of Dort, and appointed to be taught in the reformed churches and schools in the Netherlands: translated and printed Anno* 1591 *by public authority for the use of Scotland, with the arguments and use of the several doctrines therein contained, by Jeremias Bastingius; sometimes printed with the Book of Common Order and Psalm Book*。

们对教义的解释和教会体制方案直接来自于上帝之道。他们终于与别的改革派运动接近，承认其更加坚定的准则，并且变得非常羡慕别的改革派，以至于他们觉得必须脱离路德教会加入改革派。

我们至今只限于讨论德国，要注意，奥格斯堡告白公然并一再将那些接受它的人同那些反对中世纪教会、被称作再洗礼派的人分割开来。他们否定再洗礼派要坚持的关于洗礼、《圣经》、人生能完美无瑕以及基督教徒与政府官员关系的观点。在皇帝和福音派诸侯之间缔结的一些协定（指奥格斯堡宗教和约之前的协定）里，竭力促使路德派和罗马天主教徒在镇压这些宗派的成员中联合起来。不用说，1555 年的解决办法不适用于“他们”。可是，他们顶住血腥迫害，传遍德国各地，并且从他们中间渐渐形成一个在欧洲和美国巨大而有影响的浸礼派教会。不过，他们始终不属于路德派的宗教改革。

第二节　德国之外的宗教改革

当我们越出德国并考察其他西欧国家时，有大量的证据表明，路德派运动从其开始到奥格斯堡宗教和约成功发布的历史，不过是宗教改革史的一小部分。法国、大不列颠、尼德兰、波希米亚、匈牙利，甚至意大利、西班牙和波兰，都发生过 16 世纪式的宗教复兴，而 6
且这些地方的见解在许多方面显然有别于德国。它们和德国一起，构成那个在更广阔意义上被称为文艺复兴的过渡时期[①]——

① Compare vol. i. pt. i. 42 ff.

从中世纪向近代生活过渡——的思想和宗教、政治和经济的共同经验。它们全都处在十字路口。它们全都脱胎于中世纪主义的信仰，而且全都看到了那个时代传统的更广阔的前景。它们同样渴望解脱压在他们民族生活中教权主义的沉重负担，不论是宗教的还是政治的。每个地方都在自己的往昔历史，思想、宗教和世俗的往昔历史指明的道路上阔步前进。这些国家里的运动趋向于一种更自由、更纯真的难以用同样通常字眼描述的宗教生活；不过，意大利和西班牙是例外。它们的一个共同点是力图实现民族规模的改革，而完全不同于路德派运动。

第三节　改革派类型的教义

如果考虑一下那些国家的新教徒公认的教义类型（显然是片面、单一且不完美的标准），可以说，他们全都拒绝采纳路德派特有的某些教义结论，而且他们全都更大范围地背离中世纪教会的某些概念。他们的国家告白的最终形式大多效法苏黎世和日内瓦而不是维滕贝格，而且它们全都属于显然不同于路德派或福音派的改革派纲领。[①] 普通人认为，基督教公共礼拜的顶点圣餐仪式和理论上的分歧应是竞争着的各派基督教最明显的区别，这或许是
7 自然的。在宗教改革的较早阶段，罗马天主教和新教派最明显的区别是一方拒绝而另一方允许俗人领圣餐杯；稍后，在一个正统新

① 米勒在其 *Die Bekenntnisschriften der reformirten Kirche*（Leipzig，1903）中最完整地收集了改革派纲领，最重要的如下（括弧里的是米勒书里的页数）：

教内,“无处不在”(*ubiquity*)思想却是分界线。路德派坚持这个理论,而改革派则否认或忽视它;而且上述告白均采用改革派观点。

第四节　改革派教会制度理想

发布纲领的这种类似性,无疑是联结所有那些教会的一根积极纽带;不过,同样可以说,它们全都一点没有采用路德教会的宗教法庭制度,也许英格兰教会例外,[①]并且,它们中的多数至少采用加尔文的教会制度理论。它们努力清除中世纪的教会理念,而且恢复他们认为新约里为他们确定的、被最初几个世纪的教会所证明的原则。按照加尔文的说法,教会实行神权民主,权力的最终 8
源泉在于基督徒共同体的成员资格,由许诺给他的全体人民的基

瑞士——Zwingli's *Theses* of 1523(xvi,1);*First Helvetic Confession* of 1536(xxvi,101);*Geneva Confession* of 1536 (xxvi,111);*Geneva Catechism* of 1545[(xxviii,117) translated in (Dunlop's) *Confessions*, etc. ,ii,139].

英格兰——Edwardine *Forty-two Articles* of 1553, *Thirty-eight Articles* of 1563, *Thirty-nine Articles* of 1571 (xlii,505);*Lambeth Articles* of 1595 (xliv,525);*Irish Articles* of 1615 (xliv,526).

苏格兰——*Scottish Confession* of 1560, *National Covenant* of 1581 [(xxxv, 249), (Dunlop's) *Confessions*, etc. ,ii. pp. 21 and 103].

法国——*Confessio Gallicana* of 1559(xxxii,221).

尼德兰——*Confessio Belgica* of 1561 (xxxiv, 233); *Netherlands Confession* of 1566 (xxxv,935);*Frisian Confession* of 1528(xxi,930).

匈牙利——*Hungarian Confession* of 1562(xxviii,376).

波希米亚——*Bohemian Confession* of 1609(xxxix,453).

① 据说,伊丽莎白为解决英格兰宗教问题而实行的宗教裁判,有不少采用路德派的宗教法庭制。

督的临在而鼓动。然而，在 16 世纪，这种认识在实践中面临阻力并在很大程度上被修正了，因为担心可能恢复到他们刚刚摆脱的由僧侣控制的中世纪教会。长老可以大批地变成教士；并且许多地方的宗教改革领导人能够认识到，像慈温利在苏黎世和克兰默在英格兰所做的那样，世俗政权可以很好地代表基督教民主。连在日内瓦的加尔文，也不得不满足使教会完全受制于非常令人尊敬的日内瓦市政会和议会的先生们（*les très honnorès seigneurs syndicques et conseil de Genève*）的宗教敕令；而且苏格兰教会 1572 年被迫承认国王“在世俗事务领域和宗教权益保护与纯洁方面同样是本王国的最高统治者”。西欧实行或支持宗教改革的民族国家和君主国认为，过去发生的种种弊端，直接或间接地，均源于教会豁免权及其财产不受世俗控制，他们决心不允许再回到这种状态。文艺复兴的学术研究成就发现了古老罗马民法的真正文本，而且那个过渡时期的一个特点——也许是最重要和影响深远的特点，使法律进入人类生活的每个方面——便是以查士丁尼和提奥多西法典为基础的民法，取代以格拉蒂安教令集为基础的教会法。这些古老的罗马民法典教导 16 世纪的法律家和政治家把教会看作是国家的一个部门。基督徒社团能自己独立存在的思想，还有其
9 成员选举的职员享有指导和惩戒权的想法，却到处碰壁，被修改，大多被专横的民法律师否定。改革派教会的领导人，喜欢力图在他们同意由民法管辖的教产，与他们宣称为教会享有的不可剥夺权利的对信仰和道德方面的惩戒权之间画一条界线；然而，政府通常拒绝接受这种划分，并坚持完全享有宗教管辖权。因此，结果是在世俗政府有利于宗教改革的地方，教会多少屈从于政府的情形

到处发生;这也是同属改革派教会的各色宗教社团组织的结局。尽管可以说,在多数改革派教会领导人心目中,理想的教会是恢复最初几个世纪的神权民主制。并且正是这点使他们与路德迥然不同,后者坚持主教法权(*jus episcopale*)属于行政官员;而实际上,瑞士、尼德兰和巴拉丁等世俗政府,大多像路德派诸侯和市政当局那样紧紧控制着改革派的国家教会。在这方面,只有法国,加尔文的宗教理想有充分自由形成一个宪章,而那仅仅因为法国改革派教会要在天主教政府的统治下求生存,恰似最初几个世纪的基督教会,不顾迫害它的世俗政府反对而坚持自己一样。

第五节　人文主义对改革派教会的影响

奥格斯堡和约范围以外的那部分宗教改革,具有与和约范围内的路德宗教改革不同的特点——大大受惠于人文主义。伊拉斯
谟及其所代表的思想在其诞生和初期的进步中有很大的作用,并 10
在各种迥异环境里发生影响。亨利八世和慈温利的立场似乎根本不同,但英国的专制君主和瑞士的民主者,可又有共同之处,即他们均深受伊拉斯谟的影响,而且分别以他们为领袖的改革运动是在人文主义的激励下蓬勃发展的。只要将亨利时期英国的《主教书》和《国王书》同伊拉斯谟论及他期望的那种改革运动的许多言论加以比较,就会看出,他们献身的生活与道德革新运动,是根据这位伟大人文主义者倡导的原则建立的,并未触及中世纪教会的基本教义体系及其组织。《圣经》、使徒信经、尼西亚信经和亚大纳西信经,连同前四次宗教公会议决定的教义,均像在《十条款》

那样被承认为正统标准；而被伊拉斯谟嘲笑的经院神学，则被蔑视。随之而来的指令并不重视朝圣、圣物、赎罪券和其他被人文主义大师们讥讽的普通宗教生活中的迷信习惯。上面提到的两书均倡导健康有益的生活。全部改革方案均采自伊拉斯谟的论断。

慈温利从少年时代就受到人文主义的熏陶。他的年轻才智得到古典大师——西塞罗、荷马和品达的作品的哺育。他的恩师托马斯·威登巴赫，半是宗教改革家，半是不折不扣的伊拉斯谟追随者。没有人比这位博学的荷兰人对他的影响更大。正是他的引导，而不是路德的榜样，使他去研究《圣经》和早期教会的神学家，如奥里金、哲罗姆、克里索斯托。伊拉斯谟的影响和教导，在他力图创制一个理性的圣餐论上看得更清楚。他的改革，特别在他的创始阶段，与其说是一个宗教运动，不如说是一场知识运动。其目
11 标是更清晰地理解《圣经》，是净化人们宗教生活中的愚昧和迷信，也是明白无误地推论出靠理智信仰的轮廓。那种促使路德用自己方式逐步反抗中世纪教会的深刻宗教冲动，在慈温利这里是没有的。他得益于维滕贝格不多，更多地受惠于鹿特丹。正是同伊拉斯谟的这种关系，开创了慈温利与克里斯托弗·荷恩这样的早期荷兰宗教改革家之间的相互同情，并使瑞士宗教改革成为尼德兰宗教改革运动早期阶段的有力支柱。

法国、意大利和西班牙宗教改革运动的开始阶段，甚至与人文主义有更密切的联系。

如果撇开改革准备时出现的、像皮卡迪派那样的中世纪非正统福音布道和宣教不说，法国宗教改革的开端应追溯到围绕在昂古莱姆的玛格丽特和莫城主教布里索内周围的基督教人文主义小

组。玛格丽特本人以及这个学者和布道者小组的真正领导人雅
克·勒菲弗尔·戴塔普勒，在流传于阿尔卑斯山南北众多人文主
义者中的基督教柏拉图主义里发现了困扰灵魂的慰藉。小组中激
进分子的目标是按照伊拉斯谟倡导的意图改革教会和社会。他们
期待没有“骚动”的改革，期望依靠教会和在教会内部改革教会，
而这种改革靠钻研《圣经》、特别是圣保罗的使徒书引发的，靠生
活于社会又脱离世俗的个别基督徒、靠新学（New Learning）确实带
给人们的缓慢启蒙引发的。他们很少考虑神学，更关心与基督交
通；很少考虑制度的外部改变，更关心个人虔诚。他们的努力很少
有看得见的效果，他们秉持的中间道路（*via media*），介于顽固的经 12
院哲学卫道士与较彻底的改革家两端之间，被发现是一条无法坚
持的道路。但是，不要忘记，他们确实为其奠基的法国宗教改革运
动做了许多准备工作；也不要忘记，威廉·法雷尔，这位加尔文在
日内瓦的先行者，属于“莫城小组”。

如果说人文主义影响到法国宗教改革的前卫“莫城小组”，那么人文主义本身就说明它在培训 1536 年不自觉成为运动领袖的加尔文上同样起了巨大作用。加尔文是弗朗西斯一世为使法国受益于新学而钦点的“皇家讲师”群体的最早和最热心的学者之一。他同作为“莫城小组”的盟友和巴黎大学人文主义者的领袖的比代和科普私人关系密切。他的处女作《塞涅卡〈论仁慈〉注释》显示他对希腊和拉丁古典作家的知识博大精深。像伊拉斯谟那样，他似乎没有受到意大利基督教人文主义者痴迷的、“莫城小组”钟爱的柏拉图哲学与基督教信仰奇妙结合的多大影响；他同伊拉斯谟一样，完全摒弃多数意大利学者青睐的烦琐考证，而将新学用于

现代的目标。人文主义教导他，要庄严地以古罗马的最优秀方式进行思考，深知应按伟大的道德观念去规范人的政府。人文主义教导他，要十分痛恨专制独裁政府流毒造成的弊端。这位年轻的学者（他年仅 23 岁）勇敢地针砭时弊，再现罗马政治家的优良传统。他谴责腐败的法官，使“审判变成公开的买卖”。他宣称，君
13 主杀害其臣民或大肆加害于他们就不是合法的统治者，是强盗，而强盗就是全人类的公敌。在迫害盛行的时代，这位年轻的人文主义者主张采取宽容态度，恰似弥尔顿在其《论出版自由》中的高姿态。他并不是没有看见他所评论的这本书中展现的斯多葛哲学的道德。他将斯多葛哲学的冷漠与基督教的同情加以对照，将其个人主义与基督教社团的思想加以对照，但他把握住了斯多葛哲学中更崇高的道德思想，将其化为己有，并将其应用于公共生活。在支持基督徒的自由这方面，路德是伟大的，没有人超过他，但是他却止步不前，或者说，迈着非常迟疑的步伐越过了这一点。人文主义教会加尔文提出要求和责任，他大声宣扬这些，他的思想传遍了宗教改革的地区，这些地区服从他的领导，接受了他的理论。《圣经》、圣奥古斯丁和源自于人文主义的古罗马斯多葛哲学的帝国道德规范对所有改革派教会形成了三位一体式的影响。

西班牙和意大利的宗教改革只是一段简短的插曲，但在它在这些地区的短暂的存在期内，人文主义却是支持并给予它力量的最大助力之一。在这两个国家中，年轻人在殉道者的鲜血中得到了淬炼。它过去得如此之快，以致知道伊拉斯谟信心十足地期望他长久以来一直期待的西班牙会成为不经过“骚乱”就完成宗教改革的土地，知道整个西班牙半岛都在读《圣经》，知道在 16 世纪

早期，妇女们同男人们争论《圣经》的内容，都似乎令人惊奇。

第六节　路德对改革派教会的贡献

于是，就出现了这样一场宗教改革运动，在其最早的开端和最
终结果这两方面都与路德领导下的运动大相径庭；但认为它完全 14
不受路德的影响，认为这位伟大的德国宗教改革家没有做什么贡献，或者做的贡献很少则是错误的。去思索如果没有路德响彻欧洲的号召，事情会成为什么样子，或去追问德国以外的地区为宗教改革而发动的运动是否会结出硕果，都是徒劳无益的。陈述实际上究竟发生了什么就足够了。如果不能认为每一地区宗教改革的开端都源自于路德，那就很难否认他曾鼓舞了他同代人的勇气和确定不移的信心。他从教士权术的恐惧中拯救人们；他以一种没有任何其他人用过的方式教导人们：赎罪不是一门由教士们在一个称为教会的机构中实践的神秘学问；所有的信徒都有权直接与神交流；只有教士能沟通神与人这种思想既是多余的，又同基督教真正的本质相矛盾。他的教诲对戏剧性的环境有传声板作用，促使人们去聆听，去参与，将它深印在脑海中，理解它，并且照它说的去做。

他曾经是并且仍然是一个极为虔诚的人，拥有最受同行尊重的那种虔行，因此他很容易受到普通人的理解和同情。他的虔诚曾驱使他进入女修道院，那时这似乎既合理又是必要的。在修道院中，他过着一种“年轻圣徒”式的生活——他的处在那个时代和那个阶层的道友们因他们中间有一个注定能再现中世纪最佳圣徒品格的人而骄傲的时候，他们相信这一点。粗鄙、庸俗的肉体之罪

在当时很普遍，而且很容易赦免，但他年轻的生命中却没有这些。当他达到信仰上的平和的时候，他不再对自己的天职有任何疑惑；没有突如其来的折磨将他与他的时代受欢迎的宗教生活分开；没有什么知识上的疑问将他与他对教会的信仰分开。人文主义的知识自由倾向对他毫无影响，这使他更合适成为一个值得信任的宗教领导人。他一步一步地前行，走得如此缓慢、坚定而脚踏实地，以至于普通人都能看见并跟上。当他以改革者的姿态走上历史舞台的时候，他并未对一般事物横行无忌。他感到被迫去攻击那个时期那"一"部分流行的宗教生活，所有很少思考宗教的人都觉得这是一种粗野的滥用。他处理这个问题的方式表明他是他那个时代伟大的宗教天才——这个时代尽管迷惘地呼唤着宗教的范围内的改革。

如果原创仅仅是第一个看到单个的真理或真理的一个方面，并使之为人所知，那么对宣称路德是一个原创性的思想家的说法予以反驳便是有可能的了。指出他教给他的同代人的几乎每一条真理都有先论不会很难。只需举两个例子，韦塞尔曾公开指责赎罪券，其言辞与路德的如此相似，以致当这位改革家在《九十五条论纲》发表很长时间以后读到它时，他可以说人们很有可能认为他不过是从荷兰神学家那里搬过来的；并且，早在路德的灵魂受到启示，产生因信称义的火花很久之前，勒菲弗尔·戴塔普勒已经宣讲过了。但是如果原创性成为这样一种天赋，能抓住分散的孤立的诸多真理，并将它们合并成一个有机的整体，能看到它们对所有人，包括受过教育的人和文盲的实际宗教生活的意义，能使用新的理论剥去普通宗教生活中的许多麻痹性赘生物，能简化和弄清楚基督教的要旨和精髓是"对神的心的毫不动摇的信仰，神以耶稣基

督的形象将自己奉献给我们,令他做我们的父,是个人对信仰的确信,因为基督藉其作功承担了我们的事业”,以最温柔的同情心为每一种无言的真正宗教本能做所有这些,这些本能曾使人们徘徊 16
在存在于耶稣基督之中的单纯之外,那么,路德便独立于他的时代和同代人之中,无人可以与他匹敌。

因此,对到大约1540年前的欧洲每一块土地上的普通民众来说,路德就代表了宗教改革,此后加尔文的个性才开始为人所知;所有接受新教义的人都被称为路德教徒,无论是在英格兰、低地国家、法国,还是讲法语的瑞士。①

16世纪以来的改革派教会的教会史家总是倾向于让慈温利分享路德至高无上的地位。这位瑞士的改革家天生就具有许多路德缺乏的品质。他同中世纪教会的教义和实践有着更自由的关系,并且他的神学主题也许比路德的更广泛,更真实。他有着更为敏锐的思想洞察力,能更快地辨认出他们的共同宗教真理的真实教义倾向。但是他对待赎罪券的方法,他反对赎罪券的方式,都表明他作为一名宗教引路人远不如路德。

“噢,真愚蠢!”慈温利和他的老师伊拉斯谟说道,“都是粗鲁的、十足的蠢行!”他们蔑视赎罪券,嘲笑赎罪券,以轻而尖锐的富有挖苦和嘲笑智慧之矛进行攻击。“噢,真是遗憾!”路德说道;同时他将跋涉在错误的道路上恳求宽恕(对他们而言这是真正的恳

---

① 威廉·法雷尔,一位忠诚的慈温利信徒,被弗莱堡(Herminjard, *Correspondance*, ii. 205 n.)官方称为“路德派传教士”,并且他和他的同志的教义被公开指责为“路德派异端”。这是流行的观点。受过教育和倾向改革的法国人比如勒费弗尔则区别对待这些:他们并不是很喜欢路德,却崇拜慈温利(同上书, i. 209 n.)。

求)的人们引导到正确的路上。慈温利似乎从未明白在购买赎罪券,一个圣地一个圣地地跋涉朝圣,亲吻、敬拜以及崇拜圣遗物这
17 些方式下,如果不是真心忏悔的话,也有一种对已经觉察到但并未明确表达的罪过予以宽恕的乞求。路德明白,而且同情这种要求。他是人民中的一员,不仅仅因为他是农民的儿子,曾在一所市民大学中学习过,而且因为他和普通民众一起信仰过这种宗教。他和他们都发觉,灾害的不断降临,新的神秘疾病,土耳其人造成的恐慌,都是上帝因这一代人的罪过而降下的惩罚。他曾完全地经历过这种惩罚,愈加深入地陷入过这种恐惧中,曾在上帝的愤怒面前更加无望地挣扎,曾在请求宽恕的错误的路上漂泊得越来越远,而且最终还曾看到“末日显圣”。在16世纪的前二十五年中,制造一个一流的改革家需要对同胞的最深切的和最真实的同情,需要见过上帝显圣,除路德外没有任何其他人两者兼具。

因此,整个欧洲,只要哪里曾有要求改革的骚动,人们都听从路德所讲的,而且很难说哪里没有这种骚动。东方的捷克人、匈牙利人、波兰人;西方的西班牙人、英国人、法国人、荷兰人和苏格兰人;北方的瑞典人以及南方的意大利人——所有人都欢迎路德,阅读他的著作,并被他所写的所感动。首先是《九十五条论纲》,接下来是布道书和小册子,然后是战斗的号角《致德意志民族基督教贵族公开书》和《教会被囚于巴比伦》,以及最重要的他的小册子《基督徒的自由》。当人们看到这些时,那些曾只是晚上的一个有希望但令人烦恼的梦的东西,就变成了在白天的光明中可以看得见的景象。他们听见明确无误的言辞大声宣布他们甚至很少敢自言自语的话。喜爱和敬虔的幻想变成了宗教的确定。他们甘冒一

切风险以获得这位"上帝之人"的片言只语。小心而严厉的苏格兰人冒险乘船只为了那些运到邓迪和利兹的成包的布匹中隐藏的四开本小册子。尽管沃尔西公告过，瓦拉姆警告过，这些东西还是 18
在牛津和剑桥的学生中传来传去。早在1519年5月[①]巴黎的各区和大学就急切地学习了路德的作品。西班牙商人们在法兰克福市集上购买了路德的著作，花费一些他们辛苦挣来的钱把这些书翻译成西班牙文并出版，然后用驮货骡子运过比利牛斯山。在这些著作的影响下，宗教改革成形了，不再仅仅是几位虔诚思想家的虔诚想象，而是成为表达普通宗教确定性，改变信条制度和礼拜的一种努力。这样路德就在每一块土地上促成了宗教改革。改革在英格兰、法国、尼德兰以及其他地方的实际开端出现在路德成名之前数年；很有可能没有他的努力这些运动也会取得成果；但是他的作品的影响就像太阳一样加速促成了已经"偶然"耕种和播种的种子的生根发芽。

第七节　国家特性

并不是任何一个国家的宗教改革最终都变成路德派，或者曾

① Peter Tschudi 从巴黎写信给 Beatus Rhenanus（1519年5月17日）道："至于其余的，我确实觉得有点文学价值的，除了马丁·路德的著作外什么也没有留下来，这些是我从满怀热情的所有那一帮学者们那里搜罗来的。即便对那些什么都不了解的人来说，这些著作也是应该加以赞扬的。"（Herminjard, *Correspondance des Réformateurs dans les pays de langue française*, 2nd ed. i. 46）1520年11月，Glareanus 给慈温利写信说，巴黎因莱比锡论战而兴奋；Bulæus 指出，一份标题为 *Disputatio inter egregios viros et doctores Joa. Eckium et M. Lutherum* 的小册子的二十份副本在1520年1月20日运抵巴黎（同上书，62，63 n.）。

经历一个路德派的发展阶段。德国和斯堪的纳维亚半岛之外真正的路德派是很少的。到处都能找到漂泊者，比如巴内斯博士在英格兰，路易·贝尔坎在法国。这位伟大改革家教义中最深刻的一
19 条原则本身就制止了囊括全部宗教改革教会的纯路德派改革的想法。他指出，信仰的实际运作应该在人类生活的伟大制度中表明自己——而人类生活的制度则起源于上帝——在婚姻中，在家庭中，在天职中，在国家中，在我们同周围环境一起过的日常生活中。同一个人一样，各国有各国的性质和特点，而且这些特点自然而然地铸成了所有人都共同拥有的有关宗教确定性的信条和制度。英格兰的宗教改革的基础是在法国、德国和尼德兰同样起作用的精神事迹和力量，但是各国有它自己的表达方式。国家的习俗、记忆，甚至偏见是怎样迫使外部表现呈现各异的形式，促使历史学家按照它自身描述各国的宗教改革的，注意这个问题很有意思。

英格兰新的精神生活由于土生土长的由威克里夫领导的几乎已被遗忘的改革运动而呈现出自己的特点。苏格兰本期望跟从英格兰的领导，使自身的教会重建与她的这个新的强有力的盟友的教会重建协调一致。和英格兰的联盟是苏格兰宗教改革的主要政治因素，两国领导人都希望进一步靠近，这点并非不能由教会组织中的一致性孕育出来。但是，对塞西尔和莱辛顿而言，旧法兰西联盟的记忆深刻，苏格兰从法国（而不是日内瓦）学到了教会组织方式，并且日益远离英格兰的解决模式。15 世纪的贵族战争（War of the public weal）在法国的宗教战争中重现；在《南特敕令》中，改革派教会被授予并接受了诸如成为封建诸侯的独立保证。古老的地
20 方政治独立曾是中世纪后期低地国家的特征，却在尼德兰教会安

排下重现。瑞士的市民共和国要求并得到了一种教会形式的政府教会形式，这种形式适合了他们的社会和政治生活的需要。

然而，在这所有的多样化中，仍普遍存在着潜在统一的感觉，每一个民族教会都是改革了的公教会(Catholic Church Reformed)的一部分的认识比路德派教会内部更强烈。爱德华六世时代的新教英格兰欢迎并支持被《奥格斯堡宗教妥协》从斯特拉斯堡驱逐出来的流亡者。法兰克福接收并帮助那些从英格兰的玛丽的迫害之下逃出来的家庭。日内瓦成为各地受迫害的新教徒避难的城市，这些陌生人经常会占到总人口的三分之一。正如在早期教会的那些日子里一样，兄弟情感通过信件和信使的交流而得以保持，通信给人一种一体感，而外在政治组织无法做到这一点。共同面对危险的感觉也是一种良好的亲属关系黏合剂，有关西班牙的菲利普一直在进行阴谋破坏的想法减轻了教会之间的嫉妒。同样的事件在几乎同样的时代里发生在各教会之中。威斯敏斯特会谈(1559)与普瓦西会谈(1561)仅隔两年，同样的问题在两次会谈上都讨论过。伊丽莎白女王公开宣称她自己是新教徒，在1559年的复活节参与了两"种"圣餐礼；在同一天，纳瓦尔国王安托万·德·波旁在法国南部的波城以同样的方式作了同样的表白。吉斯的玛丽下决心同样的典礼必须使苏格兰人在古老的信仰下统一起来，这样就爆发了公开的叛乱并最终把苏格兰变成一个新教国家。

宗教改革在每一个国家的过程必须分开描述，然而，它仍是一个故事，不过由于民族气质、传统和政治体制这些偶然因素区别而有差异。

21 # 第二章　慈温利领导下的瑞士宗教改革

第一节　瑞士的政治局势[①]

16 世纪的瑞士与欧洲的其他任何城市都与众不同。它与德国及意大利一样四分五裂，但却又有着德、意两国所无法比拟的一体性。这是一种联盟或由原始条顿类型的村镇和城镇组成的小共和国，其行政权力掌握在共同体手中。各色的州都是独立的，但它们又都集合在一个共同的联盟下，并有一面联邦的旗帜——一面红底的白十字架旗帜，上面写着“人人为大家，大家为人人”的口号。

联邦成员的形成方式多种多样，并且保持了各自独特的早期历史痕迹。这要追溯到 13 世纪，当时施威茨、乌里和翁特瓦尔登三个森林州摆脱了封建领主的统治获得独立，它们结成永久同盟（1291），发誓相互帮助以维持已获得的自由。莫加顿战役后，它们在布伦内重新订立盟约（1315），再一次发誓相互帮助，反对领
22 主的侵犯。哈布斯堡位于阿勒河的东南岸，是奥地利皇室的摇篮，

---

① A. Rilliet, *Les Origines de la Confédération Suisse*: *Histoire et Légende* (Geneva, 1869); J. Dierauer, *Geschichte der schweizerischen Eidgenossenschaft* (Getha, 1890).

对这个封建家族的巨大恐惧进一步加强了联盟的凝聚力；而独立的农民对奥地利家族以及后来对勃艮第公爵的胜利则使联盟声誉鹊起。三个州变成了十三个——施威茨、乌里、翁特瓦尔登、卢塞恩、苏黎世、伯尔尼、格拉鲁斯、楚格、弗莱堡、巴塞尔、沙夫豪森、索洛图恩和阿彭策尔。其他未成为联盟成员的地区如瓦莱斯以及圣加仑属下的城镇和乡村，则向它寻求庇护。其他联盟仿照这个模式在雷提安阿尔卑斯山地区的农村建立起来——1396 年的上帝之家联盟，以胡尔的教会为首脑；1424 年的格劳本登联盟（格雷联盟）；1436 年的“十辖区联盟”。这三个联盟在 1471 年联合组成“雷提安永久同盟”。从 15 世纪起，他们便与瑞士诸州结成密切同盟，但直到 1803 年才成为瑞士联邦的正式成员。联邦还进行一些征伐，所获地区的治理形式则要经过几个州的共同认可，这是一套相当复杂的制度，引发了许多争吵，并在 16 世纪进一步加剧了由宗教引发的纷争。

十三个州都保持着自己的独立地位及政府模式。它们的政治机构各种各样，在很大程度上依赖于各州以往的历史。森林诸州是农民业主的村社联盟，他们居住在偏僻的山谷中，他们的议会就是所有家庭男性成员的集合。苏黎世是一个商业与制造业城镇，是在一个古老的宗教据点的保护下发展起来的，这个据点的建立最早可追溯到查理大帝时代。伯尔尼最初是一个小村落，处在一个旧封建家族的强力翼护之下。苏黎世的贵族们组成镇里的一个
“行会”，这里的体制也完全是民主的。伯尔尼则与此相反，是贵 23
族共和政体。但总的说来，权力最终属于人民，即那些享有全部公民权的自由人。

瑞士几乎没有经历过主教政府的统治。他们与罗马教皇的关系完全是政治或商业上的，最主要的商业往来就是雇佣军，他们成为教皇的卫队，步兵则是教皇进行意大利战争的主力，双方的交易则通过教皇的使节来完成。瑞士绝大多数的领土分属美因茨和贝桑松两个大主教省，阿勒河是分界线。这种界线的划分要追溯到基督教在这个地区流传时。瑞士靠近法国的领土是由罗马或高卢传教士归化的；其他与德国接壤的地区则要归功于爱尔兰传教士！巴塞尔和洛桑是贝桑松大主教省的主教辖区；美因茨大主教省的康斯坦斯主教辖区则享有对苏黎世和周围地区的主教权。崎岖多山的地区并没有明确归属哪个教区，美茵茨大主教省只是含糊地享有主权。这促使瑞士人民异乎寻常地在所有宗教事务中保持独立，并教会他们为自身的利益管理教会事务。

即便在苏黎世，虽然他们认可了康斯坦斯主教的宗教司法权，但是议会仍然坚持有权监督教会的财产，女修道院也在政府的监管之下。

16 世纪初，与周边地区的往来正在改变着瑞士简单而又古老的方式。他们不断战胜勃艮第的大胆查理，这使他们坚信瑞士的步兵是欧洲最棒的军队，交战国家都急于雇佣瑞士军队。瑞士森林诸州把军队雇给出价最高的雇主，这逐渐成为惯例。这些雇佣
24 军靠为他人打仗赚取钱财，返回故乡后则大肆挥霍，生活糜烂，因而风纪败坏，他们正在腐蚀联盟的人民。雇佣军制度还遭到另一种败坏。法国和罗马教皇是瑞士步兵的两大雇主；法王是一方，教皇是另一方，他们不但在瑞士诸州设有固定的代理，而且还用金钱拉拢各州的显贵，希望他们劝说自己所在的州将军队雇佣给自己。

慈温利年轻时坚信教皇是瑞士唯一应与之联盟的权力,并多年接受教皇津贴。

第二节　慈温利的青年时代和教育

胡尔德利希(乌尔利希)·慈温利是瑞士宗教改革家,于1484年1月1日(比路德小52天)出生在托根堡山谷上游的一个名为维尔德豪斯(维尔登豪斯)的小村落里,这里的海拔很高(3600英尺),几乎没有什么作物。它正好位于欧洲分水岭上,雨水淋到教堂的红瓦屋顶上,沿屋脊一分为二,一面流入多瑙河的一条支流, 25
另一面则注入莱茵河。他出生在一个有八个儿子和两个女儿的大家庭里,排行老三。他父亲也叫胡尔德利希,是公社的头,他的叔父叫巴托罗缪·慈温利,是堂区的神父。巴托罗缪负责慈温利的教育,他在1487年成为维森的教长,并将小胡尔德利希带往新的工作地。小胡尔德利希进了维森学校读书,进步神速。巴托罗缪·慈温利本人也算一位学者。当他发现侄子是一个早熟的孩子时,便决定尽力给他提供最好的教育,将他送往巴塞尔(小巴塞尔,位于莱茵河东岸)一所由儒雅学者格里高利·布恩茨利任教的著名学校里读书(1494—1498年)。

在四年的时间里,老师的教育已经满足不了他的需求,年少的慈温利又被送往伯尔尼的一所学校,拜人文主义者海因里希·沃尔夫林(鲁普卢斯)为师。沃尔夫林本人半是一位伊拉斯谟的信徒,半是一位宗教改革家。慈温利酷爱音乐,住在镇上一所多明我修会的女修道院里,这里以注重音乐教育闻名。慈温利研究音乐

的热情非常之高，以至于想成为修士，仅仅为了满足对音乐的嗜
好。他的家人并不想让他入修道院修行，便把他从伯尔尼转到维
也纳大学，在那里学习了两年（1500—1502 年）。他在那里结识了
26 一群朋友和同学，其中有约阿希姆·冯·瓦特（瓦第阿努斯）[①]、格
拉鲁斯的海因里希·洛里蒂（格拉里恩努斯）[②]、鲁特基什的约
翰·海格林（法贝尔）[③]以及路德最著名的对手厄克的约翰·迈
耶。他在 1502 年返回瑞士，被巴塞尔大学录取。1504 年，他获得
学士学位，1506 年又获得硕士学位，同年成为格拉鲁斯堂区的
神父。

慈温利的童年和少年时代与路德的早年生活形成鲜明对比。他住在宽敞简陋但又富足的瑞士农舍里，少年生活十分幸福。他告诉我们一家人如何在寒冬的长夜里聚在饭厅里，祖母的《圣经》童话和神奇的圣徒故事如何让他们痴迷。家里人都擅长音乐，他们唱缅怀莫加顿、塞姆帕赫之光荣以及战胜勃艮第僭主的爱国民谣，尽管这些民谣谱写得很粗糙。慈温利说：“我还是个孩子的时

① 约阿希姆·冯·瓦特是土生土长的圣加仑人（生于 1484 年 12 月 30 日），是一位著名的学者。他先后当过医生、议员以及圣加仑的市长，为宗教改革的确立做出了巨大贡献。他是著名的学者，写过几部神学著作。（初版注释误为“德”二版已改为“冯”，据二版统一。——译者）

② 海因里希·洛里蒂是瑞士最著名的人文主义者。他先后在伯尔尼、维也纳、科隆学习过，获得过马克西米利安皇帝的宫廷诗人的空名衔。他先定居巴塞尔，在那里为有志于古典学的孩子们开办了一所寄宿学校，1517 年，他带领 20 多位瑞士弟子移居巴黎。他推崇罗马共和国的制度，并据此创建学校，自任执政官，设有元老院、执政官以及议会。他是慈温利的忠实朋友。

③ 约翰·海格林（法贝尔）是一位坚定的罗马派。他成为康斯坦斯主教的代理主教，因而是慈温利的死敌。他在任维也纳主教时去世，写过许多反对路德的文章，以“路德分子的铁锤”著称，与厄克和克科莱乌斯一起是罗马教会在德国的领军人物。

候，如果谁说了反对祖国的一个字，我立刻就会火冒三丈。”他接受的是爱国训练。“从孩童时起，我就对我们值得骄傲的联邦表现出崇高、急切、真诚的爱，以至于我坚持不懈地按照这个目标训练我的一言一行。”他的叔父巴托罗缪是新学的崇拜者，对孩子的一切教育都以人文主义为指归，精华和糟粕并蓄。几乎可以说，他是在享受现在生活、不辨周围社会的善与恶的艺术下被教育出来的。
他被训练成真正享受生活的人。他的青少年生活从来没有受到负 27
罪感的困扰。最高审判者耶稣愤怒的面孔从教堂窗户彩绘玻璃上凝视的目光并没有让他颤抖。如果说他曾一度想成为一名修道士的话，那也是为了加入音乐团体，而非平息内心躁动不安的负罪感，以便赢得愤怒的上帝的宽恕。他是以并不在意的职业方式肩负起宗教使命来的。他来自一个在两方面都与教士有联系的家族，听从家庭的安排。个人的虔敬问题在他生命的很大部分似乎并未对他产生多大困扰。他与路德和加尔文不同，从未是个人信仰复兴的领袖型人物。他成为宗教改革家是由于他是人文主义者，喜欢奥古斯丁的神学；他生性直率、诚实，不能容忍打着宗教旗号的欺骗和虚伪，总是力斥这些行为。他毕生前进的动力是他的思想，而非心的激励，早年时他就能把对大多数事情的强烈的责任感与放荡不羁的道德生活结合起来。

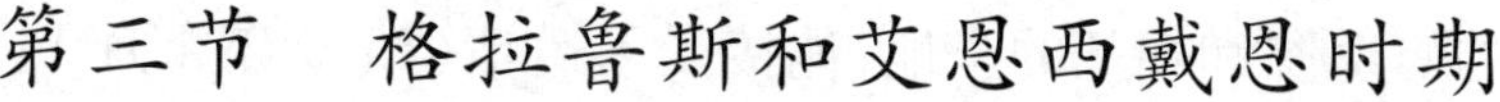

第三节　格拉鲁斯和艾恩西戴恩时期

他在格拉鲁斯可以继续自己的人文主义研究，他在巴塞尔的最后一年便处在这种氛围的影响下。在这些朋友中，他与威登巴赫的友情是最长久的。他告诉我们,威登巴赫教会他辨明赎罪券的罪恶与弊端,看清《圣经》的最高权威,明白了基督之死是赦罪的唯一代价,明白了对灵魂来说,信仰是开启赦罪之宝库的钥匙。他从理智上领会了所有这些道理,并突出体现在他的布道中。他以宣道为荣,并按照古典模式训练自己,以便培养演讲的天分。他研究《圣经》,兴高采烈地欢呼伊拉斯谟的新版希腊文《圣经》。
28 1516 年他在艾恩西戴恩时,巴塞尔的弗洛本出版了这部著作,他从里面把保罗书信全部摘抄下来。他在自己手稿的宽阔空白处,写下了许多伊拉斯谟、奥里金、克里索斯托、安布罗斯和哲罗姆的注释。这是他的永久伙伴。

他在格拉鲁斯时介入了雇佣军战争制度和在瑞士流行的津贴制度。他作为军团的随军神父,与格拉鲁斯小分队一起去过两次意大利,参加过诺瓦拉战役(1513 年),马里拿诺战役(1515 年)中致命的那一天他也在场。

这些战役的经历使他坚信,瑞士这种把军队雇佣出去为别人的争吵卖命的制度危害甚大;当他坚信参加雇佣军是邪恶的时候,便开始斥责这种行为。他口无遮拦,这使许多他教区里最有影响力的居民非常不高兴,尤其是那些与法国人在一条战线上的党徒们,慈温利决定寻找其他工作。

他受到艾恩西戴恩邀请,承担人民牧师一职。艾恩西戴恩是著名的修道院和朝圣的圣地,他接受了邀请(1516 年 4 月 14 日)。他保持了与格拉鲁斯的官方联系,雇了一名堂区神父代理履行他的教区工作。作为神父,他声名鹊起。他的朋友渴望在更多的场合见到他,在他们的努力下,他被任命为苏黎世明斯特堂区的人民神父。有人反对这项任命,原因是他曾经不光彩地污辱过艾恩西戴恩一位公民的女儿;他写了一封辩解信予以澄清,虽然他免除了被起诉,但这表明他个人的道德生活绝非无可指责,而放荡是那时瑞士教士的特征。慈温利在大明斯特教区任职的津贴非常少,没有保障,因此他觉得继续保留有教皇津贴是有理由的。①

第四节　慈温利在苏黎世 29

慈温利到苏黎世时,它还是个帝国城市。苏黎世是围绕着大明斯特教堂和圣母的明斯特教堂(小明斯特)发展起来的,后来发展成为一个贸易和制造业中心。可能由于此镇起源于教会的原因,市民们长期与教士发生纷争,并总能获得胜利。他们利用两个明斯特的首脑与皇帝派出的执政官之间的矛盾,乘机宣布独立,还通过了法律,将教会政权置于世俗统治之下。教会财产同世俗财产一样要交税;所有女修道院都要由世俗政府控制,必须接受政府的检查。教皇们急于与瑞士保持友好关系,因为瑞士士兵是他们进行战争的主力,便网开一面,公开表示同意苏黎世的做法,而在其他地方教皇是绝不会同意的。

苏黎世由议会统治,议会由 13 个“行会”的师傅组成(12 个贸易行会和 1 个代表贵族阶级的行会)。市长的权力较大,是议会的主席。遇到特殊情况时则召开由 212 人组成的大议会。

① 关于慈温利接受教皇津贴的具体情况,参阅 S. M. Jackson, *Huldreich Zwingli*, p. 114。

苏黎世城彻底的民主体制对慈温利这样的人来说正是个好地方。此时他已经为自己扬名立万了。他成了一位伟大的讲道员，他的雄辩能激发并感动群众的心；他的朋友格拉鲁斯的洛里蒂（即格拉里恩努斯）把他介绍给德国更加著名的人文主义者，慈温利与他们的关系密切。他早已成为持自由观点的年轻人仰慕的中心。他是人民的讲道员，这给他受欢迎的天赋中又增添了一个命令者角色，苏黎世是当时瑞士最民主的城镇，那里的市民正在急切地讨论着公民及欧洲政治。他在1519年12月到了那里。

他几乎立即开始了改革工作。一位给瑞士贩卖赎罪券的人伯
30 恩哈德·参孙或桑塞姆跑到苏黎世推销赎罪券。慈温利在艾恩西戴恩时就与他交锋过。康斯坦斯主教及其代理主教约翰·法贝尔都不喜欢赎罪券，在他们的鼓励下，慈温利就发起了反对他的宣传。他立即劝说苏黎世议会禁止参孙在城里逗留。

教皇对待这位瑞士改革家的方式与对路德的方式显著不同。参孙接到罗马的命令，让他不要找苏黎世人的麻烦，要离开该城市，不能与他们争吵。不同的原因无疑来自教廷并不想得罪苏黎世，以免妨碍教皇进行战争所需的瑞士兵源；但两位改革家对待问题的巨大反差也是原因之一。路德攻击的是严重的道德败坏，他的攻击切中了中世纪宗教生活的要害，以及教士阶层特殊的理论；他让人们认识到，任何人为的声称可以赦罪的或者人与上帝需要中介的言论都是亵渎上帝。慈温利对整个问题则和缓得多。他的立场是伊拉斯谟和人文主义者式的。他会嘲讽整个过程，也会像大多数人那样行事，允许那些聪明的无赖愚弄与欺骗自己。但他从来未触及路德提出的深层的现实宗教问题，而且路德对教皇的

挑战引起了整个西欧的反响。

从一开始起慈温利便成为苏黎世的著名人物之一。他受大明斯特教士团的任命，但他当面宣布要对马太福音进行系列解释令教士团惊讶不已；他不追随经院学者对福音书的解释，而是力争让《圣经》做自己的解释者，群众云集起来听这种新式布道。为了能使乡下人也听到布道，慈温利于每周五在市场布道，他的声名也传
遍各村。方济各会、多明我会以及奥古斯丁会修士试图反对他，但 31
都没成功。他在布道中痛斥经院学者对经文中的罪的解释，并不时否认炼狱及圣徒的代祷。

他对现存宗教制度的最猛烈攻击是在一次关于什一税的布道时发动的。令明斯特主监伤心的是，他竟然宣称“什一税”仅仅是自愿捐献。（他一直在读胡司的《论教会》一书。）他肯定将大部分教士团笼络在他的改革计划中，因为1520 年 6 月明斯特教堂的祈祷书就是由慈温利修订的，并剔除了一些糟粕。第二年（1521 年 3 月），苏黎世城一些慈温利的拥趸，其中包括印刷出版商弗洛沙沃尔，公开在四旬斋里吃猪肉，以明己志。这件事反响极大，城市议会召见了改革家们。他们辩解说只是追随慈温利的教训，他向他们表明，所有《圣经》里没有要求的东西都不能成为束缚基督徒的良心的东西。慈温利立刻予以反击，发表了他的布道《关于食物；选择还是自由；罪与丑行；在某些时间禁止吃肉是否有权威可依?》（1522 年 4 月 16 日）。他宣称，个人在这类事情上负有责任，他可以自由选择，只要避免公开的丑行就可以。

议会觉得此事很严重，在经过充分辩论后，通过了一个妥协性法令。大概内容是，虽然新约对此并未做出规定，但四旬斋期间的

禁食是一个古老风俗，不能随意废弃，必须等待权威部门的裁决，苏黎世三个堂区的神父们应当劝阻人民不要违反法令。

32 于是康斯坦斯主教进行干预，并派了一个由他的副主教和另外两人组成的委员会进行调查、汇报。他们会晤了小议会，并作了长篇发言，坚持教会在这类事情上的权威，教会发布的规定戒令必须遵守。慈温利出现在大议会面前，他打破委员会使他保持沉默的企图，极力捍卫良心的自由。议会最终决定继续妥协，但敦请康斯坦斯主教召开一个由他的教士们参加的大会，并做出一个与基督之法律相一致的决议。议会的决议实际抛开了主教的权威，是反抗罗马教会的行为。

政治形势对反抗有利。在瑞士卢塞恩召开的瑞士议会上（1521 年 5 月），诸州不顾苏黎世的强烈抗议，与法国订立了一个条约，允许法王征募一支 16000 人的瑞士雇佣军。苏黎世言出必行，拒绝在其境内征兵。市民们对这项既损失钱财又被其他州孤立的决议大为恼怒，慈温利也非常不受欢迎了。他此时已坚信整个津贴和雇佣军制度完全是错误的，并已辞掉了自己的教皇津贴。就在那时，教皇（其卫队中的一半人是苏黎世人）向苏黎世索要一支队伍，以保卫其政权，并许诺不会用他们去攻打法国，而法国的军队中有许多来自其他州的瑞士雇佣军。议会拒绝了教皇的要求。然而，仍有 6000 苏黎世人加入了教皇的军队。议会重新召回他们，他们经过一番历险，终于返回了故乡，还差点与在法国军队中服役的瑞士雇佣军交火。苏黎世人在这次出征中既未捞到钱，又未捞到名，大众的情感开始转向，议会遂禁止一切对外国的军事服役。从苏黎世与教皇悠久的关系角度来看，这项法令是此城与

教皇之间的真正决裂。它使宗教改革的道路更加宽阔(1522 年 1 33
月),而慈温利与教皇的公开决裂也只是一个时间问题。

决裂在《始言与终言》(*Archeteles*)的发表时到来(1522 年 8 月)。《始言与终言》像慈温利的所有著作一样是急就章,包括对自己所有行为的辩护和一份关于宗教和政治的未来方案。这本书进一步激怒了他的反对者,他的布道经常被僧侣和其他受僧侣教唆的人打断。市长被迫出面干预,以维持城市的和平。他并未以康斯坦斯主教而是以自己的名义发布了一道命令,规定应宣扬纯正的上帝之道。苏黎世的乡村教士大会也做出了相同的决定,苏黎世市与教士们准备一起迈向宗教改革之路。不久前(7 月 2 日),慈温利和其他 10 位神父向主教陈情,要求他允许治下的教士结婚合法。这份文件除表明思想观念的渐进变化外,并无任何实效。它揭示了教士独身制度在瑞士的实际情况。

第五节　公开辩论

大议会此时已明确站在慈温利这边。在这些形势下,它决定举行公开辩论,以解决宗教争端。慈温利起草了一份有 67 条论纲的文件供大会讨论。这些条款是他的教义学说的纲目。其中坚持认为上帝之道是信仰的唯一准则,接受上帝之道靠的不是教会权威,而是其自身的权威。道充盈着整个基督,基督是唯一的救主,是上帝真正的儿子,把我们从永死中救赎出来,使我们与上帝重归于好。它攻击教皇至上、弥撒、圣徒的代祷、人可以靠善功称义、禁食、朝圣和炼狱的思想或制度。他在谈到教士独身制度时说:

34 “我知道没有比法律上禁止神父结婚，而又允许他们花钱纳妾嫖娼更恶劣、更可耻的了。呸，不要脸！”①这一条只有短短的一句。

辩论于1523年1月29日在市政大厅举行，这是瑞士苏黎世宗教改革四个阶段的第一幕。600多位代表到会听辩。该州的教士全部到场，法贝尔代表康斯坦斯主教主持会议，瑞士其他地区的许多著名神学家也参加了辩论。法贝尔想推迟辩论，以便先召开全民议会，慈温利则回答说，那些有能力的信仰良好的基督徒学者们与议会一样能决定《圣经》的含义。辩论的结果是，市长宣布慈温利证明自己的理论是对的，他不是异端。苏黎世州实际采纳了慈温利的观点，慈温利受到鼓舞，继续前进。

他的行动非常谨慎。他通过细致耐心的布道，出版并传播这些论题，不遗余力地教育人民进一步革新。他认为他的职责在于教育，但进行变革的职责则在市政当局。没有市政当局的授权，他不采取任何行动。他强烈反对教堂内使用圣像，并大力进行反对宣传。一些狂热的信徒开始破坏雕像和图画。大议会据此从全局
35 出发，决定召开第二次公开辩论，以便公开讨论这个问题。这次讨论（1523年10月）持续了两天。800多人到会，其中有350名教士。慈温利在辩论的第一天，从教堂内的偶像说起，希望禁止使用，议会决定把雕像和图画从教堂中清除出去，但不得引起骚乱；参与暴乱的人将受到宽恕，但主谋将被驱逐出城两年。会议第二

① 参见 Schaff, *Creeds of the Evangelical Protestant Churches* (London, 1877), p. 197; Niemeyer, *collectio confessionum in ecclesiis reformatis, publicatarum* (Leipzig, 1840), p. 3; Müller, *Die Bekenntnisschriften der reformierten Kirche*: *Zwinglis Theses von 1523*, Art. 49, p. 5。

天的主题是弥撒。慈温利恳请道，弥撒并非献祭，而是缅怀主的死亡，并敦请清除对纯朴的基督教仪式的滥用行为。再洗礼派也参加了会议，并阐明了自己的观点，这提醒官吏们谨慎行事，他们决定任命一个八人委员会——两名议会成员和六名教士，进行调查，并做出汇报。同时，教士们还得到指示，被告知如何行动，而指示信则由慈温利草拟。市政当局还委派讲道员到州的偏远地区，向人民详细解释整个事件的全过程。

慈温利给苏黎世州教士的指示信是宗教改革原则的简短声明。它有时被称为指示，慈温利的标题是《尊敬的苏黎世议会给住在城里、农村以及其治权所辖所有地区的司牧和讲道员的一份简明基督徒信纲，以便他们从此能够一致地宣扬并教导福音》[①]。这封信论及罪、律法、上帝救赎的方式，接着谈到圣像。慈温利认为教堂内的雕像及图画导致了偶像崇拜，应予以清除，结尾部分讨论的是弥撒问题。作者在这里非常简单明了地指出，圣餐礼的主旨 36
不是重复基督的牺牲，而是对基督牺牲的忠实缅怀，罗马的理论及弥撒仪式已深陷迷信之泥潭，应当彻底改革。慈温利后来对这个问题有详细的讨论。

这封信的效果非常显著。乡村神父到处拒绝根据旧礼仪实施弥撒仪式。但也有一部分人，包括明斯特教士团的一些成员，则拒绝对基督教崇拜的这个主体部分所作的变革。议会为了尊重这些人的情绪，决定新旧礼仪可以同时在圣餐仪式中使用；一方将圣杯

① Müller, *Die Bekenntnisschriften der reformierten Kirche* (Leipzig, 1903), pp. xviii and 7. 这份指示是一个冗长的文件。

发给平信徒，另一方则不发给平信徒。祈祷书则不做任何变动。接着又召开了第三次、第四次会议，并最终废除了弥撒。1525 年 4 月 13 日，首次福音圣餐仪式在大明斯特教堂举行，中世纪的崇拜方式寿终正寝。其他改革相继出台。修道院世俗化了，不愿意还俗的修士则集中到方济各女修道院。教会的其他基金也将作妥善安排，其中的存款则主要用于教育。

从 1522 年起，慈温利便与安娜·莱茵哈德生活在一起，可谓"教士"的婚姻。安娜是一位苏黎世富有市民的遗孀，虽然他们并未履行法律上的结婚仪式，但慈温利的朋友仍称她为他的妻子；我们也许很难评判这个人及其时代。所谓的"教士"婚姻在瑞士是司空见惯的。男女双方视对方为妻子和丈夫，并忠于对方，婚姻、离婚、继承等诸问题也归教会而非民事法庭管辖；由于《教会法》
37 坚持教士不得结婚，因此所有此类的"教士"婚姻在法律上只不过是姘居，所生孩子也是非法的。违反童贞（贞操）誓言的人向主教缴纳罚金，就可以得到宽恕。早在 1523 年，苏黎世一位名叫威廉·朗布利的教士便公开举行了婚礼，其他人纷起效尤；但这些婚姻的合法性是很成问题的，因为直到 1525 年苏黎世才通过了自己的婚姻法。

路德在自己的《致德意志民族基督教贵族公开书》（1520 年）中曾提到这些教士婚姻，并报以极大同情：

> 他说："我们看到，教士阶层是如何的堕落，许多可怜的教士如何被女人和孩子拖累，又承受着良心上的负担，可就是没人去帮帮他，尽管他完全有可能得到很好的帮助。……面对

> 那些不快乐的人们，我不愿隐瞒真实的想法，也不会幸灾乐祸、袖手旁观，他们与妻子儿女活在困境中，挣扎在耻辱里，背负着良心上的包袱，听别人把妻子叫作教士的妓女，而称其子女为杂种。……我说这两个人（在内心里永远相互忠诚地生活在一起）确实在上帝面前结了婚。”

他从未屈服于肉体的诱惑，一直保持着肉体和灵魂的贞节；恰恰如此，他能够同情并用同情来帮助那些堕落的人。相反，慈温利在投身宗教改革后，便有意卷入了这桩非法婚姻。这个行为成为他个性上的永恒的污点，也使他和路德和加尔文处在不同层面。我在前面早已指出慈温利总是从思想而非精神上认识到宗教改革的需要的，他比路德或加尔文都更是一位人文主义者，——但引人关注的是，我们有确凿的证据表明个人虔敬之需要在这些年里给他留下了深刻印象，而且他经历了一次宗教危机，虽然与路德相比程度 38
稍差些，但确有其事。他染上了瘟疫（1519 年 9—11 月），死神的阴影使他听天由命，而康复则使他感激不尽，这段经历成了他的一些赞歌的素材。① 他的兄弟安德鲁的死亡（1520 年 11 月）似乎是内在精神体验的真正转折点，其真实性和恒久性体现在他书信和著作中。他的同辈兼朋友马丁·布塞尔的评价也许最令人满意：

> “当我读到你给卡皮托的信，得知你已公开宣布你的婚姻

① 这些赞歌的译文收录在 Macauley Jackson 教授的 *Huldreich Zwingli, the Reformer of German Switzerland* (New York and London, 1903), pp. 133,134。

> 问题时，我真是太满意了。因为这一直是我希望你所做的事情。……我一直都认为自从你在那篇论文中向康斯坦斯主教暗示渴望得到这份礼物后，你就已经结了婚。但实际上，有人认为你是个通奸犯，其他人则认为你不信仰基督教，一想到这些，我真是不明白为何长久以来你一直在隐瞒，为何不光明正大地公开宣布。我并不怀疑你是深思熟虑过此事的，因为你是一个深思熟虑的人。无论如何，现在你在所有的事上都具备了使徒的风范。我为此而欢呼。”①

宗教改革正在向苏黎世以外的地区传播。许多其他州兴起了福音宣教士，应者云集。

第六节　苏黎世以外的宗教改革

巴塞尔有一所著名大学，也是德国人文主义的中心之一，在慈温利的老师托马斯·威登巴赫的影响下，这里云集了许多学者。沃尔夫冈·法布里库斯·卡皮托是伊拉斯谟的学生，也是一位著
39 名的《圣经》研究专家，他早在 1512 年时就指明，礼仪及教会许多的措施在《圣经》中并无权威可寻。1512 至 1520 年间他在巴塞尔工作。约翰内斯·厄科兰帕迪乌斯（胡斯根或辛斯根）在 1521 年是路德的支持者之一，他在 1522 年来到巴塞尔大学，成为《圣经》讲师。他对镇民的讲座和布道引发了一场大运动，以致遭到主教

---

① Stähelin, *Briefe aus der Reformationszeit*, pp. 15—19.

禁止。市民要求公开辩论，1524 年 12 月举行了两次辩论——一场辩论由一位名叫施特尔的教士领导，主题是反对教士独身，另一
场由威廉·法雷尔[①]领导。辩论鼓舞了福音派的士气。1525 年 2 40
月，议会任命厄科兰帕迪乌斯为圣马丁教堂的讲道员，并授权他可以根据上帝之道要求做此类的改革。这就是开始。厄科兰帕迪乌斯成为慈温利的铁杆朋友，二人一起并肩工作。宗教改革在伯尔

① 威廉·法雷尔于 1489 年出生在加普附近的一个村庄，加普地处多菲内东南角的山区，与普罗旺斯接壤。他是贵族出身，从年幼起就很虔诚。他在 *Du vray usage de la croix de Jésus-Christ*（pp. 223 f.）一书中描述了他孩提时代的一次朝圣。在他富有冒险色彩的一生中，他保持了罕有的正直个性、狂热的情感及对各种错误行为的愤怒。他说服父母让他到巴黎接受教育，于 1509 年到了都城。他在那里生活了 12 年，其中部分时间作为学生，部分作为勒穆瓦那学院的教授，并在那里成为雅克·勒菲弗尔·戴塔普勒的朋友兼忠实信徒。他追随勒菲弗尔到了莫城，并且是那里著名"小组"成员之一。宗教迫害和主教的胆小犹豫驱散了这些宣教士，法雷尔回到了多菲内，并试图在加普宣传福音。他未被允许，"因为他既不是修道士也不是神父"，并被主教和人民驱逐出去。他接着想在吉耶纳宣传福音，但同样未能成功。想到法国没有一个地方向他敞开大门，他便来到了巴塞尔。他在那里向巴塞尔大学呈上某些条款，并请求允许他就此举行公开辩论。但学校当局拒绝了他。他随后向城市的议会陈情，并获准举行辩论。法雷尔的十三条款又称论纲，由 Herminjard 收录在 *Correspondance des Réformateurs dans les pays de langue française*（i. 194，195）中。他在巴塞尔为法国避难者建立了一个小教会（他信中所谓的"ecclesiola"），但他是一个狂热而又躁动的先锋，很难过平静的生活。到 1524 年 7 月底，他已在距贝尔福特以南几英里处的蒙彼利埃宣教，接下来的骚乱使厄科兰帕迪乌斯恳求他把勇气与谨慎结合起来（Herminjard，*Correspondance*, etc. i. 255）。他接着先后去了斯特拉斯堡（1525 年 4 月），去伯尔尼，试图在纳沙泰尔宣教，最后在伯尔尼的一个偏远地区艾格勒开办了一所学校，希望有机会继续其福音工作。人们很快就被发现了他，并试图阻止其理论的流传；但伯尔尼当局坚持要求人们不得打扰他。1527 年初，他积极地参加了在伯尔尼举行的大辩论。同年他成为艾格勒的牧师，并有了牧师住宅和薪水；但这种工作对他来说太沉闷了。他做了长途宣教旅行；他的身影出现在洛桑、莫拉、奥尔伯及其他地方，并一直受到伯尔尼当局的保护。1532 年他开始在日内瓦工作。

尼也取得了进展。伯图尔德·哈勒[①]和塞巴斯蒂安·迈耶[②]几年来一直以极大的勇气宣扬福音，并得到画家尼古拉斯·曼内尔的支持，后者在市民中的影响很大。议会决定允许自由宣教，但要与上帝之道相一致；但他们拒绝了崇拜或仪式中的新花样；并禁止把异端书籍带入城里。福音派的人数剧增，到 1527 年初不但在大议会而且在小议会中占据多数。就在那时，他们决定举行公开辩论。

这次辩论是瑞士宗教改革史上最重大的时刻之一。此前，苏
41 黎世是孤军奋战；如果伯尔尼加入改革行列，瑞士势力最强大的两个州就能站稳脚跟，联合势在必行。森林诸州一直在扬言威胁，慈温利的生命也不安全。伯尔尼完全清楚即将举行的辩论的重要性，便尽可能造声势，给人的深刻印象，同时决定对辩论双方代表一视同仁，给予彻底的自由及安全保障。他们向在州境内拥有教区的四位主教康斯坦斯主教、巴塞尔主教、瓦莱斯主教和洛桑主教发出邀请；并尽力招揽大量的著名罗马教会神学家到会[③]。他们不但允诺行动安全，而且会派先锋队到各地迎接并护送回去[④]。

---

① 伯图尔德·哈勒出生在阿尔丁根（1492 年）；在鲁特维尔和弗茨海姆学习过，并在那里结识了梅兰希通，他获得了科隆大学的神学学士学位，在鲁特维尔教过一段时间的书，然后到伯尔尼任教（1513—1518 年）。他在 1521 年被选为那里大教堂的人民神父，他富有同情心，善于雄辩，是城市的一个权威人物。但他又时常垂头丧气，并常常差点离开。慈温利鼓励他留下来并坚持。

② 塞巴斯蒂安·迈耶是阿尔萨斯的一个教士，从 1518 年起就在伯尔尼宣教，反对罗马教会的腐败。多明我会在伯尔尼的丑行（1507—1509）以及 1518 年赎罪券贩子参孙的行为，使伯尔尼人乐于倾听攻击罗马的言论。

③ Herminjard, *Correspondance des Réformateurs dans les pays de langue française* (2nd ed.), ii. 55.

④ 同上，ii. 94, 95。

然而，很快就可以看出，罗马的党徒并不太渴望与会。被邀请的主教除洛桑主教外，似乎连到会的念头都没有，而后者也借故谢绝了[1]。罗马的党徒对这次讨论充满了焦虑，皇帝查理五世则从斯拜耶尔（12 月 28 日）写信来，向伯尔尼的官吏提出强烈抗议[2]。伯尔尼人是不会被恐吓吓倒的。他们发出了邀请，进行了周密安排，以便给大辩论增辉添彩[3]。伯图尔德·哈勒在慈温利的帮助下起草了 10 条论纲，由他和同伴弗朗西斯·科尔伯一起来捍卫，以方 42
便外来的陌生人。慈温利将它译成拉丁文，法雷尔则负责译成法文，论纲与邀请函一起发出。这些论纲是——（1）神圣的公教会源于上帝之道，基督是教会的唯一首脑，并居住在里面，它不倾听陌生者的声音[4]。（2）除上帝之道外，基督之教会并未制定法律和法规，因此教会称之为戒律的那些人为法令并不束缚我们的良心，除非建立在上帝之道的基础上并得到认可。（3）基督是我们的智慧、公义、救赎，是全世界罪的代价；所有认为可以通过任何其他方式赢得救赎的人，或用其他方式赎罪的人，都离弃了基督。（4）认

---

① Herminjard, *Correspondance des Réformateurs dans les pays de langue française* (2nd ed.), ii. 61, 74, 89, 94, 96.

② Ruchat, *Histoire de la Réformation de la Suisse*, i. 368.

③ 邀请信写道："我们，市政官暨伯尔尼市的大小市政会，向接获此通告的全体教俗人员，包括主教、修道院长、修会会长、主任司铎、司铎、本堂神甫、圣器室管理人、副本堂神甫和上帝言语的宣教人，向所有教区和修会圣职人员并我们的全体市政官、城市长官、修会会长、一切尉官和其他军官，以及我们亲爱的、忠诚的属民，我们下属全体居民和领主，向你们致以亲切而友好的敬意！

我们希望让你们知道，我们本着有益于基督教徒间的和平安宁（这是极为有用的）的宗旨，就基督信仰中产生的争执发出了许多谕令和公告，等等。" Herminjard, ii. 54.

④ 参阅 *Scots Confession* of 1560, Art. XIX.："The trew Kirk quhilk alwaies heares and obeyis the voise of her awin Spouse and Pastor."

为基督的体和血真实地临在圣餐的饼中，这在《圣经》中不可能得到证明。(5)弥撒——基督在其中为着生者和死者的罪被献给父上帝——是与《圣经》背道而驰的，是对基督受难和死亡的极大侮辱，因而在上帝面前是可恶的。(6)因为唯独基督为我们而死，又因为他是上帝与信徒之间的唯一的中保及代祷人，唯独应当向他祈祷，因此所有其他中保及代祷者都应排斥，因为他们并不能在《圣经》中找到证据。(7)《圣经》中看不到死后有炼狱的蛛丝马迹，因此所有为死者举行的如守夜、弥撒以及诸如此类的仪式，都是无用功。(8)制作并崇拜图画是与《旧约》和《新约》背道而驰的，应予以销毁，以免人们乘机崇拜。(9)《圣经》并未禁止任何人
43 结婚，但禁止所有人放荡及奸淫。(10)《圣经》确实绝罚奸淫者，因而教士阶层放荡和奸淫行为比其他阶层都更加丑恶。

这些简明的论纲代表了瑞士改革派教会的信条，其中第四条后来发展为慈温利的圣餐理论[①]。

伯尔尼议会向福音教派德国和瑞士城市的主要宣教士发出邀请，请他们参加会议。有斯特拉斯堡的布塞尔和卡皮托，缪尔豪森的雅各布·奥斯伯格，康斯坦斯的安布罗斯·布拉勒尔，沙夫豪森的塞巴斯蒂安·瓦格纳[②]，姓霍夫迈斯特(厄科诺姆斯)，巴塞尔的厄

① 论纲的原文是德文，由穆勒出版，见 *Bekenntnisschriften der reformierten Kirche* (Leipzig,1903)，pp. xviii, 30；法文版则由 Herminjard 在 *Correspondance des Réformateurs dans les pays de langue française* (2nd ed.)中出版，ii. 59, 60。

② 塞巴斯蒂安·瓦格纳于 1476 年出生在沙夫豪森。他在巴黎受业于拉斯卡利斯，在苏黎世的方济各修道院教神学，后来到康斯坦斯。他接受了宗教改革，然后回到故乡，成了一名宗教改革家。

科兰帕迪乌斯以及许多其他人[①]。大家都殷切盼望慈温利到来。苏黎世人担心其领袖的人身安全没有保障,便派了一支300人的武装卫队,护送他到伯尔尼。苏黎世人出现时,市民和外来人员将主路两侧挤得水泄不通,两边楼上的窗户也都挤满了旁观者,苏黎世人把他们的牧师围在中央的安全地带,缓缓地从大门走向主教座堂。

罗马神学家并没有如此调兵遣将。四个森林州的人只是冷冷地旁观;法语区瑞士的当权者们对辩论并无兴趣,弗莱堡强硬的罗马教会则竭力阻止纳沙泰尔、莫拉及格兰德森的神学家到伯尔尼去;尽管困难重重,仍有不下350名教士赶到了会场。会议在1月 44
15日开幕(割礼节之后的那个礼拜日)[②],并继续用德语开到24日;从25日起,进行第二场辩论,这次辩论共两天,是为说拉丁语的陌生人专门举行的。“当为陌生人(Welches)举行的辩论开幕时,一位(巴黎的)异乡博士与其他几位操同样语言的教士走上前来。他攻击《十论纲》,艾格勒的宣教士法雷尔回答他”[③]。在场的名气更大的罗马神学家似乎有所克制,并不愿参与辩论。洛桑主教辩解道,他们之所以保持沉默是因为他们反对用粗俗的语言讨论此类重大问题;他们并未得到用拉丁语发言的机会;而当皇帝禁止辩论时,伯尔尼当局则告诉他们,如果愿意就可以离开伯尔尼[④]。

辩论的结果坚定了伯尔尼当局和市民走宗教改革道路的决

① Herminjard, *Correspondance des Réformateurs*, etc. ii. 95 n.

② 同上,ii. 55。

③ 同上,ii. 99 n。

④ 同上,ii. 98 n。

心。辩论在 1 月 26 日(1528 年)结束,2 月 7 日,弥撒被废除,布道取而代之;教堂里的圣像全部撤掉,修道院世俗化,基金部分用作教育,部分用来弥补法国和教皇的津贴。津贴制正式被取消,并被宣布为非法。

辩论期间慈温利在大教堂里的两次布道给伯尔尼人留下深刻印象。就在其中的一次布道通过后,伯尔尼共和国的主席 M. 德·瓦特维尔宣布自己坚信福音信仰是真理,并率全家接受宗教改革。
45 他的长子是一位教士,借家庭之势谋得不下 13 份圣俸,是公认的下一任洛桑主教,但却放弃了所有圣俸,去过一种简朴的乡间士绅生活①。

伯尔尼共和国长期以来就把《十论纲》视为其宗教信仰的宪章。伯尔尼当局并不满足于在城内实施法律意义上的宗教改革。他们向辖区内的所有城市和农村派出代表把他们的所作所为告诉他们,并邀请其加盟,效法改革。他们坚持辖区内任何地方都不得干预宣教士宣扬福音,应当让他们自由宣教。他们许诺两种仪式都可以自由实施,直到由市民投票决定采取哪种,投票时伯尔尼派

---

① 尼古拉斯·德·瓦特维尔出生于 1492 年,是伯尔尼圣文森特教士团成员,使徒书记教士、蒙普雷维勒的院长、洛桑的修道院长。他在 1517 年访问了罗马,在那儿接管了蒙特龙修道院,并在第二年成为教皇利奥十世的教廷管家。他在 12 月 1 日放弃了所有圣俸,并很快与从科尼斯菲尔德还俗的一名修女克拉拉·梅结了婚。他始终是威廉·法雷尔的崇拜者。法雷尔性情急躁,行事草率,经常闯祸,他则经常设法保护这位暴躁的改革家。他的弟弟 J. J. 德·瓦特维尔成为伯尔尼的主席,是瑞士宗教改革史上的一个重要人物。德·瓦特维尔家族现在仍是伯尔尼市民中的显贵。

出的特使也将在场。[①] 在大多数教区居民接受了宗教改革后，新 46
的教义标准便是《十论纲》。伯尔尼议会还发布了关于洗礼和圣餐礼方法的指示，并规定了举行婚礼的方式。该州的整个德语区及其属地似乎立即接受了宗教改革。此外，伯尔尼还对一些法语区享有独立的统治权，其他一些地区则与弗莱堡共同统治。新教义在这些地区进展缓慢，但也可以说在1530年底以前这些地区全都接受了宗教改革。不过，法语区瑞士宗教改革的历史则要留在下一章再说，伯尔尼努力使这些地区臣民的福音化工作也将在那里论及。

伯尔尼议会并不满足于此，他们自视为伯尔尼境外受迫害的新教徒的庇护人与卫士，而瑞士西部的福音化则几乎全是她精心培育的结果。[②]

这样，伯尔尼在西，苏黎世在东，两州比肩而立，携手改革。

早在1524年，阿彭策尔州当局就已宣布，可以在其境内自由宣扬福音。托马斯·威登巴赫从1507年起便在比尔任人民神父，

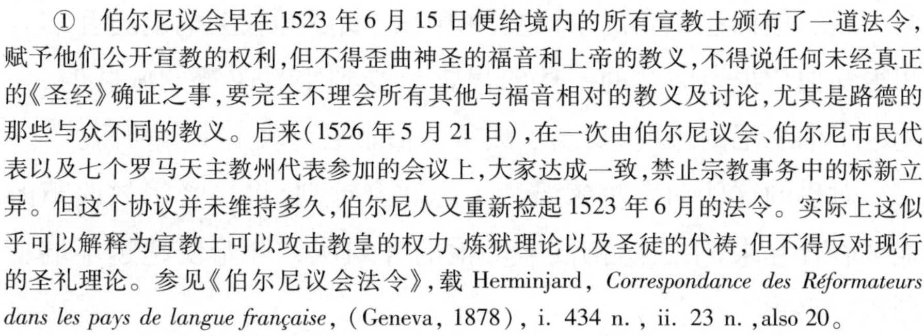

① 伯尔尼议会早在1523年6月15日便给境内的所有宣教士颁布了一道法令，赋予他们公开宣教的权利，但不得歪曲神圣的福音和上帝的教义，不得说任何未经真正的《圣经》确证之事，要完全不理会所有其他与福音相对的教义及讨论，尤其是路德的那些与众不同的教义。后来（1526年5月21日），在一次由伯尔尼议会、伯尔尼市民代表以及七个罗马天主教州代表参加的会议上，大家达成一致，禁止宗教事务中的标新立异。但这个协议并未维持多久，伯尔尼人又重新捡起1523年6月的法令。实际上这似乎可以解释为宣教士可以攻击教皇的权力、炼狱理论以及圣徒的代祷，但不得反对现行的圣礼理论。参见《伯尔尼议会法令》，载 Herminjard, *Correspondance des Réformateurs dans les pays de langue française*, (Geneva, 1878), i. 434 n., ii. 23 n., also 20。

② Herminjard, *Correspondance*, etc., ii. 123, 138, 199, 225, etc. 因为主教囚禁了法雷尔的一位宣教士亨利·波塞勒，伯尔尼在1530年9月写信给巴塞尔主教道："此外，我们不能容许和我们有同样基督信仰的人遭受这样的对待。" p. 277.

并已经在这里播下了福音宣扬的种子。1524 年，他勇敢地结了婚。教会当局的态度很强硬，将他革了职，但一年后，市民强迫州议会允许自由宣扬福音。塞巴斯蒂安·霍夫迈斯特在沙夫豪森宣
47 教，并引导人民宣布宗教改革。圣加仑是被人文主义者约阿希姆·冯·瓦特（瓦第阿努斯）和曾在维滕贝格学习过的约翰·凯斯勒归化的。在德语区瑞士，只有卢塞恩和森林诸州毫不动摇地忠于罗马教会，并拒绝宽容境内的任何福音宣传。瑞士同盟在宗教上分裂为两大对立阵营。

巨大的宗教分歧不可能不影响瑞士同盟的政治和谐。何况这个同盟的纽带相对较脆弱。但令人惊奇的是他们竟然没有毁掉它。

早在 1522 年，康斯坦斯主教就在巴登举行的瑞士联邦议会上请求在联邦境内禁止宣扬宗教改革理论；第二年，议会在另一次巴登会议（1523 年 9 月）上发表了一份声明，扬言要惩罚在宗教上标新立异的人。卢塞恩的代表在促成议会通过这项决议的过程中异常活跃。因此，企图利用联邦实行宗教迫害，开此先河者乃罗马教会一派。他们还不满足于议会的声明。属罗马教会的翁特瓦尔登州得知伯尔尼奥波兰的一些农民抱怨受到宗教改革的威胁时，便越过了伯尔尼的边境，发动了战争。伯尔尼对攻击十分愤慨。

对手的这些动作使慈温利考虑联合计划，将接受宗教改革的地区联合起来，结成防御同盟。他的计划从一开始便超越了瑞士同盟。

帝国城市康斯坦斯是宣称对苏黎世拥有教会事务权力的主教管区的首府，在安布罗斯·布拉勒尔的大力鼓动下转向了新教信

仰。主教退到梅尔斯堡，教士团则到了于贝林根。该城害怕受到
奥地利的攻击，便祈求瑞士新教的保护。联盟有利于新教，因为康 48
斯坦斯与林道一道控制着康斯坦斯湖。苏黎世便请求批准康斯坦
斯加入瑞士联邦。但联邦议会拒绝了（1527 年 11 月）。苏黎世便
与康斯坦斯结成一个以共同宗教信仰为基础的联盟——“基督徒
市民同盟”（*Christian Civic League*）。相约一旦受到攻击，便互相帮
助。这个先例一开，便很快成为效法对象，在接下来的两年间，该
同盟迅速壮大。1528 年 6 月，伯尔尼加入，1528 年 11 月圣加仑加
入，1529 年 1 月比尔加入，2 月缪尔豪森加入，3 月巴塞尔加入，10
月沙夫豪森加入。1530 年 1 月，斯特拉斯堡被接纳为成员。就连
黑森和符腾堡也想加入。伯尔尼和苏黎世达成协议，允许在公共
领地内宣扬福音，任何人不得因宗教观点受到惩罚。

联合的威胁性似乎很大，并包含着种种这样的可能性，以致奥
地利的费迪南德提出建立一个由罗马派诸州组成的反同盟。1529
年，“基督徒同盟”（*Christian Union*）宣告成立，其成员包括卢塞恩、
楚格、施威茨、乌里、翁特瓦尔登和奥地利公国，其目标是保存中世
纪的宗教，并在教会当局的指导下进行某些革新。同盟成员相约
有权惩罚异端。该同盟也有可能扩大，巴伐利亚和萨尔斯堡是有
望加入的。瓦莱斯州早已与萨伏依结盟对付日内瓦，并将其同盟
带入“基督徒同盟”。两个同盟的形成带来了战争的威胁，敌对行
为并非罕见。奥地利急于进攻康斯坦斯，伯尔尼则想惩罚翁特瓦
尔登，以报其领土被无缘无故入侵之仇。公共领地和自由管区地
区福音信徒的形势和保护问题都要求得到解决，尤其是罗马派诸 49
州已发誓相互支持惩罚异端的权利。战争似乎已不可避免。沙夫

豪森、阿彭策尔和格劳本登努力斡旋；但由于苏黎世和伯尔尼不愿意听取任何不包括自由宣教权规定的提议，因此，他们的努力没任何效果。本来就困难重重的局面又被施威茨弄得进一步恶化，他们在境内抓住了一名叫凯泽的苏黎世牧师，诅咒他为异端，并烧死了他。这是战争的信号。新教同盟达成协议，苏黎世人应当攻击罗马诸州，而伯尔尼则要保卫公共领地，如果需要的话，还要保卫其姊妹州的领土。战役计划是由慈温利亲自起草的，他还草拟了和平的条件。他的建议是，森林诸州必须允许在其境内自由宣扬福音；他们必须弃绝任何外部权力给予的津贴，接受津贴的所有人都将受到肉体和金钱上的惩罚；必须放弃与奥地利的同盟；必须向苏黎世和伯尔尼支付战争赔款。两军对峙之际，格拉鲁斯州的政府主席汉斯·奥伯利强烈呼吁苏黎世人听听敌人的提议。双方的士兵都不喜欢自相残杀。他们视对方为兄弟，两军前哨部队称兄道弟起来。在这种形势下，苏黎世军队（军队在战场上缔结条约是瑞士的风俗）接受了敌方提出的和平条约。这就是《卡佩尔第一和约》（1529 年 6 月）。和约规定，解除奥地利与罗马派诸州的同盟关系，同盟的条约也被“撕成碎片”（约书被当众用匕首切成碎片），在公共领地内，任何人不应因宗教观点受到迫害；旧信仰是存
50 是废，应按多数原则表决，应当派观点谦和的官员来统治他们；任何一方不得因宗教攻击对方；罗马派诸州需向苏黎世和伯尔尼支付战争赔款（金额确定为 2500 金克朗［Sonnenkronen］）；建议卢塞恩和森林诸州废除外国津贴制和雇佣军制。和约为未来的战争埋下了伏笔；因为苏黎世人相信他们已经争取到了在罗马诸州境内自由宣教的权利，而这些州则相信他们可随意规定自己的内政。

慈温利更倾向于用战争来解决问题，事态未来的发展恰恰验证了他的观点。

《卡佩尔第一和约》签订后三个月，慈温利应召参加马堡会谈，瑞士的宗教改革也不可避免地与更大范围内德国的教会政治联系在一起。不过，这一点留在以后说或许更好些，还是先说完瑞士运动的内部史吧！

《卡佩尔第一和约》只是一个休战，留给双方的仍是愤怒。当新教州发现罗马派诸州不允许在其境内自由宣教时，双方的摩擦加剧。他们还机敏地怀疑，虽然同盟文书已被烧毁，但与奥地利的关系仍旧保持着。有件事情似乎验证了他们的怀疑。一位名叫乔万尼·贾克谟·德·美第奇的意大利雇佣军队长攻占了科莫湖的重要据点卢克·迪·穆索，并统治了整个湖区（1525—1531 年）。这个恶棍谋杀了格劳本登派到米兰的特使马丁·保罗父子，还越过科莫湖，强占格劳本登（格里松斯）境内肥沃的阿达河谷，也就是瓦尔泰利纳。瑞士联邦有义务保卫其邻居；但罗马派诸州却拒 51
绝了申请，这是奥地利在从中作梗。此外，罗马派诸州在联邦会议上拒不听从境内关于宗教迫害的申诉。苏黎世与同盟州召开了一次会议，决定强迫罗马派诸州废除外国津贴制度，并允许在其境内自由宣教。苏黎世准备开战，但伯尔尼的建议占了上风。会议决定，如果罗马派诸州不同意这些建议，苏黎世及其盟邦应禁止酒、小麦、盐、铁从其境内流向森林诸州。结果森林诸州率先宣战，他们乘苏黎世不备，进攻该州，双方在卡佩尔交战，苏黎世大败，慈温利被杀。他是这支苏黎世小军队的随军牧师。罗马派的胜利促成了《卡佩尔第二和约》，但这次的条件完全相反。大多数新教州都

要支付战争赔款。每州有处理其宗教事务的权利;“基督徒市民同盟”应予解散;罗马派教会制定了一些特殊条款,实际确保了他们的权利,而新教少数派则无法享受到。苏黎世保持了领土的完整,但在卡佩尔条约的规定下,她不得不授予其乡村地区以权利。她有义务在所有重大事情上征求他们的建议,尤其是没有他们的同意不得宣战媾和。

苏黎世毁灭性的战败,加上慈温利的去世,这使他们失去了新教州的领袖地位,宗教改革运动的牛耳逐渐落到日内瓦手中,日内瓦是一个盟友而非联邦成员。《卡佩尔第二和约》还有一个更重
52 要的永恒结果,瑞士宗教改革像德国的那样无法扑灭,既然任何一方都无法独霸全境,罗马天主教与新教就必须划疆而治,尽量和平共处。

慈温利去世后,瑞士的宗教改革与德国和日内瓦的更广阔的宗教改革都密切相关,几乎无法单独叙述。它还与圣餐礼的教义紧密相关,正是圣餐礼使慈温利和路德分道扬镳。

第七节　圣礼之争

1528 年的伯尔尼辩论中的第四条为“基督的体和血从本质和肉体上在圣餐中,这是得不到《圣经》证明的,”①这个论断也成为早期瑞士宗教改革的明确口号。这是一个否定性的命题,或许是大胆清除弥撒中教士神迹的最早官方声明,而弥撒中的教士神迹

① Müller, *Die Bekenntnisschriften des reformierten Kirche*, p. 30.

正是接受新教的基础理论——一切信众在精神上皆教士——的最强大的理论及现实障碍。宗教改革的神学领袖们一直在密切关注这个问题，这种予以抛弃的严厉方式同时见诸低地国家、上莱茵地 53
区以及许多帝国城市的神学家笔端。德国平民的神学家卡尔施塔特的安德鲁·伯登斯坦就曾经非常纯朴地表述了这种观点；但进行详细论证的却是慈温利，他以一则非常单薄的对《圣经》的解释为基础，创造了一种合理但又有些欠缺的理论，认为主所说的"这是我的身体"这句话的含义只能是"这代表我的身体"。路德一直对卡尔施塔特的所有理论不屑一顾，倾向于夸大他对德国新教平民的影响。路德坚信圣餐礼中饼和酒的元素不仅仅是主的体和血之标志，可他非常愤怒地发现有关这一基督教中心教义的各种观点正在他钟爱的德国流传。路德从未考虑过大多数帝国城市急于采纳的观点是不是真的与卡尔施塔特的有所不同（因为这是这场不可开交的争论中最令人悲哀的事实之一）。他简单粗暴地斥责这些观点，狂风暴雨般攻击慈温利，后者声名远扬，又是这些理论的始作俑者和宣传鼓动者。纽伦堡几乎是唯一一个忠于路德理论的大城市。它也是唯一一个由古代贵族统治的城市，平民几乎没有势力。当范·霍恩和卡尔施塔特在尼德兰，黑迪奥在美因茨，康拉德·萨姆在乌尔姆，当奥格斯堡、斯特拉斯堡、法兰克福、路特林根及其他城市的宣教士们接受并传播慈温利的圣餐理论时，路德和他当时的同党看到的不仅仅是教义上的分歧。把新教一分为二并使路德和慈温利看上去成了两大对立集团的领袖的，不仅仅是圣餐的含义或一句难以解释的经文，而在1529年的斯拜耶尔会议后，联合成了这场运动的当务之急。社会和政治思想将神学问题

54 复杂化了，争论双方的领袖虽然没有公开承认，但至少是有这样的想法的。一方是路德认为应对农民战争部分负责的人，他们是公认的民主领袖，路德虽不怕他们，但也不信任他们。这些人仍然想把宗教改革与大的政治方案连在一起，试图用法国和其他联盟削弱帝国权力。他们只不过在其他罪行中再添上一个神学理论。路德很实在地认为，这会使信徒不再确信他们在圣餐中是与主合为一体的。

不过真正的神学分歧并不像一般所说的那么严重。慈温利的圣餐理论并不是卡尔施塔特的不成熟理论；如果路德稍微客观分析一下，应该能明白这一点。二人虽针锋相对，但实际上他们的观点却是互补的，尽管没有表述出来，但都间接地持有对方的观点。路德与慈温利是从两个不同的观点看这个问题，双方在争论中既没有相互明白，也没有真正地面对面交手过。

在整个基督教会的历程中，共有三种关于圣餐礼的重要理论，这三种理论说的都是救世主为其子民死在十字架上。这三种思想是宣告论、缅怀论、分享或交通论（Proclamation, Commemoration, and Participation or Communion）。信徒在圣餐中宣布主的死亡及其含义；他们缅怀主的牺牲；他们分享钉在十字架上的基督也就是复活的救世主，或与他交通。中世纪的教会坚持这种与基督联为一体的圣礼掌握在教士手中，由他们给予或予以拒绝。正式授职的教士，并且只有他们才能把崇拜者带入与基督的这种关系中，使
55 圣礼中的分享成为可能；中世纪的变体论（Transubstantiation）也正是从此发展起来的。它还把圣餐礼分成两个不同的仪式（这个词并不能很好的表达）——弥撒和圣餐，前者天生为了缅怀，而后者

则是分享。

新教一致否认教士在圣礼中有什么特殊的神能，能把基督与其子民结合在一起；但很容易发现，虽然他们说的是同一个问题，但却可能有两种不同的选择——弥撒或圣餐。慈温利走了一条道，路德则选择了另一条。

慈温利认为，中世纪教会偷梁换柱，用非《圣经》的重复思想取代了《圣经》中的缅怀思想。因为中世纪的教士自以为接受了授职，使具有了神奇力量，以为真的能把饼和酒变成耶稣的真实肉体，在完成这个动作之后，以为用牙咬碎饼就能够重复出十字架上的痛苦。慈温利认为这种思想完全是亵渎上帝。它玷污了唯一一次伟大的牺牲；它与《圣经》相背；是建立在子虚乌有的所谓教士能制造奇迹的说法之上的。他认为《约翰福音》第六章禁止所有认为仅仅通过口的分享就能得到精神福祉的想法。人们在圣餐中挪用并缅怀的是由基督之死换来的赎罪；而赎罪始终是靠信仰得到的。因此，慈温利理论的两大主旨是，中世纪的理论必须予以净化，用缅怀耶稣之死取代重复基督之死；用接受精神福祉的器皿——信仰代替用牙齿咀嚼的思想。但慈温利认为，鲜活的信仰总是与基督的临在密不可分的，因为如果与救世主缺乏真正的精神联系就没有真信仰。因此，慈温利坚持认为基督在圣餐中是真
实临在的；但临在是精神上的，并非肉体，是由信徒之信仰而非饼 56
和酒之元素实现的，饼和酒只是代表身体的标志。该理论的不足在于，圣餐中的基督之临在不依赖圣餐礼仪式。只有信仰行为中的临在，并没有圣餐礼上的存在。只有在慈温利详细论证了自己的理论后，他才找到解释主的话的方式，并认为“这是我的身体”

一定意味着“这代表我的身体”。他的理论与卡尔施塔特的完全不同，可路德始终认为二者是一回事。

路德走的完全是另一条道路。路德最反感的是中世纪的圣餐礼理论践踏了一切信众在精神上皆教士的理念。他反对变体论和秘密弥撒，因为这是最臭名昭著的两点。他第一次就这个问题（1519）布道时，就要求把“圣杯”发给平信徒，他在布道中的一句话表明了其思想的倾向。他说，在圣餐礼中，“交通者与基督及其圣徒是如此地合为一体，以至于基督的生命及苦难还有圣徒的生命及苦难全变成交通者的了。”没有人比路德更坚信赎罪是由主，并且只有主才能完成的。因此，他在说到与圣徒的生命及苦难合为一体时，就不可能想到赎罪。他相信圣餐礼的关键在于与基督的伙伴关系，正如其使徒和圣徒所做的那样。当然，也会涉及基督之死和赎罪，因为没有基督之死，就不可能有伙伴关系，但这只是一种间接的涉及，是通过伙伴思想体现出来的。我们在圣餐礼中触摸基督，一如他活在世上时，他的使徒那样触摸他，又如其荣耀
57 的圣徒现在触摸他一样。因此，这清楚表明，路德在圣餐礼中看到的是主荣耀身体的临在，圣餐的首要用途便是把交通者与主荣耀的身体连为一体。这要求基督荣耀的身体在圣餐中临在（路德还认为是一种延伸到空间的临在），以便交通者真正与之连为一体。但与活生生的基督相交通，意味着挪用基督之死以及藉其死亡赢得的赎罪。所以，慈温利直接讨论的受难的基督，路德间接地得出了同样结论；慈温利间接得出的活生生的复活基督之结论，路德是直接得出的。路德引入了经院哲学的空间临在理论，从而避免了需要教士的神能把延伸在空间的身体直接与饼和酒的元素连为一

体的说法。经院学者认为身体在空间中有两种临在方式：它可能排除任何其他身体，独享临在空间，也可能与另一个身体一起共享临在空间。基督荣耀之身体的临在属后一种方式。主复活后突然在一间关着门的屋子里向门徒现身，采取的就是这种方式，因为在某一时刻，主的身体一定与墙体或门占据着相同的空间。基督荣耀之身体因此很自然地临在于元素之中，根本用不着什么奇迹，因为它是无所不在的。路德说它就在我的书桌中，就在我扔出的石头中。它以一种完全自然的方式临在在圣餐中的元素里，不需要教士的神能将它带到那里。基督的身体在圣餐元素中的自然临在藉上帝的许诺变成圣礼上的临在，从而与分享圣餐的谦恭诚信者连为一体。

这就是在 1529 年把新教一分为二的两种理论，慈温利和路德 58
各领一派，双方的仇恨并非不可化解。这两位神学家都间接地坚持了对方直接宣布的观点。慈温利把基督之死放在首位，但间接承认复活的基督的作用，实际上也回到了早期教会的立场上。路德把与复活的基督的伙伴关系放在首位，但他承认受难的基督之作用，——他在这点上接受的是中世纪的处理方式。一位求助于一句单薄的对经文的解释，另一位则求助于经院哲学的空间理论；不幸的是，争论爆发时，双方自然都会攻击对手最薄弱的环节——路德攻击慈温利对经文的解释，慈温利则攻击路德的空间临在理论。

前面已经提到过黑森的菲利普曾试图从中斡旋，希望路德和慈温利达成谅解，但并没有成功。菲利普是慈温利的好朋友，他很赞同慈温利的政治联合计划。[①] 这没必要再作讨论。但从瑞士宗教改革史的角度来说,还有必要就这场圣餐礼争论的进展再费些笔墨。加尔文逐渐用自己的观点赢得了瑞士的新教徒;他的理论似乎曾一度撮合了分裂的新教,因此有必要说一说。

加尔文是独自开始研究圣餐礼理论的,与路德和慈温利没有关系。他是瑞士神学家,与慈温利的拥趸同伴威廉·法雷尔是好朋友,这使他的理论表述带有慈温利的色彩;但他没有从这位苏黎世改革家那里借鉴任何东西。单从字面上说,他是非常愿意接受慈温利的解释的;但他对慈温利的"这代表我的身体"却做出了另
59 一种完全不同的解释。他愿意称这些"元素"为主的体和血之标记;而慈温利则把它们称为代表那不在场的东西的标记(*signa representiva*),加尔文坚持称之为展示在场的东西的标记(*signa exhibitiva*)——加尔文在继续描述与慈温利理论的关系时,忘记了这个区别,这个区别也同时使他能够去说服路德相信他认为圣餐礼中基督的身体是真实临在的。限于篇幅,我们不能详细叙述加尔文的圣餐礼理论,只能就其中的思想作一个简单梳理。他的目标与所有新教改革家一样,欲建立一个以《圣经》为依据的圣餐礼理论,根除所有迷信及围绕着变体论衍生出来的所有愚昧的物质联想,以便明确保护宗教改革的伟大口号——一切信众在精神上皆教士。他转而探讨中世纪的变体论思想,并询问它是否给予"本质"(substance)一词所意味的以一个真正的概念。他并不相信,而是认为本质的根本思想并不是空间维度,而是权能。身体的本质

---

① Cf. vol. i. 352 ff.

在于其主动和被动的权能，而一切事物本质的临在在于直接应用于此权能。[1] 路德和慈温利说到基督身体的本质时，想到的总是某种空间的延伸，一方坚信基督之身体是某种延伸在空间的东西，能够并曾临在在圣餐中，而另一方则断然否认。加尔文的本质概念则使他可以说任何事物只要行动就有本质。他否认路德坚持的粗糙的“本质”临在；在这一点上与慈温利保持一致。但他又坚信由主动产生的真实临在，在这一点上又与路德站在一起。

梅兰希通明确接受了加尔文的观点，路德则有点含糊不清。60
斯特拉斯堡领导下的帝国城市，在布塞尔的影响下，也加入了维滕贝格协议（1536 年 5 月）的行列，布塞尔也独立得出与加尔文相同的理论；但路德不愿意与瑞士有任何干系。由于瑞士根本没希望成为任何一个路德派的同盟，加尔文便在瑞士开始教义的和谐局面。1549 年，他与慈温利的女婿暨在苏黎世的继承者布林格联合起草了《苏黎世和解》（*Consensus Tigurinus*）[2]。这份文件在神学上是加尔文的，但用的却是慈温利的评语。巴塞尔和伯尔尼费了一番周折才接受了它，而比尔、沙夫豪森、缪尔豪森和圣加仑则热情地接受了它。它结束了瑞士新教间的教义分歧，从此双方都统一在一个信条下。

这并不表示瑞士境内的新教有所进步。罗马派诸州更加团结。米兰红衣主教卡洛·波罗米奥对瑞士的反宗教改革很感兴趣，他把耶稣会引进卢塞恩和森林诸州，他死后，这些州组成一个

① Leibnitz：*Pensées de Leibnitz*，2nd ed.（Paris，1803），p. 106.

② Müller，*Die Bekenntnisschriften der reformierten Kirche*，p. 159.

同盟，包括卢塞恩、乌尔利、施威茨、楚格、翁特瓦尔登、弗莱堡和索洛图恩（1586）。该同盟（波罗米奥同盟）相约维持罗马天主教信仰。瑞士新教与罗马天主教之间的分界实际一直延续到现在。

第三章　加尔文领导下的日内瓦宗教改革 61

第一节　日内瓦

日内瓦注定要成为欧洲改革派的堡垒。它的历史为它所要扮演的堡垒角色做好了准备。

日内瓦城的古老宪法庄严地颁布于1387年。此宪法承认在日
内瓦城内有三种不同的权威:主教是城市的“君主”;伯爵拥有城堡;
以及自由市民。主教受任后的第一件事就是到圣彼得教堂,手捧弥 62
撒书发誓要维持市民的权利。萨伏依家族继承了日内瓦的伯爵爵
位,总督是他们在城里的代表,称为伯爵。他是最高司法官。市民
按照民主的方式组织起来。他们每年举行一次正式的市民大会,选
举四位执政官为代表,并行使统治权。听取主教及伯爵发誓支持城
市的权利及特权是在任执政官的职责。他们负责白天城内的秩序。

这三个独立的权力机构经常发生冲突,在这种三角的决斗中,市民一般与主教联合起来,反对萨伏依家族及其总督。结果是,在教会统治下的中世纪的城市里面很少有像日内瓦城那样更忠于主教的,只要主教尊敬人民的权利,并在他们反抗封建领主的压迫时站在他们一边。

1444 年后，传统的对主教的忠诚不得不面临考验。萨伏依家族的伯爵阿玛德乌斯八世利用手中的权力为自己谋取到了日内瓦的主教职位。他是 15 世纪的一位非常著名的人物，他登上了教皇的宝座，又退位去做一位隐士。从那时起，日内瓦的主教几乎总是萨伏依家族的成员，市民的权利在很大程度上被忽视了。主教职位成了萨伏依家族的采邑，连孩子（一个 10 岁，另一个 17 岁）和私生子竟也坐上了主教的宝座。

经过长期的忍耐后，镇民们自己结成党派，发誓恢复城市的古老权利。他们自称同盟者，其他人也这么称呼他们。主教及萨伏依家族的党徒被称为玛穆鲁克，因为据说他们抛弃了基督教。

63 日内瓦人在困境中求助于他们的近邻瑞士诸州，并请求与弗莱堡和伯尔尼结盟。弗莱堡答应了日内瓦的请求，双方于是在 1519 年结成了联盟；但伯尔尼是一个贵族共和国，不愿意卷入瑞士联盟以外的一个城市的民主斗争中。伯尔尼的市民比他们的统治者更富有同情心，便迫使他们在 1526 年与日内瓦订立了同盟。从伯尔尼议会的角度来说，这是一个非常勉强的同盟。

从瑞士诸州，尤其是伯尔尼的自身利益来看，他们也不希望日内瓦的爱国党派完全灭亡，更不愿意看到萨伏依家族完全掌握“瑞士的西大门”。因此，当主教集结起一支队伍，意图全部消灭城内所有的反对势力时，伯尔尼和弗莱堡集中了他们的力量，击溃了萨伏依的军队。但是，盟军没有乘胜追击，反而满足于与主教达成妥协，主教仍然是日内瓦的领主，总督的权力大大受到了削弱，市民的特权将受到尊重（1530 年 10 月 19 日）。

从这天起，日内瓦便由小议会来统治，也就是通常所说的议会;此外,还有一个仿照弗莱堡及伯尔尼模式建立的二百人议会;最后,还有由全体公民组成的公民大会。所有重大事务都先呈送小议会并经其讨论,然后由二百人议会按照其意图行事。所有的事情,比如实行宗教改革,都必须先经过由全体市民组成的公民大会的批准,才能最终付诸实施。

要是日内瓦有任何愿意加入宗教改革阵营的直接前景的话,伯尔尼应该会更有效地援助这些爱国者的。伯尔尼是西瑞士最强大的新教政权。它从1528年开始采取联盟政策,这使它成为一些 64
城镇及地区的保护者。这些城镇和地区的绝大多数居民急于加入宗教改革的行列,但却遭到其领主的百般阻拦。它与巴塞尔主教境内的城镇结盟,使它们得以申明自己的独立地位。1532年5月(23日),它向萨伏依公爵发出警告,如果他想因宗教的原因迫害佩耶纳的居民话,他们将自己决定自己的命运,并宣布它与该镇的联盟关系历史悠久,先于所有伯尔尼与公爵的现存联盟。① 但日内瓦的情况就不同了。实际上,苗头并非没有,许多人倾向宗教改革。② 一些议会成员在渴望着一场宗教变革。但是,无论改革者多么热诚,他们毕竟是少数派,如果没有日内瓦市政当局内部的邀

① Ruchat, *Histoire de la Réformation de la Suisse*(Paris, 1835—1838), iii. 138.

② 我们知道路德的著作早在1521年5月就在日内瓦传阅,其结果使得人们对教皇的威胁置若罔闻;1522年,在科尼利厄斯·阿格利帕给卡皮托的信(6月17日)中和秘书哈勒给慈温利的信(7月8日)中都谈到了弗朗西斯·兰伯特(谦虚勤奋的人,神谕的仆人),他曾在日内瓦、洛桑、弗莱堡、伯尔尼传道;1527年,伯尔尼议会的秘书霍芬给慈温利写信(1月15日)认为,日内瓦可能赢得宗教改革的胜利——他已经注意到人们对赎罪和弥撒不再有太多的关注(Herminjard, *Correspondance*, etc. i. 101—3, 318 n., ii. 9f., 10 n.; cf. 6)。

请的话，伯尔尼没有理由进行干涉；当然，伯尔尼更不愿意看到在其西部边境上兴起一个强大而又独立的罗马天主教城市共和国。

日内瓦突然在 1532 年陷入了剧烈的宗教骚乱中。教皇克莱芒七世在城内颁布了一道关于赎罪券的法令，其条件与以往没什么不同。6 月 9 日早晨，市民们发现教堂的所有门上都贴满了印刷的大揭帖，宣称“每个人的所有罪行都能得到全部赦免，条件只
65 有一个——悔改，而活信仰在于耶稣基督的许诺中。”整个城市卷了进来。神父们忙着撕揭帖。“路德分子”插手了。骚乱接踵而至；主座教堂教士团的一位成员皮埃尔·威利的手臂受伤。[①]

日内瓦城内外的罗马天主教派都相信这件事并不那么简单。弗莱堡非常怀疑新教大州伯尔尼的影响，这或许并非无中生有。1532 年 3 月（7 日），日内瓦的代表遭到弗莱堡居民的责难，说他们有路德派倾向，日内瓦的福音分子与伯尔尼议会有一些私下交易，还说一旦时机成熟，就将对新教州采取公开行动。揭帖事件是福音派力量增长的表现，它重新唤醒了弗莱堡的怀疑并使之更加警觉。弗莱堡派代表团到日内瓦议会，就揭帖事件[②]及日内瓦城内异端文献的散布传播表示不满（6 月 24 日）。教皇大使从尚贝里

---

① J. A. Gautier, *Histoire de Genève*（Geneva, 1896）, ii. 349. 修女让·德居谢在其 *Levain du Calvinisme*（p. 46）中说：“在 6 月 9 日的周日早上，一些不法之徒在日内瓦所有教堂的门上张贴了印刷好的大幅揭帖，正面写有邪恶的路德分子的主要见解。”；同代的另一位编年史家指出，揭帖许诺了一个“耶稣基督的全体大赦”（Herminjard, *Correspondance*, etc. ii. 422 n.）。

② 他们的信中称，据报告，“有几位日内瓦人在新法律中加上了几页误导性的内容，背离了主教的权威，他们有书并公布了；这违反了弗莱堡公爵的意愿”（同上，ii. 421 n.）。

写信(7 月 8 日)询问事情是否真的像公开报道的那样,路德异端在日内瓦得到公开宣扬,并在家庭、教堂甚至学校里教授。[①] 教皇大使的信被敷衍塞责了事;但他们不得不让弗莱堡满意。埃尔曼 66
雅尔所引的两则议会记录表明他们急于让弗莱堡满意,同时还拿出证据表明他们非常热衷于罗马宗教。他们(6 月 29 日)做出决定,任何学校教师在未获得代理或执政官的特殊执照前,不得在城里传道;他们还(6 月 30 日)要求代理要确保当天的福音书及使徒书信的宣读要"诚实,不得混杂谎言及其他人为的杜撰";他们还指出,他们的意思是要像祖先那样生活,不要任何杜撰。[②]

当法雷尔于 1532 年秋来到日内瓦时,骚动并没有沉寂下来。他悄悄地在家庭中传道;但他到来的消息不胫而走,并引发了一些骚动。他和他的同伴索尼耶及奥利维丹被捕,并被逐出城外。虽然面临许多阻碍,但宗教改革毕竟开始了,并注定了要成功。

第二节　瑞士西部的宗教改革

日内瓦皈依改革派信仰是一件伟大的事情,这是伯尔尼州推动的结果。伯尔尼从 1528 年议会决定实行宗教改革起就一直在不断为此努力。伯尔尼本身属于瑞士德语区,但在法语区内也拥有广泛的属地。它是唯一一个可以与萨伏依公爵抗衡的政权,并

① Herminjard, *Correspondance*, ii. 424.

② 同上, ii. 425 n。

被视为防止萨伏依家族及其他封建公国侵犯的天然保护者。其地位可以从它与沃州的关系中体现出来。沃州包括一个城镇联盟和一些隶属于萨伏依家族的小封建庄园。贵族、城镇、教士有时也派代表组成议会，议会设在穆顿，由萨伏依公爵的代表“沃州的长官与伯爵”任主席，境内大部分地区在 15 世纪的不同时期都摆脱了
67 萨伏依的控制。洛桑和其他八个较小城镇和地区组成了洛桑君主－主教世袭领地。弗莱堡和伯尔尼共同统治奥尔伯、格兰德森和莫拉。伯尔尼成为艾格勒、奥蒙、奥隆和贝克斯四个骑士团管领地的唯一统治者。这四个骑士团管领地是伯尔尼的外围属地，完全在其议会的统治下。伯尔尼接受宗教改革时，自然希望属地仿效它，它的指导政策总是力图把沃州也变成新教区。法语区瑞士的使徒法雷尔几乎可以说是伯尔尼议会的代理人。

它的工作思路可以以艾格勒和洛桑为例子，前者是它自己的属地，后者属于其政治统治者君主－主教。

法雷尔可能在 1526 年 11 月中旬就在艾格勒安营扎寨了。[1]他曾是“莫城小组”的成员之一，并早已活跃在 1528 年初的伯尔尼辩论中。他在给伯尔尼议会的备忘录中说，他这么做

> “是打算开办一所学校，培养青年的美德与学习，以便糊口。那里的一些市民立即以兄弟般的良好意愿接纳了我，并请我在市长面前宣扬上帝之道，他那时在伯尔尼，现在已经回来了。我答应了他们的请求。但市长一回来，我就请他允许

① Cf. p. 39, n.

> 我继续保有学校，在熟人的帮助下又请他允许我宣教。市长答应了他们的请求，但提出一个条件，即我只能宣扬根据旧约和新约记载的显而易见的纯正上帝之道，不得添加任何与道
> 相反的东西，不得攻击圣礼。……我答应恪守市长的要求，并 68
> 宣布如果我不遵守他的命令或做出任何被视为与上帝之道相左的事，则愿意接受任何惩罚。”①

这就是工作的开端，它逐渐传遍了整个法语区瑞士。

艾格勒所属西翁教区的主教颁布了一道法令，禁止所有未在教区获得宣教执照的云游宣教士在教区内宣教。这似乎是针对法雷尔的。伯尔尼议会一定收到了一些抗议，议会愤怒地宣布任何人在其境内不得发布传讯、逐出教会、停止教权、不得有其他宣传；但同时命令法雷尔停止宣教，因为他从未被按立为神父（1527 年 2 月 22 日）。② 禁令并未持续多久，因为议会的一份记录（3 月 8 日）说：“在副主教派来另一位有能力的神父之前，允许法雷尔在艾格勒布道”。③ 教士和僧侣开始找麻烦，但总的说来伯尔尼议会是支持他的。哈勒及其他从伯尔尼私下写信来的人则请求他忍耐。④他忍耐着，那些在他的教谕下接受福音信仰的人数逐渐增加，直到

① Herminjard, *Correspondance*, etc. ii. 22 f. 法雷尔在 1526 年 11 月 30 日也就是星期五那天进行了首次布道。

② 同上，ii. 14，15。

③ 同上，ii. 15 n。

④ 同上，ii. 31 n。

占据了人口的大多数。[1] 他自己承认,最大的阻力来自他对不道德行为盛行的声讨。法雷尔在伯尔尼公开辩论上被视为与会的最有能力的神学家,对会议的成功做出了极大贡献。伯尔尼发现他
69 是归化法语区人口最好的工具。议会保护他返回艾格勒,还派了一名先锋官与他同行,以确保他受到尊敬,另外给了他一封“公开信”,命令他们在四个骑士团管领地的官员全力协助他。[2] 他被视为伯尔尼议会的福音先锋。这并未阻止教士和僧侣时而策动的破坏及骚扰,他们猛烈地摇铃扰乱法雷尔的布道,有时雇人在他布道的教堂门前敲鼓。但他非常成功,以至于当伯尔尼的特使来视察这四个骑士团管领地时,他们发现其中三个领地的大多数人都准备投票加入宗教改革阵营(1528 年 3 月 2 日)。祭坛和圣像被搬出教堂,弥撒废除了,宗教改革的号角吹响了。

在大多数人宣布实行宗教改革的教区,伯尔尼议会就公开崇拜和其他宗教仪式发布了命令。因此我们发现他们提示其在艾格勒的市长说,他们希望其人民采用与伯尔尼的洗礼、圣餐礼以及婚礼仪式相同的规则(1528 年 4 月 25 日)[3]。伯尔尼的礼拜仪式在该州的德语区强制执行,但直到 1552 年才在罗曼斯教会推行开来。市长当时在 7 月(1528 年)收到的照会是——

“我的主人决定给予宣教士法雷尔和西蒙每年 200 萨伏

① 法雷尔似乎让皈依者接受了洗礼;他们当着全体会众的面接受了洗礼,并公开庄严表白信仰。——Herminjard, *Correspondance*, etc. ,48 n.

② 同上,ii. 105 n。

③ 同上,ii. 130,131。

> 依佛洛林津贴报酬(pour leur prébende),以及一所带院子的房子和一座菜园。但如果他们乐意接受堂区司牧的旧待遇……我的主人们也愿意。相反,如果他们接受200佛洛林, 70
> 你就要卖掉教会财产,收百分之一税和什一税,总而言之,你每年要支付这200佛洛林。”①

这些牧师希望取代现任罗马党徒的职位,因此又有另一份照会送给艾格勒的城堡主、市政会和堂区教民,命令让法雷尔掌管堂区的教会财产,“因为牧师放牧应得报酬。”②

艾格勒的历史一再在西瑞士的其他地区重演。在伯尔尼和弗莱堡共同治理的伯爵地区,伯尔尼坚持宣教自由,坚持人民有权选择愿意仍留在罗马天主教阵营,还是愿意成为新教徒。投票时这两个州的特使任主席。

法雷尔的价值太大了,留在艾格勒这样的小教区实在屈才。我们发现他到处传道旅行,需要伯尔尼保护时总能得到保护。新教根深蒂固的信念是,必须当着全体人民的面就宗教问题举行公开辩论,发言者必须用人们听得懂的语言,总是起到传播宗教改革的目的。伯尔尼试图继续在罗马派当权的城镇召开这样的会议。他们第一次插手洛桑的教会事务就是如此。洛桑的一些教士似乎指控法雷尔为异端,而伯尔尼议会则要求法雷尔到洛桑主教的法庭答辩,以便证明自己并非异端。事情拖得很久。主教继续拒绝,

① Herminjard, *Correspondance*, etc. , ii. 131 n.

② 同上, ii. 137 n。

而议会及市民似乎想答应这个要求。法雷尔无法在主教法庭进行答辩，但他拜访了该镇，在第二次拜访时议会就已批准他向人民宣
71 教。这种事一再发生；该镇结果成为新教镇，并摆脱了主教的权威。伯尔尼协助居民把主教赶走，使之成为一个自由的新教城市。

法雷尔逐渐成为一帮有组织的传教士的领袖，他们致力于瑞士西部也就是法语区的福音事业。[①] 他们是经过仔细选拔的，——入选的都是受过良好的教育、英勇无畏、敢于面对危险工作的各种风险，不惧怕威胁或危险，随时准备献身的年轻人。加尔文后来在日内瓦训练了年轻宣教士、教师及《圣经》书贩，并把上百人送到法国和低地地区宣传福音，这些人则是他们的先驱。他们都是精挑细选出来的。任何人要加入这个小团体都必须清楚工作的危险，一些准备冒各种险的人则被拒绝，因为领导人把握不准他们是否具备必要的忍耐力。[②] 这些宣教士受到伯尔尼州的保护，伯尔尼的当权者意志坚定地维护自由传播上帝之道；但他们继续深入到伯尔尼无力帮助他们的地区；遇到突发情况时强大的伯尔尼也无能为力，宣教士们当面咒骂罗马宗教的腐败与错误，怀恨在心的罗马派党徒恼羞成怒，乘机挑动反对他们的暴乱。在M.埃尔曼雅尔把有关通信——其中包括他们和对手的通信收集并仔细编辑出版后，可以看出，他们总是能得到宣教的城镇和村庄人民

① M. Herminjard 列出了一长串名字——Claud de Glantinis, Alexandre le Bel, Thomas——, Henri Pourcellet, Jean Bosset, Antoine Froment, Antoine Marcourt, Eymer Beynon, Pierre Marmoud, Hugues Turtaz, 可能还有 Jean Holard, Pierre Simonin 或 Symonier, Claude Bigothier, Jean de Bély Jean Fathon。

② 参阅法雷尔给 Fortunat Andronicus 的信, Herminjard, *Correspondance*, etc. , ii. 307。

的一定同情，但地方当局大都敌视他们，如果说伯尔尼坚持保护他 72
们的话，弗莱堡则积极地予以反对，不失时机地敦促地方当局竭力骚扰他们，不让他们宣教，有可能的话则把他们驱逐出去。

这些人也有弱点，他们的狂热常常淹没了判断力。法雷尔和弗洛蒙是这个团体中最勇敢、最富献身精神的两个人，当他们在瓦兰甘谷的一个村子宣教时，一位教士开始在旁边吟诵弥撒，在这位教士举起圣饼时，弗洛蒙一把把它抓过来，然后转向人群说：“这不是要崇敬的上帝，他在天国里，沐浴着父的荣耀，而不是像你们所相信的教士所说教的那样在他们的手里。”当然，爆发了骚乱，但宣教士们逃过一难。然而在第二天，当他们经过一处僻静之地时，却遭到了一群手持石头和棍棒的男女的袭击，他们匆忙逃到附近的一个城堡，而城堡的女主人正是袭击的主谋。他们在那里被野蛮地扔进小礼拜堂里，人们试图迫使法雷尔跪倒在圣母像前。他奋力反抗，劝诫他们在精神和真理上崇敬一个上帝，不要崇敬毫无知觉或权能的死画像。人们把他打得头破血流，还把他们二人拖到一个地牢里，一直囚禁到纳沙泰尔当局把他们救出来为止。①

这些宣教士全都是法国人或说法语的瑞士人。他们的血管里流淌着凯尔特人的热血，听众则是他们的亲友，一旦情绪被煽动起来，就很容易有冲动之举。他们宣教时的情景在较为谨慎的德国人中间几乎看不到，德国人一般都等着当局带领大家行动。西瑞士地区的听众则急切地想废除受到斥责的偶像崇拜。格兰德森的
人民冲进科尔得利教堂，推倒祭坛，撕下圣像，就连堂区教堂的十 73

① Herminjard, *Correspondance*, etc., ii. 270 n.

字架、祭坛和圣像也被毁掉。[①] 奥尔伯也爆发了同样的暴乱；伯尔尼当局希望新教和罗马教会都能自由宣教，便乘机批驳这些狂热的宣教士。

但宣教士遇到的危险并非总是由自己引起的。有时一群妇女闯入他们正在宣教的教堂，高声尖叫着打断仪式，推搡并击打宣教士；有时他们在市场宣教时又会与听众一起遭到石块的袭击；有时法雷尔和同伴又要干等很长时间并受到虐待。[②] 伯尔尼当局命令M. 德 · 瓦特维尔就动乱进行汇报，他写信给伯尔尼议会说宣教士的脸伤势严重，好像是被猫抓过的一样，有一次还向他们敲响了警钟，这是狼来的习惯。[③]

任何危险都吓不倒宣教士们，很快伯尔尼的边远地区，纳沙泰尔、索勒尔以及法语区瑞士的其他地区也都宣布宗教改革。州当局经常派宣教士去核实人民的愿望，当大多数居民投票赞同福音宗教时，新教牧师就接管了教堂、司牧宅地和薪俸。许多法雷尔的宣教士被临时安排在这些乡村的教堂里，但他们大都适合做先锋而非固定的教牧工作。1532 年 1 月(9—14 日)，这些新教牧师在伯尔尼召开了一次会议，商议制定一套统一的教牧办法，以防止因个人异想天开引发的混乱。230 位牧师参加了会议，布塞尔被从
74 斯特拉斯堡请来做指导。他的建议倍受重视，被与会的教会代表及伯尔尼议会采纳。会议最后发布了一道详细的法令，其中包括

① Herminjard, *Correspondance*, etc. , ii. 365 n. , 390.

② 同上, ii. 347, 372。

③ 同上, ii. 362 n。

对教义的冗长阐释。[1]

第三节　法雷尔在日内瓦

法雷尔只有在伯尔尼及其边远地区的宗教改革得到巩固后，才能自由关注日内瓦。他显然考虑了好几个月，看能不能使该镇皈依。他并不害怕那里的人民，并在给慈温利的信(1531 年 10 月 1 日)中说，要不是害怕弗莱堡，日内瓦人是会欢迎福音的。[2] “揭帖”事件似乎使他下决心开始自己在该城的使命。他虽然被逐出来，但绝没有放弃冒险。他瞄准最信任的助手弗洛蒙，并委派他到日内瓦去。

安东尼·弗洛蒙大约于 1510 年出生在格伦诺堡附近的特里尔，是与法雷尔齐名的日内瓦宗教改革家，他与法雷尔一样是土生土长的多菲内人。他与法雷尔一样到巴黎接受教育，并结识了勒菲弗尔，后者似乎把他介绍给纳瓦尔的王后玛格丽特·德·昂古莱姆。[3] 弗洛蒙在她的一处庄园的大教堂教士团里谋到一个职
位，并接受圣俸。他是如何来到瑞士的已不得而知。他刚到并被 75

① 法令的名称是 *Ordnung wie sich pfarrer und prediger zu Statt und Land Bern, in leer und leben, halten sollen, mit wyterem bericht von Christo, und den Sacramenten, beschlossen im Synodo daselbst versamlet am 9 tag Januarij—Anno 1532*。会议的有关教义决议见 Müller, *Bekenntnisschriften der reformierten Kirche*(Lerpzig, 1903), pp. 31 ff.。

② Herminjard, *Correspondance*, etc., ii. 364.

③ 弗洛蒙与玛丽·丹提尔(Marie Dentière)结了婚(1529 年)。玛丽是图尔奈女修道院的院长，因持有福音观点被逐出修院。她是纳瓦尔王后的朋友，很有才学。据修女让·德居谢记载，她有时宣教，并皈依了很多人。她给纳瓦尔王后写了一封言辞激烈的信，揭露了把加尔文、法雷尔和柯劳逐出日内瓦的阴谋。这封非常珍贵的信的一部分收录在 Herminjard, *Correspondance*, etc., v. 295 ff.。

引见给法雷尔，旋即成了他最亲密的狂热门徒，法雷尔则对他赞赏有加，刮目相看。他们就是保罗和提摩太。法雷尔把到日内瓦宣扬福音这件艰苦而又危险的任务交给他，自然是出于对他的信任。

法雷尔被抓及被逐的教训使他们必须谨慎从事。弗洛蒙进入日内瓦（1532 年 11 月 3 日）并开始工作。他公开打出广告，说准备教授有志于读写法语的人学习法语，并承诺如果学生没有收获，将分文不取。学者们来了。[1] 他尽量把福音教谕混在讲课中，——他说："根据《圣经》每天布道一到两次"，并很快使许多人皈依，尤其是那些很有影响力的市民的妻子们。1532 年底，日内瓦城一所女修院的僧侣们请来一位多明我会修士克里斯托夫·博凯做降临节讲道员。他的布道具有很浓厚的福音色彩，许多市民到弗洛蒙办学的大厅里来听他讲课。[2] 这遭到罗马派的威胁，他们的神父及演说家则发表了措辞强硬的布道。一位市民因发表对弥撒不敬的言论被驱逐出城，并不得返回，否则处以死刑。城里的福音派就这事向伯尔尼求援。伯尔尼州议会迅速做出答复，要求给予福音派和平，如果受到公开攻击，则应允许以这样一种公开方
76 式做出回答。[3] 当这封信在日内瓦议会宣读时，引起了一些极其坚定的罗马派成员的抗议，罗马派的神父们则扇动一些人搞暴乱，福音派的生命受到威胁。市政会和议会很难阻止街头的冲突。他

① Froment, *Les Actes et gestes marveilleux de la cité de Genève*（G. Revillod 1854 年编）, pp. 9 and 12—15.

② 弗莱堡当局在一封给日内瓦的信中实际上把这个多明我修士称为"路德派宣教士"；参看 Herminjard, *Correspondance*, etc. 中收录的他们的信, iii. 15 f. 。

③ 同上, iii. 38 f. 。

们颁布了一道法令(1533 年 3 月 30 日),实际上宣布良心自由,但禁止所有侮辱性的言辞;禁止所有对圣礼或教会禁食及仪式的攻击,并再次命令宣教士不得发表任何未经《圣经》证明的言论。[①]

福音派的人数日益增长;他们的胆子更大了,4 月 10 日,他们在公园里集会,在袜商盖兰 · 穆埃特的领导下庆祝主的晚餐。罗马派得知此事后,再度向福音派发出威胁,并在 5 月 5 日演化成一场骚乱,这场骚乱的后果影响深远。[②] 事情似乎是几名福音派的市民正在圣彼得大教堂前的广场上行走时,遭到一伙武装神父的袭击,其中三人伤势严重。这伙人的头目是一个很蛮横的神父,叫皮埃尔 · 威利,他是弗莱堡一个古老家族的人,还是圣彼得教堂的教团成员。他带领另外五六个人,冲到宽阔的摩拉大街,大声叫嚷着。威利手里拿着一种巨大的瑞士剑。他和同伙袭击福音派的人;双方发生短暂而激烈的战斗,几个人伤势严重,"神父的队长"威利也被杀死。[③] 这件事引起了极大反响。罗马派立即宣布威利为圣徒(殉道士),并给他举行了隆重的葬礼。弗莱堡坚持要逮捕当时在摩拉大街上的所有福音派教徒,据说他们准备屠杀所有追 77
随宗教改革的人。福音派在危难之际再次向伯尔尼求助,伯尔尼当局再次干预,以保护他们。

日内瓦议会在这个多事时节真是左右为难。日内瓦的主教兼

① 法令原文在 Herminjard 中,iii. 41 n。

② Jeanne de Jussie, *Le Levain du Calvinisme*, p. 53; Froment, *Actes et Gestes*, etc. 48—51.

③ 关于威利事件,可以参阅日内瓦福音派写给伯尔尼议会的信,收录在 Herminjard, *Correspondance*, etc., 以及编者注释(iii. 46 ff.)。

君主皮埃尔·德·拉·鲍默名义上仍是最高领袖,是世俗和宗教统治者。他的世俗权受到很大的限制,虽然很难具体说清楚,但可以肯定的是城市犯罪的管理和城市属地都掌握在议会和市政手中。弗莱堡是两个保护州之一,它坚持主教是所有教会事务的权威,主教不在时则由主教代理代为行使。[①] 日内瓦的各级议会虽然通过了法令(1532 年6 月 30 日,1533 年 3 月 30 日),明确规定了教会的有关事宜,但仍在很大程度上承认自己并不拥有教会司法裁判权。但全体居民对主教权威的削弱并不满意。强横的神父和更加激烈的教士团成员[②],大批的修士和修女,则希望并阴谋复辟,以恢复主教和萨伏依家族的统治。宗教改革运动的开始使议会雪上加霜;第三个派别加入进来。福音派全都强烈反对主教和萨伏依家族的统治,他们的势力日益壮大。罗马天主教派中的少数派势力强大,同样热
78 切盼望恢复昔日时光。大多数罗马天主教市民反对主教做世俗统治者,但并不渴望宗教改革胜利。但随着时间的推移,新教城市伯尔尼不断施加压力,这些温和的罗马派不得不面临选择,要么选择旧秩序,重回主教统治的时代,要么认可议会是宗教及世俗的最高权威。萨伏依派显然相信,他们对宗教改革的仇恨要远远强过他们对萨伏依和主教统治的厌恶,然而事情的未来进展则表明这是一个错误的想法。

伯尔尼在受其影响的西瑞士地区的政策是,尽量为所有福音

---

① 日内瓦主教被弗莱堡和伯尔尼的联合军队打败,于 1527 年 8 月 1 日退出日内瓦;1533 年 7 月 1 日,主教返回日内瓦,但只过了两个星期(1533 年 7 月 14 日),就又在一次他认为非常可恶的圣像破坏活动后离开了。

② 日内瓦的神父以狂暴闻名。我们至少看到 5 次由他们挑头的暴乱。教士团成员更甚。皮埃尔·威利试图在 1532 年 10 月 3 日刺杀法雷尔(Jeanne de Jussie,*Le Levain du Calvinisme*,p. 50);他是 1532 年由揭帖事件引发的暴乱的活跃分子。

派争取到宽容政策,如果可能的话,则争取让罗马派和新教领袖就宗教问题进行公开辩论。他们就此不断向盟友日内瓦施加压力。早在 1533 年 4 月,他们就坚持那位要反驳法雷尔的僧侣要信守诺言,日内瓦议会应安排一场公开辩论。[①] 年底发生的一件事给他们明确介入提供了借口。

居伊·菲尔比蒂被请到日内瓦做降临节讲道员,他是罗马天主教著名的牧师,著名的神学家、索邦神学院的博士。他乘机大肆污蔑福音派的理论,他后来供认,他不是用《圣经》,而是用《教令集》和托马斯·阿奎那的著作来支持自己的观点。他是这样结束布道的(12 月 2 日):“给我们唱对台戏的那些炉边好宣教士哪里去了? 如果他们到这里来的话,就会有人给他们说话。哈哈! 哈哈! 他们都躲到角落里,欺骗可怜的妇女和其他无知的人了。”

这次布道过后,弗洛蒙或在教堂或在教堂外的广场上向群众大声疾呼:“听我说! 我愿意献出生命,让他们把我的身体烧掉,以证明那个家伙所说的全是谬误,全是敌基督之话。”人群里一片骚动,有人喊道:“烧死他! 烧死他!”,并想抓住他。让·德居谢这位了不起的女编年史家写道:“这些女人像疯子一样,随后出来,极其愤怒地向他用力扔石头。”[②]他逃脱了。但亚历山大·卡努斯被驱逐,并不得返回,否则处死。他们挨家搜捕弗洛蒙,最后他不得不藏在一个干草棚里。菲尔比蒂曾猛烈攻击谩骂伯尔尼的权威,

79

① Herminjard, *Correspondance*, etc. iii. 38.

② *Le Levain du Calvinisme*, pp. 74, 75, 247.(卡努斯在这里被称为亚历山大·德·莫伦迪诺。)弗洛蒙被迫离开日内瓦,1533 年 7 月 14 日主教离开后,他立刻又与亚历山大·卡努斯一起返回。

寻求保护的日内瓦福音派送来了布道的摘抄。[1] 伯尔尼议会终于等来了盼望已久的机会。

他们给日内瓦议会写了一封愤怒的信(1533 年 12 月 17 日),他抱怨盟友日内瓦人先前根本不理会他们的要求,没有善待福音派;他们把"我们的管家纪尧姆·法雷尔"从镇上赶走;他们还不满足,最近又虐待他们的"仆人"弗洛蒙和亚历山大,因为他们抗议一位多明我修士(菲尔比蒂)的布道,他"只宣扬谎言、谬误,亵渎上帝、信仰以及我们的理论,损害了我们的名誉,称我们为犹太人、土耳其人、狗";驱逐亚历山大追捕弗洛蒙伤害了他们(伯尔尼议会),他们无法
80 承受。他们要求立即逮捕这个"托钵僧"[2](菲尔比蒂),他们还说将派一位使节到日内瓦去,公开澄清上帝和他们自己的名誉。[3]

伯尔尼议会打算强迫举行公开辩论,便派法雷尔到日内瓦去。他在 12 月 20 日夜抵达日内瓦。

12 月 21 日,伯尔尼的信在日内瓦议会宣读,议会立即命令主教代理阻止菲尔比蒂离开城市。但主教代理决心对抗伯尔尼,便拒绝了,并发布了两道训令(1533 年 12 月 31 日,1534 年 1 月 1 日),斥责日内瓦市政会,禁止所有市民阅读《圣经》,下令查禁烧毁所有德文或法文版《圣经》译本。[4] 罗马派极端分子煽动的暴乱

---

① 菲尔比蒂的言辞很强硬。就连罗马派的编年史家修女让·德居谢也记载菲尔比蒂触到了"路德走狗的痛处",并说"所有属于那个该诅咒的派别的人都淫荡、贪婪、好色、野心勃勃,是杀人犯、恶棍,只追求感官之乐,像野兽一样活着,既不尊敬上帝也不尊敬官长。"(*Le Levain du Calvinisme*, p. 79)

② Cafford 未必是"伪君子";一般指代托钵僧。

③ 这封信收录在 Herminjard, *Correspondance*, etc. iii. 119 f. 。

④ Michel Roset 的 MS 编年史是烧毁《圣经》译本命令的出处。

又给市政会和主教代理的争论火上浇油。议会不愿走极端,便派一名卫兵看守菲尔比蒂了事。这位修士时时受到监控,就连来去教堂也要由 3 名武装卫兵看守。

伯尔尼特使在 1 月 4 日到达,并在 5 日和 7 日到日内瓦议会陈情。他们坚持要公正对待福音派,也就是良心自由和公开崇拜的权利,他们要求强迫菲尔比蒂当着能代表伯尔尼议会说话的有识之士的面,就他对福音派的指控做出辩解。日内瓦当局无意与主教彻底决裂,也不愿意强迫教会当局,他们辩解说菲尔比蒂并不在他们的司法管辖内,建议伯尔尼代表去找主教或其代理。伯尔 81
尼的代表说:“我们是奉命来向你们申诉的。”“你们的答复使我们看到你们想拖延,你们并没有公平对待我们;你们根本没把伯尔尼议会的尊严放在眼里。这是盟约(他们拿出盟约),我们将撕去印章。”这是瑞士取消盟约的一种正式方式。日内瓦的议员们于是又提出他们把那个僧侣强行带到议会和伯尔尼代表那里,命令他做出解释。代表们接受了提议,但提出一个条件,让伯尔尼的神学家(法雷尔和维雷)与这位僧侣(菲尔比蒂)举行一次会议。第二天,菲尔比蒂被从主教宫里接出来,关进了镇监狱(1 月 8 日),第三天(1 月 9 日)又被带到议会。他在议会里拒绝向世俗法官申诉。日内瓦议会欲诱使主教代理任命一位教会代表到议会来,并参与双方的会议,但没有成功。他们与主教代理的谈判进行了几天,但失败了。于是,他们又试图诱使伯尔尼人撤回所提的条件。伯尔尼议会不为所动。它坚持日内瓦立即偿还欠伯尔尼的战争救助金并惩罚菲尔比蒂(1534 年 1 月 25 日)。日内瓦议会走投无路,决定冒犯主教及其代理的宗教权威。菲尔比蒂被强行带到议会和伯尔

尼的代表前面，并在1月27日和2月3日回答法雷尔和维雷的质询(1534年)。主教的党徒在第二次质询的那天下午又制造了暴乱，并用匕首刺死了一位福音派信徒尼古拉斯·贝尔吉耶。这次暴乱似乎耗尽了爱好和平的日内瓦市民的耐心，其中既有罗马派
82 又有福音派。五百多位市民武装聚集在市政大厅，告诉议会他们不愿再忍受惹是生非的神父引发的暴乱，他们准备支持市政权威，并用武力镇压这帮不法之徒。议会于是大干起来。那天夜里，杀人凶手克劳德·佩内被从大教堂的钟楼藏身处拖出来，在第二天受审，第三天被绞死(2月5日)。暴乱头目的房子受到搜查，还发现了一些信件，暴乱者密谋夺取城市并把它交给主教。皮埃尔·德·拉·鲍默设法任命一位弗莱堡议会的议员M.帕维兰作为他处理世俗事务的代表，并下令他屠杀城内的福音派。

骚乱平息后，伯尔尼代表要求重新审讯菲尔比蒂。这个僧侣再次被带到议会，受到法雷尔和维雷的质询。他被迫承认，他无法用《圣经》证明自己的说法，而是依据《教令集》和托马斯·阿奎那的著作，承认他违犯了日内瓦议会的法规。他发誓说，如果允许他在下个星期天布道(2月15日)，他会公开向伯尔尼议会赔偿。可等星期天到来时，他又拒绝履行誓言，便又被送回监狱。[①]

与此同时，日内瓦福音派团体的力量不断壮大，并形成固定的

---

① 在法王弗朗西斯一世的要求下，菲尔比蒂在1536年4月被释放。他是与被监禁在法国监狱里的一位瑞士福音派安东尼·索尼耶交换的，新教诸州与法国间的这类交换是常事。——Herminjard, *Correspondance*, etc., iii. 396 f. 法雷尔与菲尔比蒂的会谈详细论述见 *Letters certaines d'aucuns grandz troubles et tumultes nuz à Genève*, *avec la disputation faicte l'an 1534*, etc. (Basel, 1588)。这是一本非常珍贵的小册子。

组织。日内瓦福音派最著名的人物之一让·邦迪孔·德拉·梅松诺弗把位于市区的豪宅内的两间房屋子的隔墙打掉，给新教建了一个聚会大厅，这成了日内瓦宗教改革的摇篮。法雷尔、维雷和弗 83
洛蒙在那里向三四百人布道，并根据新教的礼仪实施了日内瓦的第一次洗礼(1533 年 2 月 22 日)。听众人数不断增加，大厅已容纳不下，福音派便在伯尔尼代表的保护下占领了在同一条街上的科尔德利女修道院的教堂大厅(3 月 1 日)。伯尼尔的代表不断要求日内瓦议会允许福音派使用城市的一个教堂，但议会总是回答说没有这个权力，不过他们并不反对福音派找一个合适的场所，这个间接的授权使他们能在女修道院的教堂里集会，人数达四五千，且常常人满为患，这个小群体就这样扩大了。1535 年 8 月 8 日，法雷尔第一次在圣彼得大教堂布道。祈祷仪式也在其他房子里举行。[①]

日内瓦主教通过周密的暴乱重新夺回城市的企图落空后，便与萨伏依公爵联手欲武力征服该城。双方的联军向日内瓦挺进，他们袭击乡村，攻占劫掠村民的房子，把日内瓦城变成一座孤堡。84

① 与邦迪孔家一户之隔的一座豪宅是德·托伦斯先生家，他是宗教改革坚定的拥趸。他本是萨伏依公爵臣民，因宗教信仰被迫出走，成为伯尔尼市民，伯尔尼使节在 1 月 4 日到达日内瓦后，便买下了这座房子，并把德·托伦斯安排在那里，以成为由伯尔尼保护的福音派安全聚会的场所。福音派在非常危险的情况下，可以在这里公开举行崇拜仪式。当弗莱堡议会反对法雷尔的布道时，日内瓦议会则答复说仪式是在伯尔尼代表的住处举行的。参见 Herminjard, *Correspondance*, etc. ix. 459 f. ,489 f. ;让·德居谢, *Le Levain du Calvinisme*, pp. 91,106,107(这位可怜的修女以 16 世纪罗马天主教恶劣粗俗的语言描述了改革派教会的各种仪式);Baum, *Procès de Baudichon de la Maisonneuve accusé d'hérésie a Lyon, 1534*(Geneva,1873), pp. 110,111;Doumergue, *Jean Calvin*, ii. 126 f. ,iii. 196—198。

战争对日内瓦城来说是一件悲伤的事情，但却进一步推动了宗教改革。主教与日内瓦的宿敌结盟，神父、修士、修女急切盼望他获胜，他强迫爱国的罗马天主教徒在宗教与国家之间做出选择。这还是一种展示新教牧师英雄主义的方式。法雷尔和弗洛蒙都是勇敢的法国人，对一切困难都毫不畏惧，他们已在传教中直面过重重危险。维雷也毫不逊色。这三个人与市民一起修筑防御工事，与市民并肩作战，用言行激励市民。为捍卫自由，日内瓦人准备牺牲一切。为了加强防御，他们下令夷平四个加起来几乎与城市一样大的郊区。日内瓦城危在旦夕，伯尔尼的市民们则似乎对他们的大声求援充耳不闻。

伯尔尼竭力通过使节帮助他们，但却不敢攻打沃州，因为弗莱堡对宗教改革的进程很愤怒，并威胁说要还击。围城开始后，周围乡村的据点全都落入敌军之手，日内瓦的居民面临着被劫掠虐待的危险。

城内福音派的人数一周比一周多。就在那时，一件令人震惊的事情导致了罗马天主教派的彻底垮台。克劳德·伯尔纳家的女厨师安东尼娅·瓦克斯欲毒死住在家里的三位牧师维雷、法雷尔
85 和弗洛蒙。① 犯人的供词及当时的其他情况，使议会成员和人民觉得这个阴谋是由城里的神父策划的，一股同情新教牧师的强烈

① 毒药是下在菠菜汤里，盛传法雷尔由于不喜欢吃菠菜而幸免于难；弗洛蒙准备坐下来吃，突然传来他的妻子儿女已到日内瓦的消息——他立即离开饭桌去接他们，没有喝汤，倒霉的维雷是唯一个喝汤的人，毒性立即发作，后来中毒很深。后来从日内瓦档案里发现的犯人供词却与此大相径庭，这个妇女说，她把毒药下到一小块骨头里，然后放到维雷的碗里，但他不敢如法炮制到法雷尔碗里，因为他碗里的汤太清了。参阅 Doumergue 在 *Jean Calvin* 中的引文，ii. 133，134 n。

情感席卷全城。议会立即在科尔德利女修道院里为维雷和法雷尔安排住处。当女修道的主持请求离开去主持准备在女修院的大教堂里就宗教问题举行的公开辩论时,议会立即答应了。

议会亲自安排公开辩论。新教牧师起草了五条《福音派论纲》,议会则请所有的人就这些论点畅所欲言。[①] 他们向主座教堂的教士团成员以及日内瓦所有的神父和修士发出了邀请,并保证愿意参加辩论的所有外来神学家的安全。[②]他们还试图专门邀请巴黎著名的罗马天主教领袖皮埃尔·科尔努代表天主教反驳《论纲》,科尔努是索邦神学院的毕业生,正巧在格伦诺堡。早在1535年5月1日,《论纲》就被贴在日内瓦城里,并送给日内瓦境内的所有神父和女修道院。[③]

辩论定在5月30日召开。议会任命了一个8人委员会维持秩序,其中一半是罗马天主教派,还任命了4位秘书做会议记录。[④]他们想方设法让学识渊博的罗马天主教神学家参加会议并攻击
《论纲》,但日内瓦主教下令禁止辩论,议会也无法说服任何一位 86
外乡人到会。辩论开幕那天,议会、委员会及秘书独自坐在女修院空荡的大厅里,罗马派根本没人到场反击福音派的《论纲》,捍卫自己的信仰。不过法雷尔和维雷仍解释了福音派论点并进行了辩护。在接下来的4个星期内,辩论时断时续地进行,直到6月24日,罗马天主教领袖们才接受宗教改革家们的挑战,他们有日内瓦

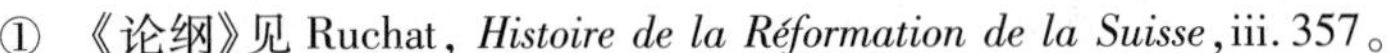

① 《论纲》见 Ruchat, *Histoire de la Réformation de la Suisse*, iii. 357。

② Herminjard, *Correspondance*, etc. , iii. 294, 295 n.

③ *Le Levain du Calvinisme*, p. 118.

④ Herminjard, *Correspondance*, etc. iii. 294 n.

附近普朗帕拉斯的多明我修院院长让·沙皮伊，日内瓦城圣克莱尔修女会的忏悔神父让·卡西。但他们根本不是法雷尔等人的对手。沙皮伊就日内瓦神父和僧侣没有到会表示歉意，解释说即便在他的修院里也缺乏有学识的人。罗马派苍白无力的辩护给日内瓦人民留下了深刻印象。市民们奔走相告，说“如果所有的基督教徒君主都能像我们日内瓦的先生一样允许自由辩论，事情就会很快得到解决，根本用不着放火、屠杀或谋杀。但教皇及其党徒，也就是红衣主教、主教和神父们清楚，如果允许自由辩论，他们会输个精光。因此，这些势力禁止任何辩论或对话，他们只使用火和刀剑。”他们知道在整个罗曼语瑞士地区，改革者无论占少数还是多数，都亟盼公开辩论。

公开辩论结束后，法雷尔敦促议会宣布站在宗教改革派一边；但他们一直在犹豫，直到发生公众骚乱。7 月 23 日，法雷尔在玛德琳娜教堂布道。议会举行了比较温和的抗议。接着他又在圣格瓦斯教堂布道。8 月 8 日，人民最终逼迫他到圣彼得主教座堂布道(8 月 6 日)。那天下午，神父们照例唱晚祷曲，当他们咏唱《诗篇》：

> 他们的偶像是金的，银的，
> 是人手所造的，
> 87 有口却不能言，
> 有眼却不能看，
> 有耳却不能听，
> 有鼻却不能闻，

有手却不能摸，
有脚却不能走，
有喉咙也不能出声。

这时人群里有人大声喊道:“正如你们咏唱的，你们诅咒所有制造并崇拜偶像的人。为什么又把这些东西放在这里?”这是骚乱的信号。人们一拥而上，把圣徒雕像推倒在地，砸成碎片，儿童则夹在人群中捡起一些碎片，向门口跑去，边跑边说“我们有神父的神，你们想要点吗?”[①]第二天，堂区和修道院的教堂里又发生了暴乱，圣徒的雕像被毁容或被毁掉。

议会在9日召开了会议，并召见了法雷尔，会议记录说他发表了一个伟大演讲。他在演讲结束时宣称，如果发现他们所宣扬的任何理论与《圣经》相左，那么他和同伴甘愿受死。接着他跪在地上开始祷祈，这是他最精彩的祷祈之一，是最能展示这位伟大传教士崇高热情的行为。第二天，二百人议会开会讨论宗教问题，决定暂时废除弥撒，把僧侣召集到议会来，询问他们保留弥撒和圣徒崇拜的理由。这两级议会决定把他们的所作所为通报给伯尔尼人民。[②]

日内瓦的两级议会显然为人民破坏圣像的热情所迫，走上了
一条他们本打算从容行事的道路。政治形势扑朔迷离，敌人仍在 88

① Froment, *Actes et gestes*, etc. pp. 144—146:“Nous avons les dieux des Prebstres, en voullés vous? et les iectoynt apres cielx” (p. 145).

② 会议记录见 Herminjard, *Correspondance*, etc. iii. 424;两级议会知会伯尔尼议会的通报，p. 332。

城外围攻。伯尔尼似乎爱莫能助。他们欢迎法国干预。议会没有在公开辩论后立即宣布宗教改革，不是因为对罗马天主教信仰的热情，而是担心招致更多的外部麻烦。他们的想法是："如果我们废除弥撒、偶像崇拜及所有教皇的那一套，我们的敌人就一定会由现在的一个变为一百个。"[1]

在命运攸关时刻，罗马天主教会的官方代表并未挺身而出。他们根本不着急在议会面前捍卫自己的崇拜方式，虽然他们最终露面了(1535 年 11 月 29 日)，上午由僧侣作答，下午由世俗教士作答，但他们的回答毫不在意，无关痛痒。议会似乎把 5 月 30 日开幕的由法雷尔起草的公开辩论议题告诉了他们，供他们参考，并问他们应如何针对这些结论提出保留弥撒以及圣徒崇拜的理由。[2] 僧侣们(总共 12 人)一个接一个异口同声回答说他们学识浅薄，只是按照父辈教导生活，并没有其他进一步想法。世俗教士的发言人罗莱蒂·德帕纳说，他们跟辩论以及辩论的内容没任何关系；他们也没兴趣再听法雷尔长篇大论，他们只想像父辈那样生
89 活。[3] 这就是结局。议会通知僧侣和世俗教士的代表，命令他们暂停唱弥撒，等待进一步指示。宗教改革从法律上在日内瓦确立起来。日内瓦城也与伯尔尼一起成为新教城市。[4]

---

① Froment, *Actes et gestes*, etc. pp. 142—144.

② 当时关于这里事情的最详细的记载见 *Un opuscule inédit de Farel*; *Le Resumé des actes de la Dispute de Rive de 1535*; 在 *Mémoires et Documents publiées par la Société d'Histoire et Archœologie de Genéve* 中的第 22 卷出版。这两篇记载有单行本重印。

③ 世俗教士其中包括主座教堂教士团成员的发言人所用的话是："*sua non esse sustinere talia, cum nec sint sufficientes nec sciant*。"

④ 议会记录引文见 Doumergue, *Jean Calvin*, etc. ii. 147, 148。

政治上的乌云正在升起。法国似乎要进行干涉以支持日内瓦，而害怕法国占据“瑞士西大门”的想法要远大于不情愿让日内瓦成为一个新教城市。弗莱堡答应允许伯尔尼军队穿过其领地，伯尔尼在 1535 年 11 月 29 日放弃了与萨伏依的联盟。1 月 16 日战争爆发。伯尔尼大军离开家园，沿途加强兵力，在纽维尔、纳沙泰尔、洛桑、佩耶纳等罗曼语瑞士城市，受到压迫的新教群体觉得他们的解放近在咫尺，这些城市的武装市民也渴望在令人骄傲的共和国领导下，迎头痛击压迫者。几乎没有战斗。沃州的大部分地区一枪未发便被征服了，萨伏依公爵和主教的军队也未经战斗便被驱散了。要彻底胜利，还需几次围攻。伟大的共和国终于等来了这个时刻，并将做出一劳永逸的一击。这场关键的胜利不但解放了日内瓦，而且解放了洛桑及罗曼语瑞士区的许多其他新教政权（1536 年 8 月 7 日）。日内瓦的平民继承了主教的领土权，也继承了萨伏依公爵对城市和乡村的主权。日内瓦在伯尔尼的保护下成为一个独立共和国，当然在某种程度上依赖着伯尔尼。

1535 年 12 月，日内瓦市政会和议会把铭文刻在纹章上，即“黑暗之后的光阴”（*Post tenebras lux*），并印在货币上，这成为一个非常 90
著名的标志。“根据习惯，用铃声和号声”召集的市民正式认可了 200 人议会通过的废除弥撒和圣徒崇拜的决议（1536 年 5 月 21 日）。

日内瓦收获多多。它赢得了为之奋斗了 30 多年的政治独立，虽然与伯尔尼的关系使之稍嫌不足，[①]但却是前所未有的。虽然

① 关于这些关系，可参阅 Durrant，*Les Relations politiques de Genève avec Berne et les Suisses*，*de 1536 à 1564*（1894）。

事实上罗马派的暗藏势力仍很强大，但改革派宗教毕竟确立了。但要把日内瓦建成一个宗教改革的堡垒，仍有很多工作需要做。日内瓦过去的历史腐蚀了人的道德，声名狼藉的主教统治，寻衅滋事、放荡不羁的教士的坏榜样，都严重地毒害了城市的道德。[①] 赢得的自由很容易陷于放纵，苗头已经非常明显，表明这并非危言耸听。加尔文的传记作者、天主教徒坎普舒尔特说："不容否认，混乱与道德退化严重威胁着日内瓦；事实要不是这样的话，那倒真是个奇迹。"法雷尔了使出浑身的招数。他建立了学校，办起了医院，竭尽全力培育城里人民的道德生活。但他的天赋和性格使他更适合做一个先锋，而非解决摆在面前的工作。

91 法雷尔是一位具有骑士精神的法国人，他出生在多菲内的群山中，他无所畏惧的英雄气概赢得了像维尔德姆斯之类的士兵的疯狂崇拜，[②]也使他成为冒险事业的志愿领袖，无论多么绝望都不会放弃。他富有同情心，心肠柔软，但完全不能约束自己的言辞；在一个星期里，他因言辞激烈会招致杀身之祸；而到了下一个星期，他却会因不知疲倦地照顾感染瘟疫的病人和生命垂危的人，而

① 罗马天主教忠实的信徒让·德居谢修女以中世纪直率的口吻证实了罗马教士声名狼藉的生活："确实，如今主教和教会人士都不守清规戒律了，而是藉着教会的名义放纵地寻欢作乐，和妇女淫乱通奸，而几乎所有人都沾染上了这种恶心和确凿的罪孽，因此，要知道，每个人身上都充满了这个世界上的各种罪孽，这使得上帝发怒并降下他的神罚。"(*Le Levain du Calvinisme*, p. 35；参阅 241 页的日内瓦议会记录)除让·德居谢所属的圣克莱尔修女会外，日内瓦的修女的行为也臭名昭著。参阅 Herminjard, *Correspondance*, etc. v. 349 n。

② 参阅藏于伯尔尼的维尔德姆斯给二百人议会的信，信中说法雷尔正在佩耶纳的监狱里；"如果我有 20 名伯尔尼人加上上帝的帮助，我们是不容许所发生的一切的。"(Herminjard, *Correspondance*, etc. ii. 344。)

受到那些曾扬言要杀他的人的崇敬。他是一位卓越的政治领袖,但只能看到眼前的事情,又不能自我约束;他是一位学识渊博的神学家,但又在理论的表述上不够细心,因此不断招致误解。他最适合攻击敌人的据点,但攻克之后,又最不擅于控制局面。他看到别人在他奠定的基础之上建功立业,但却毫无嫉妒之心,他太伟大了。他是罗曼语瑞士教会的使徒,但遗憾的是没有一个教会把他奉为永远的领袖。他在晚年的时候返回了自己亲爱的法国,一如既往地在里昂、梅斯及其他地方做传播福音教义的先锋——一位毫无希望的事业的领袖,他总是激情满怀,洋溢着青春的活力,但又像少年那样鲁莽。他早就看到,先锋的生活最好不要妻子儿女,便一直独身,直到 69 岁。那时他在鲁昂遇到一位因宗教原因失去了丈夫和财产并挣扎在死亡线上的可怜寡妇。他与她结了婚,因为除此之外他再也找不出其他办法给她一个家并提供保护。

日内瓦需要一个性格完全不同的人来完成迫在眉睫的工作。
正当法雷尔的焦虑与苦恼达到极致时,他几乎是偶然得知一个著 92
名的法国青年学者到了日内瓦。这个青年从费拉拉到巴塞尔去,因战争被迫绕道日内瓦,准备在此小憩一夜。这个人就是加尔文。

第四节　加尔文:青年时代及教育

让·加尔文(拉丁文为加尔文努斯)于 1509 年 7 月 10 日出生在法国皮卡迪省的努瓦荣。他兄弟四个,还有两个妹妹,是家里的第二个儿子。他父亲杰拉德·加尔文是一位很受尊敬的律师,是区里贵族和高级教士亲密的法律顾问。他母亲名叫让娜·拉·弗朗斯，长得非常漂亮，她的虔诚和对孩子的母爱是出了名的。加尔文很少提及童年时候的事，但说过有一次他母亲在圣安娜节上带他到努瓦荣附近的奥斯坎普修道院观看这位圣徒的遗骸，并记得自己亲吻“圣安娜，也就是圣母马利亚之母的身体”。[①]

加尔文的家庭应属于社会中层阶级的上层，年幼的让便到贵族德·蒙特默家去，与贵族家的孩子一起受教育，加尔文读书的全部费用由他父亲出。加尔文 14 岁那年，年轻的德·蒙特默兄弟到巴黎的学院读书，加尔文也与他们一道前往，这种早期的社会训练使加尔文终生受益，他总是一位谨慎、精干的法国绅士，与其伟大的先辈路德形成鲜明对比。

加尔文是皮卡迪人，皮卡迪省的性格也清楚地体现在她这位最伟大的孩子身上。皮卡迪人总是富有独立精神，经常激烈反对教士，他们独具一格，能把炽烈的热情与冷静坚韧的目标结合起来。没有哪个法国省份孕育出这么多威克里夫和胡司的同情者，
93 “皮卡迪人”与“威克里夫派”、“胡司派”或“瓦尔登派”一样是宗教法庭卷宗里的常见词。所有这些名词都是中世纪教会的持不同政见者，他们接受使徒信经的全部条款，但具有强烈的反教士倾向。这些“兄弟们”徘徊在西欧所有国家，直到 16 世纪，而他们的影响也是导致宗教改革爆发的重要方面。

杰拉德·加尔文早就看出他的次子让有良好的头脑，天性敏锐而又有想法，有人文学研究方面的天赋[②]，这使他尽最大可能让

① Doumergue, *Jean Calvin*, etc. i. 42.

② 同上，i. 35。

这孩子接受良好的教育，并打算让他学习神学。他与努瓦荣上层教士法律上的关系使他能够为儿子谋得不止一份圣俸，这是当时的习惯，这孩子接受了剃度，收入的一部分付给干活的副牧师工资，另一部分则作学费。

少年加尔文与德·蒙特默三兄弟一起入了巴黎的拉马赫学院。这所学院并不著名，但当加尔文在这里读一年级的时候，他遇到了那时最有能力的老师马蒂兰·科尔迪埃教授。① 他的目标是把法语和拉丁语的知识详细传给学生——为以后他们的自我塑造打基础。他的性格非常开朗，思想也很开放。他在罗伯特·埃斯坦纳的引导下了解了福音，到1536年他便与康拉和克莱芒·马罗一起，被列入巴黎主要异端分子的花名册。加尔文并没有在这位备受敬重的老师手下待更长时间。也许这里的气氛对注定学习神学的他来说过于自由了些。他被转送到著名的蒙太居学院，加尔文又一次幸运地遇到了一些好老师。他成了诺埃尔·贝达和皮埃 94
尔·唐珀特的学生，学习正式辩论术。

加尔文14岁到巴黎，19岁时离开，期间他由一个少年变为成年人，性格也形成了。如果从他未来的行为来判断的话，没有人比马蒂兰·科尔迪埃对他的成才影响更大的了，尽管他们交往的时间很短。加尔文的思想非常敏锐，显示出学者的天赋，他总能无一例外地超过所有同学。总有一帮亲密朋友围着他——德·蒙特默

---

① 科尔迪耶，又名科迪尔乌斯、科迪利，一个世纪以前他的名字在苏格兰的教区学校里是尽人皆知的，几乎所有拉丁文课的练习都出自他之手。他皈依了改革派信仰，通过翻译成拉丁语的句子竭力传播福音教义。他追随这位最伟大的学生到了日内瓦，于88岁时在那里去世。

三兄弟，著名的科普家族的少爷以及其他许多人。这些同学朋友毕生拥护他。许多人则与他一起定居日内瓦。

1528 年，加尔文离开了蒙太居学院。同年的某个时刻，另一位著名学生入了学，他就是伊格纳修斯·罗耀拉。这两位伟大的领袖是否一起在学院学习，是否见过面，已很难说清——因为日期不确定。

> “也许他们在圣吉纳维夫山的某个街道上擦肩而过；18 岁的法国青年像往常一样骑在马背上，而 36 岁的西班牙人则步行，钱袋里装着几块化缘得来的金子，赶着一头驮着书籍的驴。口袋里装着一部书稿，名叫《精神的操练》。”[①]

加尔文离开巴黎是由于此时他父亲决定让儿子成为一名律师而不是神学家。杰拉德·加尔文与努瓦荣教会发生了纠纷，甚至被绝罚了。他在两个遗嘱案中拒绝陈述理由，并始终顽固不化。他这样做的原因已不得而知。他死后，他的孩子们倒没费力气就把事情摆平了。与教会的争吵结束了父亲在教会里为儿子规划的
95 一切希望，他便命令他离开巴黎到奥尔良著名的法律学校学习。儿子未必不欢迎父亲的决定。贝泽告诉我们说，加尔文早已具有了某些真宗教的观念，并开始研习《圣经》，还与教会的礼仪断绝了关系。[②] 或许是他与皮埃尔·罗伯特·奥立维坦的友情使他走

---

① Doumergue, *Jean Calvin*, etc. i. 126.

② *Corpus Reformatorum*, xlix. 121.

上了这条道路。奥立维坦是努瓦荣人，也是加尔文的亲戚，把《圣经》翻译成法文。这个年轻人在 1528 年上半年到了奥尔良，一年后为了参加著名法学家安德烈·阿尔西亚特的讲座又到了布尔日。阿尔西亚特是一位伟大的法律研究改革家，正如加尔文是研习神学的改革家一样。奥尔良的人文主义，加上布尔日日渐成熟的新教思想，这种环境非常有利于加尔文业已萌芽的思想进一步成长。他在布尔日师从沃尔玛学习希腊文，后者实际上是一位路德派信徒，很久以后加尔文的《〈哥林多后书〉注释》就是献给他的。他似乎住在沃尔玛的家里；他的另一位密友是未来法国新教的领袖特奥多洛·德·贝泽，他那时还是个 12 岁的孩子。

加尔文的父亲去世后(1531 年 5 月 26 日)，他便彻底自由了。他在巴黎为进入教会而学习，是遵从父愿，又顺从地转学法律；现在他决定按自己的想法行事，准备致力于研究工作，做一个文人。他返回了巴黎，进入福尔泰学院，准备参加人文主义教授们的讲座，这些人是由法王弗朗西斯一世网罗到首都来的，由比代和科普领军。这些“王家讲师”及其教育课程则受到索邦神学院的极大怀疑。加尔文投到他们的门下，这表明他早已把自己从对“教皇的
迷信”的泥潭中解放出来，他告诉我们他在儿童时代非常迷恋它。96
他很快就不仅仅是比代、科普及其他人文主义者的学生了。他是一位朋友，被纳入这个家庭的圈子里。他从皮埃尔·丹尼斯学希腊文，从瓦塔布勒习希伯来文。在适当的时候(1532 年 4 月)，这位还不到 23 岁的青年，就已自费出版了第一本书，一本高水平的对塞涅卡两卷本《论仁慈》的注释。

这本书经常被视为博学早成的典范。这位作者表明，他对那

时能见到的古典文献的知识既专又博。他很恰当地引用了55位拉丁作家的作品,——西塞罗的著作35部,贺拉斯和奥维德的所有著作,特伦斯的喜剧5部,维吉尔的全部著作。他引用22位希腊作家的作品——亚里士多德的主要著作五到六部,柏拉图和普鲁塔克的著作4部。加尔文并未引用普劳特斯的作品,但他使用的术语延误(remoram facere)则表明他很可能非常熟悉这位作家。[①] 这位未来的神学家对许多古代的教父非常熟悉——奥古斯丁、拉克坦提乌、哲罗姆、斯尼修斯以及居普里安。伊拉斯谟已编辑出版了塞涅卡的这本书,并建议学者作注,年轻的加尔文响应了这位“人文主义之王”的建议。他是不是更多地模仿了伊斯拉斯?加尔文不屑用新学,是仅仅为了卖弄学识,还是古为今用?这本书出版时,弗朗西斯一世还忙着对胡格诺教徒进行零散迫害,聪明的人就会联想到这两件事之间是否有人为的联系——对皇帝行仁政的劝谏,还有一位忙着迫害臣民的国王。这两件事似乎表明加尔
97 文这本书的目的在于抗议对法国新教徒的迫害,他在序言里大胆攻击了公共法庭对正义的滥用行为,并明确希望这本注释能够服务于公众。[②]

加尔文的通信表明,他显然加入了巴黎的新教小团体,并与杰

① 这一点要归功于我的弟弟圣安德鲁斯的教授林赛。他补充说在加尔文青年时代法国对普劳特斯的研究很热烈。

② 参考他给弗朗西斯・丹尼尔的信,其中提到注释的出版,说是自费出版,巴黎的一些讲师为帮助销售,把它作为讲座教材,还希望有助于公益(*quod publico etiam bono forte cessurum sit*)。(Herminjard, *Correspondance*, etc. ii. 417)

拉德·鲁塞尔关系密切。鲁塞尔是一位福音宣教士，[①]是纳瓦尔的玛格丽特、勒菲弗尔、法雷尔的朋友，也是“莫城小组”的成员。问题是，他的转变发生在何时？这是一个激烈争论的问题；[②]但争论的焦点不是事实而是用词，不是因为难于确定时间，而是因为“皈依”一词引发的各种歧义。加尔文几乎很少揭示自己内心的秘密，他在《〈诗篇〉注释》前言里说，上帝借“突然皈依”把他从对教皇的顽固迷信中解救出来，这发生在他遵父命学习法律之后。这似乎并不像路德在爱尔福特修道院经历的突然而且完全是神的恩典那样的皈依。但它是一个开端。他从此后找到了真正虔敬的 98
感觉（*aliquo veræ pietatis gusto*）。他接着叙述到，他很不好意思地发现，还不到一年的时间，那些渴望学习真教义的人就逐渐聚集到他周围，向他这位知之甚少的人（*me novitium adhuc et tironem*）学习。这可能是在奥尔良，但也可能在布鲁日。他返回巴黎后便致力于人文主义研究，无论在思想还是在心智上他都是一个新教徒。他加入了以艾蒂安·德·拉·福尔热为核心的小团体，他们在这位虔敬的商人家里秘密集会，听杰拉德·鲁塞尔布道。加尔文常常应邀为这个小团体讲解《圣经》。传统的说法是，他总以“如果

① 加尔文在 1553 年 10 月 27 日给弗朗西斯·丹尼尔的一封信中称杰拉德为“我们的朋友”。在写于同月底的另一封信中，加尔文详细描述了由纳瓦尔学院学生演出的讽刺王后玛格丽特的喜剧，谈到了杰拉德·鲁塞尔以及王后名为《罪恶灵魂的镜子》（*le Miroir de l'âme pécheresse*）的诗与巴黎大学有关系的那件事。如果不是圈内人，是不会知道那么详细的。参见 Herminjard, *Correspondance*, etc. iii. 103—111。

② Lang, *Die Bekehrung Johannes Calvins*(1897); Doumergue, *Jean Calvin*, etc. i. 344 ff.; Müller, “Calvins Bekehrung” (*Nachrichten der Gött. Gel.* for 1905, pp. 206 ff.); Wernle, “Noch einmal die Bekehrung Calvins” (*Zeitschrift für Kirchengeschichte*, xxvii. 84 ff. 1906).

上帝支持我们，谁还能反对我们”这句话结束演讲。我们没理由怀疑这种说法的正确性。

突然，他被迫逃离巴黎。索邦神学院的神学家们对人文主义的“王家讲师”展开了猛烈攻击，后者受到弗朗西斯的姐姐纳瓦尔的王后玛格丽特的青睐。他们盛怒之下竟然攻击玛格丽特著名的《罪恶灵魂的镜子》，引起朝廷的不满。加尔文的朋友尼古拉·科普是圣巴布学院的教授、巴黎大学的校长（1533 年）。他召集了 4 个学院，医学院则否认神学家的做法。根据惯例，校长要在学年开始时发表就任演讲，科普便请他的朋友加尔文撰写讲稿。[1] 加尔
99 文乘机探讨了“基督教哲学”，把“虚心的人有福了”（《马太福音》5:3）作为旗号。这篇演讲是对福音真理的有力辩护，作者征引了伊拉斯谟和路德的著作，并辅以鲜明的个人观点。索邦神学家的愤怒是可想而知的。他们雇用了两名僧侣到议会控告作者是异端，议会则主动回应。这引起了国王的注意，使他关注反对路德异端的教皇训令。与此同时，人们发现加尔文才是真正的作者，他被迫逃离巴黎。他在法国境内游历，然后到了巴塞尔（1535 年）。

他正是在那里完成他的《基督教要义》一书的，书的前言是一封写给法王弗朗西斯一世的精彩书信。这本书是新教反击教皇制

---

[1] 关于这段由加尔文撰写由科普宣读的演讲的历史，可参阅 E. Doumergue, *Jean Calvin*, etc.; *Les hommes et les chose de son temps*(Lausanne, 1899), i. 331 ff.; A. Lang, *Die Bekehrung J. Calvin*(Leipzig, 1897), p. 46 ff.。关于试图逮捕科普和加尔文的记载，可参阅弗朗西斯一世写给巴黎议会的信，收录在 Herminjard, *Correspondance*, etc. iii. 114—118，以及编者的注释，p. 418（许多学者对加尔文是科普的讲稿的作者这一说法持有异议。——译者）。

的最强有力的武器，这封信则是“由一位26岁的青年郑重发布的大胆宣言，他多少有点无意识地担负起新教反对其敌人、诽谤者以及迫害者的使命。”弗朗西斯正准备与德国路德派君主结盟，准备做德国新教徒的保护者，但他却准备清除国内的所谓异端，并在迫害新教臣民。消息传到巴塞尔，这种双重政策给加尔文的笔端注入了活力。他在书的序言中说，这本书有两个明确的目的。目的之一是，为阅读上帝之道作准备并培养合格的神学人才，让他们轻松入门，并顺利进步。他还想为改革家的教训作辩护，以反对他们敌人的诽谤诬陷，这些人督促法王迫害他们，并把他们赶出法国。他的信的标题是：《致最仁慈的君主、法国国王及元首弗朗西斯，约翰·加尔文祈求和平并在基督里得到救赎》。他还说到其他事情：

> “我向你展示我的信仰告白，以便你能了解那种教义的性质，它引起了那些疯狂之徒的无比愤怒，他们正在用火和刀剑 100
> 搅乱你的王国。因为我不害怕承认这篇论文包括那个教义的精髓，根据他们的叫嚷，应遭到监禁、放逐、剥夺权利、受火刑，并从地球上消灭掉。”

他想冷静准确地阐明新教的信仰。他以如此方式申明这点，与中世纪教会的那些信仰和教义进行对比，并对此提出挑战。他用的是西方基督教最尊贵的象征《使徒信经》，并进一步表明如果用这个标准来检验的话，新教徒比罗马派更是大公教会教徒。在西部，《使徒信经》从最早起就在教堂的公开崇拜中诵唱。加尔文认为，它与其他信经的区别在于它的权威不是来自公会议，而是直接发自教会的内心。他还把它作为《基督教要义》的基础，因为《基督教要义》是对《使徒信经》的扩充和解释，也就是对这四句话的解释。它的基础是：我信仰父上帝；也信仰他的儿子耶稣基督；也信仰圣灵；也信仰神圣的大公教会。《基督教要义》分成四部分，每一部分阐释其中的一个基本句子。第一部分阐述造物主上帝，或者按信经所说："万能的父上帝，天地的创造者。"第二部分为救世主上帝，及其救赎；第三部分为圣灵之上帝及其恩典的方式；第四部分为神圣的大公教会，其性质及标志。

这种以《使徒信经》为基础的划分与安排表明加尔文并不认为自己在阐述一种新神学或加入了一个新教会。宗教改革的神学是基督之教会的古老教训，改革家的教义信仰是建立在上帝之道
101 之上的那些真理观。自最早的世纪起，一代代虔敬的人就知道或至少感觉到这些真理。他和他的改革家同伴们信仰并教导的是最早信条的古老神学，他们使它浅显易懂，并从中世纪神学家的迷信中把它解放出来，后者借异教的哲学和习俗把它变成了迷信。

《基督教要义》的第一版出版于 1536 年 3 月，是拉丁文。与经过仔细修订的 1539 年版和 1559 年版相比，它显得简短又有许多不足。标题的安排在后来的几版中有所改变，但基本理论没有改变。作者不是草率出版一部神学论文，而是对要说的一切都字斟句酌。1541 年，加尔文出版了法文版，是他"为了同胞的利益"亲自翻译的。

完成《基督教要义》后（初稿完成于 1535 年 8 月，出版于 1536 年 3 月），加尔文便化名查理·戴斯坡维尔，与同伴路易·杜·蒂耶一起到意大利短途旅行，路易·杜·蒂耶自称路易·德·奥尔蒙。他打算拜访费拉拉公爵夫人勒妮，她是法王路易十二的女儿，

以虔敬及倾向于改革派信仰闻名。他还希望看看意大利的一些东西,并在短暂的逗留后返回斯特拉斯堡,准备在那里定居,过一种安静的研究生活。可当他因故被迫访问日内瓦时,他的整个生活计划改变了。最好用他自己的话来讲这个故事吧！他在《〈诗篇〉注释》序言中说：

> “由于打算隐退到斯特拉斯堡去的最直接的路线被战争阻断,我便打算尽快从日内瓦经过,在那个城市里只住一夜……一个现在重又回到教皇怀抱的人(路易·杜·蒂耶)发现了我,并告诉了其他人。法雷尔此时正满腔热血地推进福音,听到这个消息后,立即竭力挽留我。当他得知我意已决,准备抛开其他杂事,专心从事私人研究时,便发出诅咒,说如果我胆敢在危急关头离开并拒绝提供帮助的话,上帝会诅咒我的隐退和我所追求的研究之宁静。听到这个诅咒,恐惧攫取了我,以至于我停止了旅行。”

102

第五节　加尔文与法雷尔在日内瓦

加尔文与法雷尔在日内瓦一起工作时才 27 岁,法雷尔比他年长 20 岁,虽然两人的年龄差距很大,性格也完全不同,但相互间非常依赖。加尔文说:“我们有一颗心,一个灵魂。”法雷尔把他介绍给市民的领导,他们对这位谨慎、脆弱的外国青年的印象并不深刻,可他们的牧师对他却求贤若渴。他们甚至没有问他的名字。议会答应聘用他,保证支持他,会议记录(1536 年 9 月 5 日)写道:

"威廉·法雷尔先生说必须在圣彼得大教堂由这位法国人开始讲座。"[1]加尔文谢绝了让他担任牧师的邀请，但同意做"日内瓦教会神圣的经典的教授"（*Sacrarum literarum in ecclesia Genevensi professor*）。他绵里藏针，大家几乎感觉不到他的力量，直到把人紧紧抓住时才显露出来。

他开始每天在圣彼得大教堂讲圣保罗的书信。他的工作和所讲内容的力量和吸引力很快就显露出来。加尔文很快便给这个城市的人民留下了深刻印象。他通过一次偶然的机会展示了自己的
103 才华，就连他的朋友们以前也未发现这一点。伯尔尼在刚刚过去的战争中征服了沃州的大部分地区，伯尔尼议会决定以辩论的方式向他们宣扬福音，通告新近被征服地区的人民于10月的第一个星期在洛桑举行公开辩论。[2] 他们向新征服地区的337位牧师、13座修道院及女修道院的成员、25位修道院长、两个教士团团员发出邀请，请他们到洛桑来，看能否反驳法雷尔和维雷提出的福音"十条款"[3]。伯尔尼议会承诺辩论完全自由，不但它自己的居民，而且"无论何地的所有来客，都有自由。"法雷尔言辞激烈地坚持这样的自由："你可以在这里畅所欲言，我们的论点既不是铁条、火，也不是刀剑，既不是监狱也不是严刑拷打，公共刽子手并非我

---

① "威廉·法雷尔先生说必须在圣彼得大教堂由这位法国人开始讲座。他请求解决他的食宿问题。关于这个问题，他被告知这个人的供应会予以落实。"（Herminjard, *Correspondance*, etc. vi. 87 n.）

② 关于洛桑辩论，可参阅 Herminjard, *Correspondance*, etc. iv. 86 ff.（加尔文在1536年10月13日写给F. 丹尼尔的信）；*Corpus Reformatorum*, xxxvii. p. 876 f.；Ruchat, *Histoire de la Réformation de la Suisse*, vol. iv.；Doumergue, *Jean Calvin*, ii. 214 f.。

③ 10项条款收录在 *Corpus Reformatorum*, xxxvii. 701。

们的神学博士……真理强大无比，足以击溃错误，如果你有真理，就把它拿出来吧！”罗马派根本没兴趣接受挑战。在受到邀请的337名牧师中，只有174人到会，试图参加辩论的则只有4人，2位答应参加辩论但又没有出席。40家宗教组织也只有10家派出了代表，想与福音派辩论的也只有一家。① 罗马派在1536年10月的洛桑辩论会与1528年的伯尔尼和1535年5月的日内瓦辩论会一样，根本不是对手，而伯尔尼坚持举行公开辩论的政策。 104

法雷尔与维雷成为新教的领袖。法雷尔在10月1日的开幕式上在主教座堂布道演讲，在8日的闭幕式上又一次布道。辩论在星期一开始，大教堂里挤满了城市居民和附近村庄的人。教堂中间留出一块空地供辩论者用。那里坐着四位秘书、两位主席、五位代表伯尔尼基督徒诸侯嘉宾的委员会成员，他们身着黑色马甲，红色的肩章，用羽毛装饰的宽边帽——帽子稳稳地戴在头上，与强大领主的代表身份非常相配。

加尔文本没打算说话，法雷尔和维雷是发言人，他只是一位与会者。但星期四那天，在讨论到真实临在问题时，一位罗马派信徒宣读了一份经过详细准备的文件，其中说到新教藐视并忽略了古代教父，害怕他们的权威，这是与他们的观点背道而驰的。加尔文于是挺身而出。他带着嘲讽开始发言，说那些尊敬古代教父的人在谈论他们时应该花点时间看看他们的著作。他一个接一个地引用教父的著作——“在谈到现在这个问题时，居普里安在他的第二

① 他们是维威学校的校长让·米马尔；摩尔热的主教代理雅克·德罗吉；维威的副主教让·米绍；普莱维松的主教代理让·贝里利；多明我修士德·蒙布松。

部书信集的第三封信中说……德尔图良在反驳马西昂的错误时说……被一些人认为是圣约翰·克利索斯托所作的对《马太福音》不完美注释的中间第 11 个布道说……圣奥古斯丁在他的第 23 封信的结尾说……此刻我不敢肯定奥古斯丁在关于《约翰福音》的第 8 还是第 9 次布道中说……”,[①]等等。他对古代教父的了解与那个世纪的任何其他人都不一样。他不是通过二手材料即
105 彼得·伦巴德的《教令集》了解他们的观点的,而这是多数经院学者和当时罗马神学家的做法。这是他第一次,几乎偶然地展示他丰富的对教父的知识。——对梅兰希通来说,这点知识永远不足以使他敬慕他。

但日内瓦的当务之急是宗教组织和普通教育,加尔文便立即投入工作。他把自己的感受告诉了我们。他说:“当我第一次来到这个教堂时,这里几乎一无所有。布道是有的,[②]偶像被清除了,也烧掉了,但再没有其他改革;一切都乱糟糟的。”[③]他在 1 月的第二个星期便起草了一份改革方案,由法雷尔呈送给小议会,小议会成员看过后,便在 1537 年 1 月 15 日连同他们的意见一起转交 200 人议会。这份改革方案是加尔文在日内瓦教会全部工作的基础,值得研究一番。

这份备忘录讨论了四件事,并且只有四件事——主的圣餐,公

---

① *Corpus Reformatorum*, xxxvii. 879—881.

② 法雷尔所到之处便建立起所谓的“礼拜会”(congregation)。礼拜会每周在教堂里举行一次,请听众提问题,由法雷尔回答。这些“礼拜会”是罗曼语瑞士地区的一种组织。加尔文来到日内瓦时,这个习惯正在那里流行,并延续下来。

③ Bonnet, *Letters françaises de Calvin*, ii. 574.

共崇拜的歌唱，儿童宗教教育以及婚姻。

备忘录说，在每一个秩序合理的教堂，都要经常庆祝圣餐礼，而且都要参加。圣餐礼至少应在每个星期日举行，[①]这是使徒时代教会的习惯，也应当是我们的习惯。对所有信徒来说，庆祝圣餐礼都是极大安慰，因为他们在圣餐礼中分享了耶稣基督的体和血，分享了他的死亡、生命、精神和所有福分。但目前人民有弱点，因此 106
不便大规模调整，他建议至少每月要庆祝一次圣餐礼，“要在现在举行布道的一个教堂里庆祝——圣彼得教堂、圣格维斯教堂和德里夫教堂”。不过，应当为全日内瓦教会，而不仅仅为那些在城区里的这些教会庆祝。这样每个人每月都有机会分享圣餐。但如果不配分享圣餐的人接近了主的桌子，圣餐便受到玷污与毒害。为防止这种情况的发生，主在教会内设立了绝罚戒律，以维护其纯洁，因此应推行绝罚之戒律。绝罚的最好办法或许是任命住在城市各区的德高望重值得信任之人，让他们观察邻里周围藐视耶稣基督的犯有公开罪行的人，并报告给牧师。牧师应警告所有这些人不得参加圣餐仪式，只有在这些警告不被理睬失败后，才能实施绝罚。

集体唱《诗篇》应该是基督之教会公共崇拜的组成部分；因为用这种方式唱《诗篇》实际是公开祈祷，而且在歌唱时，心灵受到感动，还能激励崇拜者自己形成类似的祈祷，用同样满怀爱的忠诚献给上帝同样的赞颂。但由于这都是非同寻常之事，因此要训练人民，最好先挑选一些孩子，教他们在集会时唱出清晰准确的调

---

① “我们很希望，在每个安息日，当教会举行群众集会之时，至少能够举行一次晚间圣餐。”（*Corpus Reformatorum*, xxxviii. i. 7）参阅《基督教要义》第一版（1536）：“建议一周至少应该有一天在基督徒聚会之时举行圣餐礼。”

子，如果人民全神贯注地聆听，并“用心跟随用嘴所唱出的”，他们就会“一点点习惯一起唱”，是为集体歌唱。①

107 为了及时保护教义的纯正，最重要的是要从童年起就教育孩子说出信仰的理由，因此要准备一些简单的教义问答也就是信仰告白，并教给孩子们。孩子们要在“每年的某些季节里”当面接受牧师的考察，聆听他们讲解教义问答。

教皇恶毒地违反了《圣经》律法，扭曲了婚姻法令，最好重新仔细考虑这个问题，并制定出一些与上帝之道相吻合的简单规则。

这份备忘录几乎就这些内容，其正式的名字是《教会条款》（*Articuli de regimine ecclesiœ*）。小议会和200人议会全都通过了这个方案，但有些修改，明确规定圣餐礼每年举行4次，婚礼仪式举行前必须连续宣布三个星期天。但值得怀疑的是，议会在总体同意之外是否还有其他行动，或者说他们对加尔文“绝罚戒律”的提议是否明确表示满意。

这些《条款》被1541年11月20日通过的《日内瓦教会法令》所代替；但由于这是加尔文首次公开提出教会政府的特殊思想，因此最好说明一下这些思想是什么。为了正确理解它们，看清加尔文试图给16世纪的教会生活引入些什么新东西，就有必要区分两
108 件事。说实话，这两件事在当时实际是缠绕在一起的——试图用市政府或国家法律来约束个人私生活，以及努力保护圣餐的庄严

① 加尔文说：“以公共祷告的形式咏唱任何圣诗，对于传播福音都是大有裨益的。”克莱芒·马罗翻译的《诗篇》直到1541年才出版，后来被日内瓦教会采用。《诗篇》可能从1533年起就是在纳沙泰尔改革派教会中使用的宗教赞歌；但应知道马罗译本出现之前法国已有了《大卫诗篇》的译本。参阅 Herminjard, *Correspondance*, iv. 163 n。

与纯洁。

当教会史家或其他史家说加尔文试图办第一件事时，他们却忘了他根本没必要如此做。日内瓦像其他任何一个中世纪城市一样，一直有干预私生活的法律，在我们现代人眼里，这种方式近乎残暴，但却是那时城市生活的常识。每个中世纪城镇都颁布了法令，反对衣着奢华，禁止大吃大喝、诅咒、起誓、赌博、跳舞和化装舞会。法律规定了参加婚礼、晚宴以及舞会的人数，规定了风笛手吹风笛的时间、离开的时间以及应付给他们的报酬。应当承认，当我们翻阅城镇的编年史，或读读巴德的《纽伦堡政治法令》之类的书时，禁不住会想到，这些市民的先驱像某些现代的立法者一样，他们心满意足地把严厉的条文写进法律文件中，但又耗尽了他们的道德热情，因而无力再付诸实施。但正直公义的人不时会利用这些法律条文，把穿丝裙的女仆、铺张浪费给儿女大摆婚宴的父亲、在教会节日工作的市民、把出嫁的女儿打扮得过于华丽的母亲传唤到议会来。中世纪每个城镇的市民都生活在市政府的约束之下，在我们看来，这些约束既气人又专制。现代史家用来证明他们所谓的加尔文独断专行地干预私生活的每则材料，都可以在十五、十六世纪的中世纪城镇治安条例中找到对应条文。把这些东西作为控诉加尔文的基础，只能表明对中世纪晚期整个市政制度的无知。说加尔文默许或认可这样的立法则只能表明他属于16世纪。109
城市虽然实行了宗教改革，但市政立法的精神并没有改变，一些旧的规定必将废止，体现新思想的新条文将取而代之。伯尔尼在1536年(12月24日)为沃州制定的法律中并没有什么新内容，禁止除婚礼上的“三步舞”外的所有舞蹈，但有一条新规定：父母把

女儿领向婚坛时女儿必须“盖着头”。巴塞尔在1530年任命三位德高望重的人（一位议员，两位群众）观察每个教区居民的道德状况，并报告议会，这也不是新鲜事。但从中世纪市政立法的角度来看，伯尔尼禁止不洁的人参加圣餐礼（1532年），则是新东西。

加尔文的思想转向了另一方面。他要恢复最初三个世纪教会的状况，这种热情是宗教改革家中少见的。勒菲弗尔极力主张这种思想，[①]他传授给法雷尔、杰拉德·鲁塞尔以及“莫城小组”的其他人。加尔文有可能从鲁塞尔那里接受了这种思想，但没必要假设他不是自己独立得出这种思想的。他比同时代的任何人都勤奋
110 地研究了最初三个世纪的教父著作。他认识到主的圣餐是教会宗教生活的中心，是教会崇拜的顶峰与极致。这也是他的独到之处。他看到最初三个世纪的教会是如何仔细保护这种纯朴而复杂的礼仪的神圣性的，他们禁止所有不配的人参加圣餐礼，以此保全了其神圣性。戒律是早期教会的神经，绝罚则是戒律的中枢，加尔文希望把二者都引入教会。不仅如此，他知道在早期教会里，戒律的实施和绝罚的宣布是由教会成员和牧师完成的。他渴望重新引入教会最初三个世纪的这些明确特点，——每周一次的圣餐，由教牧和教会成员共同实施的戒律和绝罚。他认识到当人们习惯于一年参

① “我们怎么会不高兴看到我们的时代回归到原始教会的这种景象呢？那时基督受到了更纯洁的崇信，他的名字更加被广为传颂！……如果这种信仰的传播，这种崇信的纯洁持续下去，那么福音之光就会重新出现，我们也会被一切受到祝圣的人所接纳！今天，我再说一遍，福音之光正在重新出现，它最终会在全世界重新传播开来，以它神圣的光芒照亮多数人的灵魂，以至于，不用说其他的好处，自从君士坦丁时代原始教会逐渐完全丧失本性以来，还没有哪个时代对这些语言如此的熟悉……”— Lefèvre d'Étaples, *aux Lecteurs chrétiens de Meaux*（Herminjard, *Correspondance*, etc. i. 93）.

加一两次圣餐礼时，根本不可能立即实行每周一次的圣餐礼制度。但他坚持说圣保罗严厉警告不配分享圣餐的人，因此，声名狼藉的罪人不得参加圣餐礼，顽固不化的人则应予以绝罚。这并且只有这才是加尔文建议中的独特成分，是他引入的新概念。

加尔文的错误在于，尽管他认为应当由教会成员和教牧人员实施戒律和绝罚，可他还坚持世俗权力应当推行教会的谴责。他的思想在“十字架下”的法国教会和早期教会里运转得很好。但世俗权力应当用世俗的惩罚支持教会法庭的戒律决定，这种想法势必造成与中世纪教会无二的僭政。然而，瑞士所有教会——不仅仅是日内瓦，都只是在名义上接受了加尔文的思想。16 世纪的 111
新教对教会掌握绝罚权的想法非常反感，罗马天主教会掌握此项权力，他们已吃尽了苦头。这种想法也与瑞士共和国的官吏有自己的尊严的观念不符，竟把他们当成为执行牧师判决的仆人！[①]德语区瑞士的宗教改革领袖几乎普遍认为，如果应该实施绝罚权的话，也应当由世俗当局来掌握。

慈温利并不认为教会应当实施绝罚权。他宣称不必效法最初三个世纪的例子，因为那时“教会不可能得到那些还是异教徒的皇帝的协助”，而苏黎世有一个基督教的官吏阶层，他们可以免除教会任何一项不同意的义务。他的继承人暨英国宗教改革的主要神学顾问布林格则走得更远。他在给利奥·朱迪的信（1532 年）中

① 流行的观点是，福音牧师是共同体以及代表共同体的议会的仆人。伯尔尼著名的市长 J. J. 瓦特维尔是宗教改革的强力支持者。他一直习惯说：“如果一位仆人惹我不高兴的话，什么也不能阻止我解雇他，如果城镇愿意的话，为什么不能把其牧师打发走呢”？（Herminjard, *Correspondance*, vii. 354 n.）

说,绝罚权不应该属于教会,他甚至怀疑世俗当局是否有这个权力;他在给一位罗曼语系牧师的一封信(1543 年 11 月 24 日)中阐释了他对绝罚的看法,并阐明了他与理想乐观的高卢兄弟(维雷、法雷尔、加尔文)的巨大分歧。[①] 德语区瑞士的宗教改革家们持的是一种立场,而法语区瑞士的宗教改革家们持的是另一种立场。后者都是尊奉教会最初三世纪的各种礼仪的人,渴望恢复教会戒律的方方面面。

112 人民毫无例外地站在德语区宗教改革家一边。[②] 加尔文重返日内瓦后,克服了重重困难才把绝罚引入日内瓦,但并不完全与他的想法一致。法雷尔在纳沙泰尔则没有成功。他认为,每个堂区的成员都有权把违抗所有警告劝诫的罪人逐出圣餐礼,这是建立在《新约》基础之上的。[③] 但纳沙泰尔议会和人民则不能容忍"实施绝罚",不允许它出现在 1542 年和 1553 年的教会法令中。厄科兰帕迪乌斯诱使巴塞尔议会同意实施绝罚,并把被绝罚者的名字写成公告贴在教堂门口。慈温利提出激烈抗议,这项措施被废除了。伯尔尼愿意警告公开犯罪之人不得参加圣餐,但不愿意实施绝罚,并直接宣布"牧师本人也是血肉之躯的罪人,他们不应该深入个人的良心,这个秘密应只有上帝自己知道。"维雷试图把教会戒律引入沃州,但没能使官吏或人民接受。年轻的瑞士新教教会,除 1541 年以后令人怀疑的日内瓦外,全都拒绝引进原始教会的戒

① Herminjard, *Correspondance*, etc. ix. 116.

② Herminjard, *Correspondance*, etc. viii. 280, 281, ix. 117, vi. 183; Ruchat, *Histoire de la Réformation de la Suisse*, ii. 520 f.; Farel, *Summaire*, 1867, pp. 78 ff.

③ 《马太福音》:18:15—17。

律措施。他们并不反对戒律，无论多么严厉，多么恼人，只要它仅仅是古老市政立法应用到宗教上的更高级的道德要求，他们世世代代已习惯了这种方式。[①] 整个法语区瑞士的道德生活都十分糟 113
糕，这是公认的事实，因此，必须采取严厉的措施予以改进。洛桑议会没能改正那个古老主教城镇居民的恶习，[②]这照例遭到宗主伯尔尼议会的严厉谴责。但戒律要以中世纪的方式由官吏执行，而不是从原始教会搬过来的新花样。加尔文与勒菲弗尔一样，把原始教会视为教会史上的黄金时代，并希望用这个模式塑造教会生活，但瑞士却充耳不闻。我们必须到法国的教会，还有程度稍微差一些的苏格兰诺克斯的教会去，在那里才能看到加尔文的思想变为现实，在瑞士则是徒劳的。

为孩子准备的《教义问答》出版于1537年，根据作者的意思，

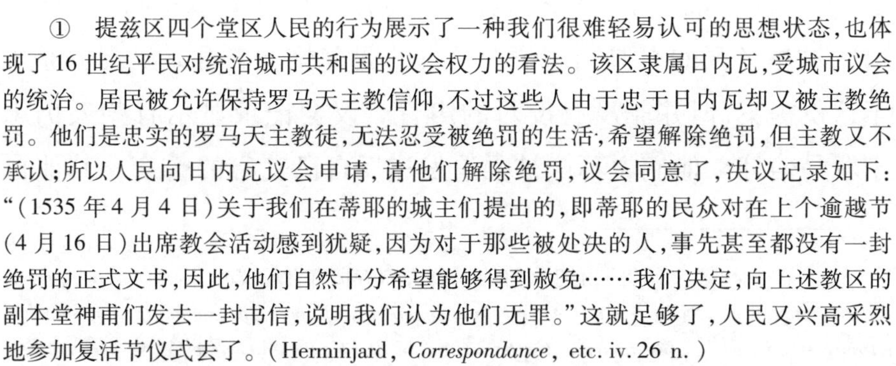

① 提兹区四个堂区人民的行为展示了一种我们很难轻易认可的思想状态，也体现了16世纪平民对统治城市共和国的议会权力的看法。该区隶属日内瓦，受城市议会的统治。居民被允许保持罗马天主教信仰，不过这些人由于忠于日内瓦却又被主教绝罚。他们是忠实的罗马天主教徒，无法忍受被绝罚的生活，希望解除绝罚，但主教又不承认；所以人民向日内瓦议会申请，请他们解除绝罚，议会同意了，决议记录如下："（1535年4月4日）关于我们在蒂耶的城主们提出的，即蒂耶的民众对在上个逾越节（4月16日）出席教会活动感到犹疑，因为对于那些被处决的人，事先甚至都没有一封绝罚的正式文书，因此，他们自然十分希望能够得到赦免……我们决定，向上述教区的副本堂神甫们发去一封书信，说明我们认为他们无罪。"这就足够了，人民又兴高采烈地参加复活节仪式去了。（Herminjard, *Correspondance*, etc. iv. 26 n.）

② 参阅伯尔尼议会给洛桑议会的信："（1541年7月），关于针对我们的仆人们的指控，如市民生活的放纵，酒神节，大吃大喝，蔑视福音，唱淫词艳曲，等等。那些洛桑的人受到了公开谴责。人们向他们证明，他们疏于惩罚罪孽，命令他们，在一个月期限内惩罚那些纵欲之徒以及那些威胁和在大道上纠缠牧师的人，还命令那些为了处理请求而派出使节，在有产者和市议会面前发出强烈的警告，并且威胁他们以便敦促他们改正错误。"（Herminjard, *Correspondance*, etc. vii. 145）

114 是简单表述的虔敬，而不是展示宗教真理的深奥知识。但是，正如后来加尔文所认为的，对孩子来说，它的神学色彩太浓了。他在1541年返回日内瓦后，便立即出版了第二个《教义问答》取代了第一个。第一个《教义问答》的名称为《供日内瓦教会使用的教谕及信仰告白》，顺次解释十戒、使徒信经、主祷文及圣礼，附录讲的是教牧人员和官吏的职责。[①]

《信仰告白》的全称是：《全体日内瓦市民和居民以及乡村所有臣民都必须发誓予以遵守的信仰告白》（*Confession de la Foy laquelle tous bourgois et habitans de Genève et subjectz du pays doyvent jurer de garder et tenir extraicte de l'Instruction don't on use en l'Église de la dicte ville*）。[②] 它重复了《教谕》的内容，像《教谕》一样是《基督教要义》的缩写本。

法雷尔通常被视为《信仰告白》的作者，但它无疑是加尔文的手笔。[③] 议会批准了这份提案，并同意让人民宣誓以推行《信仰告白》，城里各区的人要当着议会秘书的面宣誓。二百人议会也通过了这份提案，但并非没有反对的声音。议会记录显示有些人仍忠于罗马信仰。他们说不应被强迫发违反自己良心的誓言。其他自

---

① 第一个《教义问答》由阿尔伯特·瑞雷和特奥菲尔以 *Le Catéchisme français de Calvin, publié en 1537, réimprimé pour la première fois d'après un exemplaire nouvellement retrouvé et suivi de la plus ancienne Confession de foi de l'Église de Genève, avec deux notices, l'une historique, l'autre bibliographique* 的名字在1878年重新编辑出版过。Doumergue 讲述了关于这本书的有趣的著作书目史，*Jean Calvin*, ii. p. 230；他在重印本的序中讲得更详细。

② Müller, *Die Bekenntnisschriften der reformierten Kirche*, p. 111.

③ Rilliet 在他的 *Le Catéchisme français de Calvin* 中，Doumergue 在 *Jean Calvin.* etc. ii. 237—239 都详细讨论了这个问题。

诩为新教徒的人则申明向《信仰告白》发誓，是剥夺了他们的自
由。他们说："我们并不希望受到束缚，而是生活在我们的自由 115
中。"由于议会的命令，最终还是要发誓。城镇各区的领导（dizenniers）一天天把人民带到大教堂来，让他们在教堂里当着秘书的面发誓。官吏身先士卒，人民则分批举手发誓。但也有避而不发誓者，麻烦来了，而且将不断扩大。伯尔尼的代表完全不顾自己的城市也以同样的方式对他们的信条发了誓这一事实，他们鼓励不服从者，说发如此之誓言的人会犯有伪誓罪；这种看法增强了反对力量。但伯尔尼议会解除代表的职务，①并拒绝支持不满意的人，麻烦便过去了。所有日内瓦人都发誓遵守《信仰告白》。

与此同时，日内瓦的牧师们正催促决定戒律和绝罚问题，对他们的怨声越来越强烈。人们认为议会对牧师的呼吁俯首帖耳，言听计从，全体议会（11 月 25 日）上的争论非常激烈，这表明不满在蔓延。（1538 年）1 月 4 日，日内瓦各级议会完全否决了实施戒律以保护圣餐纯洁的提案，做出不得拒绝任何想参加圣餐的人的决议。在 2 月 3 日举行的每年一度的官吏选举中，四位加尔文和法雷尔的死对头当选为市政官。新议会一开始并未表露出他们对宣教士的敌视态度：最早的会议记录显示他们还是很谦让的。但宣教士们遭到
大部分市民的激烈反对，市政会又是他们的敌人：冲突迟早会发生。 116

正在这个关头，伯尔尼的一份提议把事态引入了危机。

日内瓦城的许多居民是很不情愿地被拖向宗教改革之路的。

---

① 不服从之人听了伯尔尼议会写来的信（11 月 28 日）后做出让步，并在 1538 年 1 月 4 日接受了《信仰告白》（Herminjard，*Correspondance*，iv. 340 n.）。

有些人之所以支持宗教改革，不过是一种手段，为的是使城市摆脱主教君主的统治，获得自由，而丝毫不同情宗教运动。那些固守旧信仰的势力因此强大起来。长期以来，日内瓦城就分为两派，它一宣布加入新教，旧的分歧立即重新浮现。不满者乘机遏制宗教改革的浪潮，阻挠牧师的工作。当再洗礼派在日内瓦出现时，他们便成了庇护人；他们支持皮埃尔·卡罗利指控法雷尔和加尔文，指控他们是阿里乌斯分子，因为他们拒绝使用亚大纳西信经。最为重要的是，他们宣称代表自由，并自称"自由派"。伯尔尼一介入，他们便急忙支持其教会建议。

伯尔尼在征服沃州后，便一直不满意在与日内瓦关系中所扮演的角色。战争一结束，甚至在战争结束前，在伯尔尼的解放军队撤离前，随行的伯尔尼代表便宣布，伯尔尼享有对日内瓦的主权，一如先前主教兼君主和被他们征服的萨伏依公爵的代表(Vidomne)。他们希望像对待洛桑和沃州那样，继续宣称自己是日内瓦的领主。日内瓦人民反对这个命令。弗洛蒙告诉我们说，他们宣称，他们为争取自由奋斗了30多年，并不是为了使自己成
117 为盟友或广阔世界上任何人的附庸。① 伯尔尼以解除同盟关系相威胁，但日内瓦丝毫不为之所动，他们总是可以向法国求援。伯尔尼最终不得不退而求其次，只好保持现状。

日内瓦成为一个独立共和国，继承了主教兼君主的所有权利和所有收入，也继承了萨伏依家族代表的所有司法权。它在城区内获得了完全的主权。同时也对属于主教君主的彭尼、朱西和提

① *Actes et gestes marveilleux*, p. 215 f.

兹各区享有主权。另一方面，伯尔尼接受了加亚尔区，日内瓦承诺未经伯尔尼同意，不与任何一方结盟，也不缔结任何条约，并随时允许伯尔尼人进入城市。双方将一两个偏远地区的主权分割了，日内瓦享有主权并拥有收入，但伯尔尼则保有受理上诉的权利等。

伯尔尼的政策似乎要通过严格控制罗曼语地区瑞士的大部分地区，以建立一个强大的国家。她的臣属领地洛桑、沃州的大部分、热克斯、沙布莱、奥尔伯等几乎把日内瓦围在中央。只要能把日内瓦变为洛桑第二，使之成为一个君主主教区，伯尔尼的统治梦就能实现了。改革派教会是稳定团结这些征服地区的方式。臣属于伯尼尔的罗曼语地区在宗教事务上都听从伯尼尔人的安排。其议会无一例外是最终的上诉法庭。这些法语区的地方教会都采用伯尼尔的宗教法庭模式。其宗教礼仪与仪式通行整个罗曼语瑞士。日内瓦教会是独立的。能否使日内瓦教会与伯尔尼模式更加一致？宗教事务上的一致能否导致政治上的合并？而这正是伯尔尼梦寐以求的。法雷尔几乎是所有这些罗曼语新教会的福音牧
师。它们的宗教习俗是在他的指导下发展起来的。如果日内瓦教 118
会加入的话，将有助于伯尔尼引入统一性的目标。这就是导致加尔文被驱出日内瓦的外部政治形势，需要牢记。

伯尔尼议会为了实现其宗教统一计划，召开了一次会议，西瑞士地区的绝大多数福音教会都派出了代表，伯尔尼当面提出建议。会议的详细记录已经没有了。可能有一些反对者，其中法雷尔可能是最激烈的一个，他认为罗曼语地区的教会应保留自己的习俗。但会议的最终结果是，伯尔尼决定召集罗曼语教会的代表，在洛桑召开另一次宗教会议（1538 年 3 月 20 日）。他们请求（3 月 5 日）

日内瓦议会允许法雷尔和加尔文参加会议。[①] 日内瓦在3月11日接到伯尔尼的来信，日内瓦的官吏根本没与牧师商量，便自告奋勇，于当天决定在日内瓦教会中采用伯尔尼礼仪。他们在次日把伯尔尼的来信送给法雷尔和加尔文，同时警告他们不得在布道坛上批评议会的决议。法雷尔和加尔文都没提出抗议。他们宣称愿意到洛桑去，并问议会有何指示，还说他们准备服从命令。尽管此时伯尔尼的第二封信（3月20日）已到，并说如果日内瓦的牧师不接受伯尔尼的提议，便不准他们参加会议。

法雷尔和加尔文因而参加了洛桑会议，并同意大会做出的使
119 用伯尔尼风俗的决定。其内容为：洗礼必须一律在教堂入口处的石质洗礼盘里举行；圣餐必须用无酵饼；每年有四个宗教节日，即圣诞节、新年、天使报喜节和耶稣升天节——但同时规定伯尔尼应告诫自己的官吏，不要对在这些节日期间工作的穷人太严厉。[②]

伯尔尼议会在如愿地使各教会代表通过其宗教提议后，便写信（4月15日）给日内瓦议会和牧师，请他们共同协商，并安排日内瓦教会接受这些礼仪，伯尔尼的官吏显然不知道我们早已提到的日内瓦议会的匆匆的决议。议会开会（1538年4月19日）讨论了这封信，还通过了几项全部与教会事务相关的决议。根本用不着通过采用伯尔尼礼仪的决议，因为早已采用了。他们准备把伯尔尼的来信给法雷尔和加尔文看，询问他们并要他们做出同意还是反对的回答：他们是否立即采用伯尔尼仪式。牧师们回答说不

---

① Herminjard, *Correspondance*, etc. iv. 403, 404, 407. Doumergue, *Jean Calvin*, etc. ii. 278.

② Herminjard, *Correspondance*, etc. iv. 413.

能立即采用伯尔尼的做法。日内瓦的第三位牧师艾利·柯劳在城里发表了对议会不敬的言论，他被禁止宣教，等候议会的质询，否则将受到监禁。[①] 议会最终决定立即用伯尔尼的仪式庆祝圣餐，如果法雷尔和加尔文拒不从命，议会将另请愿意服从命令的其他牧师。[②]

盲人牧师柯劳一如既往地宣教（4 月 20 日）。他立即被捕并 120
被投入监狱。当天下午，法雷尔和加尔文在几位日内瓦最著名的市民的陪伴下到议会，抗议议会监禁柯劳，并要求释放他——法雷尔照例大胆直言，并提醒官吏别忘了要是没有他在城里的工作，他们是不会占据现在的职位的。议会拒绝了他们的要求，并乘机当面问他们是否立即采用伯尔尼仪式。他们回答说他们并不反对伯尔尼的仪式，也很乐意在崇拜中使用它，但前提是方式要恰当，[③]而不是仅仅凭议会的一纸命令。加尔文和法雷尔便被禁止宣教。第二天，这两位牧师照例在宣教布道，加尔文在圣彼得教堂，法雷尔在圣格维斯教堂。议会开会讨论这个不服从行为。有些人主张立即把他们逮捕入狱，但最终还是决定在第二天早晨（4 月 22 日）召开二百人议会，在 24 日召开全体议会开会讨论。会议宣读了伯

① 据报道，柯劳在 4 月 8 日的一次布道中称日内瓦是酒鬼的王国，日内瓦镇是由醉鬼统治的（虽然无论怎么说这都是事实，但显然不适合在布道场合讲），议会随即传讯了他。

② Herminjard, *Correspondance*, etc. iv. 413—416, 420—422.

③ 加尔文说他希望通过正规渠道，把此事提交人民讨论："希望我们就礼仪的自由问题召开一个会议，让民众提出自己的理由，然后我们可以劝告民众达成一致。最后，希望许可教会的自由裁决。"参见加尔文和法雷尔写给苏黎世会议的备忘录，同上，v. 3；*Corpus Reformatorum*, xxxviii. ii. 191。

尔尼的来信(3 月 5 日、3 月 20 日、4 月 15 日),二百人议会决定愿意“按照伯尔尼的仪式生活”。那么该如何处置加尔文和法雷尔呢？是否将他们投入城市监狱？不！最好先等议会找到其他牧师(他们一直尝试在找,但没成功),再解雇他们。全体公民大会接着开会。[1] 决定“按照伯尔尼的仪式生活”,并把三位牧师驱逐出
121 城,给他们三天的准备时间收拾东西。[2] 加尔文和法雷尔被逐,官吏们则急忙收回了当初配给他们的家具。

加尔文久久不能忘记这个四月里的日日夜夜的威胁与危险。人们在街上侮辱他,暴徒们扬言“要把他扔到罗讷河里去。”卑鄙下流之辈聚集到他的房子周围,在他的窗下唱下流淫荡的歌曲,夜里则在他的门前鸣枪,有一夜达 50 多次。——“这足以吓坏像我这么胆小的可怜学者,我承认我一直如此。”[3]正是对这些日子的记忆使他厌恶重返日内瓦的念头。

加尔文和法雷尔这两位改革家立即离开了日内瓦,决定到伯尔尼议会,甚至还到即将在苏黎世召开(1538 年 4 月 28 日)的瑞士各教会的宗教会议上讨个说法。伯尔尼的议员们对日内瓦议会的所作所为感到震惊和难堪,而事情的起因在于他们整齐划一的提议,这更让他们于心不安。他们立即写信给日内瓦(4 月 27 日),请求议会收回命令,并提醒他们别忘了他们整齐划一的提议

---

① Herminjard, *Correspondance*, etc. iv. 423,425,426,427,v. 3,24.

② 值得一提的是,伯尔尼的三封来信在二百人议会宣读了,而洛桑宗教会议的决议却是在全体公民大会上展示的,议会是否希望给他们的决定披上一层教会权威的外衣?

③ Bonnet, *Les Lettres françaises de Calvin*, ii. 575,576.

绝对没有在无关紧要的事情上制造强迫一致借口之意。[①] 伯尔尼可能以主人自居，但几乎总是很有礼貌。世俗权威可能是所有教会事务背后的推动力，但要通过教会这台机器来实现。伯尔尼当局非 122
常谨慎地建立了一个教会法庭——宗教法庭（Consistory），由两位牧师和三位议员组成，负责处理所有教会事务。它鼓励境内所有教会召开宗教会议。它的划一方案不但通报给日内瓦的牧师，而且通报给日内瓦议会，并经过共同的协商。他们可不想为打击日内瓦的牧师担丝毫责任。日内瓦的答复惧怒交加，表面上奴颜婢膝，但暗地里掩藏着傲慢[②]（4 月 30 日）。一切都已无法挽回。

法雷尔和加尔文从伯尔尼去了苏黎世，在那里向宗教会议递交了一份备忘录。参加会议的有来自苏黎世、伯尼尔、巴塞尔、沙夫豪森、圣加仑、缪尔豪森、比尔（比尔奈）的代表以及这两位被日内瓦驱逐的牧师。在加尔文看来，这是代表大公教会的几个全体大会之一，个体教会即便不言听计从，也应该予以尊敬。日内瓦的牧师们以堂皇的谦恭呈上他们的陈述。他们愿意接受伯尔尼仪式，这虽是无关紧要的事情，但从体现改革派教会的和谐角度说，或许很有益处。但应该由日内瓦教会，而非仅凭世俗权威的强制命令予以接受。他们非常愿意向日内瓦人民解释并推荐这些仪

① “因此，我们立刻、确定并且带着兄弟般的友爱，祷告，告诫并且要求你们……改变对法雷尔和加尔文的严厉态度，为了我们的爱，为了避免丑闻，并考虑到我们已向你们和他们写了信说明了教会仪式的一致性，这是出于善意并且是通过请求的方式进行的，不偏袒任何一方，且仅局限于教会认为无关痛痒的那些事情上，例如圣餐的面包和其他事物。”（Herminjard，*Correspondance*，etc. vi. 428）

② 关于伯尔尼给日内瓦的信以及日内瓦的回信，参阅 Herminjard，*Correspondance*，etc. iv. 427—430。

式。但如果他们返回日内瓦，必须允许他们反驳那些造谣中伤的人，他们建设日内瓦教会的规划虽然早已被接受，但尚未实施（1537 年 1 月 16 日），[①]也必须予以实施。它包括以下内容：设立
123 一个教会戒律，以免圣餐受到玷污；把城市划分为堂区，使每位牧师熟悉自己堂区的教徒；增加城市牧师的人数；通过实行按手礼规范牧师的圣职授任；根据原始教会的习惯，更经常地庆祝圣餐。[②]他们坦言这可能过于严厉，并愿意就此接受指导。[③] 他们谦虚地倾听一些与会成员的劝告，告诫他们在与那些不受纪律约束的人们打交道时要更温和一些。但他们在原则问题以及教会对国家的自主权上，丝毫不退步。这也许是东部瑞士的埃拉斯图派第一次听到如此的高派教会理论，但他们接受了这种理论，并至少在当时把它变为自己的理论。会议决定写信给日内瓦，请他们耐心对待其牧师并让他们回去，他们还请伯尔尼的代表亲自过问此事，要竭力保证法雷尔和加尔文重返日内瓦。

伯尔尼的代表们接受了使命，日内瓦的牧师们回到了伯尔尼，等候伯尔尼代表从苏黎世返回。他们在焦虑中等了 14 天。伯尔尼议会于是准备兑现宗教会议的要求。[④] 他们任命了代表，在法雷

① Herminjard, *Correspondance*, etc. iv. 165 n.

② 呈给苏黎世会议的备忘录在 Herminjard, *Correspondance*, etc. v. 3—6，以及 *Corpus Reformatorum*, xxxviii. ii. 190—192，备忘录的结论部分请求伯尔尼取缔境内的淫荡下流的歌曲，以免日内瓦人拿这个例子做借口。

③ “我们已经允许我们的几位代表以最诚挚的态度同诸位商谈，以便对若干不公正的严厉之处做出缓和，并在面对这个不虔敬的民族时用温良恭谦来行事。”（*Corpus Reformatorum*, xxxviii. ii. 193）

④ 伯尔尼议会的记录写道：“日内瓦人拒绝接受加尔文和法雷尔，如果我的君王需要牧师的话，会考虑他们的。”（Herminjard, *Correspondance*, v. 20 n.）

尔和加尔文的陪同下，到日内瓦去。这两位牧师在边境的努瓦荣 124
或根特霍尔等候，伯尔尼的代表则继续去日内瓦。他们与议会进行了会晤（5 月 23 日），并被告之议会不能推翻三个议会的投票决议。二百人议会拒绝召回这两位牧师。全体议会（5 月 26 日）通过投票，一致重申对他们的驱逐判罚，并禁止这三位牧师（法雷尔、加尔文、柯劳）踏入日内瓦领土。

加尔文被赶出了日内瓦，他可能会很乐意去过安静的学者生活，但他的名气和价值太大了，根本不可能像他渴望的那样默默无闻。斯特拉斯堡宣布他为居住在城内的法国避难者的牧师，他应邀参加了在法兰克福举行的新教会议，参加了在阿盖诺、沃姆斯和雷根斯堡举行的新教联合会议。他在那里遇到了更加著名的德国神学家，他们热烈欢迎他，还没有哪一位瑞士神学家得到过这种殊荣。他立即主动地在《奥格斯堡告白》上签了字，在神学上与他们保持一致。他赢得了梅兰希通的青睐，二人的友谊极具传奇色彩，在梅兰希通眼里，这位脸色苍白、满头黑发、目光犀利的脆弱法国青年非常容易唤起人的友情。路德虽然非常嫉妒地捍卫自己的圣餐理论，但也很欣赏他的神学。

与此同时，日内瓦的日子也并不好过。表面看来，情况并没有太大不同。牧师仍在镇里的教堂里宣教布道，日常生活和宗教生活一如既往。官吏们强化了《信仰条款》，他们诅咒再洗礼派、教皇派、所有违反城市取缔挥霍浪费的法律和其他戒律的行为。他们强迫每位家长到教堂去。旧的生活似乎已不复存在。议会与市
政会视新牧师为仆人，强迫他们严格服从他们做出的所有关于教 125
会事务的决议，并把宗教视为一种政治事务。城市的道德无疑每

况愈下——程度如此之严重，以致伯尔尼的牧师写信谴责日内瓦的牧师，[①]圣餐似乎也被遗忘了。城市内的党派斗争几乎演变为丑闻，日内瓦的独立受到威胁。[②]

市政会在选举中败北，未能连任。观点比较温和的人士上台，从这时起(1539 年 2 月)，请加尔文重回日内瓦的思想开始萌芽。他们曾私下向他提议，但他拒绝了。接着议会来信恳请他返回并提出他的条件。他保持沉默。洛桑和纳沙泰尔也加入了日内瓦人的行列。加尔文是不会为之所动的。他的私人信函揭示了他的整个思想。他害怕返回这座不安分的城市。他并不肯定自己是否适合掌管日内瓦的教会。他在斯特拉斯堡过得很平静，做自己同胞的教会牧师，而且教牧的纽带一旦建立并不容易破裂，但还是有一股潜流把他推回他首次开始宣扬上帝之道的地方。他最后写信给日内瓦议会，摆出了他所有的困难和渴望——既未接受也未拒绝。他的当务之急是去参加沃姆斯会议。

日内瓦人并未气馁，10 月 19 日，二百人议会声明要想方设法请到“约翰·加尔文先生”，22 日，一位名叫路易·杜伏尔的德高望重的市民兼二百人议会成员受命到斯特拉斯堡去，带去了两级议会的一封信，恳求加尔文“看在我们的人民非常急切地盼望您的
126 份上，”返回他的“老地方”(prestine plache)，并允诺将尽全力满足他。[③] 杜伏尔赶到斯特拉斯堡时，却发现加尔文已经去了沃姆斯。

---

① Herminjard, *Correspondance*, etc. v. 139; *Corpus Reformatorum*, xxxviii. ii. 181.

② Doumergue, *Jean Calvin*, etc. ii. 681 ff.

③ *Registres du Conseil*, xxxiv. f., 483, 485, 490(转引自 Doumergue, *Jean Calvin*, ii. 700).

他把信呈给了市议会，议会则加急(eques celeri cursu)[①]送给加尔文(1540年11月6日)。加尔文可没有被重新请他回去的真诚冲昏了头，他非常沮丧。他征求在沃姆斯的朋友的意见，由于哽咽几乎无法把这件事说出来。[②] 一方面，一想到要返回日内瓦，他就会痛苦万分，另一方面，布塞尔宣称加尔文对普世教会所肩负着职责，很清楚地指示着他的回归[③]。他认为布塞尔的观点可能是对的。这两种思想彻底控制了他。朋友们考虑到他的痛苦，建议他回到斯特拉斯堡后再做决定。其他不在他身边的人则不断催促他。法雷尔对他大发雷霆(consterné par tes foudres)。[④] 苏黎世的牧师们写信(1541年4月5日)说：

> "你知道日内瓦位于法国、意大利和德国的交界处，福音很有希望从这里传播到邻近的城市，因此能扩大基督教王国之堡垒(les boulevards)。——你知道使徒们选择大都市作为宣教中心，以便福音能传遍周围的城镇。"[⑤]

加尔文被说服了。他同意返回日内瓦，他进入城市时仍受着对接手工作的厌恶感的折磨，而他根本无法肯定是否适合这项工作。历史学家们说这是一次光荣凯旋。或许是这样，尽管从他的

① Herminjard, *Correspondance des Réformateurs dans les pays de langue française*(Geneva, 1866—93), vi. 365.

② *Corpus Reformatorum*, xxxix. (xi.), 114.

③ 同上，p. 54。

④ 同上，p. 170。

⑤ Herminjard, *Correspondance*, etc. vii. 77.

127 情感来说，这种场合随时都会令他不快，更何况在这个隆重的时刻。当时的文献对此保持了沉默。只有议会的会议记录与通常无二地写道“福音牧师约翰·加尔文先生”又重掌日内瓦教会（1541年9月13日）。[①]

加尔文又一次到了日内瓦，这两次都是不情愿地被拖来的，他的过安静的学者生活的梦想彻底破灭了。摆在他面前的工作几乎如他预料的那样艰难。那种认为加尔文第二次回到日内瓦后便成了城市的主人的共识是非常错误的。他还要经历14年的艰苦斗争（1541—1555），如果说他生命中最后九年可称为战胜对手的胜利时期（1555—1564）的话，可别忘了他从未能看到他的教会组织思想完全在城里变为现实。只有到法国的新教教会那里，才能看到加尔文的思想彻底成为现实。[②]

就在加尔文返回日内瓦的那天（1541年9月13日），议会决定必须为城市的教会制定一部章程。他们成立了一个委员会起草文件，其中包括加尔文、他的牧师同僚及6位议会议员。起草工作只用了20天，并准备呈交议会。然而在9月16日，又有决议指出，文件起草完毕后，要呈送小议会、六十人议会和二百人议会进行修改。旧的反对势力立即在这些议会里现形。似乎要做变动，加尔文在最后时刻认为，从戒律和井然有序的教会统治角度看，这部章程会一钱不值。不过，二百人议会最终没做多少变动便一致
128 通过了这份法令草案。这就是著名的《日内瓦教会法令》的第一

① *Registres du Conseil*, xxxv. f. ,324（转引自 Doumergue, *Jean Calvin*, etc. ii. 710）.

② 关于加尔文对法国宗教改革的伟大影响及其事业，参见本书153页及其以下。

版。直到1561年它才最终定型。[①]

如果把1541年的这些《法令》与《基督教要义》、1537年的《条款》以及1561年的《法令》里面的教会政府原则相比较，就能看到加尔文一定做出了很大牺牲，以便满足日内瓦的官吏。

他一直为教会的自治而斗争，尤其在戒律问题上，其原则贯穿在他的《基督教要义》的第四编中。《法令》显示出一定的自治，不过所有权威实际上都掌握在议会手里。戒律由长老法庭或长老会议负责执行，但这个长老法庭是由小议会参照牧师的建议选出的，包括2位小议会成员，4位六十人议会成员，6位二百人议会成员，选举完毕后要提交二百人议会批准。长老法庭开会时，要有一位市政会成员做主席，手里拿着象征官吏职位的权杖，这就像修订过的1561年《法令》真实地写道的"更像世俗权威而非精神统治"。修订过的《法令》禁止主席在长老法庭开会时拿权杖，以便遵守"明确体现在《圣经》中的官吏之剑及权威与教会的监督权"之区别。但所谓服从《圣经》也不过是暂时放下了权杖，仅此而已。就连任命长老法庭成员时要征询牧师意见这一点似乎也常常被忽略，无论怎么看它都仅仅是议会的一个委员会，绝对不从属于牧 129
师。[②] 长老法庭无权对犯罪者实施世俗惩罚，它只能劝诫和警告。确有必要进行惩罚时，它要报告议会，由议会判决。这么做也是为了保证世俗与教会权力的有别，但实际上它只是议会的一个委员

① 1537年的《条款》收录在*Corpus Reformatorum*, xxxviii. i.（x., i.）5—14；1541年的《法令》；同上，pp. 15—30；1561年的《法令》；同上，pp. 91—124；*Institution*, iv. cc. i.—xii.。

② *Corpus Reformatorum*, xxxviii. i. 121, 122.

会，负责向议会汇报，所谓有别实际上是假象。这种现状与加尔文推崇的思想相去甚远。加尔文的想法不但体现在他的《基督教要义》中，而且体现在法国新教教会章程中，他是这些的主要作者。这个13,000人的小城镇的作为“伟大、高贵、尊敬的主人”的议会（这是他的称号）在字面上区别了加尔文关于世俗与神权有别的教义理论，但实际上他们把整个统治权或戒律权牢牢抓在手里。我们应该看到，日内瓦长老法庭的戒律权及惩罚权并非是按照加尔文的理念组织运作的教会之工作，而是一个中世纪城镇议会的普通程序。他们对私生活的小惩罚及干涉只是16世纪市政统治通例中的特殊现象。

我们发现，整个那个世纪都有一种对教会权力以中世纪的方式侵蚀世俗权威领域的反抗，其结果必然是教会仅仅变为国家或市政府的一个部门。慈温利领导下的苏黎世虽然后来被称为这种埃拉斯图政策的极端类型，但也不比伯尔尼、斯特拉斯堡或其他地方更极端。日内瓦议会坚持拥有最高宗教权力是有法律先例的。
130 该市是一个教会领地，由主教行使世俗及宗教权力，而议会则是主教权威的法定继承人。这意味着在其他事情中，反对异端的旧法律，除非专门废除，仍保留在法律全书内，而教义上的错误也属叛乱性质，这使异端及与官方法律全书公布的真理相反的观点逃脱不了世俗的惩罚。

“卡斯特里奥怀疑《雅歌》的正典合法性以及公认的基督降入地狱的解释，波尔塞克对预定论的批判，格雷耶令人生疑的怀疑主义及拥有异教书籍，塞维特斯的理性主义及反三位

> 一体信仰理论，都被视为犯罪的观点。……异端在性格上可能是无可挑剔的人，但如果异端背叛了国家"①，

他就是一个罪犯了，要按法律全书上的罪名治罪。说加尔文烧死了塞维特斯，现如今人们仍继续这么说，实际是让一个人承担历史实情之过，其实自皇帝狄奥多西以来这一直是西欧的实况，他宣称任何人只要不接受由罗马的达马苏斯主教发布的尼西亚信经，就触犯了法律。另一方面，否认加尔文是审判异端的法官之一，或者说塞维特斯是因密谋反对城市的自由而被杀掉的，以此摆脱加尔文在这幕悲剧和罪行中的干系，同样是没有道理的。加尔文肯定相信处死反三位一体的人是对的。法国和瑞士的新教徒在1903年（11月1日）为这位16世纪宗教迫害的牺牲品立了一块碑，名为"赎罪纪念碑"（monument expiatoire），碑铭一方面承认这位伟大的宗教改革家对后世的贡献，同时又谴责了他的错误。——这确 131
实是一种正确的态度。②

---

① *Cambridge Modern History*, ii. 375.

② 石碑的一面刻着：

1553年10月27日
在尚佩尔死于火刑
米歇尔·塞尔维特
1511年9月29日生于阿拉贡的维伦纽夫

另一面则刻着：

> 为了我们伟大的改革者加尔文著名的受人尊敬的儿子们，但谴责他这个时代犯下的错误，并且遵照改革和福音的真实原则，坚定地追求意识的自由，我们树立这一赎罪之碑。1903年10月27日

加尔文为日内瓦做了三件事，每件事都超出了城市的范围。他为教会造就了一支训练有素的牧师队伍，为日内瓦的家庭造就了能说出信仰的理由的受过教育的人民，为整座城市造就了一种英雄精神，使这个小城市成为欧洲受迫害的新教徒的堡垒和避难所。

早期改革派信仰的牧师们都是些漂泊的学者、改宗的教士和僧侣、虔敬的手工者等诸如此类的人。他们大都是非常豪爽的英雄，有些人虽投身到运动中去，但并未有真正的天职观。驱使他们的是对现状不满、想结婚或使非法关系合法化、[1]不喜欢所有权威和约束之类的卑鄙动机。他们不但未给周围的环境带来心境和行为方面的变化，反而成为小新教团体的危险和丑闻的一种根源。

《法令》的第一部分意在结束这种状况，并为改革派教会造就一支比旧教士阶层更有效率的教牧群体，同时又不用特别强调教

132 士的身份特性。牧师就是那些相信受上帝声音之召唤，向个人灵魂说话的人，而这种神圣天职的信念要经受三方面的检验——严格的考试、教会同胞的召唤以及庄严的授职仪式。

考试是最重要的环节，由已是牧师的人执行。它首先考察候选人的《圣经》知识，以及使用这些知识教化人民的能力。其次，考察作为一名教师，其行为与谈吐的表率能力。然后候选人要接受小议会的考察。接下来则要当众宣教布道，请人民评判他的布道是否有益于教化。过了这三关后，就要根据古代教会的习惯，由

---

① 如方济各修士雅克·伯尔纳，他在加尔文和法雷尔被逐后是日内瓦的一位牧师，他“在福音运动开始时，总是满怀敌意地回击我们，直到有一天他在一位女人的相貌中看到基督”。

牧师为他举行庄严的按手礼。考试与检验并未随着圣职授任而告终。城市的所有牧师要每周聚会一次,讨论《圣经》,每人都有义务就教友兄弟中存在的教义、道德和未尽职尽责的渎职行为提交会议,哪怕是微不足道的行为。在乡村工作的牧师要尽可能参加会议,每个人不到会的时间不能超过一个月。如果牧师会议没能就有关问题达成一致,则请长老协助,最后还可以上诉到世俗权威那里。人民同样受到严厉的监督,为此设立了访察制度,由长老和牧师一起负责。[①] 在这么多强大敌人的包围中,这个小共和国的 133
每位成员,都要成为训练有素的战士,为精神和世俗战争而奋斗。训练保持了这个中世纪小城市共和国的独立,加尔文则为其增添了精神内容。

他不知疲倦地要把日内瓦塑造成一个进步开明的城镇。议会采纳了他的教育方略,颁布了一系列著名的法规,建设城市的学校和学院。[②] 他竭力把最著名的学者网罗到日内瓦来,把他们推荐给议会。马蒂兰 · 科尔迪埃是那代人中法国最伟大的学者,贝扎是最著名的人文主义者,卡斯特里奥和索尼耶都是城市的教师。日内瓦学校的名声几乎吸引了所有受迫害的人到这里来避难。年轻人的宗教教谕详细而周备。加尔文早期的《教义问答》重新修订过了,使之更适合青年人。孩子的基础教育也打得很牢,以致日内瓦的男孩子也能像“索邦的博士”那样流利地谈论信仰,这已成了常识。但日内瓦的高明之处还在于训练其牧师和其他学识渊博

① *Corpus Reformatorum*, xxxviii. i. (x. i.) 17—20, 45—48, 55—58, 93—99, 116—118.

② *Corpus Reformatorum*, xxxviii. i. (x. i.)65—90.

的职业人员。热心向学的人从各地——意大利、西班牙、英格兰、苏格兰乃至俄罗斯，最主要的是从法国赶来。牧师们在日内瓦接受教育，由当时最著名的精于统治他人而又控制自己之艺术的学者执教。他们从学校毕业，成为尼德兰、英格兰、苏格兰、莱茵诸省，更主要的是法兰西的正在斗争中的新教牧师。他们聪明睿智、不屈不挠、无所畏惧，随时准备为事业献身，能让不情愿的人说出赞美之辞，谦逊而又圣洁，“嘴上总是挂着耶稣的名字”，心里则装着圣灵。他们为法国和其他地区所做的一切则要在后面专门讲到。

134 这座一度混乱不堪的城市，这个内部分裂斗争的牺牲品成为宗教改革的堡垒，蔑视天主教法国和萨伏依的威胁，向所有受迫害的人敞开了大门。这种状况将继续几代人，路易十四时龙骑兵镇压的受害者们在此受到欢迎和保护，一如16世纪瓦洛亚家族统治时的受害者。日内瓦为他们所做的一切，最好不过地体现在一位避难者的话里：

> “第二天是一个星期天，我们到了坐落在山上的一个小村庄，这里距日内瓦只有一里格[①]之遥，从这里可以看到日内瓦城，我们那种高兴劲只能与以色列人占据迦南地时的欢乐相媲美。我们是在中午时分到达村子的，我们非常急切，希望能尽快进入我们视之为耶路撒冷的这座城市，以致都不想停下来吃饭了。但向导告诉我们，星期天日内瓦的城门在圣事仪

① league，长度单位，约为三英里——译者

式举行完毕以前，也就是在4点以前从不开门。所以我们只有在村子里等到那个时辰，然后接着催马行军。当我们靠近城镇时，发现很多人正向外涌来。向导很诧异，当我们走到距城镇仅有四分之一里格的普朗帕莱时，就更加诧异了，我们看到出来迎接我们的队伍，三辆由荷戟士兵守护的大车，后面则跟着一大群人，男女老少都有。一看到我们，一位官员就走上前来请我们下马，要我们向前来迎接并表示欢迎我们到来的'日内瓦的特使阁下'恭敬敬礼。我们照办了。三辆马车渐渐近了，从每辆车上跳下一位官吏和一位牧师，热泪盈眶地拥抱我们，赞扬我们的恒心和忍耐精神，我们真是不敢当。……特使阁下才允许人民靠近，接下来的场面难以想象地动人。几位日内瓦居民的亲戚在法国军舰上受着折磨（我们就是从这艘舰上被解救出来的），这些好人并不知道他们是否在我们之中。因此杂乱的喊声充斥于耳：'我的儿子，我的丈夫，我的兄弟，你在吗？'可以想象我们中应答之人所受到的热烈拥抱 135
与欢迎。这一大群人都紧紧地搂住我们的脖子，用难以表达的欢乐之心赞颂并夸赞主降恩典给我们。当日内瓦特使们请我们再次上马进城时，我们几乎没法从命，我们似乎根本无法从这些虔诚、热心的兄弟们的手臂中挣脱出来，他们似乎怕我们走掉。最后我们再次上马，在特使的引导下凯旋般地进了城。日内瓦建了一栋富丽堂皇的大楼安置那些陷入贫困的人，大楼刚刚建成，也装修完了，但还没开始住人。特使认为这是我们的最佳居所，便把我们带到那里，我们立刻进入了一座宽大的宫殿。人群随我们蜂拥而入。那些找到亲人的人则

请求特使允许他们把亲人带回家去——他们非常乐意地答应了。M. 博斯克是我们中的一员，他的母亲和两个妹妹住在日内瓦，她们也来领他回家。由于我们是密友，他便请求特使允许我与他一块走，他们愉快地答应了。在这个例子的鼓舞下，所有的市民，不分男女，都请求允许他们把亲爱的兄弟们领到自己家里居住。特使允许一些人这么做，但这又引起其他人神圣的嫉妒，他们悲痛哀叹，说如果拒绝给他们同样的机会，就会被看作不好不忠的市民。因此，特使被迫让步，我们这些人一个都没剩，全都离开了'法国大楼'，他们把这座富丽堂皇的大楼称为'法国大楼'"。①

这是路易十四统治时期被送到军舰上做苦力的一位新教徒的记述，但它可以作为 16 世纪日内瓦所作所为的一个缩影，展示了这座只有 13000 人的小城是如何接收并保护因宗教原因从各地逃到这里避难的近 6000 人的。

① *Mémoires d'un protestant condamné aux galères de France pour cause de religion, écrits par lui-même*（1757, repub. 1865）, pp. 404—407.

第四章　法国的宗教改革 136

第一节　昂古莱姆的玛格丽特和“莫城小组”

在描述什么样的情感激发法国开始推行宗教改革这一方面，也许没有人像法王弗朗西斯一世的姐姐、昂古莱姆的玛格丽特① 137
那样描叙得如此彻底细致。对她的书信和作品——大部分是诗歌——进行研究，对于真正了解她那个时代最高尚的人物的志愿是非常重要的。这并不是说她具有创造性的能量，也不是说她本

① 玛格丽特1492年4月11日生于昂古莱姆，1509年嫁给软弱的阿朗松公爵；1525年成为寡妇；1527年与纳瓦尔国王阿尔布雷特的亨利结婚；卒于1549年。她唯一的孩子是阿尔布雷特的让娜，即纳瓦尔的亨利（后来成为法王亨利四世）的英雄母亲。当玛格丽特是阿朗松公爵夫人时，她在布尔日的宫廷是法国人文主义者和宗教改革家的一个中心；成为纳瓦尔王后以后，她在讷拉克的城堡成为所有受迫害的新教徒的避难所。有关玛格丽特的文献汗牛充栋，可能列举如下一些就足够了：Génin, *Lettres de Marguerite d'Angoulême, reine de Navarre* (published by the *Société de l'Histoire de France*; 1841—1842); *Les idées religieuses de Marguerite de Navarre, d'auprès son œuvre poétique*; A. Lefranc, *Les dernieres poésies de Marguerite de Navarre* (Paris; 1896); Becker, "Marguerite de Navarre, duchesse d'Alençon et Guillaume Briçonnet, évêque de Meaux; d'aprés leur correspondance manuscrite; 1521—1524" (in the *Bulletin de la Société de l'Histoire du Protestansisme française*, xlix., Paris, 1890); Darmesteter, *Margaret of Angoulême, Queen of Navarre* (London, 1886); Lavisse, *Histoire de France*, v. i.; Herminjard, Correspondance, etc., vol. I.，其中收录了16封她写的信以及12封写给她的信。

人是位具有某种原创性的思想家，而是说她的心灵在某种程度上像一面清晰而感情丰富的镜子，接受并反映了在她身边发生的知识和宗教运动中最令人紧张的悸动。像那个时代许多贵妇一样，她也曾致力于钻研新学。她在少女时代便掌握了拉丁语、意大利语和西班牙语，后来她又掌握了希腊文，甚至还有希伯来文，这是为了通过圣经最初的语言研究圣经。在她身上，15 世纪末法国的文艺复兴延续到了 16 世纪上半叶。她感情丰富细腻，充满了柔顺的女性热情所赋予的高贵勇气，对她的弟弟及她较具男子气概的母亲（萨伏依的路易丝）[①]来说，她是个应当予以保护的人，因为她那不成熟的勇气可能带来伤害。除为占统治地位的经院神学作辩护的卫道士外，同时代的各个派别的著作家都称道这位纯洁的、欢快幸福的、虔诚至深的纳瓦尔王后。有人称她为“王家花园中的紫罗兰”，并说她在无意中将法国所有高尚的人物聚集到她周围，就像野外的百里香引来蜜蜂一样。

马尔西利奥·菲奇诺曾经教玛格丽特从基督教柏拉图主义中汲取知识[②]，这一神秘主义与教条没有什么关系，却自然而然地与哲学和道德的理想化方面联系在一起，这里暗含着大量的（尽管是不确定的）有关上帝——全体、唯一的必然性、唯一的善（le Tout, le Seul Nécessaire, la Seule Bonté）——，人类的灵魂，以及两者之
138 间的亲密结合的思想，它可能成为玛格丽特不断扩大的宗教经验

① Louise de Savoie, *Journal*, 1476—1522 (in Michaud et Poujoulat, *Colletion*, etc. v.).

② Lefranc, “Marguerite de Navarre et le platonisme de la Renaissance” (vols. lviii. lix. *Bibliothéque de l'École des Chartes*, 1897—1898).

中恒久不变的一部分。尝试着将旧经院哲学和文艺复兴的新思想结合起来的库萨的尼古拉斯教给了她许多她永远也没有忘记的东西。她自己仔细钻研圣经,她不知疲倦地同别人讨论其中看上去费解的章节。她如饥似渴地聆听勒菲弗尔和鲁塞尔的讲道,她与布里索内保持长期的私人通信,她说,她热切地想学到"得救之道"。[①] 路德和加尔文都给她留下了深刻的印象,但是他们的神学模式从来没有吸引住、也没有征服过她的理智。路德和加尔文蔑视经院哲学,否定教士阶层的超自然权能,强调上帝的权力及上帝之爱,宣称信仰使人和上帝结合起来——他们的上述说教与玛格丽特全身心投入其中的基督教神秘主义有类似之处,因此博得了她的同情。如果研究她的宗教诗作人们就会发现,她仔细思考过上帝的无限权力,思考过人的生命如何神秘地融合到神圣性中,她饱含感情地赞美自我牺牲而鄙视一切尘世的欢乐。她称颂主是唯一的救赎者和中保。像路德惯常做的那样,她将侦察、审判和惩罚的律法同因基督及基督在十字架上完成的功德而赦免罪人的福音作了对比。她满怀激情地期盼耶稣基督的福音能够使世界得救和再生。她坚持因信称义,坚持认为不可能靠功德得救,并在最终必须完全依赖上帝的意义上坚持预定论。功德是善的,但是没有人因功得救;得救来自恩典,是"最崇高上帝的赐予物"。她称圣母为女人中最神圣的,因为她被选做了"救主"的母亲,但是拒绝任 139
何高位;圣母以自己的献身精神引来了对我们的主的祈祷,而不是对万福圣母(*Salve Regina*)的祈祷。玛格丽特这种思考圣母的方

① Herminjard, *Correspondance*, etc. i. 67.

式、她对圣徒和弥撒的冷淡以及她对更具迷信色彩的教会仪式的毫不掩盖的藐视,是巴黎大学神学院(索邦)对她发动猛烈攻击的主要原因。她不能被称作新教徒,但是她与中世纪形式的宗教生活和宗教思想完全决裂了。

玛格丽特的书信里有不少生动的描绘,我们从中可以看到她身为阿朗松公爵夫人时在宫廷驻地布尔日和身为纳瓦尔王后时在驻地讷拉克的日常生活。她总是很忙碌,处于一大堆人的包围中。她的大部分故事与诗歌都是她从一个地方旅行到另一个地方时在她的轿舆上撰写的。她的“王室”在当时来说也是很庞大的。多达 102 人——贵妇、秘书、施赈员、医生——组成了她的宫廷人员;通常还有许多来访者也加入进来。整个“王室”连同访客一起,每天上午在宫殿的一座厅堂里集会,这是一个“地面铺设精美、墙上饰着挂毯”的房间,在那里玛格丽特通常提出圣经中的某些段落来讨论。通常它们是玛格丽特比较模糊的地方;例如“温顺的人有福了,因为他们必承受地土”[①]这句。所有的人都被邀请来就其含义提出意见。女主人博学多才,人们也就毫不迟疑地用圣经的最初语言来引用圣经,或者引证早期教父诸如奥古斯丁、哲罗姆、克里索斯托或众位格雷戈里的观点。如果我们惊奇地发现,20 位随身侍从中的这个或者那个不是奴仆,享有出席讨论的权利,并且谙熟神学,还能够引用希腊文甚至希伯来文,那么我们就不应当忘记,
140 玛格丽特的随身侍从中有一些卓越的人文主义者和宗教改革家,玛格丽特将他们收入“王室”之列,从而给予他们受保护的特权。

① 《新约全书·马太福音》第 5 章第 3 节。——译者

如果天气允许，这些人就在上述讨论之后走进花园中漫步，然后在草地上一处“令人愉悦的喷泉”旁边坐下来，草地“非常柔软非常优雅，他们既不需要地毯也不需要坐垫”。[①] 在那里，一位侍女（“王室”中有30位夫人或者小姐）高声朗读《七日谈》中的一个故事，当然也不会忘记每个故事结尾处有教育意义的对话。这就引起一场活跃的谈话，之后他们回到宫殿里。晚上，“王室成员”又聚集到一个布置成简易剧场的厅堂里，来观看王后乐于写成的喜剧或者田园剧，在这个剧场里，玛格丽特通过一个像故事书一样奇怪的媒介向人们谆谆教导神秘主义的基督教，并表达她对教会和社会进行改革的渴望。她的宫廷是后来成为对法国政治、文学和社会生活产生巨大影响的沙龙的前驱。

玛格丽特主要是作为《七日谈》的作者而为人们所记住的。《七日谈》一书从现代观点看来只能视为一部丑闻——还不要说淫荡——故事集。在我们看来，创作这样的故事书来作为道德教育甚至福音说教的工具很不成体统，这一点通常让我们忘记了故事后面的谈话，这谈话一般都是道德真理的殷切教导，有时候还围绕如下福音思想展开：人的得救和全部神圣生活都有赖于基督这位唯一的救世主终成的功德：“瞧，夫人们，就像那位好伯爵的信仰不会被外在的征兆或奇迹控制一样，他很清楚我们只有一位救世主，这位救世主说‘完成了’的时候，表明他根本没有留下任何其他的继承者来拯救我们。”[②]16世纪的思想感情与20世纪的思想 141

① *Heptameron*, Preface.

② *Heptameron*, Nouvelle xxxiii.

感情存在巨大差异。确凿无疑纯洁的阿尔布雷特的让娜为了她母亲的故事书的完全准确的版本能够印刷和出版并为所有的人阅读和受益,花费了巨大的气力。

玛格丽特主要联系的宗教改革家们称作"莫城小组"。莫城主教纪尧姆·布里索内[①]热切期盼改革但是害怕革命,他在自己身边聚集了一批具有如下想法的学者:教会改革要由教会推行,在教会内部进行,不能离开教会。他们是15世纪公会议派的著名领袖人物诸如热尔松等人的抱负的继承者,他们是虔诚的宗教人士,盼望信仰和爱的真正复兴。他们希望调和基督教教义的伟大真理同新学之间的关系,从而一举扩大基督徒智识的范围,并用基督教道德来浸润人文主义。

激发这场运动并将它的目标确定为"从源头宣讲基督"的人是雅克·勒菲弗尔·戴塔普勒(斯塔普朗西)。[②] 他是一位杰出的人文主义者,1507年立志将自己的学识投入到圣经研究中去。这一决心的第一个成果是《保罗书信》的新拉丁文译本(1512),这个译本对通俗拉丁文本圣经作了修订并连同传统译本一并发表。在注释中他先于路德表达了这两个思想:离开上帝的恩典,善功一无用处;尽管在圣餐礼中基督确实存在,但是饼和酒并没有变成肉和

---

① 布里索内出身于名门。他1470年生,注定与教会打交道,当过兰斯的领班神父,1504年成为洛德弗的主教,1507年得到巴黎富庶的圣日耳曼德普雷修道院,1516年成为莫城主教。他立刻便在他的主教区中开始改革;他强令他手下的神父驻到他们的堂区去;他将主教区划分为32个小区,每年有一段时间派一位讲道师到每个小区去。

② Cf. K. H. Graf, "Jacobus Faber Stapulensis," in the *Zeitschrift für die historische theologie* for 1852, 1—86; Doumergue, *Jean Calvin*, i. 79—112; Herminjard, *Correspondance*, i. 3 n.

血。莫城的宗教改革家们认为圣经应当交到基督徒民众手里,勒 142
菲弗尔将让·德·雷利的圣经译本——一个旧有的13世纪的法文译本——进行了修订,1523年6月出版了《福音书》,当年年底出版了整部《新约》。1525年《旧约》也出版了。该书受到玛格丽特的热烈欢迎,并在整个法国得到广泛的传播和阅读。玛格丽特写信告诉布里索内,她的弟弟和母亲对圣经的传布很感兴趣,并希望对教会进行改革。①

但是勒菲弗尔和布里索内都不是领导宗教改革的人选。布里索内做事畏手畏脚,害怕"骚动";勒菲弗尔像玛格丽特一样是一位基督教神秘主义者②,像所有神秘主义者一样他不愿意改变外在的固定的制度。更为激进的思潮是从外部进入法国的。早在1518年法国人就知道了路德的名字,而当时人的通信告诉我们,到1520年时路德的书卖出的数量已经数以百计,并且所有有思想的人都在研究他的观点。③ 慈温利也为法国人所知,并且似乎更为法国先进的思想家所接受。莫城小组中的若干成员开始审视他们的立场。1520年教皇对路德施以绝罚的训令,1521年沃姆斯帝国议会的结果,巴黎大学神学院(索邦)反对路德观点的声明以及对亚里士多德的权威和经院神学的辩护,这一切都表明现存的教会不会容忍哪怕是最微小的改革。巴黎高等法院(1521年8月) 143

① Herminjard, *Correspondance*, i. 78, 84, 85 n.

② 看起来似乎很多人并不知道勒菲弗尔曾为了搜寻某些早期神秘主义者的手稿而去了德国,他在1513年第一次以印刷版出版了 Hildegard of Bingen 的 *Liber Quoscivias* (Peltzer, *Deutsche Mystik und deutsche Kunst*, Strassburg, 1899, p. 35),出版时的题目是 *Liber trium virorum et trium spiritualium virginum* (Paris, 1513)。

③ Herminjard, *Correspondance*, i. 37 n., 47, 48 n., 63 and n., 64, etc.

宣布路德的著作为禁书。[①]

勒菲弗尔没有动摇。他保持着他原来的样子——一个站在新时代的门槛上但拒绝进入的人。他的一个讲道师同伴收回了他以前的观点并开始写作来反对以前的领袖。年轻而暴躁的纪尧姆·法雷尔大胆地采纳了瑞士宗教改革家的观点。布里索内采取了权宜手段。他一方面禁止在他的主教区内宣讲路德派的信条和传播宗教改革家的著作,另一方面继续保护勒菲弗尔,并对他的学说保持忠实的信仰。[②]

索邦神学院和巴黎高等法院的积极行动表明在和平宗教改革的道路上存在重重障碍。路易·贝尔坎的藏书遭到查封和谴责(1523 年 6 月 16 日),他的若干书籍依据巴黎高等法院的命令在巴黎圣母院前被焚烧(8 月 8 日)。贝尔坎本人由于国王的干预而得到保护。[③] 1525 年 3 月,一位名叫让·勒克莱尔的梳羊毛工在巴黎遭鞭笞和火烙之刑;6 个月后被控侵犯应崇敬之物而在梅斯被烧死。政府不得不着手对宗教问题做出决定。

玛格丽特写道,她的母亲和她的弟弟"现在比以前任何时候都要倾向于教会的改革"[④];但是这两位中的任何一位都不拥有她这样强烈的宗教情感,而且左右这两个人的行为的因素,始终是政策而不是坚定的信仰。由勒菲弗尔促进的并得到玛格丽特信仰的宗

---

① *Journal d'un Bourgeois de Paris sous le règne de François I. 1515 – 1536* (Paris, 1854), p. 104.

② Herminjard, *Correspondance*, i. 153 ff.

③ *Journal d'un Bourgeois*, etc. p. 169.

④ Herminjard, *Correspondance*, i. 84, 105 ; cf. 85 n.

教改革对弗朗西斯一世而言，同时既过于温和又过于严厉。这一宗教改革永远也不可能成为同势力日益增长的德国新教结盟的基础，而同时它又要求个人生活的净化，这种净化既与国王个人的习惯不符，也与法国宫廷的风格不合。因此不奇怪，弗朗西斯一世的 144
政府对法国宗教改革者的政策总是在松疏的保护与严厉的镇压之间摇摆。

第二节　镇压改革运动的努力

1523—1526 年间，法国内忧外患连绵不断。意大利战争没有取得胜利。普罗旺斯遭到入侵。弗朗西斯一世遭到彻底溃败并在帕维亚当了俘虏。在法国国内，政府也面临着各种各样的危险。在许多地区，称为冒险家的匪帮①横行肆虐；各地战火连天，人们认为这是由法国公敌派遣的奸细引致的。王太后萨伏依的路易丝，也是儿子被囚于马德里期间的摄政，发现有必要与势力强大的巴黎高等法院和索邦神学院达成和解。法国开始采取措施镇压印刷路德派及异端书籍的行为，巴黎高等法院任命了一个委员会以搜寻、审判和惩罚异端。这些措施导致了宗教迫害的出现，但是措施效力不明显。② 莫城的众位讲道师不得不到斯特拉斯堡去避难，勒菲弗尔翻译的圣经也被当众烧毁。

国王从马德里的囚禁地返回后（1525 年 3 月），看起来站到了

① 匪帮的劫掠行为经常在 *Journal d'un Bourgeois de Paris* 上提到，见 pp. 119, 159, 166, 176, 185, 201, 249, 257, 402, 196。

② Cf. *Journal d'un Bourgeois*, etc. p. 276.

宗教改革者一边。莫城的讲道师们返回法国,并且勒菲弗尔本人还成了国王幼子的家庭教师。1528—1529 年,法国桑斯宗教大会召开,以讨论教会形势。会议重申了绝大多数中世纪的立场,并且不顾新教徒的反对,会议宣布教会是统一的、永无谬误的和有形
145 的,申明了宗教大会的权威性及教会制定宗规的权利,重申了斋戒、教士独身、七礼、弥撒、炼狱、圣徒崇拜、圣像崇拜等教规教义,强调要坚持经院哲学对自由意志、信仰和善功所作的解释。会议呼吁世俗统治者执行教会对异端分子和教会分裂分子所作的判罚。会议还公布了一系列必要的改革措施——其中的大多数已经包含在教会法规中了。

正值会议进行期间,法国的罗马天主教徒惊骇地听说有这样一件事情发生了:有一尊圣母玛丽亚神像的头被人砍了下来,而且神像被破坏得残缺不全。这是法国宗教改革革命精神的第一次展现。国王愤怒了。他下令用银子再造一尊塑像,并批准重新开始宗教迫害(1528 年 5 月 31 日)。四年后他的政策改变了。他期望与英国和德国的新教徒结盟;莫城的一位改革家在大斋节期间在卢浮宫讲道(1533),索邦神学院的一些学者因指责纳瓦尔的国王和王后为异端而被逐出巴黎。其间尼古拉·科普作了一次引起骚动的福音演讲,随后他与该演讲辞的真正作者加尔文逃亡。尽管如此,国王似乎仍然支持改革。福音派新教布道仍得以在卢浮宫举行,国王还谈到召开一次会议来研究法国的宗教状况。

揭帖事件引起了另一场风暴。1534 年月 10 月 18 日早晨,巴黎市民发现各主要街道两侧的墙上张贴着激烈攻击谩骂弥撒仪式的揭帖。揭帖宣称,基督在十字架上献身是完美的和唯一的,因此

永远也不可能被重复；基督的身体临现在圣饼之内——“一个二三十岁的男子在一小块面片中”——这种说法是极其愚蠢的；变体论是个巨大的错误；弥撒遭到了误用，而它的真正意义本来是为纪念我们的主的献身和死去；这个庄严的仪式现在已经变成了这个样 146
子：人们像巫师一样摇铃、呼喊、唱歌、晃动灯盏、摆动焚香的瓦罐。揭帖语言的攻击性非常严厉。“教皇和他的所有害人虫红衣主教、主教、神父、僧侣及其他伪君子，弥撒的主持者和赞同弥撒的人”，都是撒谎者和渎神者。揭帖的作者是某个叫安托万·马尔库尔的人，他逃出法国，来到纳沙泰尔避难。揭帖被张贴到巴黎及奥尔良、布卢瓦和昂布瓦斯等其他城市，甚至有一张张贴到国王寝宫的大门上。这些人的胆大包天助长了罗马天主教徒的愤怒。巴黎高等法院和巴黎大学明确要求应采取极端措施打击异端；[①]各地发生了赎罪游行，以抗议这种渎圣举动。国王本人和朝中大贵族在一月份取得一致意见，[②]在这个月里有 35 位以上的路德宗教徒被逮捕、审判和烧死。一些著名的法国人士（至少有 73 人），其中包括克莱芒·马罗和马蒂兰·科尔迪埃，逃离了法国，他们的财产被没收。

在这次宗教迫害爆发之后，国王政策再次改变。他又一次渴望与德国的新教徒结盟。大赦令发布了，除“圣餐象征论者”即慈

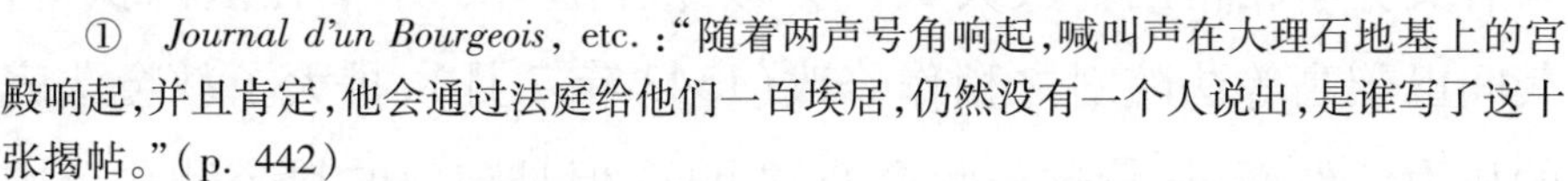

① *Journal d'un Bourgeois*, etc.：“随着两声号角响起，喊叫声在大理石地基上的宫殿响起，并且肯定，他会通过法庭给他们一百埃居，仍然没有一个人说出，是谁写了这十张揭帖。”（p. 442）

② 同上，pp. 442—444。多芬、奥尔良公爵、昂古莱姆公爵和一个年轻的德国人旺多姆亲王四人撑着支持圣饼上“一片美丽天空”的柱子。

温利的追随者外，其他人都得到赦免。包括克莱芒·马罗在内的一些流亡人士返回法国。法国掌玺大臣安托万·德·布尔甚至邀
147 请德国的神学家来法国参加宗教会议，尽管遭到索邦神学院的反对，他仍然坚持自己的提议。但是这件事毫无成果。德国新教神学家拒绝到法国的土地上来冒险；流亡在外的法国人不信任国王和他的掌玺大臣。然而，上面说到的大赦还是值得一提的，因为它导致了加尔文致弗朗西斯一世的信的产生，这封信成为加尔文《基督教要义》的“献辞”或者说前言。

对新教徒的镇压又变本加厉地恢复了。催促扑灭异端的王室敕令和法令接二连三地出台——致图卢兹高等法院的敕令（1538 年 12 月 16 日）、致图卢兹、波尔多、鲁昂高等法院的敕令（1539 年 6 月 24 日）；发自枫丹白露宫的针对全体的敕令（1540 年 6 月 1 日）；致图卢兹高等法院的敕令（1542 年 8 月 29 日）；致巴黎、波尔多、第戎、格勒诺布尔、鲁昂高等法院的法令（1542 年 8 月 30 日）。具有全面针对性的枫丹白露敕令尤其严厉。该敕令意欲建立更为简单的异端审判程序，并命令有关官吏起诉一切与异端有染的人，哪怕是教会人士或者拥有“教士特权”的人，异端嫌疑犯的上诉权利被拒绝；疏忽的判决有招致国王不悦的危险；教会法庭被要求表现出更大的热情，并可利用赋予世俗法庭的权力。该敕令说：“每一个王朝臣民均应谴责异端，并运用一切手段根除之，一如所有的人有义务争相帮助扑灭大火。”该敕令在随后 9 年中在法国执行，其间巴黎高等法院对之稍作修改（1543 年 7 月），扩大了教会法庭的权力。然而，尽管这份敕令非常彻底，但是随后的敕令和法令中仍然指出，异端在法国正迅速发展。

索邦神学院和各高等法院（尤其是巴黎的和埃克斯的）敦促对“路德派”进行迫害。索邦神学院撰写了总计 25 篇的系列文章（对加尔文 1541 年版的《基督教要义》一书所作的批驳），意欲简明地提出教会的教义，并否定宗教改革家们提出的不利于中世纪 148
教会的信条和做法的全部言论。这些文章得到国王及其枢密院的支持，国王下令在整个王国发表这些文章，并指示要惩处所有宣讲或教授与它们相反或不一致的观点的人。这个法令马上被巴黎高等法院登记在册。这样，王国的一切权力都致力于铲除宗教改革学说的斗争，并且拥有一个清晰而广泛的标准。索邦神学院意犹未尽，制成了一份禁书目录（1542—1543），囊括了加尔文、路德、梅兰希通、克莱芒·马罗的著作，还包括罗贝尔·埃斯蒂安纳编辑的圣经译本，巴黎高等法院则发布了一道严厉的法令（1542 年 7 月），反对一切通过印刷或出售书籍的方式传播的新教宣传。

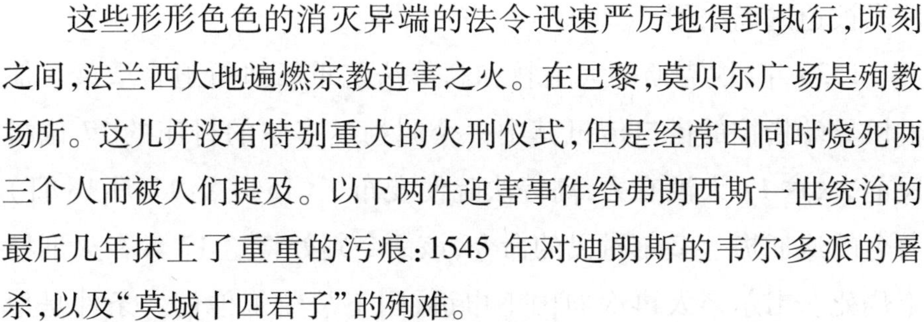

这些形形色色的消灭异端的法令迅速严厉地得到执行，顷刻之间，法兰西大地遍燃宗教迫害之火。在巴黎，莫贝尔广场是殉教场所。这儿并没有特别重大的火刑仪式，但是经常因同时烧死两三个人而被人们提及。以下两件迫害事件给弗朗西斯一世统治的最后几年抹上了重重的污痕：1545 年对迪朗斯的韦尔多派的屠杀，以及“莫城十四君子”的殉难。

普罗旺斯的一块地方，沿迪朗斯河汇入罗讷河的地区，14 世纪时人口大大减少，当地的土地所有者招徕阿尔卑斯山的农民居住到他们的领地上。新来者便是韦尔多派；他们的宗教得到予以保护的保证，他们的勤劳和节俭很快便让这个荒凉的地区布满了肥沃的农田。当宗教改革运动在德国和瑞士兴起时，这些村民非

常感兴趣。他们写了一封申明他们信仰的信，并将信送到宗教改
149 革领袖们手里，随信附有许多关于宗教事务的问题。他们从布塞尔和厄科兰帕迪乌斯那里收到了很长的回复，随后他们在皮埃蒙特的安格罗涅举行会议（1532 年 9 月），并以宗教改革家们对他们问题的回复为基础拟订了一份简明的信仰告白。很自然，他们要怀着较大的兴趣看待法国宗教改革的进展，他们也会出 500 克朗来支付印刷由罗贝尔·奥利维丹译成法语的圣经。两个多世纪以来，这 30 座韦尔多派村庄的村民一直被给予实行他们信仰的自由，于是他们认为当他们表达对法国新教的赞同时，他们仍在他们古老的权利之内行动。然而普罗旺斯的宗教裁判官让·德·罗马不这么认为。1532 年他开始告诫这些村民发誓放弃他们的观点；当发现他的恳求不起作用时，他便着手进行严厉的迫害。韦尔多人向国王申诉，国王派来一个委员会调查此事，其结果是让·德·罗马被迫逃离法国。

1535 年，埃克斯的大主教和高等法院重新执行迫害政策。他们以异端指控的借口传讯其中一个叫梅兰多尔的村庄的 17 位村民前去，这 17 人没有去，高等法院便发布了（1540 年 11 月 18 日）著名的逮捕梅兰多尔村民的命令，该命令判处将这 17 人在火刑柱上烧死。韦尔多人再次向国王申诉，国王赦免了他们。条件是他们应在 3 个月内宣誓放弃他们的异端观点（1541 年 2 月 8 日）。韦尔多人又一次上书国王申诉，国王又一次下令保护他们；但是 1541 年的后来几个月中，埃克斯高等法院向国王送去虚假情报，说梅兰多尔人公开造反了，并威胁要洗劫马赛城。于是弗朗西斯在图尔农的红衣主教催促下，下令消灭全部韦尔多人（1545 年 1

月 1 日)。一支军队偷偷组织起来,在 6 个星期的屠杀中,在背信弃义和血腥残暴的伴随下,30 个韦尔多派村庄中的 22 个被彻底 150 毁灭。大约 3000—4000 男女惨遭屠戮,另有 700 男子被抓到军舰上去服苦役。逃掉的人去了瑞士避难。①

莫城发生的迫害(1546)在程度上不及对韦尔多派的迫害,但是却发生了严刑拷打,这正适于作为亨利二世的严酷统治的序幕。

莫城的宗教改革派依照斯特拉斯堡法国避难者的样子组织成一个宗教礼拜会。他们选择皮埃尔・勒克莱尔为他们的牧师,其中一个叫艾蒂安・芒让的成员将他的房子提供出来作为礼拜会集会的场所。当局得知这样的集会后,于 1546 年 9 月 8 日突击搜查了这所房子,61 人被捕并被送交巴黎高等法院。他们的特别罪名是他们侵犯了圣餐礼,法庭的判决宣布:莫城主教允许这样的集会举行,属于玩忽职守,应当予以惩罚;证据表明,除抓到法庭的外,莫城还有不少"路德派"和异端分子,所有这样的人都要搜寻出来;该城所有关于基督教的书籍都要在 8 天内存放到档案处;要举行专门的布道,组织赎罪忏悔;艾蒂安・芒让的房子要夷为平地,并在原处建一座纪念圣餐礼的教堂。判决判处其中的 14 人活活烧死,在执行前他们遭受了法律许可的最严酷的拷打;5 人被判处双臂吊起观看火刑,之后遭受鞭笞并被投入监狱;其他人也被押来观看火刑,脖子上套上绳索,脑袋被剃光,他们要乞求宽恕自己的罪行,要参与赎罪忏悔,要听取圣餐礼上崇拜基督身体时做的布 151

① *Bulletin de la Société de l'Histoire de Protestantisme français for* 1858, pp. 166 ff.

道。只有少数人被宣布无罪,其中多数是妇女。[①]

弗朗西斯一世死于 1547 年。在他统治的最后几年突出表现出来的持续的宗教迫害,对压制法国新教的发展几乎没有或者说根本没有起到什么作用,只不过使得新教运动转入地下。

亨利二世对他父亲左右摇摆的政策不可忍受。自登基时起他就竭尽全力与宗教改革作斗争。他的亲信们——他势力强大的情人、普瓦提埃的迪亚娜;他的首相、王室总管蒙莫朗西,此人因指挥战争和管理政府有方而享有盛誉;吉斯家族,这个巨大的家庭起源于洛林,当时在法国位高权重——都是罗马天主教坚定的支持者,都决意要摧毁法国不断增长的新教。国王宣布的政策就是使用一切法律上能够利用的镇压方式发动进攻,毁灭新教。

第三节　改革运动特点的变化

剿灭新教的任务比弗朗西斯在位时更困难了。尽管遭受诸多迫害,但新信仰的追随者却令人惊异地不断增长。许多神父和僧侣皈依了福音派的信条。他们或是公开地或是秘密地讲道;而且由于他们知道天主教会的内情,所以他们能够生动有效地揭露教会的腐化。如果看一看各高等法院的逮捕令,人们就会知道,许多学校老师不断受到谴责,因为他们劝阻学生参加弥撒,教授学生“日内瓦错误有害的教义”,从而败坏了青年。许多大学被称为宗

① H. M. Bower, *The Fourteen of Meaux* (London, 1894).

教改革的温床——昂热、布尔日、封特奈、拉罗谢尔、路丹、尼奥尔、
尼姆和普瓦提埃。戏剧本身成了改革的工具，在这里，教会的腐败 152
和教士的道德以人们喜闻乐见的方式受到攻击。斯特拉斯堡、日内瓦和洛桑的避难者不遗余力地将福音教义送到他们的同胞那里。在国外受过训练的满腔热情的法国青年冒着生命危险潜回国内，走遍法国。他们在这些地方会见皈依者、询问者：荒僻的郊外，住宅的地窖，大道通衢，还有河畔。教会警探的记录使得我们能够沿法国的大道和水路追溯宗教改革的传播。传道者经常变换他们的名字以迷惑对他们进行侦察的人。一些与同伴相比更有胆量的人不惧怕到城里去并几近公开地向民众布道。由宗教书籍的书贩造成的宣传也非常成功。这些人通常都是在日内瓦或斯特拉斯堡受过训练的年轻人。他们背上背着一袋书，走街串巷兜售，讲述书籍的内容，对他们的听众作小型的讲道。在开列被搜查没收的书籍的公告上，我们看到了下列书名：伊拉斯谟的《对话录》；《生命的源泉》（译成法语的圣经片断）；《真正而完美的祈祷》（路德著作选译）；《五十二诗篇》；《日内瓦教义问答，教会祈祷文及施行圣事之方式》；《基督教入门》；《基督教蒙学训言》。尽管针对那些没有提交教会当局审查就印刷的书籍发布了许多禁令，但是任何法令都不能消灭这种秘密的贩书行动。

通过上述诸种方式，福音信仰得以四处传布，到弗朗西斯死时，法国除布列塔尼地区外每一个地方都有了秘密的新教徒，而且许多地方人数众多。

153 第四节　加尔文及其在法国的影响

从1536年起,法国宗教改革的特征迅速发生了变化。这一年勒菲弗尔去世了,也是在这一年加尔文的《基督教要义》发表了。法国的宗教改革不再是由对圣经的详细研究加以补充的基督教神秘主义了;它已经超越了单个地追随路德或者慈温利的阶段;它统一起来,在敌人面前变成了一个坚固的重装步兵集团;它围绕一个宣言团结起来,这个宣言既是完备的教义纲要,又规定了礼拜的方式,还是一部道德法典;它找到了一位领袖,这位领袖既是导师又是统帅。《基督教要义》的出版造就了这一切。日内瓦城市议会可称之为"某个法国人"(*Gallus quidam*)的这位年轻人很快便在整个宗教改革运动的领袖当中占据了头把交椅,并用他有创造力的双手塑造了法国的宗教改革。

加尔文的早年生活及他在日内瓦的工作前文已述;但是他对法国的专门影响不应当被遗漏不提。[①] 加尔文对他祖国的宗教家同道们拥有不同寻常的权力。[②] 他是个法国人——是他们中的一员;他不是操陌生语言的外国人;他不是祖国的敌人(追随祖国的

---

① 参看前文92页以下。下文关于加尔文对法国的影响主要取材于 M. Henri Lemonnier, *Histoire de France*, etc.(Paris, 1903—190) V. i. pp. 381—383, ii. pp. 183—187, etc.;只有法国人才能包含同情心地描写这段历史和加尔文。

② 威尼斯驻法国王庭大使1561年致信威尼斯总督说:"阁下可能很难相信日内瓦的首席牧师——名叫加尔文,法国人,生于皮卡迪——在这个王国所拥有的巨大权力。他是非凡的权威,他因他的生活方式、他的教义和他的著作而升至其他一切人之上。"(*Calendar of State Papers*, *Venetian*, *1558—1580*, p. 323)

敌人可能会被视为不爱国)。的确,加尔文的固定住所位于法国疆
界之外;但正是距离赋予了他行动的自由,使得他更受尊敬。他是 154
向“所有在法国的、为上帝所喜悦的、被召唤为选民的人”写作的使徒。

还是学生的时候,加尔文便表现出卓越的记忆力和敏锐的智力,具有消化吸收各种思想和各想思潮的超凡能力;但是他缺乏可称作艺术想象力的东西,①无论诗歌还是艺术似乎都不能引起他心灵的共鸣。他的行为永远是直截了当的、无可指责的、威严高贵的;如果不论出身,从教育和成长来说,他是一位优雅的法国绅士,他能安适自如地与出身高贵的男女打交道。他性格严肃,很少开玩笑,不活泼,但拥有令人惊讶的理解别人的能力。他比较拘谨,有些腼腆,不急于结交挚友,但是一旦缔结友谊便维持终生。在他生命的各个时期——孩子、学生、学者、运动领袖——他看来都是吸引人的中心和恭敬信任的对象。他这种神奇魅力的影响为同时代的其他人感受到了。他的老师马蒂兰·科尔迪埃成了他忠实的门徒。梅兰希通愿意头枕加尔文的胸膛死去。路德尽管对来自瑞士的一切都抱狐疑的态度,但最终开始爱戴他、信任他。诺克斯这位极其粗鲁和极具独立性的人也视加尔文为自己的导师,就每一点怀疑和难点征求他的意见,而且除了一件事外他恭顺地听从了

① 加尔文并不缺乏想象力。经过圣化的想象力再没有比在上帝的目的(Purpose of God)这一思想中所表现的更为宏伟瑰丽了,但随着年龄的增长想象力也逐渐衰退,转而致力于救赎和建立王国,即《基督教要义》的中心思想。是德·贝泽(贝扎)而不是加尔文,是17世纪预定论之父,这一理论与加尔文的学说之不同,就像骷髅与有血有肉的人的不同一样。

加尔文的所有意见。加尔文喜爱孩子，他把孩子们叫到他家里看圣诞树；但（这正是典型的法国特点）总是郑重斯文地向他们讲
155 话，似乎他们已经长大成人，人们理应像他这样来对待他们。正是这种风格深深吸引了当时只有12岁的德·贝泽。

加尔文在智识上是民主派，而本性寡言少语。这一点在他的私人文字中处处显露出来，诸如塔瓦内这样敏锐的观察者也作过记载。《基督教要义》的前言或者献辞最清晰地表明了这一点。

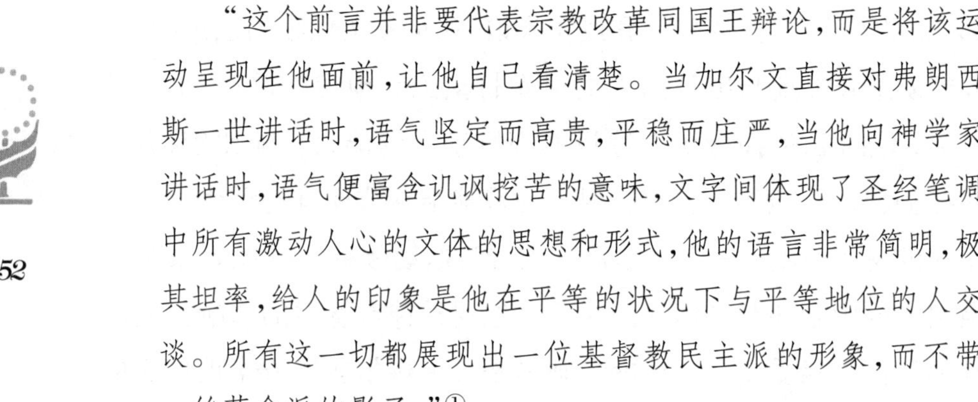

> “这个前言并非要代表宗教改革同国王辩论，而是将该运动呈现在他面前，让他自己看清楚。当加尔文直接对弗朗西斯一世讲话时，语气坚定而高贵，平稳而庄严，当他向神学家讲话时，语气便富含讥讽挖苦的意味，文字间体现了圣经笔调中所有激动人心的文体的思想和形式，他的语言非常简明，极其坦率，给人的印象是他在平等的状况下与平等地位的人交谈。所有这一切都展现出一位基督教民主派的形象，而不带一丝革命派的影子。”①

他力量的源泉——饱含信仰激情的逻辑——是如此地具有法国特性，恐怕只有他的同胞才能完全理解和高度评价，而他们也果然很快就这样做了。

所有这些禀性特征都吸引着法国人。他追求平等的激情像使徒保罗的一样强烈，这种激情促使他信任自己的追随者，促使他让

① Henri Lemonnier, *Histoire de France*, etc.（Paris, 1903）V. i. 383.

自己的追随者理解他所知道的一切，直至他心灵最深处的思想。这种激情迫使他向所有愿意了解他信仰的理由的人展示这些理由，并以适于他们理解的逻辑次序编排这些理由，而且他的信仰激情还使得他及其追随者确信，他所教导的一切都是上帝的真正真
理。此外他还是一位伟大的作家，①现代法语散文的奠基者之一， 156
这是已有文体中最为优美的文学手段，作者以此来吸引民众的注意。他将所有的重要著作都用法语为他的同胞写成，就如同他同时还用拉丁文为学术界撰写一样。他的语言和文风清新、明了、简朴；没有装模作样的优雅和迂腐的学究式的卖弄；他的文字充满生机和活力；这里，有引人注目的讽刺；那里，则是正中读者心弦的雄辩，因为文章的脉搏伴随着燃烧的激情和强烈的感受跳动着。

他在法国的所有门徒未必都在细节上赞赏他的教义体系。《基督教要义》一书之所以吸引他们，是因为它对罗马天主教会的弊病和丑行作了最强烈的抗议，它包含了对上帝和人类应当如何履行职责的法典，它展现了纯洁和高尚生活的理想，它向被召唤被拣选有信仰的人许诺了永恒的幸福。“它同时既满足了需要逻辑论证的理智，又满足了需要激情支撑的心灵。”

有人指出，加尔文的神学的原创性和效果不如他制订的法规、

① “加尔文是一位伟大的作家，我甚至可以说，如果不从严格意义上的风格来评价他的话，他是16世纪最伟大的作家……但我也必须承认，加尔文的风格，在所有16世纪的风格中，是最别具一格的。……还有他写出的15世纪式的令人赞叹的散文，清晰简明，又坚定，饱满且刚毅，超过那些只会通过研究古典作家，进行亦步亦趋的模仿和赞叹高明作品的细节的人。还要提到的是，他使用的是15世纪的语言，但其娴熟程度堪与17世纪媲美。这就是他做到的，他是当之无愧的（如果不是卓越的）法国散文的创始者。”（Emile Faguet, *Seizième Siécle*: *Études Litéraires*, pp. 188—189, Paris, 1898）

政策的原创性和效果大。[1] 这一论断看来忽视了《要义》一书对宗教改革运动做出的独特贡献。宗教改革是针对中世纪教会外在权威的一次反叛；但是任何一次造反，哪怕是针对最明显的弊病和最腐败的统治，都带有邪恶的种子，如果要取得任何真正的进步，就必须清除这些邪恶的种子。因为这些邪恶的种子本能地要扫除一切束缚——无论是好的、必需的，还是坏的、有害的。任何一次改
157 革运动的领袖在与他们追随者中的革命因素作斗争时比他们与公开对手作斗争时要艰苦得多。在16世纪宗教改革的深层，是从对人的诉求转向对上帝的诉求——从神父转向上帝，原来神父在忏悔室中赋予或褫夺赦免，而上帝使那些摆脱了罪孽并信仰基督的位格和功德的罪人在心里知道他已经被赦免了；使他们从教皇和公会议的决定转向在圣经中启示的上帝法令。这种吁请实际上是从看得见的世界转向看不见的世界，因此存在困难；因为如果人们没有通过理智之眼清楚地看到这一不可见之物，看到它所拥有的控制性权威可以对意志产生重大影响，那么人们就有可能认为，它并没有证明自己是什么控制性权威，他们就有可能幻想他们自己就是自己的律法。《基督教要义》为16世纪所做的工作就是使这个看不见的上帝的统治和权威——所有的人都必须顶礼膜拜——在信仰的理智之眼睛面前成为看得见的，这正如中世纪教会之于感官上的眼睛一样。《基督教要义》宣布，全部基督教信仰的基础是在圣经中启示的上帝之道；它教导人们，一切事物都没有中介地、直接地完全依赖于上帝本身；它宣称，离开上帝的无偿恩典的

① *Cambridge Modern History*, ii. 366.

作用，人类的罪就既不会得到宽恕，也不会得到改善，也不会有拯救；它将全部这些思想编织进一个逻辑的统一体中，这个统一体向它那个时代的理智之眼睛展示了"非由人手造成的上帝之家，永恒存在于天国"。当人们注目上帝之家时，他们看到他们直接站在上帝本人的权威面前，直接对上帝负责；他们发现他们可以用这一神圣的原型来检验"教皇之家"；他们看到，对无论是教会的还是政治的一切人类制度进行改革从而使它们与这一神圣景象相和谐，是他们的职责。《基督教要义》一书还告诉人们，他们从有形的中世纪教会脱离出来，既不是走出了上帝为人类的救赎而设置的目 158
的的范围，也没有免除上帝要求于人的种种义务。

加尔文为他的法国宗教家同行做了大量的工作。他与他们保持经常的通信；他鼓励他们，给他们勇气；他使他们的信仰得到极大的提升。当他听说某位法国罗马天主教徒开始犹疑时，他就写信给他，既劝说又指导。他向号称支持宗教改革的人解释宗教改革的原因。他鼓励软弱的人。他给受迫害者写信。他为那些因信仰而陷入论争的人提供短小的神学文章以支持他们。他对礼拜会的组织工作提出建议。他称赞精神饱满的牧师。他警告那些怠惰的牧师。

他说："我们不应当认为，我们的工作仅仅局限在如此狭小的范围内——以为当我们布完道后我们的任务就完成了……这是我们的职责：我们要时刻警惕地照看那些投身于我们事业的人，尽最大的努力保卫他们不受邪恶的侵袭，如果这些人因为我们的疏忽而失掉了，那么我们是会付出血的代价的。”①

他针对如何协调基督徒生活的要求和周围世界对他们的要求这一难题回答了一个又一个问题——对罗马天主教大国中属于宗教少数派的人来说，这个问题严重压迫着他们的良心。他并不是诡辩论者。他写信给卡尼夫人（埃当普公爵夫人的姊妹）说，“任何人，无论尊卑，都不应当认为自己免除了因我们的君王（sovereign King）而带来的痛苦”。人们崇敬地倾听他的话；因为他不是一个建议其他人去做他自己不准备去做的事情的顾问。他能够说：“跟随我吧，就像我跟随救主耶稣基督一样。”法国的男人和女人都知道，他们所遵从的导师、他们所求教的指导者、他们向他倾
159 诉自己心灵秘密的人是欧洲过着最艰辛、最苦行生活的人，——吃得很少，喝得很少，也睡得很少；他们知道，他虚弱的身体是靠着他不可屈服的灵魂的能量支持的。

法国各思想流派的人物都认识到了他们这位同胞的力量的秘密。朱尔·米什莱说道：

> “加尔文持续不断地在精神上与殉教者们对话，置身这些殉教者中间，他自己也成了一个殉教者；他如此生活着，感到在他面前整个尘世都消失了，他调准了他最后的赞美诗，他整个眼神都凝视着上帝的眼神，因为他知道第二天早晨他也许就得上火葬柴堆。”

---

① *La Catéchisme français*, p. 132. *Opera*, v. 319.

埃内斯特·勒南同样强调道：

> “令人奇怪的是，一个在他的生活和著作中对我们而言显得如此不近人情的人居然成了他那个时代一场伟大运动的中心，他那生硬而严厉的语气居然对他同时代人的心灵产生了如此巨大的影响。例如，法国的勒妮是那个时代最杰出的女性之一，她在位于费拉拉的宫廷里被欧洲最卓越的贤者簇拥着，就是这个勒妮为那个严厉的导师所征服，并被他吸引进一个充满荆棘的事业里，这样的事情又是如何发生的？这种苦行的诱惑只有那些拥有真正信仰的人才会散发出来。加尔文没有那种活跃的、强烈的、充满同情心的热情——这是路德成功的秘密之一，也没有弗朗西斯·德·萨莱斯的魅力和他可怕的、忧郁的敏感，但是加尔文成功了，在一个要进行一场针对基督教信仰的反动运动的时代和国家里成功了，这只不过是因为他是他那个时代最具基督徒品性的人。”

因此便出现了这种情况：所有在法国感受到有与上帝建立密切关系的需要的人，所有对他们来说宗教是一种需要，即宗教既是道德生活事务方面不折不扣的原则，同时也深深吸引着他们的理性思维的人，都为《基督教要义》而欢呼，将它当作他们信仰的最明确的宣言，并团结在这位年轻作者（加尔文撰写这部著作时只有26岁）周围，将他当作自己的领袖。那些仍然在专制政府的压迫 160
下受苦受难的人，那些感受到支撑着贵族特权政治的社会丑恶的

人,知道在他们的邻国有一座城市已经将自己置于上帝之道的治理之下;那里每个人都参加公共的礼拜,这礼拜因极其简朴而极具吸引力;那里无论公共道德还是个人道德都很纯净;那里信众选择他们的牧师,人民选择他们的治理者;那里既没有主子,也没有臣民;那里神职人员像平信徒一样地生活,只是在他们施行圣事时才与平信徒有所区别。于是这些法国人梦想全法国都按照日内瓦的样子生活。

许多对法国事务的现状不满但本人又未决定离开中世纪教会的法国人,不由得把他在自己周围看到的情况同那些“宗教中”[①]的人——当时法国新教徒开始被如此称呼——的生活与志愿作比较。他们看到他们身置其中的宗教充满了理智不能理解的种种神秘,这种宗教甚至在做公共礼拜时也使用绝大多数礼拜者不懂的语言,这种宗教满是虚饰和铺张,满是其象征意义已被遗忘的仪式。他们看到教士俗不可耐愚昧无知,或者高高在上冷淡无情;贵族贪婪无耻没有餍足;宫廷奢靡浪费丑闻不断;王家包养情妇,丈夫妻子男盗女娼。几乎在每个地方我们都发现人们越来越多地将新教的纯洁与罗马天主教的堕落相对比。结果在巴黎高等法院出现了这样一个情景(1559):某前掌玺大臣之子安托万·德·布尔建议全面终止对那些“被称为异端分子”的人的迫害,为了论证自己的观点,他将宫廷的渎神行为和各种丑行同那些要送上火刑柱
161 的人的生活所具有的道德性和纯洁性作了对比——后来他因为这

① 这一称呼源于敕令中“前述所谓改革派宗教”(ladite religion prétenduë réformée)一句,去掉了限定性形容词。

一言论丢掉了自己的性命。①

这就是亨利二世及其幕僚决心动用政府机构进行镇压的团结起来并不断壮大的新教。

第五节　亨利二世时期的迫害

由弗朗西斯一世施行的各种镇压措施被保留下来，而一项新的反对渎神的法律（无疑是在弗朗西斯统治的最后时间就已经准备了的）在国王死后五天就颁布了（1547 年 4 月 5 日）。但是新国王认为还需要采取更多的措施。因此，以夏托布里昂敕令为其高
峰的一系列敕令接连出台，意欲联合王国内的一切力量根除改革 162
派信仰。

1547 年 10 月 8 日，在巴黎高等法院之外又建立起第二个刑事法庭，专门审判异端案件。这就是著名的火刑法庭（*Chambre Ardente*）。它受命长期开庭，即使在高等法院通常的假期八九月份也不休息；它的第一次开庭期从 1547 年 12 月持续到 1550 年 1 月，在此期间该法庭可能审理判决了 500 多件案子。教士们感到这个特别法庭夺走了他们的一个特权，即审判所有异端案件的权利。他们就此提出申诉。于是达成了一项妥协（1549 年 11 月 19 日敕令），规定所有的普通异端案件（*cas communs*）由教会法庭审理，而伴有公开丑行的异端案件（*cas privilégiés*）则由世俗法庭审理。实际操作中通常所有的异端案件首先由教会法庭审理，在做出判决

① Henri Lemonnier, *Histoire de France*, etc, (Paris, 1903) V. ii. 187.

后，那些被认为伴有公开丑行的案件（大多数均属此类）再送世俗法庭。上述措施还嫌不足，夏托布里昂敕令（1551 年 6 月 27 日）规定动用一切官方措施来捍卫罗马天主教的信仰。

这份冗长的敕令以一篇冗长的序言开头，序言宣布，尽管采取了各种镇压措施，异端仍在增加；这异端是极具传染性的瘟疫，“已经传染到几乎所有居民身上，男人，女人，甚至小孩子，已经传染到王国的各个城市，各个地区”，因此每一位臣民务必襄助政府铲除这一祸患。敕令规定，所有普通异端案件均应依前例由教会法庭审理，伴有公开丑行的异端则应送交高等法院的世俗法庭审理。敕令发布了严格的书籍出版和销售条例；禁止
163 从新教国家向法国引进书籍；禁止印刷未经索邦神学院审查的书籍，禁止任何匿名出版的书籍；下令对全部印刷所和书店每年审核两次。对异端分子知情不报者将被视为异端并受到同样的惩罚；如果告发异端，则可以得到被告发者的财产的三分之一。父母有责任“以怜悯、喜爱、仁慈之心教育孩子”，务必不得与任何有“嫌疑”的老师接触；任何未经证明为正统的人，均不得在学校或者大学任教；主人要为其仆人负责。禁止与避难于日内瓦的人来往，避难者的财产予以没收。所有天主教徒，尤其是有地位有威望者，均应做出最真诚的表率认真参加外在的宗教仪式，尤其是在崇拜圣饼时要下跪。

这份敕令登记于 1551 年 9 月 3 日，旋即施行。6 年后，国王不得不承认，这敕令的严厉条款未能阻止新教信仰的传播。他提议在法国建立宗教裁判所，洛林的红衣主教和教皇保罗四世一直建

议他这么做；只是由于他的高等法院的激烈反对才作罢。[①] 他只得以颁布孔皮埃涅敕令（1557）为满足，这份敕令名义上将对异端的审判置于教会法庭手里，实际上是将它们交给世俗法庭，在那 164
里，法官不能判处任何比死刑轻的刑罚。他们被允许可以判处对犯人严刑拷打，从而增加惩罚，也可以在对犯人施以火刑之前勒死他们从而减轻痛苦。

在这一法令的武装下，法国紧锣密鼓地搜捕新教徒。有些监狱专门用来囚禁新教殉教者——孔西耶热里监狱，本身是该宫的一部分，还有大夏特勒监狱，坐落在与前一监狱隔塞纳河相望的对岸。这些监狱马上就人满为患，于是嫌疑犯就被关押到巴士底狱、小夏特勒监狱以及主教区的监狱里。孔西耶热里监狱的牢房位于河面以下，墙壁上不断渗进河水；大夏特勒监狱以其恐怖的地牢而闻名，地牢太小，以至于囚犯既不能直着站立也不能在地上直着躺下。很多被囚者死于疾病；1547 年瘟疫夺去了大夏特勒监狱 60 名正等待审判的囚犯的性命。极少有人被宣布无罪；几乎所有的

① 高等法院（*Parlement*）是法国最高司法机构。最重要的是巴黎高等法院，其审判权覆盖皮卡迪、尚帕涅、法兰西岛、奥尔良内、曼恩、图兰、安茹、普瓦图、奥尼、贝里、波旁内、奥维涅及拉马谢——几乎半个法国。亨利二世在位时期还有如下其他高等法院：诺曼底、布列塔尼、勃艮第、多菲内、普罗旺斯、朗格多克、纪耶内，直到 1559 年时还有尚伯里和迪兰。各高等法院通常以它们所驻的城市来称呼；故诺曼底高等法院称鲁昂高等法院；普罗旺斯的称埃克斯高等法院；朗格多克的称图卢兹高等法院。

人，一旦被逮捕，就要遭受死亡和拷打。[①]

第六节　法国新教教会的组织

正是在这些恐怖的迫害年代里，法国新教教会组织起来了——他们感受到联合统一的需要，这样既可以更好地进行他们面临的斗争，也可以援助弱小的成员。加尔文不知疲倦地督促着这一组织工作。他以他那先知般的热情和国务活动家的洞察力坚
165 持强调在宗教迫害时代的血雨腥风中联合起来的必要性。他早已指出，教会应当采取什么形式。[②] 他主张重新建立早期教会简单的三重宗教职务制度——一个由主教或者牧师主持的教徒礼拜会，一个由长老组成的执行理事会，以及一个由执事组成的团体。这个形式为法国新教徒采纳。一群信徒，一位牧师，一个由长老和执事组成的“宗教法庭”，布道有规律，正确地施行圣事，这样就恰如其分地构成了一个教会。牧师是首长；他布道；他主持圣事；他主持“宗教法庭”。“宗教法庭”由长老（他们负责在精神事务上监督公众）和执事（他们照顾穷人和病人）组成。长老和执事由信众礼拜会成员选出；牧师由长老和执事选出。教会组织的建立通常

---

① Weiss, *La Chambre ardente, étude sur la liberté de conscience en France, sous François I. et Henri II., 1540—1550* (Paris, 1889)，其中收集了许多有价值的文献。Crespin's Histoire des martyrs, etc.，这部书中的资料若与今日可得的官方文件相核，便会发现差不多完全正确，毫无夸大。Weiss, "Une semaine de la Chambre ardente" (1 – 8 Oct. 1549), in the *Bulletin historique et littéraire de la société de l'histoire du protestantisme français* for 1899; and *Des cinq escoliers sortis de Lausanne brulez a Lyon* (Geneva, 1878).

② *Institutio Christianæ Religionis*, IV. iii. iv.

不是一蹴而就的，这里有着“种植的教会”（*église plantée*）和“竖立的教会”（*église dressée*）的区别。前者处于初始阶段，可能有一个牧师，但是没有宗教法庭；或者它仅仅是一群信众，他们等待游动传道士偶或来为他们主持礼拜，或者他们干脆在没有任何确定的领导者的情况下举行简单的礼拜。

1555 年可以看作法国新教徒开始组织教会的时间。当然，此前已有一些教会组织建立起来过——1546 年在莫城，1547 年在尼姆，但是这些信众礼拜会已因迫害而被驱散了。1555 年以前，法国的新教徒主要是坚定的研究圣经的大学生，或者是没有任何组织形式的为共同礼拜而聚集到一起的小团体。

巴黎做出了榜样。有一小群信众通常在靠近普雷奥克莱尔克的费里埃的领主的住处聚会。一个孩子的出生加速了事情的发展。父亲解释说，他不可能到法国之外去寻找纯洁的洗礼，他的良 166
心又不允许他的孩子依照罗马天主教会的仪式受洗。在祈祷之后，这群人决定将自己组织成教会。让·勒·马松被选为主持人或者牧师；长老和执事也选出来了；教会组织遂完备起来。[1] 似乎法国所有的新教徒都在等待着这个信号，于是各地都开始组织起教会。

克雷斯潘提到了 13 个教会，全部按照巴黎教会的方式建立于 1555—1557 年——莫城、普瓦提埃、昂热、圣东热岛、阿让、布尔日、伊苏丹、奥比涅、布卢瓦、图尔、里昂、奥尔良和鲁昂。他补充说

① Athanase Coquerel fils, *Précis de l'histoire de l'église réformée de Paris* (Paris, 1862)——附录中收集了很多有价值的官方文件。

还有其他的教会。现在可得的文献证据表明，到1560年时，组织起来的教会多达36个，全部是“竖立起来的”即组织完全的教会，都建立了宗教法庭或者执行理事会。到1567年时，从日内瓦派到法国的牧师已达120人。亨利二世统治时期这些礼拜会的历史充满了悲惨的和激烈跌宕的事件。[①] 他们处于大多数都是狂热的罗马天文教徒的居民当中，这些天主教徒极易受神父和僧侣的鼓动，而这些神父和僧侣就在相邻教堂的讲道台上进行言辞激烈的演讲。夏托布里昂敕令要求并命令，所有法庭（无论在首都还是在外省）、所有官员、所有国王的忠实臣民，都应搜查和追捕那些对新教持有同情心的人。如果经过耶稣受难像时没有表现出崇敬之情，如果不留神说出了什么反对教会仪式的话，如果对新教殉难者表现出了哪怕最轻微的同情，如果被发现藏有在日内瓦印刷的书籍，

167 都足以引致遭揭发、逮捕以及常常导致拷打和死亡的审判。新教徒被迫在地窖中做礼拜，被迫鬼鬼祟祟地爬去进行一体同心的祈祷；像处于德西乌斯和戴克里先迫害下的早期基督徒一样，他们不得不在深更半夜时聚会；这种夜半聚会也招致了对他们品性的无耻传闻，就像最初三个世纪犹太人到处传播基督徒秘密集会的流言一样。[②] 他们时不时地被发现，于是接着就会发生诸如巴黎圣雅克路事件那样的全体逮捕和殉教。

---

① Antoine de Chandieu, *Histoire des persécutions et martyrs de l'Église de Paris; depuis l'an 1537* (Lyons, 1563).

② *Œuvres complètes de Pierre de Bourdeille, Seigneur de Brantôme*, edited by L. Lalanne for the *Société de l'Histoire de France* (10 vols., Paris, 1864—1881), ix. 161—162.

信众组织成教会赋予信众联合的力量，极大促进了法国新教的发展；但是还需要做更多的工作，将它们锻造为一个整体。1558年，普瓦提埃信众礼拜会出现了教义纷争。他们申请巴黎教会的帮助，巴黎教会的牧师安托万·德·尚迪厄来到普瓦提埃协助举行圣餐礼并解决争端。据说，当时曾提议为整个教会制订一份信仰告白。为此征求了加尔文的意见，但是加尔文没有赞成。尽管如此，1559年5月25日，来自法国各地的若干牧师和长老汇聚巴黎召开会议，据一份其可靠性值得怀疑的当时的文献的说法，与会者代表66个教会。[①] 在巴黎教会牧师之一莫雷尔的主持下，会议讨论了三天。这就是法国新教教会第一次全国宗教会议。该次会议编成一份信仰告白和一册宗规。

《由渴望根据我主耶稣基督的纯正福音生活的法国人民一致 168
达成的信仰告白》[②]（*Confession de Foi faite d'un commun accord par les François, qui desirent vivre selon la pureté de l'évangile de notre Seigneur Jésus Christ*）包括40条。它曾多次为后来的宗教会议修订，但是仍可称作《法国新教教会信仰告白》。它以加尔文在1557年草拟的一份简短告白为基础，以代表国王受压迫的臣民致国王书的形式写成。宗教会议的一位成员致信加尔文道："看来在您的告

① 实际上可能是只有12个教会的代表出席了会议——巴黎、圣罗、鲁昂、第普、昂热、奥尔良、图尔、普瓦提埃、桑特、马勒内、夏特勒罗尔和圣让当热里。H. Dieterlen, *La Synode générale de Paris, 1559* (Montauban, 1873)：这是作为蒙托邦神学院（新教）的一个论题发表的。

② 可以在以下文献中找到这一告白：Schaff, *The Creeds of the Evangelical Protestant Churches* (London, 1877), pp. 356 ff.; Müller, *Die Bekenntnisschriften der reformierten Kirche* (1903), p. 221；在第 xxxiii 页讨论了不同的文本。

白的基础上增加一些条款并对某些地方稍作修改是有益的。”可能是出于对加尔文反对为整个教会制定一份信纲这一意见的尊重，会议决定暂不公布这份告白。但这个决议未起作用。该告白被印刷出来，并在1559年底以前广为人知。

《宗规》(《法国改革派教会宗规》)规定了教会的组织形式和纪律，这种教会组织是以长老会著称的，但是也许称为议事会更为恰当。一个称为“宗教法庭”的议事会由牧师(一个或多个)、长老、执事组成，管理本信众礼拜会。若干信众礼拜会组成团体，这些团体之上是教务评议会，由各宗教法庭的代表组成；教务评议会之上是教省宗教会议；最上面是宗教大会或称全国宗教会议。该《宗规》还对应当如何实施纪律作了规定。它声明，任何教会都不得宣称自己高于其他教会。所有牧师均被要求签署《信仰告白》，承认并遵守教会纪律。[①]

169 看到下面这一点是颇有兴味的：在法国这样一个世俗统治正在一步步变得更加专制的国家里，这个“十字架下的教会”为自己构建了一种管理形式，或许是空前彻底地将民众权利和至高的中央控制这两条原则调和起来。这种组织制度扩展到荷兰、苏格兰，还有美洲的大部分教会。这些地方的教会的组织体制更多地源于巴黎而不是日内瓦。

---

① 宗教法庭有时候堕落到去研究一些细枝末节的问题。在《南特敕令》颁布后的平静岁月里，蒙托邦的牧师和宗教法庭认为莫尔内夫人的发型“太俗”。莫尔内夫人同他们展开的激烈的争论。Cf. *Mémoires de Madame du Plessis-Mornay* (*Société de l'Histoire de France*, Paris, 1868—1869), i. 270—310.

第七节　对宗教迫害的反应

如果细心研究这一时期的历史资料会发现，国王和朝廷极度严厉的镇压新教徒的政策激起了相当范围内的有利于被迫害者的反对浪潮，而且许多人感到国王如此严厉地采取的行动是不合法统的。这种对被迫害者的同情和对国王专横统治的厌恶在很大程度上塑造了不久就出现了的胡格诺运动。

法国出现了对设立火刑法庭的抗议，巴黎高等法院拒绝对规定在法国建立宗教裁判所的敕令予以登记，教皇保罗四世的训令（1557 年 2 月 26 日）赋予法国红衣主教惩治异端的特别权力，可是这种特别权力在实施时却显得犹豫不决，这些举动都可以视为一种妒忌，表明王庭、教会和世俗机构都严密防范自己的管辖权受到干涉。但是夏托布里昂敕令（1551）中有条款披露了一些官员在搜查和惩处异端时表现出不情愿和冷淡的态度，敕令规定应反对官员的这种态度，并下令只有众所周知的正统人士才可以任命为长官（第 23、28、24 条），这些情况表明甚至在官方人士当中也有
不喜欢迫害政策的人。当时的官方文件证实了这种不情愿。我们 170
得知有的市镇官长干预审讯，以保护他们的新教徒市民免遭教会法庭的惩处；有的市镇警察对异端分子的逃走睁一只眼闭一只眼；有一位检察官还因为这种行为而被处以停职一年的处分；[1]有的世俗法庭除了一些微不足道的案子，不愿意对任何异端案件做出

① *Bulletin de la société de l'hist. du protestantisme français*, 1854, p. 24.

判决。

人们对严厉迫害新教徒的做法日益不满并且表现得越来越明显，这一点甚至在因其迫害狂热而长久以来臭名昭著的巴黎高等法院里也表现出来。下面的事情便是明显的例证：高等法院刑事法庭（la Tournelle，1559）本来判处三位新教徒死刑，却又改判为流放。被激怒的罗马天主教徒表示强烈抗议，并要求召开一次高等法院全体会议以固定其司法行为的程序。在这次会议上该高等法院的某些成员——安托万·福梅、德·福尔、维奥尔以及安托万·德·布尔（弗朗西斯一世时一位掌玺大臣之子）——坚定地为新教徒说话。他们吁求，审讯之后应当给予被指控者6个月的时间，让他们重新考虑自己的立场，并且如果他们仍旧坚守自己的信仰的话，那么应当允许他们离开法国。这几位人士的胆量鼓励了其他人。洛林的红衣主教和王室总管蒙莫朗西担心旷日持久的讨论会导致无法收拾的后果，并向国王汇报了他们的担忧。在洛林的红衣主教、吉斯的红衣主教、王室总管、吉斯公爵弗朗西斯等人的陪同下，国王亨利走进该高等法院开会的大厅，下令当着他的面继续进行讨论。少数派并没有畏缩。德·福尔和维奥尔要求在召开一次宗教会议之前全面停止迫害行为。德·布尔更进一步。他将被迫害者的纯洁生活和真正的虔诚同那些使罗马教会和宫廷大丢颜面的诸多丑闻作了对比。他说："去谴责那些绑在火刑柱上，在
171 烈火中呼唤耶稣名字的人，这并不是一件轻松的事情。"国王大为震怒。他下令当场逮捕德·布尔和德·福尔，不久福梅和拉波特也被关到巴士底狱。独断专横地逮捕巴黎高等法院成员的事件大约可以看作这样一个时刻的标志——新教运动在法国不仅表现为

宗教派别，也开始表现为政治派别。在这个令人不安的时刻，亨利二世死了。6 月 30 日，为庆祝他的女儿伊丽莎白与西班牙的腓力即将到来的婚礼而举行了比武大会，结果亨利二世意外地被长矛刺中。拖延至 1559 年 7 月 10 日，他咽了气。

第八节　宗教改革赢得的大贵族

如果像法国古代史家所做的那样，对法国因其信仰而受到迫害或者被迫逃到日内瓦和其他新教城市去避难的新教徒名单作一考察和分析，就会发现绝大多数殉道者和流亡者都是工匠、商人、农民等等一类的人。① 在殉道者名单中也能找到一些"贵族"——某位将军、某位图卢兹高等法院成员、某位利穆赞地方的"绅士"——的名字。其中明显缺乏法国大贵族家族成员的名字。这当然不必然意味着新的教义在法国上层社会中没有接受者。16 世纪的贵族，只要他呆在自己的领地上或者自己的城堡内，就几乎是独立的。他并不从属于当地法庭的管辖。新教在这些人当中同样在传播。我们知道，当一群三四百人的新教徒在圣雅克路的一座大房子里被包围的时候（1558 年 9 月 4 日），其中也有几个出身高贵的女士，她们后来被释放了。路易十二的女儿、费拉拉的公爵 172
夫人勒妮就曾宣布自己是新教徒，并且早在 1535 年就受过加尔文

① Hauser, "La Réforme et les classes populaires en France au xvie siècle" in the *Revue d'hist. mod. et contemp.* i. (1899—1900).

的拜访。[①] 三位夏蒂荣中最年少的一位弗朗西斯·德·昂德洛在他被囚于梅伦(1551—1556)时皈依了新教。他的名气更大的哥哥加斯帕尔·德·科利尼,法国海军上将,在圣奎丹陷落(1558)后被囚期间成为新教徒。[②] 德·贝泽(贝扎)告诉我们,早在1555年,安托万·德·波旁——因其妻子让娜·德·阿尔布雷特而享有纳瓦尔国王的头衔,并且是国王亨利二世及其儿子们的最近的王位继承人——就在讷拉克的教堂里进行了新教的布道活动,而且他还请求从日内瓦派一名牧师来。他的弟弟孔代亲王路易,也宣布自己站在新教徒一边。波旁兄弟的夫人们——让娜·德·阿尔布雷特和鲁瓦的埃勒阿诺尔——与她们的丈夫相比则是更为坚定的新教徒。这兄弟俩参加了普雷奥克莱尔克的集会,在那里,5000多人连续5个晚上(5月13—17日)聚集在一起高唱马罗译的《诗篇》。[③] 加尔文积极给这些大贵族写信,催促他们公开宣布

① 有关勒妮的最好的著作是 Rodocanchi, *Renée de France, duchesse de Ferrare* (1896)。

② 夏蒂荣兄弟的情况,参见 Whitehead, *Gaspard de Coligny, Admiral of France* (London, 1905)。

③ 唱颂克莱芒·马罗版本的《诗篇》的人并不必然就是新教徒。该译本的第1版包括30首圣诗,1541年出版于巴黎,1542年出版于日内瓦。日内瓦版本有一篇附言,题目是《施行圣事之方式:按照古老教会的习惯及在日内瓦的人们实行的方式》,这无疑是一本新教书籍;但是巴黎版没有这篇附言,而是包含了主祷文、使徒信经、圣母经的韵文翻译。这本书深受弗朗西斯一世的喜爱,据说他在临终床上还吟唱了其中的几首圣诗。在亨利二世的宫廷中这本书也很流行,那儿的时尚是让侍臣们挑一首自己喜欢的圣诗,国王允许侍臣称这首诗为"他们自己的"。亨利"自己的"是诗篇第42首——"如鹿切慕溪水"。他是位狂热的猎手。凯瑟琳·德·美第奇的则是第6首。但是在普雷奥克莱尔克吟唱圣诗的集会则被视为对抗朝廷,昂德洛因为一直参与其中而被监禁。

站在福音一边并去保护那些缺少保护自己能力的信仰上的兄弟。173

第九节　吉斯家族统治下的法国[①]

继承亨利二世王位的是弗朗西斯二世，当时15岁，依据法国的法律可以用自己的名字施行统治。他是一位在精神上和肉体上都很软弱的年轻人，忠实地听从他年轻能干的妻子、苏格兰女王玛丽。玛丽则自然而然地认为，与其让丈夫治理，还不如将王国的管理委托给她的舅父们——洛林的红衣主教查理、吉斯公爵弗朗西斯。这位红衣主教曾是亨利二世最信赖的神父；他的哥哥则被认为是法国最英勇的战士。当巴黎高等法院依照古老习惯前去祝贺国王的登基并询问在国务方面他们应当听从谁的意见时，国王告诉他们，他们要服从上述红衣主教和公爵，就像服从"他自己"一样。王室总管蒙莫朗西及前朝宠妃普瓦提埃的迪亚娜被遣出宫廷，"杂货店老板的女儿"——年轻的王后如此称呼太后——凯瑟琳·德·美第奇发现她如同丈夫在世时一样没有影响力。

洛林的红衣主教是根除新教徒这一政策的首要顾问，这一政策先王曾全力推行，现在看来很明显新政府同样要继续推行。对 174

① 吉斯家族自亨利二世执政起到同盟垮台为止在法国历史上起了非常重要的作用。吉斯家族在克劳德身上成为法国臣属。克劳德是洛林公爵勒内的第五个儿子，他继承了父亲在法国的领地。弗朗西斯一世曾授予他荣誉和土地。吉斯家族一直忠于教皇制度并因此而从中获利。克劳德的弟弟让在20岁时就被任命为红衣主教，并为自己积聚了大量教产。这些传至他的侄子查理和路易手里。查理起初为吉斯的红衣主教，后成为洛林的红衣主教。路易是吉斯的红衣主教。查理积聚的教产超过30万里弗尔。吉斯家族并不是白白为罗马教会服务的。

安托万·德·布尔及其在巴黎高等法院的追随者的审判被全速推进,他们竟敢对宗教迫害提出反对意见。他们被判处火刑,刑罚的唯一减轻只是德·布尔在上火刑柱之前先被勒死。他的命运激起了很多人的同情。当他被押到刑场去时,围观的人群恳求他公开认错。他坚毅而高贵的姿态给人留下了深刻的印象。根据一位目击者的说法,他临刑前的演讲"对罗马教会是巨大的损害,这比一百个牧师所能做到的危害还要大";另一位目击者则说,这演讲"使法国学生大量皈依新教,比加尔文的全部书籍所能带来的皈依者还要多"。对下层新教徒的迫害也没有减少,而是增加了。警察对位于马莱—圣日耳曼街上的房屋实行了多次突然袭击。① 密探被雇来设法取得可疑者的信任以便告发他们。巴黎高等法院设立了四个单独的刑事法庭,专门审判提交给他们的异端分子。监狱甫一装满就空了,被囚禁者或者被判罚到船上做划桨苦役,或者被判处死刑。政府又颁布了新的迫害法规和敕令。凡是举行过秘密集会的房屋均要夷为平地(1559 年 9 月 4 日);所有组织非法集会的人都要处以死刑(1559 年 11 月 9 日);拥有司法裁判权的贵族在异端问题上均应依法行事,否则就剥夺其司法权利(1560 年 2
175 月)。尽管这些镇压措施相当严厉,新教徒的数目仍在增加,加尔文宣称法国至少有 30 万新教徒。

---

① 马莱—圣日耳曼街被称为小日内瓦,因为人们认为这条街道主要由新教徒居住。新教徒之所以选择这里,一是因为这里离巴黎市中心较远,二是因为它部分地处于附近的圣日耳曼德普雷修道院和巴黎大学的管辖权之下——这两个团体特别提防警察对它们权利的侵犯。Cf. Athanase Cocquerel fils, "Histoire d'un rue de Paris," in the *Bulletin historique et littéraire de la société de l'histoire du protestantisme français* for 1866, pp. 185, 208.

法国新教的特征已经发生了变化。在宗教迫害早期,新教徒逆来顺受,没有想过反抗,服从命运的安排,并且高兴于为了基督的事业而遭受苦难。但是在吉斯家族的统治下人们开始讨论抵抗的问题。现在可以说反抗并不意味着对他们所遭受伤害的报复。一个外国家族威压住他们的国王,在法国倒行逆施。具有王族血统的亲王们——安托万·德·波旁及其弟弟路易·德·孔代,他们的血管里流淌着圣路易的血液,他们是人民的天然领袖——遭到吉斯家族的藐视。由于判处安托万·德·布尔死刑,高等法院的不可侵犯性便遭到了攻击,而对大贵族的司法裁判权进行威胁,仅仅是因为要铲除"那些宗教中的人"。他们相信法国到处都是对"外国人"的暴政没有善意的人。他们请教流亡的兄弟以及加尔文本人,询问武装反抗的合法性及上策。流亡者很赞成这个计划。加尔文则予以谴责。"如果在这种造反中流了一滴血,那么就会血流成河;与其为了基督及其福音的事业而引致这种丑闻,还不如我们大家都死去。"一部分新教徒不为加尔文的斥责所动。他们唯一需要的是一位领袖。他们的天然领袖是纳瓦尔的国王;但是安托万·德·波旁过于反复无常。他的弟弟路易·德·孔代则可靠得多。① 据说他许诺,只要起事的目标限于抓住吉斯家族的人并且成功,那么他就出面。有一位新教徒绅士名叫戈德弗鲁瓦·德·巴里,是拉雷诺第的领主,成为暂时的领导者。他受过冤屈,企图报复。他曾被第戎(勃艮第)高等法院判罪,逃到日内瓦,在 176

① *Les Mémoires du prince de Condé* (The Hague, 1743); Duc d'Aumale, *Histoire des Princes de Condé pendant les xvi*^{me} *et xvii*^{me} *siècles*, i. 57 (Paris, 1863—1864; Eng. trans., London, 1872); Armstrong, *The French Wars of Religion* (London, 1892).

那儿皈依新教；他的内兄弟、梅斯的加斯帕尔·德·埃未经审判就被吉斯家族的人勒死在樊尚的城堡里。一些绅士和贵族许诺提供支持。密谋起事的人立誓不采取任何反对国王的行动；起事仅限于逮捕吉斯家族成员。但这一计划走漏了风声。每一条消息都显示吉斯家族是打击的目标。王庭被从布卢瓦迁到昂布瓦斯，这是个设防的城市。更为精确的消息传到吉斯的大本营。吉斯公爵抓捕了小股密谋者，拉雷诺第本人在一次小战斗中被杀死。吉斯家族展开全面报复。他们经常抓住俘虏就杀掉；或者将他们捆上手脚投入卢瓦尔河。其余的则草率地走一下审讯的过场。绞刑架的需求量过大，以致没有足够的木材来制造，于是就将囚犯吊死在昂布瓦斯的门梁上和城垛上。年轻的国王和王后用完餐后在侍女的陪伴下出来散步，以死尸愉悦他们的眼睛。

甚至在昂布瓦斯密谋全面展开之前，王庭的某些成员就开始反对吉斯家族的宗教政策了。凯瑟琳·德·美第奇曾就此与海军上将科利尼进行过探讨，科利尼告诉她，宗教迫害是王国动荡的根本原因，她听从了他的建议，即应当停止宗教迫害，直到召开宗教会议讨论此问题。其结果是政府决定，只要那些被控为异端的人承诺以后像好的天主教徒那样生活，就宽恕他们。昂布瓦斯密谋的参与者愚蠢地策划这一密谋，软弱无力地实施这一密谋，结果未遂。密谋参与者遭受了非常野蛮的惩罚，这加剧了王国的动荡。对吉斯家族的憎恨在一篇名为《致法兰西虎书》的文章中表现出
177 来，在这封信中吉斯公爵被称为“疯狂的猛虎、邪恶的毒蛇、令人憎恶之物的坟墓”。

凯瑟琳·德·美第奇认为这是施展她的影响的大好时机。她

促成任命米歇尔·德·洛比塔尔为掌玺大臣，她知道他反对当时推行的血腥政策。洛比塔尔设法通过了罗莫朗丹敕令（1560 年 5 月 18 日），该敕令规定异端罪行由主教审判，对控告不实者要施以惩罚，并把对参与宗教秘密集会者施以惩罚的决定权置于法庭庭长手里。然后，在这位掌玺大臣的帮助下，凯瑟琳促成在枫丹白露召开了一次显贵会议。在会议上，许多与会者主张中止宗教迫害。大主教维埃纳的马里亚克以及奥尔良的主教和瓦朗斯的主教大胆地声称，宗教混乱实际上是由教会的丑闻引起的；认为应当停止严厉的镇压措施，直到召开一次全国性的大会进行讨论；并暗示吉斯家族的效劳并不是不可缺少的。在第二次会议上科利尼发言了。他勇敢地宣布自己是胡格诺派的代表。那时新教徒已经得到胡格诺这个绰号。科利尼大胆地攻击吉斯家族的宗教政策，指责他们横阻在国王与他忠实的臣民中间，宣称那些受迫害者是基督徒，他们只不过要求被允许按照福音的教导崇拜上帝，并不要求别的。他向国王提交了一份来自新教徒的请愿书，请愿书声明了他们的忠诚，乞求停止迫害，并请求分配给他们"礼拜堂"供他们礼拜之用。这份请愿书并没有请愿者的签字，但是科利尼声称单单在诺曼底就可以获得 5 万人的签名。吉斯公爵在暴怒中发了言，但是那位更为策略的红衣主教劝服他同意了其他与会者召开一次法国三级会议的主张。会议决定在 1560 年 12 月 10 日召开三级会议。

显贵会议甫一解散，就传来另一件密谋的消息，据说不仅波旁 178
诸亲王，连王室总管蒙莫朗西也牵扯其中。在普罗旺斯和多菲内发生了骚乱。吉斯家族返回到他们的暴力政策上。纳瓦尔国王和孔代亲王受到国王的召唤，让他们前去晋见并做出解释。尽管有

人警告他们很可能发生不测，但他们还是遵从了召唤令，而且没有带武装侍从就去了。孔代被逮捕并被投入监狱。他被判处死刑，执行日期定在 12 月 10 日。纳瓦尔国王没有被剥夺自由，但受到严密的监视；而且不止一次地遭遇暗杀之险。人们隐约感到，洛林的红衣主教决意以处死或监禁的手段除掉全部胡格诺首领。

当这些可怕的消息到处流传时，年轻的国王病倒了，并突然死去。这结束了吉斯的统治。法国的新教徒又可以自由地呼吸了。

加尔文在一封致施托姆的信中说道："你曾读到过或者听说过有什么比这位国王的死还要恰到好处的事情吗？邪恶发展到无以弥补的极端地步，上帝突然在天国显圣了。他曾刺破父亲的眼睛，现在又戳穿了儿子的耳朵。"

第十节　凯瑟琳·德·美第奇成为摄政

在随后而来的混乱中，凯瑟琳意识到，能够满足那个控制着她的强烈欲望——统治的欲望——的时机终于到来了。查理九世只是一个 10 岁的男孩。一位摄政是必需的。安托万·德·波旁作为王族中的首要亲王本可以要求得到这一位置；但是凯瑟琳先是以孔代可能面临的命运恐吓他，后又提议王室总管蒙莫朗西和他
179 本人当她的首要顾问。温顺的安托万接受了这种局势：王室总管被重新召回宫廷；路易·德·孔代被从监狱释放出来。孔代的囚禁在整个法国给人造成了深刻的印象。新教徒认为他是因他们的缘故而遭受此劫的。在他被囚期间，人们唱圣歌为他祈祷，并唱起

谢恩歌祝福他得到释放。①

“可怜的基督徒，他忍受
　　牢狱，为了真理；
一位亲王，遭遇严酷的囚禁
　　没有缘由
尽他们最大的努力领会
　　你完美的德行，
荣耀与赞美报答你
　　令人赞叹的行为。”

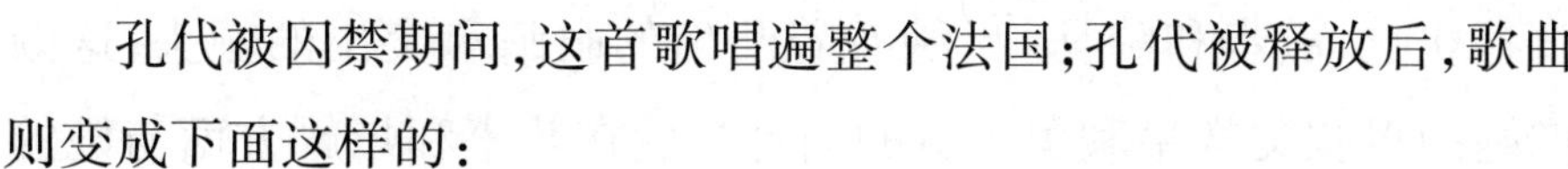

孔代被囚禁期间，这首歌唱遍整个法国；孔代被释放后，歌曲则变成下面这样的：

　　“你们与上帝同欢乐
忠于每个人的职守；
　　因为上帝已经为我们召唤来了（派来）
　　好亲王孔代。

　　你们这些新教徒贵族
作为见证人的亲王、领主们
　　因为上帝已经为我们召唤来了

① *Le Chansonnier Huguenot du xvi*^{e} *siècle* (Paris, 1871), pp. 204,245.

好亲王孔代。”

凯瑟琳·德·美第奇41岁时成为法国摄政。[1] 她人生历程颇为艰辛。她生于1519年，是教皇克莱芒七世的侄孙女[2]，1534年嫁给法国的亨利。在整个婚姻生涯里，她都是一位被忽视的妻子。
180 10年时间她没有生孩子，[3]她的十四行诗中充满了拉结式的祈祷——给我孩子吧，否则我只有去死。1552年亨利随军队离开朝廷时，不大情愿地任命她为摄政，此间她在获得有关政府问题的各种详细知识方面表现出相当的能力和耐心。圣奎丹战败后，她说服高等法院批准了一笔30万里弗尔的特别津贴，由此一度得到丈夫的感激和赞扬。这些事情就是她在统治方面的唯一经验。她一直喜欢吃、散步和骑马。[4] 她有着凸出的眼睛和突出的额头，这颇像她的祖叔父教皇利奥十世的面容。她在艺术和炫耀方面与她的

① Buchot, *Catherine de Médicis* (Paris, 1899); Edith Sichel, *Cathrine de' Medici and the French Reformation* (London, 1905).

② 原文为侄女(niece)，实为侄孙女。凯瑟琳的祖父的弟弟教皇利奥十世(见下文)与教皇克莱芒七世同辈，两位教皇的祖父为同一人，即皮耶罗·迪·科西莫·德·美第奇。——译者

③ 凯瑟琳的孩子有：弗朗西斯二世，1544—1560；伊丽莎白(1559年嫁给西班牙的腓力二世)，1545—1568；克劳德(1558年嫁给洛林公爵查理三世)，1547—1575；奥尔良公爵路易，1548—1550；查理九世，1550—1574；亨利三世(先是奥尔良公爵，后为安茹公爵)，1551—1589；弗朗西斯(阿朗松公爵，后为安茹公爵)，1554—1584；玛格丽特(嫁给亨利四世)，1552—1615；还有一对双胞胎维克托丽和让娜，在她们出生的1556年便夭折了。

④ 有人说凯瑟琳发明了供现代女子使用的偏坐马鞍，有人说是她使这种马鞍流行起来。中世纪时妇女骑马时或是跨骑，或是坐在骑手背后的鞍褥上，或者侧坐在马背上，双脚放在由马鞍的前部和后部支起的一块木板上。

家族有着同样的品位。她的最高智力只是强健的、僵化的和狭隘的常识,这既是她成功的原因也是她失败的原因。她可不能称作不道德:在这一点上不如说她完全缺乏任何意义上的道德。

这位摄政面临着严重的内忧外困。最突出的问题便是如何对待她的新教徒臣民。看上去她似乎一开始时就偏向于采取宽容政策;但是狂热的罗马天主教阵营在法国势力强大,特别是在巴黎,而且天主教阵营由吉斯家族适宜地领导着;西班牙的腓力二世又将镇压宗教改革搞成了一项国际政策。

同时凯瑟琳还得面对由先王于 1560 年 8 月下令召集的三级会议。吉斯家族此时仍大权在握,他们下令只允许选举坚定的罗马教徒参加会议;但是当时的骚动局势任何手段也难以控制。自最后一位法王邀请他的臣民前来询问意见以来,已将近半个世纪过去了;三级会议的最后一次召开是在 1484 年。[①] 凯瑟琳密切关 181
注着选举的进程以及选举所引致的各种情绪的表现。她看到新教徒非常活跃。加尔文教的牧师几乎毫无阻碍地穿行在西部和南部,鼓励民众维护他们的自由权。他们甚至被允许召集会议以选出他们的代表。一位名叫查理·达尔比亚克的牧师向在昂热召开的贵族会议陈述了他们的信仰告白,并说明罗马教会如何钳制和改变了整个基督教的信仰和做法。在其他地方有人传言说,安托万·德·波旁并没有权利允许凯瑟琳担任摄政,应当强迫他承担起他应担的职责。这种气氛看上去对摄政充满敌意而有利于王族诸亲王。凯瑟琳于是迅速将纳瓦尔国王推到显要位置。名义上她

① G. Picot, *Histoire des États Généraux*, ii. (Paris, 1872).

与这位王族的首要亲王——他当时是法国副将（Lieutenant-General of France）——共享摄政权。如果安托万是一位果敢的人，他可能会要求在法国政府中享有更大的权力，但是他平和马虎的性格使自己成为凯瑟琳手中驯服的工具，凯瑟琳曾写信给女儿说道，安托万非常听话，未经她的允许从不发布命令。

12 月 13 日，三级会议在奥尔良召开。掌玺大臣米歇尔·德·洛比塔尔致开幕辞，开幕辞表明摄政及其幕僚们至少是倾向于宽容政策。他说，三个等级（教士、贵族和第三等级）被召集来开会，以找到弥合王国存在的分裂的途径；他认为，这些分裂是由宗教引起的。他不得不承认，宗教信仰无论好坏，都容易引发炽烈的激情。他也不能不看到，共同的宗教是比属于同一个种族或者生活于同一法律之下更为紧密的团结纽带。他们难道不会等待一
182 次宗教大会的裁决了么？但愿他们停止使用刺激性的称号——路德派、胡格诺派、教皇派，希望他们都记得，他们都是好基督徒。三个等级的发言人在第二次开会时发言。巴黎大学评议员坎坦博士代表教士发言。他详尽地驳斥了其他两个等级的提议，即剥夺教会的收入，由世俗政权进行教会改革，赋予异端宗教宽容乃至礼拜的自由权。科利尼提请摄政注意，坎坦称国王的臣民为异端，教士等级的发言人作了道歉。罗舍堡的男爵雅克·德·西里和波尔多的代表让·朗热分别代表贵族和第三等级发言，他们抨击了教会法庭的弊端以及教士的贪婪和无知。

在 1561 年 1 月 1 日的会议上，每个等级都提交了一份书面的陈情表（*cahiers*）。第三等级提交的陈情表是一份值得纪念的重要文件，共有 354 条，揭露了因法国的专制统治和贵族统治而产生的

种种罪恶，这是那个时代的其他文字所从未做到过的。这份陈情表请求在宗教事务方面实行彻底的宽容，要求教会进行改革，给予平信徒以广泛的权力，要求统一司法程序，要求废除或者限制贵族法庭的权力，要求每五年召开一次三级会议，要求在这次会议结束之前就确定下一次三级会议召开的时间和地点。贵族等级在宗教宽容问题上分裂了，于是提交了三份不同的文件。第一份出自法国中部贵族之手，要求对新教信仰进行严厉镇压；第二份出自西部诸省贵族，要求实行完全的宽容；第三份则要求双方应当保持和平，只惩罚讲道师和牧师。由教士提交的陈情表像其他两个等级的一样，也要求对教会进行改革；但是同时敦促废除宗教协定，返回布尔日国事诏书诸条款。 183

政府对上述陈情表的答复是颁布了一份敕令和一项法令。在敕令（1561 年 1 月 28 日）中国王命令停止所有的宗教控告，释放所有被囚禁者，同时告诫他们今后“要以天主教徒的方式生活”。称为奥尔良法令的法令（署明日期为 1 月 31 日，但是直到次年 8 月才完成）是一份非常精细的文献。它几乎涉及了上述陈情表中提到的一切问题，并规定了一系列改革，既有世俗的也有教会的——但在实际中绝大多数都没有实行。三级会议计划休会到 5 月 1 日。

由于 1 月 28 日的敕令，胡格诺派获得了一个迫害的休止期，如果说不是宗教宽容的话。政府的倾向让他们产生了获得进一步支持的希望。流亡者从瑞士、德国、英国甚至意大利大量返回。新教徒礼拜会的数目不断增加，日内瓦则提供牧师。敕令并没有给予礼拜的自由权，但是新教徒的做法就像敕令已经赋予了礼拜自由权一样。这激起罗马天主教徒中狂热分子的愤怒。神父和僧侣煽动起宗派怨恨的火焰。政府遭到谴责,反新教徒的骚乱动摇着这个国家。当巴黎的胡格诺教徒试图恢复普雷奥克莱尔克唱诗集会时,他们遭到人群的袭击,这些人用棍棒殴打他们。这导致在该国胡格诺教徒占多数的地方发生了报复行为。在一些城镇,教堂遭到攻击,圣像被撕掉,圣物被付之一炬。胡格诺教徒的领袖竭力抑制着他们的追随者。[①] 加尔文从日内瓦写信到法国,竭力反对这些丧失法度的行为:

184 "上帝从未吩咐任何人毁坏圣像,除非是某个人在他自己家里,或者是握有职权的人在公共场合。……忠顺好于牺牲;我们必须去做那些对我们来说是合法的事情,必须把我们自己控制在规矩之内。"

在枫丹白露的宫廷,费拉拉的公爵夫人勒妮和孔代亲王夫人获得摄政的允许,可以在她们的房间里按照改革派的仪式做礼拜;科利尼的随从人员中则有一位来自日内瓦的牧师让·雷蒙·梅兰,他布道时不仅允许外人来听,而且外人还受到邀请前来参加。这些情况大大冒犯了王室总管蒙莫朗西,他是坚定的罗马教徒。当瓦朗斯主教蒙吕克在政府的房屋里当着男童国王和太后母亲讲道时,尤其使蒙莫朗西感到愤怒。他认为一位主教如此布道很不

---

① 让娜·德·阿尔布雷特竭尽全力予以规劝。Cf. *Lettres d'Antoine de Bourbon et de Jeanne d'Albret*, pp. 233 f.

成体统，他坚信蒙吕克的布道中含有某些与路德神学十分接近的东西。他邀请他的旧敌吉斯公爵和圣安德烈共进晚餐（1561 年 4 月 16 日），三人立誓挽救法国的罗马天主教。这个同盟日后称作三头执政同盟。

同时宗教动荡不断加剧。胡格诺教徒要求给予他们拥有“礼拜堂”的权利，或者允许他们自己出资修建教堂；在许多地方他们露天集会举行公开的礼拜，施行他们的圣餐礼。他们通常携带武器前来集会，以保护自己免遭攻击。政府终于出面干预，颁布了一份敕令（1561 年 7 月），禁止一切在布道和施行圣事时不以天主教会的方式而按其他方式进行的公共的或私人的集会，无论礼拜者是武装的还是未武装的，否则就施以没收财产和惩罚。另一方面，敕令又声明各级官吏不得过分热心；那些传递虚假情报的人将遭到严惩；并禁止一切针对房屋的进攻。很明显，敕令意在调和两派。科利尼没有
中止在他家里举行的礼拜活动。并致信他的宗教同道说，只要他 185
们在自己家里做礼拜，就没有什么可怕的。让娜·德·阿尔布雷特公开称自己是新教徒；她在从讷拉克到枫丹白露的路上，将地方官吏遵照 7 月份的敕令没收的胡格诺派教堂又归还给他们。

休会中的三级会议直到 8 月 1 日才重新集会，但即使这时也只有两个等级的代表出席。在普瓦西召开了一次宗教会议（7 月 28 日开幕），教会代表到那儿去了。8 月 27 日，三个等级的代表才聚集到圣日耳曼开会，国王及其枢密院成员也出席了会议。此次会议本是召集来探讨国家财政问题的，但是会议期间不可能不谈宗教问题。

贵族和第三等级在他们的陈情表中都主张实行完全的宽容，要求召开一次全国宗教大会。第三等级针对财政问题的提议非常

彻底。在陈述了国家的负债状况及说明税收已达极限之后，他们提议应当从过多的教会财产中获取金钱。在他们1月1日的陈情表中，第三等级已经为法国教会勾勒了一份世俗体制的纲领；现在他们更进一步，提议将所有教会收入收归国有，由国家支付教士开支。他们计算出这样一来可以得到7200万里弗尔的盈余，并提议拿出4200万出来清偿国家债务。

这个大胆的建议在法国当时的状况下是不现实的。巴黎高等法院把它当作是对财产权的革命性攻击，从而使该高等法院永远疏离了宗教改革运动；但是这份建议却使得政府能够从吓坏了的
186 教会人士那里搞来一笔1600万里弗尔的钱，分作6年付清。

第十一节　普瓦西会议

在教皇和西班牙的腓力看来，法国召开一次全国宗教大会是不大可能的，但是政府已经抱有召开神学家会议的想法，这样的会议其实就是全国宗教大会，只是不这么叫而已。他们邀请新教牧师代表（7月25日）参加在普瓦西举行的教士会议。新教代表接受了邀请。政府意欲为这次会议制造一种不寻常的庄严气氛。在母亲、诸弟及王族诸亲王的陪同下，国王出席了，仿佛这是三级会议的一次会议。掌玺大臣以国王的名义发表了引人注目的开幕辞，讲话中他列举了可从宗教团结中获致的益处。他对与会的主教和罗马天主教神学家讲话，向他们保证说，他们在与新教神学家开会时应当没有顾虑。后者并不是摩尼教徒或者阿里乌斯教徒一样的异端。他们承认圣经为信仰的尺度，他们承认使徒信经，承认

四大公会议及其信经（在尼西亚、君士坦丁堡和卡尔西登通过的信条）。新教徒与天主教徒的最大不同是新教徒希望按照原始教会的形式来改革教会。他们乐于为了他们的信仰而死去，这就证明了他们的真诚。

新教派别由12位牧师——其中有巴黎的莫雷尔以及伦敦的法国新教徒牧师尼古拉·德·加拉尔——及20位平信徒代表。他们的领导者是特奥多尔·德·贝泽（贝扎），贵族出身，享有人文主义者的令名，是位出色的作家和辩论家。应安托万·德·波旁、凯瑟琳·德·美第奇和科利尼的请求，加尔文委托德·贝泽代表自己出席会议。德·贝泽由纳瓦尔国王和孔代亲王私下引见给 187
国王和摄政，他的学识、风采和彬彬有礼给王室留下了深刻的印象。他与摄政在同一年出生（1519），曾经拒绝了成为新教教会牧师的光辉前途。

会议在普瓦西修女院的饭厅举行。① 国王及其随行人员被安排在大厅的一端，罗马天主教主教及神学家则被安排在两边靠墙的地方。掌玺大臣致毕开幕辞，吉斯公爵引导新教代表入场，他指挥着国王的一队弓箭手护卫着他们。他们被安置到一排挡板前面，这排挡板将他们与罗马天主教神学家隔开。"日内瓦的狗来了"，当新教代表步入大厅时，图尔农的红衣主教说道。

德·贝泽在会谈——这次会议后来就这么称呼——第一天（9月7日）发表的讲话给人以深刻的印象。他以清晰的思路和准确

① 关于普瓦西会谈的情况，参见 Ruble，"Le Colloque de Poissy"（in *Mémoires de la société de la l'histoire de Paris et de l'Ile de France*, vol. xvi.，Paris，1889）；Klipffel，*Le colloque de Poissy*（Paris and Metz，1867）。

的语言阐述了他的教会的信条，指出哪一点与罗马天主教一致，什么地方又与之不同。他庄重的雄辩和富有魅力的口才使大家不得不把注意力投向他，直到他坦率而严厉地批评变体论时，才引起异议者的嘟哝声。这个讲话一定使凯瑟琳大失所望。讲话没有努力去减弱两个教派之间的分歧，而且对教会的重新统一不抱希望。

洛林的红衣主教受命代表罗马天主教方面做出答复(9 月 16 日)。他的讲话充满党派色彩，主要维护教会在信仰和习惯方面以
188 及在圣餐礼的教义方面的权威地位。其中没有任何调解的尝试。

三天后(9 月 19 日)，红衣主教伊波利托·德·埃斯特来到圣日耳曼，同来的众多随员中，有耶稣会会长莱内兹。他被教皇派遣到这里，以便作为教皇亲身代表在可能时结束普瓦西会议，并确保法国政府同意颁布特兰托会议的信条。他在普瓦西会议上的影响非同一般，在最后两次开会时(9 月 24 日和 26 日)，会场的门被关了起来，会场上满是斥责的场面。莱内兹因他责骂时的狂暴而引人注目。新教牧师是“狼”、“狐狸”、“毒蛇”、“凶手”。凯瑟琳忍耐着。她安排 5 位持有开明思想的罗马天主教教士和 5 位新教牧师代表举行会议。会议召开了(9 月 30 日，10 月 1 日)，并草拟了一份有关圣餐的方案，但这份方案旋即遭到法国教会众主教的拒绝(10 月 9 日)。

从普瓦西会谈中产生出一份 1562 年 1 月 17 日的敕令，规定新教徒交还所有他们占领的教堂和教会建筑物，禁止他们在任何城市的城墙之内举行公开的礼拜，无论是在屋里还是在屋外。另一方面，他们有权利在设有城墙的城市之外的任何地方集会举行公开礼拜，同时在城墙内私人房屋中的集会不禁止，这样，法国新

教徒便第一次获得了法律上的承认，并且享有依照自己的良心做礼拜的权利。他们仍然不满意——只要他们还在城墙以外他们就不大可能满意；但是他们的领袖人物则坚持要他们将敕令当作合理的妥协接受下来。加尔文写道："如果敕令中许诺给我们的自由权维持下去，那么教皇制度就会自己崩溃。"一年之内，法国的胡格诺派教徒发现他们从迫害中解放出来了，并享有相当的公开礼拜
权利。不可怀疑，他们将这归功于凯瑟琳·德·美第奇。她是文 189
艺复兴滋养过的孩子，自然而然站在自由思想一边；此外，这个时候她还认为，未来是属于胡格诺派的。在即将到来的斗争中胡格诺派将这份敕令当作他们的宪章，不断要求恢复和执行。

凯瑟琳·德·美第奇在努力进行教派调解这一点上表现出很大的勇气和坚定性。针对西班牙的腓力的抗议她回答说，她只想成为她自己家的主人；当王室总管蒙莫朗西威胁说要离开朝廷时，他被告知如果他愿意他就那么做好了。但是她马上就发现她高估了新教徒的力量，而且她永远也指望不上他们名义上的首领——虚有其表而摇摆不定的安托万·德·波旁——的坚定支持。如果让娜·德·阿尔布雷特处于她丈夫的位置上，那么事情就会不一样了。

1562 年 1 月 17 日的敕令激怒了罗马天主教徒，却没有使广大新教徒满足。新教徒礼拜会的数目迅速增长，同时新教徒并不严格遵守该敕令的限制，这在全国许多地方引发了骚乱。每一个迹象都预示着要爆发内战。点燃战火的火星是瓦西镇屠杀。①

① Lavisse, "Le Massacre, fait à Vassy" in *Grandes Scènes historiques du xvie siècle* (Paris, 1886).

第十二节　瓦西镇屠杀

吉斯公爵在他的弟弟吉斯的红衣主教、他的孩子和妻子的陪
同下从茹安维尔到巴黎去，随行还有一大队武装扈从。他们在瓦
西镇停下来(1562 年 3 月 1 日)。这是一个星期天，公爵打算去望
弥撒。大约离教堂一枪射程远的地方有一座谷仓，新教徒(无视敕
190 令的规定，因为瓦西是一座建有城墙的城市)正在那里举行礼拜。
这个礼拜会快有一年的历史了，参加者人数众多，情绪热烈。这是
吉斯的母亲安托瓦内特·德·波旁的眼中钉，她住在邻近的茹安
维尔城堡，看到她的侍从被瓦西镇的讲道所吸引。吉斯公爵看到
他视为臣属的人当着他的面公然藐视他，大为震怒。他让几个侍
从去命令礼拜者离开这个地方。但迎接他们的只是“教皇派！偶
像崇拜者！”这样的叫喊声。当他们企图强行闯入时，石块飞了出
来，吉斯公爵也被击中。于是谷仓遭到进攻，礼拜者被排枪射击。
到公爵下令停止开枪时，六七百新教徒中已有 63 人被打死，一百
多人被打伤。

屠杀的消息很快传遍各地。屠杀事件大大激起胡格诺派的愤慨，而罗马天主教徒则欢呼他们得到这一胜利。王室总管蒙莫朗西和元帅圣安德烈出城迎接吉斯公爵，吉斯公爵凯旋般进入巴黎，陪伴左右的有 3000 多武装人员。新教徒开始武装起来并向巴黎集中，置身于孔代亲王麾下。人们担心两派会在大街上打斗起来。

摄政携国王撤至枫丹白露。她害怕三头执政(蒙莫朗西、吉斯公爵、圣安德烈元帅)，遂邀孔代亲王前来保护她及孩子。孔代丧

失了这次可以使他及他的宗教同道成为王室支柱的机会。三头执政和安托万·德·波旁——此人似乎已成为他们的驯服仆人——一起开向枫丹白露，强使国王及太后返回巴黎。凯瑟琳相信新教阵营已经抛弃了她，就返至罗马天主教阵营一边。

瓦西镇屠杀的榜样为罗马天主教徒占多数的许多地方竞相效尤。在巴黎、桑斯、鲁昂和其他地方，新教徒的礼拜地点都遭攻击，
许多礼拜者被杀。在图卢兹，新教徒躲进市政大厦，被罗马天主教 191
徒包围。新教徒最后投降，他们相信了允许他们安全离开此城的许诺。但诺言并没有得到遵守，三千男女老幼被残酷杀害。这一违背誓约的屠杀行径被图卢兹的天主教徒当作世纪大节予以庆贺，1662 年、1762 年都进行了庆祝，而如果拿破仑三世政府没有干预禁止的话，他们在 1862 年还要庆祝。

这些屠杀事件招致报复。胡格诺派冲进罗马天主教教堂，撕下圣像，捣毁祭坛，破坏圣物。

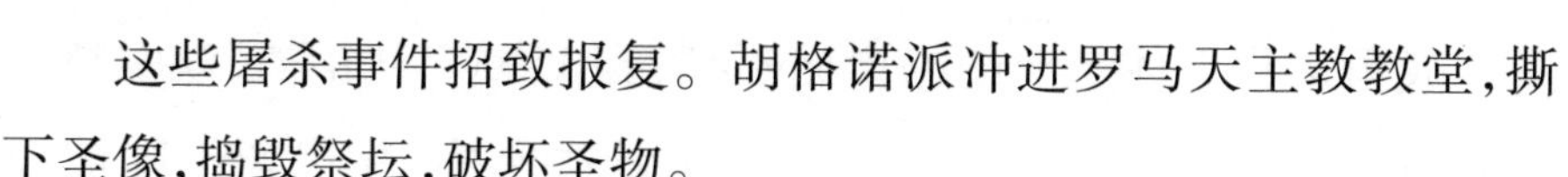

第十三节　宗教战争的开始

以吉斯公爵及王室总管蒙莫朗西为首的天主教阵营和以孔代亲王及海军上将科利尼为首的胡格诺派阵营逐渐形成并相互对峙。法国成为内战冲突的舞台，而宗教狂热则在普通战争的野蛮上又增加了一层残酷。

威尼斯大使致信给他国家的首领们，认为第一次宗教战争阻止了法国成为新教国家。天主教徒的血腥残酷使得法国相当多一部分人深感厌恶，尽管他们对新教信仰并没有很大的同情，他们还是

倾向于宗教宽容政策。胡格诺派首领认为损辱教堂并不符合他们心目中的事业。加尔文和德·贝泽致信法国人,竭力劝止他们的追随者攻击教堂、圣像和圣物。但这一切无济于事。在奥尔良,科利尼和孔代获悉他们的人正在攻击圣灵教堂。他们火速赶到那里,孔代看见一位胡格诺派士兵站在教堂顶上正要掀翻一尊圣像。孔代
192 抓过一支火绳枪瞄准这个士兵,命令他住手并下来。这个士兵片刻也没有放下手中的活儿。他说道:“大人,请耐心等我毁了这偶像吧,然后您再处死我,如果您高兴这么做的话。”要是人们宁愿死去也不愿意放弃破坏偶像,那么想制止这种行为只能是徒劳。在某种程度上杀人还不如毁坏教堂给人更深刻的印象,而温和派人士则认为,如果胡格诺派占了上风,那么他们会像天主教徒一样不宽容。对受迫害的新教徒的不断增加的同情心因为这些暴力行为而受到抑制。

战争进程总体上对胡格诺派不利,到 1553 年[①]年初,双方都已筋疲力尽。王室总管蒙莫朗西为胡格诺派所擒,孔代亲王则被天主教派所俘。吉斯公爵被一位胡格诺派教徒从背后击中,6 天后死去(1563 年 2 月 24 日)。圣安德烈和安托万·德·波旁都在战争进行期间死去。人人都认为凯瑟琳·德·美第奇是天主教阵营的首脑。她不再需要新教阵营来抗衡吉斯家族和王室总管了。她现在可以执行她自己的政策了。

从这个时候开始她断然对胡格诺派采取敌视态度。她已经充分认识到天主教阵营势力强大,信徒众多。但是她讨厌打仗,当时宗教战争正在毁灭法国。她的想法是,有必要给予新教徒以宽容,

---

① 原文如此。应是 1563 年。——译者

但赋予他们与天主教徒同样的权利则是不可能的。她努力争取到孔代亲王,这位亲王当时因囚禁而心力交瘁。谈判开始了。凯瑟琳、王室总管、孔代和昂德洛相会于奥尔良;经过商讨之后达成了各项条款(3 月 7 日),包含了这些条款的昂布瓦斯敕令随后颁布(1563 年 3 月 18 日)。

孔代曾请求恢复 1561 年 1 月 17 日的敕令并严格执行其条
款。这个要求被拒绝了。新敕令的条款对出身高贵的人有利,而 193
对其他人则不利。孔代不得不忍受科利尼的谴责,科利尼责备他确保了自己的权利,却背叛了他同一信仰的穷兄弟;说他通过在谈判条款上签字而对新教带来的破坏比天主教的全部势力在 10 年内施行的破坏还要大。加尔文则将孔代说成一位可怜的亲王,他为了自己的虚荣背叛了上帝。

由昂布瓦斯敕令确定的休战——因为这的确只是一段休战期——维持了将近 5 年,随后由胡格诺派打破了。胡格诺派怀疑凯瑟琳与阿尔瓦公爵密谋对付他们。阿尔瓦受命去无情剿灭低地国家的新教徒,凯瑟琳则不辞辛劳地为他的军队提供粮草。新教首领乃决定铤而走险,仿效 1561 年三头执政故事,挟持国王。但他们失败了,他们的企图开启了第二次宗教战争。1567 年 11 月 10 日爆发了圣德尼决战,王室总管蒙莫朗西在战斗中阵亡。双方都无力再战,再次拟定和约,内容与昂布瓦斯敕令相同。

第二次宗教战争结束之后,主要在耶稣会士的领导下,法国掀起了一股激发群众对罗马天主教会的热情的坚定运动。能言善辩的传道师走遍法国各地,宣称罗马天主教符合古代制度,而新教信仰则是新奇的事物。兄弟会建立起来,招募各色人等加入,其条件是立誓用武器对付一切异端。针对新教徒的暴行和杀戮行为十分普遍;政府则对此不闻不问。然而,低地国家发生的事情再次震惊了新教徒。阿尔瓦公爵统治之初做出一副温和相,但他突然逮捕
194 并杀害了埃格蒙特伯爵和荷恩伯爵。他任命了一个委员会来审判早期起义的领袖人物和同谋。这个委员会因其所干的勾当而得到血腥法庭这个名字。奥兰治亲王为解救同胞而征募士兵,胡格诺派战士迅速聚集到亲王麾下。但是胡格诺派首领们却抱有另外的想法。凯瑟琳会像阿尔瓦对待埃格蒙特和荷恩一样对待他们吗?他们发现他们受到监视。猜疑和悬而未决变得不可忍耐了。科利尼和孔代决定到拉罗谢尔去避难。他们所经之处,许多胡格诺派教徒加入进来,一行人很快便演变成一小支部队。他们的追随者急于为他们同一信仰的人所遭受的杀戮报仇,于是这股军队的行程上不时发生劫掠甚至更坏的暴行。孔代和海军上将处死了其中几个劫掠者以示惩戒;但据史家记载,这"只不过使得士兵的暴行更加隐秘,而不是变少了"。

昂德洛募集了他的诺曼底人和布列塔尼人。让娜·德·阿尔布雷特则征召了她的加斯科尼人和普罗旺斯人,并携她 15 岁的儿子纳瓦尔的亨利出现在她军队的前面。她公布了一份宣言以证明自己有理由举兵。在拉罗谢尔的军营里,她是这一派的灵魂,她点燃他们的激情,维持他们的勇气。①

① *Lettres d'Antoine de Bourbon et de Jeanne d'Albret* (Paris, 1877), pp. 305 ff. (Letter to Catherine de' Medici); pp. 322ff. (Letters to Protestants outside La Rochelle). 在致凯瑟琳的信中让娜要求新教徒拥有礼拜的自由权以及普通公民所拥有的一切权利和特权。如果不批准,那么就会兵戎相见。

在随后的战争中，胡格诺派惨败。在雅尔纳克战役中，孔代的
骑兵被塔瓦尼率领的德国雇佣军从侧翼击溃。孔代战至被包围并
落马。孔代投降后被残忍地射杀。胡格诺派很快集结于科涅克，
在那儿纳瓦尔女王与他们会合。她将她的儿子及她的侄儿——年 195
轻的孔代的亨利，带至军中，受到热烈欢迎。年轻的纳瓦尔的亨利被拥为该派首脑，与他同龄的堂兄、孔代的亨利陪同着他。战争继续进行。蒙康杜尔战役以胡格诺派从未经历过的惨败而结束。凯瑟琳·德·美第奇认为她已经可以控制胡格诺派了，她提出了他们投降的条件，给予他们良心上的自由，但否定了他们礼拜的自由。纳瓦尔的英雄女王宣布，让娜的名字和亨利的名字决不会签署在包含这种条件的条约上；而科利尼则像他同时代的人物沉默者威廉一样，经历失败之后就变得更加危险。胡格诺派宣布，他们决心战斗到底；凯瑟琳惊讶地发现，胡格诺派一下子空前强大起来。双方达成停战协定，圣日耳曼敕令（1570 年 8 月 8 日）公布了和约的条款。这个敕令较之以前的任何敕令对胡格诺派更为有利。在整个王国胡诺派都被赋予良心的自由。在所有战前他们曾举行公开礼拜的地方，在每一个行政区中至少两个城市的郊区，在大贵族的驻地，他们都拥有公开礼拜的权利。他们可以占据四个设防坚固的城市——拉罗谢尔、蒙托邦、科涅克和拉夏里戴——以此为保证，为期至少两年。国王退出与西班牙的结盟，退出镇压新教徒的国际政策。奥兰治的威廉和拿骚的卢多维克被宣布为他的朋友，尽管这两个人是西班牙的腓力的叛臣并且在战争中支持胡格诺派。

科利尼现在是胡格诺派方面唯一的重要首领，在圣日耳曼和

约缔结之后他作为两位年轻的波旁亲王纳瓦尔的亨利和孔代的亨
196 利的保护人并没有安住在拉罗谢尔的宫廷里。他忙于确保新教在最近的和约中取得的利益得到落实。

凯瑟琳·德·美第奇开始筹划如何通过联姻加强她在国内外的地位。她想让她的一个儿子——是安茹公爵还是阿朗松公爵对她来说无所谓——与英格兰的伊丽莎白成亲,将她的女儿玛格丽特嫁给年轻的纳瓦尔王子。两个计划都意味着必须安抚胡格诺派。但是他们对她的友好接近并不急于做出反应。科利尼和让娜·德·阿尔布雷特都对朝廷保持一定的距离。这时,年轻的国王查理九世看来突然意识到了他的王家地位。此前他完全服从他的母亲,有时打猎,有时制锁,以此来打发精力。促使他觉醒的因素,大概是他对西班牙的腓力及其领导天主教欧洲的政策的要求暗中所怀的怨恨。

教皇庇护五世促成佛罗伦萨的统治者科西莫·德·美第奇成为大公,西班牙的腓力和奥地利的马克西米连对此提出异议。科西莫派遣一名代表到德国去,旨在赢得德国新教徒站到他一边反对马克西米连,同时鼓动荷兰新教徒在尼德兰制造麻烦。查理看到发泄他怨恨的时机来了,于是极力参与这一计划。他的愿望此时与他母亲的计划并不冲突。如果她联姻的想法得以实现,那么她就得与西班牙决裂。科利尼看到了尼德兰的信仰同伴可能会面临的有利局势——意大利出钱而法国出兵。他决定与凯瑟琳和解,决定回应她的友好表示,决定到朝廷去。他受到隆重欢迎,因为凯瑟琳希望利用他;他被任命为枢密院成员,收到一笔 15 万里弗尔的礼金,而且得到一座岁入达 2 万里弗尔的修道院,尽管他是

一个异端分子。当新教首领们向朝廷陈情时,他们都受到认真接 197 待,而且旋即就采取措施改进,即使这样做会产生激怒天主教徒的危险。尽管不大情愿,让娜·德·阿尔布雷特还是答应了她儿子与玛格丽特的婚事,她本人亲自来到巴黎制订婚约条款。她在巴黎患上胸膜炎死了——这对新教事业是无法弥补的损失。凯瑟琳在国内的政策成功了。

但是英格兰的伊丽莎白却不容易引诱来与法国联姻或与法国结成稳固的联盟,而且凯瑟琳看到她儿子的计划可能导致法国单独对抗西班牙的局面;而 16 世纪的西班牙就像 19 世纪末的俄国一样——它阴暗的、神秘的、不可胜数的权力令当日的国务活动家们着迷。凯瑟琳感到她应不惜一切代价使查理抛弃通过支持低地国家的新教徒来侮慢腓力的意图。科利尼却妨碍着她行动的道路。科利尼被人们公认为法国最伟大的国务活动家,他满怀热情地致力于为正在进行斗争的宗教同道送去法国的帮助,并鼓动查理九世这么做。必须除掉科利尼。吉斯家族是他的死敌,他们在清除科利尼的过程中应有所作用。佛罗伦萨的大使意味深长地报告了凯瑟琳与内穆尔公爵夫人——诸位吉斯的母亲——之间的会谈(1572 年 7 月 23 日)。王太后秘密会晤了一位名叫莫尔瓦尔的职业刺客,莫尔瓦尔拿到一笔津贴作为“王室杀手”的报酬。

一切都要等到亨利——母亲死后成为纳瓦尔国王——平安与玛格丽特成亲后再采取行动。婚礼在 1572 年 8 月 18 日举行。星期五(8 月 22 日)10 点至 11 点之间,科利尼离开卢浮宫返回下榻处。刺客藏在一幢属于吉斯家族一位家臣的房子里,躲在一扇装有格栅的挂着帘幕的窗户下。海军上将慢慢走着,一边还在看一

198 封信。突然一声枪响，打掉了他右手的食指，打伤了他的左胳膊。他镇静地指向朝他开枪的窗户；他的几个侍从冲进屋里，但除了一支还在冒烟的火绳枪，他们什么也没发现。当刺杀的消息传到国王那里时，他正在打网球。他脸色一下子变得苍白，扔下球拍走进屋里。

凯瑟琳与安茹公爵密谈，商量如何应付这充满恐怖的局势。①

第十四节　圣巴托罗缪大屠杀

巴黎到处是新教显贵，他们从全国各地来到这里庆祝他们年轻的首领与玛格丽特公主的婚礼。他们赶到科利尼躺着的房间。年轻的纳瓦尔国王和他的堂兄孔代的亨利跑到国王那里要求缉拿凶手，查理许诺将马上予以答复。科利尼请求国王去看他，国王答应马上前去。凯瑟琳害怕这两个人单独在一起，便陪同前往，随行的还有好几个她的心腹。甚至吉斯公爵也在其中。国王在科利尼的身旁发誓他一定会以人们永远也不会忘记的方式为这一暴行复仇。成立了一个调查此事的委员会，委员会很快发现吉斯的家臣牵连其中。如果调查按照国王的性情继续下去，吉斯或许会为了自保而供出凯瑟琳也参与了这次刺杀行动。凯瑟琳变得惶惶不可终日。胡格诺派则越来越群情激愤。最后凯瑟琳认为——至于是她自己作的主张还是有人从旁怂恿，人们永远不得而知——只有

① 关于刺杀科利尼，参见 Whitehead, *Gaspard de Coligny, Admiral of France* (London, 1905), pp. 258 ff.; *Bulletin de l'histoire du Protestantisme Français*, xxxvi. 105; *Bulletin de la Société de l'hisoire de Paris*, etc. xiv. 38。

一条道路可以拯救自己，即迅速彻底地对以非同寻常的数量聚集 199
在巴黎的胡格诺派进行大屠杀。①

她召开了一次会议（8 月 23 日），人们所能知道的与会者有她的爱子安茹公爵，即日后的亨利三世，还有塔瓦内元帅、内维尔、内穆尔（吉斯的继父）、比拉戈（掌玺大臣）、雷斯伯爵和谢瓦利埃·德·昂古莱姆，其中四位是意大利人。他们一致同意进行一场迅即的大屠杀。据说塔瓦内和内维尔请求留下两位年轻的波旁家族的人纳瓦尔国王和孔代亲王的性命，终获答应。查理的宠臣雷斯伯爵受命前去争取国王的同意，其方法是唤起国王的恐惧，告诉他他母亲和弟弟都和吉斯一样深深牵连其中。

最终决定做出时，已是夜晚时分了；但是行动应当还要依靠狂热而嗜血的巴黎暴民来进行。据塔瓦内（子）在其回忆录中的记载，最后时刻凯瑟琳想反悔，但其他人坚定了她的决心。吉斯公爵负责杀掉科利尼。这位海军上将被一柄长矛刺穿，尸体被从窗户扔到院子里，吉斯就在院里等着。两位年轻的波旁王子在卢浮宫被逮捕，他们被带到国王那里，让他们在死亡和弥撒之间做出选择。其他在卢浮宫的胡格诺派贵族则被杀害。早上，可以看到这个宫殿的楼梯、大厅和房间里处处都是浓浓的斑斑血迹。卢浮宫里的屠戮结束后，军队被分成小组到处搜寻其他牺牲品。塞纳河

① 关于圣巴托罗缪大屠杀，参见 Bonnardot, *Registres des Délibérations du Bureau de la Ville de Paris* (*1568—1572*), vii. (Paris, 1893); *Mémoires de Madame du Plessis-Mornay*, publ. by the *Société de l'hisoire de la France* (1868); *Mémoires et Correspondance de Du Plessis-Mornay* (1824), ii.; Bordier, *Saint Barthélemy et la critique moderne*; Whitehead, *Gaspard de Coligny, Admiral of France* (London, 1905), pp. 253 ff.; Froude, *History of England* (London, 1887), ix. –x.; Mariéjol, *Histoire de France*, etc,. vi, i. 114ff.。

200 北岸几乎全部胡格诺派显要人物都被杀死，而拉丁区的全部胡格诺派显贵均遭杀害。但是在南岸下榻的某些人（其中有蒙哥马利和夏特勒的主教代理官让·德·费里耶）逃脱了。

在外省全力推行屠杀的命令下达了。在奥尔良屠杀持续了5天，在莫城、特鲁瓦、鲁昂、里昂、图卢兹、波尔多和其他许多地方，都有大量新教徒被杀。被杀死的人的总数有各种不同的计算。亨利四世的首相苏利——他拥有了解详情的手段——说一共死了7万人。光巴黎一城就有好几千人被杀。

罗马天主教欧洲的各地对待大屠杀消息的态度各不一样。德国的天主教派包括皇帝在内，迅速表达了他们的责难。但是罗马却因这一事件而一片喜悦，并制了一枚纪念章来纪念“胡格诺的屠杀”（*Hugonotorum Strages*）[1]，红衣主教奥尔西尼被派去向国王和王太后转达教皇和红衣主教团的祝贺。西班牙的腓力喜形于色，据说他在他一生当中第一次也是唯一一次放声大笑起来。他祝贺儿子有这样的母亲，祝贺母亲有这样的儿子。

凯瑟琳认为大屠杀了结了她的一切麻烦。她认为，胡格诺派已经被消灭了；据说当她看到纳瓦尔的亨利在圣餐台前鞠躬时，她爆发出一阵刺耳的笑声。

---

[1] 某些罗马天主教人士厚颜无耻地否定这枚纪念章的存在。这枚纪念章在耶稣会士 Bonani's *Numismata Pontificum* (Rome, 1689), i. 336 中有描述。法国制了两枚纪念章，其中一枚的背面查理九世被表现为赫拉克勒斯，一手持棒，一手持火炬，杀死七头蛇。这两枚纪念章在 *Bulletin de la Société de l'histoire du Protestantisme Français* for 1855, pp. 139, 140 中有描述。

第十五节　大屠杀后胡格诺派的抵抗

凯瑟琳的麻烦并没有终结。根绝胡格诺派并非易事。胡格诺派的首领大多死了,但是人民还在,有一阵子他们无疑吓坏了,但 201
他们很快重新鼓起了勇气。新教徒控制着拉罗谢尔和桑塞尔两个坚固堡垒,一个在海边,一个在法国中部。工匠和小店主们坚决认为,不应当投降。拉罗谢尔的水手与布里尔的海上乞丐结成兄弟联盟,共同对西班牙的船只发动毫不留情的海战。尼姆和蒙托邦对国王的士兵关上它们的城门。米洛、奥伯纳、普里瓦、米拉贝勒、昂迪兹、索米耶尔以及维夫勒和塞维内两地的其他城市成为避难地。在整个法国,胡格诺派尽管失去了他们的首领,但仍然团结在一起,他们武装起来,互通信息,保持他们的宗教礼拜——尽管通常被迫在夜间进行。

对这些新教据点的攻打形成第四次宗教战争。拉罗谢尔被包围,该城击退敌人的多次进攻,遭到封锁,经受着饥荒,最终迫使敌人从城下撤去。桑塞尔也面临同样的艰苦局面。在攻取该城未遂后,包围该城的军队的将领拉夏特尔以最严密的方式封锁了该城。桑塞尔人民经受了最恐怖的饥荒的折磨。500 个成年人和所有 12 岁以下的孩子都死于饥饿。一个 10 岁的男童说道:“看到我快饿死了为什么要哭呢? 我不要面包,母亲,我知道您没有。既然上帝要我死,那我们就应当喜悦地领受它。好人拉撒路不也忍受饥饿吗? 难道我在圣经里读的不是这样吗?”幸存者投降了;他们的性命得到宽恕;由于支付了一笔 4 万里弗尔的赎金,他们的城市没有

遭到劫掠。

这次战争以拉罗谢尔和约(1573年7月)而告终,和约全面赋予新教徒以良心的自由,但是公开礼拜的权利则只给了拉罗谢尔、尼姆和蒙托邦三地,另外,一些新教大贵族也可以在家里举行公开
202 礼拜。与圣巴托罗缪大屠杀之前获得的权利相比,这些条款要苛刻得多;但是胡格诺派教徒有理由欢庆。他们的事业仍然有生机。无论是战争、屠杀还是数不胜数的欺诈,都没有使得法国新教广大群众动摇。

拉罗谢尔和约宣布的和平维持的时间并不长,而且实际上也不是普遍有效。南方的新教徒利用这段时间来为一场新的冲突做准备。他们没有放下武器,并着手改善他们的军事组织。他们将他们控制的区域划分为正规的政府,这些政府由议事会领导,其成员由选举产生,他们同时是这个当时与法兰西王国其他地方分割开来的新教国家的军事领导者。他们向天主教徒和新教徒征税,没收教会的收入。他们用粮草和弹药充实他们的据点以作战备,并维持一支2万人的队伍以便应付敌人的进攻。

尼姆和蒙托邦的议事会提出了他们服从法国政府的条件。尼姆委派代表携带若干书面条款前去晋见国王,条款要求在法国任何地方都可以自由地举行他们宗教的仪式,由王室开支来维持他们控制的据点的胡格诺派守军,在法国每个省里出让两个坚固的据点作为胡格诺派教徒的避难城市。蒙托邦议事会的要求更进一步。他们要求国王必须谴责圣巴托罗缪大屠杀,审判那些施行这一暴行的人,为屠杀中的牺牲者平反昭雪,赞成胡格诺派的抵抗,宣布他赞美上帝独特而奇妙的好意,因为上帝仍然保存着他的新

教臣民。他们还要求法国新教少数派的权利应受到欧洲新教国家——德国的新教诸侯、瑞士、英格兰、苏格兰——的保证。他们将他们文件的日期签署为 8 月 24 日——圣巴托罗缪大屠杀的周 203
年纪念日。呈送条款的代表拒绝就条款内容进行讨论；他们仅仅将之呈交上去。国王可以接受，也可以不接受。但条款不得改动。

凯瑟琳对这帮"无耻之徒"（*ces misérables*）——她就是这样称呼他们的——的胆大包天又气又惊。她声明说，如果是孔代统率 2 万骑兵和 5 万步兵，那么他连这些条款的一半也不会提出来。王太后发现她现在面对的是这样一些人，她的各种可以施行的手段对这些人都不起作用，他们与温厚的胡格诺派亲王们完全不同，后者她可以用女性的魅力进行迷惑，用"游击分舰队"消磨其意志。农夫、市民和工匠非常了解她及她的宫廷，他们使用粗陋的名称来称呼各种事物。凯瑟琳本人是"杀人犯"，她的"游击分舰队"即"堕落女子"。凯瑟琳清除了胡格诺派的贵族，却发觉她面对着胡格诺派的平民。

最糟糕的是她不敢让国王对胡格诺派做出明确的回答。圣巴托罗缪大屠杀后，法国出现了一股人们称为"政治派"[①]（*Politiques*）的新势力。他们将法国置于教派之上，他们厌倦了长期的流血冲突；他们说，"一个人并不因为被革出教门就不再是一位公民"；他们声明，"他们在宗教战争中损失了不少人，他们本来是可以用这些人把西班牙赶出低地国家的"。他们因处于"外国人"——王太后及其意大利宠臣、吉斯家族、耶稣会士——的统治

① La Ferrière, *Catherine de Médicis et les Politiques* (Paris, 1894).

下而不满。他们准备与胡格诺派联合，以给法国带来和平。他们现在只缺能够代表这一联盟中的两方的首领。假如国王最年幼的弟弟阿朗松公爵和纳瓦尔的亨利能够逃出王庭并树立共同的旗帜，这些人就准备参加进来。

204 查理九世1574年圣灵降临节时死于瓦卢瓦家族与美第奇家族通婚而导致的疾病。对圣巴托罗缪大屠杀的记忆也加速了他的死亡。某些朝臣的私人回忆录记载，查理九世临死前几个星期发着烧，整日整夜地做着噩梦。他梦见他被许多死尸包围着；沾满鲜血的狰狞面孔朝他的脸飞冲过来。大屠杀的罪过主要是他母亲的而不是他的，但是他良心未泯，他感到了这一罪过的负担。“我的妈妈”是他说的最后的话语——他向他母亲求助，他害怕她甚于害怕上帝。

查理死后，安茹公爵亨利继位，称亨利三世。[①] 他当时在波兰，是这个混乱国家的君主。他抛弃了他的王位和臣民，1574年9月到达法国。他的到来对事态并无多少改变。凯瑟琳仍然是实际的统治者。战争继续进行，天主教方面在法国各地取得大大小小的胜利。但是安茹公爵（阿朗松公爵在他哥哥继承王位后取得这一封号）成功地逃出了王庭（1575年9月15日），纳瓦尔国王也设法逃脱了监视他的人（1576年2月3日）。安茹投奔了孔代亲王，孔代当时是一支胡格诺派和政治派混合部队的首领。纳瓦尔的亨利来到普瓦图并留在那儿。他所做的第一件事便是去参加新教礼

① Pierre de l'Estoile, *Journal de Henri III.* (Paris, 1875—84); Michelet, *Histoire de France*, vols. xi. and xii; Jackson, *The Last of the Valois* (London, 1888).

拜，之后立即声明他投入天主教是被迫的，他现在否定这一皈依。他没有加入战场上的任何一方，但他向国王传达了他本人的要求（连同其盟友的要求一同呈上），并要求国王帮助他恢复阿拉贡的费迪南德强行吞并的纳瓦尔的西班牙部分。

两位王子的逃走最终导致了“大人和约”的签订，其条款公布在博利厄敕令（1576 年 5 月 6 日）中。公开礼拜的权利给予了法兰西王国之内所有城市和所有地方的新教徒，只有巴黎和王庭驻 205
跸处除外。新教徒得到 8 个据点，或是作为避难城市，或是作为和约的保证。“双方各半”的审判庭（由新教徒和天主教徒共同组成）在各高等法院设立起来。国王事实上为圣巴托罗缪大屠杀进行了道歉，声明他为之感到非常痛惜；所有对大屠杀牺牲者做出的判决都平反了。这份敕令比过去任何一份敕令对新教徒都要有利。几乎所有胡格诺派的要求都被批准了。

第十六节　同盟的开始

无论是国王——他感到自己蒙受了羞辱，还是天主教派——他们感到很愤慨，都无意于长期遵从和约中的条款。天主教阵营的某些首领早就看到，胡格诺派教徒的激情和他们的组织使得他们在非常有利的条款下能够以事实上的少数对抗天主教多数。某些地方天主教首领鼓动起其追随者的热情，并通过结成同盟等组织手段联合到一起。这些地方性同盟预示着一个普遍同盟的形成，这个普遍的大同盟由吉斯公爵亨利和凯瑟琳·德·美第奇促成。这就是那个著名的、使法国内战又持续了 20 年的同盟的最初形式。吉斯公爵发表了一份宣言，呼吁全法国联合起来保护神圣的教会、天主教徒和罗马教徒以及国王亨利三世，指出亨利三世的权威和权利正被叛乱者夺走。一切好的天主教徒都被要求加入进来，备好武器，为完成其目标而斗争。那些拒绝者将被视为敌人。中间分子将遭到“各种冒犯和粗暴行为”的折磨；要对公开的敌人
206 进行严厉的斗争。巴黎很容易便被争取到同盟一边，同盟派遣代表到法国各地招揽参加者。亨利三世本人也参加进来，并领导这一运动。

国王下令在布卢瓦召开三级会议，第一次会议的日期为 1576 年 12 月 6 日。同盟操办了会议代表的选举。会议一致决定恢复宗教统一。随后国王宣布博利厄敕令是他受到武力胁迫时颁布的，他现在不再想遵守它了。教士等级和贵族等级决定不惜任何代价推行宗教统一。第三等级发生了分裂。一小部分人主张“通过温和、和平的方式”达到统一；而多数派则要求立即彻底镇压新教的公开礼拜，并且驱逐全部牧师、长老和执事。

三级会议的这些决定在胡格诺派看来就是宣战，他们立即武装起来。这是第一次同盟战争，也是第六次宗教战争。这次战争以贝尔热拉克和约（1578 年 9 月 15 日）的签订而告终，和约准予胡格诺派的条件比博利厄敕令的内容要差得多。随后发生了第七次战争，以签订弗莱克斯和约（1580 年 11 月）而告终。

安茹公爵死了（1584 年 6 月 10 日），而国王没有儿子。依据萨利克法典——排除女性的王位继承权——王位继承人应当是纳瓦尔的亨利，一位新教徒。安茹一死，亨利三世便发现他需要面对这一现实。他深深知道他是法国王位的王朝权利的监护人，他的

职责便是承认纳瓦尔的亨利为自己的继承人。于是他派遣自己的一位宠臣埃普隆前去游说纳瓦尔的亨利，让他成为罗马天主教徒并返回王庭。但是亨利两条都拒绝了。

第十七节　同盟背叛国王 207

这个时候天主教贵族也在采取行动。其中一些人于1584年底会聚南锡，着手改组同盟。他们决定将信仰新教的波旁家族的人排除在王位之外，宣布红衣主教波旁为亨利三世的继承人。他们希望得到一份教皇训令来认可这一选择；他们在茹安维尔条约（1584年12月31日）中得到西班牙的腓力的支持。

巴黎没有等待贵族的批准或者建议。一份当时的匿名小册子——我们今天信息的主要来源——描绘了四个人，其中三个是教会人士，是如何聚集在一起建立巴黎同盟的。他们讨论了合适的成员的名单，并挑选出值得信赖的核心成员，由他们选举一个八九个人组成的秘密委员会来掌管一切事务。招募盟员的重要工作由六位成员监管，其中一位德·拉罗歇布隆大人是秘密委员会的成员。很快巴黎民众中最狂热的分子都加入了这个秘密组织，发誓盲目服从秘密委员会的命令，这个秘密委员会则隐藏在幕后操纵一切事情。各行业的行会被争取过来加入同盟；例如巴黎的屠户便提供了1500名坚决而危险的男子。同盟还派遣可靠的人去 208
法国各大城市活动，按照巴黎的样子建立起秘密会社，并成为巴黎的母社的分支机构，所有会社都须执行首都的秘密委员会的命令。设计出这一整套组织形式的德·拉罗歇布隆大人是与天主教亲王

们沟通的中间人；通过他，因脸上有块伤疤而被称为刀疤亨利的吉斯公爵被推上指挥这一新生的强大工具的位置，吉斯公爵认为这个工具可以成为根绝法国新教的最佳手段。

国王曾发布敕令禁止一切武装集会，这为该同盟提供了一个借口提出他们宣言：《关于导致波旁红衣主教大人、信仰天主教的法兰西王国诸贵族、亲王、领主、城市和团体反抗之理由的宣言：反对那些运用一切手段颠覆天主教和国家的家伙们》（1585 年 3 月 30 日）。这是一份以高超技巧写成的文件，表面上是论述宗教危险的问题，但涉及一切从亨利的徇私中产生出来的邪恶和猜忌。吉斯立即开始征召军队，并开始采取公开的敌对态度；法国几乎所有的大城市以及法国北部和中部的多数省份都宣布站在同盟一边。

亨利三世惊慌失措。靠着他母亲的帮助他与同盟谈判并订立了条约，许诺撤销全部以前的宽容敕令，在整个法国禁止举行新教徒的公开礼拜，驱逐牧师，让新教徒在成为天主教徒和 6 个月内离开法国之间做出选择（尼穆尔条约，1585 年 7 月 7 日）。这些内容体现在 1585 年 7 月 18 日的一份敕令中。随后教皇西克斯图五世发布了一份训令，宣布纳瓦尔国王和孔代亲王由于是异端分子而
209 不能继承法国王位，并宣布剥夺他们的地产，免除他们的附庸对他们的效忠，纳瓦尔国王对“西克斯图大人、自封的教皇、恕我不敬的宗座”做出了答复，并发誓要为自己和法国诸高等法院遭受的侮辱做出报复。

亨利三世、吉斯的亨利和纳瓦尔的亨利之间的“三亨利战争”始于 1585 年下半年。从某些方面来看这是一场三方战斗；因为尽

管国王和吉斯家族都是公开与胡格诺派作战，但是以吉斯为首的同盟和王党之间并不是全心全意的联盟。战局开始时不利于新教阵营，但随着战争的进展，纳瓦尔国王的出色帅才日益显露——在库特拉（1587 年 10 月 20 日）他几乎全歼了王家军队。国王多次做出努力，企图将这位新教徒的领袖争取到自己一边，但均未成功。纳瓦尔无论如何不愿誓绝他的信仰，而亨利三世则将这一点作为绝对条件。

战争在法国西部和中部进行的时候，同盟不断加强其组织，完善其计划。同盟变得越来越敌视亨利三世，变成一个秘密的革命会社。同盟为近期行动制定了完备的方案。法国各城市各地区凡感到受胡格诺派威胁特别大的地方，要恳求国王征募军队进行保护。如果国王拒绝或者拖延，那么他们就自己举兵，并由同盟信得过的军官指挥。然后他们就可以迫使国王担任这支同盟军队的首脑，或者如果他予以拒绝，那么他就暴露了他是同盟的公开敌人。

如果国王无子而终，那么同盟的中坚分子就聚集到奥尔良和巴黎，在那里选举波旁的红衣主教为法国国王。要立即通知教皇和西班
牙国王，按照事先的安排教皇会送来他的祝福，西班牙国王会以军 210
队和供给支持他们。同盟让所有成员进行新的宣誓。如果国王表明他是一位好天主教徒并且不偏袒异端，那么他们就对国王宣誓效忠。巴黎的母会向各省分会发布指示，分会必须时时与巴黎保持联络。同时吉斯兄弟的姊妹蒙庞西埃夫人领导着一群讲道师开展工作。这群讲道师的任务是煽动首都和各省反国王和反胡格诺派的情绪。蒙庞西埃夫人夸口说，她为天主教事业所做的贡献比她兄弟用剑所做的还要大。

依靠这支新生力量为后盾，吉斯兄弟企图迫使国王做出新的让步：在法国公布特兰托会议的决议（这件事在法国尚未做到）；在法国建立宗教裁判所；下令处死一切不答应发誓放弃其信仰的胡格诺派囚徒；调走军队中所有未经同盟批准的军官。为了防备国王的拒绝，巴黎的母会组建了一个秘密革命政府。这个政府称为“十六”，因为它由巴黎16个区每区出一名代表组成。这个政府听命于吉斯，他们之间通过吉斯的一个名叫梅恩维耶的副手进行联络。为了劫持国王，他们策划了一个又一个阴谋；如果不是一位名叫尼古拉·普兰——一位设法搞到秘密情报的警官——的活动和情报，他们也许早就得逞了。

211

第十八节　街垒日[①]

国王大大增强了他的卫队，并命令他驻扎在拉涅的4000瑞士军队进驻巴黎市郊。巴黎的天主教同盟成员惊慌地派人去请吉斯公爵；吉斯不顾国王的禁令进入巴黎城。当他被巴黎民众认出时，他受到了热烈的欢迎。王太后力劝国王接见吉斯公爵，国王相当冷淡地接待了他。效忠于同盟的官员和百姓此时都涌进了巴黎。国王企图阻止一切可疑的人入城，但未成功，最后他命令瑞士军队开进巴黎（1588年5月12日）。巴黎市民迅速武装起来，将巴黎变成了一座堡垒。这就是“街垒日”。锁链横贯在街道上，锁链的

---

① 当时的报纸有对街垒日场面的描写，参见 *Satyre Menippée*（ed. of 1709），iii. 39 ff.。

后面堆积着木梁、长凳、大车以及装满石头和沙砾的大桶。墙上凿出了枪眼，窗户被防护起来。在这些防御工事后面男人们端着火绳枪严阵以待；妇女和儿童则运来大量的石头。吉斯待在家里，但是人们却看见他的军官穿梭在人群中指导防御。瑞士士兵发觉自己处于一个陷阱之中，毫无帮助。亨利三世被迫请吉斯出面干涉以保护他的士兵。国王不得不经受更大的屈辱。巴黎民众吵着要进攻卢浮宫捉拿国王本人。国王再次恳求吉斯出面。吉斯于 13 日与国王会晤，国王被迫同意了同盟的全部要求，并将反胡格诺战争的指挥大权交到同盟首领的手上。这次会晤后，国王设法秘密逃出了巴黎。

“街垒”日向亨利三世表明，天主教同盟是他的首都的主人。在布卢瓦召开的三级会议的会议（1588 年 10 月）则向他表明，这 212
个国家已经背弃了他。

三级会议代表的选举由吉斯兄弟操纵，而且是在巴黎的造反事件对人们产生最深刻影响的时刻进行的。同盟在所有三个等级中都掌握了多数。他们要处理的事态很严重。王国的财政处于混乱之中；徇私舞弊行为没有消除；没有人相信国王的话。最重要的是，宗教问题使人人心生怒火。三级会议是在一种由神父煽动的宗教情绪高涨的气氛下召开的。10 月 9 日三个等级的代表一齐去望了弥撒。在圣餐式上助祭唱着著名的赞美诗——《吾舌当启》、《赎世羔羊曲》、《圣体颂》(*Pange lingua gloriosi*, *O salutaris Hostia*, *Ave verum Corpus natum*)，——大家非常激动。三级会议的成员从未如此团结。

然而国王一时却产生了异常的勇气。他决定谴责同盟，说它是王国混乱的根源。他宣布他不允许在这个国度里有同盟的存在。他这样做的唯一后果是使得同盟的首领们恼怒不已。他的虚张声势马上停止了。波旁的红衣主教迫使他在他讲话的公布的文本中删去了上述令人不快的言辞。三级会议强迫他宣誓，他除罗马天主教外决不允许其他任何宗教在王国的存在。宣誓完毕后，代表们高呼“国王万岁”，并在一片喝彩声中将他送回房间。但是他被迫允许吉斯公爵担任副将一职，取得军队的指挥权；他感到，如果不把这个人除掉，他就永远也不会成为“他自己房间的主人”。

无敌舰队彻底覆灭的消息传到了法国；对西班牙的害怕在某种程度上消除了，如果国王坚持对他的新教臣民实行宽容政策的话，说不定英国就会帮助他。很有可能他曾向自己最亲信的谋臣
213 透露过要除掉吉斯的想法，这些谋臣献计说，通过合法手段是不可能除掉这样一位重权在握的大臣的。于是公爵及其弟弟吉斯的红衣主教被召参加枢密院的会议。他俩甫一落座，就被请去国王的私室晋见国王。在那儿吉斯公爵被刺杀，红衣主教被逮捕并于次日被杀死。① 波旁的红衣主教和年轻的茹安维尔亲王（其父死后成为现在的吉斯公爵）被捕并遭囚禁。还下达命令去逮捕尼穆尔公爵夫人（吉斯的母亲）、埃尔比夫公爵和公爵夫人、布里萨克伯爵以及同盟其他显贵。国王的卫队冲进三级会议的会场宣布了这些命令。两位吉斯的尸体被焚烧，灰烬抛入卢瓦尔河。

---

① Brown, “The Assassination of the Guises as described by the Venetian Ambassador” (*Eng. Hist. Review*, x. 304).

刺杀的消息在巴黎激起极大的愤怒。同盟宣布它成为一个革命团体。这个城市以区为单位组织起来。每一个区都建立了一个委员会，以增强“十六”的力量。讲道师带领他们的听众宣誓，为了给被杀害的王爷们报仇，他们要捐出钱袋中的最后一块铜板，洒尽身体内的最后一滴鲜血。索邦人则在庄严的集会上宣布亨利三世的行为已解除了他的臣民对他的效忠。“十六”从巴黎高等法院赶走了所有可疑的人；通过这样的清洗，巴黎高等法院站到了革命一边。吉斯公爵唯一在世的弟弟马延公爵被召到巴黎。一个由巴黎市民组成的会议选举出一个天主教联盟总委员会来管理政务并与法国的其他天主教城市和省份沟通。这些城市和省份派来的代表即成为总委员会的成员。马延公爵被该委员会任命为国家副将和法兰西君主。新政府还有它的国玺——法兰西王国国玺。法 214
国的多数大城市都归附了这个临时革命政府。

正值这纷扰的时刻，凯瑟琳·德·美第奇死了（1589年1月5日）。

第十九节　国王避难于胡格诺派

可怜的国王除了寻求新教徒的保护外，别无他途。开始时他尚在犹豫，他担心教皇绝罚的威胁。在这令人不安的时刻，纳瓦尔的亨利的所作所为令人钦佩。三级会议在布卢瓦的会议开过之后，他向全国发出了鼓舞人心的呼吁，祈求和平——这是这个纷扰混乱的国家所需要的。现在他又向国王保证了他的效忠，并许诺他永远也不会否定天主教徒的良心自由和礼拜自由——这权利正是他要求拥有的。于是缔结了一个协定，纳瓦尔的国王前往图尔晋见亨利三世。他来得正是时候。巴黎的临时政府刚一建立，马延就率领一支报仇的同盟军队开拔了。他攻占了图尔的市郊，当时正要攻打图尔城。这时他发觉新教的先头部队已经把守住了卢瓦尔河大桥，只好撤兵。他艰难而缓慢地朝巴黎方向退却。在桑里，多马尔公爵的部队被小股胡格诺派军队击溃，尽管他得到了巴黎民兵的增援。桑里战役打开了通往巴黎的道路。纳瓦尔国王坚决地向前推进。一个城市接着一个城市被占领，两位国王的军队加上14000瑞士和德国士兵，很快便夺取了圣克鲁桥，并在南面和西面包围了都城（1589年7月29日）。攻击确定在8月2日进行。

215 自从吉斯兄弟被杀后，巴黎群情激昂，犹如沸腾的鼎镬。全体巴黎居民，“怀着悲痛，一片呜咽”，参加了为“殉道者”举行的葬礼，被杀公爵的遗腹子的洗礼则成为全民的庆典。5月24日自罗马发出的教皇西克斯图五世的“告诫”训令命令亨利三世10天之内释放被囚禁的高级教士，并在60天内亲自或者委派代表前来教廷对教会王公的被害做出解释，否则将处以绝罚。这份训令煽起巨大的激奋情绪。巴黎人几乎每天都可以看到学生、妇女、儿童的游行队伍穿行在街道上。他们从一个神殿走向另一个神殿，光着脚，只穿着衬衣，毫不畏惧冬天的寒冷。堂区居民将他们的神父从床上拖起来领导他们的夜间游行。对亨利三世的仇恨到了近于疯狂的地步。科德利耶的僧侣对他的人像施以斩首。巴黎的神父们用蜡制作了国王的面像放在祭坛上，施之以巫术式的咒语，期盼以此能对活人造成致命的伤害。成群的孩子手持燃着的蜡烛并吹灭，一边叫喊道："愿上帝这样消灭瓦卢瓦家族。"

在这些情绪高度激昂的人群当中有一位年轻的雅各宾的僧侣
雅克·克莱芒，他出身农民家庭，智识贫乏，性格粗鲁，行事暴烈。
他的仇恨随着巴黎的情绪不断升温。他向一位他很信赖的神学家
讨教，并从这位神学家那里得到这样的答复：杀死暴君应当是合法
的。他祈祷、斋戒、绝食。他看见了幻象。他相信他听见了说话
声，他收到了献身于杀掉国王的明确命令。他将他的企图透露给
他的朋友们，他们支持他的计划并帮助他做准备。他离开了巴黎，
通过了围城军队的封锁线，获得了国王的亲自接见。他呈上一封
信，当亨利看信时他刺中了亨利的下半身。行凶之后，这位僧侣伸 216
直身体，张开双臂做了一个十字架的样子，毫不畏惧地领受了拉盖
斯勒和其他侍卫对他的致命打击（1589 年 8 月 1 日）。[1]

国王拖延至次日早晨，然后咽了气，死前他向陪伴在身边的人确定纳瓦尔的亨利为他的合法继承人。

巴黎得知这一刺杀消息后，陷入狂热的兴奋之中。吉斯兄弟的母亲尼穆尔公爵夫人以及吉斯兄弟的姊妹蒙庞西埃公爵夫人走遍大街小巷，描绘"雅克·克莱芒的英雄行为"。尼穆尔公爵夫人登上科德利耶教堂主圣坛的台阶向众人宣告了这一消息。巴黎市民无论贵贱，将他们的餐桌搬到大街上，喝酒唱歌欢呼跳舞，以此

① *Histoire de France depuis les origins jusqu'à la Revolution* (Paris, 1904), VI. i. 298 f., by H. Mariéjol.

庆祝这个消息。他们起誓他们永远也不会接受一位新教国王。[①]那时仍是囚犯的波旁的红衣主教被宣布为查理十世。

此时在图尔，王位继承人是新教徒这一事实使天主教贵族不知所措。他们并不支持同盟，但许多人感到他们不能为一位新教国王效劳。他们围住新王，恳求他立即公开誓绝他的信仰。但亨利拒绝做会羞辱自己的事情，拒绝做不会被认为是真诚的行为的
217 事情。另一方面，香槟、皮卡迪和法兰西岛的贵族送来效忠的保证；蒙庞西埃公爵——同盟成员蒙庞西埃公爵夫人的丈夫——许诺支持新王；瑞士雇佣兵宣布，他们将免费为新国王效劳两个月。

第二十节　亨利四世的公告

受到上述鼓舞后，亨利发表了他著名的公告（1589 年 8 月 4 日）。他承诺，罗马天主教将仍旧是这个国家的宗教，他也不会搞什么新花样。他宣布他乐意就天主教的教义接受指教，并且如果可能的话，他将在 6 个月内召集一次全国宗教会议。天主教徒将仍然保留他们在政府部门的职位并各司其职；新教徒保有他们目

---

① 他们说："我问你们，你们打算把一个贞洁、诚实、美丽又谦虚的女儿，嫁给一个堕落的，放纵一切欲望的人，打算为了他放弃你们的女儿，仅仅是因为，他告诉你们，如果结婚了，他会一心向善，他就会浪子回头？我相信，所有的好家父都不会冒这个险，或去干这样的蠢事。而天主教的、使徒的、罗马的教会，就是这样一个美丽而忠诚的贞女，并生活在这样的一个法国，在这里，从来就没有哪个异教徒当过君主，而所有君主都是好天主教徒，并且忠诚于耶稣基督。如今你们就打算，将这样一个法国人如此坚定地效忠的、并在天主教诸王统治下受到尊崇的教会，交给一个背信弃义的、被逐出教门的异教徒么？"—"Dialogue d'entre le Maheustre et le Manant"（*Satyre Menippée*, iii. 387）.

前控制在手里的据点;但是如果攻占了设防的地方,那么将转交给天主教徒而不是别人。这份公告由如下人士签字:两位王族王公孔代亲王和蒙庞西埃公爵,三位公侯隆格维尔、卢森堡-皮内和罗昂-蒙巴宗,两位法国元帅比隆和多蒙,还有若干其他高官。然而,对国王的背叛也相当严重。除波尔多高等法院外,所有的高等法院都同声谴责这位异端国王;除图尔、波尔多、夏隆、朗格勒、贡比涅、克勒蒙外,所有的重要城市都站在同盟一方。这个王国的绝大部分地方都反叛了。王家军队减少了,进攻巴黎毫无希望,亨利四 218
世带领几乎不到 7000 人向诺曼底退去。他想到达海边,以便有可能得到英格兰的援助。

马延公爵率领一支 3 万人的军队追踪而来。他向巴黎人许诺,他要把那个"贝亚恩人"扔到大海里去,或者用锁链擒回巴黎。但是要逮住这位"贝亚恩人"并非易事。在称为阿尔克战役的一系列行军、后退和小战斗中,有利形势在国王一边;马延在企图袭取迪耶普的战斗中遭到惨重失败(1589 年 9 月 24 日)。随后是一系列行军和后退;国王一时威逼巴黎,一时撤退,直至最后王家军队与同盟军队相遇于伊弗里。国王拥有 2000 骑兵和 8000 步兵,而马延麾下拥有 8000 骑兵和 12000 步兵(包括 1700 名由帕尔玛公爵派来的西班牙士兵)。战役以国王惊人的、决定性的胜利而结束。马延及其堂弟多马尔仅仅因为马快而逃脱(1590 年 3 月 14 日)。

对于战争及各派的谋划无须多言。亨利包围了巴黎,就在巴黎几近要因为饥饿而投降时,一支由帕尔玛公爵率领的来自低地国家的军队却为巴黎运来了粮草。亨利不断摧城拔寨,逐渐孤立了都城。1590年(5月10日),老迈的波旁的红衣主教(查理十世)死了,同盟于是连一个合法国王的外观也丧失了。以巴黎的“十六”为代表的同盟中最为狂热的分子宁愿将法国置于西班牙的统治之下也不愿看到一位异端国王。马延公爵对王冠则垂涎已久。但是法国
219 那些没有表示效忠亨利四世的绝大多数有影响力的人士(以及那些表示效忠的人物)如同害怕异端统治者一样害怕西班牙的统治。

第二十一节　亨利四世成为罗马天主教徒

亨利终于决心皈依罗马天主教,认为这是赋予混乱的王国以和平的唯一途径。他就自己接受天主教教诲、改宗天主教的意图向效忠自己的布尔日大主教征询了意见。这位大主教在苏勒讷会议上宣布了这一事情,消息很快便传遍了法国。亨利以他一贯的老练亲笔致信巴黎的教区神父宣布了他的意图,并邀请他们与他在芒特会面以给予他教导。至少其中有一位曾是狂热的同盟成员,现在被争取成一位热烈的效忠国王的人。

接受亨利四世加入罗马天主教会的仪式在圣德尼大教堂举行,大约位于巴黎以北四英里半的地方。其场面颇像一个民众节日。很久以来法国国王葬在这座古老的教堂,贞德曾在这里放过她的双臂,现在这座教堂装饰着绚丽的挂毯,通往教堂的街道上摆放着鲜花。市民们从反叛的巴黎涌来,人越聚越多。当亨利在达官贵人及卫兵的簇拥下缓缓走向教堂时,人群不断高呼“国王万岁!”由布尔日大主教领头的教士站在门口迎接。国王下马,跪下,发誓今生今世置身普世的使徒的和罗马的宗教里,谴责一切该宗

教斥为异端的事物。大主教宣布赦免他，拉起他的手引他进教堂。国王在主圣坛前跪下，重复了他的誓言，表白了信仰，领受了圣餐。法国现在拥有了一位既是天主教徒又合法的国王。即使认为亨利
四世不是一个宗教感情很深的人，这个公开宣誓放弃以前信仰的行 220
为对阿尔布雷特的让娜的儿子而言，也应当是个羞辱。他从来就不是一个心迹外露的人，他的名言“巴黎确实值得一次弥撒”，既显露了欢快，也包含了痛苦。当年天主教贵族在图尔敦促他转变成罗马派时，他因情绪受压抑而脸色苍白（1589 年）。假如他的胜利（直到伊弗里战役他不断获得了胜利）没有中断的话，那么圣德尼大教堂的仪式永远也不会举行。但是帕尔玛公爵攻入法国，迫使国王解去巴黎之围，从此困境开始了，似乎永远没有终结之日。国内各派的纷争，外国军队在法国土地上的存在（瓦隆人、西班牙人、那不勒斯人、萨伏依人），将法国推到解体的边缘。亨利坚信，只有一条道路可以结束这种纷乱状态，于是他为了爱国主义而牺牲了他的信仰。

随着亨利宗教的改变，形势发生了神奇的变化。同盟看上去要分崩离析了。效忠言辞从贵族、各省和各城四面八方涌来。兰斯仍然掌握在吉斯家族手里，于是在夏特勒举行了涂油式和加冕典礼（1594 年 2 月 27 日）。效忠表白日益增加。

亨利在圣德尼被接纳进罗马天主教会的当晚，满不在乎地骑马登上蒙马特尔高地的顶端俯视巴黎，这座城市仍在同盟的掌握之中。巴黎人的感情也发生了变化。同盟似乎产生了分歧；马延同“十六”发生了争吵，同盟狂热的中坚分子与持较温和观点的市民在街头吵嚷谩骂起来。高等法院鼓起勇气宣布西班牙军队不得驻扎在该都城。效忠分子为王家军队打开了通路，亨利进入巴黎

（3 月 22 日），行进到圣母院，教士在那里吟唱着赞美颂（*Te De-*
221 *um*）。他从这座教堂穿过人群拥挤的街道去卢浮宫，一路上人们一直挤到他的马镫前来观看他们的国王，效忠者的呼声回荡在高大的房屋之间。这样的国王入城式人们很久以来都没有看到过了，每个人都惊讶不已。次日外国军队离开了这个城市。国王从卢浮宫的一扇打开的窗户注视着外国军队的撤退，当他们的军官通过时他快活地喊道："向你们的主人致敬。你们不用回来了。"

随着巴黎回归效忠，几乎一切不满的标记都消失了；国王宣布赦免一切过去的反叛行为，从而完成了赢得人民的进程。法国在 30 年内战之后重新统一起来。

第二十二节　南特敕令

所有的法国人联合起来接受亨利四世为他们的国王并没有改变新教徒的法律地位。反对他们的法律仍然有效力；除了寄希望于国王保护他们的承诺，他们一无所有。与西班牙的战事拖延了这一事务，但是签订和约后亨利履行他对以前同伴的保证的时候来临了。在拖延期间，他们焦躁不安。在新教徒的芒特全国宗教大会（1593 年 10 月—1594 年 1 月）举行期间，与会者再次宣誓今生今世忠诚对待他们表白的信仰，规定每年召开一次全国宗教大会以讨论他们在政治上的无能状况，指导他们的教会事务。他们将法国划分为九个教省，由教省宗教会议管理，其形式对于那个世纪的人而言俨然一个国中之国。他们要求与他们的罗马天主教臣民拥有同样的公民权，要求保证对他们的保护。最后在 1597 年，新教方委派了四位全权代表前去同国王协商。从这些谈判中产生了南特敕令,即法国新教徒的宪章。

这份著名的敕令包括95 条总体性条款,签署于4 月13 日;以 222
及56 条具体条款,签署于5 月2 日(1598 年)。署明日期为4 月13 日和4 月30 日的两条保证也被加进去,处理的是如何对待新教牧师及给予新教徒据点这两个问题。各项条款由各高等法院核准登记;但两条补充保证仅由国王的话来担保。

南特敕令梳理并扩大了此前的诸多敕令、条约赋予新教徒的权利,这些敕令、条约包括:普瓦提埃敕令(1577)、讷拉克协定(1578)、弗莱克斯条约(1580)、圣克鲁公告(1589)、芒特敕令(1591)、芒特条约(1593)以及圣日耳曼敕令(1594)。

南特敕令确保整个国家每个地方都拥有完全的良心自由权,任何人不得因其宗教而受到迫害或侵扰,也不得强迫其做任何违背他的宗教的教义的事情;良心自由权同时伴有私下的或秘密的礼拜的权利。完全的和自由的公开礼拜的权利给予那些在1596 年和1597 年已存在公开礼拜的地方,或者那些由普瓦提埃敕令赋予这一权利、后又经讷拉克协定及弗莱克斯条约解释的地方(约200 个城镇);另外,王国中每个执行官管辖区和司法总管辖区都有两个地方拥有这种公开礼拜的权利。这种权利也给予拥有高级审判权的信奉新教的领主(大约3000 个)的主堡,无论该领主是否住在主堡,当这些领主居住到其他城堡时,这样的城堡也拥有这种权利;没有高级审判权的贵族,也可以享有这种权利,条件是参加人数不得超过30 人,并且不得超出本家族成员范围。甚至在王庭,国王的高级官吏、大贵族、所有总督和副将、卫队队长,都有在

他们的房间做礼拜的权利，条件是应当关上房门，而且不得高声吟唱赞美诗，不得喧哗，不得出现公开的丑行。

223 新教徒被给予完全的公民权和保障，可以进入一切大学、学校、医院，可以担任一切公职。巴黎高等法院同意设立6个新教徒枢密院成员职位。新教牧师免除服兵役的义务，免除其他天主教教士同样免除的职责。在高等法院中建立专门的法庭（敕令法庭）审理涉及新教徒的案件。在巴黎高等法院该法庭由6名特别选拔的天主教徒和1名新教徒组成；在其他高等法院，该法庭由数目相等的天主教徒和新教徒组成（双方各半法庭）。新教徒可以拥有他们的教会会议——宗教法庭、教务评议会、教省宗教会议和全国宗教会议；他们甚至被允许开会讨论政治问题，条件是他们事先要获得国王的批准。

他们已完全控制的城镇有约200个，包括拉罗谢尔、蒙托邦和蒙彼利埃这三座防守特别坚固的据点。他们可以保留这些地方直到1607年，但是这一权利又延长了5年。国家为驻守在这些新教设防地方的军队负担开支；国家还支付要塞司令官薪水，他们总是新教徒。如果人们记得和平时期王家军队没有超过10000人，而胡格诺派能够召集一支25000人的军队，那么就会明白，亨利四世在尽一切可能防止不宽容统治的回归。

法国胡格诺派教会在这种保护下迅速在欧洲新教教会中占据了领先位置。神学院在色当、蒙托邦和索缪尔建立起来。学问和虔诚兴盛起来，法国神学一直是瑞士和荷兰的狭隘的改革派经院哲学的平衡物。

第五章　尼德兰的宗教改革 224

第一节　政治状况

尽管联省国家直到 1581 年才跻身于新教国家之列，但是尼德兰却造就了第一批宗教改革的殉道者，诸如被烧死在安特卫普的奥古斯丁派修士亨利·沃斯和约翰·埃施（1523 年 7 月 31 日）。

> “当他们被押解到火刑柱旁时，他们高声呼号自己是基督教徒；当他们被绑上火刑柱，烈焰腾空而起时，他们念诵使徒信经十二条，然后又轮流逐字逐句吟唱圣歌感恩赞（*Te Deum laudamus*），直到烈火吞没他们的声音和生命”。①

争取信教自由的斗争，后来又同争取民族独立于西班牙的斗 225
争结合在一起，持续了几乎 60 年之久。

当勃艮第的大胆查理和法王路易十一之间的毕生决斗以前者在南锡战役中丧生而告结束时（1477 年 1 月 14 日），路易十一将

---

① Brandt, *The History of the Reformation*, etc. i. 49；参看 *Journal d'un Bourgeois de Pairs*, p. 185.

勃艮第公爵的由形形色色的部分构成的领地中的大部分并入了法国，而勃艮第公爵的遗孀玛丽则把其余的领地作为她的陪嫁交给了未来的皇帝，奥地利的马克西米连（1477 年 5 月）。大致说来，属于法国采邑的那一部分勃艮第领地转归路易所有，而玛丽和马克西米连保住了属于神圣罗马帝国的采邑。马克西米连和玛丽的儿子、美男子菲利普与西班牙的伊莎贝拉和费迪南德的次女、最终的女继承人胡娜联姻（1496 年 8 月），他们的儿子就是德意志皇帝查理五世（1500 年 2 月 24 日生），他从父亲那里继承了尼德兰，从母亲那里继承了西班牙，这样西班牙和尼德兰联系在一起了。菲利普死于 1506 年，他的遗子查理年仅 6 岁就成了尼德兰的统治者。查理的姑母、马克西米连之女玛格丽特在其年幼时期统治着尼德兰。由于胡娜犯病（因病致疯），玛格丽特就抚养其兄长之子，并摄政到 1515 年。尼德兰宗教改革的早期历史既属于查理统治时期，也属于他指定的代其施政的摄政者统治时期。

这片土地或者是河水易于泛滥的众多大河之水冲积而形成的三角洲，或者是海水不断侵蚀的海岸。它造就了人们吃苦耐劳和独立的精神。和大自然的斗争锤炼了人们的智慧。都市生活深深植根于尼德兰大地之中，它的城市可与意大利城市的工业和智慧
226 相媲美。尼德兰南方诸省是游吟诗人①的故乡。注重内心反省和思辨的神秘主义者简·范·茹斯布诺克是布鲁塞尔圣古达尔的副本堂。他们弟子杰勒德·格鲁特为在世俗世界推广基督教教育而

① 游吟诗人的情歌、笑话、对话体诗歌、韵文故事集收录在 Scheler's *Trouvéres Belges*（Bruxelles，1876）。

创立了世俗团体共同生活兄弟会。该会的学校和女修道院遍布尼德兰和德国中部。《效法基督》的作者托马斯·阿·肯皮斯在乌特勒支的兹沃勒的一个小教堂里度过了其一生 90 年中的绝大部分时间。被誉为"宗教改革前的宗教改革家"的戈克的约翰·普珀尔和约翰·韦塞尔都是尼德兰人。休伯特、简·范·艾克和汉斯·梅林体现了 15 世纪尼德兰的繁荣艺术。为表演奇迹剧或道德剧而开始联合起来的雄辩协会变成了类似于德国工匠歌手协会的团体。它逐渐成为既能发展文化又能培养民众独立意识的文学协会。

15 世纪末,尼德兰的文化生活已不怎么繁荣,但是它仍然造就了当时最伟大的教育改革家亚历山大·赫吉乌斯和人文主义之王伊拉斯谟。雄辩协会的影响未消失,因为它们极大地影响了宗教改革运动。[①]

当查理亲自主持尼德兰政务时,他发现他统治的是一些公国、领主属地、伯国和自治城市,它们同一个巩固的君主国很少有类似之处,他提醒自己要像同时代和他境遇相同的其他君主一样,要为它们造就一个政治上和地域上的联盟。他取得了巨大成功,以至 227
于能够移交给他的儿子、西班牙的菲利普二世一个几近统一的国家。查理很大程度上克服的分裂在反抗菲利普和罗马教会的反叛中某种程度上重新出现,因此,这种分裂在某些方面也和宗教改革史密切相关。查理如何使他继承下来的四分五裂的尼德兰成为坚固的领地,无须详细讲述。他把弗里斯兰搞到手(1515 年);取得

---

① *Correspondance de Philippe Ⅱ. Sur les affaires des Pays-Bas*, i. 321, 327, 379; *Correspondance de Guillaume le Taciturne*, ii. 161, 168.

了统治乌特勒支教省的世俗主权(1527 年),使弗里斯兰和荷兰连成了一片;格罗宁根和由这个骚动不安的城市统治的领地自动归服查理的统治(1536 年);盖尔德伯爵埃格蒙特的查理的去世(1538 年)使得北部和中部地区的统一完成了。法国对尼德兰南部部分地区所持有的含糊的控制权逐渐松弛了。查理在东南部的失败,使得尼德兰政府无法用购买、缔约或征服等方式获得位于卢森堡和弗朗什—孔泰之间的独立君主国洛林。全部臣民的权利和义务受到同一套法律制度的管理;各省由重新组建的三级会议联合成一个君主国;三级会议几乎年年召开,并且拥有真实的即便是规定得很含糊的确定国家税收的权力。

尽管政治和地域方面的障碍可能或多或少地得以消除,但遗留下来的其他障碍就不容易消除了。障碍之一是 17 个省被种族和语言分割开。北方的荷兰人的利益和情感不同于中部的佛兰德人,而他们都和说法语的南方各省没有共同之处。其他的障碍则是由教会司法权和世俗司法权的边界差异造成的。当
228 查理于 1515 年亲政时,唯一的领土主教区是阿拉斯。图尔奈、乌特勒支、康布雷在查理逊位前才成为领土主教区。但是世俗司法权和教会司法权之间的混杂不清是一目了然的:弗里斯兰人的大部分领地隶属于德国的明斯特、明登、帕德博恩和奥斯纳吕克主教区,不少于 6 个主教区分享着卢森堡的教会治理权,但其中没有一个属于尼德兰。查理欲建立 6 个新主教区的计划一直遭到罗马教廷的反对,因为它意味着为低地国家造就一个民族的主教区。

第二节　宗教改革的开端

共同生活兄弟会及其学校的活动使尼德兰人民单独为16世纪伟大的宗教复兴运动做好了准备。共同生活兄弟会的创始人杰勒德·格鲁特和他的得力教育助手佛洛伦提乌斯·拉德温斯祖恩的目的在于领悟“知识的源泉和生活的典范必须首先是基督的福音”。他们的学生被教授去阅读拉丁文圣经,而兄弟会公开要求用本国语言翻译圣经。事实证明通俗拉丁文本圣经在15世纪末的尼德兰是广为人知的,用荷兰语翻译的圣经于1477年在代尔夫特出版。[①] 于路德在维滕贝格众圣教堂大门上张贴论纲之前,一些可能以普珀尔和韦塞尔的论证为基础的攻击赎罪券的小册子就在流传。安特卫普的奥古斯丁隐修院院长祖特芬的亨德里克曾是斯陶皮茨的学生、路德的学友。他不仅在修道院而且在整个城市推广福音教育。[②] 后来,路德的作品在尼德兰广泛传播,以及1513— 229
1531年间至少有25种圣经或新约的荷兰语、佛兰德语和法语译本出现,就不足为怪了。

阿莱安德在尼德兰时,在出席沃姆斯会议之前就已在卢万焚毁了80本路德派和其他派别的著作。[③] 当他在10个月后回到尼

① Van der Meersch, *Recherches sur la vie et les travaux des imprimeurs belges et hollandais*, pp. 142—144; 参看 Walther, *Die deutsche Bibelübersetzungen des Mittelalters*, p. 652.

② 阿莱安德在给美第奇的红衣主教的信(1520年9月8日)中把路德教在尼德兰的传播归因于伊位斯谟和安特卫普奥古斯丁派长老的教唆——Briger, *Aleander und Luther, 1521*; *Die vervollständigten Aleander-Depeschen*(Gotha, 1884), p. 249.

③ Kalkoff, *Die Despeschen des nuntius Aleander* (Halle a S. 1897), p. 20.

德兰时，他就经常施行文字上的火刑。当查理从沃姆斯会议返回时，他发布敕令号召尼德兰的所有臣民反对路德、路德的著作及其追随者，阿莱安德充分利用了查理授予他的权力。400 册路德派的著作在安特卫普被焚毁，其中 300 册是警察从书商的店铺中搜缴的，100 册是书主自动交来的；300 册书在根特被焚，“其中，一部分是在根特、一部分是在德国印制的，”这位教皇使节指出；他补充道：“大部分书装帧非常精美，有一本书是用华丽的丝绒装订的。”大约一个月之后，他不得不承认这些焚书活动并没有产生他所希望的效果，他希望“皇帝活活烧死半打路德派并籍没他们的财产”，以此让所有人都认识到他是真正的基督教君王。[①]

翌年（1522 年），查理在 17 省建立宗教裁判所。这是一种独特的世俗机构，这可能是由尼德兰的世俗和宗教司法权之间很少有一致性造成的。但不容忽视的是：西班牙诸位国王为消除政治和地方
230 上的反对势力曾利用了宗教裁判所，也不能忘记世俗法庭通常比宗教法庭更为有力和严酷。受命之人不配委以任何重任。弗朗西斯·范·德·赫斯特虽是国王在布拉班特的参赞，但他被指控为重婚罪者和刽子手，并且毫无谋略。他粗暴地指责荷兰的高级法庭；复职的摄政、奥地利的玛格丽特发现自己一再因为他蔑视地方特权而受到连累。他是“令人吃惊的学识的敌人”，伊拉斯谟指出。他的同伴、尼古拉·范·埃格蒙特是一个加尔默罗会修士，[②]伊拉斯谟把

---

① Brieger, *Aleander und Lunther*; *Die vervollständigten Aleander-Depeschen*, pp. 249, 252, 262.

② 加尔默罗会又叫圣衣会，由意大利十字军士伯尔道都于 1156 年创立于巴勒斯坦的加尔默罗山，会士着白袍圣衣。——译者

他描绘成“一个手持利剑、憎恨我比憎恨路德更甚的疯子。”这两人从一开始就损害宗教裁判所的声誉。伊拉斯谟装作相信皇帝不知道他们的胡作非为。

第一个牺牲品是科尼利厄斯·格拉费厄斯，他是安特卫普城区教士、诗人和人文主义者以及伊拉斯谟的朋友；他是罪名是编辑出版了戈克的约翰·普珀尔题名为《基督教信仰的自由》一书并为该书作了序言。这个不幸的人被押上布鲁塞尔的断头台，他被迫宣布放弃被认为在序言中所持的观点，为此不得不把序言扔进断头台上的熊熊烈焰之中。他被罢免了职位，且不允许接受任何其他工作，在安特卫普他被迫再次宣布放弃他的观点，被监禁2年，最后被放逐。[1]

最早的殉难者是已经提到过的亨利·沃斯和约翰·埃施。他们的长老、祖特芬的亨德里克从监禁他的地牢中逃掉了。路德在一首很长的赞美诗中凭吊他们，其题名《被卢万的诡辩家烧死在布鲁塞尔的两位基督殉道者之新歌》：231

“第一个可能正是约翰，
他心中充满上帝的仁慈；
他的兄弟亨利在宗教方面，
是一位没有罪恶的真正基督：
你们告别了尘世，

① 格拉费厄斯给布鲁塞尔法庭大法官的申诉详细收录在 Brandt, *History of the Reformation ... in the Low Countries*（London, 1720）, i. 42。

却得到了王冠；
你们正如虔诚的上帝之子，
为了上帝之道逝去，
就成了他的烈士。”①

查理不断颁布诏令，一个比一个严酷。除非接受了审查员的检查并征得其同意，任何书籍禁止出版（1524 年 4 月 1 日）。严禁“一切公开或秘密的以阅读和宣讲福音、圣保罗书信以及其他神学作品为目的的集会”（1525 年 9 月 25 日），“在私宅里和聚餐时”议论神圣的信仰、圣礼、教皇和公会议的权力也被禁止。这一禁令在 1526 年 3 月 14 日的诏令中再次重申，同年 7 月 17 日又颁布了一道很长的禁令，据说是皇帝亲手仔细草拟的，它严禁一切阅读或宣讲用拉丁语、佛兰德语或瓦隆语写成的福音和其他神学著作的集会。前言中说，一些无知之徒开始传播圣经，甚至修会或教区神父也胆敢传授“路德及其追随者错误而有害的教义”，这个国家的异端正在增多。随后的诏令又严禁未经许可出版书籍和修士离开他们的修道院（1528 年 1 月 28 日）；严禁收藏路德派的作品，下令交出这些书籍，否则处以死刑（1529 年 10 月 14 日）；严禁出版未经许可的书籍——处罚是法官判定在断头台上公开鞭笞、用烙铁烙、
232 挖掉一只眼睛或砍掉一只手（1530 年 12 月 7 日）；反对“越来越多的”异端，严禁传阅长长的书单上开列的禁书和激发异端热情的赞

① Wackernagel, *Das deutsche Kirchenlied von der ältesten Zeit bis an zu Anfang des xvii. Jahrhunderts*, iii. 3.

美诗(1540 年 9 月 22 日);严禁用意大利文、西班牙文或英文出版和发行未经许可的书籍(1544 年 12 月 18 日);警告所有的校长,在学校里不得使用未经许可的书籍,并开列了仅许使用的书目(1546 年 7 月 31 日)。1546 年的诏令还附有禁书目录,其中包括 11 种由新教商行印制的通俗拉丁文本圣经、6 种荷兰语圣经和 3 种荷兰语新约、2 种法语圣经以及其他书籍。最后 1550 年 4 月 29 日的诏令强化了以前所有反对异端及传播异端思想的禁令,并通谕宗教裁判官起诉任何异端,“而不管他们拥有什么与之相对抗的特权,因为这些特权已为该敕令取消和废除”。这是残酷的西班牙宗教裁判所将在尼德兰建立的明显征兆,它激起了强烈的抗议,以至于敕令最终在 17 省作为合法法令被接受之前不得不作了两次修正(9 月 25 日,11 月 5 日)。

所有的敕令均用来反对路德派或类似的教义。它们和再洗礼派运动没有任何关系,再洗礼派运动又促成了一系列特别的与之不同的敕令。在查理统治尼德兰后期差不多中止了对路德派的宗教迫害的观点看来不符合全部事实。菲利普二世以毋庸置疑的口吻断言他的法令不过是他父亲的法令的翻版。

这些愈来愈严酷的法令一再颁行表明迫害不仅没能遏制住新教信仰的传播,而且法令本身执行起来也有困难。假如查理能够亲自统治这个国家,那么他会怎么做就很难说了。随着时间的推移,
他变得更强硬,更不能容忍教义方面的分歧,据说他晚年很后悔让 233
路德活着离开了沃姆斯;他也许会像他的儿子那样对待 17 省的新教徒。他的姑母、奥地利的玛格丽特一直摄政到 1530 年,她不希望事情陷入绝境。他的妹妹,从 1530 年一直统治到查理 1555 年退位的

玛丽本人早年被怀疑是路德派。尽管她不像做丹麦王后的姐姐那样公开加入路德派教会，但她向查理承认她同情路德派，并指出这是她不愿做尼德兰摄政的一个理由。因此可以想象，这些严酷的法令在奥地利的玛格丽特或孀居的匈牙利王后的统治时期并没有得到严厉的执行。也有事实表明绝大部人并没有以非常赞同的眼光来看待这些谴责和恫吓尼德兰的不幸的新教徒的敕令。官员们就是泄密者，地方法官以提醒嫌疑分子在警察来逮捕他们之前逃跑而闻名，甚至在判决之后为他们制造逃跑的机会。部分下级官员的消极抵抗经常干扰皇帝的血腥敕令的执行。然而新教殉道者的数目仍然相当大，妇女和男子一样宁受酷刑和死刑也不愿放弃他们的信仰。

禁止宗教集会的敕令既不能吓住布道家也不能吓住听众。最初的传道者是意识到天主教谬误的神父和修士。后来，布道家在勇敢的新教宣传者培养基地南德城市和日内瓦得到了训练。但是，如果受过训练的教师缺乏，那么会众们就会冒着生命危险代替他们布道。布兰特提到过众多的人习惯聚集在安特卫普的一个船坞上聆听一个受到过制裁的修道士宣道：

234 “不知是什么缘故，教师没有出现，而其同伴名叫尼古拉的人非常熟悉圣经，他认为让渴望聆听讲道的会众没有得到一小点精神营养就离开是一种耻辱；因此，他爬上船桅，尽其所能地教导人们；由于上述原因，作为对布道家的回报，他被刽子手逮捕交给了地方官，地方官把他装进麻袋扔到河里淹死了。”①

① Brandt, *History of the Reformation in the Low Countries*（London, 1720）, p. 51.

第三节　再洗礼派

在菲利普二世即位之前，最为残酷的迫害施加给了被称为再洗礼派的人们。[1] 我们发现了一些仅用来对付再洗礼派的敕令。1532 年 2 月的敕令严禁收留再洗礼派，并奖给告密者 12 古尔登。同年稍后颁布的一个敕令宣布："所有再次受洗的人要为自己的过失悔罪，为了证明他们的悔罪，他们必须在法令颁布后 24 天内从其忏悔神父手中拿到悔罪证书，只有这样他们才可能得到宽恕；顽固不化者，将受到最残酷的法律制裁"（1533 年 2 月）。公开表示放弃信仰的再洗礼派被命令在一年内待在他们的住所附近，"除非他们是鲱鱼养殖者"（1534 年 6 月）。1535 年又颁布了反对再洗礼派最残酷的法令。所有"诱使他人变成再洗礼派，或者为他们再 235
次施洗"者将处以火刑；所有接受第二次洗礼者，或收留再洗礼派者以及公开放弃原来的信仰者，将处斩首；妇女"则只被活埋"。[2]

要抱有同情心地了解在 16 世纪被称作再洗礼教的形式多种多样的运动，就应记住，尽管它毫无疑问地吸收了时代精神中的动力，但它不是由宗教改革创造出来的。它的根源可以回溯几个世

---

① 尼德兰再洗礼派的斗争史由 S. Blaupot ten Cate 在 *Geschiedenis der Doopgezinden in Friesland*（Leeuwarden，1839）；*Geschiedeniss der Doopgezinden in Groningen*（Oberijssel，1842）；*Geschiedeniss der Doopgezinden in Holland en Gelderland*（Amsterdam，1847）中作了详细介绍。Heath 的 *Anabaptism*（London，1895）介绍了再洗礼派历史概况，其比一般叙述更为准确。

② Brandt，*History of the Reformation in the Low Countries*，i. pp. 68，69；参看 *Letters and Papers，Foreign and Domestic，of the Reign of Henry* Ⅷ.，Ⅳ. iii. 6032（Halket to Tuke）。

纪，它的世系至少来自两个仅在有时互相联合而本质上分离的祖先。其一是兄弟会的延续，它是中世纪基督徒的反教士团体，其历史仅见于中世纪教会的宗教裁判官的记录中，它们虽以不同的名称出现，但普遍认为它们一致推崇圣经和接受使徒信经。[①] 其二是它植根于频频发生的贫民暴动之中——农村的农民和城市下层反抗富有者的斗争，这是中世纪后期的时代特色。[②]

就尼德兰而言，城市民众的骚乱远比农村更为常见。城市贵族通常把持了市政大权；但当剧烈的反抗发生时，政府的所有司法、财政以及其他职权都会在民众的骚乱中脱离他们之手。这样，在 16 世纪上半期，尼德兰城市的实际掌权者多是在其行业组织中强大起来的工匠们。他们谙悉自己的权力，并且善于利用它。其
236 骚动不安的先辈们的血统遗传给了他们——他们能够暂时忍耐，但是当他们被残酷的压迫激怒时，他们就习惯于自我保护，并且以牙还牙。人们自然会发现，在佛兰德和荷兰城市的工匠中间存在着以下因素的奇妙混合：追求他们所信仰的真理而表现出来的崇高的自我牺牲精神，偶尔在歇斯底里的举动中爆发出来的殉道者式的不可思议的兴奋，以及不顾一切困难保卫自己的习惯。

就我们所知，最早的再洗礼派殉道者是简·瓦伦和另外两个瓦特兰德人。1527 年他们在海牙被用极其残忍的方式处以死刑。他们不是被活活烧死，而是被绑在离烈火有一定距离的刑架上慢慢地灼烤而死。这种十分可怕的刑罚似乎是专为再洗礼派殉道者准备的。1532

① Cf. below, pp. 432 f.

② Cf. i. 96 ff.

年这种刑罚在哈连姆再次使用：一个妇女被淹死，而她的丈夫和另外两个人被活活烤死。大约在1530年，简·沃尔克兹在阿姆斯特丹建立了一个庞大的再洗礼派会众组织，以至于引起了当权者的注意。该市的警察头子奉命逮捕他们。沃尔克兹自首。绝大部分被告及时地接受了这位警察头子妻子的警告。有九人在睡梦中被逮捕。他们和其牧师一起被押到海牙并依据皇帝的明谕斩首示众。皇帝还指示把他们的头颅送到阿姆斯特丹，将其悬挂在围成一圈的杆子上，沃尔克兹的头颅居中。这一可怕的展示如此布置，以至于从进出港口的船上都能看到。所有这些殉道者以及其他很多记录在案的殉道者都是梅尔基奥尔·霍夫曼的追随者。霍夫曼的主张反映了中世纪晚期"兄弟会"的观点，因此他们被称作老福音派。他在一份送往埃姆登的协助在那里创建再洗礼派的会众组织的指示中说：

> "在上帝的团体中除基督外别无首领。没有其他的人能为 237
> 世人所接受。因为它是一个兄弟姐妹间的团体。除基督外教师在精神上不受任何人控制。教师和牧师不是领主。牧师除宣讲上帝之道和惩戒罪恶之外别无权力。主教必须由其团体选举产生。凡是以这种方式选拔牧师的团体，领导权就应交给牧师和他的执事，团体应适当地赡养那些帮助建立主之居所的人。当教师也以这样的方式确定时，就不用担心团体会遭受精神的饥渴了，一个真诚的布道家乐意看到整个团体的繁荣。"

但是极其残暴的迫害一直以其惯常的方式来对付尼德兰的再洗礼派。他们被绑在刑架上遭受拷打、鞭笞，被监禁在地牢里，被文火慢慢灼烤而死。他们目睹自己的妻子被活埋，被淹死，被强行塞进比她们的身体小得多的棺材里以至于她们的肋骨被折断，身体的其他部分由行刑者用脚踩进棺材。那些立场坚定的人有时也会采取歇斯底里的暴行；他们的领导者开始宣讲消极抵抗之外的其他教义；不着边际的天启显圣情形得到报告和信仰：这令人奇怪吗？

1533 年，梅尔基奥尔·霍夫曼被监禁在斯特拉斯堡，一个新的领导者在尼德兰出现了——哈连姆的面包师简·马瑟斯。在他的领导下，强有力的宣传在荷兰各城市展开，争取到成百上千的信徒。(1534 年)2 月的一天中就有 100 人接受了第二次洗礼；3 月底前夕，据报告称，蒙尼肯丹三分之二的居民是再洗礼派；许多较大的荷兰人城市都有类似现象。达文特、兹沃勒、坎平的居民几乎全是再洗礼派。政府竭尽全力扑灭这一运动。军队分成 15 或 20 人一组，在城郊附近巡逻，深更半夜去查房，把男女居民强行押去监禁，直到所有土牢被再洗礼派塞满为止。

238 遭受迫害者试图离开这个国家前往那些更为好客的能够让他们按照他们良心指导的方式崇拜上帝的地方去。东弗里斯兰曾经是一个天堂，但现在已不再是这样了。明斯特提供了一个避难所，航船得到特许，——有 30 艘船——和遭受迫害的人民打算绕过弗里斯兰北部，在埃姆斯河登陆，由陆路前往明斯特。① 皇帝的船队

① 有关低地国家再洗礼派的部分参考资料能从 *Letters and Papers, Foreign and Domestic, of the Reign of Henry Ⅷ* 中找到。哈克特给克伦威尔的信中称："各个地方都受到了这一新兴的'再洗礼派'的影响"，vii. p. 136。他谈到了移民们的船只(pp. 165，166)，他说他们得到了极度的同情，以致征集士兵去打击他们都成问题；摄政送去 1 万杜卡特以协助明斯特主教截击他们(p. 167)；亨利八世为报复教皇拒绝他的离婚请求而给明斯特的再洗礼派送去金钱的不负责任的传闻也曾流行(p. 185)。

只截住了小船队，其中五艘连同船上的所有移民被击沉，其余的船只被迫返航。在船上发现的领导者被斩首，他们的头颅被挂在杆上警告其他人。盖尔德兰和荷兰的数百人试图从陆路逃亡。他们把一些破旧家当和衣物堆在马车上；一些人骑着马，大多数人步行，妇女和孩子们，诚如我们所愿，偶尔能乘坐一下马车。士兵们奉命追击他们。领导人被斩首，绝大部分男子被监禁，妇女和孩子被遣回他们原来居住的城市和乡村。

后来，再洗礼派在用尽了一切消极抵抗的办法后，才开始奋起反抗。他们希图夺占一个再洗礼派已经占多数的城市作避难所。拥有众多同情者的达文特是他们的第一个目标。密谋泄露后，市长的儿子、谋反者之一威勒姆被逮捕，他和两个共谋者一起在广场被斩首（1534 年 12 月 25 日）。再洗礼派的第二次密谋发生在莱
登。据说他们密谋焚毁这座城市。地方官员闻讯后，下令停下城 239
内的大钟，从而挫败了暴动者。15 个男子和 5 个妇女被逮捕；男子被斩首，妇女被淹死（1535 年 1 月）。第二个月（1535 年 2 月 28 日），简·范·吉伦率领 300 名避难者经过弗里斯兰时被追兵赶上，这一小队人挖沟壕掩护自己，顽强地战斗了数天，直到几乎全部被杀。幸存者几乎全部被抓获并处以死刑，男子用剑杀死，妇女溺死。100 名士兵在进攻中丧生。几个月后（1535 年 5 月），再洗礼派又密谋夺占阿姆斯特丹。这次密谋由弗里斯兰冲突中的唯一幸存者范·吉伦策划。他和同伴夺占了市政厅，并以此反击城市的军队，直到敌人拉来大炮摧毁他们的防御工事。

同年（1535 年）初发生的一起事件表明在宗教迫害的形势下，歇斯底里的狂热是如何攫住这些贫苦百姓的。对这件事的记录是

各种各样的。据布兰特记载，七个男子和五名妇女脱下他们的衣服，他们说他们这样就道出了赤裸裸的事实真相，他们跑过阿姆斯特丹的大街，高叫着呵！呵！呵！上帝的天罚！他们被逮捕并以惯常的方式处决。为他们提供聚会场所的女房东被吊在自家的大门上。

暴动为最为残酷的迫害提供了口实。再洗礼派被清查出来，遭受折磨并被杀害，当局不作任何努力来区分这些人到底是否参与了暴动。据说在查理五世统治时期尼德兰有 3 万多人被处以死刑。许多被害者同再洗礼教无论如何没有关系；他们是路德和加尔文的温和的追随者。当局在通告中把他们区分开了，但在施行迫害时却没有把他们区分开。

240

第四节　西班牙的菲利普与尼德兰

对查理强加给尼德兰的外交和宗教政策所引起的长期的财政剥削和残酷的宗教迫害，尼德兰究竟能忍受多长时间是很难说清的。这个国家的人民狂热地敬慕他，他对他们也是这样。查理在他们当中出生并在他们中间长大成人。他们的语言，法语和佛兰德语是他唯一能运用自如的语言。他在成为西班牙国王以前以及在应召继承帝位很久之前就已是尼德兰的统治者了。当他决心实施其酝酿已久的退位计划以支持他的儿子菲利普时，他来到了尼德兰。尼德兰的贵族和人民以几乎不下于皇帝在其结结巴巴的演说中表现出来的激情目睹了这一场面。

典礼在布鲁塞尔王宫大厅里举行(1555 年 10 月 25 日)，17 省的代表出席了典礼。匈牙利的孀居王后，统治尼德兰达25年之久的玛丽也亲眼目睹了这一即将结束她的统治的场面。将破坏他父亲和姑母孜孜不倦地策划并实施的巩固大业的菲利普也出席了。他应召抛开他毫无兴趣的吃烤牛肉和饮英国浅色啤酒的任务，以及对其较长的配偶表现亲昵之态的尴尬，前来安抚英吉利海峡对岸的自己的新臣民。因劳顿而非岁月流逝衰老的皇帝紧靠在他宠爱的侍从和忠实的谋臣、年轻的奥兰治亲王威廉身上进入大厅，而威廉日后成了反对菲利普统治的反叛领袖和新教国家联省共和国的缔造者。

尼德兰的新主时年28岁。从外貌上看他和其父亲一样是一个德国人，但从语言上看他却是西班牙人。他没有一点像他父亲那样的表面的慈善，并且从来不会屈尊去赢得他人的支持。但菲利普二世很像查理五世，尽管很多历史学家似乎不愿意承认这一 241
点。两人工作起来都慢条斯理，很有耐心——不过儿子性子更慢；同样都对所有的人抱着犬儒主义式的不信任态度；同样坚信上帝选择了哈布斯堡家族的领袖指导国家和教会的一切事务，而不管什么国王和教皇——只不过在儿子身上它变成了一种令人阴暗的不可思议的自信而已；同样都对人民的疾苦漠不关心，完全无力弄清强大的宗教信仰的力量。菲利普是其父亲的低劣的翻版，他承袭了父亲的思想，奉行了同样的政策，使用了相同的手段，但是因为如下状况而遇到障碍；他不是独自创造而是继承了这两个方面，并且继承了随之而来的麻烦。

菲利普二世在尼德兰耗费了他在位期间的最初4年，在短暂的亲临统治期间，他的政策促成了所有更为重要的最终导致革命的不满的根源。然而他的政策和他父亲的政策是相同的，他的手

段也和其父的手段没有差别。至少在一个方面是如此:查理五世也从来没有顾惜尼德兰。这个国家不得不承受其外交政策所造成的代价,而其庞大的领地的其他部分却没有被要求这样做,查理从尼德兰榨取了前所未有的巨额财富。

当菲利普召集三级会议(1556 年 3 月 12 日)并要求他们筹集一笔巨额补助金(130 万佛罗林)时,他仅仅步了其父亲的后尘,而那时正在筹集消灭其父亲遗留给他的巨额财政赤字的资金。这难道是尼德兰人民已决心结束为直到今天仍与他们很少有联系的外交政策付出代价的做法吗?或者是因为他们不能容忍这位不能用他们自己的语言对他们说话的年轻的西班牙人吗?要是查理,也会和菲利普一样遭到拒绝吗?谁说得清楚呢?

当菲利普从罗马教皇保罗四世那里获得了在尼德兰创立领地
242 主教区的训令时,他仅仅实施了他父亲早在 1522 年制订的计划,并且这一计划要不是阿德里安六世短暂的任职期早就会于 1524 年在没有任何公众反对的情况下毫无疑问地实施了。查理的计划打算设立 6 个主教区,而菲利普是 14 个;这是他们唯一的不同之处。从教会的角度来看,菲利普的计划可能更好一些。那为什么在 1557 年这一变革就激起了强烈的反对了呢?大多数历史学家似乎认为假如查理继续在位,尼德兰的怨言就会少一些。事实一定如此吗?人民害怕建立主教区,因为他们惧怕和憎恨侵害他们的地方法律、权利和特权的宗教裁判所;查理被迫修正了 1549 年的反对异端"诏令",因为各城市和行政区都强烈反对它。在最初的几年里,菲利普并没有改动他父亲的反对异端的法令。他满足于重申 1549 年拟定的因公众反对于 1550 年被迫修正的"诏令"。

菲利普的性格无疑为尼德兰的臣民所厌恶；但是绝不能肯定地认为假如查理继续执政，尼德兰就不会发生全面反对其财政、教区和宗教政策的反叛。摄政玛丽发现她的统治愈来愈难。在查理退位的几周前，当皇帝希望其妹妹继续摄政时，她写信给他：

> “我即使作为一个私人居民也不能生活在这些人中间，因为这意味着我不可能对上帝和我的君主尽责。至于说统治他们，愿上帝作证，这一任务对我来说如此令人生厌，以至于我宁愿靠劳动来赚取我每天需要的面包，也不愿为此努力。”

1559 年（8 月 26 日），菲利普离开尼德兰，此后再也没有回去过。他选择了他的同父异母姐姐、查理五世的私生女、帕尔玛的玛格丽特为摄政。玛格丽特生长在尼德兰；她熟悉那里的语言，她长期不在故国以致她本人既不倾向于任何政策，同任何一派的领袖也都不熟。 243

摄政的权力名义上很广，但实际上受到了秘密机关的限制。[①]她被命令一丝不苟地执行反异端法令；服从三个委员会的建议，这就将她置于由菲利普提拔为这些委员会之主席的三个人的监督之下。国务委员会是最为重要的机构，被委以管理国家内政外交事务的重任。它由 5 人组成：阿拉斯主教（安托万·佩罗内·德·格兰

---

① 比利时王家学会已出版了（Brussels，1877—1896）*Correspondance du Cardinal de Granvelle* in 12 volumes，而且在 *Collection de documents inêdits sur l'Histoire de France* 中包括 *Papiers d'État du Cardinal de Granvelle* in 9 volumes，由 C. Weiss（Paris，1841—1852）编辑出版。这些书籍透露了尼德兰革命的秘史。在 *Papiers d'État* 中有关革命的文献从第 5 卷第 588 页开始，它们表明了真正的首恶分子菲利普二世是如何极力主张把根绝异端作为其政府从事的最为重要的工作的。参看 *Papiers d'État*，v. 591.

维尔,即后来的红衣主教格兰维尔),[①]巴勒蒙特男爵是财政委员会主席;来自弗里斯兰的学识渊博的律师维吉留斯·范·艾塔,他是"一个个子矮小、生气勃勃的人,并伴以长长的黄头发、目光炯炯有神的绿眼睛、肥硕的玫瑰色面庞和飘垂的髯须,"是枢密委员会主席并控制了立法和司法管理权;两个尼德兰贵族埃格蒙特伯爵、加夫尔亲王拉穆拉尔,以及奥兰治亲王威廉。两位贵族很少被征询意见甚至很少被邀请出席会议。由菲利普的心腹三个主席组成顾问团,这是强加给摄政的机密顾问团体;没有他们的建议任何事情都无法进行。在这三个人中间,阿拉斯主教(红衣主教格兰维尔)是最重要的人
244 物,政府实际上由其主子置于他的手中。顾问团的幕后操纵者是菲利普本人,他在马德里的埃斯科里尔的办公室里发布命令,压制任何以温和人道的方式对待人民的倾向,将所有明智的宽容建议置于一旁,坚持他的冷血政策要贯彻到最令人生厌的细枝末节。直到格兰维尔的国务文件和书信集出版时,世人才知道阿拉斯主教如何被历史误解,他是如何毫无益处地苦谏他的主子,他是如何被迫执行与他本人意愿相悖的血腥镇压政策,菲利普是如何逼迫他承受他自己罪恶行为的等事实。书信也披露了菲利普个人应当秘密收到了令人惊奇的详尽的信息,因为他能向摄政和主教送去大量因其宗教观念而由他下令处决的普通人的姓名、年龄、外貌特征、职业和住所等方面的材料。[②]

① "作为国王的菲利普第一次公开露面就是主持一次西班牙到当时为止最为辉煌的火刑式(巴利亚多利亚,1559 年 10 月 18 日)试图以此确定他的统治基调"。*Cambridge Modern History*, iii. 482. 这是对 16 世纪罗马天主教的唯一评论,它把烧死大量的人类同类称作"信仰行为"。

② *Papiers d'État du Gardinal de Granvelle*, v. pp. 558, 591.

看来没有残酷的迫害可能阻止宗教改革的扩展。[①]

政府——玛格丽特及其顾问团——不仅严重地冒犯了尼德兰人民,而且也冒犯了尼德兰贵族。贵族目睹他们的效劳和地位被视为毫无意义的东西,人民惊恐地发现国家的地方特许权和特权——菲利普继位时曾宣誓保护的特许权和权利——完全被忽略了。各个阶层在默默的反抗中逐渐团结起来,奥兰治亲王和埃格蒙特伯爵几乎不知不觉地变成了领袖。

他们不满意自己在国务委员会中的地位;他们没有真正参与过这些事务;信件也没有交给他们,他们仅仅知晓格兰维尔经过选 245
择后告诉他们的情况。他们的第一次公开行动是辞去他们在驻扎在尼德兰的西班牙军队中的职位;他们的第二次公开行动是给国王写信,请求国王免去他们在国务委员会中的职务,并告知国王很多重大事务在他们根本不知道或不赞同的情况下就被处理了,在这种情况下,他们已无法认真负责地继续履行自己的职责了。[②]

他们的反对集中在三件互相关联的事情上:西班牙军队驻扎在尼德兰,执行反对异端的诏令时所施的暴行,依据教皇保罗四世的训令以及庇护四世在1560年(1月)重申的训令设置新主教区。共同斗争的原因在于各省的特许权和特权遭到侵害,这是这些措施的必然结果,以及国王违背其继位时的誓言。

菲利普曾一本正经地许诺在他离开尼德兰后三到四个月内撤走西班牙军队。西班牙军队却滞留了14个月,整个国家都强烈反

① Gachard, *Correspondance de Guillaume le Taciturne*(摄政给菲利普二世的信), i. 382—386.

② Gachard, *Correspondance de Guillaume le Taciturne*, etc. ii. 42 *f.*, 106—110, 170.

对因军队驻留而出现的抢劫和掠夺。西兰人民宣称他们宁愿看到海水吞没他们的国土——宁愿男人、妇女和孩子都淹没在波涛之中——也不愿长期忍受这些雇佣军强加给他们的暴行。他们拒绝修补堤坝。奥兰治的威廉把这些军队的出现看作是其国家地位的下降。[①] 在菲利普离开尼德兰前夕举行的三级会议上，他呼吁议
246 会把撤走军队作为批准财政援助的条件，结果激起了菲利普的恼怒。他现在道出了全体尼德兰人民的心声，其如此强烈，以致格兰维尔强烈请求国王批准军队撤走；最后他和摄政在没有等到命令的情况下就让军队撤回马德里了。

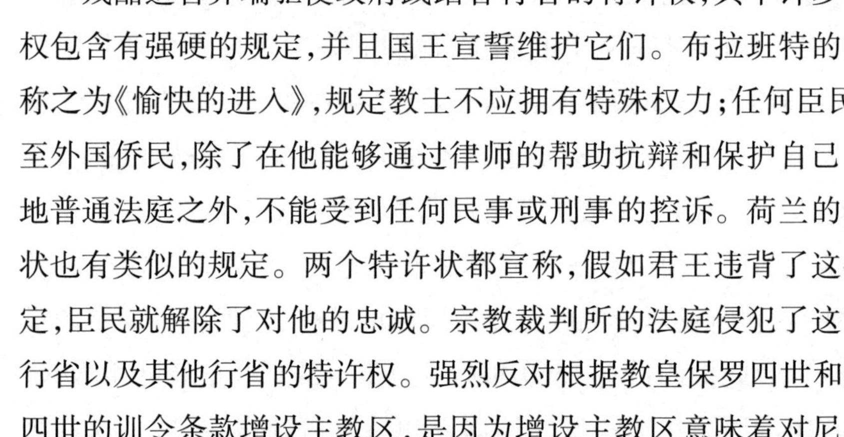

残酷迫害异端驱使政府践踏各行省的特许权，其中许多特许权包含有强硬的规定，并且国王宣誓维护它们。布拉班特的宪法称之为《愉快的进入》，规定教士不应拥有特殊权力；任何臣民，甚至外国侨民，除了在他能够通过律师的帮助抗辩和保护自己的本地普通法庭之外，不能受到任何民事或刑事的控诉。荷兰的特许状也有类似的规定。两个特许状都宣称，假如君王违背了这些规定，臣民就解除了对他的忠诚。宗教裁判所的法庭侵犯了这两个行省以及其他行省的特许权。强烈反对根据教皇保罗四世和庇护四世的训令条款增设主教区，是因为增设主教区意味着对尼德兰特许权更为严重的破坏。譬如，教皇的训令规定主教将任命九个教士团成员。教士团成员将在各种宗教审判中协助主教，而且其中至少有一人充任肃清和镇压异端的宗教裁判官。这显然是它最

① 早在1555年12月29日威廉给菲利普的信中就谈到了西班牙军队的暴行，Gachard, *Correspondance de Guillaume le Taciturne* i. 282，以及因此激起尼德兰人民的愤怒（同上书，i. 291）。

能吸引菲利普二世的地方。他希望有一个根绝异端的机构。他知道宗教改革在尼德兰，特别是在大的商业城市取得了巨大进步。他在给教皇的信中说："我宁愿失去整个国家和一百条生命，如果我有的话，也不愿成为异端的君主。"

反对最初满足于抗议格兰维尔的地位和统治，以及要求撤办
他。菲利普最终做出了令自己极不愉快的罢免其大臣的决定，但 247
菲利普这样做更甚于他惯常的口是心非。贵族又回到了国务委员会，摄政也假装接受他们的忠告。但是他们不久就发现撤走令人憎恨的大臣并没有使菲利普的政策有任何变化。

摄政向他们宣读了一封菲利普命令在尼德兰颁布和执行特兰托宗教公会议教令的来信。[1] 贵族强烈抗议，因为这意味着更进一步地侵害各行省的特权。经过长时间的商议后，决定派埃格蒙特伯爵前往马德里向国王陈述国务委员会的意见。在陈情书交付给特使的前夕又重新进行了辩论。由主席维吉留斯提出的辩护意见是毫无特色的。然后沉默者威廉发言。他的演说较长，他压抑着满腔的对那些遭受迫害的同胞的热切的同情，给人以非常深刻的印象。布兰特是这样描述的；

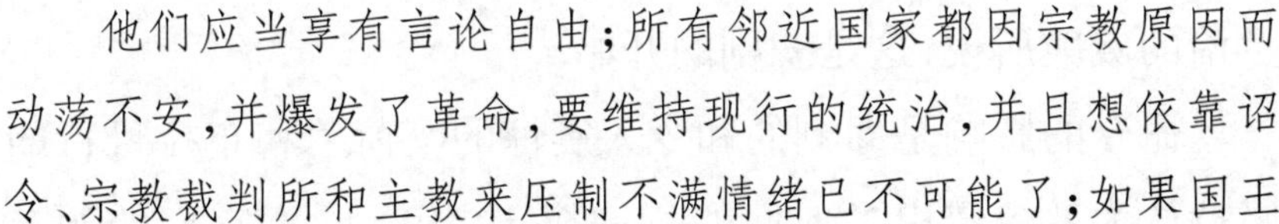

他们应当享有言论自由；所有邻近国家都因宗教原因而动荡不安，并爆发了革命，要维持现行的统治，并且想依靠诏令、宗教裁判所和主教来压制不满情绪已不可能了；如果国王

① 威廉在给摄政的一封信（1566 年 3 月 16 日）中宣称他强烈反对的菲利普的政策的核心是：三十人议事会的保留，偏袒宗教裁判官或他们的机构，还有肆无忌惮地执行那些诏令。*Correspondance*, etc. ii. 129.

> 打算在离德国如此之近的尼德兰各省推行特兰托宗教会议教令，那他就打错算盘了。因为在德国，所有诸侯，无论罗马天主教诸侯还是新教诸侯都正当地拒绝接受他们；最好是陛下能像其他被迫而为的诸侯那样宽容这些事情，废除或者减轻诏令中规定的惩罚；尽管他自己决定坚守天主教，但是他决不同意君主控制人们的灵魂，或者剥夺他们的信仰和宗教自由。①

248 因此交给埃格蒙特的陈情书是正式的和直言不讳的。

埃格蒙特伯爵悠然起程前往马德里，得到菲利普的友好接见，并且是在完全被欺骗，也可能是自欺欺人的情况下离开马德里的，完全没有弄清国王的意图。当他带回的密信在国务委员会上开封和宣读时，他才猛醒悟。该信没有宣布政策的任何实质性改变，至于镇压异端，国王的决心依然如故。（1565年11月5日）给摄政的信更加固执。菲利普不想扩大尼德兰国务委员会的权力；他断然拒绝召开三级会议；他下令在17省的每一个城市和乡村立即颁布和执行特兰托宗教会议教令。特兰托的教令是以他的名义而不是以教皇的名义颁布：这是他的家族的实实在在的政策。正如奥兰治的威廉所说，这是悲剧的开始。

命令的影响是即刻的和令人震惊的。荷兰和布拉班特的法庭坚持认为教令侵犯了他们的特许权，并拒不同意它们的颁布。省督和地方官员宣称他们宁愿辞职，也不愿执行强迫他们去烧死6

① Brandt, *The History of the Reformation*, etc. i. 150.

万多同胞的法规。贸易中断了;工业萧条了;阴影笼罩着大地。热切呼吁人民结束暴政的小册子到处传阅。其中一册采用了给国王公开信的形式,它写道:

> “我们准备为福音而死,但是在福音中看到:‘恺撒的物当归给恺撒,上帝的物当归给上帝。’我们感谢上帝,甚至我们的敌人也不得不证明我们是虔诚和清白无罪的,因为常言道:‘他并不立誓,因为他是新教徒。他不是一个不道德的人,也不是酒鬼,因为他属于新的派别’;然而我们要遭受每一种为折磨我们而能够发明的刑罚。”①

1566 年就出现了新的联合反对菲利普统治尼德兰的政策的 249
苗头。布尔日的一个贵族出身的法国年轻人弗朗西斯·迪·乔恩为成为牧师求学于日内瓦,并被派往尼德兰作布道士,在那里,他的学识和辩才给上层社会的年轻人留下了深刻的印象。他的生命经常处于危险之中,他不得不秘密地从一个同情者的住所逃到另一个同情者的家中。在年轻的帕尔玛的亚历山大和葡萄牙的玛丽亚的婚礼庆典期间,他被隐藏在布鲁塞尔的卡伦伯格伯爵家中。婚宴那天,他向 20 名年轻贵族宣道并和他们一起祷告。在这里以及后来在其他地方举行的集会上决定组建贵族同盟,他们都同意团结起来,支持在一份认真拟定的称为《和解协定》的宣言中确定的原则。它主要反对宗教裁判所,称其为违背了所有律法,不论是

① Brandt, *The History of the Reformation*, etc. i. 160.

神法还是人法。多份宣言不断传阅,不久就在低级贵族和乡绅中争取到了2千多名签名者,许多富裕市民也签了名,该同盟的核心人物是奥兰治亲王的弟弟、信仰路德教的拿骚的路易,圣奥尔德贡的领主、加尔文教徒菲利普·德·马尼克斯,罗马天主教徒布雷德诺德子爵亨利。同盟宣称他们是忠实的臣民;但是发誓如果他们中间任何一个人受到攻击时,他们将互相保护。

同盟者秘密在布雷达和洪格斯垂登召开会议(1566年3月),并决定向摄政递交请愿书,请求她劝告国王取消诏令和宗教裁判所,在知晓国王的意图之前,摄政应中止它们的活动;召集三级会议商讨其他危害该国的法令。3月28日,摄政召开了知名人士会
250 议,并决定呈献请愿书。作为议会反对派领袖的大贵族非常担心同盟和《和解协定》,并且在呈交请愿书的问题上出现了一些争论。巴勒蒙特男爵走得更远,甚至主张在接见大厅中屠杀请愿者;但是较为明智的议员获得了优势。同盟者会集在一起,——200名年轻贵族,——在人民的欢呼声中,从大街上前往王宫呈交请愿书。[①] 规模宏大的抗议使摄政多少有些沮丧,但是巴勒蒙特用这样一句名言来安慰她:"夫人,难道您还害怕这些乞丐(*ces gueux*)吗?"请愿代表被花言巧语打发走了,并获得了一个承诺:虽然摄政无权取消诏令和宗教裁判所,但可以采取一些缓和措施,直到知晓国王的意图为止。

在离开布鲁塞尔之前,300名同盟者聚集在卡伦伯格伯爵府中举行宴会庆祝他们的同盟,布雷德诺德子爵主持宴会,在宴会中他

① Gachard, *Correspondance de Guillaume le Taciturne*, ii. 434 *ff*.

请大家记住巴勒蒙特的话："他们称我们为乞丐"，他说，"我们接受这一称号，我们发誓反对宗教裁判所，并忠于国王和乞丐的饭囊。"然后他拿出乞丐的皮革饭囊，用带子挂在肩上，并用乞丐的木碗为他们事业的兴旺干杯。乞丐的称号和标志被愉快地接受了，并远远传出了同盟范围。[①] 每个地方的市民、律师、农民和贵族都带上了乞丐的饭囊。同盟贵族的徽章最初是用蜡印在木杯上，后来是金 251
质或银质的，徽章一面雕有国王的肖像，另一面刻有紧紧握在一起的双手和标有一句"忠于国王直到背上乞丐饭囊"的箴言的讨饭袋。

所有这些事件都由摄政向菲利普作了如实的汇报，她恳求国王要么同意她缓和诏令和宗教裁判所，要么亲自来尼德兰。国王答应来尼德兰，并准许她在镇压异端方面有一些自行裁决权。

同时人民受到了成功或者说表面上的成功的巨大鼓舞，他们关注着同盟者的努力。流亡者纷纷从法国、德国和瑞士回到家乡。大批改革派传教士来到了尼德兰。旷野布道集会遍及全国各地。男人们武装赴会，设置了哨兵，妇女和孩子被安置在方阵中间，聆听被革除教籍的牧师进行的祈祷。他们聆听诵经并用自己的语言尽情地祈祷。他们用法语、佛兰德语和荷兰语唱圣歌和赞美诗。与会者人数众多，哨兵非常谨慎，人们武装得很好，以致士兵们都不敢擅自驱散他们。最初，集会于夜间在树林中或荒无人烟的地方举行，但是宽容使他们的胆量更大了。

---

① 他们在用餐时唱道："这块面包，这些盐和这些饼干，这些乞丐们不会为了任何东西来交换。"奥兰治的威廉给摄政写信道，他在安特卫普被群众包围，他们高叫着"乞丐万岁"。(*Correspondance*, ii. 136, etc.)

> “(1566 年)7 月 23 日,改革派在离根特不远的大草坪上聚集了许多人。他们在那里建立了营地,用马车连成了防御工事,在各个路口设置了哨兵。一些人带着长矛、斧头,另一些人拿着枪。在他们的面前则是拿着禁书的小贩,他们把书卖给前来聚会的人。他们在沿途布置人,以邀请人们参加布道会并为他们指明路径。他们用木板制作了讲道坛,并把它放在马车上,让牧师在上面布道,当集会结束时,所有会众都唱着各种圣歌,他们从附近的水井或小溪提水为一个孩子施
> 252 洗礼。他们在这里度过两天后转移到顿森,然后再到布尔日附近的埃克洛,就这样走遍了西佛兰德”。①

改革派的胆量越来越大,进而在大城市或近郊周围举行集会。成群结队的人唱着克莱芒·马罗、贝泽的法译圣歌或者彼得·达腾努斯的荷译圣歌在大街上游行。摄政颁布了一个新的反对布道家和集会的布告也毫不起作用。人们对它毫不理睬。在安特卫普,大批武装改革派无视担心在大街上发生冲突的地方官员,拥去参加布道会。在这危急时刻,摄政求助于奥兰治的威廉。威廉好不容易才平息了骚动并安排了和解。加尔文派答应只要允许他们在城郊(尽管不在城内)自由地从事宗教活动就解除武装。②

同盟者在成功的鼓舞下认为可以采取进一步的行动。(1566

---

① Brandt's *History of the Reformation ... in the Low Countries* (London, 1720), i. 172.

② Gachard, *Correspondance de Guillaume le Taciturne*, ii. 136 *ff*.

年 7 月)在列日主教区境内的圣特隆召开了一次大型会议,与会者近两千人。领导者是拿骚的路易。他们决定再次向摄政派出一个代表团,并选择了 12 人去呈送他们的请求。这些被当时的朝臣嘲讽地称作“十二使徒”的人,宣称迫害并没有像允诺的那样得到缓解,并公开威胁如果不采取补救措施,他们就可能被迫求助于外国援助。威胁激怒了摄政,但她孤立无援,她只能强调她已经向国王作了说明,派遣两位大员向国王汇报尼德兰的情况了。

这些事件好像给国王菲利普留下了一些印象。(1566 年 7 月
31 日)摄政收到了一封快信,信中说他准备撤除尼德兰的教皇式 253
的宗教裁判所,并说他将确定什么样的宽容是和维护天主教一致
的;他仅仅不赞成召开三级会议。

得到这一消息后,尼德兰人兴高采烈地欢庆他们的胜利。除奥兰治亲王外的每一个人可能都或多或少地被菲利普的口是心非蒙骗了。在希曼卡斯档案公开了他们的秘密后,其中之奥妙才为世人所知。档案表明国王在 8 月 9 日签署了一份文件,它宣称谅解的允诺是用武力胁迫从他那里获得的,因此他不打算信守它。8 月 12 日,他在给教皇的信中声称他宣布撤销宗教裁判所只不过是个障眼法。威廉仅仅知道国王正在征集军队,他因同盟者使他陷入痛苦的尴尬局面而责难尼德兰的大贵族。

在菲利普的真实意图暴露很久之前,一系列破坏圣像活动不仅给国王提供了他急需的借口,而且对低地国家宗教改革事业的危害远远超过了查理及其儿子统治时期的所有迫害对其的危害。这些骚乱事件的起源不太清楚,根据从各方面搜集资料的布兰特的记述来看:

“始作俑者……是少数最令人讨厌的暴民，没有人知道由谁唆使。他们的武器是棒棍、斧头、榔头、梯子、绳子以及其他一些更适合破坏而非战斗用的工具；少量的人带着枪和剑。他们首先捣毁竖立在全国各条大道上的十字架和圣像，然后转移到乡村；最后来到城市和市镇之中。他们发现所有修道院、大小教堂都紧闭大门，他们强迫打开大门，砸碎、撕毁和捣坏了他们看到的所有圣像、圣画、神龛和其他圣物，而且有些人毫不犹豫地捣毁图书馆，毁坏书籍、手稿和著作，甚至捣毁教堂或其庭院中的死尸”。①

254 据各种报告称，（1566 年 8 月 14 日）这场瘟疫——因为其疯狂程度就像得了病——首先发生在圣奥麦尔，然后在伊普尔，并迅速扩展到其他城市。破坏圣像运动在安特卫普达到了高潮（1566 年 8 月 16—17 日），当时暴民们洗劫一个大教堂并捣毁其中部分珍贵物品。② 一个目击者称大教堂里的暴徒约有百名男女及小孩，均是社会渣滓，由 10 或 12 人组成的小股人马捣毁了其他教堂。

这些暴行在尼德兰无论是对当时还是对以后的宗教改革运动都造成了灾难性的影响。它们立即激怒了较为宽容的那部分天主教徒和摄政；他们开始了逐渐以新教北方脱离天主教南方而告终的分裂。摄政感到她现在有理由在实际上取消她曾允诺改革派的

① Brandt, *History of the Reformation*, etc. i. 191.

② 至于发生在安特卫普的这一次和更早的骚乱，参看 *Correspondance de Philip II.*, etc. i. 321, 327, 379.

各种特权，并征募德国和瓦隆军队来威慑新教徒。军队的出现激怒了部分加尔文教贵族，约翰·德·马尼克斯，圣阿尔德贡德之兄，为了把瓦尔切恩岛变成其遭受迫害之教友们的避难所而试图夺占它。但他没有成功；战斗发生在离安特卫普不远的地方，在战斗中德·马尼克斯被击溃并惨遭杀害（1567 年 3 月 13 日）。

第五节　奥兰治的威廉

与此同时，奥兰治的威廉得出了这样的结论：菲利普正在策划用西班牙军队来镇压低地国家的权利和自由，并坚信曾经领导限于法制以内的反对派的大贵族一定会首先遭到打击。他先后在登德尔蒙德（1566 年 10 月 3 日）和威勒布鲁克（1567 年 4 月 2 日）会 255
见了埃格蒙特和霍恩，竭力劝诫他们相信：摆在他们面前的唯一出路就是武力反抗。但是他的建议毫无成效，威廉伤心地决定他必须离开尼德兰，退却到他的德国领地上去。

他的预见太正确了。菲利普已决定派遣阿尔瓦公爵远征尼德兰。9000 名富有战斗经验的西班牙步兵和 1300 名意大利骑兵从伦巴底和那不勒斯的驻军中征集起来。阿尔瓦开始了一次长距离的、艰难地翻越塞尼峰和横跨佛朗什—孔泰、洛林和卢森堡的行军。威廉正好及时逃走了。当阿尔瓦公爵到达布鲁塞尔并向国务委员会呈递国书时，人们才发现国王授予了他如此广泛的权力以致玛格丽特仅是名义上的摄政了。他的最初行动之一就是逮捕埃格蒙特和霍恩及其私人秘书，监禁安特卫普市市长、奥兰治亲王的忠实朋友安东尼·范·斯特拉伦。同时进行了一系列其他的搜捕

活动；正在搜捕罪犯的阿尔瓦建立了一种协助处置罪犯的机构。

阿尔瓦在他的意愿的驱使下创建了一个其决定凌驾于尼德兰任何法庭之上的司法机构。它不对任何机构，甚至不对国务委员会负责。它被称作除暴委员会，但它最为人熟知的流行名称是血腥法庭。它由 12 名成员组成；其中包括巴勒蒙特和一些最为残暴的尼德兰罗马天主教徒；但是只有胡安·德·瓦尔加斯和德尔·里奥两个西班牙人可以提出议案和影响其决议。德尔·里奥是无足轻重的人物；但是瓦尔加斯是非常残暴的实权人物——一个声名狼藉的人物，其杀戮同胞的嗜好与其糟踏拉丁语的秉性一样臭
256 名昭著！他凭借自己的起诉把尼德兰人民置于政府的刽子手的控制之下：*Hoeretici fraxerunt templa, boni nihil faxerunt contra; ergo debent omnes patibulare*；他所说的意思是，异端已经砸开了教堂，正统派却无力阻止他们；因此他们全都应吊死在一起。为了使这项工作全面展开，阿尔瓦保留了所有的最后决定权。他写信给国王称："法官仅仅宣判已被证实犯罪的人，不过陛下您知道国家事务是要用极不同于他们在这里使用的法律原则来处理的。"

这一残酷的法庭在设立之初确定了叛国罪的定义，并规定其处罚为死刑。这一定义又发展为 18 条，并宣布这就是叛国行为——呈递或签署任何反对新主教区、宗教裁判所或反异端诏令和布告的请愿书；无论任何情况，容许公开布道；疏于抵制破坏圣像、或旷野布道或呈递请愿书；妄称国王无权废除各行省的特许权；认为除暴委员会无权废弃尼德兰的一切法律和特权。所有这些行为都是叛国，都应处以死刑。证据是不需要的，所必需的是合理的怀疑，或者阿尔瓦公爵认为是这样。委员会不久就开始工作

了。它派遣特派员到全国各地——城镇、乡村、教区——搜捕任何可能被怀疑做出可包括在其叛国罪定义内的行为之人。邀请或收买告密者告密；很快各种揭发材料和证据涌来。被告被押解到委员会接受审判（假如这一程序还可以称作审判的话），并成批被判刑。记录显示几次审判分别为 95 人、84 人、46 人和 35 人。阿尔瓦在给菲利普的信中称在四旬节的第一天早晨就有 1500 余人在 257
他们的床上被逮捕，后来他又公布了另一次抓获 800 人的大搜捕。每一次他都加上一句话，“我下令全部处决他们。”从这些记录来看，当时的一位编年史家的话看来并不显得夸张：

> “大路旁边的绞刑架、刑车、断头台和树上都挂满了被绞死、被斩首、被烧死者的尸体或肢体；结果上帝为生灵们创造的空气都变成了死者的公墓或居所。每天都会出现新的值得同情和哀伤之事，血淋淋的丧钟的声音不绝于耳，由于这个人的堂兄弟殉难，那个人的兄弟或朋友死去，这钟声在幸存者的心中凄凉地轰鸣。”①

一户户人家离开了他们的住所，退避于丛林之中，并在贫困的驱使下去抢劫和掠夺。神父曾积极充当告密者，这些被称为森林

---

① Brandt, *History of the Reformation*, etc. i. 261, 266. 后来行刑更为残酷。“许多人大义凛然和义无反顾地奔赴火刑场，他们张口公开宣布自己的信仰，把塞在其口中的木球和口塞吐出来。为了防止类似情况出现，发明了一种新的令人恐惧的机器：他们准备了两块小铁块，把罪犯的舌头夹在铁块之间，并用烧红的烙铁去烙舌尖，使其肿大到不能活动和伸缩的地步，由于被牢牢夹住，舌头被灼得不停地蠕动，并发出嗡嗡的声音。”（i. 275）

乞丐的人，“向他们发动袭击，利用黑夜的掩护去报仇和抢劫，不仅以抢夺财物，而且以毁容、割耳朵和鼻子等方式来惩罚他们。”整个国家陷入了无政府状态。

尼德兰名义上的摄政、帕尔玛公爵夫人玛格丽特发现自从阿尔瓦公爵到来后自己的地位已到了不能容忍的地步，菲利普也同意她辞职（1567 年 10 月 6 日）。阿尔瓦从此以后连名义上的限制
258 也没有了。他着手处置埃格蒙特和霍恩，并宣布奥兰治的威廉为不受法律保护者（1568 年 1 月 24 日），除非他亲自到除暴委员会接受审判。几天之后，奥兰治的威廉的长子，一个 15 岁的孩子、卢万大学的学生被绑架押往西班牙。①

威廉以其著名的《奥兰治亲王反对诽谤者的辩护书》回敬阿尔瓦，在辩护书中他宣称他作为布拉班特的公民、金羊毛骑士、神圣罗马帝国的亲王、拥有主权的欧洲诸王侯之一（凭借奥兰治君主国），是不能接受不合乎法律程序的审判法庭的传唤的。他回顾了自菲利普二世继位以来尼德兰发生的重大事件，坦率地以外交口吻谴责了由罪恶的国王顾问们造成的错误管理。辩护书以多种文字公布于世，它不仅是蔑视菲利普的行为，而且是代表他的国家向整个文明的欧洲所作的抗辩。

1568 年的最初几个月，奥兰治亲王为解放他的同胞们而做军事准备，同年春，他的军队招募整齐了。洪格斯垂登受挫。远征失败，拿骚的路易在海利格里取得了暂时的胜利（1568 年 5 月 23 日），但在杰明根被击溃（1568 年 7 月 21 日）。在威廉向新教欧洲

---

① Gachard, *Correspondance de Guillaume le Taciturne*, iii. 17.

发表了一份感人至深而又徒劳无益的声明后,第二次远征又遭挫折。尼德兰的事业似乎毫无希望了。

但是阿尔瓦也开始意识到自己陷入了困境。当他得知军队在海利格里遭遇失败的消息时,他立即处决了埃格蒙特和霍恩伯爵。这一事件不仅没有吓倒尼德兰人民,反而激起了他们对西班牙的无限憎恨。他现在陷入了无钱支付军饷的困境。他曾答应菲利普要让尼德兰的黄金流入西班牙;但是他的统治破坏了这个国家的 259
商业和制造业,毁掉了该国的财源。他几乎完全仰仗于西班牙的财政援助。英国的伊丽莎白一直以她最喜欢的方式即劫掠西班牙装载钱财船队的方式援助其新教同道;阿尔瓦不得不在尼德兰筹集他所需要的经费。

尔后,他向召集来同他开会的三级会议,(1569 年 3 月 20 日)抛出了他那臭名昭著的、最终毁掉他自己的征税计划——一次性向全体臣民征收财产税 1%(即第 100 个便士);每一宗地产交易或转让征税 5%(即第 20 个便士);每一宗商品交易征税 10%(即第 10 个便士)。这一征税计划将完全毁掉这个商业和制造业国家。它遭到了普遍反对。各个行省、城镇、地方长官、行会、主教和教士——每一个人都反对征税。甚至菲利普在马德里的臣僚都意识到在尼德兰实施这一征税计划是不可能的。阿尔瓦却发誓要一意孤行。乌特勒支最先起来抗议。阿尔瓦将伦巴底军团驻扎到那里;但是军队的暴行也无法强迫凄凉的人民交付新税。阿尔瓦宣布所有居民都犯下了叛国罪,剥夺他们的所有特许权和特权,没收他们的财产归国王所有。但是发狂的疯子干的这些行为仍徒劳无益。后来他缓征 1% 和 10% 的税;但是对金钱的需求又迫使他明确下令开征 10% 和

20%的税。这个国家的商业和制造业顷刻停滞,阿尔瓦最后明白了他是失败者。他不得不满足于在两年内征收200万佛罗林。

260 改革派的尼德兰人中的真正战斗力不是在陆地居民中,而是在水手和渔民中能够找到。据说科利尼海军上将首先向奥兰治亲王指出了这一点。亲王采纳了他的建议,1569年他给大约18艘小型船只发放了巡查狭窄的海道和攻击西班牙人的海上缉捕特许证。最初他们不比海盗好多少——不同民族的人出于对令朋友和敌人同样恐惧的西班牙人和教皇派的强烈憎恨而团结在一起。威廉最初几乎毫无效果地试图使他们服从纪律和命令,他颁布海上缉捕特许证来限制他们不加区别的抢劫,坚持要维持船上的宗教活动,并宣布三分之一的战利品作为国家的公共财产交给他本人。最初他们获准在英国港口整修船只和出卖战利品,但是在西班牙宫廷发出强烈抗议后,这些港口就向他们关闭了。他们几乎是偶然地夺占了布里尔或布里勒(1572年4月1日),它是位于马斯河口即于鹿特丹西部或从鹿特丹到大海方向20公里处的沃恩岛上严密设防城市,该城居民被迫宣誓拥举威廉为国王之下的执政,后来成为联省国家国旗的旗帜就是最先在这片土地上升起的。最先从这一行动中预见到未来可能发生的事情的人不是威廉而是他的弟弟拿骚的路易。他主张夺占西兰的重镇、位于洪提河或西斯海尔德河河口的弗拉辛根或弗利辛根,并下令进军安特卫普。市民们发动反对西班牙军队的起义;被称为海上乞丐的人赶去援助他们,这个城市被夺占了,西班牙的指挥官帕切丘被俘并被处以绞刑,这使海员们占领了除米德尔堡要塞之外的整个瓦尔切恩岛。

261 代尔夫斯哈芬和谢丹被占领。这一消息传遍了荷兰、西兰、盖尔德

兰、乌特勒支和弗里斯兰，一个个城市相继宣布奥兰治的威廉为执政。领袖们受到巨大鼓舞开始做出新的努力。[①] 以新领导人的名义发布的宣言传遍了整个国家。人民受到了据传说由圣阿尔德贡德创作的一首歌曲《拿骚的威廉》的鼓舞，该歌曲至今还是荷兰的国歌。奥兰治亲王认为他应当下决心再进行一次军事进攻，当他获悉圣巴托罗缪节大屠杀的消息时已经攻到了布鲁塞尔附近。他的计划以科利尼力主的并由查理九世承诺的法国援助为基础。“那是多么致命的打击啊，”他写信给他弟弟说，“我唯一的希望来自法国。”[②]路易用法国军队在西南部夺占的蒙斯被迫放弃；威廉经过几次徒劳的努力后，被迫遣散了他的军队。

这时，阿尔瓦从布鲁塞尔出发对蒙斯、梅赫林、特尔戈斯、纳登、哈连姆和祖特芬进行了恐怖的报复。蒙斯的投降条件遭到违背。梅赫林横遭洗劫并被西班牙军队焚毁。被派去进攻祖特芬的西班牙指挥官下令烧毁每间房屋，杀掉男人、妇女和孩子。哈连姆被包围，经过强烈的反抗后在获得宽大处理的承诺下投降了。当西班牙人进驻该城时，他们残酷地杀害了所有荷兰士兵和数百名市民；他们把尸体两个两个地捆在一起，扔进了哈连姆湖。这就好像当教皇派发现不能改变新教徒的信仰而决定灭绝他们一样。

然而一些城镇仍然在坚守。阿尔瓦之子、哈连姆的屠夫瑭·弗里德里克从阿尔克马小镇上大败而归。海上乞丐遇上了派来进

---

① 参看 William's letters, *Correspondance*, etc, iii. 47－73.

② Groen Jan Prinsteter, *Archives ou Correspondance inêdite de la Orange Nassau* (Utrecht, 1841—1861). (原文未见该注释码，据引文推测在此。——译者)

262 攻他们的西班牙舰队，他们击沉或驱散了战船，并俘虏了舰队司令。由渔民和店主组成的民族，曾因他们极能忍受侮辱而遭西班牙和欧洲藐视，最终被视为英雄的民族，决心不再忍受西班牙人的奴役。阿尔瓦不久就必须正视士兵要求支付军饷的暴动，不得不眼看着他的全部海上工事落入连最强大的西班牙舰队都不能征服的荷兰士兵之手，这个冷酷无情的家伙最后承认他被打败了，并要求辞职。1573 年 12 月 8 日，他离开了布鲁塞尔，从此再也没有看过 6 年来他用鲜血浸染的这片土地。像所有暴政者一样，他最相信自己的做法，即使当它在自己手中破产时亦是如此。假如他再残忍一点，再增加一点他制造的血海中的血量，也许所有事情都会变好一些。他给后继者的唯一忠告就是焚毁每个他不能派西班牙军队驻守的城镇。

尼德兰的新摄政是西班牙的大贵族、马耳他骑士团的高级指挥官瑭·路易·列揆生-朱尼加。他是一个品格高尚而且宽宏大量的人。假如他早 10 年被派到尼德兰，并允许他自由行动的话，尼德兰的历史也许就有所不同了。他在政府中的早期工作是为和谈努力，他竭力向菲利普陈述其行动的理由：

> “在我到达之前，我不能理解反叛者怎能设法保住这么多船只，而陛下却不能保住一艘。现在我发现为他们的生命、家庭、财产和虚伪的宗教，简言之，为他们自己的事业而战斗的人们，即使在仅得到定量的军粮外毫无报酬也是心满意足的。”

他马上改变了阿尔瓦的政策：他取消了令人憎恨的新税；解散

了血腥委员会，并颁布了一个全面的特赦令。但是他未能和“反叛者”达成协议。奥兰治的威廉拒绝所有不以以下三个前提条件为 263
基础的和谈——良心自由，按照上帝之道宣讲福音的自由；恢复所有古老的特许权；从所有军事和民事部门撤走西班牙人。他不接受没有这些条件的停战协议和特赦。他说：“我们曾经常地听到同意和永久之类的词语。假如我相信你的话，谁能保证国王不会否认它，并依靠教皇为他破坏誓言的行为开脱呢？”尽管很不情愿，列擦生仍不得不继续国王和其前任摄政的政策引发的斗争。

战争的命运似乎没有改变。爱国者总是在海上取得胜利，每当他们被包围时，他们总是舍命保卫他们设防的城市，但是他们在陆地上的所有战役几乎都败在老练的西班牙步兵手下。1574 年初，两个要塞被包围。爱国者正在围攻米德尔堡，西班牙却包围了莱登。海上乞丐在斯海尔德河口的血战中击溃了西班牙舰队，米德尔堡被迫投降。莱登因西班牙军队出现哗变而获得了两个月的喘息时间，但市民们忽视了这给予他们重新储备粮食的机会。它再度被围（5 月 26 日），受到严重的围困。由拿骚的路易率领的援军在莫克赫德全军覆灭，他和其弟亨利战死沙场。莱登的命运似乎已经注定，当威廉建议荷兰议会掘开沙堤并引海水入城时，这一建议被采纳。但沙堤挖掘需要花费的时间太长，当被掘开的海水开始缓慢流动时，狂风却把它卷回了大海。莱登城内的食品日渐短缺；焦急而又饥饿的市民们从城内的教堂塔顶上紧紧盯着大平原，发现援助来得如此之慢，好像援军可能只在城市失陷后才会到来。西班牙人也清楚即将来临的危险，预料到市民们的绝境，敦促 264
他们在体面的条件下投降。“我们有两只手”，城墙上的一个守卫

者回答道，“当饥饿逼迫我们时，我们会吃掉一只手而用另一只手和你们战斗。”当海水最终抵达城墙时，莱登市民在过去的四个月里承受了难以描述的苦难。随着海水的到来，航行在被淹没的农田和菜园之上的爱国舰队越过了果园和村庄，西班牙人仓皇逃走，因为海上乞丐高喊着“宁要土耳其人不要教皇派”的战斗口号冲向他们。市民和水手涌向大教堂，祈祷感谢从海上给他们带来的援助。当广大听众正唱着一首救援的赞美诗时，声音突然停止了，除了低沉的啜泣声外什么声音也听不见；由于长时间的守望和饥荒而绝望的人民，现在突然得到意外的解救，他们仅能悲泣。

汉斯·布鲁吉将捷报带到代尔夫特镇，他发现威廉正在教堂里做午后祈祷。当讲道结束时，莱登解围的消息在布道坛上公布了。威廉当时得病体弱，但他立即赶到莱登祝贺市民们的英勇守卫和奇迹般的解救。他提议在那里创建了后来的著名的莱登大学，它之于荷兰就像维滕贝格之于德国、日内瓦之于瑞士、索米尔之于法国一样。

莱登之围是独立战争的转折点。西班牙摄政发现一个新兴的新教国家正在缓慢地、不知不觉地形成。他的军队在战场上几乎终始如一地获胜，但是胜利并没有多大的价值。他决定再次尝试和谈。但会谈毫无结果。菲利普愿意认可的最大限度是让新教徒有充足的时间出卖自己的财产并离开尼德兰。战火又重新燃起，
265 直到死神来解救困境中的列揆生（1575 年 3 月）。他的最后的几个月因建议其主子悬赏暗杀奥兰治亲王而很不光彩。

以后几年的历史是一个纷繁复杂的故事，细说起来很长。列揆生死的时候，国库就已空虚，没有公共的资金注入，西班牙军队哗变，要求支付他们的军饷。他们夺占了一些城镇，并且占领了安特卫普要

塞。在11月的可怕的3天内,发生了令人恐怖的洗劫。在此期间,人口众多、富庶的安特卫普承受了一切可能施加给它的恐怖。

列揆生的暴卒使各种事务陷入混乱;罗马天主教徒和新教徒的领袖们都打算利用西班牙统治空缺的机会,看一看宗教信仰不同的尼德兰17省是否能在某种共同纲领下联合成一个国家。(1576年10月28日)代表们在根特聚会,并草拟了一份协定。为南方各省举行的三级会议定于11月在布鲁塞尔召开,当代表们获悉发生在安特卫普的"西班牙恐怖"的消息时,他们正在讨论协定的各条款。对他们的同胞施行的可怕的恐怖无疑促使他们下了决心。协定由三级会议和国务委员会共同签署。根特和解协定在出席布鲁塞尔三级会议的南方各省和北方行省荷兰、西兰之间缔结了一个联盟。它的中心内容是全体人民团结起来将西班牙和其他外国军队驱逐出尼德兰,召集17省代表出席的正式会议来处理宗
教问题。同时,罗马天主教将得以维持;各种诏令、布告被废止;奥 266
兰治亲王被宣布为17省的总督和荷兰、西兰的海军总司令;原来没收拿骚家族和布雷德诺德的财产的法令被撤销。

奥地利的瑭·约翰由菲利普任命为尼德兰摄政,他11月初到达卢森堡。他到达的消息被告知三级会议,三级会议则宣布,除非他赞同根特和解协定并宣誓维护各行省的古老特权,否则不承认他为摄政。和谈费时几个月,但三级会议毫不妥协。最后他做出了让步,并于1577年5月1日正式进入布鲁塞尔。从一开始他就发现自己被公认为罗马天主教徒和新教徒的领袖的威廉夺去了光彩。菲利普竭尽全力纠集了2万熟练的西班牙和意大利士兵,由前摄政帕尔玛的玛格丽特公爵夫人之子亚历山大·法尔内斯率领

开入尼德兰。年轻的帕尔玛公爵是一个具有精明的军事和外交能力的人，也是菲利普安置在低地国家的最有能力的代理人。（1578年1月31日）他在吉穆布洛斯击败了爱国军队，几个城镇立即向帕尔玛公爵和瑭·约翰打开了城门。巴拉丁选侯之弟约翰·卡什米尔率领强大的德国雇佣军从东部进入尼德兰援助加尔文教徒；德国皇帝鲁道夫之弟马提亚斯大公已应罗马天主教徒之邀进入了尼德兰；安茹公爵为了维护那些不希望宽容新教但憎恨西班牙人的天主教徒之利益从南部攻入了尼德兰。局势越来越混乱。这些外国人再明确不过地说明了这个国家潜在的分裂——被帕尔玛公
267 爵灵活地利用的分裂。在徒劳无益地为17省在全面的宗教宽容基础上建立一个联盟而奋斗之后，威廉发现他的使命是毫无希望的。无论是大多数天主教徒还是大多数新教徒都不能理解宽容。埃诺、杜埃和阿图瓦等天主教行省的代表聚集在阿拉斯举行会议（1579年1月5日）以组建一个其最终目的为在根特和解协定的基础上——强调该协定维持罗马天主教的条款——与西班牙达成和解的联盟。面对这种挑战，北方的荷兰、西兰、乌特勒支、盖尔德兰和祖特芬等省的代表聚会乌特勒支，组建了一个反对所有外国王侯，包括西班牙国王在内的联盟，这两个联盟的建立标志着天主教的南方同新教的北方的最终分离，以及新兴的新教国家——联省的创立。威廉直到5月3日才在乌特勒支条约上签字。

1581年，菲利普为制服不屈的敌手而作了最后一次努力。他发布反对威廉的文告，宣布他为叛国者和人类公敌，并提供25000克朗和贵族称号给予任何将他的尸体或活人交给国王的人。威廉以著名的《辩护书》作答，该辩护书陈述其毕生事业之经历，无情揭露菲

利普的罪恶行径。辩护书被译成多种文字送往欧洲各国宫廷。布拉班特、佛兰德、乌特勒支、盖尔德兰、荷兰和西兰以颁布著名的断绝关系法案(1581 年 7 月 26 日)回敬菲利普,在其中他们庄严地宣布放弃对西班牙国王的效忠,并组建了他们自己的独立共和国。

断绝关系法案发表的日期可以看作是新时代的开端,另一个新教民族国家的诞生。它的年轻的生命已经承受了欧洲任何其他国家不必经受的血与火的洗礼。它的独立宣言并未能使它获得即时的解放,还有近 30 年的奋斗在等着它。不久之后,它就痛失英雄的领袖。菲 268
利普二世允诺的酬劳极大地刺激了天主教派的狂热分子。1582 年(3 月 18 日),比斯开人胡安·豪雷盖进行了一次在当时被认为成功的拼死的暗杀努力。枪口离亲王如此之近,以至于他的头发和胡须都着火了,子弹从右耳下进入,穿透腭骨从左腭钻出来。两年后(1584 年 7 月 19 日),威廉被巴尔塔萨·热拉尔暗杀身亡,热拉尔的后代索取菲利普答应为暗杀支付的酬金并从国王那里获得了一部分。亲王的遗言是:“我的上帝,宽恕我的灵魂和这些穷苦人吧!”

16 世纪没有造就出比奥兰治亲王威廉品德更高尚的人。他的家族属路德派,但他们允许他接受天主教教育——这是查理五世同意实现奥兰治亲王勒内[①]的遗愿的条件,勒内 26 岁早逝,留给其年轻的堂弟拿骚的威廉大量遗产。在一个没有宽容的时代,他以

① 奥兰治—夏龙的小君主国位于法国南部的罗讷河流域,其西南角距阿维尼翁城北 10 英里。奥兰治的威廉的伯父拿骚的亨利和奥兰治—夏龙家族的最后一位男性后嗣菲利伯尔之姐克劳德结婚;菲利伯特把他的领地遗赠给外甥勒内,即亨利和克劳德之子。这块领地和拿骚家族的其他领地相比是无多大价值,但是由于它上面再无领主,它的主人才跻身于欧洲的有君主权的王侯之列。

超越了时代的宗教情感并为各个宗教派别争取信仰自由和公开礼拜的权利而献出毕生精力的伟大领袖形象立于时代前列。[1] 到1555年末他仍是一个坚定开明的天主教徒。他给帕尔玛的玛格丽特的
269 信(1566年1月24日)可能露出了改变信仰的端倪。他自称是“一个好的基督徒,”而不是“一个好的天主教徒”。同年底,他私下表示他准备返回孩提时代的信仰并赞同奥格斯堡告白。1568年他在流亡期间成天研读圣经,若不看其详细的神学观点,他都变成了一个虔诚的宗教徒,并形成了上帝召唤他为上帝和其受迫害的子民们从事一项伟大事业的崇高理想。在给他的妻子或最亲密朋友的私人信件中,他表达了对上帝和上帝天道之引导的恬静信仰。[2] 在他一生的最后岁月里加尔文的教条越来越主宰了他的智慧和情感,1573年(10月23日)他公开宣称自己是加尔文教徒。对形形色色迫害的憎恨是他处于支配地位的情感,他本人已告诉我们当他得知法国和西班牙国王已达成用火与剑来根绝异端的秘密协定时,他就已默默地下决心要驱逐“西班牙坏蛋出境。”[3]

当他丧生于暗杀时,新教的尼德兰可能认为自己的事业要失败了;但他留给他们的遗产是这样两个人:他信赖的朋友约翰·范·奥登巴恩维尔特和他的儿子摩里斯。奥登巴恩维尔特以坚忍不拔

---

① Putnam, *William the Silent, the Prince of Orange, the moderate man of the Sixteenth Century*, 2 vols., New York, 1895.

② Gachard, *Correspondance de Guillaume le Taciturne, Prince d'Orange*, ii. 110.

③ 当威廉听到这一令他极为震惊的消息时,他沉默不语,因此,他获得了“沉默者”的绰号:这一绰号很可能是红衣主教格兰维尔给他取的。

的外交才能完成了威廉遗留下来的未竟的政治事业。摩里斯[①]在他父亲逝世时还是一个十七岁的孩子。但仅过了数年就被视为欧洲 270
最伟大的军事领袖。一位政界元老和一位战场上的少年将军能够成功地制约西班牙人，直到最后，在1607年（10月），达成了停止军事行动的协议，结果缔结12年休战协定（1609年4月9日），后来又无限期延长。荷兰赢得了独立，并成为一个强大的新教国家，其海上霸权仅仅受到英国的挑战。

尽管尼德兰新教徒遭受了残酷的迫害，但是他们组建了自己的教会，早在1563年来自各个教会的代表召开了一次制定使他们团结起来的教义教规的宗教会议。做到这一点并非毫无内部的困难。尼德兰人民从不同途径接受了福音信仰，改宗者们固执地墨守他们最初了解到的教义和宗教制度。低地国家早期的宗教改革宣传家是路德的追

① 摩里斯继承了他父亲的执政之职，1618年，他在其兄菲利普·威廉死后成为奥兰治亲王，菲利普·威廉被菲利普二世从卢万绑架到西班牙并被教育为罗马天主教徒。威廉一生四次结婚：

a. 1550年，与埃格蒙特的安妮结婚，她是布伦的马克西米连的独生女，她的儿子就是菲利普·威廉；她卒于1558年3月。

b. 1561年，与萨克森选侯摩里斯之女、黑森的菲利普之孙女的安妮结婚。她早年的精神错乱症进一步恶化，当她在1567年遗弃自己的丈夫到科隆去过一种难以描述的生活时达到了顶峰。她变成了精神病患者，其家人抓住她并把她幽禁到1573年去世为止。她是摩里斯的母亲。

c. 1571年，与蒙庞西埃公爵之女夏洛蒂·德·波旁结婚。她曾是一名修女，皈依了改革派信仰，并逃亡到德国。这次婚姻是唯一一次幸福的婚姻。当威廉几乎被豪雷盖暗杀身亡之时，她还没完全从产后的虚弱中恢复过来。这一打击加上她一直忙于照料丈夫的工作耗尽了她的精力，她卒于1582年（5月5日）。

d. 1583年，与大名鼎鼎的科利尼将军之女路易莎·德·科利尼结婚。她在圣巴托罗缪大屠杀中失去了父母。她是一个令人惊叹的妩媚的女人，得到了威廉前妻之子女的敬重和收留她的国家的崇敬；她比威廉晚40年辞世。

随者,其中大部分在维滕贝格接受了训教。路德派在低级贵族和富裕市民中人数众多。后来慈温利的学说也在尼德兰得到传播,并为许多
271 非常虔诚的信徒接受。南部的大多数法语行省由在日内瓦接受了加尔文训教的牧师们传教,他们带来了加尔文的神学。这样,路德、慈温利和加尔文都在低地国家吸引追随者,在教义方面表现出来的差异倒是其次的,教会管理方式的差异却更为突出;虽然它们几乎得到了克服,但后来又陷入了发生在17世纪初的关于教权与政权之间的隶属关系之争。最后日内瓦的训诫取代了路德教和慈温利的学说,尼德兰的改革派在教义教规方面变成了加尔文主义的。

与此相应,大多数教会最初都是依据法国教会原则组建的。设有一名牧师、一个由长老和执事组成的宗教法庭;当各个教会的代表聚在一起商议建立使所有教会联结在一起的组织时,就采用了长老制或议事会制。之所以在埃姆登集会(1569年)是因为在尼德兰政府的管辖内集会太危险了。会议决定,教会受宗教法庭、地区教会委员会和教省宗教会议治理。假若改革派没有遭到阿尔瓦残酷的迫害,1569年在埃姆登采用的议事会制组织是不可能得到一致的支持的。路德派的宗教法庭制度,以及慈温利指派给地方政府的地位,仅在政府友好对待它统治内的教会时才有实现的可能。但是法国、苏格兰和尼德兰的情况证实了长老制是最适合于"十字架下的教会"的。无须惊诧,因为长老会或议事会是被罗马帝国禁止的最初几个世纪的教会管理制度的再现。①

---

① Lindsay, *The Church and the Ministry in the Early Centuries*, 2nd ed. (London, 1903), pp. 198, 204 *f.*, 259, 330 n., 339.

1572年在多尔德雷赫特（多尔特）召开的宗教会议修正、扩充 272
和正式采用了埃姆登宗教会议或代表大会的规章制度。

荷兰教会组织的两大特点应予说明。宗教法庭或基层理事会在荷兰就像其他所有长老制国家一样是管辖单个礼拜会的法庭；但在荷兰的教会里，居住在同一城市中的全体教会成员被看作一个礼拜会，教会牧师就是城市的牧师，他们在城市的所有辟出来用作公开礼拜的建筑物中轮流宣道，教民也不是专门属于其中某一个建筑物，也不从属于任何一个牧师的管辖；因此，对于整个城市来说只有一个宗教法庭。这一特征在早期教会中也能看到。其次，应当注意到，由于联省国家的政治组织的影响，召集一次全国宗教会议比较困难。联省的政治体制是一种国家联盟，各省在许多方面是相互独立的，战时才联合起来互相保护，以维持一支公共军队和缴纳公共的军事经费。当奥兰治的威廉被选举为终身执政时，约束他的法规之一就是他不应认可任何没有得到预定召开地所属行省的政府同意而召集的宗教会议。这就意味着各省都有权处理各自的宗教事务。除非联省国家所有省一致同意，否则不能召开全国宗教会议。因此这一倾向妨碍了合作和联合行动。

依照埃姆登条款以及在1572年由多尔德雷赫特宗教会议批准的修正和扩充案，人们同意教职人员在《信仰告白》上签名。这一告白是盖多·德·布雷（1544年生于蒙斯）于1561年草拟的，并由他的朋友进行了修订。它以法国教会的告白为基础，原稿也
是用法文写成的。它得到一系列教省宗教会议的赞同，并被译为 273
荷兰文、德文和拉丁文。它被称为比利时告白。它的原题目为：《散居在低地国家的希望按照我们的主耶稣基督的纯洁而神圣的

福音生活的信徒普遍而一致维护的信仰告白》。[①] 教会由于这位年轻人的劝诫也采用海德堡教义问答。[②]

反对西班牙和宗教裁判所的长期斗争激发了尼德兰的人民和教会的活力，他们的大学和神学院不久就和资格较老的学界竞争了。莱登大学是为答谢城市神奇的解救于1575年创立的；弗兰尼克尔大学于10年之后的1585年创立；尔后又迅速创办了格罗宁根大学（1612年）、乌特勒支大学（1636年）和哈德维克大学（1648年）。荷兰的神学家和律师在17世纪以其学识和智慧闻名于世。

① Müller, *Die Bekenntnisschriften der reformierten Kirche* (Leipzig, 1903), p. 233; Schaff, *The Creeds of the Evangelical Protestant Churches*, 383.

② 同上书，p. 682。

第六章　苏格兰的宗教改革 274

如果说文明意味着和平地生活在一起，那么苏格兰在 16 世纪之初落后于西欧其他地方将近 400 年。苏格兰王的历史是由如下故 275
事构成的：暗杀，国王长期是未成年人，肆无忌惮的贵族为争夺摄政权而大打出手；在其他地方日益发展的王权，在苏格兰正处于灭绝的边缘。苏格兰的议会或者说该国的等级会议只不过是个封建会议，该会议在有关谁拥有出席资格的问题上常常吵得不可开交；等级会议通过一个等级委员会来管理，可是这种独特的管理只是使得等级会议成为某一时刻的当权派手中驯服的工具，当权者剥夺了等级会议对整个国家的任何稳固的影响。该国按占有土地面积计算非常富有的教会，已经世俗化到别的地方闻所未闻的程度，其教产用以奉养封建大家族幼子的方式颇像当年锤子查理时代的情形。①

然而，由于人民尤其是中等阶层受到较好的教育，由于苏格兰与法国和低地国家之间的密切交往，由于苏格兰大学生对发生在英格兰和波希米亚的早期教会改革运动所抱有的同情，这个国家已经为宗教改革做好了准备；与此同时，罗马天主教教士的巨量财产和堕落道德，贵族与乡绅的贫穷，政治形势的变化，共同推动了那些渴望宗教改革的人士的努力。

---

① Cf. *Cambridge Modern History* (Cambridge, 1903), ii, 551—558.

不少历史学家曾经指出，苏格兰的教育状况远远好于因其文明的落后而对其教育抱有的期望。其原因通常追溯到具有持久影响的古老凯尔特教会——这种教会在苏格兰存在了7个世纪之久，并且一直把教育人民当作一项宗教职责。古老的凯尔特教会规章规定，教育男孩和女孩识字读书是同施行圣事、参与灵友（忏
276 悔）一样重要的事情。凯尔特教会的修道院一直是教育的中心；当查理大帝设立高级学校时——这些学校后来发展成为欧洲北部的古老大学——凯尔特教会的修道院提供了许多教师。在玛格丽特女王及其儿子统治的时代，罗马教会取代了凯尔特教会，这一整套完备的教育体系也被接收过去。因此，正是这些大教堂和修道院的学校培养了大批学者，他们热切希望扩充他们的知识储备，获得比祖国所能给予的更多的知识。中世纪时代欧洲大陆上苏格兰游学学生是非常有名的。一位苏格兰主教在巴黎为他的同胞建立了一所苏格兰人学院；其他主教则从英格兰国王那里搞来安全通行证，以让他们的学生在牛津和剑桥居留。

这种学术交流使苏格兰与欧洲的文化运动有了接触。苏格兰学生在巴黎聆听了彼得·杜布瓦和奥卡姆的威廉的讲课，当时这两人在巴黎讲授帕多瓦的马西格利奥的《和平的捍卫者》（*Defensor pacis*）中的学说。马西格利奥认为，教会不是僧侣统治集团，而是基督徒人民，他还否定了教皇在世俗事务和精神事务上的至高地位。苏格兰卷（The Rotuli Scotiœ）[①]，即英格兰君主为这个北方王

---

① *Rotuli Scotiœ*, i. 808, 815, 816, 822, 825, 828, 829, 849, 851, 859, 877, 881, 886, 891, 896, ii. 8, 20, 45, 100.

国的居民颁发的安全通行证的汇集，显示 1357—1389 年期间不断有苏格兰学生去英格兰的大学学习。在这一时期之初——即到 1364 年为止——申请和批准的通行证的持有人既有去牛津或剑桥的，也有去英格兰其他学术发达地方的；但 1364—1379 年期间似乎只有牛津是常去的地方。其中一年（1365）通行证至少发放
给了 81 个苏格兰学生去牛津学习。这一时期正是威克利夫的影 277
响最大的时候，当时牛津因罗拉德派教义而骚动不已；这位伟大的宗教改革家的学说就这样传入了苏格兰。

罗拉德派看来取得了很大的进展。1405 年，阿尔巴尼公爵罗伯特被任命为苏格兰总督，安得鲁·温顿在他的韵文编年史中赞扬他对教会的忠心：

> “他是位坚定的天主教徒，
> 他憎恨所有的罗拉德派和异端。”[1]

从这个时期以降直至宗教改革开始，我们在当时的文献中和苏格兰议会的法案中屡屡找到提及罗拉德派的言词；而且苏格兰宗教改革运动全部早期的历史都与凯尔的罗拉德派以及他们与国王詹姆斯四世的会晤相关。[2]

罗拉德派观点在苏格兰的出现一定引起了波希米亚的胡司

---

① Wyntoun, *Orygynale Cronykil*, ix. c. xxvi. 2773, 2774.

② 相关资料见 *The Scottish Historical Review* for April 1904, pp. 266 ff.。帕维对威克利夫《新约》的修订本由默多克·尼斯比特译成苏格兰语。苏格兰文献协会于 1901 年（i.）和 1903 年（ii.）出版了这个版本。翻译大概是在 1520 年前后进行的。

派领袖的注意。1433 年(7 月 23 日)保罗・克罗或者克罗瓦被捕,受到宗教裁判所法庭的审判,被判罪,被当作异端烧死。他曾携带布拉格的胡司派的信件,并承认他受派遣前往谋求苏格兰人参与胡司运动——他是 1431 年和 1432 年由普罗可皮乌斯和约翰・罗基卡纳派往欧洲各国的众多特使之一。宗教裁判官发现他这个人在圣经和引用圣经方面反应敏捷,训练有素。诺克斯告诉我们,他是因为否定变体论、否定向神父秘密忏悔、否定向死去的圣徒做祈祷而被判罪的。我们还从诺克斯那里知道,在烧死他前刽子手将一个铜球塞进他的嘴里,以免人们听见他的申辩。
278 处死他并没有阻止罗拉德派的发展。大卫・林赛爵士的早期诗作中就包含有罗拉德派的观点。当这些诗作发表时(1529—1530),路德的著作已经传入苏格兰,可能已经影响到这位作者;但是在《鹦鹉的遗言和怨言》中表现出来的思想感情主要是罗拉德派的而不是路德派的。

苏格兰的罗马教会相当富有,苏格兰的粗鲁贵族便设法将他们的幼子置于这种优厚的生活中,由此导致教士的生活方式没有给他们的神圣天职带来什么荣誉。讽刺作家指出了这种道德状况。约翰・罗写道:

> “在最黑暗的时代,许多苏格兰人是通过某些比较特别的渠道了解到上帝的真理的,如通过一些书籍:大卫・林赛爵士关于四大帝国的诗歌,其中包含了许多揭露那个时代教士腐败的文字;韦德波恩的诗篇和有关宗教的歌谣,将许多旧的罗马天主教的诗歌变成敬神的诗歌;由英格兰的跛子、盲人和穷

人提出的一份申诉书，反对的对象是高级教士、神父、修士和其他教会人士，这些人慷慨地挥霍什一税和教会财产，进行非法的享乐，以致他们不能按照上帝的命令去济困、救贫。这些书籍得到印刷，并流入苏格兰。另外还有一些戏剧演出、喜剧以及其他一些在公共场合演出的著名的故事剧；例如大卫·林赛爵士的讽刺剧就在圣约内斯顿（珀斯）的圆形剧场当着国王詹姆斯五世、许多贵族和绅士的面从早到晚上演过，这些演出让人们身临其境地认识到他们身置其中的黑暗和教会人士的邪恶，并使他们认识到上帝的教会应当如何按照另外的样子来引导，而不是现在这样；所有这一切在当时都起了非常好的作用。”①

人们也许会怀疑，当时苏格兰人民是否真正理解这种讽刺文
章。但当他们受到下面这些讲道师的教导时，情况便不同了。这 279
些讲道者去维滕贝格访问，或者研究路德和其他宗教改革家的著作，或者通过个人对圣经的研读而获知罪孽的赦免和灵魂的获救的真正意义是什么。

苏格兰东海岸的某些城市是与大陆进行贸易的中心，利斯还曾一度是著名的汉萨同盟的一个不起眼的成员。路德的著作和其他小册子从坎普维尔取道利斯、邓迪和蒙特罗斯偷偷运进苏格兰。当局很警觉，企图终止这种局面。1525 年，议会禁止陌生人携带

① Row, *History of the Kirk of Scotland from the year 1558 to August 1637* (Edinburgh, 1842), p. 6.

路德派的著作进入苏格兰，违者处以监禁并没收其货物和船只；[1]同一年，政府得到汇报，说“阿伯丁主教区中有各色陌生人和其他人持有路德的著作并赞成他的错误和有害的观点”。两年后（1527），议会的法案又增加了对协助传播路德观点的人的处罚。沃尔西的一位副手向这位红衣主教报告道，苏格兰的商人在低地国家购进廷代尔译的新约并运回苏格兰。[2] 政府的措施看来效果不大。1535 年的另一项议会法案宣布，除教士外任何人不得购买异端书籍；所有其他拥有这类藏书的人须在 40 天内将它们上交。[3]这项立法清楚地表明，宗教改革的著作在苏格兰人民当中的传播到了什么程度。

第一位苏格兰殉教者是帕特里克·汉密尔顿，他是金卡维尔和斯坦豪斯的帕特里克·汉密尔顿爵士的幼子。他曾在巴黎和卢万学习。他 1520 年在巴黎获得硕士学位。当时在那里所有有学
280 识的人包括索邦的神学学生（神学院）都在研究路德的著作。[4]汉密尔顿一定是深受这位德国宗教改革家的学说的影响，而当他返回苏格兰后他一定没有隐瞒自己的观点；因为到 1527 年年初他被怀疑为异端分子，并作为异端分子受到传唤和控告。他逃离苏格兰，来到维滕贝格，参加了黑森的菲利普在马堡新建的福音派大学

---

① *Act. Parl. Scot.* ii. 295.

② Hay Fleming, *The Scottish Reformation*, p, 12.

③ *Act. Parl. Scot.* ii. 341.

④ 路德曾自己这样说过。cf. Letter to Lange of April 13th, 1519; De Wette, *Dr. Martin Luthers Briefe, Sendschreiben*, etc. (Berlin, 1825—1828) i. 255; and Herminjard, *Correspondance des Réformateurs dans les pays de langue française* (Geneva and Paris, 1866—1897), i. 47, 48.

的成立典礼（1527 年 5 月 30 日），并为第一次学术辩论起草了论纲。[1] 然而，他感到他有义务回到祖国去揭露天主教会的腐败，1527 年秋他开始在苏格兰传道。他的布道活动吸引了很多听众，这引起了高级教士的不安。他被邀请——或者不如说被引诱——到圣安德鲁斯；他被允许在将近一个月时间里在这所大学讲道和辩论；然后被逮捕并在大教堂受到审判。审判在上午举行，中午时他就被匆匆绑到火刑柱上（1528 年 2 月 27 日）。由于疏忽而非故意，火烧得很慢，受刑者在经历了数小时的痛苦煎熬后才死去。

如果说教会当局企图用杀人来铲除新信仰，那么他们马上就发现自己错了。亚历山大·阿伦（阿莱西乌斯）曾努力让帕特里克·汉密尔顿承认自己的错误，结果自己改宗了新教。他被逮捕并遭囚禁，但他逃到了大陆。随后的年代见证了一系列殉教者——亨利·福雷斯特（1533）、大卫·斯特拉顿和诺曼·戈尔莱（1534）、邓肯·辛普森、福雷斯特、凯勒、贝弗莱奇、福雷特、拉塞
尔和肯尼迪（1539）。著名的乔治·布坎南遭到囚禁，但设法逃 281
脱。[2] 苏格兰议会和枢密院颁布了一系列法令，旨在帮助教会铲除迅速传播的新信仰，这些法令则是新信仰传播的见证。1540 年的一系列法案（3 月 14 日）宣布，要“虔诚地崇拜”圣母马利亚，要为国王的顺遂、为与所有基督徒君主之间的和平、为“天主教信

① 这些论纲由约翰·弗斯从拉丁文译为当地语言，并以 Patrick's Places 为名发表。They are printed in Fox's *Acts and Monuments*, and by Knox in his *History of the Reformation in Scotland*; *The Works of John Knox collected and edited by David Laing* (Edinburgh, 1846—1864), i. 19 ff. For Patrick Hamilton, cf. Lorimer, *Patrick Hamilton, the first Preacher and Martyr of the Scottish Reformation* (Edinburgh, 1857).

② Buchanan, *Rerum Scoticarum Historia*, xiv. (p. 277 in Ruddiman's edition)

仰”的胜利“向她祈祷”，人民“应保持神圣教会的信仰，遵守神圣教会的规章”。还下令要向圣徒进行祈祷。禁止批评或指摘教皇的权威，违者处以死刑并没收“动产和不动产”。任何人均不得“推倒或者不恭敬地对待或以任何形式侮辱”由教会承认为圣徒的人物的圣像。那些已经知道自己错误的异端分子不得与其他人谈论任何涉及“我们神圣信仰”的事物。任何被怀疑为异端的人，即使他已公开认错，均无资格担任公职，也不得进入国王的枢密院。所有帮助异端分子的人都会受到严厉的惩罚。尽管制定了这些法规，1543 年时总督大人（阿兰伯爵）还是不得不承认，异端分子在迅速增长，他们到处散布反对教会的言论。① 上述法令的某些条款透露出，新信仰已经在贵族中间找到了皈依者；这些条款也显示了他们攻击苏格兰天主教会的主要观点。

1542 年（12 月 14 日）詹姆斯五世死了，留下了一个女婴玛丽（生于 12 月 8 日），她成为苏格兰女王时尚不到一星期大。这样，婴儿君主的问题再次困扰苏格兰；为争夺摄政权又像往常一样展开斗争，不过这次的斗争既包括个人争权夺利的因素，也包括国家政策问题。

282 都铎诸王的既定政策是拆散苏格兰与法国的旧有联盟关系，确保苏格兰与英格兰的联盟关系。玛格丽特·都铎嫁给詹姆斯四世就是他们能够想得到的手段，但是由于玛格丽特与她的第二任丈夫安格斯伯爵不睦，因此应当寻求另外一个可以把这两个国家牢牢联系在一起的婚姻。詹姆斯五世与法国的婚姻——先是娶弗

---

① *Act. Parl. Scot.* ii. 371, ii. 443.

朗西斯一世之女马德兰(1537),马德兰早亡之后又娶吉斯家族的玛丽(1538)——表明苏格兰在与英格兰的联盟关系上后退了。詹姆斯的死给了亨利八世一个重新实施他父亲的宏图的机会,他的主意是让他的儿子爱德华与女婴玛丽订婚,并将“小女王”带到英格兰来接受教育。许多苏格兰人认为这个建议有利于他们的国家,当然,他们持这种观点的原因可能更多的是因为亨利为确保他们的支持而慷慨地在他们身上花了大笔钱财。他们在苏格兰形成亲英派。与英格兰结盟以反对与法国结盟的政策同宗教问题纠缠在一起。无论人们对当时英格兰宗教改革的性质怎么看,反正亨利八世彻底断绝了与教皇统治的关系,与英格兰结盟将使苏格兰陷入反叛中世纪教会的境地。苏格兰的亲法派和罗马天主教阵营首领是大卫·比顿,他无疑是苏格兰最能干的人,可能也是最恬不知耻的人。他于 1538 年被任命为圣安德鲁斯的大主教,成为他年迈的叔父的副主教。正在这时教皇保罗三世需要在离英格兰尽可能近的地方找一位地位很高的教会人士公布他反对亨利八世的教皇训令,于是保罗三世在同一个月给比顿送来一顶红衣主教的帽子。红衣主教比顿于是屹立在苏格兰,维护法国和罗马,而反对英格兰和宗教改革。1542 年发生在苏格兰的摄政权之争便既涉及国际政策,也涉及宗教政策。乌云聚集到这位婴儿女王的摇篮周围,预示着一场要毁灭她的风暴即将到来。

起初亲英派占了上风。王太后的意见几乎没有得到重视。比 283
顿出示了一份遗嘱——据说是从垂死的国王那里骗来的,遗嘱任命他及其他几个苏格兰大贵族为王国的总督。这一安排马上就被弃置一边,阿兰伯爵被任命为总督(1543 年 1 月 3 日),比顿则被

幽禁在黑堡。

总督挑选约翰·拉夫为他的宫廷教士，挑选托马斯·威廉为他的讲道师，两人都是热心的宗教改革者。以前颁布的反对异端的法案得到修改，以至于那些被怀疑为异端的人也可以担任公职，异端分子也得到比较温和的对待。更有甚者，议会的一项法案（1543 年 3 月 15 日）允许拥有和阅读旧约和新约的合适而正确的译本。但是亨利八世的专横政策和总督的软弱无能使得上述政策发生了变化。比顿从黑堡释放出来，回到了他自己的圣安德鲁斯城堡；总督遣走了改革派讲道师；枢密院（1543 年 6 月 2 日）禁止对有关圣事的中世纪教义进行任何批评，违者处死并没收财产，禁止拥有异端书籍。9 月，阿兰和比顿和好了；12 月，议会废除了与英国订立的同意爱德华与玛丽之间婚事的条约，恢复了与法国原来的同盟。随后宗教迫害重新开始，几乎全部以前赢得的权利都丧失了。亨利无情地蹂躏了边境，但也于事无补。护国公萨默塞特比较开明的政策也未能减轻苏格兰的猜疑。他们的“小女王”被送到法国，由吉斯家族教育，“其目的是让她适应那种独特的风味，并永远保持那种生活方式，以便为在这个国家制造灾难作准备，并且也为她的最终毁灭作准备。”①

284 但是如果说宗教改革运动作为一项国策丧失了它的基础，那么它却在人民的心中作为精神的复兴而增强了力量。乔治·威沙特——皮特埃罗的威沙特之一——曾于 1538 年因迫害而出逃，游

① *The Works of John Knox*, *collected and edited by David Laing* (Edinburgh, 1846—1864), i. 218.

历英格兰、德国、瑞士，大约在 1543 年返回祖国，因为他非常渴望亲自参与福音在祖国的传播。他先在蒙特罗斯传道，后又在瘟疫期间到邓迪传道，后又到了额尔郡。比顿一派的人急于抓住他，当他在洛锡安地区巡回布道时，他在奥尔米斯顿豪斯被抓住并被交给博思韦尔伯爵，后者违背了自己曾作的誓言，将他送到红衣主教那里；红衣主教将他关押到圣安德鲁斯的城堡主塔里（1546 年 1 月底），并在大教堂对他进行审讯，判处他火刑（1546 年 3 月 1 日）。

威沙特是诺克斯的先行者，当威沙特在洛锡安地区巡回布道时，诺克斯便是他固定的同伴。罗马天主教方面企图暗杀这位胆大包天的讲道师，诺克斯便携带一柄需双手舞动的宝剑，随时准备砍倒企图在威沙特布道时袭击他的人。隐藏在诺克斯刚毅性格之下的温柔的一面，在他的史著中对威沙特的描述里透露出来。对威沙特来说，诺克斯是他喜欢的门生。当他预见到自己的末日临近时，他拒绝让诺克斯与他共担危险。[1]

暗杀是 16 世纪除掉政治对手经常使用的手段，在英格兰的秘密策动下，早就制订了对比顿的暗杀计划。威沙特殉道三个月后（1546 年 5 月 29 日），以诺曼·莱斯利和格兰奇的科尔卡迪为首的一小股人闯入圣安德鲁斯城堡杀死了红衣主教。他们据守城堡，城堡变成生命受到政府威胁的人以及赞同与英格兰结盟的人的避难地。政府派兵包围了该地但不能攻克，只得撤兵。曾任阿 285
兰的改革派宫廷教士的约翰·拉夫加入进来，开始向圣安德鲁斯

① *The Works of John Knox*, etc. i. 125—145.

的人们布道。名噪一时的诺克斯本打算到德国去避难，被人劝说来到该城堡，在那里人们执意违背他的心意，强使他站出来担当上帝之道的布道师。他的第一次讲道就让他身置苏格兰宗教改革家的最前列，人们开始预言，他将遭受威沙特同样的命运。“乔治·威沙特夫子讲道从不如此直白，可还是被烧死了。因此他也会被烧死。”①

有关约翰·诺克斯的早年历史我们知道得很少。他于 1515 年生于哈丁顿或哈丁顿附近，②至于哪月哪日则不得而知。他出身于苏格兰普通人家，他的祖先曾是博思韦尔伯爵家的侍从；他当过天主教会的文书，1540 年成为神父；1545 年他曾担任奥尔米斯顿和朗尼德里两地地主的家庭教师；他在 1545 年 12 月至 1546 年 1 月间陪伴威沙特——这些就是在他被人们作为苏格兰宗教改革的讲道师推出来之前我们所知道的关于他的情况。当时他 32 岁，是位寡言少语、大器晚成的人，具有将自己保持在幕后的天资。

诺克斯在圣安德鲁斯的工作被一支法国舰队的到来打断了（1547 年 7 月），这支舰队炮击圣安德鲁斯的城墙，直到该城堡被迫投降。他和所有居民被运到法国。他们曾提出如下要求作为投降的条件并得到同意：宽恕他们的性命；安全地将他们运送到法国；如果到法国后法王向他们提出的条件他们不能接受，那么应当
286 允许他们去往任何他们可能选择旅居的国家，苏格兰除外。然而，恪守对异端分子做出的承诺并非法国国王的习惯，诺克斯及其同

① *The Works of John Knox*, etc. i. 192.

② Dr. Hay Fleming 解决了诺克斯出生日期这个聚讼纷纭的问题，见他的文章 in the *Bookman* for Sept, 1905, p. 193; cf. *Athenœum*, Nov. 5th and Dec. 3rd, 1904.

伴被送去做了划桨奴隶。19 个月里他不得不忍受这种生不如死的生活，这其中的长期折磨只有公元最初几个世纪被罚去矿井里服苦役的基督徒所遭受的痛苦可与之相比。他们 4 个人或者 6 个人一起被锁链锁到划桨的坐板上，这样的坐板位于船边最角落的地方。白天他们不能改变姿势，晚上他们仍然被锁着，被迫在坐板下睡觉；他们白天黑夜都暴露于风吹雨打中；监工在两排坐板之间来回走动，他们经常要挨监工的鞭打；他们吃的是粗糙不堪的硬面包和菜豆混着油煮的稀汤，而且吃不饱；常常与作恶多端的罪犯锁在一起。法国教皇派发明这种手段来对付所有在宗教事务上与他们不同的人。但这并不能使得诺克斯对法国政策或法国宗教产生什么好感。他很少提及这段可怕的经历。他是这样淡淡说到的：

> “我做了多长时间的囚犯，在船上经受了什么样的折磨，我的心灵有多么痛苦，现在都没有时间回忆了。我唯一不隐瞒的一点是——很多人都听我说过——当我的躯体远离苏格兰的时候，我曾表达过一个坚定的信念，就是在我结束此生之前，我要到圣安德鲁斯去公开传道。”①

由于英国政府的干涉，这批囚犯于 1549 年初从划桨苦役中释放出来，诺克斯 4 月 7 日到了英格兰。正是在那儿他才开始了他作为宗教改革传道师的真正的工作。他在贝里克、纽卡斯尔和伦敦做了 5 年牧师。他两次受到提拔——1552 年提拔他到罗彻斯

① *Works of John Knox*, etc., i. 349.

特担任空缺的主教一职,1553 年初又提拔他出任伦敦圣布莱德的
287 万圣堂牧师一职。但是他都拒绝了,由于这个原因他被召至枢密院解释他为什么拒绝提升。[①] 也许是因为他正在参与编纂《公祷书及英格兰教会中圣事及其他仪式和典礼的施行》。该书通常又称爱德华六世的《第二祈祷书》。书中解释参与圣餐礼时要下跪的规程,或者至少其中的一句话,非常可能是因为他的忠告或建议加上去的。[②] 玛丽·都铎的登基结束了他在英格兰的职业;但是在他的传道师同伴放弃这项事业很久以后,他仍然坚守着这项事业。当女王进入都城时,他在伦敦勇敢地指责欢呼的人群——他是一位无所畏惧、直言不讳的人,他是一位可以依靠的人,别人不敢做的事,他敢做。

诺克斯安全渡过海峡,秘密取道法国来到日内瓦。他与加尔文一起度过了一段时间, 随后到苏黎世去看望布林格。他似乎对苏格兰和英格兰的状况作了深入的思考,他向这些宗教学家提出一系列问题,这些问题显示出他正试图为他自己提出某些理论,即他后来宣称的臣民有权利对他们的暴虐君主予以限制。[③] 除 1555 年底短期访问苏格兰外,1554—1558 年诺克斯都是在大陆度过的,但是这段时间对他未来在苏格兰的工作却很重要。这一期间

① Calderwood, *The History of the Kirk of Scotland* (Edinburgh, 1843—1849) i. 280—281.

② Lorimer, *John Knox and the Church of England* (London,1875), pp. 98 *ff*. 该规程可以在 *The Two Liturgies with other Documents set forth by Authority in the reign of King Edward the Sixth* (Cambridge 1842), p. 283 中找到。这是 Parker Society 的出版物。

③ 这些问题可以在 Parker Society 出版的 *Original Letters* (Cambridge, 1847), p. 745,以及 *The Works of John Knox*, etc. iii. 221 找到。

法兰克福的英格兰流亡人士礼拜会出现内讧，此间诺克斯心胸开阔的宽容态度和坦坦荡荡的行为方式与他的对手的狭隘而阴暗的 288
政策形成鲜明的对比。这一时期，他在日内瓦的难民中安宁而愉快地施行宗教仪式。在这一时期，他熟识了法国和瑞士的新教头面人物，他认识到欧洲诸国的内部政治条件。这就解释了诺克斯后来为什么经常能得到准确的信息，他能够如同塞西尔一样，及时了解大陆国务活动家们的所作所为，而塞西尔拥有英格兰外交部门的全部资源。最重要的是，在这段时期他认识到，从常理来看，整个宗教改革运动的命运与新教的英格兰和新教的苏格兰之间的联盟紧密联系在一起。

诺克斯回苏格兰作了一次为期 10 个月（1555 年 9 月—1556 年 7 月）的短期访问。他勉励那些前来爱丁堡他的住处拜访他的人，进行巡游讲道，在不同场合按照改革派仪式施行圣餐礼。他访问了邓恩、卡德豪斯、巴尔、埃尔、奥奇尔奇里，还有其他地方，他在许多贵族家里受到欢迎。他 7 月启程赴日内瓦，此间抽空与他的第一位妻子马乔丽・鲍斯完婚。——有魅力的妻子（*uxor suavissima*），加尔文这样评价她：“在任何地方都找不到像她这样的妻子”。[1] 她为诺克斯的祖国不断发展的新教运动又增添了不少力量。诺克斯告诉我们，金卡丁郡的多数绅士“联合起来，竭尽全力，保证真正宣讲耶稣基督的福音，似乎上帝应该给他们送来传道师

① Calvin to Knox (April 23rd, 1561); Calvin to Goodman (April 23rd, 1561); *The Works of John Knox*, etc. vi. 124, 125; cf. *Calvini Opera* (Amsterdam, 1667), ix. *Epistolœ et Responsa*, p. 150.

和机会”——至于这一联合是口头的还是写成了文字，则不清楚。[①]

在1557年(12月3日)苏格兰新教徒为建立明确的组织打下
289 了基础。他们采取了与该国的世俗历史极为相似的形式。在苏格兰，贵族的强横和中央政权的软弱导致出现这种局面，即一些人为顺利推行自己的企图而结为同盟，做一些或者合法或者非法的事情。同盟成员许诺为所倡议的事业互相援助，并为由此出现的后果共同负责互相保护。这样的协定常常由公证人按法律形式起草，并且用人们知道的各种法律保障手段来维护。人们所称的礼拜会诸公，当他们许诺的时候，也依照了流行的习惯：

> “在神圣上帝和他的礼拜会面前，我们(因着他的恩典)应当殚精竭虑，不断以我们的圣洁力量、财产乃至我们的全部生命来维护、促进、确立最神圣的上帝之道和他的礼拜会；应当竭尽全力使可靠的牧师纯洁而正确地向基督的子民传播他的福音，举行圣事。”[②]

这一“诸公签署的盟约”是苏格兰改革派教会历史上许多著名协约中的第一个(如果金卡丁郡绅士们所作的许诺除开的

---

① *The Works of John Knox*, etc. i. 251; D. Hay Fleming, *The Story of the Scottish Covenants in Outline* (Edinburgh, 1904), p. 6.

② *The Works of John Knox*, etc. i. 273.

话）。[1] 旧有的苏格兰习惯现在浸润着新的精神意义，成为对上帝所作的共同许诺，它依照旧约的样子，答应忠于上帝之道及上帝的引领。

这一重要举措马上便有了后续行动。结为同盟的显贵致信当时在日内瓦的诺克斯及加尔文，催促这位苏格兰宗教改革家返回祖国。他们还通过了两项著名的决议：

> “第一，我们认为这样做是适当的、明智的和合乎法度的，即在这个王国的所有教区，要在每个星期的星期天以及其他节日，在堂区教堂宣读公祷书（可能是爱德华六世第二祈祷 290
> 书[2]），根据公祷书的指示讲解新约和旧约。如果该堂区的本堂神父称职的话，就让他们来宣读；如果他们不称职或者不愿意，那么就由教区中比较合格的来宣读。第二，我们认为这样做是必要的，即关于圣经的信条以及对圣经的宣讲和解释可以在私下进行，可以没有大量人员参加，同时等待上帝让君主认可公开布道是虔诚的、真正的礼拜。”[3]

阿盖尔伯爵扶植约翰·道格拉斯，从而为众人树立了榜样。他让后者在他府上公开讲道。

---

① For the Covenants of the Scottish, cf. D, Hay Fleming, *The Story of the Scottish Covenants in Outline* (Edinburgh, 1904).

② 塞西尔致信巴黎的特罗克莫顿（1559 年 7 月 9 日）说，在苏格兰“他们解放出有圣坛的教区教堂，接受英格兰教会按照爱德华王的公祷书施行的宗教礼拜”。（*Calendar of State Papers*, *Elizabeth*, *Foreign*, *1558—1559*, *p.* 367）

③ *The Works of John Knox*, etc. i. 275.

这一行为最终吓坏了王太后。王太后1554年(4月12日)担任摄政。她设法鼓动大主教运用他的权力镇压异端。大主教致信阿盖尔,敦促他将道格拉斯打发走,同时又为自己的干涉辩解,说王太后因他能够"忍受"他教区中持错误教条的人而感到奇怪。

1558年某个时候又进一步采取了措施,人们决定赋予礼拜会——苏格兰全部忠实接受福音派宗教改革的全体人员——以"教会的面貌",即建立权威机构,使大家承认这个权威,这个权威能够推行宗规。"通过共同推选",选出了一些长老,全体教友都要许诺服从他们。由于缺少普遍认可的牧师,就由在俗人士来填补,他们要致力于劝勉信众的工作;他们的首领是邓恩的厄斯金。
291 苏格兰境内第一个正规组织起来的改革派教会建立在邓迪城。[①]

组织的建立给了新教首领们以胆量,他们通过詹姆斯·桑迪兰兹爵士恳求摄政允许他们按照改革派的方式进行公开的宗教礼拜,并对教士的丑恶生活进行改革。这导致了一个妥协方案的提出,但马上被拒绝了,因为该方案强令改革派尊崇弥撒并赞同向圣徒祈祷。随后王太后允许进行公开礼拜,但利斯和爱丁堡除外。接着礼拜会诸公要求中止那些给予教士审判和惩罚异端的权力的法律,合法地召开一次宗教大会对宗教上处于争论中的各点做出决断;要求所有被怀疑为异端的人应在"世俗法官"(temporal judges)前接受公正的审判。[②] 摄政"做出友好的样子,说了大量的好话",但拒绝让他们的请愿书呈送议会,而只是将它"装在自己的

---

① *The Works of John Knox*, etc. i. 300.

② 同上,i. 301—312。

口袋里”，改革派决定直接向议会另呈一份请愿书，在这份请愿书中他们宣布，既然宗教改革不能推行，他们就决定在宗教事务上依从自己的良心；如果他们受到攻击，他们将捍卫他们自己以及他们的思维方式；如果因此而发生骚乱，那么应当谴责的是那些拒绝实行正当的宗教改革的人；他们提出此请愿书没有其他想法，只是要对宗教上的弊端进行改革。[①]

1557 年，诺克斯由格伦凯恩伯爵、厄斯金和罗恩两位勋爵以及詹姆斯·斯图亚特（后来成为默里伯爵）邀请返回苏格兰。[②] 诺克斯于 10 月到达迪普，发现那里已有他的一些信件，这些信告诉他时机尚不成熟。他写的回信鼓励那些参与宗教改革的贵族建立 292
了 1557 年 12 月的同盟。在迪普得到的一些消息令他恼火不已，于是他撰写了一本内容激烈的小册子，题为《反对妇人残暴统治的第一声号角》[③]——这本小册子与其他任何事情相比，对他的未来的妨害是最大的。对于他这位渴望在苏格兰和英格兰开展事业的人来说，当时的局势是非常令人恼怒的。“血腥”玛丽在英格兰煽动她的官员烧死诺克斯的宗教同党，而在爱德华六世时期已取得很大进展的宗教改革运动，看上去要被彻底推翻了；同时吉斯的玛丽，即苏格兰的王太后和摄政，正鼓动不情愿的圣安德鲁斯大主教运用其教皇使节权和主教权镇压苏格兰的新教徒。但也许是命运的诡谲，在这份小册子广为人知以前，玛丽·都铎就死了，诺克斯最想争取的女王现在登上了英格兰王位，并任命最坚定的新教徒

① *The Works of John Knox*, etc. i. 313.

② 书信往来见 *The Works of John Knox*, etc. i. 267 ff. ,iv. 251 ff. 。

③ *The Works of John Knox*, etc. iv. 349.

威廉·塞西尔为她的国务大臣。她很难不认为,《号角》的矛头是指向她的;而且即使不是如此,那么对于一位王位尚未稳固的国王而言,这份小册子也是十分危险的。因此毫不奇怪,女王永远也没有原谅这位激烈的作者;《号角》也一直是这位苏格兰宗教改革家与其英格兰同行之间达到完全理解的障碍。① 如果说诺克斯永远也不会公开向女王——无论是伊丽莎白·都铎还是玛丽·斯图亚特——忏悔,承认他自己做错了,那么他是愿意向一位他喜欢的友人表白的:

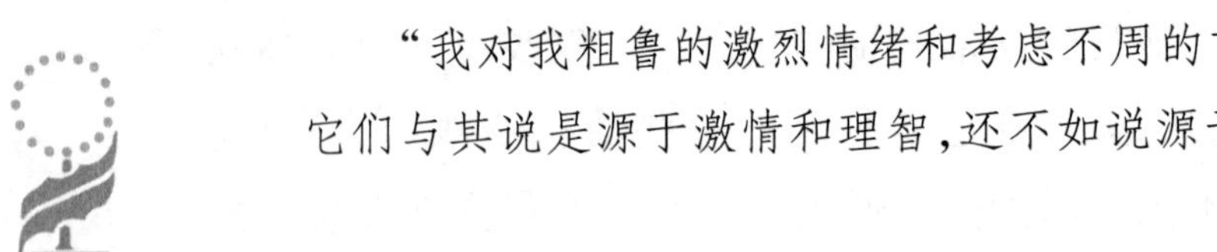

> "我对我粗鲁的激烈情绪和考虑不周的言辞并不作辩解,它们与其说是源于激情和理智,还不如说源于冷静。"②

293 对诺克斯和苏格兰来说,更为糟糕的局面来临了,因为妇人统治的时代开始了。查理五世、弗朗西斯一世和亨利八世均已亡去,欧洲的命运掌握在伊丽莎白、凯瑟琳·德·美第奇、玛丽·斯图亚特和西班牙的腓力手里,而腓力则是四人当中最为狡诈的女人式的君王。

诺克斯在1559年夏初回来以后,苏格兰的局势激荡不已。王太后摄政与礼拜会诸公互相对峙,他们决定一试高下。诺克斯1559年5月2日到达爱丁堡,旋即赶到邓迪,那儿改革派已聚集了一些力量。他们决定支持教中兄弟依照改革派教会惯例施行公开

---

① *Calendar of State Papers, Foreign Series, on the Reign of Elizabeth, 1559—1560*, pp. 73, 77; *1558—1559*, pp. 306, 310.

② *The Works of John Knox*, etc. v. 5.

礼拜，支持他们在多数居民已宣布接受改革派宗教的城市打击“偶像崇拜”。摄政向改革派发出挑战，她传唤那些传道师前去晋见她，并下令禁止他们传道。改革派显贵接受了这一挑战，他们决定对太后的传唤做出答复并与传道师们一起前去晋见。“苏格兰王国中公开表白信仰基督的福音的人”给摄政写了一封信（1559 年 5 月 6 日）。这封信令人钦佩地陈述了苏格兰宗教改革运动的原则，可以概述如下：

> “该信记录了它的撰写者们一度抱有的希望，即上帝会使她成为确立和维护他的道及真正的崇拜，保卫他的教众，打倒她王国中一切偶像崇拜、丑恶和迷信的工具；该信表达了他们的忧伤，因为他们获悉她决意去做完全相反的事情；该信警告她不要僭越她的职权范围，不要篡夺基督的王国中不属于她的权力；该信清晰地区分了世俗管辖权和宗教管辖权；该信请求她撤销她禁止上帝使者活动的命令；该信主张，即使说话者不具备通常的职位，人们也应当领受上帝的消息；该信声称，那些被禁止传道的牧师是受上帝差遣的，而且也是根据圣经 294
> 的命令任命的；该信指出，如果她的命令违背了上帝的命令，那么就不应当遵守，而敌人则正极力诱使她施行不义的统治，以便当他们这些信仰告白者不遵从时对他们加以暴乱或造反的罪名；该信恳请她怜悯那些寻求上帝的荣耀和对她真正忠顺的人；该信声明，靠着上帝的帮助，他们将沿着他们已经开始的道路继续前进，他们将接受和襄助上帝的牧师和上帝之道，即使世间全部权力都强迫他们，他们永远也不会重新参与

> 他们已经放弃的丑恶；该信传达了他们对她的谦卑服从，无论和平时期还是战争时期，无论涉及身体还是涉及财物和土地，他们都会对她致以应有的服从；该信结尾时祈祷永恒的上帝会用他的圣灵教导、鼓励和指引她走上上帝可接受的道路。”①

随后双方便发生了一系列较量，通常总是摄政占上风，因为法国为她提供了训练有素的军队，远远强于礼拜会诸公的封建扈从。就像在法国和低地国家一样，人民起义反对摄政和高级教士也表现为爆发圣像破坏运动，而这是不利于新教事业的。在所有这三个国家，传道师的规劝和当局的命令都不能让“鲁莽的大众”停止破坏“偶像崇拜的场所”。②

一开始，诺克斯就认识到，如果宗教改革派没有得到英格兰的援助，那么他们最终成功的希望微乎其微；而他对得到这一帮助还是有信心的，因为他知道新教在英格兰的胜利需要苏格兰礼拜会诸公的支持。

1559 至 1567 年是宗教改革运动史上最为关键的时期。新教
295 在全欧洲的存在都与发生在苏格兰的斗争息息相关；而且各种深谋远虑的人物——无论是在中世纪信仰的大本营罗马，还是在新教信仰的根据地日内瓦——都将他们的目光投向这个落后的北方小王国，这在苏格兰历史上是第一次，可能也是最后一次。他们注

① 这里的概述取自 Dr. Hay Fleming 的卓越的小书 *The Scottish Reformation* (Edinburgh, 1904), p. 44。

② *The Works of John Knox*, etc. i. 319.

视着一个新民族国家诞生时的阵痛——一个不列颠民族国家正在形成。两个互为世仇的民族正在走向联合；英格兰的罗马天主教派将苏格兰女王视为他们的合法君主，苏格兰的新教派别则期待着他们在英格兰的兄弟的援助。现在的问题是：这个新国家会接受经过了改革的宗教呢，还是那些反击新教的人会胜利？假如诺克斯和礼拜会在苏格兰取得优势，同时塞西尔又能够引导英格兰走上他想指引的道路（这两位互相需要，他们也知道这一点），那么宗教改革运动就有保障了。假如苏格兰站在法国和罗马教会一边，而且它的罗马天主教女王强烈要求取得英格兰王位，那么宗教改革运动不仅会在大不列颠，而且也会在德国和低地国家遭到绞杀。在罗马和日内瓦，在巴黎、马德里和伦敦，世俗政治家和教会政治家就这样盘算着。塞西尔如此概括欧洲局势："皇帝觊觎欧洲统治权，他不镇压改革派宗教就不能实现这一目的，而他不压服英格兰就不可能扑灭宗教改革。"在这关键时刻，如果苏格兰为吉斯家族所控制，就会对宗教改革运动的生存造成致命打击。

1559年，如果反宗教改革的支持者都是全心全意的并暂时搁置国家争斗的话，那么胜算似乎在反宗教改革一方。差不多诺克斯到达苏格兰前一个月（1559年4月）卡托·康布雷齐和约签订了，其中有法国国王与西班牙国王联手剿灭欧洲新教的秘密条款。奥兰治亲王获悉这些秘密条款后，默默立誓，要为保护他的同胞和
将"西班牙人渣"驱逐出尼德兰而献身。法国的亨利二世，颁布了 296
夏托布里昂敕令，建立了火刑法庭，有吉斯公爵和洛林红衣主教出谋划策，有普瓦提埃的迪亚娜的督促激励，正尽其所能铲除法国的新教徒。克里斯托弗·蒙德特博士不断向女王伊丽莎白和她的大

臣汇报形成反对欧洲新教徒的大联合的各种迹象——从提议征服丹麦到皇帝禁止其皇廷成员参加新教礼拜活动。[①] 思罗克莫顿几乎是充满激情地从巴黎致信塞西尔，敦促他支持苏格兰礼拜会诸公；甚至在斯特拉斯堡的蒙德特博士也看出，发生在苏格兰的斗争是欧洲局势中最重要的事件。[②]

然而塞西尔还很难提供诺克斯和苏格兰新教徒急需的帮助。因为这意味着一个国家的君主帮助另一个国家的按照法律来说是反叛他们的君主的人。这种政策对伊丽莎白女王来说是相当危险的，因为她自己还没有摆脱臣民反叛的危险。还有法国，英格兰刚刚同它达成和平。塞西尔面对伊丽莎白时困难重重。她不喜欢加尔文本人。她对加尔文的神学也没有好感，因为这种混杂着啜泣与欢呼的神学容易搅动被压迫民众的心。还有诺克斯和他的《号
297 角》，还不要说他向他的国家的百姓发出的呼吁。“愿上帝让诺克斯在苏格兰所做的事情远离我们；愿人民都遵纪守法！”11 月 6 日帕克博士致信塞西尔时这样写道。[③] 然而塞西尔比任何人都更加清楚，如果礼拜会诸公失败了，那么新教在英格兰就几乎没有成功的希望，而且伊丽莎白的王冠和帕克博士的主教冠也有赖于诺克

① *Calendar of State Papers, Foreign Series, of the Reign of Elizabeth, 1558—1559*, pp. 245, 259; *1559—1560*, p. 182. 蒙德特博士的全部通信都非常有趣，这些信件表明在卡托·康布雷齐条约签订之后，天主教派还进行了一系列活动，这些活动表明他们对镇压整个新教运动所抱的希望增加了。

② 同上，*1559—1560*, p. 68：“所有善良的人都希望面临其他危险的英格兰运用掩饰手段和策略计谋去顾及那个与它相邻的国家——这个国家有着与英格兰相同的事业——不应当先是被抛弃掉，然后遭到倾覆。”(*Dr. Mundt to Cecil*, Oct. 29th, 1559)

③ 同上，*1559—1560*, p. 84。

斯在苏格兰的胜利。

他观察着边界那边的斗争。他早在1559年7月8日已下定决心，必须给予礼拜会诸公以援助，“首先给以振奋人心的许诺，然后助之以金钱，最后援之以武力。”①他的计划的第二阶段在11月得以实现；在坎特伯雷大主教虔诚地祈祷上帝的帮助以将诺克斯的影响排除在英格兰之外的两天前，塞西尔便决定送钱到苏格兰去，并将这笔钱的发放委托给诺克斯。备忘录是如此写的：在支付这笔钱时要与诺克斯协商，诺克斯负责监督它们用于共同活动。②

第三阶段——以武力相助——来得比预计的要快。法国的形势变得对新教有利起来。亨利二世死了（1559年7月10日），吉斯兄弟通过其侄女玛丽和她体弱多病的丈夫统治着法国。但是波旁诸王公及许多大贵族对吉斯家族的突然崛起很不以为然，他们成为法国人才不过两代，而骚扰吉斯最容易的方法就是公开或者暗中支持“那些宗教中的人”。法国动荡不安。思罗克莫顿从巴黎写信说道：“要趁热打铁，他们漂亮的奉承和甜蜜的话语只不过是在争取时间。”③塞西尔于是采取了行动。他与他的王家女主人进行了一场吃力的战斗，但还是赢得了胜利。④ 英格兰和代表“苏格兰王国第二人”而行动的 298

① *Calendar of State Papers, Foreign Series, of the Reign of Elizabeth, 1558—1559*, p. 365, *Cecil to Croft*, July 8th, 1559.

② 同上，*1559—1560*. p. 79。

③ 同上，p. 352。

④ 参见他感伤的辞职信。同上，p. 186 n。

礼拜会诸公达成一份协定(贝里克条约,1560 年 5 月 10 日)。[①] 一支英格兰舰队进驻福思湾;一支英格兰军队包围了利斯港的法军;最后法国被迫放弃对苏格兰的控制,并且后来从未彻底恢复过(爱丁堡条约,1560 年 7 月 6 日)。[②] 绝大多数苏格兰民众从英格兰人的胜利中只看到他们从法国暴政下的解脱,于是一支英格兰远征军离开苏格兰土地时第一次受到人们的祝福而不是诅咒。苏格兰公祷文原包括《法国人宗教迫害时期苏格兰教会使用的祷告》,现在又加进《从法国人暴政下解放出来后对上帝的感恩;以及为英格兰和苏格兰两国之间和平的继续而作的祷告》,其中含有如下祈求:

> “看到我们不能通过我们自己的力量将我们从异族的暴政、束缚和奴役下解放出来,您以您特别的善良感动了我们邻居的心(我们并不值得他们喜爱),使他们和我们共担艰辛,为了我们的解放他们不但牺牲了许多生命,而且也使自己国度的土地和安宁陷入危险。哦,主啊,让我们衷心记住我们所领受的好处,就我们而言,从今尔后,让我们永远不与英格兰国家和民族发生敌对。”[③]

---

① 夏特尔罗公爵(阿兰伯爵)在王位继承次序上位居玛丽及其后代之后。关于他的所作所为,参见同上,第 24 页一条奇妙的注。关于条约,参见 *Calendar of State Papers relating to Scotland and Mary Queen of Scots*, i. 403, and *The Works of John Knox*, etc. ii. 45 ff. 。

② *Calendar of State Papers, Foreign Series, of the Reign of Elizabeth. 1560—1561*, pp. 172—178.

③ *The Works of John Knox*, etc. vi .309, 313, 314.

摄政在这些战争行动发生期间死去，塞西尔追随并加强了护国公萨默塞特的政策，完全放手让苏格兰人处理他们自己的 299
事务。①

现在对诺克斯和礼拜会诸公来说正是机不可失、时不再来的机会。诺克斯到达苏格兰以后，他们并没有虚度时光。他们通过另外三个结盟协议增强了他们之间的联系。在西部礼拜会与法夫、佩思、邓迪、安格斯、金卡丁、蒙特罗斯等地的礼拜会在佩思举行的会议上(1559年5月31日)，他们约定不惜

> “辛苦、金钱、财产、身体和生命去维护神圣礼拜会及其成员的自由权，反对任何企图损害宗教事业的势力。”②

他们7月13日在爱丁堡又对这一盟约作了更新；在斯特林(8月1日)他们约定，

> “我们当中的任何人以后均不得在没有取得其他人和大家的一致同意的情况下，跑到太后那里去，同她交谈或者密谈任何一个字。”③

他们了解到下面这些情况非常高兴：尽管法国军队和摄政的军

① “不置一辞，放手宗教事务。”(*Calendar of State Papers*, etc. p. 178)

② *The Works of John Knox*, etc. i. 344.

③ 同上，i. 382。

官在战场上对他们来说过于强大，但是这些外国人的蛮横态度和劫掠行为使得苏格兰各阶层的人都将他们的解脱寄托在英格兰的联盟和宗教改革的胜利上。1560 年(4 月 27 日)的盟约写道："苏格兰表白信仰耶稣基督的贵族、男爵、乡绅……及与我们联合在一起的各色人等，共同驱逐法国军队；其中汉特利伯爵是首领。"①

1560 年 7 月 10 日，等级会议或者说议会在爱丁堡聚集。当时
300 法国士兵和英国士兵都没有离去；他们便将会议延期到 8 月 1 日，后来又延至 8 日。②

在此期间诺克斯和礼拜会很忙碌。这位宗教改革家在圣伊莱斯的众牧师中鹤立鸡群，每天讲授《哈该书》(论建造圣殿)——"它适合于这个时代"③。伦道夫 8 月 15 日致信塞西尔说：

> "每天都举行讲道，听众很多；尽管各色贵族不是坚定的信仰者，但是他们确实屡次来听布道，这就使许多人产生了很大的希望，即上帝一定会感化他们的心灵。"④

礼拜会在圣伊莱斯教堂中举行了盛大的感恩祷告；之后他们建立了八个机构完备的教会，并任命了五位教长。⑤ 他们还拟定了一份致

---

① *The Works of John Knox*, etc. ii. 61.

② Cf. *Calendar of State Papers relating to Scotland and Mary Queen of Scots*, i. 456—462.

③ *The Works of John Knox*, etc. ii. 88.

④ *Calendar of State Papers relating to Scotland and Mary Queen of Scots*, i. 461.

⑤ Spottiswoode, *History of the Church of Scotland* (Edinburgh, 1847), i. 325.

议会的请愿书,要求以他们希望的方式解决宗教问题。[①] 应等级会议或者说议会之要求,诺克斯和五位同伴写成了《苏格兰王国内新教徒表明和相信的信仰之告白》,这份告白因为是“有益而健康的信条、建立在绝对正确的上帝之道上”而得到批准和赞扬。随后等级会议将之作为“我们表明的、我们用以抵抗邪恶和危险的信条之汇集”予以发布。[②] 七天之后(8 月 24 日),等级会议宣布,“罗马主教今后在这个国家没有管辖权,没有权威”;他们废除了此前一切与该信仰告白相 301
抵触的议会法案;他们禁止谈论或参加弥撒,否则将受到行政当局的惩罚,第一次违犯将处以没收财产和体罚,第二次违犯将被驱逐,第三次违犯将处以死刑。[③] 当然,这些严厉的惩罚措施并没有严格执行。莱斯利(罗斯的罗马天主教主教)在他的史著中写道:

> “异端贵族的宽宏大量不应当略而不提,因为那时他们因宗教原因流放的天主教徒数量极少,监禁的更少,处死的则没有。”[④]

还有一件事情需要去做——为新的新教教会起草一份章程。这一工作委托给了撰写上述信仰告白的那几位牧师。他们受命在 4 月 29 日之前完成这项工作,而他们则在一个月之内为礼拜会诸公起草了章程。这份章程未获等级会议的批准;但等级会议下令

---

① *The Works of John Knox*, etc. ii. 89.

② 同上,ii. 95; (Dunlop's) *Collection of Confessions of Faith*, etc (Edinburgh, 1722), ii. 17, 18。

③ *Act. Parl. Scot*. ii. 526—535.

④ Lesley, *De Rebus Gestis Scotorum* (Bannatyne Club, Edinburgh) p. 537.

将它提交给下一次全体会议，同时它被译成拉丁文送给日内瓦的加尔文、维莱和贝扎。[①] 有些人认为，这种拖延的原因，是许多显贵不愿意看到“他们的肉欲自由和世俗利益受到损害”[②]；但同时另一项谋划也在进行着。塞西尔终于希望，苏格兰的教会应当与英格兰的教会相一致，他指示伦道夫前去完成这项统一工作。双方的国务活动家都热衷于这个想法——它在詹姆斯一世和查理一世的治下
302 由英格兰向苏格兰贯彻，又以神圣盟约和相关协定由苏格兰向英格兰贯彻。而伦道夫洞察时势，知道这种一致是不可能的。[③]

《苏格兰新教徒相信和表明的信仰和教条之告白》被译成拉丁文，并冠以《苏格兰告白》(*Confessio Scoticana*)之名，它在改革派教会全部信纲中享有崇高的地位。它在存在的头一个充满暴风雨的世纪里，一直是苏格兰教会的象征。它于1674年为威斯特敏斯特告白所取代，但条件是后者与前者“不得有任何违背”；此后它还长期享有权威。[④] 它由寥寥几位神学家仓促草成，与多数信纲相比，它更具有人情味，更易为人们接受，许多反对威斯特敏斯特告白的冷冰冰的逻辑的

① *Calendar of State Papers relating to Scotland and Mary Queen of Scots*, i. 472, in a letter from Randolph to Cecil of Aug. 25th.

② *The Works of John Knox*, etc. ii. 128.

③ *Calendar of State Papers relating to Scotland and Mary Queen of Scots*, i. 471,472.

④ 苏格兰告白见(Dunlop's) *Collection of Confessions of Faith*, *Catechisms*, *Directories*, *Books of Discipline*, *etc.*, *of Public Authority in the Church of Scotland* (Edinburgh, 1722), ii. 13 ff.，其中苏格兰文本和拉丁文本分两栏对照印刷；in Schaff's *Creeds of the Evangelical Protestant Churches* (London, 1877), pp. 437 ff.; *Niemeyer*, *Collectio Confessionum in Ecclesiis Reformatis publicatarum* (Leipzig, 1840), pp. 340 ff.，只有拉丁文本；关于它的特征的描述，参见 Mitchell, *The Scottish Reformation* (Baird Leture for 1899, Edinburgh. 1900), pp. 99 ff.。

人常常以它为武器。[①] 它前言的第一句话为整篇文字奠定了基调：

> “亲爱的弟兄，我们渴望已久，向全世界公开了我们信奉的即我们为之遭受迫害和危险的那个教义。但这不过是撒旦对我们的愤怒，也是对耶稣基督永恒真理的愤怒。现在，该真理才在我们中间重生不久。尽管我们会高兴地阐明我们的信仰，但到今天为止我们并没有时间或机会这么做。”[②]

与除第一次巴塞尔告白外的同类文献相比，这个前言更为清晰地表达了早期宗教改革家对上帝之道的崇敬，更为清晰地否定 303
了一切宣称其解释永无谬误的说法：

> “我们声明，如果谁在我们的这份告白中发现任何与上帝的圣言相悖的信条，并乐于友善地、出于基督徒之爱撰文告诫我们；那么我们以我们的荣誉和忠诚，藉上帝的恩典，承诺依据上帝之口（即依据他的《圣经》），让他满意，或改正任何他证明是错误的东西。”

这份告白本身包含了宗教改革运动中改革派信纲的一般真理。它包含了全部基督教的普世信条，正如这些信条被称呼的那

---

① 关于 Edward Irving，参见 *Collected Writings*（London，1864），i. 601 ff.。

② （Dunlop's）*Collection of Confessions*，etc. pp. 15—18.

样——也就是说，它们是由早期普世基督教公会议确定的、体现在使徒信经和尼西亚信经中的真理；它还增加了通过上帝之道和圣灵——它们因宗教改革运动对宗教的复兴而发扬光大——而达成的关于恩典、宽恕和启示的教条。与其说这份告白的信条有什么独特之处，不如说该告白的各个标题更加引人注目，因为这些标题具有巧妙的暗示性。有关启示的教条（除了有关圣经的教条外）是在“许诺的启示”这样的标题下确定的。拣选则根据早期加尔文教的观点被当作恩典的手段，当作神性在救赎中所拥有的“无敌的权力”的证明。正确宣扬上帝之道、正确施行圣事以及恰当实施宗规，被说成是“真教会与假教会所由区别的标志”。圣经的权威被说成源于上帝，既不依赖“人”也不依赖“天使”；教会知道他们是真正的教会，因为“真正的教会永远听从和服从她自己的夫君和牧人的话”。

伦道夫在一封致塞西尔的信（1560 年 9 月 7 日）中说，在这份告白公开宣读之前，莱辛顿和詹姆斯·斯图亚特勋爵对之进行了
304 修改，他们“确实减轻了许多措辞和语句的严厉程度”，并且建议删去关于“臣民不应该遵从其长官”的条款。[①] 该告白经过如此一番修改后被通读一遍，然后由等级会议逐条再读，并未作改动就通过了，[②]——在等级会议面前审读这些条款时，“没有任何人提出反对意见”：[③]

① *Calendar of State Papers relating to Scotland and Mary Queen of Scots*, i. 477, 478.

② *The Works of John Knox*, etc. ii. 121.

③ *Calendar of State Papers*, etc. i. 465, *Maitland to Cecil* (August 18th).

> “人们纷纷表示愿意为保卫共同信仰而流血牺牲。我所见过的最庄重最善良的人老勋爵林赛说道：‘我年事已高，我是我这一群体的最年长者；现在上帝赐恩让我看到了这一天，如此多的贵族及其他人成就了这样一件具有重大价值的功业，我要用西面的话说：‘主啊！如今可以照你的话，释放仆人安然去世。’’”①

有一份告白送给了塞西尔，莱辛顿的梅特兰向他保证，如果在这份信仰告白中有什么内容英格兰的牧师不喜欢，“那么就予以改变（如果可以改变的话），或者至少要在某种程度上予以修饰”；可以看出，苏格兰人非常渴望与他们的英格兰同盟者保持一致。②

这份告白的作者被请求撰写一份简短的声明，以显示如何能最好地管理改革派教会。其结果就是后来所称的《第一宗规书》或者《教会的政策与戒律》这份文献的出现。③ 它为教会制定了地方执行理事会、地区宗教会议和全国宗教大会的管理形式；并承认下述人员为教中管理职位的持有者，即牧师、教师、长老、执事、教长和读经师。

这份《宗规书》的作者声明，他们制定的并建议他们的同胞接 305
受的教会管理体系大纲直接源于圣经，他们的声明无疑是忠诚的并且同样也是恰当的。然而，他们所有的人都赞同加尔文的学说，

① *Calendar of State Papers*, etc. i. 467, *Randolph to Cecil* (August 19th)。

② 同上，i. 479, *Maitland to Cecil* (September 13th)。

③ 关于《第一宗规书》，参见 Mitchell, *The Scottish Reformation*, etc. pp. 144 ff.。该文献本身见(Dunlop's) *Collection of Confessions*, etc. ii. 515 ff.。

并与法国新教徒有个人接触。他们的教会管理形式明显受到加尔文在他的《要义》一书中提出思想的启发,并紧密追随了法国教会的做法。在长老制教会通常的管理形式中的三种或四种职位之外,增加了教长和读经师的职位。前者是根据该国局势动荡和缺少新教牧师的状况而设置的。教长的职权范围与主教区的范围并不十分一致,他们要向宗教大会提交他们教省的教会状况和宗教状况的年度报告,在他们所在的地区的各个教会中讲道。读经师则是由于下述原因而设置的:新教牧师的数量很少,早期苏格兰宗教改革家又特别强调牧师须受过良好的教育,同时也很难募集到足够的资金在每一个堂区设置一名牧师。读经师分为两个级别,高级读经师可以讲经,称为劝勉者;低级读经师的职责只是"清晰地"朗读公祷文和圣经。两个级别的读经师都有教育年幼孩童的职责。如果劝勉者勤于研究神学并以其学识使地区宗教会议满意,则可以被提升为牧师。《宗规书》有一章涉及教会财产,规定有必要募集钱财来维持宗教、支持教育、扶助穷人。由于这一章的存在,等级会议没有像以前通过信仰告白那样接受这份《宗规书》。端坐在等级会议中的大小贵族,都经常将"教会财产"挪作
306 私用,因此他们不愿意签署一份谴责他们行为的文件。《宗规书》获得宗教大会的批准,并且由许多贵族和市民签署,但从未如同信仰告白那样获得的法律上的认可。

苏格兰改革派全国宗教大会于1560年第一次召开;此后,尽管教会涉入纷争,但宗教大会通常一年召开两次,有时更多,教会被组织起来积极开展工作。

第三本书——有时称作《公仪书》①，有时称作《日内瓦的宗教仪式》，现在多称《诺克斯的礼拜仪式》——是一本为公共礼拜和教堂仪式而制定的指南。它通常与韵律版本的赞美诗装订在一起，常常也称作《赞美诗歌集》。

《加尔文教义问答》被翻译过来并作为在信仰方面教育年轻人的教材。后来《海德堡教义问答》也被翻译过来并用于同样的目的。这两者后为《克雷格教义问答》所取代，而后者后又让位于威斯敏斯特神学家们的《大教义问答》和《小教义问答》。②

长老制的民主思想——出于信赖人民这一实践上的必要性而得到推行——使苏格兰宗教改革家非常注重教育。无论在德国、法国还是荷兰，宗教改革领袖都感到启蒙民众的重要性；但是也许苏格兰和荷兰是这方面实践最为成功的两个国家。对民众的教育在苏格兰并非新事；尽管在宗教改革之前和其间的混乱时期高级
学校消失了，大学衰败了，但是苏格兰人对知识的渴求并没有一股 307
脑儿地消亡。诺克斯及其友人乔治·布坎南拥有一个宏大计划，想为每一个堂区的学校，以及所有重要城市的高级学校或者学院，都提供捐赠并扩大大学的权力和影响。由于贵族的贪婪——他们攫取了教会财产——这一计划终究不过是个热心的空想；但它还是在苏格兰人民的思想上打下了烙印，而且捐赠的缺乏也由于人

① 关于《公仪书》，参见 Mitchell's *Scottish Reformation*, pp. 133 ff.，该文献本身见（Dunlop's）*Collection of Confessions*, ii. 383 ff.，Sprott and Leishman 对该文献加了详尽的前言和注释后出版（Edinburgh, 1868）。

② Bonar's *Catechisms of the Scottish Reformation*（London, 1866）；（Dunlop's）*Collection of Confessions*, etc. ii. 139—382.

民对教育的渴求而在很大程度上得到弥补。圣安德鲁斯、格拉斯哥、阿伯丁三所大学重新焕发出生命力，又建立了爱丁堡大学这第四所大学。那些曾在大陆的学校接受学识训练并且皈依改革派信仰的苏格兰学生，受聘前来管理该国新建的这一套教育体系；并且通过更多地建立日校而非寄宿学校，通过由最为虔诚而饱学的人士在各堂区的每个行政区中进行巡查这一制度，这一整套教育组织体系与人民的日常生活融合到一起。诺克斯还准备强制两个社会等级——社会上层和社会下层——的子弟上学，他认为社会中间等级可以寄望于他们自己天然的求知欲；他希望看到国家行使权力支持这个想法，强使“各阶层”的所有年轻人都念中学，上大学，这样整个社会就可能从他们的服务中得到巨大的益处。

1560 年以后许多年过去了，《第一宗规书》中论述的教会管理形式仍然与其说是实际存在的制度的描绘，毋宁说是尚需要加以实施的纲要。书中提出的教会管理形式由从单个礼拜会的执行理事会直到全国宗教大会的各级宗教会议构成，它的第一个必要条件是在每一个堂区都建有组织健全的教会，由牧师及其执行理事
308 会或其长老宗教会议和他的执事群体来治理。但是当时非常缺乏受过必需的教育可被任命为牧师的人，因此也就很少有人员组织齐备的礼拜会了。首先出现的宗教会议组织是教会-执行理事会；在每个组织起来的礼拜会中它都存在。按时间顺序第二出现的是全国宗教大会。它的第一次会议于 1560 年 12 月 20 日在爱丁堡举行。42 位成员出席了会议，其中只有六人是牧师。他们是教会成长的开端。地区宗教会议后来才出现。起初，它们只是教长辖区教职人员的年度集会，这个地区中每个礼拜会被要求派遣一名

长老和一名执事参加。长老法庭最晚出现;它源于“每周功课”。

工作进展得很迅速。从诺克斯回到苏格兰到等级会议确立改革派宗教的地位,其间仅有一年时间。加尔文自日内瓦写信说(1559 年 11 月 8 日):

> “当我们因在如此短暂的时间里取得这样令人难以置信的成功而感到惊奇时,我们也要虔诚地感谢上帝,是他的特别赐福成就了它。”

而诺克斯本人则在战斗的中心写道:①

> “我们并没有做什么事,只是走到耶利歌城下,吹响号角,是上帝给予了力量,我们依靠上帝的权能期盼胜利。”②

但是诺克斯处处都面临着危险。枪弹射穿他的窗户,到处是致命的埋伏,他的力量简直要难以支撑下去:

> “24 个小时中我没有 4 个小时的空余时间来使自己这副疲惫不堪的躯壳得到休息和放松……我需要一匹宝马良驹,因为人 309
> 们为了逮捕我而严密监视着我,为杀掉我而设下巨额奖赏。”③

① *The Works of John Knox*. etc. vi. 95.

② 同上, vi. 78, *Knox to Mrs. Anna Locke* (Sept. 2nd, 1559)。

③ 同上, vi. 88, *Knox to Gregory Railton* (Oct. 23rd, 1559)。

如果说已经赢得胜利的话，那么这个胜利是不稳固的。苏格兰的君主玛丽和弗朗西斯拒绝批准等级会议的法案；直至 1567 年玛丽被废之后，1560 年的等级会议法案才被合法地放进苏格兰的法令全书中。弗朗西斯二世死于 1560 年（12 月 5 日），玛丽这位少寡的女王回到她的祖国（1561 年 8 月 19 日）。宗教改革派怀着恐惧的心情注视着玛丽的归来。

他们的恐惧是有充分理由的。玛丽是斯图亚特族的女王；她代表原来的传统同盟法国；她从小受到她的洛林红衣主教舅父——一位无与伦比的政客和宗教改革运动的死敌——的训练，其目的是使她成为他赢回苏格兰和英格兰并使它们成为罗马天主教的坚固地盘的工具。她是一位可爱的造物，此外，她还生就巨大的个人魅力，这比她肉体的吸引力要大得多，这种个人魅力是她同时代的其他女子所不曾拥有的；她拥有甜蜜的、令人舒适的嗓音和美丽的双手；特别是她还有随意调动眼泪的天赋。她是在这样的宫廷里被抚养长大的，在这里，女人受到教导，要为了政治目的而运用全部诸如此类的魅力来赢得男人。当玛丽离开法国的时候，“女王的游击分舰队”尚不存在，但是其征召工作已准备就绪，并且其中的一些人曾是她的陪伴者。她的意图清晰可见，就是说她要推翻苏格兰的宗教改革。[①] 她那毫无顾忌的性格已为诺克斯及其他新教领袖所知。她结婚 9 天前签署契约对苏格兰古老的自由
310 权和独立做出保证；结婚 6 天后她又和她的夫君在同一份契约上追加他们的签名；但是在婚礼 20 天前她就签署密约取消了这些自

① *Calendar of State Papers relating to Scotland and Mary Queen of Scots*, i. 507, 536.

由权并使苏格兰成为法国的属地。[①] 人们猜测，那个在法国名义上以她为首的党派将不惜干犯任何罪行来实施他们的企图，而且他们已经通过下面这件事情表明他们要怎样去做了：他们毒死了四位派往巴黎参加他们年轻女王的婚礼的苏格兰使节，因为这些使节拒绝答应弗朗西斯马上加冕成为苏格兰国王。[②] 人们知道，她通过下面的事例，已显示出她在法国的学校里是大有希望的学生：她领着她的男孩丈夫及她的侍女参观昂布瓦斯城堡，观看许多吊死在门梁上和塔楼上的新教徒的尸体，欣赏“灰色石头上成串葡萄所形成的美景”。[③]

毫不奇怪，如果不是因为要服从君主的缘故，那么詹姆斯勋爵、莫顿和莱辛顿“不会在乎他们从不去见她”，他们感到他们只有在伊丽莎白的保护下才会有安全。至于诺克斯，我们所知道的是：“诺克斯先生决心最大限度地留下来，其他人也不会离开他，直至上帝取走他及他们的生命。”[④]对苏格兰这些虚华而强横的贵族，玛丽将会怎样施展她的魅力呢？如果不是她那激情四溢的女性冲动——正像一个斯图亚特族人[⑤]——让她先是投入达恩利的

---

① Hay Fleming, *Mary Queen of Scots* (London, 1897), pp. 23, 24, and 210, 211.

② 同上，pp. 25, 212。

③ Mariéjol, *Histoire de France depuis les Origines jusqu'à la Revolution*, VI. i. 18 (Paris, 1904).

④ *Calendar of State Papers relating to Scotland and Mary Queen of Scots*, i. 543.

⑤ “热爱生活，亲吻王冠，
把自己的心交给妇人们，
最后一吻献给鲜血淋漓的支架——
这就是一个斯图亚特人的一生！”
Theodier Fontane, *Lied das James Monmouth*.

311 怀抱、后又投入博思韦尔的怀抱，如果不是诺克斯，说不定她已经成功地在苏格兰恢复了教皇的权力并打败了英格兰的新教徒，——这样说是否过分呢？

塞西尔本人也很担忧，他敦促苏格兰的新教徒要坚定立场。伦道夫的答复显示出他非常信任诺克斯的坚韧不拔，尽管有时候也许对诺克斯的激烈态度不甚满意：

> "您勉励我们要坚定，我可以向您保证，同500支喇叭不断在我们耳边吹奏相比，有一个人的声音一个小时内能够给予我们更大的力量。"①

玛丽来到后他写道：

> "她（玛丽）已经有四天没有举行弥撒了；她到达后的第一个星期天在她的小礼拜堂中由一位法国神父举行了弥撒。参加的人员有她的诸位舅父，她自己的宫廷随员，蒙特罗斯伯爵、格拉汉姆勋爵……其余的礼拜活动都是在诺克斯的布道上进行的，参加人员每天都很多。"②

玛丽的顾问，她的舅父们，深知苏格兰的现状对于他们的企图来说还相当危险，于是建议她韬光养晦，逐渐将改革派的贵族领袖

① *Calendar of State Papers relating to Scotland and Marg Queen of Scots*, i. 551.

② 同上，I. 547。

争取到她这边。年轻的女王带着她的风味开始了她的工作；她坚持要求可以为她的宫廷成员举行弥撒；但是她许诺说，她将维护规定弥撒在苏格兰为非法的法律；她的魅力是如此巨大，她的掩饰是如此完美，以致几乎所有改革派贵族都陆续被她争取过去，相信了她的忠诚，甚至明智的伦道夫也似乎一度认为她的所说就是她的所想。[1] 在苏格兰，只有诺克斯一个人看透了她的本性，他与她第一次会晤时尽管对她的能力报以赞颂之辞，但却是不情愿的。[2]

他知道，她已经彻头彻尾受了她诸舅父的熏陶，特别是受到洛 312
林的红衣主教的巨大影响，他知道，指望她公正地处理事情是完全没有希望的：

> “她的行为处事清清楚楚地反映出，红衣主教的教导已深深印入了她的灵魂，她自己的心性品质仿佛全都枯灭了。如果得到的是虚假印象，那我将很高兴，但是我担心未必是。在与她交流时，我在她身上觉察到的那鼓劲儿，我在这个时代还从未看到过。”[3]

莱辛顿的梅特兰则有另外的想法。他致信塞西尔（1561 年 10 月 25 日）说道：

---

① 这是他的信给我的印象。Cf. *Calendar*, etc. pp. 565—609.

② “如果她不是思想傲慢、诡计多端，对上帝及其真理铁石心肠的人的话，那么我的判断就错了。”（*The Works of John Knox*, etc. ii. 286）

③ *The Works of John Knox*, etc. vi. 132, *Letter from Knox to Cecil* (Oct. 7th, 1561).

“您知道，诺克斯先生性格激烈，不可抑制……我惟愿他要比较温和地对待她，她可是个未被说服的公主。”①

有的人认为，只要细心地对玛丽加以引导，就可能使她接受宗教改革运动。然而，只要读一读玛丽的私人通信，只要研究一下她在国外的宗教同党对她的计划的秘密了解，那么就可以明显地看出，诺克斯对她的性格和意图的洞察是多么正确。② 那个时候，在宗教改革领袖人物当中，几乎只有他一人独自坚定地屹立着，但他得到了苏格兰普通民众的忠心支持。③

于是，在这位魅力十足的女王玛丽·斯图亚特，这枝法国文艺复兴最灿烂的花朵之一，和这位不屈不挠的传道师，这位在宗教改革运动这所学校中经受了最严酷的锻炼的人物之间，开始了一场绚丽生动的较量。斗争的双方都具有强烈而鲜明的个性，斗争的
313 情节又如此具有戏剧性，以致观众在不知不觉中被吸引到斗争双方的人物个性中去，似乎忘记了这是震撼着整个中欧和西欧的一场革命的组成部分。

大量文献均有记载，诺克斯多次公开和私下猛烈抨击玛丽，他与玛丽的谈话经常被人们提及，但是很少完整引用。人们通常忘记了，正是玛丽想在这位传道师身上一试她的天生魅力，正如凯瑟琳·德·美第奇企图在普瓦西迷惑德·贝泽一样；诺克斯从未寻求与玛丽会面；除非他受召前去晋见君主，他从不接近王庭；他表

---

① *Calendar of State Papers relating to Scotland and Mary Queen of Scots*, i. 565.

② 相关证据，参见 Hay Fleming, *Mary Queen of Scots*, pp. 267—268。

③ 相关证据，参见 Hay Fleming, *Mary Queen of Scots*, pp. 51—53, 263。

现出了臣民应有的谦逊；只有当玛丽强使他谈论他愿为之献出生命的主题时，他才表现出严厉的一面，而这种严厉是君王在与其他人谈话时很少经历的。这些会面之所以在历史上流传下来，是因为它们展示了专制王权与到当时为止尚不为人知的人民的力量之间的最初交锋。这是一个君王到处都在获得专制权力的时代，封建贵族的势力正在瓦解，而普通民众尚沉默无言。一位年轻的女王，自小受着在她的性格上留下不可磨灭的印记的这种教育，即王权意味着无限的专制特权，在它前面一切事物都要退避三舍；这位女王在法国时从未发现有人敢于对她体弱多病的迟钝麻木的男童丈夫的意志提出异议，仅仅因为他是国王；但是现在她却突然遭遇到某些超出她理智的、她不能理解的事情：

> “她问道：‘你和我的婚姻有什么关系？你在这个国度算什么？’他回答说：‘我乃一介出生于这个国度的臣民，夫人。尽管我在这个国度既不是伯爵、勋爵，也不是男爵，但是上帝让我（不管我在您的眼里是多么卑微）成为这个国度中的一位有益的臣民。’”①

现代民主就在这种回答中产生了。看一看专制权力和人民的 314
公民权利、宗教权利之间的斗争如何通过玛丽和诺克斯之间的会谈进行，是很有意思的，而这一斗争正是他们两人之间全部问题中

① *The Works of John Knox*, etc. ii. 388.

最关键的问题。①

没有必要讲述1560年至1567年这七年间的故事了。故事的结局是玛丽被囚禁在洛克莱文城堡，被废黜，他的幼子詹姆斯六世登上王位。詹姆斯·斯图亚特勋爵，即默里伯爵，被任命为摄政。等级会议或者说议会重新表决了信仰告白，并将它正式确认为法案。代表君主行事的摄政签署了这些法案。这份告白就这样成为这个国家法律的一部分，改革派教会在苏格兰得到法律上的确认。

① 对这五次会晤的描述，见 *The Works of John Knox*, etc. ii. 281 ff. , 331 ff. , 371 ff. , 387 ff. , 403 ff. 。

第四编　英格兰的宗教改革

第一章　亨利八世的教会 315

英格兰的教会和人民突然摆脱中世纪的教皇的教会体系在某
种程度上有点例外，这种决裂与当时在法兰西和德国发生的运动 316
相去甚远。亨利八世打破教皇在他所统治的国家范围内享有的宗教的和世俗的无上权威；他斩断将英格兰教会与被罗马主教所统治的伟大的西方教会联合起来的纽带；他在教皇司法权崩溃的基础上建立起可称之为国王的教皇权（kingly papacy）的体制。他的起点是与教皇的一场争吵，因为教皇拒绝他与阿拉贡的凯瑟琳离婚的要求。

然而，用亨利急于与凯瑟琳离婚来解释英格兰宗教改革的原因可能是个错误。没有一个国王，无论怎样专制，能够成功推进这样一场革命，除非人民的生活中有大量的因素使得他们安心于这个变革，而这种迹象越来越明显。

在路德的呼声在德国为人所知很久以前，英格兰就存在着大量的所谓“异端”。人们强调各种什一税是贪婪神父的苛捐杂税，而它们并没有得到上帝律法的承认；他们反对中世纪教会的等级制度；他们诵读《圣经》，用方言参加礼拜仪式；他们嘲笑教会权威，攻击教会的某些教义。罗拉德派从未在英格兰消失，而罗拉德派仅仅是那种对中世纪教会进行消极反抗的英格兰形式，该消极反抗运动尽管多少世纪以来一直受到迫害，它还是以各种名称存在于法国、德国和波希米亚。福克斯的《殉教士行传》表明在路德生活时代以前的英格兰对所谓的异端采取的是一种积极的镇压态度，而他的解释都得到这个时期国务文书的证实。1511 年，亨利八世的拉丁文秘书安德烈亚斯·安蒙尼乌斯写信给伊拉斯谟说，木材变得日益稀少而又昂贵，因为那么需要它来
317 焚烧异端分子，“然而他们的人数还在增长”。但是，詹姆斯·盖尔德纳博士宣布只有唯一的一对男女异端分子在那个年代遭到不幸被处以火刑。[①] 早在 1512 年，坎特伯雷大主教就召集了一次主教区会议，明确表达了制止异端的传播的想法[②]；在同一年中，伊拉斯谟得到莫尔的报告，《鄙人书翰》(*Epistolæ Obscurorum Virorum*)在整个英格兰到处流传[③]；考文垂主教和其他主教受命调查威尔士和其他地方的罗拉德派[④]；到 1521 年，伦敦主教逮捕了 500 名罗拉德派教徒。[⑤] 1530 年，由于对神学感到好奇和想了解使其臣民感兴趣的书籍，亨利八世亲自派人到牛津去找一份给威克里夫的定罪的条文。[⑥] 任何嘲笑圣物或朝圣活动的人都被认为是威克里夫信徒[⑦]。1531 年，神学研究者们

① *Letters and Papers, Foreign and Domestic, of the Reign of Henry VIII.* i. p. 295. 大约在这个时候，欧洲各地的木料价格突然上涨，据说这就是列举出的德国穷苦阶级何以被迫放弃早期几乎普遍使用蒸汽浴的原因之一。在 15 世纪，师傅们给工人的不是 Trinkgelt（直译“喝酒的钱”，指小费、赏钱。——译者）而是 Badgelt（直译“洗澡的钱”。——译者）。Nichols, *The Epistles of Erasmus*, i. 40.

② *Letters and Papers*, etc. i. p. 633 .

③ 同上，Ⅱ. i. 777：The Oxford bookseller(1520)约翰·多尼在其库存图书中有两个抄本[*Oxford Historical Society*, *Collectanea*(Oxford, 1885), p. 155]。

④ *Letters and Papers*, i. p. 373.

⑤ Jacobs, *The Lutheran Movement in England*, p. 3.

⑥ Bale, *Select Works*, p. 171.

⑦ *Erasmi Colloquia* (Amsterdam, 1662), *Peregrinatio Religionis ergo*, p. 376; *Viclevita quispiam, opinor.*

被要求立誓否认威克里夫、胡司和路德的教义[①]；1533 年，莫尔写信给伊拉斯谟，把廷代尔及其同情者称为威克里夫派教徒。[②] 亨利八世早在 1518 年就忙于撰写一本反对异端和为罗马教廷辩护的著作，它一开头不大可能直接反对路德，可能针对的是国内异端分子的主张。[③] 有些现代史学家倾向于找到一次土生土长的、几 318
乎没有或根本没有借用路德什么思想的强大的反罗马的英吉利反叛运动，他们相信这就是在形成英格兰宗教改革方面起作用的原动力。波拉德先生指出，这场宗教改革在许多方面都沿着威克里夫所制定的路线走。宗教改革的领袖们，像威克里夫一样，谴责教皇至尊权(Papal Supremacy)对英国人造成的政治伤害，猛烈抨击英国神职人员的怠惰、道德败坏和财富；提倡布道事工；期待俗权禁止邪恶，革新圣职人员礼仪，以及管理教会。他指出：

> “大多数英国改革家熟悉威克里夫的著作，克兰默声明他陈述福音真理；胡珀回忆他如何抵制‘罗马天主教制度的弥撒信条’；里德利指出他如何否认变体论，贝尔说明他如何抨击行乞修士……贝尔得意地记录道，尽管(威克里夫的著作)受到种种压制，但没有一本被完全毁灭。”[④]

---

① *Letters and Papers*, ect. v. p. 140.

② 同上，vi. p. 144。

③ 同上，Ⅱ. ii. p. 1319。

④ *Thomas Cranmer and the English Reformation* (New York and London, 1904), p. 91.

拉什达尔博士说得更干脆：

> “无论是路德的呼号，还是亨利八世在个人方面和政治方面的迫切需要，都使人们再次自由地公开地反对教皇和僧侣，教导一种比威克里夫曾经反对的那种制度要简单和更具精神性的福音。然而可以肯定，在此之前，宗教改革实际上已经在剑桥改革家们秘密诵读《圣经》中爆发了。”①

即使承认这些论点有些激烈，但它们至少促使人们注意渗入英格兰人民之中的、活跃的罗拉德派潜在作用的事实，而且这些论点对于纠正詹姆斯·盖尔德纳博士有关这个问题的具有误导性的见解是非常必要的。

319 亨利八世拥有其他极其广泛的支持力量——人民大众中蕴含的对教士的深恶痛绝，英格兰基督教人文主义进行教化的种种效果，以及路德的主张在全国的传播。

伦敦主教就建议审判他的法律顾问霍西博士的事写信给沃尔西，因为怀疑他是刺杀理查德·胡讷的同谋。伦敦主教声称，如果这位法律顾问

> “在伦敦受到随便12个人的审判，如果他们蓄意同情异端邪恶，那么他们将任意把一个教士判处死刑，即使他像亚伯一样

① *Dictionary of National Biography*, art. “Wycliffe,” lxiii, 218.

无辜。”[1]

这种厌恶并不限于首都。在亨利抛弃对罗马的效忠以前，议会就表明了反对教权的立场[2]；英格兰人可能发现向苏格兰人抛掷侮辱之词的最佳方式就是称呼他们为“教皇的人”。[3]

基督教人文主义者的作用也不应当被遗忘。他们渴望对迷信泛滥、朝圣活动、圣物崇拜等进行改革，其中体现出的双重趋向可以在托马斯·莫尔爵士和威廉·廷代尔身上看到。当前者发现改革意味着结束中世纪教会时，他变得越来越保守。但是，莫尔在1520年(2月28日)能够致函李[4]，说如果教皇(利奥十世)撤回对伊拉斯谟的《希腊文新约全书》的赞成，那么路德对罗马教皇的攻击与这样一种举动相比较是虔诚的行为。[5] 另一方面，圣保罗大教堂教团团长科利特的得意门生廷代尔向前进并赢得殉教者的荣誉。这些基督教人文主义者对亨利八世寄予了很大希望，他们认为他受到新学的浸染；最终，也许他们都没有受到误解。如果对
《主教书》和《国王书》加以研究，将会发现这两本手册中所坚持的 320
是对行为的改革和对《圣经》的研究——完全本着科利特和伊拉斯谟的精神。

路德的著作早就找到了进入英格兰的门径，并为国王[6]和人

① *Letters and Papers*, ect. Ⅱ. i. p. 1.

② 同上，etc. Ⅰ. p. 961, Ⅱ. i. pp. 350, 354, 355。

③ 同上，Ⅰ. p. 379。

④ 原文为Lea，应为Edward Lee，应为印刷错误。——译者

⑤ 同上，Ⅲ. p. 215。

⑥ 同上，Ⅲ. p. 467。

民所阅读。一个很长的书目,包括他的著作《论教皇权》的六册,在牛津书商约翰·多尼的库房中可以找到(1520 年)。[1] 伊拉斯谟致函厄科兰帕迪乌斯(1521 年 5 月 15 日)声称英格兰有许多路德的著作,并暗示如果不是他所做的种种努力的话,它们就已经被付之一炬了。[2] 这件事发生在路德受到官方谴责之前。5 月 28 日,伍斯特主教西尔维斯特从罗马致函沃尔西宣布,红衣主教们已经一致声明马丁是一个异端分子,关于这个问题的训令正在准备。[3] 这个训令于 6 月 15 日在罗马公布;从此以后,关于在英格兰的路德著作的消息均来自于要摧毁它的那些行为的记载。坎特伯雷大主教沃汉姆致函沃尔西(1521 年 3 月 8 日)说,他收到来自牛津的若干信函,它们声称牛津大学受到路德教义的侵染,禁书在那里传播。[4] 的确,委任到沃尔西新建红衣主教学院的大部分教士团成员是可疑的。剑桥大学同样糟糕,如果不是更为糟糕的话。该大学师生在白马酒馆聚会,阅读和讨论路德的著作;这个小酒馆被称为"德国",那些光顾小酒馆的人被称为"德国人"。利奥教皇敦促国王和沃尔西禁止路德派著作的流通;他们尽力地加以服从。我们读知,1521 年 5 月 12 日,沃尔西极其庄严地到圣保罗教堂做礼拜,在各种仪式以后登上一个台架,坐到"有饰布的宝座上",倾听
321 费希尔主教所作的反对路德派错误的布道。靠他的脚右侧坐着教皇特使们和坎特伯雷大主教,左侧坐着神圣罗马帝国皇帝的特使

① *Oxford Historical Society*, *Colleatanea*(Oxford, 1885), p. 164.

② *Letters and Papers*, ect. Ⅲ. p. 284.

③ 同上,etc. Ⅲ. i. p. 293.

④ 同上,Ⅲ. p. 449.

们和德拉姆主教。当布道在进行时，许多路德派著作在圣保罗教堂庭院中的一堆很难点燃的巨大的篝火中被付之一炬。[①] 教皇和皇帝的代表们目睹了这一切，而且毫不怀疑地向各自的宫廷报告说，沃尔西正在按教会和帝国的要求尽其职责。这种戏剧性表演是否阻止了路德著作在英格兰的传播或者禁止它们受到阅读，是值得怀疑的。

所有这些事件都表明，在英格兰存在着对宗教改革的准备。而这一切都意味着，当亨利八世最终拿定主意反对罗马时，有一股强有力的民族力量在支持着他。

一个民族同罗马相脱离并不像盖尔德纳博士想使我们相信的那样十分可怕。教皇制度本身已经是世俗化了，欧洲各国君主习惯于把教皇看作是世俗君主。英格兰摆脱教皇权并把自己建成一个在坎特伯雷大主教治下的分离教会管辖区，这种前景可能在离婚案为人们所议论之前就已经被人们想到过了。[②]

正是亨利本人，有力地坚持教皇至尊的看法，并在某种程度上为之辩护，而在此以前只有罗马教廷法规学者这样做过。无论他把什么隐秘的原因告诉了托马斯·莫尔爵士，并使后者的规谏沉默下来，显然亨利婚姻的合法性和由阿拉贡的凯瑟琳所生的孩子们的合法性，均以教皇拥有充分的豁免权为转移。亨利是在极其特殊的情况下和凯瑟琳结婚的，关于婚礼的合法性很可能会受到 322

① *Letters and Papers* etc. Ⅲ. i. p. 485.

② *Letters and Papers* ect. Ⅳ. Preface, p. 170："有些意见认为它（罗马教廷）不应在罗马继续存在，免得法兰西国王在其王国内设立一个宗主教，并否认对上述教皇的服从，而英格兰和所有其他基督教君主也这样做。"

质疑。

像苏格兰几乎是法兰西的卫星国一样，亨利七世的英格兰几乎是西班牙的一个卫星国，而为了使这个联盟更加强大，就在威尔士王子亚瑟与凯瑟琳之间安排一桩婚姻，她是西班牙的费迪南德和伊莎贝拉的三个女儿中的小女儿。这位西班牙公主在普利茅斯登陆（1501 年 10 月 2 日），婚礼于 11 月 14 日在圣保罗教堂举行。但是亚瑟王子在婚后几个月死去（1502 年 4 月 2 日），凯瑟琳成了寡妇。这两个国家的形势似乎比任何时候都更需要利用通婚进一步巩固其联盟，于是西班牙方面建议这个年轻的寡妇应当嫁给她的小叔子，现在的威尔士王子亨利。[①] 费迪南德对英国施加压力，坚持如果不这么安排的话，凯瑟琳就应当被送回西班牙，她的嫁妆的第一批支付款（全部已支付的）应当送还。两国国王向教皇尤利乌斯二世提出，要求他答应对这桩婚姻的豁免。起初，教皇陛下很不愿意表示赞同。这样一桩婚姻根据教会法律规定应当被认定为罪恶，而教皇本人非常怀疑他是否有能力允许这桩婚姻获得豁免。[②] 最终，他被说服，给予了豁免。这两个年轻人良心上则有自己的顾忌。费迪南德向他的准女婿说明了赞成这桩婚姻的缘由。[③] 他的女儿的忏悔神父被更换了。[④] 坎特伯雷大主教的嘴被

① *Spanish Calendar*, i. 267.

② Pocock's *Records of the Reformation*, i. 1; *Letters and Papers*, ect. Ⅳ. iii. p. 2576.

③ *Calendar of Spanish State Papers*, ii. 8.

④ 同上，Preface，xiii。

堵住了，[1]他就怀疑教皇是否能有资格授予在他看来是一种死罪的豁免。婚礼举行了(1509 年 6 月 11 日)。

在某种意义上来说，这桩婚姻特别不幸。最初四个孩子不是 323
流产就是在降生后不久即死去；罗马早在 1514 年就有谣传，说亨利可能要求离婚，以便把英国从有争议的王位继承问题中解救出来。玛丽出生于 1516 年并幸存了下来，但是后来新生的孩子不是流产就是死于襁褓中。到 1525 年变得越来越明显了，如果亨利不和他的妻子离婚，他就根本不会有男性继承人。

毫无疑问，缺少男性继承人的问题深深地困扰着亨利。英格兰人民还不曾习惯于一个女性君主；根据英格兰当时流行的尽管是错误的说法，这个国家的法律不允许一个女人成为君主，而威尼斯大使们这些消息灵通的外交家也相信这一说法[2]；都铎王朝并不是那么牢固地保持着王位，以至于能经得住一个有争议的继承权问题的考验。国王的最初想法是要求教皇给他的私生子里奇蒙公爵以合法地位[3]；红衣主教坎佩焦实际上建议玛丽公主应当嫁给她的异母弟弟。[4] 这些设计方案都随着年轻王子的死而告终。

责问亨利怀疑他与凯瑟琳结婚合法性的诚意，或者责问他实际上把拥有一个男性继承人这一愿望一再破灭看成是因该婚约的

---

① *Letters and Papers*, ect. Ⅳ. iii. p. 2579. 一次公会议曾经反对这样一种豁免；同上，Ⅳ. iii. p. 2365。

② *Calendar of Venetian State Papers*, 1527 – 1533, p. 300.

③ *Letters and Papers*, ect. Ⅳ. ii. p. 1369; *Calendar of Spanich State Papers*, Ⅲ. ii. 482, 109.

④ 同上, ect. Ⅳ. ii. p. 2113; Læmmer, *Monumenta Vaticana*, p. 29。

罪孽所遭受的天谴，好像都是毫无理由的。[①] 国策诸问题和激情的冲动，令人惊奇地鼓舞了认真诚实的信念，但是它们并不表明这些信念不真实。他的地位使其处于困惑之中，而走出窘境的捷径
324 看来就是要求教皇宣布他从来没有合法地娶凯瑟琳。如果他因娶他的兄长的遗孀这件婚姻而感到良心的责备，那么这样做就会终止这些良心的责备；如果对王位继承权发生争议的担心经常缠绕着他，那么他可以重新结婚，可以希望再生个儿子和合法继承人，那时根本没有人对其继承权产生疑问。红衣主教沃尔西采纳其主人的计划，就是要求教皇宣布与凯瑟琳的婚姻从来就是不合法的。

然而，一种不利于所称的良心的责备和国家的迫切需要的卑鄙因素出现了，是什么时候发生的则很难说。当沃尔西知道亨利决定娶一个侍女安妮·博林的想法时，他感到吃惊，她的出身和名誉都使她不适合登上英格兰王后的位置。如果不是很长寿的话，正是亨利对这个宫女的无限制的（如果说时间不是很长的）热情使他产生过失，并使教皇可以采取欧洲公众道德卫士的姿态。

很清楚，亨利八世完全希望教皇将宣布他的第一次婚姻无效；这样的举动有许多先例——在亨利家族中就有两例[②]；而拖延与公众道德的关切完全无关。教皇此时事实上处于查理五世权力的控制之中，查理的姨母，即受到侮辱的凯瑟琳，已经求助于他，他已经答应给她以保护。人们只有研究这桩“离婚案”被拖延过程的背景，并把它们同当时的意大利形势加以比较，才能发现罗马教廷

---

① *Letters and Papers*, etc. Ⅳ. iii. p. 2261。

② 关于玛丽·都铎的实例，参阅 *Letters and Papers*, ect. Ⅳ. iii. p. 2619，参阅Ⅳ. i. p. 325；关于詹姆士四世的遗孀、关于玛格丽特·都铎的实例，参阅Ⅳ. ii. p. 1826。

全部关心的只是教皇在意大利半岛上外交方面的成功。道德关切在他们意识中那样微不足道，以至于克莱芒多次建议亨利国王可以娶第二个妻子，不需要通过把第一次婚姻宣布为无效的形式。[①]
在此前的一个事例上，教皇的解决方案就是如此，而克莱芒七世看 325
不出任何理由：为什么允诺了一个西班牙国王的东西应当拒绝给予一个英国国王。[②] 他准备宽容重婚，但不准备反对查理，只要皇帝还是意大利的主人。[③]

不必去了解这桩离婚案错综复杂的情况。被拖延的过程对英格兰政治家们而言是一个经验教训。他们发现一个严重的道德问题——一个男子是否可以合法地娶他已故兄长的遗孀，一个对英格兰人民福祉产生重大影响的问题——继承争议的可能性，一个强有力的、意志坚强的而又急躁的君主个人的欲望（关于所有这些考虑到的问题都提出来了，不仅仅最后一个问题）——所有这些问题都服从于一个微不足道的意大利君主玩弄权术的需要。就英格兰而言，当坎佩焦暂停调查时（1529 年 7 月 23 日），这个案子的重要性终止了。亨利知道他并不能期望教皇赋予他所要求的东西；尽管他的代理人在罗马为离婚一事而斗争，他还是立即准备摆脱教皇的司法权。

长期对沃尔西统治不满的英国贵族们，现在利用这位大臣在离婚案中谈判的失败促使他倒台。他被褫夺大法官职位，交给了托马斯·莫尔爵士，在高等法院的法庭上还受到违犯有关“蔑视王

---

① *Letters and Papers*, ect. Ⅳ. iii. pp. 2987, 3023, 3189.

② *Calendar of Spanish State Papers*, ii. 379.

③ *Letters and Papers*, ect. Ⅳ. iii. pp. 2047, 2055.

权罪”(prœmunire)法律的指控——他对这个指控表示服罪。[①]

与此同时,亨利采取措施召集了一次议会;在召集和议会召开
326 的间隙,有人对他说,克兰默认为处理这桩离婚案的捷径在于使它摆脱教廷的控制,并求教于欧洲各大学教会法规学家。克兰默得到命令,准备将此案拿到他们面前去协商。这件事情做得很成功,以至于两所著名的英国大学、法国的巴黎大学、奥尔良大学、布尔热大学和图卢兹大学得出结论,认为国王与凯瑟琳的婚姻是不正当的;意大利的费拉拉大学、帕多瓦大学、帕维亚大学和波伦那大学得出了同样的结论,尽管教皇发出告示,禁止所有权威神学家声称这位国王的婚姻本质上无效。[②]

议会于1529年11月3日召开,由于提交到议会的那些问题,议会得到“处置教士的罪恶”的名称。[③] 这表明了亨利在将要与教士开始的斗争中他赖以为基础的世俗舆论的力量。从进一步加强其权力的观点出发,国王于1530年6月12日召开了一次显贵人士会议,[④]并致函教皇,他们请求他满足国王的愿望,指出拖延这桩离婚案的种种不幸,并暗示他们可能不得不自己去解决这个问题。这似乎已成为英国世俗人士的普遍感情;有个外国人写信给

---

① “蔑视王权罪”的两个法令(1353年,1393年)可参阅Gee and Hardy, *Documents illustrative of English Church History* (London, 1896),pp. 103, 122。它们禁止臣民对王国以外的法庭提出国王法庭权限以内的控诉,第二个法令直接针对教皇法庭。

② 巴黎和奥尔良,*Letters and Papers*, etc. Ⅳ. iii. 2845;布尔日和波伦那,同上,Ⅳ. iii. p. 2895;帕多瓦,同上,Ⅳ. iii. pp. 2921, 2923(据说这个城市的路德派教徒强烈反对国王);帕维亚,同上,Ⅳ. iii. p. 2988;费拉拉,同上,Ⅳ. iii. p. 2990。

③ 一份被提交到本届议会的问题的目录,参见*Letters and Papers*, etc. Ⅳ. iii. pp. 2689 ff.。

④ 同上,Ⅳ. iii. pp. 2929, 2991。

佛罗伦萨共和国说:“在这个岛屿上,除了以这种方式安排事务——他们不再需要教皇,既不为补教会之缺,也不为任何其他目的,人们每天不考虑别的事情。”①

亨利自己对广大俗人很有把握,他下一步就要迫使教士就范。327
他立刻指控他们全都犯有“蔑视王权罪”,因为他们在本王国内承认了教皇代表的权威;他设法勒索一笔 10 万镑的款项,在五年内分期支付,作为对坎特伯雷主教区教士开出的一笔罚金。② 在同一次主教区会议上(1531 年),由于受到蔑视王权罪法律的威胁,教士们被迫声明国王是“他们单独的保护者和唯一的至尊的主人,并且就基督的律法的所能允许者而言,是教会和教士的至尊领袖”。这种模棱两可的确认给软弱的良心留下了漏洞;但是国王对达这种措辞感到满意,确信他能把自己的解释强加给教会。查理五世的特使致函他的主人说,“就国王而言,这完全一样,好像他们没有任何保留;因为现在没有任何人敢于同他的主子争夺这种保留的重要性。”③

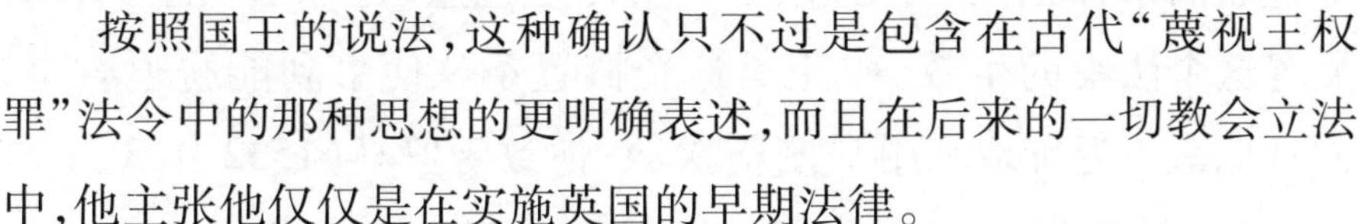

按照国王的说法,这种确认只不过是包含在古代“蔑视王权罪”法令中的那种思想的更明确表述,而且在后来的一切教会立法中,他主张他仅仅是在实施英国的早期法律。

1532 年的议会有力地帮助了国王,不仅迫使英国教士,而且

① 一份被提交到本届议会的问题的目录,参见 *Letters and Papers*, etc. Ⅳ. iii. p. 3661(1530 年 12 月 25 日)。

② *Letters and Papers*, etc. Ⅴ. 71.

③ *Letters and Papers*, etc. Ⅴ. p. 47. 查普伊斯认为这个声明使国王成为“英格兰教皇”。

迫使教皇服从于他的愿望。下院提出一份请愿书诉说因教会法庭活动妨害俗人而产生的各种不满，这份提出一系列要求的请愿书从国王手中传到主教区会议上。结果是主教区会议（1532 年 5 月 15 日）通过一个叫作“教士的服从”的决定，允诺没有国王的特许
328 和批准，主教区会议不得制定任何新的教会法规，并提出对以前所有的教会法规进行修订，这项工作交给一个由 32 人组成的委员会负责，其中 16 人来自议会，16 人来自教士，均由国王挑选。该委员会将删去所有不利于国王特权的内容。主教区会议的这个法令实际上宣布英格兰教会既不能在没有国王同意的情况下制定任何指导自己的规章，也不能在国王认为中世纪教会习惯法侵犯国王特权时，根据这些习惯法行事。[①] 从这项法令起，英格兰教会再也不能自由行动了。这届议会在处理与教皇关系中注定对亨利带来最大用处的另一个行动，就是通过一个关于上任头年俸的法案，上任头年俸，就是一个人在就任任何一个教职时应将其全部教产所得的第一年收入献给教皇。这个法案宣布上任头年俸应当从教皇那里撤回来，而给予国王，但是只要国王愿意，允许国王陛下暂时搁置这个法案的生效。[②] 正是这个搁置条款使亨利能胁迫教皇，而且他毫不迟疑地利用了该条款。[③] 他致函罗马（1532 年 3 月 21 日）说：“教皇和红衣主教们可以根据真理和正义获得我们的友

① 参阅 Gee and Hardy, *Documents illustrative of the History of the English Church*, p. 176。盖普伊斯声称“教士的人数并不少于鞋匠，他们拥有聚会和制定自己法规的权力”（*Letters and Papers*, etc. Ⅴ. 467；参阅Ⅵ. 121）。

② 同上，p. 178；中止的条款见于 p. 184. *Letters and Papers*, etc. Ⅴ. pp. 343, 413。

③ 同上，etc. Ⅴ. p. 71。

谊。要注意他们并不希望根据该法令已经委任我们的这种权力，或者对这种权力已经绝望。我的意思并不是要欺骗他们，而是告诉他们这个事实，即该法令将会对他们有利，如果他们表明他们是值得的话；如果不值得，那就另当别论了。现在任何事情都还没有确定，如果他们不藐视我的友谊感，那事态一定对他们有利。”①

在主持过使教士就范的主教区会议后，沃汉姆大主教死于 329
1532 年 8 月；亨利决定由克兰默继任他为坎特伯雷大主教，尽管后者不愿意。克兰默诚实地相信王权至尊是一件好事，而且会治愈许多的教会弊端，而任何对教皇的呼吁看来都改革不了这些弊端；他还坚信亨利与凯瑟琳的婚姻是一件甚至连最高的教会权威都不能给予豁免的。他准备从两方面去贯彻国王的愿望。对罗马教廷而言，他并不是一个可以接受的大主教。但是，亨利以损失上任头年俸威胁教皇，实际上强迫他把教谕送到英国，并以非常的速度批准对大主教人选的任命，该人选众所周知相信国王的婚姻无效，并准备实行他的意见；而这是在这个时刻发生的，即英国议会已经宣布大主教法庭对英格兰教会和英国人民来说就是最高教会法庭。于是这一举动使得教廷实际上几乎对随后在英国所发生的一切负责。因为，议会在 1533 年 2 月根据“教士的服从”通过一个法案，禁止从大主教法庭向罗马进行的一切上诉，规定如果有任何上诉，它们都必须上诉到国王的大法官法庭。这就是有名的《限制上诉法案》。②

① *Letters and Papers*, etc. V. p. 415.

② Gee and Hardy, *Documents*, etc. p. 195；这个主要条款见于 p. 198。

1533年初(1月25日),亨利八世秘密地娶了安妮·博林。在这一特别事项上他接受了教皇的建议,没有等到解决离婚问题时就结了婚;但事后不久(4月5日),他就从坎特伯雷主教区会议获得一份文件,宣布教皇无权对于像亨利和凯瑟琳的婚姻这样的事
330 件批准豁免[1];就涉及英格兰来说,《限制上诉法案》实际上已经做出最终决定。

1533年3月30日,克兰默受任坎特伯雷大主教。他的主张是人所共知的,他曾是剑桥大学的"德国人"之一。他曾经在德国自由地结识路德派神学家;早在1525年他就开始秘密祈求在英国废除教皇权;查普伊斯称其为一个"路德派教徒"[2]并非没有原因。

1533年4月11日,这位新任大主教要求国王允许他在他自己的教会法庭上审判这桩离婚案;他被批准于第二天作为"我们的宗教司法权"的首席大臣审判此案。[3] 审判开始,该法庭根据早在两个月前就由主教区会议做出的决定宣布:(1)豁免根本不能赋予一桩娶兄弟遗孀的婚姻,倘若这桩婚姻已经达成的话;(2)亚瑟和凯瑟琳之间的婚姻已经缔结,因而宣告国王与阿拉贡的凯瑟琳之间的婚姻归于无效。[4] 紧接着是询问关于国王与安妮·博林之间的婚姻,它被宣布为合法的,并准备为安妮王后加冕,加冕礼于1533年6月1日举行。[5]

---

① *Letters and Papers*, etc. Ⅵ. pp. 145, 148; Cf. p. 218.

② 同上,etc. Ⅵ. p. 35。

③ 同上,Ⅵ. p. 153。

④ 同上,Ⅵ. p. 231。

⑤ 同上,Ⅵ. p. 246。

这种蔑视罗马的行动立刻遭到教皇的憎恨。教廷宣布亨利和凯瑟琳之间的婚姻是合法的，一个训令被发出，要求亨利在十天内恢复凯瑟琳的王后身份，并对安妮进行处置，否则处以绝罚，即号召皇帝、一切基督教君主和亨利自己的臣民以武力方式执行对他的宣判。①

罗马的这个行动得到了英国的答复，就是通过几个强硬的议 331
会法案——都是于 1534 年通过的。它们完成了英格兰国会和英格兰人民与罗马教廷的分离。

1. 禁止对教皇支付上任头年俸法案再次被引入，这一次做得很彻底；禁止今后把任何圣职的头年收益作为上任头年俸上交罗马。在同一法案中，还规定了主教任命的新的管理办法；它们今后将由主教团和教士会根据国王的书面批准和提名进行选举。②

2. 一个法案禁止向罗马主教交纳圣座献金；禁止一切向教皇要求豁免的请愿；并宣布所有这样的豁免都要向英格兰范围内的教会法庭寻求。③

3.《王位继承法》(Act of Succession)明确宣布亨利与阿拉贡的凯瑟琳的婚姻无效，而凯瑟琳即亚瑟的遗孀被宣布为"威尔士公主"；它确认国王与安妮·博林的婚姻的合法性，并宣布这个婚姻的全部孩子均为合法；它确认如果没有男性继承人，王位则传给伊丽莎白公主。④ 同年又颁布了第二个。

---

① *Letters and Papers*, etc. Ⅵ. p. 413.

② Gee and Hardy, *Documents illustrative of the History of the English Church*, p. 201.

③ 同上，p. 209。

④ 同上，pp. 232, 244。

4.《至尊法案》宣布国王合法地成为“英格兰国教会的至尊领袖”，它已经为主教区会议所确认，它还宣布，对教会进行视察和整治教会弊端，均为王权的分内事。[①]

5.《叛逆法案》也必须被引入，例如其中一项条款是宣布否认国王的任何合法尊称（英格兰国教会的至尊领袖是一个尊称）即为叛逆，叛逆包括称呼国王为异端分子和宗教分裂者。[②]

332 要完成这个目录，就有必要提到坎特伯雷和约克两主教区会议庄严曾宣布“罗马主教所拥有的，由上帝在《圣经》中赋予他的司法权，根本不比任何一个外国（*externus*）主教大”——一项叫作“教士弃绝教皇至尊地位”的声明。[③]

英格兰国教会与罗马的这种分离，实际上意味着不存在双重控制权，而只存在单一的控制权。英格兰历代国王通常要求对本王国的教会拥有某种控制权；亨利则走得更远，坚持他决不与他人分享这种管理权。但是应当指出的是，用教会法的术语来说，他所要求的是“司法权”，而不是“授职权”；他从不主张授予圣职或控制圣礼的权利。起初，在教义规定方面没有任何变化。英格兰国教会在各方面都保留着以前的东西，例外的是，罗马主教不再被承认为“总主教”，而且，如果英格兰的最高教会法庭必须上诉，它们也不像以往那样向罗马上诉，而是将在英格兰范围内的国王法庭上裁决。管理教会事务的司法权几乎不可能由国王本人来行使。上诉可以由他的法官在法庭上做出裁决，但是他要求一个代理人

① Gee and Hardy, *Documents illustrative of the History of the English Church*, p. 243.

② 同上，p. 247。

③ 同上，p. 251。

来行使他的视察权。这项任务交给了托马斯·克伦威尔,他成了代理监督,[1]而这个职务在某种较小的程度上可以说有点类似于教皇使节的职务;他代表国王正如教皇的使节代表教皇一样。

然而,英格兰国教会要严格保持它以前所处的地位是不可能的。这个国家的宗教改革生活存在着某些令人激动的因素。克兰默早就受到过路德著作的吸引;托马斯·克伦威尔也并非没有同
情心,此外,他还具有这样的思想,即依靠接近德国新教徒的办法 333
从政治上获得一些有利条件。很快就有了关于英格兰国教会信条的讨论。然而,起草它们绝非易事。尽管克兰默、克伦威尔以及像拉蒂默这样的新任主教已经决定倾向于宗教改革神学时,那些旧主教则顽固地坚持中世纪的教义。结果是尽管进行了旷日持久的协商,可几乎没有取得进展,各种差别极大的教义似乎都在被谈论,而这一切都造成了纷争。最后国王本人,用他自己的说话,“被迫拿起笔来发表意见,想出某些信条,它们获得教士会议的同意,认为它们是普世的(catholic),适于由权威机关发布。”[2]它们于1536年以这样的标题予以公布,即《国王陛下为建立清静的基督教所制定的信条》,并命令在教堂中“清晰地”诵读。[3] 它们渐渐地被称为《十信条》,这是英格兰国教会最初的教义的象征。

按照其序言,它们用国王的权威确保宗教信仰的统一和一致,并镇压和彻底消灭一切异议与不协调。殉教史学家福克斯把它们极其准确地描绘为“虚弱的人新近被断了他们的罗马母亲奶。”五

① Gee and Hardy, *Documents*, ect. p. 256.

② *Letters and Papers*, etc. Ⅺ. p. 445.

③ 同上,Ⅺ. pp. 30, 445。

条涉及教义，五条涉及仪式。《圣经》、《三信经》(《使徒信经》、《尼西亚信经》和《阿他那修信经》)以及前四次大公会议的教义决定，将被当作正统观念的标准；洗礼是得救所必须的——要死去的婴孩“毫无疑义地将通过洗礼得救，别无他法”；告解礼被保留在忏悔和释罪中，它被宣布为方便而必需的；教导在圣餐中以饼和酒形式下进行的基督的身体和血的实质的、真正的和有形的临在这
334 一教义；信仰和仁慈都是得救所必需的；圣像将保留在教堂中；圣徒和圣马利亚将作为居中人受到崇拜；圣徒将受到祈求；某些仪式和礼仪，如教士弥撒祭服、洒圣水、圣烛节上持蜡烛、四旬节第一天撒灰之类，都是有益的、值得称赞的；炼狱教条和为死者祈祷教条并没有被否定，因为人们因此而受到告诫。应当注意的是，洗礼、圣餐礼和告解礼三种圣礼被保留着，而其他四种圣礼根本未提及，而这并不是不像路德在《教会被囚于巴比伦》中的教导；尽管真正的临在被保留着，却根本未谈及变体论；圣像被保留在教堂中，但对圣像的一切供香、跪拜或供奉都被禁止；尽管圣徒和圣母可以被当作居中人祈求，但又说相信任何圣徒比基督本身更仁慈则是一种徒劳的迷信；全部有关不彻底忏悔和赎罪券的教条由于这种主张，即改进生活是告解的必需的一部分，而失去效用。

只有当这些信条与 1536 年和 1538 年发布的“指令”一起诵读时，才能充分认识到其如下意义，就是使人民渐渐地远离玷污了中世纪大众宗教的极端迷信。如果这样做，那么它们似乎是一种满足像基督教人文主义者圣保罗大教堂教团团长科利特和伊拉斯谟的愿望的尝试。

在警告教士要遵守一切废除了教皇至尊地位的法律，一切坚持国王作为“英格兰国教会至尊领袖”的至尊地位的法律，并要宣

传反对教皇在英国篡夺的权力以后，“指令”说教士将向人们详细解释《十信条》。这样，他们将解释过多的宗教节日为什么不应当被遵守；他们将告诫他们的人民反对这类迷信，诸如圣像、圣物和教士圣迹。他们将告诉他们最有益的是，遵守上帝戒律，履行上帝 335
的善功，供养他们的家庭，把他们往往乱花在朝圣、圣像和圣物上的钱财施舍给穷人。他们将看到父母和教师按照《主祷文》、《信经》和《十诫》从小教导小孩子。他们将关注圣礼在其堂区中得到及时、虔诚的施行，从而将树立一种活生生的道德上的榜样，他们将致力于研读《圣经》。第二批“指令”(1538 年)走得更远。教士被告知要提供“一部最大部头的完整的英文《圣经》”放在教堂某处，使堂区居民很容易在教堂里阅读到它；他们要提防那种阻止任何人认真研读《圣经》的行为，“由于它是上帝的活生生的语言，每个基督教徒一定要接受和遵从”。他们至少每隔一刻钟要作一次布道宣讲，在布道中他们要宣明真正的基督福音，告诫人们，要行善功、讲慈悲，尤其要遵从《圣经》中所描述的信仰。他们要警告他们不要相信完全处于《圣经》以外的各种幻想，诸如“朝圣漫游、对圣像或圣物供奉金钱和蜡烛，吻或舐圣像或圣物，手持念珠振振有词或类似的迷信活动”。他们不允许把蜡烛、蜡烛芯和蜡制偶像放置在教堂中的圣像面前，以避免“最可恶的偶像崇拜罪”。[①]

这样得到权威性详细解释的《十信条》，决不是要“实质上是罗马天主教，只不过不理睬教皇”。不如说它们是一种尝试，以图

① 这两批“指令”刊印在 Gee and Hardy, *Documents illustrative of the History of the English Church*, pp. 269,275。

建立顺从的路德派教徒和顺从的罗马天主教徒可能达成一致的简要信经——一种特别成功的尝试,它赋予英王的神学造诣以巨大的声望。

336 据认为,最好能有一部简明扼要的宗教教诲手册放在下层教士和人民的手中,这大概是由于《十信条》并不总是易于接受。主要由主教组成的一个神学家委员会[①]被指定来"编撰基督教入门和教义问答集"。[②] 结果编成一本小册子,分为四部分——对《使徒信经》、七圣礼、《十诫》、《主祷文》和《万福马利亚》的注释。另外两部分是对《十信条》的扩充——一是关于"称义",为此,据说信仰是必需的;另一是关于"炼狱",它被坚决地否认了。由于编撰者持有"各种极不相同的主张"[③],在编辑过程中经历了许多艰难;这本小册子是那些固守旧信仰者和那些热衷于新信仰者之间的一种妥协,但最终大家好像对他们的工作都满意。该书的教导和《十信条》的教导之间的主要不同,在于给予了中世纪的仪式中的七种(而不是三种)以圣礼的名称。但是,另一方面,炼狱教义被否定了。人们希望国王在这个小册子在颁布之前对之加以修订,[④]但他"没有方便的时间去检查"为这本书所付出的"巨大劳动"。[⑤] 由国王批准的草稿在《国务文书》中被发现,[⑥]但这个小册子最终于1537年由"英格兰大主教们和主教们"公布,因此被普遍

---

① 这份主教名单见于 *Letters and Papers*, ect. Ⅻ. ⅱ. p. 163。

② 同上, Ⅻ. ii. p. 165(*Foxe of Hereford to Bucer*)。

③ 同上,ect. Ⅻ. ii. p. 122。

④ 同上,Ⅻ. ii. pp. 118,122,162。

⑤ 同上, Ⅻ. ii. p. 228。

⑥ 同上,Ⅻ. ii. p. 228。

称为《主教书》。全体教士被要求“每个周日在讲坛上对听众朗诵这本小册子的一部分。”[①]《教义问答》好像在这同时也颁行了，而且似乎需求量很大。[②]

亨利八世后来根据自己的主张修订了《主教书》。修订本于 337
1543 年颁布，这就是著名的《国王书》。[③]

也许，由《十信条》和强加给英格兰人民的“指令”赋予英格兰人民的最大恩典，是允许阅读和听诵一部用他们自己的语言翻译的《圣经》。因为方言《圣经》在英国曾一直受到禁止（而在大陆则不是这样），也许阿尔比派迫害期间是个例外。《托马斯·阿伦德尔法规》第七条规定，“今后决无人凭一己之见将圣经经文以书、小册子等等形式译成英语或任何别的语言。”这条法规被用以反对一直受到严厉排斥的威克里夫圣经译本。这个译本像中世纪时期许多别的译本一样，出自通俗拉丁文圣经。但是，路德的榜样激发了威廉·廷代尔的热情，他要献给他的同胞一部直接译自希伯来文和希腊文原文的英文译本。

廷代尔是一位著名学者，先在牛津，后来在剑桥受过训练。当他在牛津大学时，他就属于那个有学问而又虔诚的学者圈子，他们鼓励伊拉斯谟完成他对《新约全书》经文的考证文本。他知道，正如莫尔也知道一样，伊拉斯谟期望最软弱的女人也能阅读福音书

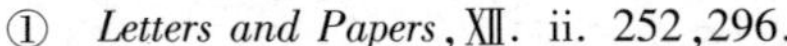

① *Letters and Papers*，Ⅻ. ii. 252，296.

② 同上，Ⅻ. ii. p. 384。

③ Cranmer's *Miscellaneous Writings and Letters* (Parker Society, Cambridge, 1846), pp. 83 – 114，包括 *Corrections of the Institution of a Christian Man* (the *Bishops' Book*) *by Henry VIII.*, *with Archbishop Cranmer's Annotations*。

和圣保罗的书信；丈夫应当在耕作时自言自语地吟诵其中一部分，织工应当随着梭子往返声调哼唱它们；旅行者应当用复述他们的故事来解单调路途之闷；而且，像莫尔一样，他没有背离其青年时代的高尚热情。[1]

338 廷代尔发现他并不能在英国完成他的任务。他到德国并在科隆开始工作；但是，他在背叛那个德国罗马天主教中心的地方当局后，逃到了沃姆斯。在那里，他完成了翻译《新约全书》任务，并刊出两种版本，一种为八开本，另一种为四开本——后者充实了详细的旁注。英格兰教会权威们对这个译本早有说法，到 11 月 3 日，大主教沃汉姆把他在英格兰和国外能够得手的该书尽力购买并加以销毁；由于他的种种努力，廷代尔获得资助以修订他的著作，并出版了一个修订本。这个译本在英格兰受到欢迎，在人们手中秘密地传阅着。它受到托马斯·莫尔爵士的严厉谴责，不是因为这个译本译得糟糕，而事实上是由于它过于富有学究气。某些词汇和句子的忠实翻译，对保守的莫尔来说，“是一种对那些著作的有害的曲解，其目的在于推进异端主张”；[2]说也奇怪，詹姆斯·盖尔德纳博士好像同意他的看法。[3] 廷代尔的译本在英国由国王于 1530 年（5 月）召集的宗教会议上已经受到公开谴责，许多册他的

---

① 晚到 1533 年 1 月，我们可以发现他写道：“让我们鼓励使用母语《圣经》，并在大学里学习……我从不擅自变更上帝语言的一个音节，也不会违背我的良心”（*Letters and Papers*，etc. Ⅵ. p. 184）。

② 参见廷代尔致答托马斯·莫尔爵士的谴责，*Works*（Day's edition），p. 118。

③ 参见波拉德的优秀而犀利的注释，*Cranmer and the English Reformation*（New York and London，1904），p. 110；Gairdner，*The English Church in the Sixteenth Century*，*from the Accession of Henry VIII. to the Death of Mary*（London，1902），pp. 190－191。

书在圣保罗教堂庭院中已经被公开焚烧，而他本人像一头野兽那样受到英国政府在尼德兰的密使的追踪。

克兰默于1534年敦促主教区会议申请要一个英译本《圣经》，第二年，克伦威尔劝迈尔斯·科弗代尔在1535年开始这项翻译工
作。这个译本译自通俗拉丁文本圣经，并得到路德译本的某些帮 339
助，它要比遭到谴责的廷代尔译本差得多；但是在英格兰，它在私人中有大量销售，国王受到劝说批准了它，为的是使教士服从1536年的“指令”，这个“指令”要求在1537年8月前在所有的教堂里都放存一册英文《圣经》。[①]

然而，这位大主教中意于另一个译本，他把它送给克伦威尔（1537年8月），说他喜欢它要超过任何别的译本，并希望它会获准自由地阅读，直到主教们能公布一个更好的译本，而他相信直到世界末日以后也不会有。这个译本实际上就是廷代尔译本。

廷代尔曾将他译至《约拿书》的《旧约全书》译本和《新约全书》全译本，交给了他的好友之一罗杰斯。[②] 罗杰斯取了廷代尔的《新约全书》、他的《旧约全书》止于《历代志》的部分，从科弗代尔的译本借了《旧约全书》的剩余部分印刷出版，上有献给国王的题辞，署名为托马斯·马修。这就是由克兰默推荐给克伦威尔的那个版本，它获得了批准。结果，廷代尔的《新约全书》（曾经被指责为有害的，而且仅仅在几年以前已经被当众焚烧的同一个译本）和他的《旧约全书》的很大一部分被公开引进到英国的堂区教堂，而且成为所有后来把

① *Letters and Papers*, etc. XII. ii. p. 174.

② *National Dictionary of Biography*, art. “Rogers.”

《圣经》译成英语的基础。[①] 但进一步考虑，则发现这个译本对政府来说是过于精确了，于是在1538—1539年作了些变更（当然不是修正）。由于这种变更，这个译本被通称为《大圣经》，而且由于克兰默作的序言，又以《克兰默圣经》而著称。[②] 这是个"最大部头"的《圣
340 经》译本，它被要求放在教堂里供人民阅读，并根据1538年的"指令"，许多部分将于每周日在讲坛上被诵读。

从1533年起到1539年年中，英国存在着一种明显的、朝着一种真正的宗教改革前进的趋势，如果说这种前进还比较缓慢的话；后来，这种进步被阻止了，如果这场运动没有断然后退的话。如果亨利再多活几年，就会有另一种寻求进步的努力，这似乎很有可能。

部分进步表现在与德国新教徒缔结政治和宗教的协定的建议。亨利八世和萨克森的约翰·弗里德里克对一个联盟好像都不太热心，而从英王对其特使们的吩咐来看，好像他的主要愿望是使德国神学家们赞成这桩离婚案。[③] 路德有点傲慢，而且似乎识破了亨利的计划。[④] 德国神学家们根本不曾怀疑，只是认为亨利与凯瑟林的婚姻是一桩从来不应该发生过的婚姻；但是他们都认为，一旦缔结婚姻，它就不应该被打碎。[⑤] 为获得梅兰希通的同情，做了决定性的努力。福克斯主教被推选为神学使者，受吩咐给他带

---

① 廷代尔译本的卓越由以下事实得以证明，即他的许多译文被修订版《圣经》所采用。

② Dixon, *History of the Church of England*(London, 1878, ect.),ii. 77.

③ *Letters and papers*, etc. Ⅸ. p. 69.

④ 同上,etc,Ⅸ. p. 119。

⑤ 同上,Ⅹ. p. 234；参见 De Wette, *Dr. Martin Luthers Briefe*, etc. iv. p. 668。

去价值70镑的馈赠品。[1] 他的著作奉克伦威尔之命被纳入了剑桥大学的学习课程。[2] 亨利交换了恭维信函，而且庄重地接受梅兰希通奉献的《神学通论》。[3] 一个使团受到派遣，它由赫里福德的当选主教福克斯、坎特伯雷副主教希思和一位英国神学家巴恩斯博士组成，后者是一位著名的路德派教徒。他们在施马尔卡尔登会晤新教诸侯，并进行了长时间的讨论。结盟的诸侯和亨利发现 341
他们在许多问题上存在着共同点：他们将断然否认教皇的最高权力；他们将声明他们不会为教皇和皇帝可能召集的任何宗教会议的教令所束缚；他们将相互保证让他们的主教们和牧师们声称那些教令是无效的。德国诸侯很乐意授予亨利"施马尔卡尔登同盟的捍卫者"的称号。但是，他们坚持要把以下内容作为任何同盟的首要条款：英格兰国教会和亨利必须接受《奥格斯堡告白》的神学和采纳路德派教会仪式；于是在教义和礼仪这些关键问题上，这个被建议的同盟瓦解了。[4] 德国人对亨利八世领导下的英格兰宗教改革有他们自己的不公开看法，既非十分谄媚，也非相当准确。

> "国王在如下程度上已成为路德派教徒：由于教皇拒绝批准他的离婚案，他已经命令每个人要相信并宣传，不是教皇，而是他本人是普世教会的领袖，违者处死。一切其他罗马天主教制度，修道院、弥撒、赎罪券和为死者代祷，都被顽固地坚

---

① *Letters and Papers*, Ⅸ. p. 72；参见 p. 70。

② 同上，Ⅸ. p. 208。

③ 同上，Ⅸ. pp. 74, 75, 166, 311。

④ 同上，Ⅸ. pp. 344—348。

持着。”①

英国使团离开施马尔卡尔登到达维滕贝格，他们在那里会晤了许多神学家，包括路德和梅兰希通，并着手讨论信条一致问题。梅兰希通仔细审查过《奥格斯堡告白》，并制订了一系列条款，它们代表维滕贝格神学家们所能承认的全部条款，路德修改过这份草稿。② 这两位德国人被副主教希思的学问和礼貌所迷住。福克斯主教“具有高级教士的风度”，梅兰希通说，而他的学问并没有
342 打动德国人。③ 会谈没有取得结果。亨利不愿意接受一个为他准备的信经，而且认为宗教仪式在不同的国家可以有所不同。他是一位“被看作有点学问，尽管不值一提的”国王，他说，“由于在他的王国内有那么多饱学之士，他不能低头去接受任何凡人对他的和这个王国的信仰的评论；但是，他愿意与从他们中间派遣的有识之士进行商议。”④

还在这次维滕贝格会议结束之前，亨利业已相信他并不需要一个德国联盟。受到欺凌的凯瑟琳王后是离婚案所牵涉的全部人中唯一一个清白的，死于 1536 年 1 月 7 日。她的遗嘱提及了那些令人感动的遗物：“赠给我的女儿，我从西班牙带来的金项圈。”⑤——从西班牙而来，那是 35 年前，她嫁给英国的亚瑟王子

---

① *Letters and Papers*, X. p. 38.

② 这些条款已经出版，并由耶拿的门茨教授写了一篇优秀的有关历史的导言，*Die Wittenberger Artikel von 1536*(Leipzig, 1905)。

③ *Letters and Papers*, etc. X. p. 98; 参见 58, 97, 108。

④ 同上，IX. p. 346。

⑤ 同上，X. p. 15。

时，还是一个年轻的金发新娘。

没有必要相信当凯瑟琳死亡的消息带给亨利时，他表现出了他的敌人所称的巨大快乐，但是，这个消息确实使他摆脱了巨大的恐怖心理。他敏感地观察着人和环境，非常了解查理五世，相信在皇帝的姨母死去以后，假如他并没有明目张胆地攻击皇帝家庭的家族荣誉，皇帝不会让他自己成为教皇反对英格兰的工具。

亨利总是借助于法国和神圣罗马帝国之间的平衡来保存自己和英格兰，此外，还借助于加强德国新教徒来削弱神圣罗马帝国。但是1539年法国和皇帝已经结盟，亨利自己则感觉到极不安全。很有可能，导致亨利与克利夫斯的安妮的婚姻的谈判，就根源于这
种新的危险。另一方面，在英格兰始终存在着许多不满的举动，它 343
们被认为是来自于朝前推进的宗教改革。

亨利八世总是慷慨地花钱。他父亲的大量积蓄已经消失，而在沃尔西治理下的英格兰是欧洲的出纳员，国王因而极为需要财源。在英格兰如同在其他地方一样，修道院的财富好像已经被征集起来，以填补空虚的国库。在托马斯·克伦威尔的监督下，修道院被安排进行视察；而且，为赋予他充分的自主权，所有主教职能暂时都被停止了。视察揭发出许多丢脸的事情。《解散小修道院》的议会法案（1536）随之而来。[①] 所有年收入低于200镑的修道院的土地，都被赋予国王，还有这些修道院的所有礼拜用品、珠宝和其他动产。被逐出的修士和修女或者被送进大修道院，或者获得某种办法以维持生计，而修道院的头头们将获得足以维持生

① 该法案见于Gee and Hardy, *Documents*, etc. p. 257。

活的津贴。这样获得的土地本可以构成庞大的王室田庄，其收入之大足以支付税收的开销；但是，国王需要现钱，他要奖赏朝臣。修女院土地的大部分被廉价地出售给朝臣，郡中世家的数量和力量大大增加了。对于其余修道院的新视察开始于1538年，这次伴随着调查全国各地盛行的迷信活动，臭名昭著的圣物被扫除了。它们是各种类型的圣物——部分是彼得的头发和胡子；几块用以打死圣斯蒂芬的石头；殉教者圣托马斯的粗糙衬衫和骨头；一颗含有少量圣母马利亚奶液的石英，“另有两块骨头”；“英格兰的主要
344 圣物，是一个把长矛头带给卡弗沙姆（靠近里丁）的独翼天使，这个长矛头曾戳穿了十字架上的救世主”；圣彼得割下的马勒古的耳朵；被“金盘子和（宝）石”覆盖着的温切斯特的圣菲利普的一只脚；等等。[①] 奇异的偶像被带到伦敦，它们的结构技巧暴露给众人，而一位有口才的牧师对迷信大加谴责：

① *Letters and Papers*, etc. XIII. ii. pp. 36, 78, 147, 155. 在 *Letters and Papers*, etc. XIV. i. p. 153 中，对亨利领导下的英格兰宗教改革有一种“官方的”解释，这种解释如下（p. 155）：“触摸安置在教堂中的偶像，作为愚昧无知者的书籍，尽管它们不是必需的，但是促使犹太人、土耳其人和撒拉逊人认为我们是偶像的崇拜者，国王宽容他们，而那些已犯有崇拜偶像罪的人除外。……武斯特的圣母马利亚，当她的外衣被脱去时，发现她和主教是一个样子，像个大汉，几乎有十英尺长……博克瑟莱格和其他地方十字架上的基督像，当某些栓销和绳子在秘密处弯曲或拨弄时，他们的眼睛和嘴唇都动，国王使这种偶像被废止并方便地牵连到其他偶像，他遵照毁灭了铜蛇的国王希西家的榜样。所谓的圣地、小灌木丛、圣骨匣已经被发现是伪造的东西，正如基督的血只是盛在一瓶浓结晶体中的一串红丝，在另一处则是用血竭把油染红，用粉笔或铅白代替圣母马利亚的乳状物。我们的圣母马利亚的腰带，摩西和亚伦的权杖等等，还有可以装三马车之多的圣十字架，所以国王有理由让它们被拿走，而妄用的标志物被焚烧，受到怀疑的那类偶像因担心偶像崇拜而被老老实实地隐藏起来了。”

> “蓄须的耶稣受难像叫作‘恩典的耶稣受难像’（是从梅德斯通被带来的，而且）当罗彻斯特主教宣教时，它自己转动头，溜转眼睛，口吐泡沫，流着眼泪，——还可以看见太多的其他木头的和石头的著名圣徒……肯特郡的偶像的随从圣徒们也做出同样的动作。沃尔辛汉的圣马利亚、坎特伯雷的圣托马斯以及其他偶像不久也将在相同的地方表演奇迹；由于这种欺骗那么彻底地被揭露出来，以至于每个人对僧侣和骗子都感到愤慨。”①

又一个议会法案颁布了，它把全部修道院财产赋予国王；这个
法案不仅把大宗的田产，而且把大量的珠宝和贵重金属授归国王 345
占有。② 坎特伯雷圣托马斯圣地据说在夷平时交出了决不少于26大车的金银。③

这样大批地没收修道院财产，掠夺圣地，以及首先是那份报告，即亨利已下令焚烧坎特伯雷的圣托马斯遗骨，并将扬灰，使教皇保罗三世决定重新（1538年12月17日）执行他发出的绝罚训令（1535年8月30日），这个训令迄今一直未予实行。据称，这个训令可以在苏格兰的圣安德鲁斯或在“卡利斯特伦斯镇”，在法兰西的迪普或布洛涅，在爱尔兰的图安姆予以公布。④ 教皇知道他

---

① *Letters and Papers*，XIII. i. 283－284，*Nicholas Partridge to Bullinger*（April 12th）.

② The Act for the Dissolution of the Greater Monasteries 见于 Gee and Hardy，Documents，etc. p. 281.

③ *Letters and Papers*，etc. XIII. ii. p. 49.

④ 同上，etc. XIII. ii. p. 459。“在卡利斯特伦斯镇”（In oppido Calistrensi）大概是“在科尔德斯特里姆”（at Coldstream）；比顿（Beaton）已经被任命为红衣主教，正准备公布这个教谕。

不可能使它在英国本地公布。

对圣地和朝圣场所的粗暴破坏，必定会使大众产生某种不安，而且存在着别的和更为深刻的不满根源，这些地方以前一直是节日游乐之地和祈祷场所。英格兰像别的国家一样，一直遭受着富于时代特征的经济变化的打击。英格兰所特有的是，羊毛增长已成为比储备原料或增加谷物更有利可图的经营，而土地所有者则正在圈占公地用作牧场，并让他们的大量耕地休闲。穷苦人不能再在公地上放牧牲畜，用牧场代替耕地使大量人口失业。他们不得不出卖他们不能再饲养的动物，而且不知道如何才能营生；他们也没有得到那些被遣散的修道士得到的补偿。税收的压迫增加了
346 到处流行的痛苦。在约克郡、兰开夏和林肯郡发生了起义，起义者高唱着战歌进军：

"受难的基督，
您深深的伤口，
引导我们百姓，
朝圣者，
藉神的恩典，
以购得，
属灵的，
古老的财富和和平。"①

---

① *Letters and Papers*, etc. Ⅺ. p. 305.

在他们的要求中，他们对那些蔑视神圣的母教会、解散修道院、掠夺圣地、蔑视“圣母马利亚和所有圣徒”、新增税收、圈占公地、废弃相沿成习的土地租佃权、污辱马利亚为不合法等等做法，以及对“出身低微和评价不高”的国王顾问们和五位改革派主教都进行了抨击，——克兰默、拉蒂默尤其被视为令人讨厌的人。[①]约克郡的起义被称为神恩朝圣。

起义者或者“朝圣者”并不比其他人更有操守，因为他们抢劫神父以维持其“军队”；[②]而当他们坚持罗马主教的首要地位时，他们根本看不到他的权威在英格兰重建的希望。他们要求国王承认教皇成为精神事务的首脑，把宗教权威赋予坎特伯雷和约克两位大主教，“这样一来，上述罗马主教就不再会干涉了。”[③]

各地的起义被平息了，亨利并没有因他们反对的缘故而停止掠夺圣地和修道院；但是，通过在人民领袖和当局代表举行的会议提出的宣言，通过对囚犯和嫌疑犯的审讯，人们的感情已为人所知，这必定要求他的敏锐心灵进行思考：对于大多数英格兰俗人而言，宗教改革是否被向前推进得太快。英国在16世纪并没有产生 347
一个伟大的精神领袖，他受到先知般的确信的鼓舞，相信他在传播福音，并且能在其同胞心目中产生同一种的信念，而他从不把他们那样远远地抛在后面，以至于使他们难以步步紧跟着他。国王命令停止前进；而当克伦威尔坚持他那与欧洲大陆新教徒联盟的计划时，他走的是亨利的所有幕僚的道路，他们顶住了他们的专横主

① *Letters and Papers*, XI. pp. 238, 272, 355, 356, 477, 504, 507.

② 同上，XI. p. 238。

③ 同上，XI. p. 477。

人(1540 年 7 月 28 日)。

但是,这是可以预期的。1539 年春,与施马尔卡尔登同盟诸侯的谈判还在进行,[①]而国王正式考虑利用娶萨克森的约翰·弗里德里克的小姨子克利夫斯的安妮[②]的办法,来巩固他与德意志路德派教徒的联系。1539 年(4 月 28 日到 6 月 28 日)的议会注意到了这种变化的开端。如下六个问题被提出来加以讨论:

> "在圣餐饼中,饼和酒的本质是否变体成为肉和血的本质? 根据上帝的律法,僧侣是否可以结婚? 根据上帝的律法,男人和女人守贞的誓约是否有约束力? 根据上帝的律法,秘密忏悔是否必需? 私人弥撒是否可以与福音保持一致? 根据上帝的律法,圣餐饼是否必需按照两种形式领取?"[③]

主教们的意见不尽一致;但是,上院的世俗成员显然不希望发生任何背离中世纪教义的变化,而且相信绝没有人能像他们的国王那样成为一位聪明的神学家,他用他的满腹经纶挫败了主教。一位与会者写道,"我们俗人始终有一致的看法……整个英国都有
348 理由感谢上帝,并对国王所采取的最为神圣的行动而感到由衷的高兴。"[④]因此,议会通过了《六信条法案》[⑤],一个野蛮的法令,一般

① *Letters and Papers*, etc. XIV. i. p. 344.

② 同上, XIV. i. pp. 191, 192, 537。

③ 同上, XIV. i. p. 489。

④ 同上, XIV. i. p. 475。

⑤ Gee and Hardy, *Documents*, etc. p. 303.

称之为“六根绳索的血腥之鞭。”否认变体论或败坏圣礼名誉，将被当作异端，而且将受到火刑和没收动产的惩罚。传授在圣餐礼上用两种形式领受圣餐是必需的，或者传授立誓独身的神父、修道士或修女可以结婚，都要被判重刑，受到处以死刑的严惩。所有已缔结婚约的教士的婚姻将要被解除，教士纵欲要受到丧失财产和圣职的惩罚。派出特别委员会在每个郡每年举行四次会议，以贯彻这项法令。这个法案的官方名称是《废止不同意见法案》。为伦敦郡组成了第一个委员会，并在第一次会议上就有 500 人在两周内受到起诉。然而，法律要比它的具体实施更严厉。这 500 人采取服从的态度，得到国王的原谅。就是在这个野蛮法令之下，在亨利八世统治的最后几年中，所谓“异端分子”受到了审讯和判罪。

中世纪教义的复活并不意味着英王的强烈的反教皇政策发生任何偏差。它变得越发苛严，而亨利使用最不敬的语言谈及教皇。“那个最顽固的偶像，一切真理的敌人，君主中的篡位者，罗马主教”，“那个有腐蚀性的、恶毒的阴险家伙，保罗，罗马主教”，是他常用的两句短语。①

《六信条法案》使得路德派教徒，正如以前的若干法案使得罗马天主教徒，易于受到死刑的处罚；但是，当克伦威尔仍然大权在握时，他显然能阻止该法案的实施。然而，克伦威尔很快倒台了。
他好像得宠到了无与伦比的程度。他几乎把他的政策强加给他的 349
主人，亨利与克利夫斯的安妮的婚姻（1540 年 1 月 6 日）似乎是他

① *Letters and Papers*, etc. XIV. i. pp. 349, 438.

的胜利。然后，亨利突然发难并像往常一样冷酷了。这位大臣受到指控，未经审讯就被判处死刑。他被处死（7 月 28 日）；而克利夫斯的安妮被抛弃，借口是她与洛林公爵之子有婚约在先（7 月 9 日）。克兰默没有分担这位大臣的命运，这并不是嗅觉灵敏的反动者加德纳的错误。就在克伦威尔被处死以后（7 月 30 日），国王立刻又一次显示了他的身份的残酷性。三个持路德派观点的教士，巴恩斯、加勒特和杰罗姆在伦敦肉市场被处以火刑；三个罗马天主教徒因否认国王的宗教至尊权威而遭折磨，并被斩首。

亨利得意地使他自己免于对题为《基督教徒规章》承担责任。也许，他相信它对于其臣民而言走得太远了；无论如何，它对于《六信条》神学来说走得太远了；另一个指南为人们所需要，并于 1543 年（5 月 19 日）予以公布。它被定名为《基督教徒必备之教条和学识，由英王陛下公布》。

它实质上是前一个指南的修订本，可能由好多个作者合作完成。人们相信克兰默写了论信仰这一章，它被主教区会议加以修订。国王亲自为它写序并推荐出版，宣布它是一本“对全体人民而言具有真实而完美教义”之书。它包括对信经、《十诫》、《主祷文》、《圣经》某些段落选辑的解释。与前一本指南的不同之处在于，它明确地教导“变体论”、“圣徒代祷”和“教士独身”的教义。可以这样说，它极其准确地表达了 1543 年那一年中大多数英国人的神学思想。国王和人民并没有分离得太远。他们都坚持中世纪
350 的神学；他们都憎恶教皇权，并希望教士应处于服从地位。有一场广泛而静悄悄的运动导向福音派宗教改革，这一运动总使其自身引人注目，尽管这出乎人们的意料；但是，很可能有四分之

三的人在亨利统治时期并没有感觉到它。在酵母可以使整个面团发酵之前,它需要玛丽在伦敦肉市场的焚烧和对一个西班牙国王的恐惧。

351 # 第二章　爱德华六世在位时期的宗教改革

当亨利八世 1547 年(1 月 28 日)死时,英格兰的形势对他身后的人们而言是困难重重。宗教革命仅完成一半;社会革命在发展,引起普遍的骚动;被逐佃户和被逐修道士构成造反的生力军;国库空虚,王国负债,货币贬值。王权已经破坏了其他一切,而国王只是个孩子。靠教会的战利品致富的新贵族并没有获得世袭的威严;而围绕着国王的枢密院则被对抗的派系所分裂。[①]

352 亨利八世死于一个星期五,但他的死一直被隐瞒到星期一(1
352 月 31 日),当时,爱德华六世由其舅父赫福德伯爵带来交给枢密院。在那里,已故国王的遗嘱被展示出来,其措辞使人们几乎难以相信亨利并不打算进一步将宗教改革向前推进。它任命了一个枢密摄政团,由被提名的 16 人组成。11 人属于旧枢密院成员,其中有五个因期望推进而著称的人,而两个最坚定的反动分子——两个主教加德纳和瑟尔比被删去了。这个遗嘱还指名提到可以加入枢密院的 12 个人,如果认为他们的效劳是必需的话。这些人被增添到了枢密院里。接着,赫福德伯爵被选为该王国的护国公,并被提升为萨默塞特公爵。加冕礼随之举行(2 月 20 日),而所有主教

---

① Pollard, *Cambridge Modern History*, ii. p. 474.

都被要求重新取得年轻的国王发出的委任——国王的宗教至尊权威如此迅速地得以实施。亨利的大法官赖奥瑟斯利已经被提升为南安普敦伯爵，不得不交出国玺，而由于他的退职，政府完全掌握在那些希望这个国家沿着宗教改革道路向前推进的人们手中。

他们意图的预兆并不缺少，表明这样一种推进至少会受到首都全体居民欢迎的证据也不缺少。2 月 10 日，一个教士和几个教堂执事把偶像从他们的教堂墙壁上拆除了，并刷上《圣经》的文字；一个有口才的牧师巴洛博士谴责教堂里的偶像；偶像被从朴茨茅斯各教堂推倒了，等等。5 月，据通告，要进行王室对乡村的视察，主教们被禁止进行一般性视察。

7 月(31 日)，枢密院开始发生变化。他们对教士发出一系列“指令”，[①]教士们根据指令被命令宣讲反对“罗马主教篡夺的权力和司法权”；确保所有作为朝拜对象而被“滥用”的偶像都应当被销毁；在礼拜仪式中诵读英文福音书和使徒书信，确保列队行进中不再背诵或歌唱应祷文，但要虔诚地跪下诵读。他们接着发布了《十二条说教》，意在保护人民免受“轻率的传道”的侵害。这样一系列的事情早在 1542 年就已经有人建议过，而且，一个建议的草稿就在那一年由克兰默提交给主教区会议，但是未获批准。它们现在都由枢密院的权威发布了。其中三个是由克兰默起草的。这些训导极少包括教义，而仅限于鼓励虔诚的生活。[②] 与《说教》一

---

① 这些“指令”(*Injunctions*)和对它们进行解释的“询问条款”(*Articles of Inquiry*)见于 Strype, *Ecclesiastical Momorials*, etc. (Oxford, 1822) Ⅱ. i. pp. 74－83。

② Cranmer, *Miscellaneous Writings and Letters* (Parker Society, Cambridge, 1846), p. 128.

道，枢密院还批准公布了尤德尔对伊拉斯谟的《圣经释义》的译文，他们试图使它们在各教堂中被诵读。

从 1547 年王室视察好像连续了好多年，詹姆斯·盖尔德纳博士发现并出版了胡珀主教于 1551 年在格洛斯特教区所作视察的一份说明或报告，并附有注释。视察的目的之一，就是想看一看英格兰教士到底在布道中能够干什么。盖尔德纳博士总结其报告中所显示的知识匮乏情况如下——311 个教士受到检查，其中有 171 人不能重复《十诫》，尽管这样，极为奇怪的是，只有 34 人不能说出它们所在的章节（《出埃及记》第 20 章）；有 10 人不能重复《主祷文》；有 27 人不能说出它作者是谁；有 30 人不能说出到何处找到它。这份报告值得研究，因为它记录了宗教改革前英格兰教会教士状况。格洛斯特教区的这些教士被提问了九个问题——三个不
354 同题目下各有三个问题：（1）有多少条戒律？它们记载在哪里？请背诵出来。（2）什么是基督徒的信条（使徒信经）？请背诵出来。请按圣经予以说明。（3）请背诵主祷文。你怎么知道那就是主祷文？在哪里可以找到？被提问的 311 名教士中，只有 50 人能够全部回答这些简单问题；在这 50 人，据记载有 19 人答得勉强可以。8 个人任何一个简单问题都答不出来；其中有一人虽说出有十条戒律，但其他什么也不知道了。当问及为何要这样称呼《主祷文》时，有两个教士说是由于在基督吩咐其门徒守夜和祈祷时，他就把它告诉他们了；一个说他不知道为何称其为《主祷文》，但他很愿意相信它就是主的祈祷词，因为国王是这么说过的；另一个则回答说他所知道有关它的一切仅仅是大家都这么说。两个教士说当他们不能证明来自《圣经》的信经条款时，他们由于国王的权威

接受了它们；一个说他不能告诉你《圣经》赋予信经什么权威，除非它是《创世记》第一章，但这无关紧要，因为国王曾保证它的正确性。①

毫无理由相信该教区教士不如英国其他地方的那些教士。如果拿这个报告与未改革的中部德意志教士情况的说明，即 1528—1535 年间在那儿视察所提供的报告相比较，那么，使路德如此充满失望，并促使他写作《小教义问答》的状况，就比英国教士的状况好得多。这 311 人中，最多只有 3 人，也许有 4 人，作过布道，或者能够布道。这些事实，摘自一位主教所进行的一次权威性视察的正式报告，解释了伊丽莎白治下的清教徒不停呼吁一个传道部 355
门的原因。

枢密院明显关心应当用英语来举行全部仪式，布道通常应当成为公众礼拜的一部分。各份视察报告表明制定任何总的法规是无效的，但在御用小教堂举行的仪式树立了一个榜样。同时（1547 年），托马斯·霍普金斯忙于用韵律翻译《诗篇》，便于私下和在教堂中吟唱，这些诗篇很快就变得极为流行了。像法兰西和德意志的《诗篇》译本一样，它有助于在人民中传播宗教改革；而且，正如可能期望的那样，后来劳德大主教尽其努力以阻止吟唱这些《诗篇》。

爱德华六世的第一届议会（1547 年 11 月 4 日到 12 月 24 日）使英格兰有关叛逆的法律发生了巨大变化，这具有扫除专制政府大厦的效果，这个大厦是由亨利八世及其大臣托马斯·克伦威尔

① *English Historical Review* for 1904(January), pp. 98 ff.

那么小心谨慎建立起来的。国王在宗教问题上的至尊权威得以继续；但是，《六信条法案》从《法令全书》中被删掉了，而且所有从理查二世时代以来通过的异端法案也被一并删掉，叛逆则被定义为爱德华三世时代的那个样子。这项立法赋予英格兰人民罕见的大量自由。

主教区会议于 11 月和 12 月（1547 年）召开，除了其他种种问题外，全体一致地同意圣餐礼的参与者应当领受两种形式的圣餐，而且以 53 票对 12 票通过一项决议，即所有反对教士结婚的教规应一律宣布无效。这两个决议被提交到议会，结果通过一项法案，
356 规定"圣餐礼对英格兰和爱尔兰教会范围内的人而言，以及国王的其他领地内的人而言，从此以后应当以两种形式共同施行，即饼和酒的形式领受，除非必要性要求另外的方式。"[1]还拟定一个允许教士结婚的法案，在下院通过了，但没有准时送达上院投票表决，直到第二年才成为法律。另外两个与英格兰国教会状况有关的法案为本届议会所颁布。根据其中一个法案，主教从此以后直接由国王任命，他们的法庭将以国王的名义开庭。根据另一个法案，除某些特别例外，所有学院、附属礼拜堂、互助会等等的财产均宣布归属国王。[2]

按照两种形式拜受圣餐使得一种新的圣餐礼成为必要了，而作为一种尝试的办法，一种新的庆祝形式为枢密院所颁布，这种形

---

① 这个法案叫作《反对诽谤者，赞成按两种形式领受圣餐的法案》（*Act against Revilers, and for receiving in both Kinds*），见于 Gee and Hardy, *Documents*, etc. p. 322。

② Gee and Hardy, *Documents*, etc. p. 328.

式被斯特赖普称为《圣餐礼常规》[①]。它命令弥撒的基本用语仍然使用拉丁语，但是要把七句英语祈祷文插进仪式中。枢密院也在继续进行反对迷信的斗争。他们禁止在耶稣受难日偷偷地攀爬十字架，在四旬节第一天撒灰，在棕枝主日攀摘棕榈树枝叶，在圣烛节点蜡烛；他们命令除去教堂中"全部的"偶像。克兰默断言所有这些办法都曾为亨利八世所考虑过。

此外，下一项重要的宗教改革进展是准备采用一部新《祈祷书》[②]——《依据英格兰国教会惯例的公众祈祷和行圣礼以及其他仪式和礼仪之书》(1549)，通常称为《国王爱德华六世第一公祷 357
书》。它由一个《划一法案》[③]引入，该法案指出英格兰长期以来一直存在着"各种不同形式的公祷……使用萨勒姆、约克、班戈和林肯的"，就引起了诸多不便，因而要求使用这种统一形式的祈祷，并对那些采用其他形式祈祷者实施处罚。该祈祷书的起源有点模糊不清。找不到痕迹表明有任何被任命的委员会来拟定它，或有任何正式精选的修订机构。克兰默主要负责该书的编订，他得到许多神学家们的帮助——尽管他们会面的地点不确定，或者是在国王在其日记中所记载的温莎，或者是在《灰衣修士编年史》中所说的御特赛修道院。大约在 10 月底，主教们被要求签名赞同，该书还须作些修订。此时它被提交到上院讨论。正是在这场讨论中，

① *Ecclesiastical Memorials*, etc. Ⅱ. i. p. 133. 它见于 *The Two Liturgies*, *with other Documents set forth by Authority in the Reign of King Edward the Sixth*(Parker Society, Cambridge, 1844), p. 1。

② 该书见于 *The Two Liturgies*, ect. , of the Parker Society, pp. 9 ff.。

③ Gee and Hardy, *Documents*, etc. pp. 358 ff.

克兰默泄露出他已最终抛弃了变体论。然而，这本《公祷书》基本上是保守的、并可为一个相信旧神学的信徒所赞成。授受“饼”被称为“领受基督的身体”，授受“酒”被称为“领受基督的血”；画十字标记的做法按照该仪式中所表述的要点得到坚持。对该祈祷书的结构和内容的考察表明，它大量地取自旧有的《萨勒姆英文惯例》和由红衣主教奎格龙所起草、被献给教皇保罗三世的一本新《祈祷书》。需要一本新的《祈祷书》的感觉并不限于宗教改革家，而且影响到整个欧洲的基督教徒。这个《公祷文》中的重大革新是它的各部分全部采用英语，礼拜仪式的每一部分都能为所有礼拜者接受和理解。

358 随着《国王爱德华六世的第一公祷书》的公布，其在位时期的宗教改革第一阶段趋于结束。这些变革都曾经为亨利八世所仔细考虑过，如果我们要相信克兰默所声称的东西的话。它们并没让较进步的改革家们满意，克兰默本人也认为它们并不充分。

在英国法律方面所发生的变化——取消“血腥的”《六信条法案》和若干叛逆法——已经促使那些到德意志和瑞士去的英国避难者返回故乡。皇帝查理五世于 1547 年(4 月)在米尔堡战役中击败了德国新教徒，而在几年中，英国成为大陆新教徒逃避《奥格斯堡宗教妥协》规定和惩罚的避难所。这一切均给英格兰宗教改革运动一种强烈的刺激。马丁·布塞尔被迫离开斯特拉斯堡，在剑桥找到避难处教书，一段时间他成为那里的钦定神学教授。保罗·毕希林(通常以其拉丁化名字弗拉吉乌斯而著称)是布塞尔的一位同胞和一位知名的希伯来语学者。他也定居于剑桥，并在那儿去世(1549 年 11 月)。彼得·马特·弗米格里和贝尔纳迪诺·奥基诺，两位杰出的意大利新教徒，应克兰默本人邀请来到英格兰，而且后来很长一段时间，伊丽莎白女王承认一直受到他们的神学的吸引。阿尔勒的彼得·亚历山大和波兰人约翰·阿拉斯柯也受到英格兰的保护和款待。[①] 对这些外国神学家的欢迎，和对 359
他们在英格兰大学执教的任命，没有逃脱本国那些神学教师的反对，后者受到了政府的压制。

在当朝英格兰国教会宗教改革的第一阶段和第二阶段之间，一种必须提及但不必详论的政治变化发生了。萨默塞特公爵招致其同僚和曾因教会土地的拍卖而获利的新贵族的愤恨，因为公爵对无地农民过于同情，并提议使农民获益。他被剥夺了权力，他的职位为不择手段的沃里克伯爵取而代之，后者成为护国公，并获得了诺森伯兰公爵领地。这位英格兰新统治者几乎普遍受到进步改革家的赞扬，原因在于他走上了一条推进宗教改革的道路。此时，当萨默塞特公爵的高尚品格已经获得慢慢承认的时候，[②]应当记住，约翰·诺克斯这位评价人绝非平庸的人物，却从不附和称赞诺

① Mr. Pollard(*Cambridge Modern History*, ii. pp. 478, 479)认为这些外国神学家对英格兰宗教改革的影响一直被评价过高；就礼拜和惯例方面的变化而言，他也许是正确的。他的主张是，英格兰的宗教改革家们有意无意地遵循威克里夫的领导，而不是听从大陆神学家们的指引；但是如果考虑全部宗教改革神学的思想根源，也许会怀疑威克里夫是否能提供英格兰神学家们所具有的、与其大陆同时代人相同的东西。就威克里夫的全部愿望而言，他基本上是一位中世纪的思想家。把每个中世纪的改革家和宗教改革时代的思想家区分开来的神学问题，是因基督的赎罪所赢得的恩典将怎样为人们所享用？普遍的中世纪的答案是采取效法基督的办法；而宗教改革时期的普遍答案，则是采取信仰上帝允诺（即信仰得救）的办法。就这个试题的答案而言，英格兰神学家们是与大陆的改革家们，而不是与威克里夫保持一致的。

② Pollard, *England under Protector Somerset*(London, 1900).

森伯兰，而极为偏爱他的前辈，尽管他在宗教改革道路上的进步比较缓慢而又小心谨慎。

在这个时代，有很多情况鼓励诺森伯兰及其枢密院去考虑他们可能加快宗教改革运动的问题。

新学已经在英格兰取得了长足进步，并正在悄悄影响所有较有文化的等级，而且它自然导致对旧神学的不信任。有些曾经在国外避难，现在归国的英国进步改革家们——像里德利和胡珀这样的人——不可能不对其同胞产生过某些影响，他们几乎全部受
360 到过慈温利神学模式的感染，而布林格是他们信任的顾问。好像大众的感情正在发生变化，因为群氓不是对破坏偶像感到愤恨，而是过于受到破坏偶像的热情的鼓舞，企图破坏彩色玻璃窗和抢掠神父。克兰默的影响总是在改革方面，它对枢密院的影响较之亨利八世时期更大。他很久以前就抛弃了对变体论的信仰，已经放弃了路德的同体论教义，如果说他过去曾坚持的话，而且现在已经接受了一种在圣餐饼和酒中真实而又精神上临在的神学，这与较为温和的慈温利观点没有多大差别。教士中许多人正在发生远远超出《划一法案》的变化。废除对出版《圣经》的种种限制，导致20多个版本的出现，其中大多数都附有注解，这些注解根据《圣经》权威解释并贯彻了这种新神学。

在这样的环境中，枢密院统一站在反对罗马天主教同情者的一边坚持《划一法案》。许多罗马天教主教被剥夺了职务，他们的职位全部由科弗代尔、里德利、波耐特和斯科维这样的进步改革家补缺。约翰·诺克斯，由于英格兰政府的调停摆脱了在法国大木船上当划船囚犯的奴役，并成为国王的讲道师之一，被提供了罗彻

斯特主教职位，但他谢绝了。然而，必须记住，护国公及其“近侍”中饱私囊的欲望，看来如同推动宗教改革事业的热情一样显得十分活跃。的确，此时在英格兰出现的这些人像后来在苏格兰的牛皮主教们一样；大贵族获得主教职位的收入，并允许新主教们从这些收入中得到俸给。[①]

后来出版了再版的《公祷书》——《英格兰国教会公众祈祷和 361
行圣礼、其他仪式和礼仪之书》（1552）。它通常被称为《国王爱德华六世的第二公祷书》。[②] 克兰默早在 1551 年 1 月就和一些主教们就这个题目进行了商议，也与当时居住在英格兰的一些外国神学家们进行商谈；他的意图极有可能就是要为英格兰国教会创建一种与大陆改革家相一致的礼拜仪式。根本没有证据表明这本祈祷书像前一本那样呈送给主教区会议修订，或者它必须在议会中进行辩论。权威性声明通告如下：

> “最尊贵的国王陛下，获得所召集的本届议会上下两院的同意并依据该权威，已发布该公众礼拜规程，定名为《公祷书》，便于忠实而虔诚地研读、解释，并使之完善，且依据上述权威在把它加以如此解释和完善后，并入本法令之中”。[③]

---

① “Tulchan 是一种为使牛产奶而塞满稻草的小牛皮。主教利用主教职位生产出献给我的领主的有用物品，是领主为他搞到主教职位。” Scott's *Apologetical Narration of the State and Government of the Kirk of Scotland since the Reformation*（Woodrow Society, Edinburgh, 1846）, p. 25.

② 该书见于 *The Two Liturgies, with other Documents*, etc.（Parker Society）, p. 187。

③ Gee and Hardy, *Documents*, etc. p. 371.

这本《公祷书》应当受到特别重视，因为尽管发生了某些重要变化，但其中包含着大量现在仍然为英格兰国教会所使用的内容。它和《国王爱德华第一公祷书》之间的主要不同，大部分表现在圣餐礼中，并开始明确地废除了所有赎罪弥撒的思想。“祭台”这个词被删掉，用“圣餐桌”取而代之；“牧师”和“神父”被不加区分地
362 用作同义术语。“在圣餐礼中和行宗教仪式的所有其他时间里，牧师既不穿白麻布长袍，法衣，也不穿斗篷式长袍；但如果是大主教或主教，他应当拥有或穿上一件紧身法衣；而如果是神父或执事，他应当拥有或穿上唯一的一件白色法衣”。他不必“谦卑地站在圣餐台中间的前面”，要站在“圣餐桌的北面”；圣餐桌被要求从教堂的最东头搬开，放到圣坛中。要用普通的而不是没有发酵的饼。在旧祈祷书中，祈祷语“主啊，请你可怜我们”以前被用于祈求上帝显现于圣餐礼的饼和酒中；在新祈祷书中，它成为一句遵守戒律的普通祈祷语。《十诫》第一次被引入。有些礼拜规程——要求牧师加一点水到酒中——被删去。类似的变化发生于洗礼和坚振礼的礼拜仪式中以及圣职授任礼的引导仪式中。有一种礼拜规程被保留着，而较进步的改革家则希望加以废除。要求圣餐领受者跪着领受饼和酒。但是，这些难题被以后的礼拜规程克服了：

> “为了避免在其他情况下去想或者去做同样跪着的姿势，我们宣布这并不因此意味任何崇拜已经做出或将要做出，无论是就领受有形的圣餐饼或酒而言，还是就基督的肉和血的真正的或本质的临在而言。”

根据某种不确定的证据，这个增加部分据说是由约翰·诺克斯所建议的。

然而，最主要的变化是变更对参加这项活动的圣餐领受者所说的话。在《第一公祷书》中，这些话是：

> “当牧师分授基督肉体的圣餐时，他将对每个人这样说：
>
> ‘我们的主耶稣基督的肉体为你而奉献，保持你的肉体和灵魂直到永生。’
>
> 当分授基督血的圣餐，让每人只喝一口以后，牧师将说： 363
>
> ‘我们的主耶稣基督的血为你而流淌，保持你的肉体和灵魂直到永生。’”①

在《第二公祷书》中，这个礼拜规程变更为：

> “当牧师分授饼时，他将说：
>
> ‘拿吃吧，记住，基督为你而死，寄望于他，用你的心去信仰并感恩。’
>
> 分授酒时，牧师将说：
>
> ‘喝吧，记住基督的血为你而流淌，感恩吧。’”②

这些用语变化所代表的差异，存在于可能是变体论的教义和

---

① 比较 *The Two Liturgies*, ect. (Parker Society) p. 283。

② 同上，pp. 92, 279。

一种明显低于路德或加尔文教义的圣餐礼神学之间，它可能是纯粹的慈温利教义。

这部《国王爱德华的第二祈祷书》根据第二个《划一法案》而付诸实施，它第一次既包括了对教士又包括了对俗人的惩罚——惩罚“王国各地大量的人，他们顽固地拒绝到他们所在的堂区教堂去”。惩罚本身表明许多人拒绝被迫沿着改革之路像枢密院所希望他们的那样迅速走。[①]

不久以后，出现了一种为英格兰国教会所接受的新信经或基本教义的表述。这就是《四十二信条》，该信条很有趣，因为它们后来构成伊丽莎白时期《三十九信条》的基础。它们是以一种名声不佳的方式被塞给英格兰国教会的。据扉页上的清晰表述，在
364 最近在伦敦召开的主教区会议上，它们已经获得主教和神学家的一致同意——这一表述并不正确。它们从未被呈交给主教区会议，仅仅根据国王的权威而予以公布，并于(1553 年)6 月 12 日，在国王驾崩前不到一个月，才获得国王签字的。

必须提及属于爱德华六世时期的另一个文件——由克兰默起草的《教会改革法》。这位大主教已经于 1544 年着手从旧的《教会法》中搜集他认为可能有助于英格兰国教会的管理和纪律的段落。任命了一个 32 人委员会来协助他，又从这 32 人中挑选出一个八人委员会“剪裁《教会法》”。挑选好以后，一个立法议案被提交到议会，但它没有获得通过；而《教会改革法》在英格兰从来没有获得权威地位。这也是因为该书规定对各种异端处以死刑，这

① Gee and Hardy, *Documents*, etc. p. 269.

些惩罚措施会使得它成为一个执行迫害政策的政府手中的一件残酷武器。

伊丽莎白时期如此突出的清教，其端倪第一次出现在爱德华六世在位时期。它的两个主要代言人是胡珀主教和里德利主教。胡珀是慈温利的一个热心追随者，并被推崇为该派的领袖，而里德利的观点则与之相差不远。当胡珀被任命为格洛斯特主教时，他与政府建立了联系。他那时反对在主教进行圣职授任时要求他们宣誓，并反对主教的长袍，他称其为“亚伦的法衣”。争论的详细内容为一位慈温利派的支持者麦克罗尼乌斯在一封致苏黎世的布林格的信中所描绘[①]（1550 年 8 月 28 日）：

365

“如你所知，国王已任命他（胡珀）担任格洛斯特主教，然而他拒绝接受这项任命，除非他能完全从一切罗马天主教迷信的表现中被解放出来。那么，这里立刻就出现一个涉及主教一定要受命以上帝、众圣徒和四部福音书的名义宣誓的形式的问题；胡珀则断然拒绝发这种不信神的誓言。这样，当胡珀出席枢密院会议出现在国王面前时，他用许多论据说服国王，应当仅以能识别灵魂的上帝的名义发誓。这件事发生于 7 月 20 日。这样就与神圣的国王取得了一致，他用自己的笔删除了承认任何人发誓的条文。没有什么能比这个举动更神圣，或者比一个基督教国王更崇高。当这样做时，仍然保留了

① *Original Letters relative to the English Reformation* (Parker Society, Cambridge, 1847), ii. p. 566.

主教授任形式，正如后来为议会里的主教们所描绘的那样，它与罗马天主教的形式几乎没有什么差别。因此，胡珀获得一封国王致坎特伯雷大主教（克兰默）的信，说他可能不经过迷信的方式被授予圣职。但是，他没有获得这一职位，因为他被坎特伯雷大主教交托给伦敦主教（里德利），而伦敦主教则拒绝采用除已经为议会所批准之外的任何其他形式的授任圣职礼。这样，主教们相互努力，决不离开他们的荣耀。几天以后，7 月 30 日，胡珀获得国王和枢密院的批准：由伦敦主教不采用任何迷信的方式授予圣职。他回答说他会马上或者给枢密院或者给胡珀送去一个答复。所以，当胡珀正在等待这位主教的答复时，后者来到朝廷，决心离间枢密院和胡珀，说他不把穿法衣等圣事放在心上，认为它们纯粹是不重要的事情。许多人对于这位主教如此深信不疑，以至于当胡珀不久以后来到宫中时，他们几乎不听胡珀的抗辩。因此，他要求他们，如果他们不听他讲，他们至少会认为倾听和阅读他的书面辩解是恰当的。他的要求得到了许可，因而，他用书面形式把他的意见呈献给国王的幕僚们，涉及废弃使用法衣以及类似的幼稚行为。而如果主教不能以其他理由使国王感到满意，则胡珀将赢得胜利。我们每天都期待着这场争论的结果，这场争论仅仅在私人之间通过协商或书信的方式进行，因为担心
366 由于受到煽动而在无知的人中间发生骚乱。你知道，如果把这些事交给主教们，即使是最优秀的主教们，那么教会将会处于何种状态之中。”

最终，胡珀听从劝告，并按照通常的方式被授予圣职。

英国进步神学家大概受到那些非英格兰人所享有的自由的激励，要求超出法律所允许的自由。法国和德国的新教徒来到英格兰避难，受到了欢迎。国王允许他们使用伦敦的奥古斯丁派教堂。他们可以“根据使徒的形式纯粹地施行上帝之道和圣事”，他们享有自己的特权。

> “我们根据国王和枢密院的特许状完全摆脱了主教的司法权。就每个教会而言(我指的是德国人和法国人)，指定两个福音牧师(其中有一个就是不足道的我本人)，在他们之上则任命了教长，最杰出的约翰·阿拉斯柯；上帝至上，仅仅依靠他的帮助，我们外国人现在已经达到纯粹的宗教国度。其中有些主教，尤其伦敦主教，和其他主教一起，都反对我们的计划；但是我希望他们的反对将是徒劳无益的。外国人的特别庇护者，坎特伯雷大主教已经成为我们的教会取得令人惊讶进展的主要支柱和推动者。”①

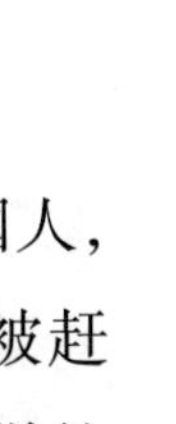

这些在主教的控制之外和不属于《划一法案》管辖的外国人，享有英格兰人所不被允许的崇拜自由。当玛丽继位时，他们被赶出这个国家，但是在伊丽莎白和詹姆斯在位时期，他们拥有同样的特权，自然地受到英格兰清教徒的嫉妒，因为英格兰的清教徒受到

---

① *Original Letters*, etc. (Parker Society) ii. p. 568, *Micronius to Bullinger*(August 28th, 1550).

主教们的压制以及受到几个《划一法案》的折磨。

367 当宗教改革在英格兰正以一种对大多数人民来说太快的速度被向前推进时，国王却显得体质虚弱无力。他死于 1553 年 7 月 6 日，在他死后宗教改革的衰落表明它所建立起来的基础并不牢固。

第三章　玛丽在位时期的反动 368

临终国王的最后举动之一，就是立个遗嘱规定继承权。毋庸置疑，这个遗嘱接受了诺森伯兰公爵对他的建议，但是一旦被采纳，这个少年就以都铎式的固执坚持它。该遗嘱把他的两个姐妹当作不合法的而加以排斥。它也把年轻的苏格兰女王搁在一边，如果没有玛丽和伊丽莎白，她就是合法的继承人，因为她是亨利八世的长姐玛格丽特的孙女。它却选中了简·格雷夫人，她是亨利八世的妹妹玛丽的代表（年长孩子的年长孩子）。国王及其枢密院看来都认为这个国家不会允许一个罗马天主教徒登上王位，查理五世似乎和他们的看法一致。他认为玛丽（亨利八世的长女——译者）继承王位的机会很小。

然而，英国人民属意玛丽，因为从血统上来看她最接近他们的老国王，尽管他实行专制统治，他从未丧失和他的臣民的联系。

这位新女王自然转向她的姨兄查理五世寻求向导。他支持过 369
她母亲的事业和她自己的事业；在过去黑暗的年代里，他的大使查普伊斯曾经是她的不屈不挠的朋友。

促使英格兰国教会和英格兰民族恢复对罗马的服从——取消她父亲的，尤其她弟弟的事业，这是玛丽未泯的愿望。皇帝建议谨慎；他劝导女王要忍耐；根据人民的情感表现审视和调节她的政策；惩罚那些企图把她排斥在王位之外的领袖，但要仁慈地对待他们的一切追随者，最重要的是，她将要认真观察她妹妹伊丽莎白的态度，并要整顿国家财政。

玛丽已经把加德纳从伦敦塔里释放出来，让他成了她可靠的大臣。他在一切问题上的劝告，她的婚姻除外，与皇帝的劝导相巧合。据认为，在恢复罗马天主教方面不会发生大的困难，但是在有关教皇的至尊权，尤其关于接受一位教皇代表的问题上，可能会发生许多困难。这在很大程度上取决于教皇。如果教皇陛下不要求恢复在最近两朝被让渡的，而且现在已经被分配给四万多个所有者的教会财产，一切都会很顺利。

然而，很多迹象表明，如果说人民几乎全体一致地接受玛丽为女王，但他们在宗教上却未实现联合。当吉尔伯特·伯恩博士在圣保罗十字架前布道（1533 年 8 月 13 日）赞扬邦纳主教时，他被叫喊声打断了；一把匕首朝他掷来；他被猛推下了讲道坛，他的生命受到威胁。当一个著名新教徒布拉德福德向群众发出呼吁时，喧嚣声才平息下来。伦敦市长被授权向人民宣布，束缚人们的良心不是女王的意图，她的意思是完全依靠说服力把他们引向真正的信仰。

370 五天以后（8 月 18 日），玛丽颁布她的第一个《关于宗教的公告》，她在其中告诫其臣民“必须生活于恬静和基督徒之仁爱中，远离那些新发明的、可怕的词语如教皇派、异端等等。”她宣布她打算支持她始终表明信仰的那种宗教；但是，她许诺“她不会强迫任何臣民去信仰，直到根据大众的同意，进一步发出这样要求的时候”——这是一种有些意味深长的威胁。这个公告禁止未经许可地宣扬和印刷“任何书籍、材料、民谣、诗歌、幕间戏、图片或论文，或者演出幕间戏，除它们有女王陛下签署的有关特别许可证例外。”该公告使这一点很清楚，即从一开始，玛丽就不打算把任何新教文献提供给她的臣民阅读，如果她能够做到这一点的话。[①]

10 月 1 日，玛丽在隆重的仪式中进行加冕，她的第一届议会（1553 年 10 月 5 日到 12 月 6 日）于四天后开幕。它撤销了上届议会的一项决议，宣布亨利八世和阿拉贡的凯瑟琳的婚姻是合法的，玛丽是王位的合法继承人；它废除了爱德华六世在位时期全部的宗教立法。枢密院曾希望亨利八世的反教皇法律予以废除；但是议会，尤其下院不准备废除任何法律。英格兰国教会在法律上被恢复到亨利死时它所处的状况，玛丽留在异常的位置上，是英格兰国教会的至尊领袖，而她本人却虔诚地信赖罗马主教的至尊权。这个头衔及其赋予的权力，有助于通过王室公告恢复中世纪的仪式和崇拜，而弥撒按此方式在 12 月重新被采用。[②]

与此同时，女王的婚姻正在讨论。玛丽本人通过对西班牙大 371
使许下庄严诺言（10 月 19 日）决定了这个问题，即将她嫁给西班牙的菲利普；婚约于 1554 年 1 月 12 日签订；3 月举行正式订婚礼，婚礼庆典于 7 月 25 日举行。[③] 从一开始这桩婚姻就非常不得人心。伦敦的孩子们用雪球掷向被派来批准婚约的西班牙使团随员（1554 年 1 月 1 日）；特使们受到群众的极端冷遇；玛丽不得不发布一个通告，要求以最周到的礼节接待即将到英格兰来迎娶女王

---

① Gee and Hardy, *Documents*, etc. p. 373.

② 该议会法案见于 Gee and Hardy, *Documents*, etc. p. 377。

③ 菲利普的几次婚姻都有涉及婚约、订婚礼、婚礼程序的特点，他的第二个妻子（玛丽）曾经和他的父亲举行过订婚礼，他的第三个妻子曾和他的儿子举行过订婚礼。

的西班牙王子及其随从。[①]

9 月份(1553 年),那些仍然留在英国迎接风暴的强硬新教主教克兰默、里德利、科弗代尔、拉蒂默被削职,遭到监禁;来自法国和德国的新教避难者以及许多著名的新教领袖已经到大陆寻求安全;曾经被夺职的罗马天主教主教加德纳、希思、邦纳、戴已经被恢复原职,曾作为沃尔西的代表出席著名的沃姆斯帝国议会的滕斯托尔主教,已经就任德拉姆主教职位。

发生了许多暴动,一两次比较重要的和一次在托马斯·怀亚特爵士领导下更可怕的暴动已经被击溃。简·格雷夫人、吉尔福德·达德利勋爵(1554 年 2 月 12 日),托马斯·怀亚特爵士、萨福克勋爵及其他人被处决。查理五世力主处死伊丽莎白公主,但他的建议没有得到遵从。

英格兰依然是一个受到绝罚的国家,女王和她的丈夫渴望接受教皇的和平。教皇尤利乌斯二世一得到玛丽继位消息的报告,
372 就推举红衣主教波尔作为他的赴英代表(早在 1553 年 8 月)。没有比他更合适的人选。他和英格兰王室有亲戚关系,他是爱德华四世的弟弟克拉伦斯公爵的孙子。他那么坚决地反对亨利八世的反教皇政策,结果被迫过着流亡生活。他是红衣主教,差点儿成为教皇。没有谁比他更能为玛丽所接受。他曾反对她母亲的离婚案,因此而遭受痛苦;他像她一样企盼着看到英格兰恢复对教皇的服从。但是,许多困难必须在波尔能作为教皇代表在英格兰登陆以前被扫除。英格兰人民并不热爱教皇代表,他们的敏感情绪必

---

① Strype, *Memorials of Queen Mary's Reign*, Ⅲ. ii. p. 215.

须得到抚慰。如果教皇把恢复教会土地,作为恢复英格兰对教皇服从的条件,如果玛丽坚持保证这种服从,那么就会发生反抗,而且她就会失去王位。没有人比皇帝更了解所有这些困难,他尽力克服这些困难。罗马教廷受到劝告,由于让渡财产而赎回囚犯是在《教会法》的规定之内的,教会可以放弃对英格兰修道院土地的要求,以便赢回整个王国。波尔本人对此表示怀疑。他相信他可能获准劝说那些世俗的占用土地者,规劝他们归还土地,而他对这个问题的热情在查理和菲利普两人之中引起许多忧虑。直到他作为一个英格兰贵族被褫夺公权的措施为议会所撤销时,这位红衣主教才可能在英格兰登陆。很久以前(1536 年 2 月 7 日)他就被任命为赴英代表,为的是促成亨利八世恢复对教皇的服从;他曾写信反对至尊王权。不仅上院,而且下院,都非常不希望接受他。

终于,在其任命后达 13 个月之久的时刻,他来到英格兰之路开通了。他在多佛登陆(1554 年 11 月 20 日),接着到格雷夫森
德,在那里发现等候他的是一项撤销褫夺他公权措施的议会法案。373
这个法案已经被送达上院,两天后在那里获得通过,一天以后在下院进行了三次宣读,此后立即获得女王的批准(1554 年 11 月 27 日)。德拉姆主教滕斯托尔带给他特许状,授权他在英格兰行使他的教皇代表的职能。他和他的银十字架一起登上皇家御船的船首,沿泰晤士河顺风而行,在白厅登陆,受到玛丽和菲利普的欢迎。第二天,议会两院议员应邀到宫中拜会他,他说明了他的任务。第二天,这个国家是否应当恢复对教皇的服从的这个问题被提交到议会两院,并得到肯定的答复。于是,上下两院共同恳请女王,“他们可以接受赦罪,并被接纳到神圣的公教会之中,接受至尊领袖教皇的领导。”请愿书于30日呈上，女王按照请愿书的语气恳求教皇代表赦免本王国的不服从和分裂之罪过。这时，当全体议员跪下，国王和女王同其他人一并跪下时，教皇代表则宣布赦罪，并把该王国“重新接纳到我们的母亲圣教会的统一体之中。”①

通过这种变化所需要的法律，现在就是议会的事情了。在一个完整的法令中，亨利八世时期和爱德华六世时期的全部反教皇立法均被废除，英国如法律所规定的那样，已经恢复到亨利七世时期所处的状态。两天以后（1554年12月2日），基督降临节后的第一个星期日，菲利普和玛丽，与教皇代表一起，参加了圣保罗教堂的圣礼，在弥撒以后，倾听加德纳主教雄辩的布道。在布道过程
374 中，他公开发誓弃绝他的著作《论真正的服从》。② 主教区会议获得教皇代表的一次特别赦免。为了表明英国如何完全地使自己与母亲教会和解，议会着手恢复反对异端的旧法案，起初通过的这些法案目的是镇压罗拉德派，其中有臭名昭著的《关于焚烧异端》法案，而英国根据议会法案，③重新拥有焚烧那些福音派基督徒的特权。

1554年3月，女王发布一系列“指令”给所有主教，就各种事情指示他们，所有这些事情都有助于教会达到前朝变革以前它曾

① Gee and Hardy, *Documents*, etc. p. 385.

② 亨利八世时期，加德纳主教出版了一本该标题的小册子，在其中，教皇在英国的司法权受到强烈的驳斥。有个人，大概是贝尔，当加德纳正在帮助女王，恢复教皇的至尊地位时，他将该小册子译成英文，并在扉页底部写上“一个反复无常的人在各方面都是反复无常的”，印刷出版。

③ Gee and Hardy, *Documents*, etc. p. 384. The Act *de hœretico comburendo* 见于 p. 133.

经所处的状况。主教们要贯彻所有不明显与王国法令相矛盾的教会法规和宗教法。他们要不在任何宗教文献中使用“保卫王权”这种措辞;他们要监督不让任何异端分子担任任何教职;他们要清洗所有结婚的神父,坚持每个宣誓独身的人要同他的妻子分离,如果他已婚的话;他们要遵守亨利八世时代后期所通行的一切宗教节日和仪式;一切有异端嫌疑的教师将被撵出其职位。这些“指令”谨慎地坚守着废除爱德华六世时期宗教立法的法案底线。① 伦敦主教邦纳先前已发出了一份要交给他的教区的教士的检查问题目录,这些问题既涉及俗人也涉及教士,而且走得很远。他询问 375
是否有结过婚的教士,或者没有同他们的妻子或姘妇分离的教士?教士是否坚持与天主教信仰相矛盾的教条?教士是否是通过不正规的途径或宗教分立派别的途径被任命的?他们是否在女王的公告之后用英语做弥撒或施行圣事?他们是否遵守教会规定的一切宗教节日和斋戒日?教士是否准备穿与纯正教士服不同的衣服?堂区的人是否赞成教士结婚?这些问题和许多别的问题被提出,显然是打算恢复中世纪的仪式和习惯的每个细节。② 他的教士们对主教保证,不可能立刻发生他所要求的这一切变化,而邦纳则不得不对他们提出到 11 月份使他们的教区秩序井然的要求。这次伦敦视察显然激起了极大不满。(1554 年)4 月,“一只死猫吊在

---

① Gee and Hardy, *Documents*, etc. p. 380.

② 邦纳的质询目录见于 Strype's *Historical Memorials*, *Ecclesiastical and Civil*, etc. Ⅲ. ii. p. 217.

切普日广场(Cheap)[①]的绞刑架上,穿着衣服像一个神父一样。头被剃成修士的样子,它的前爪拿着一张圆状的纸,象征一块圣饼。……悬赏20马克捉拿此恶作剧的作者,但是没有效果。”[②]

恢复议会旧的反异端法律可以看作是个时间问题,在女王关于宗教事务的第一个公告中已经有了明显预兆,那时就要中止劝告,由强制取而代之。许多现代史学家关于玛丽的人道和怜悯的
376 气质,关于加德纳厌恶流血,关于“善良主教”邦纳劝说他的牺牲品回心转意的仁慈企图,这些陈词滥调都可以从我们的记忆中抹掉。这个事实却依然存在,即开始于1555年的迫害在1553年就获得了明确的暗示,持续发展到极其严重的程度,直到女王的死才终止了它们。

视察已经发生作用。最著名的改革派主教和神学家已经被抓起来,监禁在各个监狱中。“他们充斥于伦敦塔,弗利特监狱,马夏尔西监狱,高等法院,纽盖特监狱和两处债务人监狱。”[③]他们的待遇不尽相同。“高等法院里的囚犯差不多能受到公正的对待,有时他们还得到些恩惠。还有属于这个法院的舒适的花园,他们有时可以到那里散步。”他们也有参加礼拜的自由,马夏尔西监狱中的囚犯也有这种自由。正如早期基督徒在最初几个世纪所做的那样,他们的同情者躲过搜寻,向他们提供食物。但在其他一些监狱

---

① 伦敦中部的一条东西向大街,中古时闹市,现代为财政中心,英文亦作Cheapside。——译者

② Gairdner's *The English Church in the Sixteenth Century*, etc. (London, 1902) p. 339.

③ Strype, *Memorials, Ecclesiastical and Civil*, etc. Ⅲ. i. 221, 223.

中，忏悔者不仅被限制在叫人恶心的小室里，而且遭受到可怕的缺少食物的痛苦。玛丽在位时期有288人被焚烧，斯特赖普在名单最后意味深长地补充说，“那些饿死于各种监狱中的人除外”①。有些被监禁的人起草了信仰自白书(1554年5月8日)，派人送出去传播他们所表白的信仰，意在表明由于坦诚地坚持和颂扬他们所信仰的东西是圣经中的真理，他们正在遭受折磨。他们声明他们相信所有的正典《圣经》就是上帝之道，而它将成为一切信仰争议的判官，公教会是信仰和遵守《圣经》中所教导的教义的教会；他们接受《使徒信经》和前四次全基督教公会议的和托莱多公会议的决定，同样接受阿他那修斯、艾雷内乌斯、德尔图良和达马苏 377
斯的学说；他们相信称义来自上帝的怜悯，而且称义只有通过信仰才能达到，信仰并不是一种主张，而是一种为圣灵所激发的信念；他们声明对上帝的外在侍奉必须以福音为依据，并在一种为人民所懂得的语言下进行；他们承认，仅仅借助于耶稣基督，上帝就可以被祷告，因而反对圣徒的代祷；他们否认炼狱和为死者作弥撒的有效性；他们坚持洗礼和圣餐礼是由基督所制定的圣礼，要根据基督的规定加以施行，不允许圣礼的毁损、变体论和崇拜饼。② 这个信仰自白书由费拉尔、胡珀、科弗代尔(都是主教)，由罗杰斯(第一个殉难者)，由布拉德福德、菲尔波特、克罗姆、桑德斯和其他人签了名。诚实而高尚的学者约翰·布拉德福德大概是这个《自白书》的作者。

① Strype, *Memorials*, *Ecclesiastical and Civil*, etc. Ⅲ. ii. 556.

② 同上，Ⅲ. i. 222, Ⅲ. ii. 224。

在教皇代表的职权范围内，红衣主教波尔给加德纳主教和其他几个人发出一项命令（1555 年 1 月 28 日），要求审讯因异端罪而被拘禁的囚犯。后来就烧死了约翰·罗杰斯（1555 年 2 月 4 日），廷代尔曾经委托他翻译《圣经》，罗杰斯是以马修《圣经》而著称的真正编纂人。他被处死的情景可能警告了当局，迫害不会有说服力。在他走向死亡的时刻，群众在为他欢呼，“好像他正在走向婚礼”，法兰西大使报告说。他的命运几乎在所有社会阶层中都激起一种强烈的同情心，这是预兆。甚至查理五世忠实的特使西蒙·雷纳冒昧地告诫菲利普应使用不那么极端的办法。但是，迫害政策最糟糕的是，迫害一旦开始，如果不承认失败，要放弃迫害
378 几乎是不可能的。胡珀主教被押解到格洛斯特在他的驻节城市受难，桑德斯被押送到考文垂受难，泰勒博士在萨福克的奥尔德汉姆康芒被处以火刑。几天以后，其他几个殉教者遭受到被烧死的相同命运。

圣大卫教堂的改革派主教罗伯特·费拉尔被押解到在其教区的首城卡马森焚烧（1555 年 3 月 30 日）。也许，正是他的死导致威尔士诗歌的产生，告诫该公国的人们起来捍卫他们的宗教，以反对一心想对之加以破坏的英格兰人，并号召他们根绝偶像崇拜和使用十字架状的耶稣受难像。①

自 1554 年 4 月以来，里德利主教、拉蒂默主教和克兰默大主教一直被监禁在牛津；他们现在将要受到起诉。两位主教被带到

① *Calendar of State Papers*, *Domestic Series*, *of the Reign of Elizabeth*, 1601 – 1603; with Addenda, 1547 – 1665 (London, 1870), p. 483.

了根据教皇代表、红衣主教波尔的一项命令行事的法庭前。他们于1555年10月1日被判刑，并于16日在牛津的贝利奥尔学院前面现在的布罗德街被烧死。克兰默在其遭监禁的塔顶上亲眼目睹了他们的受难。

就这位大主教的案子而言，为了满足《教会法》的要求，据认为有必要由教皇亲自审讯他。因而他被告知他的君主已经向教皇“告发”了他，而且教皇陛下已经指定宗教裁判所总监红衣主教杜·普伊代行其职；而杜·普伊又授权詹姆斯·布鲁克斯审理此案，后者曾接替胡珀出任格洛斯特主教，又升至圣保罗大教堂教团团长和坎特伯雷大主教。审讯在圣玛丽教堂进行。原告菲利普和玛丽以马丁博士和斯托里博士作为代表。他们以其君主的名义陈述了冗长的起诉书，其中主要指控是通奸、伪誓和异端。第一项指
称，虽然是个神父，可他结过婚，甚至在他成为一个大主教以后又 379
再次结婚；第二项指称他曾立誓服从教皇可又违背诺言；第三项指称他否认变体论教义。[①]

克兰默拒绝承认审判他的判官们的管辖权，但回答了原告反对他的指控，因为他们代表他的君主们。他否认教皇在英格兰范围内享有任何教会权力；但是服从国王的至尊权威。由于布鲁克斯从教皇那儿获得的权威仅限于审问案件，所以并没有宣布判决；仅仅暗示将向教皇报告审判经过。克兰默被带回监狱。在狱中，他先写了一封信，后又写了一封给女王。[②] 以高尚而又极其尊敬

① 克兰默的审讯记录见于 Foxe, *Acts and Momuments*(London, 1851),iii. 656 ff.。这个过程见于 Cranmer's *Miscellaneous Writings and Letters*(Parker Society),pp. 541 ff.。

② Cranmer's *Works*,ii. 447 ff.

的语言，他表白说，两位君主向一个"外来的判官，或者一个并非来自于本王国的权威"上诉，在他们和他们自己的一个臣民之间进行判决，君主的这种行为表明这个王国的堕落。在他的早期生活中，克兰默就形成了一种不可动摇的看法，教皇的至尊权要对中世纪教会中的种种弊端和混乱负责，只要它存在着，改革是不可能的。与他同时代的每一个思想家一样，他否定了在15世纪由罗马教廷所构造的教皇权力的全部结构，认为它完全是与每个臣民对他的君主和他的国家的法律的忠诚相矛盾的。他坚信这个信念。

380

"无知，我明白"，他说，"也许可以为其他人开脱；但是他知道教皇的权力和权威到处挑战本王国的君主、法律和习惯，是怎样地带有偏见和侮辱性，然而他听之任之，无论如何我不明白他怎么能保持对君主和本王国的尊严以应有的忠诚、忠实和诚实。"

在其第二封信中，他说了一番鲁莽的话，并声明玛丽曾经发出维护本王国的法律、自由和习惯的誓言，与她曾经发出服从教皇、捍卫教皇个人和维护教皇的权威、荣誉、律法和特权的另一个誓言，前后相矛盾。伪誓的指控根本没有触动他。君主——被指定审判他的布鲁克斯主教——本王国中每个受委任的权威——当遇到这个问题时，必须在对国家忠诚的誓言和对教皇权威忠诚的誓言之间做出抉择；他选择了对其祖国的忠诚；进行不同选择的其他人则背叛了他们的祖国。这就是他的立场。他对玛丽女王说的话——"我自己担心你的誓言中有矛盾之处"——就是他的辩护词。

在罗马，克兰默被判犯有藐视法庭罪，指令发出，他作为一个异端分子将受到免职、降级和惩罚。与此同时，他的肖像在罗马被焚烧。当他听到这个判决时，他起草了一份给一个大公会议的《上诉状》，他说是模仿路德的样子。[1] 降级交由邦纳和瑟尔比执行，此后，他被交给世俗当局行刑。接着开始了一个经过精心准备的精巧的精神折磨的过程，导致“托马斯·克兰默的改变信仰”。[2]一系列声明改变信仰的文字放在他面前，他被迫按照其君主的要求签字；而且现在似乎很奇怪，正是他的君主的命令，使得克兰默几乎不可能拒绝签署交给他的一张接一张的文件。他是一个感到需要最终权威的人。他曾经从容地把教皇的权威抛到一边，而又故意将君主的权威置于教皇之上；现在，其良心所赞成的最终权威则指挥他签署。前四条并不是真正的改变信仰；克兰默可以良心轻松地署名；它们是一些泛泛而言的通则，其效力有赖于所使用的措辞的含义，而每个人都明白他在其全部的公共生活中对这些术语所赋予的含义。但是，第五条和第六条败坏了他的良心，导致他的悔恨。对玛丽、波尔和邦纳来说，用火来毁灭英格兰宗教改革家的肉体尚且不够，他们希望部分地通过影响这位英格兰宗教改革领袖的良心，部分地通过利用这位英格兰宗教改革领袖的弱点，以表明全部运动毫无价值。终于，这位年迈的殉教者通过最后的英雄行为弥补了他瞬间的软弱。他知道他改变信仰的文字已经被公布，而且做出任何进一步的声明大概都会受到无耻的对手们的压

① *Works*, ii. pp. 445－456.

② *Miscellaneous Writings*, etc. (Parker Society) p. 563.

制。他决定通过一次唯一的行动来打败他们的如意盘算，把他的真诚铭刻在他的同胞的心上。他临终时的演说被堵住了，正如他所预料的那样；但是，他已经下定决心坚定一些决不能被扼杀的东西。[①]

> “在他被带到火刑柱的时刻，他从怀中取出同样的文稿（改变信仰），在众人面前亲手把它投入火焰中，乞求上帝和人民宽恕他曾经采取的行动，他辩解说这样做是为了公众利益，因为，假如他所寻求解放的他的生命可以得到宽恕，他就仍然可以在一段时间内仍然对他们有益，他祈求他们都遵守他所信仰的教义，并坚决否认圣礼和教会的至尊权威。最后，伸出手臂和右手，他说道：‘签署过契据而犯罪的这只手，必须最先受到惩罚’；这样，他把它放进火焰中，让火焰来焚烧。”[②]

382

如果说里德利和拉蒂默的殉教点燃了火炬，那么克兰默的殉教则铺开了大火，最后，它将罗马教廷的反动烧尽，使英格兰成为一个新教国家。正是这位年迈大主教的软弱，衬托出他最后英雄主义的背景。“普通人”更为同情他了。按照通常的看法，他从来不是个非常坚强的人。一位优雅的主张宗教礼拜仪式者的品质，要求大量的宗教敏感性和同情心，而这位少数派领袖很少拥有这两种品质，这个少数派遭到现在的反对，却拥有未来。他那种独特

---

① Pollard, *Cranmer*, pp. 367 – 381.

② *Calendar of State Papers and MSS. existing in the Archives and Collections of Venice*, *1555 – 1556*, p. 386.

的、使他能够面对最为蛮横的亨利八世的勇气,更像一个女人的而不是一个男人,这种勇气尤其是被对那些处于痛苦之中的其他人的同情所唤起。亨利的大臣没有一个比克兰默为玛丽公主,即那位烧死他的女人作了更多的艰苦的或持久的恳求;在其所有的同伴中,只有他敢于向君主替倒台的克伦威尔求请。[①]

克兰默死后,发生了大量的殉教事件。红衣主教波尔成为坎特伯雷大主教和菲利普不在时女王的首席顾问。他没有设法,如果他曾试图的话,阻止焚烧。有时候,他从有报复心理的邦纳手中援救囚犯;其他时候,他好像又煽动了迫害者。玛丽的良心,一贯不满于对财产的剥夺,促使她恢复仍然为君主所拥有的土地,并放弃英格兰有俸圣职的"头年俸"——唯一的结果是激起成千上万个财产所有者的恐惧,迫使他们去反对教皇的权利要求。她极力恢复修道院制度,但是效果甚微;恢复对圣地的朝拜,这是极其勉强的事情,而不得不采用对不参加朝圣的孩子的父母进行罚款的办法,使朝圣得以继续。教皇保罗四世(红衣主教卡拉法)升迁到罗马主教的位置上,增加了她的困难。这位新教宗是个那不勒斯
人,憎恨她的西班牙丈夫,而从其个人来讲,又讨厌她的首席顾问 383
波尔红衣主教。她的最后几年尽是烦恼。

玛丽死于1558年(11月17日)。"这个最不幸的女王、妻子和女人",她出生时受到整个国家的欢呼,她的母亲是欧洲最高贵家族的一位公主。在她的少女时代,她就是被皇帝选中的新娘——一个美丽、迷人的少女,所有男人都这样说。在她17岁那

① Pollard, *Cranmer*, p. 328.

年，就在女孩子们最敏感的年龄，决定性的打击落在了她身上。她的父亲、议会和她的国家的教会都称她的出生不合法；带着这个污名，她被送入孤寂，郁闷地沉思她的耻辱。当几乎整个英格兰在她37岁那年都欢呼她登上王位之时，她已经是个老女人了，灰黄的脸色，刺耳的嗓音，只有她那乌黑明亮的眼睛仅仅诉说着她曾经长得有多么美丽。但是这个国家好像热爱她，长期以来她始终渴望爱慕；她自己择偶嫁人；她自以为是上帝挑选的工具，为的是恢复一个受到绝罚的国家的上帝的和平。她在心目中当作偶像崇拜的丈夫，同她一起生活几年后就对她厌倦了。她热忱地祈盼并痛苦地相信会降临的那个孩子从未降临。[①] 她为之付出巨大牺牲的教会和教皇不顾她的哀求，不关心她的痛楚。曾经欢迎她、她真诚地热爱的人民把她称为“血腥的”玛丽，——毕竟是一个应得的、将永远存在的名字。她把每次失望看作是上帝的警告，说明英格兰
384 的罪恶尚未得到补赎，于是迫害之火就一直燃烧着，以息16世纪罗马天主教上帝之怒。

① 在《国务文书》中几乎没有比如下归类的文件更使人感动：“菲利普国王和玛丽女王致函红衣主教波尔，通告女王已经生了个王子。”“国王和女王签署了护照，让亨利·西德尼爵士到罗马人国王和波希米亚人国王那里去通告女王幸福地生了一个王子。”还有几份这样的报告书，都是为从来不曾分娩的产儿准备的。*Calendar of State Papers, Domestic Series, of the Reigns of Edward VI., Mary, Elizabeth, 1547－1580*（London, 1856）, p. 67.

第四章　伊丽莎白在位时期的宗教和解 385

玛丽·都铎的身体一直很虚弱，当得知她确实不会留下直系继承人(即大约 从1558 年 6 月开始)，英国人民平静地得出结论，说伊丽莎白必须是女王，否则将导致内战。似乎也可以肯定，她会成为一个新教徒，她的首席顾问会是威廉·塞西尔，他曾经作为英 386
国最伟大的政治家、护国公萨默塞特的秘书，在管理国家事务方面受过专门的训练。结果正是这样。

许多事情有助于产生这样的期望。英格兰年轻人的精神生活正在慢慢地转向新教。两位西班牙大使惊慌地注意到这个转变，并向其主人作了报告。① 在上层各阶级的年轻女士们中间，这种情况尤为突出，她们正在学习拉丁语、希腊语和意大利语，同时成为虔诚的新教徒，特别倾向于此后形成的清教。伊丽莎白本人在其最易受影响的年龄时就曾是胡珀主教的学生，他常常赞扬她的才智。“在许多宗教问题上，自从她降生以来，她始终充满着对我们的信仰的憎恨”，阿奎拉主教这样说。② 普通人始终在表明他们对罗马天主教徒的憎恨，而“偶像和宗教人士则受到不尊敬的对

① *Calendar of Letters and State Papers relating to English Affairs*, *preserved principally in the Archives of Simancas* (London, 1892), i. p. 7.

② 同上，p. 89。在同一封信中，这位主教谴责“意大利异端修士”即彼得·马特·弗米格里和奥基诺的教诲；参见 p. 81。

待”。可以注意到，伊丽莎白与“人民紧密结合，并像他们一样地思考”，而“她对待普通人的态度要比对待其他人更为仁慈”[①]。焚烧新教殉教者，尤其处死克兰默，激起了伦敦民众和南方反罗马天主教各郡的义愤，这种感情正在全国传播。各阶层的人民都憎恨前朝使英国利益完全从属于西班牙利益的做法，正如同时期的苏格兰人民厌倦洛林的玛丽在位时期的法国统治一样，而伊丽莎白与其人民有着共同的感情。[②]

但是，这个时代的政治状况有着太多的因素可以使伊丽莎白
387 和塞西尔在致力于宗教改革的行动前停顿下来，以致有必要相信宗教观念对于决定他们采取行动的巨大影响。1558 至 1560 年的英格兰并非是个强国，它在这个伟大女王的统治下的 20 年以后才走向强大。侵扰着亨利八世、爱德华六世和玛丽三朝的农业灾难并未消失。货币依然像亨利八世末年一样地贬值。贸易萧条，国家遭受着持续两年的鼠疫折磨。英国被西班牙拖入其中的那场与法国的战争，不仅耗尽国家的人力和财力，而且一无所获，只是丧失领土和损害威信。也没有得到外国帮助的希望。罗马天主教反动在欧洲全面推行，大陆新教徒的命运处于最低潮。正是由于卡托—堪布累齐条约（1559 年 4 月），法国和西班牙将要联合起来扼杀整个欧洲的新教，而 1565 年菲利普二世和凯瑟琳·德·美第奇

① *Calendar of Letters and State Papers relating to English Affairs, preserved principally in the Archives of Simancas* (London, 1892), pp. 1, 4, 5, etc.

② 同上，pp. 3, 77。

之间的那个密约[①]表明这样一个方案被认为有可能在伊丽莎白统治早期完成。直到1588年无敌舰队战败，这个方案才被全部放弃。塞西尔的箴言——只要英格兰不被征服，宗教改革就不可能被扼杀——的必然结果，就是征服英格兰必然会成为那些一心想把欧洲拉回到服从罗马的天主教君主们的首要目标。站在新教一边的决心增加了伊丽莎白在位早期地位的不安全感。依照教皇和大概全部欧洲天主教和新教列强的看法，她的出生是不合法的；而异端与私生子身份的结合是法国的亨利二世手中的一件可怕的武器，他意在支持其儿媳，年轻的苏格兰女王——在所有相信亨利八世曾合法地娶阿拉贡的凯瑟琳的人眼中，毫无疑问是个 388
合法继承人——的权利要求。西班牙大使费里亚伯爵企图威胁伊丽莎白，提醒她，由于一则教皇绝罚令的缘故，纳瓦尔怎样已经被西班牙国王扣押。[②] 他对他主人的陈述，即在伊丽莎白继位时，三分之二的英国人是天主教徒，[③]可能是有问题的（他作了许多错误的估计），但是可以肯定，英格兰决不是一个统一的新教国家。另外，有谁会知道，菲利普在尼德兰可能遇到什么样的麻烦，礼拜会诸公可能受到鼓励去制止法国通过苏格兰针对英格兰的谋划呢。[④] 无论怎样糟，西班牙的菲利普也不希望看到英国全部为法兰西所控制。女王和塞西尔下决心冒这个风险，英格兰将成为新

① *Calendar of Letters and State Papers relating to English Affairs*, etc. Introduction, p. lv.

② 同上，etc. p. 62。

③ 同上，pp. 39, 67；参见 p. 83。

④ 参见 *Device*，见于 Gee's *Elizabethan Prayer-Book*, p. 197。

教国家而否认教皇，“除了恶意的愿望、诅咒和实施阴谋，教皇没有什么可怕的。”

据说，也许在保证她的合法地位的条件下，保罗四世准备好意接受伊丽莎白顺利继位的消息：但是，某种程度上使他惊讶，但一定使他愤怒的是，他甚至没有得到她继位的官方通报，年轻女王在罗马的那位大使却被告知，她并不需要他待在那里。

然而，国内的诸多变革都进行得十分谨慎。在伊丽莎白的第一个通告，一个“等等”中，隐含着对成为教会首脑的权利要求，[①]而她对教会事务的最初干涉，是禁止一切引起争论的布道。[②] 法
389 定宗教（罗马天主教）要在同时获得维护。并没有发布官方通告预示正在到来的种种变化。

无论如何，伊丽莎白并不需要用布告向人民指明她立意走的道路。她在进入伦敦时庄严地接过呈献给她的《圣经》，拥抱它，吻它。她的手夸张地避让来自迫害者邦纳的吻。大律师戈德里克指出新教感情可以找到合法的宣泄途径：

> “此时，女王陛下及其全体臣民都可以依法使用亨利国王时期已使用的《英文应祷文》和代祷，而且，女王陛下在内室中可以根据古代教规做弥撒而不必举起圣饼，也可以每次和

① Strype, *Annals of the Reformation and Establishment of Religion*, etc. (Oxford, 1824) Ⅰ. ii. 389.

② Gee and Hardy, *Documents*, etc. p. 416.

大臣们一起领受两种形式的圣餐。”①

这番建议起了作用，得到了改进。“宗教事务如常继续进行，”威尼斯代理人说（1558 年 12 月 17 日），“但是我听说当女王在宫中出现时，一个布道者主持仪式，他用英语宣讲《应祷文》，这是对国王爱德华的模仿。”②她做弥撒，要求这位主礼主教不要举起圣饼崇拜；当他拒绝同意时，她和她的侍女们在诵读福音书之后立即冲出了教堂。③ 议会按照通常的方式随着弥撒的进行而开幕；但女王直到弥撒结束才出现；接着，她的队伍跟着用英语唱赞美诗的唱诗班走。当走在队伍中的威斯敏斯特院长看见女王时，他的教士手持的蜡烛通常都会噼啪作响，蜡火四溅，女王就会大声 390
地说道，“拿走这些火炬，我们有足够的光明。”④

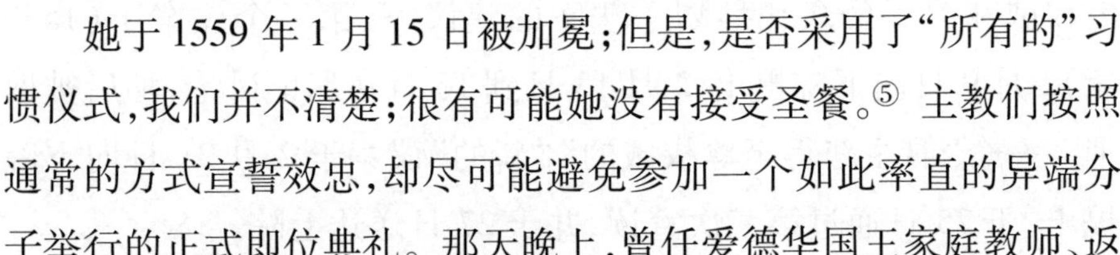

她于 1559 年 1 月 15 日被加冕；但是，是否采用了“所有的”习惯仪式，我们并不清楚；很有可能她没有接受圣餐。⑤ 主教们按照通常的方式宣誓效忠，却尽可能避免参加一个如此率直的异端分子举行的正式即位典礼。那天晚上，曾任爱德华国王家庭教师、返

① Goderick's *Divers Points of Religion contrary to the Church of Rome*，见于 Dr. Gee's *Elizabethan Prayer-Book and Ornaments*（London，1902）的附录，pp. 202 ff.。这句引文见 p. 205；该文献也见于 Dixon's *History of the Church of England*，Ⅴ. 28。

② *Venetian State Papers*，*1558 – 80*，1.

③ *Calendar of Letters and State Papers relating to English Affairs*，*preserved chiefly in the Archives of Simancas*，i. 17，25.

④ *Calenda of State Papers*，*Domestic Series*，*of the Reigns of Edward VI.*，Mary，and Elizabeth（London，1856），i. 123.

⑤ *Calendar of Letters and State Papers relating to English Affairs*，*preserved chiefly in the Archives of Simancas*，i. 25.

回国内的避难者之一考克斯博士为女王布道。早在 1558 年 12 月 14 日，那位西班牙大使就能够报告说女王“每天都公开地站出来抗教（罗马天主教）”，“所有那些曾经逃离的异端分子，开始再次成群结队地从德国返回”。[①]

主教区会议召开了，很明显，教士们不会在所建议的若干改革方面帮助政府。他们声称赞成变体论和弥撒献祭，反对至尊王权。可以看到，宗教改革必须完全依靠世俗权力加以贯彻；而要预测议会会同意做什么，还有点困难。

事实上所做的依然存有争议，但政府可能至少提交了三个议案。第一个被取消；第二个由于女王不批准而受挫；第三个则导致《至尊法案》和《划一法案》。很有可能，未成为法律的第一个和第二个议案被包括在“一个”立法议案中，该议案是政府关于女王至
391 尊权威和关于公众礼拜划一法案的建议。[②] 第一个议案于（1559年）2 月 9 日向下院提出，2 月 13 日到 16 日在那里讨论，随后被取消。一个“君主获得至尊权威的”“新的”议案于 2 月 21 日向下院提出，于 25 日通过第三次宣读，并于 27 日送达上院。[③]

下院中的大多数信奉新教[④]；但是玛丽时期的主教们在上院

---

① *Calendar of Letters and State Papers relating to English Affairs, preserved chiefly in the Archives of Simancas*, pp. 7, 12.

② *English Historical Review* for July 1903, pp. 517ff. ; *Dublin Review*, Jan. 1903; *The Church Intelligencer*, Sept. 1903, pp. 134 ff.

③ 参见 Tomlinson，“Elizabethan Prayer-Book: chronological table of its enactment,” 见于 *Church Gazette* for Oct. 1906, p. 233。

④ *Dublin Review*, Jan. 1903, p. 48 n:“Ad quem eundem locum (House of Commons) isti convenerunt (ut communis fertur opinio) ad numerum ducentorum virorum, et non decem catholici inter illos sunt reperti.”

中有很大影响，正是在上院，政府的建议遭到了强烈的反对。朱厄尔博士在一封致彼得·马特的信（3 月 20 日）中描述了这种状况：

> “主教们对我们来说是一种巨大的障碍；如你所知，由于他们在上院的贵族和领袖们中间，由于没有人站在我们一边来揭露他们的手段和驳斥他们的谎言，他们对无知的和软弱的人们的统治像霸道的君主一样，不论在人数方面还是在学识威望方面，超过我们的小部分是轻而易举的事情。此时，尽管女王公开赞成我们的事业，但她会非常害怕允许任何革新。”①

25 日已经在下院通过的这个议案（第二号议案——那个“新的”议案），于 28 日在上院进行了一读，3 月 13 日又通过了二读，并提交给一个委员会，由诺福克公爵、埃克塞特主教、卡利斯尔主教，温切斯特勋爵、威斯特摩兰勋爵、施鲁斯伯里勋爵、拉特兰勋爵、萨塞克斯勋爵、彭布鲁克勋爵、蒙塔古勋爵、克林顿勋爵、莫利勋爵、里奇勋爵、威洛比勋爵和诺思勋爵组成。他们明显地对该议案做出了
这样的变更，至少使得在公众礼拜方面实施激进变革的那部分对 392
政府的目的而言变得毫无用处。上院所做出的最清楚的说明，见于一个署名为“伊尔·希伐诺亚”的人的一封信，该信保存在曼图

---

① *Zurich Letters*, i. 10 (Parker Society, Cambridge, 1842); cf. *Calendar of Letters and State Papers relating to English Affairs, preserved principally in the Archives of Simancas, 1558 - 1567*, p. 33：“明天它（该议案）将送达上院，那里的主教们和其他人准备扼死它，而不是赞同它。”

亚国家档案馆[①]。他说：

“应该于上周六闭会的议会被拖延到耶稣受难周的翌周三，据报告他们在复活节（1559 年 3 月 26 日）以后将开一周会；我相信该报告，因为在三个主要条款中只有第一个获得通过，也就是把安立甘教会的至尊权威赋予女王……尽管主教、本王国的主要勋爵们和男爵们反对；但是，极其善良的基督徒阿伦德尔伯爵和德比伯爵称病而缺席会议，如有些人所认为的那样，为的是避免商讨涉及如此毁灭本王国的问题。

彭布鲁克伯爵、施鲁斯伯里伯爵、蒙塔古子爵和黑斯廷斯勋爵并没有失职，像基督的真诚战士一样地抵抗下院，他们迫使下院修改一部由下院通过的手册，它禁止念诵弥撒经，或者施行圣餐仪式（ne se communicassero），除非按照爱德华六世时规定的方式进行；不准在教堂中进行日课；同样允许神父们结婚，基督教和圣礼完全被废止；另外增加了许多对失职者的特别惩罚。根据多数投票结果，他们决定将从这个小册中删去上述的那些事项，而弥撒、圣礼和其余的日课均按现行的方式实施……由于得知上院通过了并不是由下院起草的关于教会的女王至尊权威的条款，——上议院取消上述条款，并修改了另外一些条款，——下院成员越发气愤了，而且什么也不会同意，但处于非常激烈的争论之中。”[②]

① 关于“伊尔·希伐诺亚”及其可靠性，参见 *Calendar of State Papers*, *Venetian*, *1558—1580*, Preface, viii。

② 同上，p. 52。

在玛丽时期主教们的诱导下，上院破坏了政府关于宗教变更的计划。

随后女王出面干涉了。她利用巧妙的托词拒绝同意这个议 393
案，因为她对授予她“教会的至尊领袖”[①]这个头衔的建议表示怀疑。她知道罗马天主教徒和加尔文教徒都不喜欢它，因而老到地设法使得这两个派别都认为她已经对于他们提出的论据采取了让步。西班牙大使把所有功劳都归于自己；桑兹确信伊丽莎白已经受到利弗博士的劝告，后者“已经把顾虑塞入女王的头脑，她不会采用至尊领袖这个称号”。[②]

女王拒绝恩准使得政府重新开始。他们不再试图把每一样事情都写到一个法案中。一个新的至尊法案[③]于 4 月 10 日向下院提出，13 日进行三读。在这个法案中，女王被宣布为“本王国唯一的至尊管理者……在一切精神的或教会的事务或事业中，如同在世俗的事务或事业中一样”。它于 4 月 14 日被送达上院，并于 17 日

① Canon Dixon（*History of the Church of England*，v. 67）声称“至尊领袖”这个术语不在该议案中。他忽视了这个事实，即在发言中反对这个术语的希思引用了提案中所使用的实际说法：“我保证说动诸位大人去考虑，我们准备以这个法案赋予女王陛下的这种至尊权威到底是什么，它到底包含哪些内容，即在精神管理方面还是在世俗管理方面。如果从精神上来看，正像这个法案的措辞所表明的那样，换句话说：是‘英格兰国教会的直接的、仅在上帝之下的至尊领袖’，那么就要考虑本院是否有权批准它们，以及女王是否有权接受它们”（Strype，*Annals*，Ⅰ. i. 405）。

② *Calendar of Letters and State Papers relating to English Affairs, preserved chiefly in the Archives of Simancas, 1558 – 80*, pp. 37, 44, 50, 55, 66; *Parker's Correspondence*, p. 66; *Zurich Letters*, i. 33.

③ 该法案见于 Gee and Hardy，*Documents*，etc. p. 442。

进行二读，最后于 29 日获得通过。如果说那个可憎的头衔被省去，那么，为亨利八世所要求的所有严厉的权力都被赋予伊丽莎白了。这个伊丽莎白时期的法案恢复了亨利八世的九个法案[①]的内
394 容，而其中涉及民法[②]博士们的那个法令包括这些条文："根据福音，最威严的君王陛下现在是并始终是尘世的英格兰国教会的至尊领袖，并拥有充分的权力和权威，以纠正、惩罚和禁止一切形式的异端……并行使一般称为教会司法权的一切其他形式的司法权"；陛下是"英格兰国教会，也是爱尔兰教会的唯一的和毋庸置疑的至尊领袖，根据《圣经》，一切权威和权力都被完全地赋予他，以听取和决定一切形式的教会问题。"这样，英格兰国教会至尊领袖这个称号得以恢复，并被 1559 年的这届议会赋予了伊丽莎白。赋予伊丽莎白的教会司法权，可能比赋予她父亲的还要广泛，因为"教会分立"被加进了属于女王纠正的问题那个目录中，而且她获准将其权威委托给特派员们代为行使——这一规定使她能够让她的至尊管理权在国内每个角落都能感觉到。[③] 这个《至尊法案》恢复了国王爱德华六世

① 被恢复的亨利八世的诸法案是：–24 Hen. VIII. c. 12 – *The Restraint of Appeals*, 1533 年通过；23 Hen. VIII. c. 20 – *The conditional Restraint of Annates*；25 Hen. VIII. c. 19 – *The Submission of the Clergy and Restraint of Appeals of 1534*；25 Hen. VIII. c. 20 – *The Ecclesiastical Appointments Act*；*The absolute Restraint of Annates, Election of Bishops, and Letters Missive Act of 1534*；25 Hen. III. c. 21 – *Act forbidding Papal Dispensations and the Payment of Peter's Pence of 1534*；26 Hen. VIII. c. 14 – *Suffragan Bishops' Act of 1534*；and 28 Hen. VIII. c. 16 – *Act for the Release of such as have obtained pretended Dispensations from the See of Rome*. 除最后提到的以外，所有这些法案均见于 Gee and Hardy, *Documents*, etc. pp. 178 – 232, 253 – 256。

② 同上，p. 445。

③ 同上，p. 447。

的一个法案，就是应当领授两种“形式”的圣餐，并宣布这个被恢复的法案应从本届议会结束之日起生效。[①] 它包括一个有趣的附带条件，即没有以《圣经》正经，或者以前四次公会议或“其中任一次公会议”为根据所做出的判决，就不应当被判为异端。[②]

经过较短暂的辩论(4 月 18 日到 28 日)之后，同一届议会通过 395
了一个具有有趣形式的《划一法案》。[③] 该法案开宗明义地宣布，在国王爱德华六世死时，“英格兰国教会中存在着一种涉及公众礼拜和祈祷，行圣礼以及其他仪式和礼仪的划一的礼拜规程，在一部手册上予以公布，名为《英格兰国教会公众祈祷和行圣礼以及其他仪式和礼仪之书》。”该手册已经由国王爱德华六世在位第五年和第六年召集的议会的法案所批准，而该法案则在玛丽女王在位第一年为一个议会法案所废除，“导致上帝荣耀的极大衰退和基督教真理表白者的困难”。玛丽女王的这个法案被正式废除，而国王爱德华六世的那个法案，作了一些不足道的变更，予以恢复。结果，“任何大教堂或教区教堂的所有牧师”都被要求“进行晨祷和晚祷，庆祝圣餐和行每项圣礼，以及所有公众的和公开的祈祷，都应按照上述手册中提到的秩序和形式进行，该手册为国王爱德华六世在位时期的上述第五年和第六年的议会所批准，只是变更或者增加一年中每个礼拜日对日课的应用，变更并纠正应祷文的形式，而在圣餐礼讲演中仅仅对圣餐领受者，不是别的人或其他人，增加了两句话”。这意味着在这个国家中可能存在着最充分的思想自由和广泛的言论自由，

---

① Gee and Hardy, *Documents*, etc. p. 446.

② 同上，p. 455。

③ 该法案见于 Gee and Hardy, *Documents*, etc. pp. 458 ff.。

但是将不再有自由的公众礼拜。所有英格兰人,无论何种信仰,都将依法被迫根据规定的仪式参加一种共同的公众礼拜。这个迫使他们这样做的议会法案并没有附加的和合并到其中的特别《公祷书》。它仅仅把国王爱德华六世的法案再次放入《法令全书》,同它
396 一起放入的还有《国王爱德华的第二公祷书》,该公祷书及其礼拜规程已被"合并和增加"到这个法案之中[①]——在伊丽莎白的这个法案中作了某些特别的更动。

《伊丽莎白公祷书》的历史模糊不清,这是众所周知的。如果说一份大概是由塞西尔起草的称为"方案"[②]的重要文件,体现了政府意图的话,那么某种程度上可以猜出他们的议事程序。它以伊丽莎白时代这位伟大的政治家的方式,认真地列举涉及"宗教变更"的种种危险,并表明如何才能面对或避开它们。法国和苏格兰可以通过外交途径加以处理。罗马可以放在一边不予理睬——它离得很远,它的反对无非是"恶意的愿望和诅咒"而已。重大的危险在国内。它们会来自两方面——来自于受到大部分高级教士支持的罗马天主教徒;以及来自于进步改革家,他们会嘲笑只能在本王国条件下才可能发生的那种变更,他们会把它称为一种"受掩饰的罗马天主教和一种杂乱的混合物"。但是,这两者都可能被适当的稳固性所克服。罗马天主教徒可能受到刑法的强制。来自于进步改革家的危险可能被一部认真起草的,"尽可能地适合他们的口味"的《公祷书》所克服,并且依靠惩罚强制实施以便减少所有的反对意见。很

① Gee and Hardy, *Documents*, etc. p. 371.

② "方案"(Device)见于 Strype, *Annals*, etc. Ⅰ. ii. 392,并见于 Gee's *Elizabethan Prayer-Book and Ornaments*(London, 1902),p. 195。

有希望这样的惩罚措施几乎“触及不到什么人”。“他们遭受痛苦好于女王陛下或国家受到震动或遇到危险。”这个“方案”建议,一个由七位神学家组成的小型委员会——他们都是著名的改革家,而其中大部分是曾经避难的外国人——应当准备一部“获得女王陛下赞成的”,可以提交到议会的书。显然可以相信,准备这本书要花些时间,因为建议提供食物、饮料、木柴和煤,才能保障他们的给养和舒适。没有直接证据表明所建议的这个委员会曾聚会或被任命,但是 397
已经提出的证据表明大多数被指定的神学家们都在伦敦,而且在准备这样一本书期间会聚起来开会和协商。[①] 整件事情隐藏于神秘之中,在这种环境中隐秘大概是必需的。没有人准确地知道会发生什么;但是普遍地期待着某种变化。理查德·希尔斯在(1559 年)2 月底致函布林格说:“在前述议会中,我们忠诚的公民和其他虔诚的人们的普遍期望是所有的仪式和礼仪立即得到改革,或者是按照近来在国王爱德华六世时期使用的模式,或者是根据前述《奥格斯堡告白》中由德意志新教诸侯提出的模式。”[②]

当局自己在商议,没有任何明确的东西透露给局外人。一本书——《公众祈祷和行圣礼之书》——于 2 月 16 日被呈送下院,此时,《至尊法案》第一稿正在进行讨论。[③] 它一定与该议案一起被撤销了。《至尊法案》的第二次尝试,大概附有一个合并进该议案的

① Gee's *Elizabethan Prayer-Book and Ornaments*, pp. 76 f.

② *Zurich Letters*, ii. 17.

③ *Journal of the House of Commons*, i. 54:“The Bill for the Order of Service and Ministers in the Church”(Feb. 15th); *The Book of Common Prayer and Ministration of Sacraments* (Feb. 16th).

《公祷书》;该《公祷书》在上院遭到激烈的反对,他们删去一切有关它的条款。[①] 这个《公祷书》是什么样子的,没有人有准确地回答。许多礼拜仪式方面的权威学者倾向于相信它比 1552 年的
398《爱德华公祷书》更严格,而且,建议根据惩罚性措施去实施它,这些措施比最终通过的《划一法案》所批准的那些内容更严格。在格斯特致塞西尔的一封著名书信中,[②]他们发现该《手册》所独具的特色。但这仅仅是猜测。该书可能就是 1552 年的《爱德华公祷书》。

政府在他们所建议的“宗教变更”方面进展缓慢,而新教派对这种拖沓却感到恼火。复活节将至,它的临近使得他们更加急不可待。《教会法》要求人人在复活节那天去领受圣餐,1559 年的复活节在 3 月 26 日,根据长期形成的习惯,英国的俗人就在一年之中的这一天领受圣餐。人们问及是否要他们等上一整年才可以按照新教方式参加圣餐仪式。下院充满了这种新教情绪。上院中的那种倒退活动促使他们采取抗议行动。[③] 向下院提出的一个议案

---

① *Calendar of State Papers*, *Venetian*, *1558 – 1580*, p. 45:“由下院通过的一个手册”;参见上引,p. 392;另参阅斯科特(Scot)主教关于宣读被上院阉割的该议案的讲演,见 Strype's *Annals*, I. ii. 408。

② 吉博士否认这样的主张,即格斯特的信和由下院通过而被上院否决的该书有共同之处;参见他的 *Elizabethan Prayer-Book and Ornaments*, p. 32 ff. ;关于吉博士、汤姆林森的评论,*Elizabethan Prayer-Book and Ornaments*; *a Review*, p. 12. 格斯特的信由吉博士刊出,见于他的 *Elizabethan Prayer-Book*, etc. p. 152,而更准确地,由汤姆林森刊出,见于他的小册子 *Why was the First Prayer-Book of Edward VI. rejected*?

③ “伊尔·希伐诺亚”报道了下院的愤怒:他们“越发气愤了,而且什么也不会同意,但处于非常激烈的争论之中”(*Calendar of State Papers*, *Venetian*, *1558 – 1580*, p. 52);参见 p. 392。

声称,“没有人会因现在采用国王爱德华‘最后’一年所采用的宗教(仪式)而受到惩罚”。它在一天之内读了两次并正式誊清(3月15日),于3月18日三读获得通过。[1] 它好像没提交到上院,但却以一种奇特的方式生效。注明日期3月22日的一个布告声明,由于在“本届议会上次会期”中“获得上下两院的同意”,女王恢复了国王爱德华六世的关于以两种“形式”领受圣餐的法案,并解释说 399
该法案不能为复活节准备好了。它继续宣布:“由于复活节的时间是如此地逼近,以致很多人,不仅贵族和乡绅,而且该王国的普通人,肯定受到良心的劝服,即根据最初的规章、使徒和原始教会的惯例,他们除了以两种方式领受圣餐,无论如何不可能以其他任何方式被引导领受圣餐……根据正在召集的上下两院的劝告,女王陛下认为有必要”宣布爱德华的这个法令正在生效,所有人被要求遵守该法令的条文。[2] 更重要的是,女王根据这个布告行事了。消息灵通的“希伐诺亚”于3月28日写信说,政府在这个间隙中(即3月22日到3月28日之间)已经命令和公布了一个公告,要求每个人领受两种“形式”的圣餐。他继续说道,在复活节,“女王陛下出现在小礼拜堂,在那里,‘根据她的弟弟,国王爱德华的惯例’,用英语吟唱弥撒,而且跪着领受两种‘形式’的圣餐”。教堂

① *Journal of the House of Commons*, i. 57.

② 梅特兰教授(*English Historical Review*, July 1903, p. 527 n.)和J. H. 波伦神父(*Dublin Review*, January 1903)认为3月22日的这个布告从未予以公布;但是“伊尔·希伐诺亚”几乎不可能指任何别的布告。

里的教士“只穿白色法衣”。[1] 这个消息传遍欧洲。伊丽莎白最终
400 宣布她自己明确地站在新教一边。

复活节来了又去,宗教问题还没有得到最后的解决。当局感到必须做些事情以抵抗上院中罗马天主教坚定支持者的演讲。[2]这样,当议会正式开会时,在罗马天主教和新教的神学家之间安排了一次会谈。西班牙大使费里亚伯爵声称他与此事有关系。他关心的是争论应当使用拉丁语,各种争论的问题应当形成文字的东西,每个争论者都应当在记录上签名。他一涉及语言问题,就受到了批驳。当局的意思是俗人应当聆听和理解。争论的三个问题是:——是否一个“特别教会能改变仪式和礼仪;是否公众礼拜仪式必须采用拉丁语;是否弥撒是一种赎罪的牺牲。”会谈于 3 月 31 日在威斯敏斯特举行,枢密院、上院和下院,以及“民众”都到场

① “在复活节,女王陛下出现在小礼拜堂,在那里,根据她的弟弟,国王爱德华的惯例,用英语吟唱弥撒,而且跪着领受两种‘形式’的圣餐,*facendoli il sacerdote la credenza del corpo et sangue prima*;他只穿白色法衣(*la semplice cotta*),脱去了吟唱弥撒时穿的法衣(*li paramenti*);许多枢密院的和别的贵族这样跟着女王陛下。自从那天起,各种事情已经恢复到它们以前的状态,不过,除非上帝施以援手,很有可能故态复萌。这些已经从德国回归的受到责难的布道者一定要按照他们自己的方式,公开地和秘密地传教,这样,他们说服一些歹徒强行进入切普赛德街中间的圣马利亚-利-鲍(St. Mary-le-Bow)教堂,强行打劫圣餐圣地,打碎圣柜,把最珍贵的献祭耶稣基督的身体扔到地上。他们还破坏圣餐台和偶像,以及圣餐台罩布(*palio*)和教堂用的亚麻布(*tovalie*),把每样东西都弄得粉碎。此事发在午夜时分,正是复活节后的第三个夜晚……许多人按照通常的方式领受了圣餐,教堂的一切如常。”(*Calendar of State Papers*, *Venetian*, *1558 - 1580*, p. 57)

② 费肯汉修道院长和斯科特主教的演讲,再版于 Gee's *Elizabethan Prayer-Book*, etc. pp. 228 ff. ,描绘了上院中经常出现的争论。就在威斯敏斯特会议后一个月,斯科特的演讲是在《划一法案》的三读上发表的,而费肯汉的演讲可能就是在这同时进行的;他们依然表明了罗马天主教徒的论点。

了。参加会谈的两派均抱极大的希望，而当罗马天主教神学家在
程序问题上退缩时，他们的事业在大众看来遭到了失败。主教中 401
有两人因“公开藐视和抗拒”而被送进伦敦塔；其他人好像受到了
恐吓。[①]

议会在复活节休会以后重新召集，通过了第三个形式的《至尊法案》和《划一法案》，如前所述，这也就是重新颁布经过修订的《公祷书》——也就是作过特别变更的《国王爱德华六世第二公祷书》。这些变更中最为重要的是增加了两个句子。即主礼牧师在举行圣餐礼时所使用的语言。这些条款是《爱德华六世第一公祷书》中曾有的。

在《国王爱德华第二公祷书》中，主礼牧师被要求在授予圣饼时说：

> “拿吃吧，记住，基督为你而死，寄望于他，用你的心去信仰并感恩。”

而当授予圣杯时则说：

> “喝吧，记住基督的血为你而流淌，感恩吧；”

---

① *Calendar of Letters and State Papers relating to English Affairs, preserved principally in the Archives of Simancas, 1558 – 1567*, pp. 45, 46 – 48; *Zurich Letters*, i. 13 ff.; Strype's *Annals*, etc. Ⅰ. i. 128 – 140, Ⅰ. ii. 446; *Calendar of State papers, Venetian, 1558 – 1580*, pp. 64, 65.

这些话在伊丽莎白的祈祷书中则变为：

> “为你而奉献的我们的主耶稣基督的肉体，保持你的肉体与灵魂直到永生。拿吃吧，记住，基督为你而死，寄望于他，用你的心去信仰并感恩；”
>
> “为你而流淌的我们的主耶稣基督的血，保持你的肉体与灵魂直到永生。喝吧，记住基督的血为你而流淌，感恩吧。”

这些增加的内容决不损害福音派的圣事学说。相反，它们使得这
402 种基本思想变得与若干改革派教会的教义更加协调一致。但是，
它们已经具有很大的效力，能够让那些对这种仪式的性质持有不
同观点的人参加该仪式的公共运用。

当《划一法案》为议会所通过时，曾经由于认为被耽搁了很长一段时间而气愤的进步的改革派，现在觉得满意了。他们每个人都相信英格兰国教会已经恢复到它在爱德华六世末年所处的状态；这是他们一直为之奋斗的目的，这个目标被他们的朋友和劝告者苏黎世的亨利·布林格摆到了他们面前。[①] 他们的书信充满了

① “国王爱德华的改革使善男信女们满意”：布林格致函乌坦霍维乌斯（*Zurich Letters*，2nd series，p. 17 n.；Strype，*Annals*，Ⅰ. i. 259）。

喜悦。①

但是，有些事情涉及伊丽莎白的宗教和解。如果像某些教会 403
史学家所作的解释那样，这个和解使得人们难以理解像格林德尔、朱厄尔和桑兹这样人的满意。梅特兰教授说："根据法令，根据该书的礼拜规程，以及根据女王及时发布的各种'指令'，在关于礼拜用品方面所完成的事情中，如果没有冗长的文献引文是不可能说清楚的，这些文献在19世纪的引入使之变成悬而未决的争论。"②这里所能期望的一切就是提及那些在后来的争论中涉及的重要文献，并说明它们在同时代人的生活和活动中是如何解释的。

《划一法案》已经恢复了1552年的《爱德华六世公祷书》，从

① 5月20日，考克斯致函韦德纳："基督的真正宗教此后在本王国各地被建立起来，正像按照同样的方式，它先前在已作古的爱德华时期被公布一样"（*Zurich Letters*, i. 28）。

5月21日，帕克赫斯特致函布林格："国王爱德华时期公布的《公祷书》现在重新在整个英格兰普遍使用，并在每个地方使用，尽管受到伪主教的抵制和反对"（*Zurich Letters*, i. 29）。

5月22日，朱厄尔致函布林格："宗教重新置于国王爱德华时它所处的相同的立足点上；我认为你自己的书函和你的共和国的那些书函都已经对这件事产生了很大的影响"（*Zurich Letters*, i. 33）。

5月23日，格林德尔致函康拉德·休伯特："现在终于蒙天佑助，在议会休会期间，已经公布了一个公告，旨在完全排除教皇及其司法权，把宗教恢复到我们在爱德华六世时期所拥有的形式"（*Zurich Letters*, ii. 19）。

当吉博士说这些书信的作者早在知道《公祷书》实际上已经作了多于在《划一法案》中提及的三处变动之前就"肯定"写了这些书信时，他看来回避了一个重要的历史问题。格林德尔又于7月14日给休伯特写信，那时他一定什么都知道了，他说道："我们的宗教状况（说到这个话题）和我上次给你的信所谈到的很类似，唯一例外的是，至此已经为各种有关教会改革的布告和法律所决定了的事情，现在每天都在付诸实施。"参见 Gee's *Elizabethan Prayer-Book*, etc, p. 104 n.，涉及1552年的《爱德华公祷书》和1559年的《伊丽莎白公祷书》之间的实际差别。

② *Cambridge Modern History*, ii. 570.

而恢复了它的礼拜规程，但清晰而肯定地指出了一些微不足道的
404 差异。[①] 它同时包括一个限制性条款，指出根据爱德华六世第二年的议会权威所批准的礼拜用品将予以“保留和使用”，“直到议会发布进一步的命令为止”。

那些像格林德尔和朱厄尔这样的人，对这条限制性条款并没有提出异议。如果他们认为它规定了在公众礼拜时实际上运用国王爱德华第二年所使用的礼拜用品的话，他们肯定就会这样做了。他们对这个限制性条款所作的解释，从桑兹致帕克（后来的坎特伯

① 解释跪着领受圣餐的礼拜规程没有议会的权威，而只有枢密院的权威，因而未被包含。

拥有议会的权威并为1559年的《划一法案》重新批准，涉及礼拜用品的1552年的礼拜规程是：“这里要注意的是，牧师主礼时和在其职权范围内的所有其他时间内，将‘既不穿白麻布长袍、法衣，也不穿斗篷式的长袍；但是，如果是大主教或主教，他就要穿一件紧身法衣，如果是神父或执事，他就仅穿一件白色法衣。’”

这是伊丽莎白宗教和解的真正的“礼拜用品”规程，好像从1559年到1566年就一直这样使用，斗篷式长袍偶尔使用除外。

（1559年）《划一法案》中的限制性条款是：“国王爱德华六世第二年根据议会权威在该英格兰国教会中使用的教会和牧师的礼拜用品，都应当予以保留和使用，直到另一个礼法根据女王陛下的权威在教会中被采用为止，出于宗教原因或本王国大主教的原因，这个法礼要由被任命的女王特派员建议，并用英格兰国玺授权。”

爱德华六世第二年开始使用的礼拜用品在（1549年）《国王爱德华第一公祷书》礼拜规程中有说明：“在这一天，在规定行圣餐礼时，将主持圣餐礼的神父要穿上规定用于主礼的罩衣，就是说：一件白色素净的麻布长袍，以及法衣或斗篷式长袍。凡是有许多神父或执事的地方，就应当准备好帮助主礼神父提供如所要求的那么多的罩衣：而且应当像规定用于主礼的罩衣一样穿上它们，就是说，白麻布长袍和祭衣。”最后，还有另一个礼拜规程：“在每个周三和周五，应当遵循根据国王陛下的《指令》所规定的那种形式诵读或吟唱《英语应祷文》；或者采用国王陛下规定或将规定的其他方法。尽管不与神父交流，但是（《应祷文》结束以后）这几天，神父应当穿上一件素净的白麻布长袍或白色法衣，配以斗篷式长袍，在圣餐台旁说一切在举行圣餐礼时规定要说的，直到收集施舍金结束为止。”

雷大主教)的一封信中可以看到,该信写于《划一法案》通过上院以后两天。他说道:

> “这部最新的祈祷书已经通过了,但附有一个限制性条款,规定保留国王爱德华第一年和第二年所使用的礼拜用品。直到女王乐意采用关于它们的其他礼法为止。我们对其内容的解释是,我们不应该被迫使用它们,但是,此时其他人不应该把它们搬走,但是它们可以为女王保留下来。”①

桑兹和其他人认为这个限制性条款意味着,像曼彻斯特的监察人(他把他的神圣法衣带到了爱尔兰)这样不服从的教士不会拐走礼拜用品,教会执事或庇护人不会没收它们为私人所用。它们都是属于女王的财产,将保留到女王陛下所愿意保留的时候为止。整个视察历史已经证明桑兹对这个限制性条款的解释就是它的编撰者们的解释。

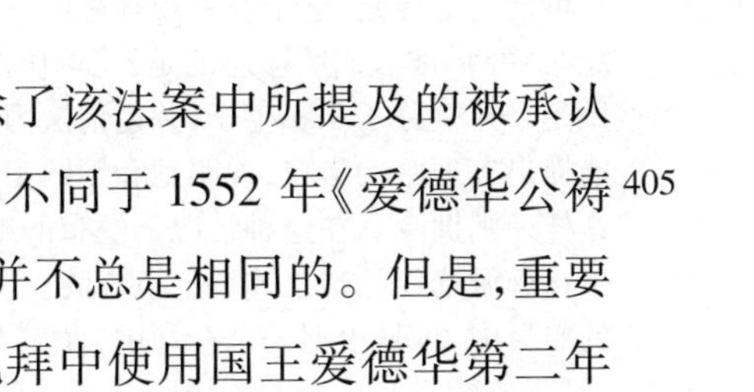

当这部《公祷书》实际出版时,除了该法案中所提及的被承认的那些不同以外,还发现它包括一些不同于1552年《爱德华公祷 405
书》的地方;早期的各种版本的变更并不总是相同的。但是,重要的一点在于,礼拜规程责成在公众礼拜中使用国王爱德华第二年适用的礼拜用品(即法衣),这似乎是唯一可能的解释。② 这个礼

① *Parker Correspondence*, p. 65.

② 这个礼拜规程是:“根据本书开头的议会法令,这里要注意的是,牧师主礼时和在其职权范围内的所有其他时间内,将在教堂中使用这样的礼拜用品,正如根据国王爱德华六世在位第二年议会权威所使用的那样。”

拜规程是如何写进《公祷书》中的，这是无法说清楚的。它当然不是“获得上下两院同意”而由女王批准的。我们没有证据表明它
406 是由枢密院公布的。① 伊丽莎白宗教和解时期，英格兰国教会的惯例和习惯就好像这个礼拜规程从未存在过似的。它是与为

① 吉博士（*Elizabethan Ornaments*, etc. p. 131）认为，毋庸置疑的是，这个礼拜规程是根据枢密院的权威记录下来的。“枢密院肯定把《黑色礼拜规程》（*Black Rubric*）插入了1552年的公祷书，正如他们公布的法案所表明的那样，但是，枢密院从1559年5月13日到1562年5月28日的所有记录都已经消失了”。所引用的这个先例并不是一个相似的情况。《黑色礼拜规程》是一种说明；1559年的《礼拜规程》从恢复1552年《公祷书》的法令来看几乎是一种矛盾。如果我可以冒昧地发表一种意见的话，似乎很有可能的情况是，这个礼拜规程是由女王亲自增加的，她增补它的目的在于能“留有余地”。经常被人们所遗忘的是，笼罩伊丽莎白早期的那种危险就是教皇发布训令，宣布她是个异端分子和私生子，并邀请法国的亨利二世来负责训令的实施。如果伊丽莎白能提出有理由的借口，说明她和她的王国坚持新教的路德派模式，那么皇帝决不会同意这样一则训令。在这种情况下发布的绝罚令原来会使他自己的地位失去效用，他是由于路德派选侯的选票才登上皇位的。16世纪中叶，基督教不同派别间的差别在“公众”的心目中，总是根据公众礼拜中，尤其举行圣餐礼中的不同来加以评估的。在德国各地，新教徒与罗马天主教徒区分开来的区别在于这样一个事实，即他领受了两种“形式”的圣餐。从1559年复活节起，伊丽莎白就明确地站到了新教一边；一次多少有点矫揉造作的典礼决不能把这个事实的意义解释清楚。在公众的心目中，路德派和加尔文派之间的最大区别在于，前者保留了而后者则放弃了大部分旧礼仪。路德明确地说道：“因为我们仍然保留了弥撒法衣、圣餐台、烛光”（Daniel, *Codex Liturgicus Ecclesiœ Lutheranœ*, p. 105）；女王无论何时都希望把她自己和她的国家置于《奥格斯堡宗教和约》的保护之下，十字架、法衣、烛光和圣餐台都表现了属于路德派的风格。这个礼拜规程是玩外交游戏中的一张王牌。

1559 年“王室视察”而公布的第三十个指令[①]直接抵触的。它不仅受到伊丽莎白时期主教们的轻视，他们还强迫其教士去蔑视它，如果需要强制的话。

大量的同时代的原始材料证明，女王伊丽莎白在位早期，主持圣礼的英格兰教士除白色法衣外极少穿其他的教会长袍；有时甚至连白色法衣也不穿。几乎所有同时代的文献都说，1566 年的若干《告示》[②]（*Advertisements*）规定了 1559 年的若干《指令》责成人们去做的事情，起草这些《告示》的目的是强制那些习惯于甚至拒穿白色法衣的教士，而它们只责成穿白色法衣，在大教堂中还有斗篷式长袍。[③] 在根据《指令》中的要求所进行的视察中，干净地扫除了几乎全部的“礼拜用品”，而 1559 年的《划一法案》的限制性 407

① 《1559 年的第三十个指令》：“又，由于期望使本王国的主教和教士在外表上受到尊敬，使他们被认为值得牧师职位，并认为必须使他们在所有地方和所有集会中，在教会内外都为人民所知，因此而接受应归于全能之神的特别使者和牧师的荣誉的尊敬女王陛下希望和命令，所有大主教和主教，以及所有被号召或者被允许传道或主持圣礼，或者被允许担任任何教会职位，或者进入不是大学就是知识界其他地方的人，将使用和穿上‘国王爱德华六世在位后期’最通常而有规则接受的那样的得体法衣、教士长袍以及四角帽；并不因此而意味着把任何神圣的或特殊的价值归功于上述的教士长袍，但是，正如圣保罗所写到的那样，‘凡事都要规规矩矩地按着次序行’（《哥林多前书》第 14 章）。”参见 Gee's *Elizabethan Prayer-Book and Ornaments*（London, 1902）; Tomlinson, *The Prayer Book*, *Articles and Homilies*（London, 1897）; Parker, *The Ornaments Rubric*（Oxford, 1881）。

② *The Advertisements* 见于 Gee and Hardy, *Documents*, etc. p. 467; the *Injunctions*, at p. 417。

③ “斗篷式长袍”（copes）在 1559 年到 1566 年这几年中用于大教堂中，有时用于教士会的大教堂，那时人们希望增加一些有意义的礼拜仪式；但是应当记住，“斗篷式长袍”绝不是一种特殊的法衣。它起源于中世纪早期的披肩（*cappa*）——中世纪的厚大衣（greatcoat）。大教堂是寒冷的地方，他们主礼时自然穿厚大衣，而朴实的教士长袍也越来越重要了。它绝没有像无袖长袍（*chasuble*）*or*（*casula*）一样的教义意义。

条款和《礼拜规程》对这些条文中的正常仪式的解释，不仅允许而且命令使用这些礼拜用品。视察员开始按照一个统一的计划进行，在我们听说的某处所做的一切，可以被认为是普遍的做法。西班牙大使（1559 年 7 月或 8 月）致函其主人说："他们现在极其严厉地执行有关宗教的议会法案，已经任命了六个视察员。…… 他们刚刚把十字架、圣像和圣餐台从圣保罗大教堂和伦敦所有其他教堂中搬走了。"[①]一个伦敦市民在其日记中写道："巴托罗缪节期之前和以后，所有的十字架上的基督像、马利亚像和约翰像，许多别的教堂什物，斗篷式长袍、十字架、香炉、圣餐布、黑色十字架教士服、书籍、标帜、标帜撑杆、护壁板和伦敦附近的其他家具，在伦敦肉市场上都被付之一炬。"[②]在伦敦所发生的事情，在全国各地也发生了。在格兰瑟姆，"法衣、斗篷式长袍、白麻布长袍、主教穿的轻绸衣，以及一切其他多余的东西，根据整个团体的一致同意，均被损毁和公开拍卖，所得的钱用于搭起教堂里的桌子，做一个合适的圣餐桌，剩下的钱赠给穷人"。[③]

事实上，我们在朱厄尔这样的人那里看到他们对他们不喜欢的各种宗教仪式发出抱怨；但是在通常情况下，这些宗教仪式都参照了御用小教堂的礼拜。那里的礼拜仪式是众所周知的，宗教改
408 革的朋友和敌人似乎都认为，御用小教堂中所采用的那种样式会

① *Calendar of State Papers*, *Spanish*, *1558–1567*, p. 89.

② Machyn's *Diary*(Camden Society, London, 1844), p. 108.

③ Peacock's *Church Furniture*, p. 87.

很快地传播到本王国的其他地方。[①] 历史学家通常认为十字架、法衣、圣餐台上的蜡烛的出现，是女王期望安抚其罗马天主教臣民，或者同欧洲天主教列强修好的结果。相当有可能，女王在头脑中考虑过这样做。伊丽莎白是位节俭的女王，喜欢一举多得。但是，机敏的女王心中的不变想法是站在路德派一边，因为她在受到教皇绝罚时就能获得《奥格斯堡宗教和约》的庇护。

当政府获得通过《至尊法案》和《划一法案》时，他们需要处理不服从的教士的问题。伊丽莎白继位时，有 11 个英国主教职位出缺，其中包括大主教职位；因为红衣主教波尔在玛丽之后几小时死去。1559 年夏秋季，16 个主教被号召去签署《至尊誓约》，在该誓约中，教皇对英国国教会的统治被弃绝，女王被宣布为该教会的至尊管理者。所有主教，或多或少地明确拒绝宣誓；尽管有三个主教最初犹豫不定。他们被剥夺了职位，英格兰国教会差不多不存在主教了。[②] 有些国王爱德华时期被剥夺职位的主教还在，他们被恢复了职位。接着开始讨论有关任命新主教的方式问题。有人宁愿选择一种女王提名的简单方式，如在爱德华时期所实行的那样；但是最后决定，任命应当根据中世纪的法则，名义上掌握在教士团团长和教士团的手中，然而有一个限制条件，即选举须事先得到钦 409

① *Calendar of State Papers, Spanish, 1558－1567*, p. 105：“一个月前被当众焚烧的耶稣受难像和法衣，现在在御用小教堂里重新摆出来，它们会很快地传遍全国各地，除非下一周会有另一种变化。他们这样做全然是出于顾虑，为了安抚天主教徒；但是由于强加的照顾根本没有感情的痕迹，他们往往带来更多的伤害而不是好处。”参见 *Zurich Letters*, i. 63, etc.。

② *Calendar of Letters and State Papers relating to English Affairs, presevved principally in the Archives of Simancas*, i. pp. 76, 79.

准，在"准予选举"上提名的人应该当选。这时候，圣职授任问题产生了一些困难；但是，它们通过据认为是足够的办法被克服了。马修·帕克在一再拒绝之后被提名和授任为坎特伯雷大主教。适合提升的教职人员名单被提供给女王[1]，其他主教职位逐渐得到了补缺。除爱德华时期的几位主教外，伊丽莎白时期的主教职位是全新的创造。大部分大教士团团长和大教堂教士团成员也拒绝签署《至尊誓约》；他们被剥夺了职位，其他在册的人被指定代替他们的职位。低级教士证明是比较服从的，大约只有200人最终被剥夺职位。其余的教士都接受了"宗教变更"；这种变化是安静地发生的，并没有造成伴随着爱德华时期变更所发生的那些骚乱，也没有产生玛丽女王推动的变更所产生的持续的大规模剥夺——那时几乎三分之一的英格兰国教会有俸职位的教士被撤职。类似的消极默认见于新的《公祷书》的引入和旨在消除偶像等等的各种礼法的实施。大圣餐台和十字架状耶稣受难像被搬走，宗教画被覆盖上水粉，而没有发生任何骚乱。

"宗教变更"比较容易实施，毫无疑问主要归因于这个国家日益增长的新教感情；但是，被委派去检查实施变更的那些人的机智
410 和克制并非无足轻重；也许罗马天主教徒的默认归因于这个事实，即他们根本没有伟大的领袖人物，他们不希望伊丽莎白的和解持续下去，他们指望等待一两个天主教列强，法国或西班牙，会干涉他们的事情。1560年苏格兰的宗教革命挽救了伊丽莎白的宗教和解；西班牙的菲利普白白地丧失了各种机会，直到一个统一的英

① *Calendar of State Papers*, *Domestic Series*, *Edward VI.*, *Mary*, *Elizabeth*. i. 130.

格兰打败他的无敌舰队，而它晚来了30年。

这种变化由于一次王室视察而得以实现。英格兰被分为六个视察区，草拟的视察员名单包括各郡郡长、各视察区要员、一些乐于进行宗教改革的律师和教士。他们有一系列主要按照而非全盘照搬爱德华六世的《指令》而由王室命令起草和公布一批《指令》的帮助。① 教士成员受到极为耐心的对待，对《至尊法案》做出的公开的和私下的说明，使他们很容易接受它。伊丽莎白时期的主教们同样受到明确告诫，要求与顽固的堂区教士温和相处；如果让他们自己行事，他们就不会这么耐心地对待他们了。一位主教，卡利斯尔主教贝斯特致信塞西尔，在信里谈到他的教士们时说，“这些神父都是恶意冲动的敌基督者”，他们大部分人极端无知和顽固；另一位主教，德拉姆主教皮尔金顿描绘了其教区的混乱状态，声称“像圣保罗一样，他必须与以弗所的野兽搏斗”；第三位主教，温切斯特主教斯科利写道，他受到身为罗马天主教徒的治安推事的极大阻挠，而当某些拒绝宣誓的神父被逐出埃克塞特和其他地方时，他们受到欢迎，并拿着火炬在大街上欢宴。②

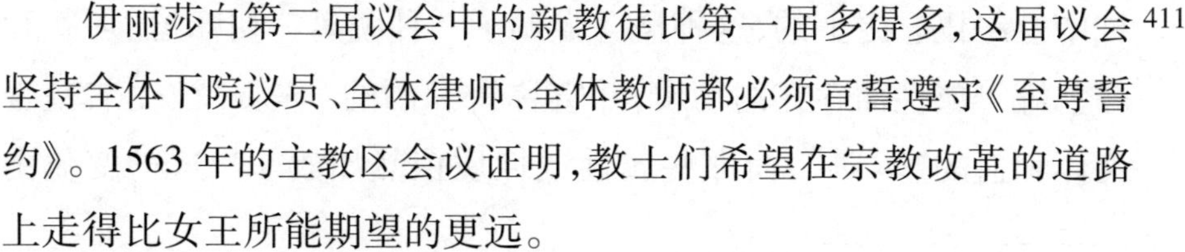

伊丽莎白第二届议会中的新教徒比第一届多得多，这届议会 411
坚持全体下院议员、全体律师、全体教师都必须宣誓遵守《至尊誓约》。1563年的主教区会议证明，教士们希望在宗教改革的道路上走得比女王所能期望的更远。

他们明确地希望有个教义准则，大主教帕克已经准备了一个

① 这些指令见于Gee and Hardy, *Documents*, etc. p. 417。

② *Calendar of State Papers, Domestic Series, of the Reigns of Edward VI., Mary, and Elizabeth*, i. pp. 180, 183, 187.

修订本的《四十二信条》并把它提交给主教区会议，该信条在国王爱德华六世末年对英格兰国国教会的神学作了规定。[①] 这个方式已经为发布对伊丽莎白时期教会的教义立场的权威性解释做了准备，即通过《重要宗教信条的声明》——由主教们制定并于1561年(3月)出版的11条款系列信条，它们强烈地否定罗马天主教有关教皇制小弥撒和圣餐礼中的赎罪献祭的教义。西班牙大使曾经为此目的而旁听过若干次主教会议，猜想他们在准备以英格兰国教会的名义将信条提交给特兰托公会议。[②] 大主教的这个草案为主教区会议所修订，女王本人“勤奋地阅读和精心地挑选”，此后她批准同意权威地公布这些信条。

这《三十九信条》把改革派的或加尔文派的教义，与福音派或路德派的新教学说区别开来，主要观点上的区别在于两种教会各自的信条对圣餐礼中基督临在的看法。至此(1562年)，作为一种教义体系而不是作为一种教会政策的慈温利教义已经消失[③]；圣
412 餐礼中基督临在的这三种理论都与基督身体的临在有关，而与一般的精神上的临在无涉。变体论这种罗马天主教理论是奠定在一种中世纪概念之上的，这种概念强调了一种脱离一切味道、形状和颜色等等属性而存在的物质，并宣称饼和酒的“本质”被变成基督肉体和血的“本质”，而那些属性或性质依然如故——这种变化由

---

① 关于这些信条的来源，见于 Hardwick, *A History of the Articles of Religion; to which is added a Series of Documents from A. D. 1536 to A. D. 1615*, etc. (Cambridge, 1859)。

② *Calendar of Letters and State Papers relating to English Affairs, presevved principally in the Archives of Simancas*, i. 190.

③ The *Consensus Tigurinus*(1549)为消失的年代。

分授圣饼和酒的神父的影响奇迹般地造成。路德派的解释也以一种中世纪的理论——关于“被赞美的”基督身体普遍存在性或自然无所不在性的理论。基督的身体，由于普遍存在性而在各处显现，如在椅子中，在圣餐桌上，在抛向空中的石头里（使用路德的例证），因此也在饼和酒中显现。这种普通的“临在”变成一种归因于上帝的允诺的灵验的神圣临在。加尔文抛弃两种中世纪理论，而询问“本质”意味着什么，“临在”意味着什么；他回答说，任何东西的本质都是它的活力（vis），而它的临在则是它的活力的直接运用。从而，被钉上十字架的基督身体的本质，就是它的活力；而被钉上十字架的基督身体的临在就是它的活力的直接运用；这种活力的运用的保证就是上帝的应许为有信仰的圣餐领受者所接收。由于抛弃了路德的思想，即基督身体的本质扩散到空中的思想，而接受了这种思想，即本质中的主要东西就是活力的思想，加尔文能够用一种有点类似于“无属性之本质”的中世纪概念去思考基督身体的本质，并能够表明圣餐礼中基督身体的临在可以被接受和理解，而不需要为他和一切新教徒所反对的教士奇迹。因而，加尔 413
文不依靠作为路德理论基础的“普遍存在性”这个中世纪教条，就能在圣餐礼中教导基督身体的真正临在。他们两人（加尔文和路德）都坚持基督身体的临在；但一个（路德）需要“普遍存在性”来解释这种显现，而另一个（加尔文）则不需要它。但是，由于他们两人在坚持基督身体临在的同时，都抛弃了教士奇迹，所以这两种教义可以用几乎相同的话来表述，只要略去所有提及的“普遍存在性”就行了。加尔文能够并且实际签署了《奥格斯堡告白》；但他并没有读懂一个路德派教徒就会读懂的“普遍存在性”理论；一个

加尔文派教徒对这个教义的表述,只要不否认“普遍存在性”,就可能被一个路德派教徒所接受,因为与他自己的观点没有太大差异。朱厄尔主教在其书信中反复断言,伊丽莎白时期的神学家们不相信“普遍存在性”理论,[①]他们中许多人大概希望在他们的宗教信条里也这么说。因而,在大主教帕克提交给主教区会议的《三十九信条》第一稿中,第 28 条包括了强烈否定“普遍存在性”教义的内容,如果把该条加以保留的话,就会使英格兰国教会的信条甚至比《第二瑞士告白》更加反对路德派了。这个条款在主教区会议上被删去了,大概由于认为不必去冒犯德国新教徒。[②] 然而,女
414 王对其神学家们所做的感到不满意,而当他们从主教区会议归来时,对信条的两项重要干涉被归于她的作为。第一项是在第 20 条中增加了这样的话:“以及在信仰辩论中的权威”,涉及这种为教会所享有的权威。第二项是当时完全删除的第 29 条,其标题为“论恶人领圣餐非吃基督的身体”,并用大部分路德派教徒不愿意使用的术语来表达。

---

① The *Zurich Letters*, *1558 – 1579*, *First Series*(Parker Socirty, Cambridge, 1842), pp. 123, 127, 135, 100, 139. 朱厄尔主教致函彼得 · 马特(p. 100)说:“至于教义诸问题,我们已经彻底删去了最重要的东西,和你们的教义没有一指宽的差异”(1562 年 2 月 7 日);霍恩主教致函布林格(1563 年 12 月 13 日,即在女王的种种变更之后)说:“我们在整个英格兰拥有如你们自己所拥有的相同的基督教教义”(同上,p. 135)。

② 被删去的条款是:“基督升入天堂,赋予其身体以不朽,也没有去掉其本性,正如人的本性的真理(如圣经所说)要求同一个人的身体不可能同时在不同的地方存在,而是需要在某一个具体地方,因此,基督的身体不可能同时出现在许多不同的地方。还因为基督被提升到天堂,一直呆在那里直到世界的末日,并会从那里,而不是其他地方(如奥古斯丁所说)来审判生者和死者,一个有信仰的人不应该或者相信或者公开承认基督的体血在主的圣餐礼中是真正临在的(如他们所说)”。

女王的行动大概归因于政治原因。一个尚未坐稳王位的新教女王将寻求路德教信仰提供的庇护,这在国际政治中是极为重要的。德国的路德派教徒在1555年的奥格斯堡帝国议会中已经获得在帝国范围内的合法承认;两个路德派选侯的赞成票曾经帮助过皇帝登上皇位;教皇不敢把路德派诸侯开除出教,除非冒触犯皇帝和使他的所有行为无效之险。当他第一次威胁说要把伊丽莎白开除出教时,这一点曾经向他稍许严厉地指出过,而女王了解教皇地位的所有困难。要了解这位"有一双锐利眼睛的聪明的女王"①利用这种状况的益处所在,只要阅读一份与她的一次长谈的报告就行了,这是西班牙大使对其主人提供的报道(1559年4月29日)。这位大使毫不含糊地以一则宣布她是个私生子和异端分子的教皇训令对她进行威胁,为申明利害,还举出纳瓦尔国王的例子,他的王国就是被教皇的代理人、西班牙的费迪南德剥夺的,而伊丽莎白则以其通常的方式戏弄他。她曾不在意地说过"她希望《奥格斯堡告白》在她的王国得到保留",这位费利亚伯爵说道,"我感到震惊,并找我所能找到的过错,举出我认为可以劝阻她这样做的论据。然后她告诉我它不会是《奥格斯堡告白》,而是某种类似的东西,她还说她和我们根本没有什么差别,例如她相信,上帝"存在于圣餐礼之中",只是对弥撒中的三四样东西持有异议。此后,她告诉我她不希望辩论有关宗教问题"。② 她不需要辩论; 415

① "Cette reine est extremement sage, et a des yeux terribles." *Calendar of State Papers, Domestic Series, of the Reign of Elizabeth, 1595–1597*, p. xxi.

② *Calendar of Letters and State Papers relating to English Affairs, presewved principally in the Archives of Simancas*, i. 61, 62.

这种暗示对这位受挫的大使来说已经足够了。

第29条款被删去了，仅仅“三十八信条”为人们所公认。绝罚的教谕一直拖到1570年，那时它已除了伊丽莎白自己的罗马天主教臣民外，不可能伤害任何人，而危险期已平安渡过。当它最终来临时，女王并没有受到所能给予路德派教徒那样的咒逐，因为她亲自确认和遵循“加尔文的不信神制度和残忍的奥秘”，并要求它们应当为其臣民所遵守。[①] 然后，当删除的政治需要过去时，第29条款被公布了，《三十九信条》成为了英格兰国教会确认的教义标准(1571年)。

没有人能说得清楚女王自己的教义信仰是什么；尽管它适合她的政策，她自己对此作了最矛盾的描述。御用小教堂圣餐台上十字架和蜡烛的消失与再现，归因于希望保持与路德派教徒的接触，以及希望安抚女王的罗马天主教臣民。

416 1563年的主教区会议需要解决其他重要问题。它的程序表明新授任的伊丽莎白时期的神职人员包括大量赞成《公祷书》和《划一法案》中的一些激烈变化的人。他们中许多人已经熟悉并已经喜欢瑞士礼拜仪式的简单化，彻底清除了他们所称呼的“天主教教皇制度的残渣余孽”；其他人则羡慕苏格兰人，帕克赫斯特致函布林格(1559年8月23日)说，“他们在真正的宗教方面几个月中所取得的成绩超过我们在许多年中的所为”。[②]

这样的人对《公祷书》的很多内容不满，或对其中的礼拜规程

① *Calendar of State Papers*, *Venetian*, *1558-1580*, p. 449.

② The *Zurich Letters*, etc., First Series, p. 91.

相当不满，而且提出简化礼拜仪式的建议，获得了大多数人的支持。据认为，所有的教堂用管风琴都应当去掉；洗礼中“划十字”的仪式应当删除；除每个星期日和“教会主要节日”外，其他所有节日都应当废除；——这种建议在下院以一票多数被否决。另一个动议，听任圣餐领受者自由地接受圣餐，无论是站着、坐着还是跪着，听其自便，被一个微弱多数所否决。许多主教自己赞成简化教会仪式；五个大教士团团长和十二个大执事申请取消使用白色法衣。运动那么强有力，以致如果听之任之的话，主教区会议会以严格的清教徒意义去纯洁教会。但是，女王拥有整个都铎家族对庄严仪式的爱好，而她有政治的原因，国内的和国际的，这阻止了她允许任何激烈变化。她一心想使她的国家结成一个整体，她必须为其教会赢得广大人民，不论他们是中立还是依附于罗马天主教，或者至少依附于旧的中世纪礼拜仪式。特兰托公会议正在召开；教皇的绝罚总是威胁，而且如上所表明的那样，路德派的保护和同情很有用。这些仪式得以保留，圣餐台上十字架形耶稣受难
417
像和蜡烛在御用小教堂中展示，以表明女王和英格兰国教会对路德派的同情。那些促进改革的主教忍受着内心不安，[①]不得不采取让步；逐渐地，如女王所希望的那样，一个强有力的稳健派自然地聚集在《公祷书》及其礼拜规程周围。1563 年的主教区会议上做出了最后一次决定性的建议英格兰人民在公众礼拜方面发生实

① The *Zurich Letters*, etc., First Series, p. 74；参见 55, 63, 64, 66, 68, 100, 129, 135。朱厄尔主教把教士礼服称为“亚摩利人的遗物”（p. 52），并希望他能放弃白色法衣（p. 100）；女王小教堂中的“小银十字架”对他来说是一件不吉利的东西（p. 55）；参见 Strype, *Annals*, etc. Ⅰ. i. 260。

质性变更的努力。

在同一次主教区会议上，大量的时间花在一个被推荐的《戒律手册》或者说对英格兰教会法的权威性表述上。很可能，它的内容可以在一些“提请当局认可，但未获批准的教会管理与秩序之信条”中找到，它由斯特赖普①根据帕克大主教的原稿出版。这样一个手册本来需要议会的权威，而1563年议会太过忙于应付西班牙保护的消失以及法国和苏格兰的威胁的增加而被弄得不可开交。苏格兰女王和达恩利的婚姻格外加强了她对于英国王位权利要求的分量；令人担忧的是，英格兰的罗马天主教徒可能起来支持这个合法的王位继承人。议会几乎在恐慌中通过了反对一切不服从者的严厉法律，并增加对一切拒绝服从宣誓的人，或声称支持罗马主教权威的人的惩罚。教会戒律由亨利八世的旧法令来管理，该法令宣布，不与《圣经》和英格兰议会法令相左的中世纪教会法将构成教会法庭的法律基础。这就赋予主持教会法庭的主教的官员以
418 一种极大的自主权；在他们的控制之下，他们很快使教会法一点也不留下——事实上要少于任何其他新教教会的教会法庭中所保留的教会法内容。原因在于这些教会法庭的官员都是律师，受过民法的训练，深受其原理的感染，而且只要可能，就倾向于应用民法原理。

1563年主教区会议上《三十九信条》的简要表述，可以认为是完成“宗教变更”的标志。在经历了一个暴风骤雨的特殊时期后所得到的结果具备了持久的性质，而英格兰国教会现在就成为女

---

① *Annals*, etc. Ⅰ. ii. 562.

王所造就的教会。正是英王的这种至尊权威，确保了安立甘宗高教会派他们今天所处的地位。宗教和解的主要特征是：

1. 完全弃绝罗马主教在本王国和英格兰国教会中的权威。所有教士和每个在君主下任职的人，都必须对这种弃绝宣誓。如果他们拒绝，或在日常语言上表现为不遵奉国教者，他们就丧失其职位和圣俸；如果他们坚持拒绝，他们就可能丧失其一切个人财产；如果他们第三次拒绝，他们就可能被宣布为叛国者并受到那个时代所施予叛国罪的可怕的惩罚。但是，伊丽莎白尽管严厉，却从不残酷，而且没有其他宗教革命与此相比带有更少的血腥味。

2. 君主成为英格兰国教会的至尊管理者（the supreme Governor of the church of England）；这个头衔仅仅在名称上不同于亨利八世所坚持的那个称谓，这从以下方式可以清楚地看出来：

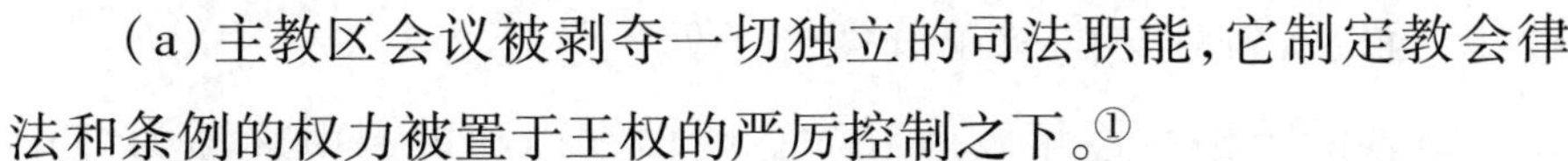

（a）主教区会议被剥夺一切独立的司法职能，它制定教会律法和条例的权力被置于王权的严厉控制之下。①

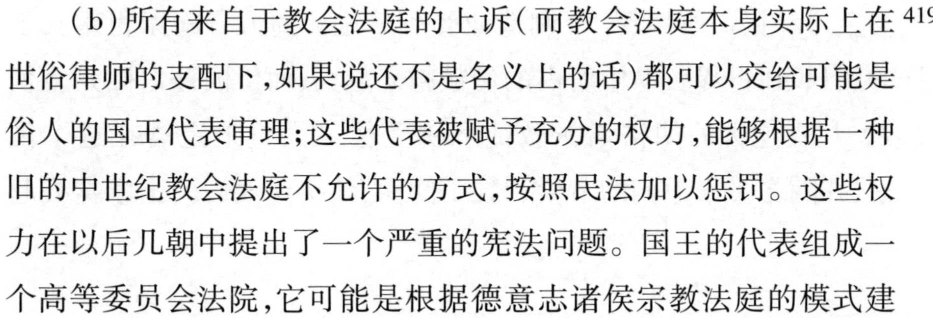

（b）所有来自于教会法庭的上诉（而教会法庭本身实际上在 419
世俗律师的支配下，如果说还不是名义上的话）都可以交给可能是俗人的国王代表审理；这些代表被赋予充分的权力，能够根据一种旧的中世纪教会法庭不允许的方式，按照民法加以惩罚。这些权力在以后几朝中提出了一个严重的宪法问题。国王的代表组成一个高等委员会法院，它可能是根据德意志诸侯宗教法庭的模式建

① 帕克大主教的《告示》根据大主教权威发布和实施，这可以看作是例外，因为大主教权威不止一次地为女王拒绝。至于这些法则，旨在礼服争论方面控制教会，见 Gee and Hardy, *Documents*, etc. p. 467；关于难以解决的他们的权威问题，见 Moore, *History of the Reformation*, p. 266。

立起来的，并拥有同样的权力。

3.《公祷书》及其礼拜规程中为全体英格兰人规定了一种划一的公众礼拜仪式，它由《划一法案》加以实施。决不允许自由的礼拜仪式。任何违背这种规定形式礼拜的教士，都可以被当作一个罪犯，所有那些怂恿他的人同样是罪犯。在这种处罚下，没有人能够寻求逃避这种公众礼拜。每个臣民必须在星期天去做礼拜，听祈祷和布道，否则要被罚款 12 便士捐助穷人。顽固的不顺从者或非国教徒可以被开除出教，而所有受到绝罚的人则可能遭到监禁。

4. 尽管据说而且大多数时候的确如此存在着言论自由，但是依然有些顽固的异端分子可能被处以死刑。另一方面，主教们几乎没有权力迫使异端分子受审，除非议会或主教区会议命令这样做，因而只有较狂热的教派分裂分子处于危险之中。[①]

新教的英格兰逐年发展壮大。贬值铜币和黄铜币逐渐为纯正的金币和银币所代替。[②] 制造业受到鼓励。商人冒险家租用女王
420 的船只，在世界贸易中所占的份额越来越大，而伊丽莎白则是合伙人。[③] 受迫害的胡格诺派教徒和佛兰德人大量地定居在这个国家，并随之带来他们的节俭和技工知识，使接受他们的国家富裕起

① Maitland, *Cambridge Modern History*, ii. 569 ff.

② *Calendar of State Papers*, *Domestic Series*, *of the Reigns of Edward VI.*, *Mary*, *Elizabeth*, *1547 – 1580*, p. 159.

③ *Calendar of State Papers*, *Domestic Series*, etc. p. 247.

来；[①]法国和低地国家受迫害的新教徒知道在海那边有个国家，为一个"聪明的年轻女王"所统治，它可以成为他们的避难中心，而且准备帮助他们，如果不是公开地，至少也是不声不响地。以前不设防的英国，补充了"比任何别的国家更多的武器、军需品和炮队。"坚挺的货币，扩大的贸易，不断增加的财富，日益增强的安全感，成为这种新教事业极好的伙伴。

只要苏格兰的玛丽呆在霍利鲁德宫，并能够要求英国罗马天主教徒的同情，如果说不是效忠的话，伊丽莎白的王位就决不会完全稳固；但是，这种来自于苏格兰的危险，由于美第奇的凯瑟琳和她的儿媳之间的忌妒而减少到最低限度，而苏格兰的新教贵族总能暗中获得帮助。当西班牙的菲利普二世以其迟缓的、犹豫不决的方式（这种方式使得他总是错过转机）最终决定帮助玛丽平息国内反抗者、要求英格兰王位的权利时，他的干涉并没有什么结果，只不过是给伊丽莎白提供了一种体面的托词，以有效地帮助她在这场斗争中将玛丽赶下王位，并使苏格兰成为完全的、永久的新教国家。[②]

---

① *Calendar of State Papers*, *Domestic Series*, etc. p. 177；*Calendar of Letters and State Papers relating to English Affairs*, *preserved principally in the Archives of Simancas*, i. 77, 118, 119.

② 由于船只失事致使玛丽的代理人，法兰西斯·雅克斯莱（Francis Yexley）与菲利普二世的交易，即菲利普给苏格兰的两万克朗遭到损失，而罗马天主教徒和玛丽的一个支持者诺森伯兰公爵，声称有权获得这笔宝藏，这些故事均可查找 *Calendar of Letters and State Papers relating to English Affairs*, *preserved principally in the Archives of Simancas*, pp. lix, 499, 506, 516, 523, 546, 557；教皇如何提供了金钱帮助，见 p. 559。

第五编　再洗礼派和索齐尼派

第一章　中世纪反教会运动的复兴 421

路德的反叛为中世纪已有零星表现的对宗教和神学问题的非常规思索的大量出现——也可以说爆发——提供了机会。思想家们和其敢于向中世纪教会生活和教规挑战的思想先驱者们之间的巨大差异，不在于阐明任何实质性的新思想，而在于这样一个事实：文艺复兴对教会教条的思想结构极度蔑视，个人情感和个人存在的价值观念充斥了整个 16 世纪。旧思想则很少着意于适应被认可的神学表达模式，他们采用了更为大胆的表达方式，提出了鲜明的轮廓，以更为确定的表述表现出来。

这种思想中的一部分几乎不属于教会史的范畴。它从来没有成为某种制度的思想基础；它既没有刺激也没有塑造人们的生活。这种思想的领袖人物是避世独居的思想家，他们被一群松散追随者包围着。但是由于在动听的表达人类人文思想的言辞中存在着不 422
朽的东西，所以他们的理论不仅没有随着他们的消失而消失，反而在不同时期以不同方式强有力地影响着基督教会的各个支派。旧的观念有时可能隐藏起来，但是同一种观念也会在思辨神学的多数体系中重新出现。因此有必要对它们作一简略介绍。

然而，这种理性的充满生机的思想成分并没有招致同样的命运。门诺·西蒙斯无疑受到像簸箕一样动荡的宗教迫害的帮助，能够把秩序纳入狂热的令人骚动不安的再洗礼教的纲领之中，并且能在欧洲和美洲组建有同样光荣历史的浸礼派教会。福斯托·

索齐尼为反三位一体派思想的各种宗派做了同样的工作，最后从混乱中形成了井然有序的制度性的生活团体。

这一强大的粗糙的独立思想流派通常可以划分为神秘派或泛神论的神秘派，再洗礼派和反三位一体派。不过就早期的思想家们来说，这样的分类是相当牵强的。各个宗教团体在不断地迭合，很多思想领袖可能被安置在其中两个或所有三个派别中，他们的特点是他们对历史的连续性几乎没有感觉，对历史的连续性毫不关心，因此同过去完全决裂；他们从历史的教会中看不出任何好的因素，完全不抱希望，并且坚信这种教会必须终结，因为要改进它是不可能的；他们具有强烈的个人意识，坚信当他们接受共同的教义、制度或礼仪的约束时，人类的灵魂就已经被禁锢了，那些最简朴的教义、制度和礼仪除外。

泛神论的神秘主义并不是基督教中的新鲜事。至少早在 6 世纪时，就出现了这样的思想流派，它们阐释诸如三位一体和基督的位格之类的教义的方式就会导致可以被称为泛神论的理论；如果说这种消减基督教教义的模式在基督教会中并非连续不断的话，
423 那么它们还是一直表现出来的。它们通常伴有一种“灵光”(inner light)论，宣称这种“灵光”可取代圣经成为信仰的准则，或至少可以解释圣经。当“灵光”发现的圣经的内核一旦被阐释时，它的外壳——圣经——就可能被抛弃。16 世纪的施文克费尔德、韦格尔斯、乔达诺·布鲁诺，他们运用他们所说的“灵光”的方式在某种程度上同特兰托会议使用教义传统的方式是一样的，他们在中世纪的教会里已有为数众多的先辈了，他们在宗教改革时出现仅仅是中世纪思想某一方面的再现。但是如前所述，这些思想家从来不能，他

们也可能不希望把他们的追随者组成一个教会；与其说他们属于教会叙事史的范畴，还不如说他们属于哲学史的范畴。他们没有任何宗教改革意义上的宗教概念。他们的宗教信仰理想是纯思想性的——依靠或多或少精巧化了的形而上学而生存的某种事物。

16世纪的大部分中世纪不奉正统宗教的代表人物被同时代的人列入了再洗礼派或者反洗礼派的名下，因为自1526年以来，他们全部或者绝大多数坚持把第二次洗礼看作是信徒兄弟会的标志。他们遍及欧洲的绝大部分地区，从北方的瑞典到南方的威尼斯，从西方的英格兰到东方的波兰。尼德兰，德意志，——南部、西北部和莱茵地区，——瑞士，蒂罗尔，摩拉维亚和立窝尼亚的信徒都以英勇不屈的精神忍受着残酷的迫害。他们的领袖在历史舞台飞快掠过，他们是勇敢而不屈不挠的人，对他们来说尘世是无关紧要的，他们的双眼紧紧盯着上帝的永恒的宝座，他们生活在一种镇定的意念之中，他们知道几小时后他们可能被绑上火刑柱或者要去忍受更为可怕更加残酷的折磨，——他们是性格各异的人，从温和而虔诚的年

轻人文主义者汉斯·登克到严厉的卡米扎派和誓约派的鼻祖简· 424
马瑟斯。没有任何一种信条声明可以包括他们所有的无以数计的团体所持的信仰。一部分人坚持鲜明的中世纪教会的教义（有关僧侣统治和圣礼的特殊观念总是被排除在外）；另一部分是路德派、加尔文派或慈温利派；也有一部分是否认有关基督的位格的一般教条的一性论派；[①]还有一部分应被划入泛神论派中。所有这些教派都坚

① 举例来说，尼科尔斯保条款（*the Nikolsburger Articles*）写道："基督是在原罪中孕育的；基督不是上帝，而是一位先知，被托付了上帝的话或上帝之道。"（Cornelius, *Geschichte des Münsterischen Aufruhrs*, ii. 279, 280）

持“灵光”论；不过一些派别很少关注圣经的字句，另一些派别则严格坚持圣经词句的字面含义和运用。他们都主张真正的基督教徒应当和世人分开生活（也就是要和那些没有接受第二次洗礼的人分开）；生活在这些团体中的人们都认为应按照原始基督教徒在新约中给予的解释去生活，他们认为真正的教会无论怎样也和国家没有任何关系。

最为奇特的是，第三派别即反三位一体派的领导人几乎全是意大利人。

在他们中间最为著名的人，以其学识、纯洁的道德生活、鲜明的虔诚，以及在对待努力传播自己的观点过程中面临的每一种危险时表现出的大无畏精神而闻名的人，是西班牙人米歇尔·塞尔

425 维德（塞尔维特），[①]他于1553年被焚死在日内瓦。他是一个非常独特的人，他的全部思想路线使他有别于和索齐尼的名字联系在

① 塞尔维德于1511年出生于当时隶属于阿拉贡的小镇图德拉，他生于律师世家，一开始也被安排从事律师职业。他的家族最初在维拉诺瓦镇，这可能也解释了为何塞尔维德有时冒名维拉诺瓦。1530年他与厄科兰帕迪乌斯（霍伊斯根）有了联系；从前者的致及谈及塞尔维德的信中可以看出，显然年轻的西班牙人那时已完全相信了他的反三位一体论。巴塞尔没有出版商出版他的书籍，他到了斯特拉斯堡。当其第一部神学著作问世时，世俗当局禁止其销售。包含了他的全部神学思想的巨著于1553年在没有署作者名和出版地的情况下出版，其全称是《基督教的复原：呼吁整个使徒教会回到其起源，恢复关于神、关于基督的信仰、关于我们的称义、关于藉洗礼重生以及关于分享主的圣餐的全部知识。最后还要使我们重回天国，结束邪恶的巴比伦之囚，并摧毁敌基督者及其主子》。他开始和加尔文有联系，并表示愿意到日内瓦陈明他的观点；但这位改革家明确表示他没有时间来接待他。他在日内瓦的审判、定罪和处以火刑的情况在Corpus Reformatorum, xxxvi. 720 ff. 中可以找到。判决书在第825页：“以下是对米歇尔·塞尔维特的审讯，审查过案情概要以及关于该人犯所犯重罪的报告，判处将他收监并押妥至尚佩尔，即日处以火刑，次日没收他的全部财物且焚烧他的著作。”这次审判和处决于加尔文是一个污点。当时他在日内瓦无论如何是至高无上的；但是他完全赞成所做之事，他表示如塞尔维德到日内瓦，他不会活着离开此地的。“如果我的权威还管点用的话，我一定不会让他活着离开”（*Corpus Ref.* xi. 283）。

一起的反三位一体派别的其他人。他通过神秘的泛神论得出了自己的主张——这种方式人们是可以从西班牙人那里指望到的。他很少有或者没有门徒，也没有产生任何持久的影响。

居于前列的其他反三位一体派全都是有学识的意大利人，他们为文艺复兴的精神所激励，按照他们自己的观点去批判和改造神学。他们全都是因为罗马教会的腐败和堕落而感到自己不得不去抵制它，他们并没有任何其他的普世基督徒公会观念。他们道德纯洁，按照自己的方式过着虔诚的生活。他们从来没有那些是宗教改革的思想基础的想法，即关于什么是真正的宗教的想法。他们从来没有领会如下思想：基督教的要旨是上帝的恩典，它在基督身上显现，可以为每一个信仰的灵魂接近，毫不犹豫地坚信人的参与。他们的宗教兴趣几乎是纯思想性的。宗教改革家认为教会是信徒的团契，他们还说这种团契的标志是宣讲上帝之道和正确
圣礼——这是上帝向人们显现自己以及人们表明他们信仰上帝的 426
桥梁。但这些人从来也没有领会这一点；他们有关教会的唯一的理想好像是把教会视为一个有确定的正确的观点的学派。他们被迫离开自己的祖国后，很自然在瑞士或格里松找到了避难之处。他们完全不能理解他们身置其中的人们，这简直令人伤感。宗教改革对他们来说是一种神学的批判和重构；他们只不过实施这种批判要比他们的新邻居稍进一步。他们从来没有觉察到他们和宗教改革的追随者之间的真正分歧。

他们都是受过高度教育和有教养的人——来自意大利各地的人。宣称自己是再洗礼派的卡米洛·雷纳托是西西里人。金特利来自卡拉布里亚。格里巴尔多来自帕多瓦。在晚年加入这一行列

的本纳迪诺·奥基诺和两位叫索齐尼的人来自锡耶纳。阿尔恰托是皮埃蒙特人。布兰拉塔(比安拉塔)是这一组织中除福斯托·索齐尼最为积极的成员之一,他出生于萨卢佐的一个一直以向遭到教会迫害的穷苦人提供庇护而闻名的贵族家庭。他们是物理学家或律师,其中金特利是一位校长。

每一个意大利人在小城市共和国生活中孕育的似乎与生俱来的强烈的个体性意识被文艺复兴强化了。意大利过去的历史和16世纪的政治和社会状况使它不可能采取除个人行动之外的任何其他方式来推进改革。产生于同胞和一般信众并在阿尔卑斯山以外的宗教改革运动和耶稣会的反动中如此明显的力量和动力,在意大利的改革家中间是完全没有的。在那片土地上,神圣罗马

427 帝国从来没能重新取得在伟大的教皇格雷戈里七世和英诺森三世统治下丧失的权力。罗马教会在所有意大利人面前呈现为可以组织遍布各地的基督徒社会的唯一可能的形式。假如人们拒不接受它,那么就只有基督徒个人的生活剩下来。教会不期然凭借诸如影响德国和瑞士人民的教会改革观念支配着民众。唯有受过文化教育的人对促成宗教改革的影响是敏感的。未被打破的教会机构的权力总是妨碍他们公开建立会众组织,他们只能偶尔暗中聚集在一起诉衷肠。[①] 我们得知这样一些集会,它总是千篇一律地采用讨论会的形式,在会议上,成员互相讨论和传播他们在孤独的冥想中得出的对中世纪神学的批判,更像是讨论性的会社,而不像是

① Ritschl, *A critical History of the Christian Doctrine of Justification and Reconciliation* (Eng. trans., Edin. 1872), p. 295.

某教派的开端。我们获知他们于1546年在维琴察举行的一次集会；[①]大约有40位朋友聚集在一起，其中有莱利奥·索齐尼，他们讨论了诸如基督苦行赎罪、三位一体之类的教义，并对它们的真实性表示怀疑。诚然，他们不能指望在祖国发起促成宗教改革的群众运动，他们被迫在意大利境外寻求安全。他们接踵越过阿尔卑斯山逃走了。在格里松或改革派的瑞士，他们发现了已到这里避难的同胞们组织的小团体。他们的出现总是伴随着和土生新教徒 428
的分歧和争论。

他们所有的生活习惯和思想都不适宜创立持久的基督徒团契。他们的神学观点不是新兴的生机勃勃的基督徒经验的结果，而是对中世纪神学进行思想批判的结果。它是极不稳定的，并且也无助于形成联合体。塞尔维德的处决以及瑞士所有的改革派各州表现出来的对同有学识的西班牙人相似的那些人的小心提防，使得在瑞士的生活和过去在意大利一样不安全了。他们移居到波兰和特兰西瓦尼亚，这两个地方存在的思想自由吸引了他们。

波兰，对意大利避难者有特别的吸引力。这两个国家向来关系密切。意大利的建筑师在克拉科夫以及其他波兰城市设计建造了富丽堂皇的建筑物。两国之间的商业贸易额是很大的。波兰贵族的独立和特权使他们免受教会方面的干预，加尔文教和路德教

① “1546年前后，莱利奥·索齐尼和他的意大利门徒们（其总人数超过40人）在维尼塔辖区建立了宗教学学院（就在维琴察附近），其中主要讲授三位一体和通过基督获得上帝满足之类危险的庸俗学说。”（*Bibl. Antit.* p. 19——我转引自Frok, *Der Socinianismus nach seiner Stellung in der Gesammtentwicklung des christlichen Geistes*, etc., Kiel, 1847, i. 132）

在贵族中间拥有很多信徒。他们像早期的罗马贵族一样把他们安全的府第提供给教友。罗马天主教会的领袖对他们无力阻止他们认为是异端的那些主张和习俗的扩展而气恼。在特兰西瓦尼亚，缺乏强有力的中央政府使人们有了一定的表达各种宗教主张的自由。

反三位一体派所持的观点绝不是相同的。他们在波兰重新产生了我们在3世纪就已看到的各种观点大杂烩的局面。一部分人是塞贝利派，另一部分是嗣子派，还有一些人是阿里乌斯派。他们中间的大多数人可能相信我们的主奇迹般的诞生，并认为因此他
429 应当受到崇拜；但是，在弗朗西斯·达维迪斯领导下的强大的少数派否认这种奇迹般的诞生，拒绝崇拜基督（*non-adorantes*）。他们似乎还暂时能以与改革派团体成员一致的方式生活。1564年在波兰国会上发生了危机，反三位一体派被认定为单独的宗教团体，或者少数派会众组织。这是福斯托·索齐尼施展他的智慧、组织天才和强烈意志之场所。他利用这些不和谐的因素创立了索齐尼派教会。

再洗礼派和索齐尼派运动需要更为详尽的描述。

第二章　再洗礼派 430

陈旧的千篇一律地描述再洗礼派的方式随着现代详尽的资料
考证的出现而差不多完全消失了。分四个阶段描述这一运动即开 431
始于茨维考的先知，结束于明斯特的灾难的运动，或者将它视为宗
教改革运动的激进派，以此来解释它的起源，已经不可能了。① 细
致的学者承认这是一件十分复杂的事，它的起源可以回溯到以前
的世纪，在其领导者中间有杰出的人文主义者。现在已众所周知，
它以极快的速度传遍了欧洲，吸引了如此之多的信徒，超出了人们
的想象。

在短短的一章内要说明或评论现代的研究已经提供的有关该
运动的起源和根源的各种说法是不可能的。所有可能做到的事就 432
是简洁地给出通过大致而广泛的资料考证之后得到的结论——同
时承认在运动发展史超出争议阶段之前，还会获得更多的信息。

对这一伟大的民众运动的起因或特征作生硬的一般性说明既

---

① 在论述方面的差异只要对照一下 Heizog's *Realencyclopädie für protestantische Theologie und Kirche* 的第二版（1877 年）和第三版（1896 年）中有关再洗礼派的章节就会一目了然。然而一些著名的史学家还是倾向于传统观点，比如爱德华·阿姆斯特朗在 *The Emperor Charles* Ⅴ（London, 1902 年）中还在为他的根除再洗礼派的英雄辩护——用文火烤死他们 ——他说："当他们暂时占据上风时，他们就会把现代的无政府主义或民粹主义的理论运用于公开的共产主义原则中"（ii. 342）。考证了原始资料就没有人会做出这样的结论。

不保险也不容易。使他们形成和使他们存在的原因就像山腰上的混杂色彩一样难以分辨。再洗礼派是一种错综复杂的引起了罕见争议的运动。如前所述，它和中世纪生活的两种不同倾向有明显的联系，一种是社会的，一种是宗教的——农民和手工业者的反抗斗争以及兄弟会的延续。

从 15 世纪后半期开始，几乎每个年代内都发生了社会暴动，所有的暴动都或多或少地带有粗陋的宗教信仰。这些信仰是在城市或乡村中的“普通人”呼吸的思想和道德空气的一部分，不能忘记它们支配“普通人”的权力。宗教改革运动加快和强化了这些影响，仅仅因为它使所有事物都开始运动。所以要在再洗礼运动的某些方面和社会暴动之间划一条严格的界线是不可能的。因此，至少在思想上应当相信以下的说法反映了某些真实情况：再洗礼派是宗教改革时代的革命派。

另一方面，也有充足的理由断定再洗礼派的独特的宗教方面同无政府主义的暴动很少有联系。它直接承袭了那些虔诚基督徒的团体，在敌人的声明中称那些虔诚的基督徒过着一种安静的敬畏上帝的生活，他们信仰使徒信经的所有条款；但他们又是强烈反
433 对教士的。除一些城市编年史偶尔提及他们的存在或者宗教裁判官查出他们并记录其所谓的异端罪行之外，他们毫不起眼地生活着，并且很少出现在历史舞台上。反对中世纪教会的礼仪和规章制度的实际上是 16 世纪的再洗礼派；如果说我们并没有发现对婴儿洗礼的一致否认，那么的确有迹象表明一些人是不赞成它的。他们坚持认为礼拜应用地方语言；他们反对教会的所有节日，反对向建筑物、十字架和蜡烛祷告；他们宣称基督没有给他的使徒以圣

带和法衣；他们嘲笑绝罚、赎罪券和豁免权；他们宣称婴儿洗礼不具有再生的功效；他们热忱地执行基督徒仁爱的戒命——他们说把衣服给穷人穿比花钱制作华丽的法衣或修缮教堂的墙壁更好，他们维持为麻风病患者开办的学校和收容院。他们聚集在教友家中以阅读和解释圣经的方式举行公开的宗教活动。[①]

由于我们依赖于非常偶然的资料来源，所以毫不奇怪，我们无法探寻出他们从发端直至宗教改革时代的轨迹；不过我们发现了有关16世纪时期早期小型的祷告团体存在的材料，这些团体具有所有14世纪末15世纪初宗教裁判官的报告所记载的特征。1514年它们在巴塞尔出现，1515年在瑞士出现，1518年在美因茨出现，在奥格斯堡还要早一些。[②] 到1524年类似的"祷告团体"在法国、尼德兰、意大利、萨克森、法兰克尼亚、斯特拉斯堡和波希米亚等地出现。他们在教导年轻人时使用了用法语、德语、波希米亚语、可能还有意大利语印制的相同的教义问答。在德国，圣经是通俗德 434
译本——该译本在路德翻译的圣经出版后很久仍然保留在再洗礼派中间。他们以极大的热情印刷和传播14和15世纪上帝之友的虔诚文学。他们之中很多人传播着再次洗礼的主张，尽管这种教义还未能被普遍接受，但他们已被称为再洗礼派或反洗礼派——一种蔑称。他们中间一些较为著名的领导人是虔诚的人文主义者，他们的影响可能可以从兄弟会印刷和传播帕多瓦的马尔西利奥的《和平的捍卫者》中看到。

① *Magna Bibliotheca Veterum Patrum*（Coloniæ Agrippinæ，1618），xiii. 299，300，307（the *Summa* of Rainerius Sacchonus）. 参见 i. 152。

② 城市编年史偶尔提及这些团体存在的时间，但没有说明它们创立的时间。

这种静悄悄的福音运动在1524年采用了更为确定的形式。在此之前，虔诚者们的组织就像17世纪的虔信派或18世纪的卫斯理教派一样活动。他们为了相互训导而联合起来；他们没有明显地使自己脱离腐败而懒散的教会。但是在1524年6月，代表了广泛的“祈祷会”或诵经会的一些人聚集在瓦尔兹胡特的巴尔诺萨·休伯迈耶尔家中，①他们带来了圣经，商讨如何按照新约规定的原则组织基督徒的生活。没有正规的教会组织建立。兄弟会决心脱离教皇派的教会；他们出版了基督徒生活指南，并拟定他们相信的信条声明。在其他方面，他们普遍反对圣礼的奇迹般功效，并坚持只有当洗礼在信仰中被接受时它才是有效的，这就导致了后来再次接受洗礼的主张。1526年第二次集会在奥格斯堡举行，这可能是成人受洗在所有兄弟会成员中成为一种明确信仰的确切时间。这次会议建议于1527年（8月）在奥格斯堡召开一次全体会
435 议，其成员包括了来自慕尼黑、法兰克尼亚、因戈尔施塔特、上奥地利、施蒂里亚和瑞士的代表。他们起草了一份教理声明，它非常简单，和现在摩拉维亚兄弟会中传播的教义联系非常密切。他们的赞美诗集②没有表现出通常归罪于他们所定教义中的错误的任何迹象。它的主旨是唤醒我们去热爱上帝和同胞的上帝之爱。他们不是举行婴儿洗礼，而是举行一种把孩子敬献给上帝的仪式。洗礼被视为皈依和决心把自己交给崇拜和侍奉的上帝的标志。它以洒水的方式施行洗礼；受洗者跪在教友面前领受洗礼。圣餐礼在

① Vedder, *Balthazar Hübmaier* (New York, 1905).

② Liliencron, "Zur liederdichtung der Wiedertaüfer," in the *Tranactions of the Königl. Bair. Akad. Der Wissenschaften*, *Philosopnisch-historische Klasse*, 1877.

规定的时间举行，并且总是在庄重地准备一天或两天之后进行。他们的教职人员是执事、长老、师傅和教师或者牧师。他们分为云游四方的福音传教士和那些属于单个礼拜会组织的牧师，后者以按手礼的方式任命，有单独举行圣礼的权利。所有属于划定教区之内的群体的执事、长老和牧师从他们自己当中选举代表组成其教区教会理事会。这个理事会选举一个像主教或者教长那样活动的牧师。教长以按手礼方式任命。整个兄弟会，由一系列宗教会议来实施其宗教统治，与长老派的制度一致。这一组织能使再洗礼派忍受他们不久就会感受的在教皇派教会和路德派国教会操纵之下的可怕的迫害。

主要领导人是巴尔诺萨·休伯迈耶尔和汉斯·登克。休伯迈
耶尔是位著名学者，他在非常年轻的时候就成为因戈尔施塔特的 436
神学教授（1512 年），他是该城著名的高级中学的校长（1515 年）；雷根斯堡（拉蒂斯波恩）大教堂的宣道士（1516 年）。1519 年，他由于感到不能再心安理得地占据这一职位时，便隐退到瓦尔兹胡特小镇上生活。汉斯·登克是一位著名的人文主义者，他是巴塞尔“伊拉斯谟小组”的成员，并被拥戴为这一文化圈内最标准的希腊语学者。康拉德·格雷比尔是另一位著名的再洗礼派领导人，也属于“伊拉斯谟小组”，是苏黎世一个贵族家庭的成员。像休伯迈耶尔和登克一样，他全心全意使自己成为福音派，毕生致力于云游布道。这些事实足以驳斥再洗礼派是无知的狂热分子这一共识。

登克可能是最为有名和受尊敬的领导人。1523 年夏天，他被任命为纽伦堡著名的西贝尔都斯中学校长，1524 年底，他被指控为异端，和他一起被指控的还有艺术家阿尔伯特·丢勒的得意门生约格·彭茨以及其他4个人。登克被逐出纽伦堡。他的名字家喻户晓。这次审判和判决使他开始了福音传教士的生活，1526年和1527年的会议以及前面述及的组织情况，是这种云游生活的结果。登克曾深深地沉浸于14和15世纪神秘派的思想源泉之中，他的训诫包含了他们的许多思想。他坚信在人性中蕴含着神性的灵光，这就是敦促人们沿着上帝指引的道路前进的内心之道，人可以永远服从这位内心的劝诫者，他恰好就是基督。他的一些听众所作的描述看来好像是陶勒在新郎和新娘的婚礼上所作的著名说教的重复，因为他教导说信徒的苦难应被看作是救世主的爱，既不必悲叹也不必抵抗。塞巴斯蒂安·弗兰克离奇而有趣的《编年
437 史》告诉我们，浸礼派迅速扩展到各地；成千上万的人接受了洗礼。很多人的心都向着他们。“因为他们除了爱、信仰和肉身的苦难之外没有教导任何训诫，在众多的苦难之下表现出忍耐和谦恭，互相分食面包视为团结和友爱的标志，以真诚的救助互相帮助，互相借用、给予，学着共同拥有一切，相互之间以‘兄弟’相称”。[①] 他还补充了他们无辜地被指控和遭受非常残酷待遇的许多事实。

再洗礼派和以前的神秘派一样，表现出强烈的个体意识，这使得我们不可能把他们的信仰归结为一个可以说体现了作为整个运动基础的思想信仰体系的教义体。我们掌握了三种同时代的表明他们意见分歧的记载——两种来自于敌人，一种来自持同情态度

---

① *Chronica*（Augsburg edition，1565），f. 164.

的历史学家。布林格[①]试图对再洗礼派的不同宗派进行分类，并提到了在再洗礼派中 13 个不同的派别；但是这些宗派在观点上呈现出很高程度的重叠，这表明它们之间的差别很难清晰地描述。塞巴斯蒂安·弗兰克[②]注意到了布林格提及的所有不同观点。但是回避了任何分类，他说："还有许多我不知道而且也不可能记述的派别和主张，但在我看来不存在两个彼此相互认同所有观点的派别。"详细记述了圣加伦的再洗礼派故事的凯斯勒[③]也提到同样多的不同观点。

描述由一些知名人士传导的并得到其最亲近的追随者赞同的主导思想是完全可能的，这样就能比较准确地总结出不同派别中间某些主要原则的一般特征，但是必须牢记没有一个伟大的领导
人将自己的主张强加给所有再洗礼派团体。这些重要人物在不同 438
时期所持的观点并不是一成不变地成为整个运动的基础观念。

所有早期的再洗礼派几乎都信守消极抵抗的教条，但是这个教条是以非常不同的众多方式宣导和实践的，因此仅仅作一般性描述就会使人误解。所有早期的再洗礼派坚信以恶报恶的人不是基督徒，他们应当毫无报复企图地忍受施加给他们的迫害。一些像年轻的人文主义者汉斯·登克一样的人把这种理论推得如此之远，以致他们坚信真正的基督徒不可能做长官或士兵。列支敦士登的一个伯爵在尼古尔斯堡为一帮再洗礼派教徒提供了避难所，但他们却直白地告诉他们的保护人，他们不赞成他以武装反抗来

---

① *Der Wiedertäuferen Ursprung*, *Furgang*, *Secten*, etc. (Zurich, 1560).

② *Chronica*(3 pts., Strassburg, 1531).

③ *Sabbata*(ed. By Egli and Schoch, St. Gall, 1902).

威胁奥地利的警官,即使他进入尼古尔斯堡逮捕他们。简言之,称作“消极抵抗”的东西表现为各种不同的形式,包括“在苦难中忍受”这一普通的现代德美浸礼会教派仍在教导和实践的基督教箴言。

被称为“梅尔基奥尔派”的梅尔基奥尔·霍夫曼的追随者坚持世界末日或千年王国的观点,指望在不久的将来基督重回世间来统治他的圣徒们;但是没有理由推断这种观点被广泛地接受,更不能说这一观点是再洗礼教的普遍教条。所有的再洗礼派都反复教导仁爱的义务,主张团体中的穷人有权利由团体中的富人赡养;但这只是普通的基督教训诫,并不必然暗含共产主义的理论或实践。所有能肯定地看作是再洗礼派的教条的,就是他们很明显地坚守了基督徒仁爱的职责。所谓的明斯特的共产主义将在后面详述。

当我们仔细考察同时代的目击者们观察他们的再洗礼派邻居
439 的偶然记录时,我们得出了这样一个大致的结论:他们的主要想法是要在他们自己的生活中再现原始基督徒的信仰、习惯和社会实践。翻译圣经或其某一部分在路德时代之前的德国是相当常见的。“普通人”,特别是城市手工业者,知道很多有关圣经的内容。那是一本他一再阅读并认真思考的书。由于受到在仔细研读圣经时内心产生的思想的激励,单纯的人们感到不得不成为巡回布道家,“召唤”来到他们身边,他们立即响应他们认为神圣的声音。据说阿尔滕-埃尔朗根的汉斯·比尔,一位贫苦的农民,一天夜里他从床上翻身爬起,突然开始穿上他的衣服。“你去哪儿?”他那贫苦的妻子问道。“我不知道去哪儿,但上帝知道”,他回答说。

“我对你作了什么恶啊，待在家里帮助我抚养幼小的孩子吧。”“亲爱的”，他答道，“不要用俗事来烦扰我，我必须离开，我可以了解到上帝的愿望。”[①]这样一些人穿着粗糙的家织土布衣服，经常光着脚丫子，头戴粗糙的帽子到处流浪。他们热切地渴望在房屋中的热情款待，晚餐之后，拿出圣经的一部分，朗读和解释，然后第二天一大早就离开了。我们获知汉斯·哈特是如何来到法兰克尼亚的威尔的弗朗茨·斯特里格尔家中，拿出他的圣经，朗读和解释，讲明成人接受洗礼的必要性，说服了一家之主斯特里格尔和另外8个人，先后为他们施行了洗礼。当天晚上他又继续出行了，受洗者没有一个人再次看到他；但是一个小小的团体——一个小的再洗礼派团体保存了下来。[②]

这些巡回布道家，假如我们给他们一个早期基督徒的称谓，可以称他们为“先知”，并没有接受任何共同的思想见解的训练。他们每个人都在设想如同他们看到的在新约中反映出来的原始训诫 440
和社会生活，并且没有两种设想是完全相同的。周围的不同形势和环境使得关于应当接受和运用教义和习惯的思想呈现出无穷的变化。但他们仍有从“兄弟会”祈祷团体继承下来的解释模式。把奥地利宗教裁判官们谈到的13世纪的“兄弟会”与约翰·凯斯勒谈到的圣加伦的再洗礼派相比较，就表面特征而言相似之处是令人吃惊的。“异端是通过他们的习俗和言语探查到的。”这位宗教裁判官说。“事实上他们在习惯上沉稳而又谦逊；他们并不夸耀

① C. A. Cornelius, *Geschichte des Münsterischen Aufruhrs*(Leipzig, 1855), ii. 49.

② 同上, ii. 49。

他们的服饰,既不穿昂贵的也不穿粗鄙的……他们的老师更是些鞋匠和织匠。他们并不积累财富,而是满足于基本的生活。他们远离罪恶……吃的喝的也很节制。他们不去酒馆,不跳舞,也不去其他无聊的地方。他们克制不发怒;他们总是劳动、学习或教导,为此几乎不乞讨……实际上他们是藉他们简明而又谦逊的言语被认出来的。他们避免攻击性的幽默和诽谤、轻佻的语言以及不诚信和誓言。"[1]凯斯勒告诉我们这些再洗礼派的处世态度和交往始终是"虔诚、圣洁和无可挑剔的,"他们不穿非常华丽的衣服,蔑视大吃大喝,穿着粗布衣服,头戴软沿帽子,弗朗克说他们拒绝时常出入酒馆和举行舞会的花里胡哨的"虚饰"的屋子。

由于他们还过着中世纪这些宗派的生活,所以他们零星地再现了这些宗派的主张。他们当中一些人拒绝所有战争,甚至包括自卫性的战争,就像早期的罗拉德派一样。主已经晓谕他的第一批追随者:"你们去吧! 我差你们出去,如同羊羔进入狼群。"他们
441 扔掉了手中的剑,在那时农民和手工业者一样是佩剑的,就像使徒奉命一样拿着棍子四处走动——这些拿棍子的人本应同狼的武器毫无关系。另外一些人,和一些罗拉德派一样,不愿进入被人称为"教堂"的装有大玻璃窗的"庞大的石头屋子"。早期基督徒在房内布道和"分面包"。他们以早期基督徒为榜样,在私宅中,在大街上,在市场上,宣讲他们有关和平和满足的教理。极少数宣扬类似于"自由性爱"的观点并被其他人拒绝的人,正在再现中世纪自

---

① *Magna Bibliotheca Veterum Patrum*(Coloniæ Agrippinæ, 1618). Rainerii Socchoni, *Summa*, c. vii.

由精神兄弟姐妹会的幻想。该会在数个世纪之前在莱茵地区给埃克哈特大师造成了很多麻烦。16 世纪再洗礼派的小宗派中出现的所有更为放纵的思想和行为在中世纪的宗派中间也能看到。因为整个再洗礼派运动的核心具有中世纪的性质,并且和中世纪大多数宗教觉醒一样,也产生了无数各种各样的思想主张和行为。所有派别的共同理想是 16 世纪的基督徒受到召唤再现原始基督徒的思想信仰和习惯。要说明再洗礼派中普遍盛行的观点和行为是绝对不可能的,甚至最为广泛传播的习俗:成人洗礼和“分面包”,也未被再洗礼派的各个支派接受。

而且,他们具有足够的现代意识,能够意识到自己的上述特点(神秘派却不是这样),并将之表达出来,至少在运动的早期阶段是这样。所有人都像一个“纯朴的人”那样感觉和行动,梅迪科恩的汉斯·缪勒,当他被带到苏黎世地方官面前时他说:“不要强迫我的良心,因为信仰是上帝自愿赠予的礼物,它不是共有的财产。上帝的秘密像旷野中的财富一样深奥难测,没有人能发现它,除了
圣灵给他指示的那个人之外。所以我乞求你,上帝之仆,让我的信 442
仰自由自在。”[①]再洗礼派,同这些十分紧张的时代的所有宗教派别不同,似乎已经认识到他们为自己要求的东西,他们也一定要许可给别人。观念上的极大差异未能妨碍最亲密的兄弟般关系。汉斯·登克坚持和托尔斯泰伯爵一样的彻头彻尾的不抵抗主义,并且完全认识到了这一信条所造成的实际后果。但这并不妨碍这位热情而有天才的年轻人文主义者忠实地和不赞同他的极端思想的

---

① Egli, *Die Züricher Wiedertäufer*(Zurich, 1878), p. 96.

休伯迈耶尔一起工作。领袖们之间的分歧反映在他们的追随者中间，但并没有破坏兄弟般情谊的意识。弗朗克在其《编年史》①中告诉我们，有很少的一部分人坚持认为基督徒不能担任地方长官，因为基督徒与剑无关，而仅与精神上绝罚有关，任何基督徒都不应战斗和杀人。他说，其他人，包括极大多数人，认为基督徒可以充任地方长官，并且在急切需要的情况下以及当他们清楚地看到上帝的指引时，可以像士兵那样参加战斗。

梅尔基奥尔·霍夫曼，当他深信道成肉身学说时，坚持认为耶稣直接从上帝那里得到他的肉身，认为他的肉身不能归功于圣母马利亚，他经过她的身体就像“灯光透过玻璃窗一样。”他还认为整个世界历史，直到最近的时候止，都在圣经中启示了，并且能通过祈祷和默想来发现。他是一个能言善辩的布道家，他的思想为大多数人所接受；但是如果宣称这些思想被再洗礼派作为一个整体接受了，那就会是极大的错误。不过甚至作为反对派的同时代人，也通常把一些少数人的极端思想看成是整个再洗礼派的思想。

应当注意的是这种在一个社会内对不同主张的宽容没有扩展
443 到那些忠于国教会的人那里，无论是罗马天主教徒，还是新教徒。再洗礼派和某个国教会毫不相干，这是他们和路德派、慈温利派和加尔文派分离的关键所在。这可能是再洗礼派中各个派别保持绝对一致的一种观念。真正的教会，无论大小，对他们来说是具有信仰的人们的联合体；在人们产生或者践行信仰之前很久就依靠叫作洗礼的仪式把毫无意识的婴儿纳入庞大的宗教机构，这对他们

① Folio 158[b] of the Augsburg edition of 1565.

来说是对真正的基督教的颠覆性思想。他们不希望迫害和他们意见很不一致的人,但是他们不会和他们联合。这种强制的"分离",如同再洗礼教相关的其他事务一样,在其实施过程中又极不一致。在一些比较小的宗派中,它以更为极端的形式出现。再洗礼派的妻子和丈夫们,如其配偶属于国教会,在一些小宗派中被劝告拒绝同居。反对者们在某些记载下来的说法里找到了控告再洗礼派鼓励不正当性行为的证据——对妇女来说,和兄弟会中的成员有不正当的关系比和不能信任的丈夫同居更好——但很有可能这只不过是表达上述分离义务的更为极端的表述而已。

随着时间的推移和极端观点的增多,成员因其主张被革除教籍变成普遍现象也是事实。这在一些较小的宗派中就像在现代的普利茅斯兄弟会中一样常见。但通常的情况是在怎样表达和实施不要以恶报恶的义务上会出现分歧——是否允许缴税?听任他们的保护人使用武力防止他们的敌人攻击他们而不抗议是否合法?等等。

早先的不抵抗思想,无论它们在实践中可能采取什么样的表现方式,在再洗礼派不得不忍受的持续而恐怖的迫害面前让步了。它们首先遭到了梅尔基奥尔·霍夫曼及其追随者的明确反对。他 444
们坚信基督的千年王国会立即在世间建立。他们声称当千年王国出现时他们准备为之战斗。对他们来说,这种观念不过是一种虔诚的主张而已,他们没有机会将其付诸行动。然而,遵循简·马瑟斯及其门徒简·博克尔逊的训诫的再洗礼派在理论和实践上都否定消极抵抗的主张。

当然,一些伟大宗教觉醒运动,甚至所有这类运动,可能都会有很多事情被批评者抓住而成为攻击的把柄，再洗礼派运动也是这样。从科学心态到宗教情感的任何一件事情都有其美中不足之处，当一个人被一种新的似乎把他置于所有从前的生活和思想感受之上的精神情感攫住和控制的时候，所有的东西对他来说都是新鲜的，所有的事情看来都是可能的。他过去的生活连同这种生活的限制一起消失了。他航行在没有海岸束缚的大海上，他由强大的感情潮流带着前进，其他的人也能忍耐他。当他们促膝谈心时，心心相印。他和他的伙伴们变成了新的受造物，并且这是他们所有人几乎都自我意识到的事。这种体验通常是和心智的健全以及上帝和圣物的显圣保持一致的；但是这些因素，对于持有它们的人的不完善的心灵来说是过于强大了。正如圣保罗所说，皈依者“自高自大”。然后，就出现了病态，扭曲的幻象，有时是心理机制的实际毁灭，相当厉害的宗教狂热也不罕见。强有力的宗教觉醒运动的领袖们总是不得不考虑这种发展——圣保罗、阿西西的方济各、埃克哈特、陶勒，更不用说现代的例证。使徒以辛辣的讽刺谴责了病态的灵魂。他问道，难道有人真的认为行乱伦之事，娶他父亲的遗孀为妻，是基督曾藉之使他们自由的那种自由的范例吗？

445　再洗礼派运动像其他宗教运动一样，也有这样的情况发生；当不幸的人们被迫害逼疯的时候，这类情况就变得较多了，这些例外事件无一例外地由对运动怀有敌意的历史学家详细记录下来。

再洗礼派，作为一个整体来说，容易受到迫害，特别是天主教派和路德派的迫害，他们受到的迫害比落到16世纪任何一个宗教派别头上的迫害更为厉害。他们在苏黎世的遭遇可以被当作他们如何与地方当局接触以及他们为何遭受愈来愈严厉的对待一个说明。[①]

瑞士的再洗礼派绝不是慈温利的门徒。他们坚持自己的独特信条,他们在慈温利从埃恩塞德来到苏黎世很久之前就已是一个得到承认的团体,他们是中世纪韦尔多派的继承者。他们欢迎这位改革家,其中一些人参与了1522年的四旬节期间以食肉的方式挑战当局权威的活动,但是根本的分歧不久就暴露出来了。1523年的公开辩论之后,很明显苏黎世打算接受宗教改革,兄弟会的一个代表团来到市议会极力陈述他们有关改革派教会应当是怎样的思想。他们的原则声明是对作为整个再洗礼派运动之基础的基本观念的一个展示;同时解释了他们为什么不能加入宗教改革运动中的路德宗或改革派的原因。他们坚持福音教会在以下这一点上必须和罗马教会不同,就是它应当由本人亲自告白信仰他们的救主并起誓按照他们的头领耶稣基督的要求生活的人组成。它不能 446
像国教会,无论它是罗马教会的,还是其他教会的,因为属于这些教会的信徒没有任何个人的信仰告白。他们坚持通过这样的方式组成的教会应当摆脱所有俗权的控制,自己决定什么样的信条和仪式是以上帝之道为基础的,又是可以赞同的,并应当依照大多数成员的意见做出这一决议。他们进而主张教会在对违反道德律令的成员施行惩罚时应自由行动,最初是兄弟般的忠告;最后才使用

① 瑞士的再洗礼派被选出来是因为我们有非常全面的当时的文献材料,参见 Egli, *Actensammlung zur Geschichte der Züricher Reformation* (Zurich, 1879); *Die Zuricher Wiedertäufer*(Zurich, 1878); *Die St. Galler Wiedertäufer*(Zurich)。埃格利著作中提到的文献材料在 H. S. Burrage, *A History of the Anabaptists in Switzerland*(Philadelphia, 1881) 中被压缩和概括了。

绝罚手段，他们还宣称拒绝国家控制的教会应拒绝国家的资助，并主张什一税应脱离教会。他们说，新约中根本没有利息、高利贷、什一税、教产和教士的俸禄等内容。

这些观点明显与苏黎世议会的想法相左，当时他们正考虑通过革除罗马天主教的弊端建立一个国教会，该教会应严格受国家的控制，而且像中世纪的教会一样靠什一税维持生存。他们拒绝接受再洗礼派的观点，这成为对立的开始。议会发现大多数请愿者都怀疑婴儿的洗礼，并倾向于现在被称为浸礼派的主张；他们因要求对洗礼问题公开辩论（1525 年 1 月 17 日）而使事态更加危急。在再洗礼派中站出来维护他们的教条的是年轻的人文主义者康拉德·格里比尔、费里克斯·曼茨和来自雅各之家（库尔附近的女修道团）的常被称为“布劳洛克”（蓝衫）的约格兄弟。他们遭到了慈温利的反对，慈温利认为婴儿洗礼应当坚持下去，因为它取代了割礼。议会认定慈温利的主张是正确的，它们制定了所有婴儿必须受洗的法律，并规定所有在 1525 年 2 月 1 日之后拒绝让其孩子受洗礼的人将被逮
447 捕。再洗礼派很快回应了这一挑战。他们聚集一堂，经过商议和祈祷之后，布劳洛克请康拉德·格里比尔按照真正基督徒的方式为他施洗，“这儿没有圣职人员出席”。格里比尔这样做了。“当洗礼完毕时，其他人请求布劳洛克为他们施洗，他也这样做了；并且出于对上帝的畏惧，他们把自己奉献给了上帝。”他们决心传道和施洗，因为在这一方面他们应当服从上帝而不是人。[①]

① 这一幕在 Beck，*Die Geschichts-Bücher der Wiedertäufer in Ostreich-Ungern von 1526 bis 1785*（Vienna，1883）中被记述下来。

当议会获知成人洗礼已经开始时，他们颁布法令规定凡在(1525年)2月8日之后接受洗礼的人将被处以一银马克的罚款，并且无论何人在他们的法令颁布之后受洗都应当被流放。他们还监禁了领导者。当他们发现无论是罚款，或者威胁、监禁、流放对再洗礼派都不起任何作用时，市议会想到了用死刑判决来恐吓他们。曼茨和布劳洛克被逮捕。后者不是该市市民，死刑判决换成了公开的鞭笞并驱逐出城；而费利克斯·曼茨是该市市民，以溺死的方式处以死刑(1527年)。慈温利坚称，这一处决不是因为洗礼而是因为反叛。

在改革派的瑞士所发生的事情在所有天主教国家和路德教的德国都可以看到。唯一公正的说法是在罗马天主教辖区的迫害更加残酷，而唯一拒绝同意对再洗礼派处以死刑的路德教诸侯是黑森的菲利普，后来萨克森选侯加入了他的行列。

1527年(8月26日)，奥地利大公费迪南德颁布了以死刑处罚所有再洗礼派的帝国法令。两个月之后，这一法令的两千份副本被送到了德意志帝国各省，要求地方官铲除这些不幸的人们。萨 448
尔茨堡和蒂罗尔的统治者立即执行了这一法令，残酷的迫害不久就狂热化了。人们被无耻诽谤点燃了。据说在萨尔茨堡，再洗礼派打算杀死领地内的所有牧师和修道士。兄弟会对战争众所周知的厌恶被歪曲为他们会在土耳其人入侵时站在敌人一边反对所有忠实的德国人。一个曾撰写了一本恶毒攻击再洗礼派书籍的利奥波德·迪克尤斯要求所有男人应被处死，妇女和儿童都应饿死；他认为唯有这种方法才能消除他们的错误。

萨尔茨堡的编年史家、天主教徒基利恩·莱布列举了有关迫害的细节。他告诉我们，男人、妇女和年轻的少女不仅毫无怨言，而且带着神圣的至福感受忍受了火刑、砍头和溺死等处罚。他详细地描述了一个年仅 16 岁的“漂亮而年轻的少女”的情况，她的清白无辜激起了广泛的同情，她断然拒绝公开认错。行刑者把她的双手捆在身体的两侧，把她倒挂在马槽中，她被倒挂在这里直到被闷死，然后她的尸体被拿去埋掉了。官方的名册表明罪犯来自社会的各个阶层：贵族、腰带工、皮革匠、鞋匠、市镇教士和以前的牧师。

在蒂罗尔的迫害是残酷而彻底的。这一地区的很多矿工是再洗礼派，当局决心要根绝所谓的异端。有些出版的材料记述了杰出的、云游各地鼓励他们的教友们毫不动摇的再洗礼派信徒。“其中一位名叫迈耶哈菲的人留着长长的褐色胡须并着灰色的军士大衣；他的一位同伴，高个儿、脸色苍白，穿着长长的经过修饰的黑色大衣；第三个人个子较矮；第四个人瘦削且面色红润，是一个刀具匠”。康拉德·布劳恩，帝国法庭的陪审员和迫害的目击者，写

449 道——“我亲眼看到，没有任何东西能使再洗礼派改正他们的错误或者使他们公开认错。残酷的监禁、饥饿、烈火、水、剑，所有可怕的处决都不能动摇他们。我看到年轻人、男人、妇女，唱着歌走向断头台，充满了欢乐；我可以说在我一生中还没有什么事情比这更能使我感动呢。”①根据编年史家基希迈尔的记载，到 1531 年在蒂罗尔和戈茨地区被处决的人达千人之多。塞巴斯蒂安·弗兰克统

① 在蒂罗尔的迫害史在 J. Loserth, *Anabaptismus in Tirol* 和 *Kirchmayr* 的 *Denkwürdigkeiten seiner Zeit*, *1519—1553*, pt. i. in *Fontes Rerum Austriacarum*, i. 417—534. 中可以找到。

计在上奥地利统治下的埃尼斯海姆共有600人被处以死刑，林茨在6周内有73名殉道者受难。巴伐利亚的迫害尤为残酷，公爵威廉命令将所有公开认错的人砍头，将所有拒绝公开认错的人烧死。1529年(4月23日)奥地利的费迪南德颁布的法律使以下做法成为常态的做法：只有那些拒绝公开认错的布道家、施洗者、受洗者，以及那些在放弃自己的主张之后又故态复萌的人才被处以死刑。[①]

在几乎遍及整个欧洲的血腥迫害中，再洗礼派的大多数早期领导人蒙难了；不过他们的大批追随者既没有被吓倒也无意于放弃他们的训诫。迫害并非出乎意料。任何人在被吸收入再洗礼派团体前，都得到了明白说明的可能招致的命运的忠告。洗礼是一种他不屈不挠直到殉难的誓约，“分面包”增强了他的信仰，宣道充满了使人忍耐到最后的兴奋。他们全部的信仰活动都是为殉道作准备并期待着殉道。

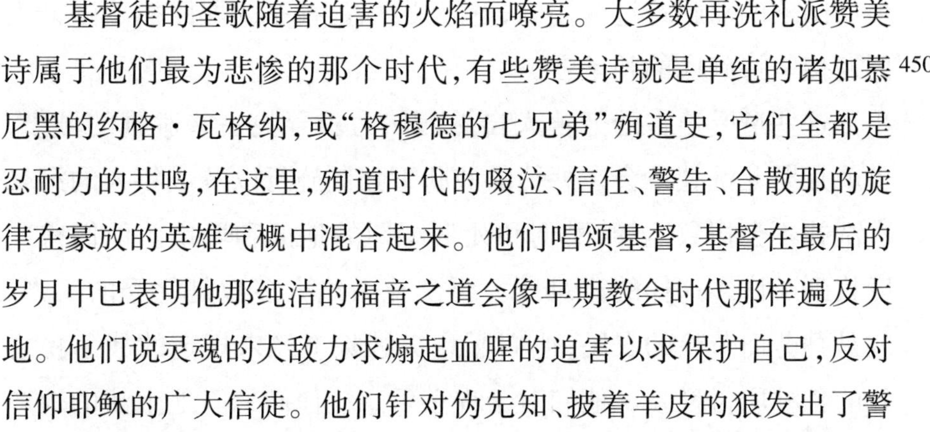

基督徒的圣歌随着迫害的火焰而嘹亮。大多数再洗礼派赞美诗属于他们最为悲惨的那个时代，有些赞美诗就是单纯的诸如慕 450
尼黑的约格·瓦格纳，或“格穆德的七兄弟”殉道史，它们全都是忍耐力的共鸣，在这里，殉道时代的啜泣、信任、警告、合散那的旋律在豪放的英雄气概中混合起来。他们唱颂基督，基督在最后的岁月中已表明他那纯洁的福音之道会像早期教会时代那样遍及大地。他们说灵魂的大敌力求煽起血腥的迫害以求保护自己，反对信仰耶稣的广大信徒。他们针对伪先知、披着羊皮的狼发出了警告，因为他们阻塞了通向纯正信仰的所有道路，极力威胁和诅咒上

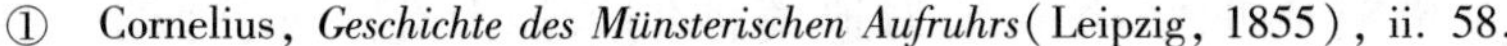

① Cornelius, *Geschichte des Münsterischen Aufruhrs*(Leipzig, 1855), ii. 58.

帝的子民,怂恿世间的统治者去折磨和杀戮。他们描绘了邪恶世界怎样冲击纯正的教会,满口谎言以欺骗耶稣的追随者,并用火刑和各种方式的处决来威胁他们。他们悲叹耶稣的信徒像失去了牧人的羊群一样遭到屠戮;他们在充满了刺伤他们的荆棘的旷野中彷徨;他们只能像悬崖绝壁之中或岩缝中的夜鸟一样有自己的家;他们被捕鸟人的网套住;他们像野兔一样被猎狗抓住。受到每一个基督徒内心的永恒希望激励的另一些人告诉人们,新郎基督怎样寻求他的新娘灵魂的爱,他是如何通过考验和苦难的爱礼赢得了她,直到最后结婚典礼举行,灵魂完全与她的主紧密结合在一起。孕育了渴望着、忍受着和信任着的世代基督教民的恐惧和希望的古希伯来先知、大卫王、赞美诗和启示录的思想,又在这些再洗礼派的赞美诗中出现了。对他们来说生命就是不断的圣战,是
451 一种经过充满了圈套、危险和诱惑的罪恶世界的朝圣者之旅,直到最后困乏的双腿跨过欢愉山,越过死亡谷,神圣的耶路撒冷敞开大门迎接坚持到底的朝圣者。

这些遭受迫害的穷苦人自然而然力求寻找一些避难的城市,也就是婴儿洗礼不会在惩罚的威胁下强制施行以及成年人的第二次洗礼不会招致监禁、酷刑和死刑惩罚的地区和城市。他们曾一度找到了许多这样的避难所。再洗礼派绝大多数是优秀的工人,或是勤劳而节俭的农民,他们愿意交纳除圣经未规定的战争税之外的各种应付税款。他们对于许多乐意让他们平静地生活的地产拥有者来说是一笔巨额财富。摩拉维亚、东弗里斯兰以及大城市奥格斯堡、沃姆斯、斯特拉斯堡都曾给予他们庇护,直到帝国高级政府机关慢慢施加坚决的压力迫使他们采取其他方式行动。再洗

礼派的全部希望就是允许他们平静地生活，我们没有听说过任何一个“避难城市”因他们的出现而引起大的麻烦。

这一切又把我们引到了所谓的“明斯特上帝王国”那里，引到那里的再洗礼派的行为上——那个时代的所有历史都记述的共产主义、多婚制等等。

明斯特是具有同一名称的巨大而重要的宗教领地的首府。主教是德意志帝国的一个诸侯，在他的领地内拥有世俗诸侯的各种权利。教士几乎占据了政府中的所有重要职位；他们征收进出口税；富裕的教堂职位留给乡绅之子；市民却不能分享富裕的教产，对教会统治者非常不满。市民几乎长期生活在不满情绪中，他们的不满经常以市民起义的方式表现出来。他们在1525年、1527年
（在这一年名叫伯纳德·克尼泊都林的富裕市民首次以市民同胞 452
首领的身份出现）和1529（这一年出现了可怕的饥荒和瘟疫）奋起反抗。[①] 许多人已经从这些暴动中看到了未来可能发生的斗争；但没有材料支持这个结论。这些暴动只不过是在德国至少一个世纪以来已相当普遍的非特权阶级不满的例子。

明斯特城对宗教改革的接受很慢，但是在1529年人们开始聆听一个隶属于建在城外的圣摩里斯教堂的不知名年轻教士的布

① 这次灾难被称作英国瘟疫或出汗症，Hecker（*Epidemics of the Middle Ages*, p. 181）是这样描述的：“它是很厉害的炎症热，在短时酷热之后，好像沉重打击一样精疲力竭；其间疾病压迫胃部，头痛、昏迷、臭汗遍布全身，所有症状在数小时内出现，危险总是在一昼夜里解除，内热是病人难以忍受的，然而吃退热药就会致死。”

道。[1] 伯恩哈德·罗思曼是一位接受了人文主义思想、具有清晰的推理能力和天生的雄辩能力的学者。有可能他在很早时就为路德的训教所吸引；[2]但是当他详述因信称义的理论时，他的布道充满了对社区内受压迫的劳苦大众的深切同情，这种同情是所有再洗礼派布道的一个永久的调子。他的布道受到了城市居民、特别是手工业者的赞赏，他们涌出城门前去倾听圣摩里斯年轻教士的
453 宣道。他难道不是他们中的一员，一个穷铁匠的儿子！在主教不在时督管所有宗教事务的教堂教士会成员对他受欢迎的程度感到吃惊。当一群暴民（教士会说他们受到了罗思曼对圣物和偶像崇拜的谴责的鼓励）在1531年的受难节前夜玷污了圣摩里斯的圣坛，撕毁圣像，捣毁各种装饰品时，教士会找到了干涉的机会。罗思曼在市民中的影响可能使他敢于藐视教士会，特别是由于主教诸侯弗里德里克·冯·威德无意干涉这位教士，甚至他自己也被怀疑同情福音派。但是他悄悄地离开了这个城市并花费一年时间去旅行。他参观了维滕贝格，在那里他结识了路德、梅兰希通和布根哈根；然后前往马堡、斯拜耶尔和斯特拉斯堡。在斯特拉堡他与卡皮托以及常被划为再洗礼派的神秘主义者施文克费尔德过从甚密。一种无法压制的冲动使他回到了明斯特，在那里他受到了人们的热烈欢迎，圣摩里斯教堂因此成为宗教改革运动的中心；布道

① 罗思曼出生于斯塔德洛恩，并在那里的乡村学校接受基础教育；一个亲戚送他到明斯特去上中学；后来他求学于美因茨，在那里他获得文学硕士学位；大约在1525年成为明斯特圣摩里斯教堂的教士。

② 他在1532年用拉丁文和德文发表的信仰告白说明了这一点。我知道的仅是Detmer的概述（*Bernhard Rothmann*, Münster, 1904, pp. 41 f.），Detmer说他知道的仅是存在明斯特大学图书馆中一个刊印本。

家得到了手工业“行会”和大多数市民的支持，其中最著名的是伯纳德·克尼泊都林。

主教座堂教士会的强烈抗议促成主教禁止罗思曼在圣摩里斯布道。他继续在圣兰伯特教堂园地里宣道（1532年2月18日），几天之后教堂归他所有。圣兰伯特教堂为市政当局所建，属该城财产。罗思曼由市议会任命为城市的福音派宣道士，并获得市“行会”的一所房屋做牧师宅邸。

两个月后，主教辞职，由不伦瑞克-格鲁本哈根公爵、已经是奥
斯纳布吕克和帕地博恩主教的埃里克继任。新主教决定除掉罗思 454
曼。他向黑森和萨克森选侯以及其他福音派掌权者提出建议，劝说他们敦促明斯特改革派中较为温和的人抛弃罗思曼；他们这样做了，并勒令宣道士离开这座城市。手工业者“行会”拒绝让他们的宣道士离去，在克尼泊都林[①]的领导下，他们草拟了一封致当权者的信，宣称他们决心不顾一切危险留住他。明斯特的民主势力和宗教运动首次联合起来公开对抗城市当权者了。

正在这紧要关头，主教死了（1532年5月13日）。教士会选举了弗兰茨·冯·沃尔德克伯爵为主教（6月1日）。此人已经掌握了明登教区，并在数天之后（6月11日）成为奥斯纳布吕克主教——一个一流的兼职者。明斯特改革派对他们的新统治者作了最坏的打算。城市“行会”举行了一次全体会议，成员们以压倒的优势宣誓要用身体和财富来保卫他们的牧师和福音，直到死亡。

① 伯纳德·克尼泊都林或者克尼泊都林克（两种称呼都发现了）是一位富有的布匹商，一个能干而热情的演说家，一个信心十足的人，他早就支持人们的主张并成为可信赖的明斯特民主运动的领导人。

36 名市民被选出来组成委员会密切注意事态的发展并和市政当权者以及“行会”首领谈判。罗思曼发表论纲，阐释他的教义，并向他的反对者提出公开辩论。公开集会举行，正式要求市议会移交所有堂区教堂给福音派教会宣道士，此事成功了——唯有主教座堂还保留在罗马天主教徒手中。

这些事件引起了主教的徒劳无益的抗议。附近的贵族竭力干
455 预，但未能得逞。（1532 年 10 月），城内的主教派开始采取行动。他们力图没收较为著名的不满市民的财产，在主要街道上设置链条以阻止不同城区之间的联络，着手采取措施孤立这座城市。这些事情意味着战争。“行会”——在中世纪城市一直是军事性的组织——武装了起来。派来入侵该城的骑士在武装市民面前退却了。当主教力图依靠联盟来加强自己和利用谈判来欺骗城市市民时，一千名武装市民夜里行军到有大批宗教和世俗贵族驻扎的小城泰尔格特，包围了该城，俘虏了主教的同党，把他们带回来充作人质。这一行动给黑森的菲利普提供了干涉的机会。一个协议达成了，明斯特被宣布为福音派教会城市并加入施马尔卡尔登同盟。明斯特的历史直到此时（1533 年 2 月 14 日）还和许多已经接受宗教改革的城市的历史没有什么不同。罗思曼已是明斯特的领导人，就像不伦茨在哈尔、阿伯在罗伊特林根，或者拉赫曼在海尔布隆一样。

人们通常认为，直到此时罗思曼在教理方面仍是一个路德派，他已经为伟大的路德派赢得了明斯特，后来他偏离福音派神学是因为他在后来侵占城市的再洗礼派暴民面前的软弱。这一切好像只不过是一种臆测。他的确宣讲了因信称义，但是这不能使他成

为一个路德派。16 世纪反对罗马天主教神学的各个派之间的分
界线在于理解圣礼,特别是圣餐的意义。绝对没有任何迹象表明
罗思曼在圣餐理论方面是路德的追随者。他在离开明斯特期间曾
拜访过路德和梅兰希通,但是他们从来不怎么信任他。他曾声言 456
对他后来的工作帮助最多的是来自斯特拉斯堡而不是维滕贝格,
他从卡皮托和施文克费尔德那里得到这些帮助,而卡皮托不是路
德派,施文克费尔德是再洗礼派的神秘主义者。被他誉为“所有基
督教城市和教会之冠”的是斯特拉斯堡而不是维滕贝格!他在信
仰告白中说弥撒不是基督的献身,而是真实的基督的献身象征;弥
撒和圣餐除了让我们记住基督的死以及在我们心中唤醒对自由给
予的上帝恩典的确信之外别无意义。这不是路德派的教义,甚至
也不是慈温利派的教义;它最接近再洗礼派的教义。非常明显的
是,他坚持了许多再洗礼派意识中的“灵光”论。也可以这样说,
假如罗思曼一开始不是一个再洗礼派,那么几乎在再洗礼派教义
清楚地刚刚向他呈现时,他就准备接受这种教义了。一个到明斯
特寻求避难的尤利希的逃犯海因里希·罗尔使罗思曼相信了婴儿
洗礼的非法性。这种信仰刚刚控制了他,他就拒绝为婴儿施
洗——因为罗思曼总是坦率的。他的主张激怒了大多数市民,其
中著名的是该市的行政官范·德·威克。这些人,都是路德派,包
围他们的牧师表示抗议,并且最终把他带到了市议会前。(1533
年)9 月 7 日事态的发展达到了高潮,当时圣兰伯特的助理宣道士
斯塔普拉德拒绝为被领到教堂来的两个市议会路德派议员的孩子
施行洗礼。当宣道士们被带到市政会前时,他们被告知这样的事
情是不允许的。首犯斯塔普拉德不是该市市民,被驱逐出城。罗

思曼以及其他拥护斯塔普拉德的教士被告知，假如他们坚持拒绝
457 为婴儿施洗，也会招致同样命运。他们拒绝服从市议会；他们立即被免职，他们的教堂也对他们关闭了。但是大批市民拥护罗思曼，他们的态度对长官们来说变得如此具有威胁性，以致长官们不得不改变了自己的不妥协。罗思曼得以留下，并获准在圣塞维提乌斯教堂布道。路德派长官带领宣道士入城占据了其他礼拜场所。

作为他们灵魂的地方官范·德·威克决心举行一次有关洗礼的公开辩论会。他们把著名的人文主义者、马堡的教授和路德派宗教改革著名的捍卫者霍曼·冯·登·布希请到了明斯特。他们指望他那渊博的学识和雄辩的口才能使市民们相信罗思曼的主张是违背圣经的。讨论是完全自由的，天主教神学家也应邀出席了辩论会。罗思曼出席维护他的立场。邀请书由地方官和该城“行会”的首领们共同签发。[①] 范·德·威克宣布辩论会的结果不是他所希望的。就广大市民这方面来说，罗思曼的辩论最好，他在市民心目中的地位比以前更高。罗思曼是个越遭反对，越发奋进的人，他现在开始考虑社会的邪恶，认为富有者应比以前为穷苦的弟兄尽更多的义务。他以身作则地教导。他过着一种公开的苦行僧式的生活，他富有慈善之心。他的布道和生活对富有者以及穷人都有非常大的影响。债权人豁免了债务人的债务，人们把大量的金钱交给了罗思曼让他分发。这里没有强制性的共产主义，而是
458 尽可能地仿效耶路撒冷原始教会的榜样，在罗思曼狂热的追随者

① 这次辩论和材料由 Detmer 在 *Monatshefte der Commenius-Gesellschaft*（Berlin, 1900），ix. 273 ff. 里辑录。

中,一个富有的太太、伯纳德·克尼泊都林的岳母是很有名的一位。

地方官对事态的发展感到异常吃惊。他们深知只要保住他们路德派城市的地位,哪怕只是名义上,强大的路德派诸侯,像黑森的菲利普和萨克森选侯,就会保护他们免受罗马派的主教之苦;但是路德派和天主教派一样不喜欢和不信任再洗礼派,而且反对他们的帝国法令肯定迟早要执行。他们不能控制的罗思曼的布道以及他通过“行会”行使的权力使他们不可能保持明斯特成为路德派城市同盟中的一员。另一方面,明斯特实际上已成为再洗礼派城市的消息在那些备受迫害的人们中间传播很广,他们开始以为明斯特注定要成为著名的避难城市,或许是梅尔基奥·霍夫曼已经预见到要建立起来的锡安山或者新耶路撒冷。他们从四面八方自动云集到明斯特寻求该城的保护。大多数避难者自然是来自尼德兰,那里的迫害最厉害。避难者几乎全是梅尔基奥派——他们指望上帝之国在世间建立以迅速结束他们的苦难;其中大多数是荷兰的梅尔基奥派,他们具有自由的传统,并准备为之战斗,是一再教导他们放弃早期再洗礼派一致坚持的消极抵抗教条的简·马瑟斯的门徒。[1] 罗思曼一直熟悉霍夫曼的著作和策略,且非常赞同其观点。他和地方官都预见到了他自己以及城市的麻烦。他甚
至劝说不赞同他的观点的朋友离开该市;至于他自己,他认为自己 459
的义务就是为上帝交给他的穷苦人的利益去冒一切风险。

1532 年的最后几个月里,罗思曼和路德派市议会彼此之间的

① Cf. ,above,ii. 235 ff.

猜疑不断增长。12 月 8 日，一个名叫约翰·施罗德的铁匠开始在圣兰伯特教堂里宣讲再洗礼派教条，并要求和路德派牧师法布里修斯辩论，这超过了市议会能够容忍的程度。他们禁止罗思曼布道并宣布取消对他的保护——实际上是判决他为非法（12 月 11 日）。他平静地告诉市议会的信使，他依赖比其主子更高的权力的帮助，并在圣塞维提乌斯教堂公开布道。施罗德又开始布道，并遭逮捕。铁匠"行会"在他们的会首的领导下起来反抗，迫使市议会释放他们的同伴。再洗礼派和罗思曼取得了明显的胜利，这一胜利消息马上流传开来。被流放的再洗礼派牧师又回到了明斯特。

此后，事态急剧发展，由简·马瑟斯派来的巴托罗缪斯·伯克宾德尔和威廉·德·库伊珀出现在明斯特（1533 年 1 月 5 日）。我们可以从以下事实推测他们带来的信息。罗思曼谴责了市议会及其路德派宣道士。暴动是必然的，许多暴动者是妇女，其中于贝瓦塞尔修道院的修女最为有名。他们宣称所有信徒都应当再次受洗，应当制作那些有信仰的人的名单。在 8 天之内就有 1400 人的名字写入文件，人们笃信主的日子即将来临。

不久（1533 年 1 月 13 日），简·巴克尔逊（莱登的约翰）进入明斯特，他是简·马瑟斯的得意门生和知己。他带来了著名的二
460 十一条款，并号召信徒联合成一个紧密的组织。他受到了热情的接待。

感到毫无帮助的市议会求助于主教，这位主教则满足于命令他们执行反对再洗礼派的帝国法令。他恼怒路德派就像恼恨再洗礼派一样，希望两派互相残杀。在明斯特城内，再洗礼派要和团结起来的福音派及天主教派斗争，两次暴乱达成休战协定，规定保证

所有人信仰完全自由(1 月 28 日和 2 月 9 日)。然后,市议会放弃了斗争。重要人物市长蒂尔贝克接受了洗礼,范·德·威克和许多重要的市民离开了明斯特城。范·德·威克落入了主教之手,被他残酷地杀害了。

完全由再洗礼派组成的新市议会选举产生,伯纳德·克尼泊都林和著名商人格哈德·基宾布劳克出任市长(2 月 28 日)。再洗礼派的全面统治开始了。这个时间也是主教军队包围该市的开始。人们不应当忘记(但人们常常忘记),再洗礼派统治明斯特的全部时间内该城正经受着围困之苦,人们必须时刻把军事上的考虑放在心上。同样不应当忘记的是,在其存在期间主教的军队残酷地杀害每个他们可能抓住的再洗礼派。

简·马瑟斯在 2 月份自己来到了明斯特,他是应巴克尔逊之要求到那里的,市民们已经习惯于看到那身材修长而瘦削,目光炯炯有神,黑色的胡须飘垂的先知在大街上往来行走。他们凝神屏气地听他洪亮的声音重复主让他传播的消息,或者描述主向他显
现的景象。当再洗礼派市议会统治明斯特时,他们不过是先知的 461
代言人。他的统治是短暂的,但当他的统治存在时他就会接二连三地发布命令。

与现世分离是他在其宣讲中详细论述的理想之一。于他来说,这意味着任何没有信仰的人,没有接受成人洗礼者都不能生活在再洗礼派的城市里。法令宣布成年人要么必须接受洗礼,要么离开该城。无须惊讶,由于他们一走出城门,就极有可能落入主教军队之手。因此,在那些还没有接受新信仰团体的标识的人中大多数人便顺从了他们仪式。他们来到广场,在那里他们发现了“三位或更多”的再洗礼派宣道士，每个人身前有一大缸水。新入教者跪下，接受一般的训诫，一盘水以圣父、圣子和圣灵的名义分三次浇在他们的头上。这一仪式作完后，他们前往市长的邸宅并把他们记在名册上。[①]

也是由于马瑟斯的命令，被称作明斯特共产主义的东西开始了。有组织的兄弟般的慈爱义务一开始就成为再洗礼派中最为明显的特征。像所有其他马上就有了行动结果的原则一样，这种兄弟之爱已经找到了许多付诸实施的途径。在一些比较小的兄弟会团体中的共产主义表现为食物和衣物的共用。在摩拉维亚的一些团体中教友们捐献了一笔提供公共餐的基金；这些捐资是强制性的。我们已经看到罗思曼的训诫在先知到来之前已在明斯特形成
462 了非常有名的慈善热潮。这并不是说马瑟斯的要求比罗思曼的劝诫更进一步。明斯特是一座被围困的城市。当围攻开始时，城里大约有 1700 名男人，5000—6000 名妇女以及数千名儿童。这些人绝大部分是难民。很显然，很多人无法维持生活，而完全依靠他们邻里们的帮助。布道者请信教者让出钱财以及他们能节省的给养。这样很多人来请求拿出他们所有能拿动的财产以接济穷困不堪的人；一部分成员拿出了部分财产；一些成员拒绝这样做而遭到了公开的责难。给养存放在修道院或者他们的主人抛弃的私宅中；为了公共利益而分配。当围困长时间持续，敌人企图以饥饿迫使城内居民投降时，食物分配上的共产主义变得越来越严格，就像

① *Meister Heinrich Gresbeck's Bericht von der Wiedertaufe in Münster*, p. 20 (edited by Cornelius for *Die Geschichtsquellen des Bisthums Münster*, vol. ii., Münster, 1853).

任何一个被围困的要塞一样。他们没有为创立完全彻底的共产主义做出努力，所存在的做法最初纯粹是按照公众的意见坚持丰富的基督徒的仁爱[①]，以及后来为能支持被围困城市全体居民而对各种物品的征用。

简·马瑟斯来到明斯特后并未再活很长时间。4 月 4 日晚，当他正在朋友家进餐时，他沉思良久，最后，他长叹一声，突然喊道："仁慈的天父啊，不是我的意愿而是你的意愿。"他静静地从座位上站起来，和所有同伴握手，庄重地亲吻每一个人，然后在他的妻子的陪伴下默默地离开了这座居所。第二天他在大约 20 个同伴的陪同下从一个城门冲出去，猛烈攻入敌阵，结果寡不敌众，一个宗教狂、异常坦率和勇敢的人遭受了致命一击。

他的牺牲更使明斯特保卫者灰心丧气，不过他受到了已故先知特别宠信的信徒简·巴克尔逊雄辩口才的鼓舞。在他的领导下——他被叫作莱登的简——明斯特市议会被取消了。12 位长老被推举出来管理人民，简自己成为国王，并且有他的宫廷；古老的奇迹剧复活了，等等。在极具天赋和能言善辩的年轻荷兰人的许多活动中唯一让我们关心的是多婚制的创立，这似乎应完全由他单独负责。

多婚制于明斯特再洗礼派来说是极大的无法抹掉的污点。多婚制的创立不断地地被用来非难整个运动的性质，尽管很不公正，但也是很自然的。在明斯特再洗礼派的历史中，它是一段可悲的

① Cf. *Die Münsterische Apologie*, *printed by* Cornelius in his *Berichte der Augenzeugen über das münsterische Wiedertäuferreich*, p. 457(*Geschichtsquellen des Bisthums Münster*, vol. ii).

插曲，与城外的教友们毫无关系。这个问题所造成的难解之处，以我们今天掌握的信息，还无法消除。这些人，在其全部过去的生命阶段都是最正直的道德品行的榜样，他们曾受到深刻而真挚的宗教感情的影响，他们现在突然（因为它是突然的）证明他们自己以前的教导和再洗礼派各个独立宗派的教义都是假的；他们竟然会创立多婚制从而玷污了注定要毁灭的城市最后几个月英雄的、不惜性命的保卫战，这真是一个难解的谜。[①]

我们不是依赖被激怒的反对者的文献，或者诸如殉道者在严
464 刑拷打下被迫承认的被歪曲的事实来认识再洗礼派运动。考古学家的努力已经找到了起义领导者的大量作品，他们给予我们对拥有同一名称的差不多每一宗派的教义和观点的可信描述。我们得知了他们对整个 16 世纪所有最重要的有争议的事情——自由意志、原罪、称义、三位一体、基督的位格等等——的看法。我们已清晰地看到了他们的生活方式——真正虔诚的、自我否定的、基督徒的行为和交往。他们的教义往往和天主教派、路德派的教义告白不同；不过他们从来没有偏离所有基督徒应遵循的道德生活。他们的作品极少提及婚姻；不过当他们论及婚姻的时候，他们总是体现出的根深蒂固的基督徒观念：婚姻是一个男人和一个女人之间的神圣而不可分开的结合。甚至一种留传给我们的可证明在宣布

---

① 到目前为止对明斯特多婚制最好和最为公正的评论——是一个基于对当时档案材料核查最为广泛的评论——是出自 Dr. Detmer 的 *Ueber die Auffassung von der Ehe und die Durchführung der Vielweiberei in Münster während der Täuferherrschaft*（Münster，1904）. 它成为了他的 *Bilder aus den religiösen und sozialen Unruhen in Münster während des 16. Jahrhunderts* 一书的第三部分。

多婚制之前数周被围困城市内再洗礼派教义的文献，也没有说更多的东西。其名为《明斯特全体基督徒信仰和生活之告白》[1]，这是对他们的敌人散布的谣言的回击。它包含有一段论婚姻的话，这段话清楚而明白地说：唯有基督徒的婚姻是一个男人和一个女人之间不可分开的结合。[2]

事实上，再洗礼派的"分离"思想，当其以极端的方法实现并 465
发展到极端的逻辑结论时，就给予婚姻约束的神圣性以沉重的打击。所有人都教导说："信徒们"，即已经再次受洗的他或她应当脱离"尘世"，也就是那些不接受第二次洗礼的人；据说在更极端的派别中这意味着夫妇不应该和"没有信仰"的配偶居住在一起。这一主张在梅尔基奥尔派中得以提倡和实践，由简·马瑟斯通过简·巴尔克逊送到明斯特的二十一条款则声明了其最极端的形式。他们包含两种训示——一种主张不结婚而是鼓励他们仅和上帝联姻；另一种赞成结婚，暗示丈夫与妻子在再次洗礼前已缔结的婚姻应该重新缔结。这就意味着"尘世"之人缔结的婚姻是无效的；这就破坏了教友圈之外的所有婚姻的神圣性。但是当斯特拉斯堡的梅尔基奥尔派、其妻子不是再洗礼派的克劳斯·弗莱把这一原则变成合乎逻辑的事实时，当其"无信仰"的妻子还健在时就

① 这个小册子发现于 Cornelius 的 *Berichte der Augenzeugen über das münsterische Wiedertäuferreich* 一书中，它成为了 *Die Geschichtsquellen des Bisthums Münster*(pp. 445 ff.)的第二卷。

② "婚姻，我们是根据圣经来谈论，根据圣经我们认为，婚姻是一个男人和一个女人在我们主中的结合和义务……上帝一开始便创造了人，他创造了一个男人和一个女人，这两个人在神圣的婚姻中被结合起来，以便他们两人是两个灵魂，一个肉体。任何人不得拆散这一结合。"(pp. 457, 458)

和一位再洗礼派妇女结婚时,他立即被开除了教籍。

如果把从各种途径汇集的信息综合在一起,那么在明斯特发生的事情看来是这样的。(1534 年)7 月的某个时候,约翰·巴克尔逊召集以罗思曼为首的布道家们、十二长老在市政厅和他见面。他在那里当众宣布了创立多婚制的主张,他和他们辩论这一问题达 8 天之久。我们得知罗思曼和布道家们坚决反对这一方案。这位先知提出的论据——哪怕是最站不住脚的论据——也被记录下来。他陈明了要他们接受最字面的圣经解释并广泛地运用它们的
466 必要性。他特别强调上帝的这一训诫“生养众多,遍及大地”;他指出旧约中家长制和多婚制的例子,他甚至宣称当圣保罗说主教必须是某一位妻子的丈夫时,这句话暗含的意思就是所有不是主教的人就可以随意拥有不只一个的妻子。他考虑了该城人口的特殊状况——大量男性难民,有的人未婚,有的人在逃难时将其妻子遗弃在出发地;男女数量失衡(女男之比超过了 3∶1),——考虑到由此产生的阻碍他们遵从上帝“生养众多”诫命的困难;他辩称在当时的条件下只能以多婚制的形式来执行上帝的训诫。

最终他说服布道家和长老接受了他的观点;尽管他们有造反的机会,他们还是坚定不移地遵从了这一点。他们在主教座堂的广场上花费三天时间向民众宣传多婚制的好处;罗思曼向民众宣布了要求多婚制的教令。布道家们是如何被说服放弃他们的观点呢？这位先知说服他们是用什么样的陈腐论述呢？假如他曾经宣布,他像一位先知一样接受了多婚制的神圣命令,那么我们可以想象那些情绪激昂的布道家们和人民怀着崇敬心情接受它的场景。但是这位先知并没有宣称他曾得到任何这样的信息。他只依靠他

的论据。他们不能说服所有人。宣布多婚制激起了城内原来居民的强烈抗议,他们由优秀的铁匠莫伦贝克领导,他们表示宁可将城市交给主教的军队也不愿生活在多婚制的社会里,并且暴动几乎成功;但是布道家们坚定支持先知和他的多婚制;妇女应对暴动失 467
败负主要责任。

如果我们以罗思曼在《恢复》[1]这一文献中所作的论述来判断,则可以认为布道家们对有关城市状况的论据是非常令人信服的:大量男人在他们逃往明斯特寻求避难时把妻子留在以前的城市里,妇女的比例太高。可能正是因为这一经济的论据说服了他们和先知本人。这也是考茨基、贝尔福特·巴克斯和海斯等作者所持的见解。这种见解由下面的事实得到证实:这个不只宣布多婚制。它规定所有可以结婚的男人必须娶妻,并且所有妇女必须有丈夫的照顾。反对不正当性行为的法律在多婚制建立以后就像在其建立之前一样有力。但是关于这一点还有情况与之相左:明斯特尽管情况反常,但是生活非常纯洁的城市,多婚制就其改进道德状况而言,反而使其变得糟糕。

德特默的见解总是值得尊重的。他认为莱登的简疯狂地爱上了年轻、美貌、聪慧的简·马瑟斯的遗孀迪瓦拉,除非实行多婚制,他不能和她结婚。他劝说布道家和长老们采纳他的建议。他那美妙而吸引人的影响胜过了他们较好的判断力。

事实是,多婚制突然被构想出来并强加给人民。如果说莱登

① 由罗思曼和克洛普鲁斯连同莱登的简和长老们一起写成,在 Bouterwek 出版,名为 *Literatur und Geschichte der Wiedertäufer*;第 14 到 16 节谈到了婚姻和多婚制的问题。

的简[1]在宣布该教令时没有参与其事，那么他的确给人民做出了
468 遵从它的榜样。当多婚制刚具有法律效力时，他就立即和迪瓦拉
结婚了。他利用这个法令来巩固他的地位，他的另一些妻子——
他一共有 16 个——是明斯特领导人的女儿或近亲，事实表明，在
新的状况下，他的品行很快就被败坏了。

明斯特之围持续了数月。主教军队的进攻总是被击退。后
来，他们看来只有依赖饥饿的力量了。最后几周市民的苦难是可
怕的。最后，逃往围攻者军营的海因里希·格里斯贝克表示愿意
将城市出卖给它的敌人。他用地图和土模型向他们说明怎样才能
通过防线，他自己为主教军队的进攻带路。再洗礼派在伯纳德·
克尼泊都林和伯纳德·克雷希廷的领导下（罗思曼在他们身边）
在市场上组织了最后的殊死抵抗。当战斗人员减少到 300 人时，
他们在得到可以平安地离开城市的承诺下投降了。不用说协议未
能执行。据说罗思曼在市场上阵亡。城市被洗劫，街道上不久就
积满了尸体。后来成立了审判再洗礼派囚犯的法庭。第一个受审
469 判的妇女是年轻貌美的迪瓦拉，她坚定不移地拒绝放弃信仰。她
以其王后般的方式面对自己的死亡。任何一个在围困期间多多少

① 简·巴克尔逊，通常称作简·范·莱登，是一乡村官员的私生子，1510 年出生在莱登附近，在乡村学校受过短暂的教育后他去学裁缝，并在空余时间勤奋地自学。他比艺术家通常在游历年代游历的地方还要广——访问了英格兰和佛兰德的大部分地区。他回到家乡后和一位船主的遗孀结婚，并开始做生意，他是城里文学“行会”的著名成员，他是当地的闻名的诗人和演员。他通过简·马瑟斯改变信仰而改变了他的整个生活；没有一点理由推测他不是马瑟斯教导的再洗礼派教义的热心而正直的拥护者。他相当漂亮，声音优雅洪亮，他有非凡的组织能力。他整个短暂的一生证明是一个非常优秀的人。他在城陷后被明斯特主教拷打致死时年仅 25 岁。

少有影响的男人都未能逃避死神。简·巴克尔逊、伯纳德·克尼泊都林和伯纳德·克雷希廷还遭受了恶魔般的中世纪刽子手们所能够设计出来的最为恐怖的酷刑。人们一直认为罗思曼已经逃脱，他已到达罗斯托克或者吕贝克；不少人因被怀疑是这位明斯特布道家而遭逮捕，在吕贝克的传单中他的特征是“矮小黝黑、棕色直发”。

明斯特可怕的灾难没有摧毁不屈不挠的再洗礼派。门诺·西蒙斯（1496 年或 1505 年出生于弗拉讷克附近的维特马尔苏姆村）是个“正直、温厚、和蔼可亲的人，能忍受伤害，非常虔诚，用自己的生活为他给予其他人的训诫树立了榜样。”他花费 25 年时间来访察分散的再洗礼派团体，把他们结成一个兄弟般的同盟。他从他们的心灵上消除了后来的许多领导者在迫害的影响下所教导的世界末日情景的幻想思想，反复灌输不抵抗、国家的邪恶控制教会、个人亲自皈依的必要、成年人洗礼是标志和封印等旧思想。所有近代浸礼宗教会都来自于他的努力。

470 # 第三章　索齐尼派

索齐尼派教会之父是锡耶纳的叔侄俩莱利奥·索齐尼和福斯托·索齐尼。

叔叔莱利奥·索齐尼（生于1525年）是一位律师，他是一个道德生活无可指责的人，一个受过教育的人文主义者，精通古典学和神学。他对天主教会的现状十分不满，很早就对天主教会的主要神学观点产生了强烈的怀疑。他只把自己的观点告诉了少数一些朋友。尽管他很谨慎，但他仍遭到怀疑。红衣主教卡拉法劝说教

470

皇保罗三世于1542年重建了宗教裁判所；对任何一个被怀疑的人来说，意大利就变成了不安全的地方。1547年，莱利奥离开了锡耶纳，他在那些接受了路德教或改革派信仰的国家到处旅行度过余生。他和包括梅兰希通和加尔文在内的所有主要的新教神学家
471 熟识。他和他们书信往来频繁，他以向他们提出自己想解决的问题的形式陈述他的神学观点。从加尔文的信件中我们可以看到，这位大神学家已经极其怀疑其意大利通信者的道德热情，一再警告他，他正在丧失对真正的宗教的基本要素的把握。

而同时，索齐尼好像已经对他的通信中所涉及的全部论题都有了自己的意见，并且正在向定居在瑞士的意大利流亡者的小社团中秘密传播。他并不能因为这种隐秘而受责难；宽容，正如塞尔维德的令人伤心的例子所表现的，不被承认为是宗教改革时代的

教会的基督教原则。1562 年，莱利奥在没有公开其观点以及其邻居和房主都没有弄清其真实的神学观点的情况下，在苏黎世去世。

他的财产包括其书籍、手稿全部留给仍居住在锡耶纳的侄儿福斯托，这个侄儿就是索齐尼教的创始人。

福斯托·索齐尼（生于 1539 年）像他的叔父一样是一个生活无可挑剔的人，一位律师，一位勤奋而热情的学者，一位钟爱神学和精力充沛的人。他什么时候想到要像其叔父一样做，我们不得而知。记载表明，他在接受了其叔父的书籍和手稿之后花费了充足的时间研究它们，然后才离开意大利。访察了莱利奥组织了秘密支持者小社团的地区，进一步巩固他们的信仰。他的叔父两次访问波兰，福斯托于 1579 年到那里。他发现那里的反三位一体派无须隐瞒他们的观点。特兰西瓦尼亚的亲王斯蒂芬·巴索里保护着他们。他们在克拉科夫有自己的教堂、学校和印刷所。但是该派因内部分歧而四分五裂。福斯托竭尽全力力图克服了这些分歧。

到达波兰之前，他已经出版了两部书，这两本书非常有趣，因 472
为它们显示了福斯托得到他的神学结论的路径。他不是从三位一体或基督的位格等教义，而是从赎罪的教义开始。当我们考察索齐尼派神学的时候，这一点必须牢记在心。

他坚信造成波兰的宗派分歧的真正原因是波兰的唯一神教派大部分是再洗礼派。他们坚持每一个成员除非再次接受洗礼，否则就不承认他为该社团的成员。他们拒绝接纳福斯托，并不允许他参加圣餐礼，因为他不接受重新施行洗礼。他们宣称他们社团的任何人都不能担任官职、不能到世俗法庭打官司，也不能支付战争税。他们在很多细小的教义上有争执,随意用逐出教门来互相反对。索齐尼发现,如果他不清除再洗礼派的色彩,那么他就不可能指望在联合唯一神教派方面取得任何进展。他的麻烦可以在他的通信中以及在《波兰兄弟会丛书》(*Bibliotheca Fratrum Polonorum*)第一卷中他的一些简论里[①]看出来。尽管他遇到了不少挫折,但他还是竭尽全力来做促成进一步的联合这个吃力不讨好的任务,并且在他有生之年的最后阶段他满意地看到他的辛劳没有白费。在他亡故之前不久,在克拉科夫举行了一次宗教会议,(1603 年)会议宣布再次洗礼对于加入唯一神教派社团的人并非必要。许多小的分歧此前已得到克服。索齐尼的文学才能是著名的,他创作了许多书籍和小册子,所有这些都致力于坚持或阐释索齐尼派神学。甚至可以说从 1579 年到 1604 年其去世,波兰唯一神教派团体的精神史都保存在他的大量信件中。波兰联合起来的
473 唯一神教派采用了波兰兄弟会的名称,那被称作索齐尼派神学的神学观点正是从这个团体传到了德国(特别是莱茵地区)、瑞士和英格兰。其教理直到 1642 年拉科维亚教义问答(*Racoviam Cathechism*)出版[②]时才得以用教条的形式系统陈述。它从来未被正式宣布为唯一神教派教会的标志,但是其系统的论述却被普遍认为代表了旧的索齐尼派的观点。

索齐尼派,与路德领导的伟大的宗教运动不同,可以肯定它明显源于对教义的批判,如果我们要理解该教派的真正特征,那么这

---

① Pp. 397 ff.

② 拉科维亚教义问答出版于 1605 年。——译者

一点就不应忘记。我们已经发现[1]在马丁·路德思想史最重要的转变时期,在教义或教义释义方面也不存在任何心智上的困难。从他进入爱尔福特修道院到奥格斯堡告白的发表的全过程表明,路德作为其领袖和中心人物的那场精神反叛源于某种比仅仅对中世纪教会教义进行批判要深刻得多的东西,其结果比教义改造更伟大。新教宗教改革的中心思想在于重新发现作为信仰的宗教,“作为人与人之间的关系,高于所有的理性,不是靠命令和期望,而是靠上帝的力量生存,并在耶稣基督中领悟天和地的主人天父”。[2] 宗教改革开始于这种有信仰的基督徒的生活经验,这一点被认为是基督教中的一个根本事实——从来不可能通过论证来证明,也不能通过沉思而消解。

相反,在初期我们看到的是莱利奥·索齐尼和朋友们一起讨论并质疑基督的赎罪、三位一体以及其他类似的教义[3]。索齐尼 474
派始终保持了这一特点。它自始至终致力于批判并力图改造教义。

这一点足以说明,天主教论争者对索齐尼派运动及其与新教宗教改革关系的通常解释并不能完全相信。他们和许多不赞同伟大的宗教改革运动的安立甘派都习惯于称索齐尼派的教规是宗教改革原理的合理演绎,并且勇敢地实施了所有新教神学中潜藏的理性主义观念。他们指出许多早期英格兰长老会派教徒和美洲的清教徒给唯一神教派和索齐尼派提供了大量的新成员。他们宣称

① Cf. i. 426 ff.

② Harnack, *History of Dogma*, vii. 167.

③ Cf. p. 427.

索齐尼派神学的核心是否定我们主的神性，他们宣称这是该派神学拒绝接受天主教的弥撒教义和宗教传统的逻辑结果。

这个问题纯粹是历史性的，因此只能从索齐尼派神学根源的考察中找到答案。这种考察的结果表明，尽管索齐尼派无疑继承了较多的人文主义以及人文主义培育的批判性探索精神和对个人价值的热诚感受，但其多数鲜明的神学观念都是中世纪的。它坚持了在15世纪至16世纪初广泛流传的司各脱—贝拉基神学的主要原则，并贯彻这些原则至其逻辑结果。事实上，大多数索齐尼派神学观念更接近耶稣会神学观念——这是司各脱主义在近代的延续，而不是加尔文或路德的神学观念。当然，应当记住的是，由于
475 放弃了教会的权威，索齐尼派同司各脱主义者和耶稣会便渐行渐远了。但索齐尼派神学的根源仍可以在司各脱主义关于上帝和赎罪的教义中看到，且这两种教义是他们的出发点，而不是仅仅否认基督的神性。

索齐尼派思想中三个最重要的观念显然是中世纪的，而且是司各脱派式的中世纪观念。

他们关于信仰的观念是理性的。信仰是赞同（*assensus*）而不是信任（*fiducia*）。拉科维亚教义问答说："在圣经中，信仰得到了最完美的教导，上帝存在，上帝酬赏。然而，这不是别的，正是应指向上帝和基督的信仰。"随后它将信仰描述为一种人们必须使自己向已知的上帝的命令和许诺看齐的方式。接着还说，假如这一信仰是纯粹的诚挚的，那么它就"能使我们的顺从变得更能为上帝接受，更为上帝喜欢，弥补我们顺从的不足，并藉此成为上帝所说的义人"。这完全是司各脱派教义。这些神学家们习惯宣称，基督徒

所需要的全部只是相信信仰作为酬赏者的上帝(即赞同上帝的确会酬赏这一真理),而对于所有其他教会的信条,绝对的信仰(即服从教会的训诫)就够了。当然,索齐尼派的极端个人主义也反映在他们的信仰观念上,他们不能接受一种绝对的信仰。他们对真理的赞同必须是明确的,他们赞同的东西必须符合他们个人的理性。他们不能赞同由教会提供给他们的一系列真理,他们不能按照服从权威的原则不明不白地接受它们。但是我们可以看到的是,索齐尼派的信仰类型总是赞同那些能够以命题形式陈述的真理;他们没有——用路德的话来说——完全依赖上帝的想法。他们进一步宣称——这又同司各脱派的教义非常一致——人们因为他们对上帝的已知的诫命和许诺的实际顺从而被称为义人。这里 476
没有福音派思想的痕迹。如果篇幅允许,那么我们可以看到该派和司各脱派在细节上的一致。

索齐尼派的圣经观念和其信仰观念一致。有关圣经和可救人的信仰的思想,正如已经提到的那样①,在理性的、具有命题性质的中世纪神学里总是相一致的;在宗教改革思想方面,他们首先是经验性和个人的。索齐尼派的观念与中世纪相联系,抛弃了信仰和圣经方面的宗教改革的思想方式。索齐尼派就像中世纪神学家一样,认为圣经是教义和道德的神圣源泉,他们没有把圣经看作恩典的手段,看作上帝与其子民间个人交通的途径。不过在这里就如同在其他地方一样,索齐尼派的新个人主义迫使他们以一种与中世纪的先辈们不同的方式确立了圣经的权威和教义内容。他们

① Cf. i. 461.

一股脑儿抛弃了教会权威，他们不能利用那些保证圣经的权威或者对其内容的正确解释的思想。他们在此放置了他们称为理性的东西。“真正的理性（*rectoe rationis*）对于救赎的作用是巨大的，因为没有它，要理解圣经的权威，或者领会包含在圣经中的这些思想，或者从一些思想推论出另一些思想，或者最终要号召他们运用他们（*ad usum revocari*），是不可能的”。通过一系列的契合人们的一般理性能力的外部证据，神圣文字的确定性（*Certitudo sacrarum litterarum*）得以确立，或者是力图由此得到证明。宗教改革的圣灵作证观念即圣经教义的部分核心内容在索齐尼派神学中没有找到位置。他们力图确立毫不求助于信仰的圣经权威。宗教改革时代的信仰告白不承认任何不能靠信仰理解的永无谬误或神圣的权

477 威。新教和索齐尼派的教义相去甚远；但是索齐尼派教义和中世纪的教义联系密切。要弄清楚旧索齐尼派认为哪些著作可作为他们的信仰准则是有些困难的。他们没有接受中世纪教会的教规，他们在新约方面没有困难；但是他们在拉科维亚教义问答中很少提及旧约，于他们来说，旧约的权威因其在新约中被引证而得到保证。

当人们转向索齐尼派有关上帝的声明，以及他们有关基督功德的本质和含义的见解时，我们发现了源于中世纪的更确切的依据。司各脱派神学得以全面再生，并且消除了它的局限。

基本的上帝观以整个司各脱主义神学为基础。这种神学强调，上帝能够最好地定义为“绝对统治”（*Dominium Absolutum*），与上帝相对的人他们称其为个人自由意志。如果把上帝表达为单纯的绝对统治，那么我们就不能确定上帝肯定以某种既定的方式行

动。我们甚至不能说上帝一定按照道德考虑行动。他高于任何一种考虑，他不会因为一种方式正确就按这种方式去行动，而行为正确是因为上帝愿意按照那种方式行动。上帝的任何行为或意图既不是出于形而上学的必要性，也不是出于道德的必要性。上帝完全是随心所欲的这一司各脱派的思想在拉科维亚教义问答中以最强烈的措辞表现出来。“上帝的本质在于他拥有真正的最高的权力来判决他所愿意判决关于一切事物、关于我们的事情，甚至是与任何权力都没有关系的那些事情；譬如，他能制定法律、并根据他自己的判断给予恩典和惩罚，而对我们来说，这些都可能隐藏在我们内心的最深处。”

如果把这种上帝就是绝对统治的思想用来解释基督的功和赎 478
罪的本质和意义的话，那么就可以得到这样的结论：这种功没有真正的必要性；因为所有形而上学的或道德的必要性都是有损于绝对统治即上帝的。假如赎罪在这方面是有价值的，那仅仅是因为上帝已宣布他愿意把基督的功当作有价值的东西接受下来，并且由于救主基督已经做的事情，他决心要人们摆脱罪恶的渊薮，正是上帝宣布了基督的功具有的意义，才使得基督的功具有价值。有价值的功并不是自己使自己具有这种本质的。功被描绘为有价值仅仅意味着上帝随后会做一些事情来回报已做的事情，而这仅仅因为上帝已经这样宣布过了。没有基督的功，上帝也能把人从因原罪而导致的罪行和惩罚下解救出来；假如他曾决心要这样做，他就可能委派了一个中间人；没有任何中间人他也可能会赦免和接受其心目中的义人。在他的赦免行为和人的罪恶之间没有任何东西出现，他也会赦免人。由于上述情况，司各脱派神学家们主张被

叫作赎罪的基督的功似乎是完全多余的;就理性所及来说,它的确是多余的;它从来不可能在理性的基础上得到证明。但是按照教会的教义传统(并由一系列圣礼所确定),上帝挑选了这种方式来消除人的原罪和罪行。上帝宣称他愿意接受基督的这种功、赎罪,因此司各脱派神学家宣称赎罪必须要相信,并必须被视为神圣地指定的救赎方式。当伊拉斯谟列举出他们有很大兴趣的问题时,他讽刺司各脱派神学家冗长的论证和假设,“上帝本能够表现为女
479 人、恶魔、驴、葫芦或者石头吗?一个葫芦怎么能宣道、创造奇迹、吊上十字架呢?”①

显然这种绝对统治的思想是仅仅最极端的个人主义的观念,这种最极端的个人主义观念被运用于上帝而非用来描述人。假如我们拟人化地对待它,其结果是这样的:上帝与人的关系是一个无限的个人意志对一些有限的个人意志的关系。如果这种关于上帝和人之间的关系被采纳了,那么上帝就不能被看作一个道德共同体中的道德统治者,而只是一个同其他个人面对面相处的独立的个人;上帝和人之间的关系也必须从私法而不是公法的立场来探讨。当在公法框架下审视罪行时,统治者就不会把罪行当作对他自己的伤害,他可以宽恕这一罪行,因为他是一个有同情心的人;他会把该罪行看作对整个社会的侵犯,而他自己是这个社会的公共监护者。另一方面,当在私法框架下审视罪行时,那么这些罪行就只是对一个私人个人犯下的罪行,而这个人,作为一个个人,可以宽恕这种行为,他宽恕的,仅仅是别人欠他的。在

① Erasmus, *Opera Omnia*, iv. 465.

这种情况下，犯罪者可以在不损害任何一般的道德原则的情况下得到宽恕。

追随中世纪司各脱斯派神学家的索齐尼派无例外地把私法原
则用于上帝与人之间的关系，上帝、绝对统治、绝对随心所欲的意
志，从未被看作臣民和统治者在其中受同样的道德法律约束的道
德共同体里的道德统治者。罪仅仅是个人有限意志欠一个无限意
志的债。依据这种前提，司各脱派得出救赎没有必要的结论；他们
在这里停下来了；他们不能说没有赎罪之类的东西，因为教会的教
条传统妨碍了他们。而对索齐尼派来说，如果一个必须尊重的教 480
条传统不合理性，他们就会抛弃它。如果赎罪不是必要的，那么对
他们来说就意味着赎罪是不存在的；他们仅仅把司各脱—贝拉基
派中世纪神学家们的神学前提推向其正常的结局。

在这三个重要观念上——信仰、圣经、上帝的本质（包括上帝与人的关系的性质）——索齐尼派属于中世纪思想范畴，一点也不赞同引发了宗教改革神学思想的一般原理。

但是，索齐尼派不完全是中世纪的；该派从文艺复兴汲取了很多东西。这非常明显地表现在他们对“教会”这一非常重要的宗教观念的理解上。索齐尼派神学的一个特点是，在探讨个人信徒的时候，很少涉及被拯救的教会或群体。这不仅把索齐尼派同中世纪的基督徒，而且同所有属于伟大的新教福音运动的人区分开来。

中世纪的教会总是将自己看作先于个人信仰者而合乎逻辑地和真正存在的宗教团体，并且它也教人们这么看。它呈现给人们的是强大的建立在教条传统之上，拥有圣礼，由正式任命的教士等

级统治的团体。当虔诚的中世纪的平信徒在一个大教堂里活动时,发现自己已在教会中。教条传统并不使他感到有多大困惑,经常被教会的官方监护者揭露出来的名利心和伪善也不会使他感到有多大烦恼。他们要求他的是绝对的信仰,也就是一种谦恭的外表的顺从。他一旦表现出这一点,那他就可以比较自由地在一个进行祈祷的大房子里作礼拜。中世纪教堂的圣歌、祈祷文以及许多布道使我们感到,这个机构对于中世纪的基督徒来说是看得到
481 的上帝广泛目的的象征,它囊括了他的个人生活,并保证使他有一种在信赖上帝的许诺时能够运用的寄托。中世纪虔诚的记录告诉我们教会演变成一种信徒之间有保证的、历史性的伙伴关系,个人加入其中,并在其中找到了可靠的伙伴感。他把其他一切交给这一宗教大厦的专职监护者。这可能是今天罗马和希腊宗教团体中成千上万的虔诚的男女们没有说出来的想法。他们重视教会是因为教会以一种可见的、历史的方式向他们表现为一种和基督及其圣徒的关系,这正是他的拯救工作的结果。

这种思想如同植根于中世纪的虔诚一样深深地扎根于宗教改革。宗教改革家感到不得不声明反对中世纪教会采取的政治形式。他们认为那是教会理想的堕落。他们看到了这种堕落引起的各种弊病。但是他们总是把看得见的基督教王国看成是基督的功所成就的宗教团体。他们总是认为基督教会是先于个人信仰者而逻辑地真实地存在的信徒加入其中的团体;这种观念,又同以下这一思想紧密联系、互相关联:耶稣,凭借他赎罪的功,使人与上帝和解,在他的功的基础上建立了教会,并在教会里面为罪人打开了通向上帝的道路。他们反对教会曾经采取的政治形式;他们从未放

弃这种思想:有形的公教会(the Catholic Church Visible)建立在基督的拯救之功的基础上,人们在教会中找到拯救的道路。他们在他们所有的信条和训诫中都描绘了这种教会;他们赋予教会表明它的特征和证明其神圣起源的标志;这种思想属于他们的神学的本质部分。

索齐尼派从未意识到需要这种观念。耶稣对于他们来说仅仅 482
是在上帝的诫命和许诺中详细叙述的一个具有高尚道德的老师;他们指望上帝给予他们朝向有道德的自我修养的指导和激励,而不用首先加入被救赎者组成的团体。假如他们像宗教改革家那样也曾感觉到了恶的重负,假如他们曾经渴望同基督有一种全心全意的信任的关系,甚或渴望在圣餐礼中进入肉体接触的境界,假如他们曾经感觉到了以某种方式与我们的主接触的渴望,那么他们如果没有这种有关公教会或某种教会的观念就不可能做到这些。他们似乎从未感到需要它。拉科维亚教义问答不得以提及了基督的王者般的教士般的职责。它更多地受惠于新约。其敷衍塞责的词句表明我们的主对于索齐尼派来说,仅仅是上帝派来宣扬高级道德的先知。他的最高职责是传授知识给人们,也许还要身体力行地教导他们如何运用知识。他们没有基督是来为他的子民做什么事的观念,也没有基督所做的比他所说的更有价值的观念,无论他所做的有多么珍贵。他们满足于成为他的门徒,上帝派来的老师的门徒,成为他的学派的成员,在那里他的观点得到了解,能够学习。他们没有需要凭更深意义的道获救的思想。因此他们不需要教会观念;他们需要并且具有的是有关观点的学派的思想,他们

属于这个学派。①

483 在这种思想方面，他们同中世纪和宗教改革神学思想都相去甚远。在大多数其他神学观念方面，他们继承了中世纪的神学。他们同宗教改革神学，或者同宗教改革神学所表现的观点——对中世纪教会的虔诚——很少有或者没有联系。

① Harnack's *History of Dogma*, vii. 137 *ff.* 中提供了对拉科维教义问答的内容非常全面的分析，在 Fock 的 *Der socinianismus* etc. ii. 中也有。A. Ritschl 认为，索齐尼派的唯一神教派不过是他们有关上帝的本质和基督的功的本质的理论的正常结论，见他的 *Jahrbücher f. deutsche Theol*. xiii. 268 ff.，283 ff. 中的两篇短论文中。

第六编　反宗教改革

第一章　某些普遍承认的改革的必要性 484

15世纪末16世纪初，西欧各地的有识之士都认识到，教会迫切需要改革，而且几乎每一个在罗马教廷影响范围之外的人都高声指出了这个必要性。无论是政治家还是学者，无论是贵族还是市民，无论是高级教职人员还是僧侣和教区神父，都对教会的状况痛心不
已，并且他们中的大部分都认为没有改革的教皇制度是欧洲流着脓 485
液的症结所在。针对宗教状况的抗议不仅仅局限于个人呼号；法国三级会议、德国帝国议会以及英国议会中也出现了这样的抗议。

人们的抱怨表现为多种形式。最为普遍的是针对下面这种状况：许多教士特别是高级教士忙于各种事务，但就是不做他们职责之内的事情，即医治人们的灵魂。他们在欧洲各国政府中占据了不适当的权位，而将贵族从统治的合法位置上排挤出来。教会法庭不断干预市民生活；而教士却宣称，他们不受人世间普通法律的约束。一个肇事的教士可以援引“教士的特权”；但是如果一个世俗人士侵犯了神父，那么无论事前教士是如何挑衅的，这位世俗人士都极有可能遭受可怕的绝罚惩罚。神职人员的“避难权”是对他们作奸犯科的巨大鼓舞。[①] 他们及他们所宣称的权利对文明的

---

① Cf. *A Relation … of the Island of England … about the year 1500* (Camden Society, London, 1847), pp. 34—36, 86—89.

城市和国家构成巨大的威胁。一些研究法制的律师，因受到人文主义训练而了解罗马帝国时代狄奥多西皇帝和查士丁尼皇帝时期法律，他们将教会罪恶的原因追溯到教会法对民法的干涉，追溯到教皇专制主义的普遍的和绝对的统治地位。面对这种情况，政治家希望通过宗教改革或多或少彻底消除教皇专制主义，铲除教皇和教士对本国内政施加的控制，甚至扫除本国的教会法规。当时中世纪的松散王国正在逐渐变成现代国家，或许这一历史事实无意识地为宗教改革的思想提供了基础。

同样的想法也表现为另一种更具有纯粹教会性质的形式。教
皇专制主义常常意味着意大利人在整个西欧范围受到优先对待，
他们在各地担任重要的教职，领受优厚的俸禄。为什么西班牙、英
486 国或法国的教会要由意大利的高级教士来统治，无论这些教士是
驻留任所还是不驻留任所？人们普遍认为，罗马的统治意味着缺
乏精神性，既是宗教退化的根源也是民族退化的根源。无论是教
士还是俗人，人们都渴望变革；宗教改革家则酝酿建立实际上独立
于罗马的民族教会，哪怕名义上遵从罗马也未尝不可。[①]

中世纪早期的教会是宣扬正直品格的严苛的传道者，曾教导蛮族入侵者要纯洁、诚实和节制；教会要求教士要像传道者一样成为众人的榜样；为防止教士作恶，教会法中充满了相关的惩治条款。但众所周知的是，高级教士——实施上述教会法本是他们的职责——正是最严重的作奸犯科者。当沃尔西，这位大主教、红衣主教和教皇使节，立他的私生女为索尔兹伯里修道院院长时，英国

---

① Cf. i. 36.

的主教们还怎么去实施反对荒淫的法律呢？当主教们的年收入中相当大一部分来自教士为安全地过荒淫无度的生活而缴纳的钱财的时候，整肃教士风纪还有什么希望呢？宗教改革家要求对教士的道德进行革新，并要求首先从主教开始，然后向下推广到僧侣和修女中间。①

人文主义者则提出另外一种改革理念。他们要求彻底批判全 487
部经院神学，回归教会头 6 个世纪的纯粹而简朴的“基督教哲学”；或者放松经院哲学的控制，留出空间以鼓励新学的发展。

最后，一些为数不多的虔诚者，拥有纯洁而简朴的心灵和思想，对上帝有着坚贞的信仰，他们宣称教会已经丧失了信仰本身，认为人们所需要的改革是去重新发掘信仰，重新发现对个人心灵和良心的神圣的启示。②

大家都认识到，为治愈教会的邪恶，就得让世俗统治处于教会统治之上。这是宗教改革的第一个观念，这一观念可以在勃兰登堡的弗里德里克和萨克森的威廉统治下的勃兰登堡和萨克森地方

---

① 对教士的道德问题已经抗议了一个半世纪之久，这些抗议不仅仅由单个的道德主义者提出，而且也由一些重要机构如英国议会提出。Cf. *Rolls of Parliament*, ii. 313—314；*Item*：“恳请在温切斯特一同组成议会的团体，请求通过他们采取措施来纠正神圣教会的主教和大主教们的行为，他们掠夺神圣教会的子民们和其他人日复一日、年复一年来赎买他们罪孽的金钱，用这笔钱他们公开包养情妇；关于他们所犯的其他的罪孽，无不与非法得来的金钱相关，这正是维持和助长他们的罪孽，公然败坏教会声誉，为信众树立恶劣榜样的根源所在。如果这种行为持续下去并且逃避了严厉惩罚，这会让国王和整个王国蒙羞。如果我们的国王下令免除所有这些赎罪钱，并且无人反对如下命令，即收受可疑钱财的人将被逮至国王面前受审，而那些付钱的人也将受到同样的处罚，我们的天主将会多么喜悦。”

② Cf. i. 166，213.

教会的改革中看出来。大主教克兰默坚信,消除中世纪教会遭受折磨的邪恶的唯一途径就是使教会从属于世俗权力。亨利八世推行的英国的宗教改革将这一思想付诸实践,但同时给中世纪教会的政治统一带来了既是名义上的又是实质上的破坏。亨利八世的行为受到德国许多罗马天主教君主的仔细关注和钦慕,他们在1540年前后多次努力在德国建立受世俗权力监督的民族教会,但同时维持中世纪的教义、教阶和仪式。① 这样一种宗教改革的思想对于16世纪的人而言是如此熟悉,以致早在亨利八世想到要与罗马决裂很久以前,人们就在谈论他与罗马决裂的可能性了。②

① Cf. vol. i. 140,141,378;vol. ii.

② *Letters and Papers, Foreign and Domestic, of the Reign of Henry VIII.*, iv., Preface, p. 485. Cf. Brown, *Fasciculus rerum expectendarum et fugiendarum* (1690), pp. 19, 20,一位英国主教1425年11月27日在罗马说,如果教廷不马上着手改革,世俗权力就得干预了。

第二章　西班牙宗教改革的观念[①] 488

第一节　西班牙的宗教状况

有一个国家,宗教改革的各种观念在那里结合成一个明确的改革计划并且得以成功实施,这就是西班牙。正是对这个国家,人们需要考察如下问题:那些同时是宗教改革者的中世纪主义者们想要实现什么,宗教改革对他们而言究竟是什么意思。它包括世俗权力控制教会,振兴和强制推行全部旨在净化教士道德的教会 489 法,有限度地接纳人文主义,坚定地遵从经院神学的主要信条,完全保留中世纪教会的教阶制度、仪式和习惯,残酷地镇压异端。西班牙正是所谓天主教宗教改革的典型。

在西班牙,对基督教的坚定遵从和爱国主义被认为是同一回事,这在欧洲是独一无二的。西班牙的基督徒与摩尔人进行了长达 700 年的战争,这场战争使他们的宗教情感增强并坚韧起来,而

---

① Lea, *Chapters from the Religious History of Spain* (Philadelphia, 1890); Prescott, *Ferdinand and Isabella* (London, 1887); V. de la Fuente, *Historia eclesiástica en España* (Madrid, 1873, ect.); Menendezy Palayo, *Los Heterodoxos Espanoles* (Madrid, 1880); Hefele, *The Cardinal Ximenes* (London, 1860); Paul Rousselot, *Les Mystiques Espagnols* (Paris, 1867).

489 他们作为基督徒天天与异种和异教的敌人进行战斗的经验留给了他们自己，留在与欧洲其他地方隔绝的半岛上，这使得他们更加紧密地依靠着可以看得见的全部基督徒人民的团结，而这种团结便表现在中世纪天主教会的中世纪观念中。西班牙产生了伟大的传道修会多明我会，该修会是进行反对穆斯林泛神论（阿威罗伊主义）的渗透影响这一文化圣战的领袖；西班牙还将伟大的镇压机构宗教裁判所发展到最严酷最野蛮的形式。正是西班牙为反宗教改革提供了最虔敬的领袖伊格纳修斯·罗耀拉，提供了他所建立的最强有力的战斗团体耶稣会。

无须奇怪，正是在西班牙我们发现了这样的最初而系统的努力：为了把教会从其领导者的愚昧和邪恶中挽救出来，世俗政权便涉足教会事务，以此抵制罗马教廷对地方教会日益恶劣的影响，并在教士中重整风纪。西班牙半岛上众多小王国的议会多次干涉并限制教士特权的过度膨胀，强调教士要服从本国的普通法律，并防止教会形成对世俗行政管理的过大的优势。他们一次又一次地运用国王们颁布的法令来对抗有害的教皇训令，来阻止意大利神职人员对西班牙教会事务的干涉。到15世纪末，西班牙的主教们已经处于依附君主的状态；教会当局的全部行为都受到严密的监督；教会司法裁判权的范围受到特别的限制，教会法庭在某种程度上还要依靠世俗法庭。君主们从教皇那里争取到这一权利，即将宗教虔诚和宗教热情当作教职人员提升不可缺少的条件。由于该国宗教特性中的某些基本要素——这些要素既在统治者身上也在广
490 大臣民身上表现出来——，这种宗教热诚被完整保留下来，而没有仅仅变成政客控制重要权位的手段。在西班牙，禁欲主义和神秘

主义被当作真正的宗教感情的最真实的表现，而在别的国家则较少这样。众国王和普通民众一样，都坚定地相信，对基督的真正模仿意味着一个脚印一个脚印地跟随这位痛苦之人（the Man of Sorrows），他四处流浪，不知道上哪里睡觉，他通过不断的和迅速的与灵性世界的交流而能承受和忍耐别人叫他做的一切事情。

西班牙的教会改革家在上述因素的基础上着手工作，他们的任务相对而言就轻松得多了。

第二节　希梅内斯领导下的改革

西班牙半岛在费迪南德和伊莎贝拉时期的合并预示着西班牙教会的彻底重组就要开始了。君主从教皇那里强索了对付教区神父和修道院的特别权力。伟大的女王决心将她认为邪恶的东西从她的王国的教会里清除出去。她将三位她完全信任的著名的教会人士招进她的政务会议，他们是伟大的西班牙红衣主教门多萨、她的告解神父费尔南多·德·塔拉韦拉和弗朗西斯科·希梅内斯。正是希梅内斯制订了天主教改革的计划并付诸实施。

弗朗西斯科·希梅内斯·德·西斯内罗斯正如他的名字，曾是方济各会修士并积极投身于该修会的理想。他出身贫寒家庭，但不知什么缘故引起了红衣主教门多萨的注意，在门多萨的鼓动下，女王让他做了自己的告解神父（1492 年）。女王坚持让他接受了托莱多大主教的尊位（1495 年），并挑选他来执行她组织、肃清 491
西班牙教会的计划。希梅内斯坐上大主教的交椅后，以最严格的方式按照圣方济各有关克己、虔诚、禁欲的格言为他所认为的真正的教士生活树立了榜样。他将这些格言作为西班牙教士的理想；西班牙教士则跟随着希梅内斯的领导。

1482 年的协定赋予西班牙国王对圣职的“视察”权（包括解除职务的权利）和提名权。希梅内斯充分利用了这些权力。他亲自“视察”修道院，听取有关修道院状况的汇报。他在所有修道院里重新树立了最严格的纪律。教区神父也须经受类似的考验。他调用世俗当局清除他改革道路上的反对者。当教皇政策的犹豫不决可能阻碍他的工作时，女王就出面维护他。最终，西班牙教会保证了其教士的虔诚，并免除了别的国家的高级教士所遭到的公正的谴责。

希梅内斯在净化了西班牙教士的道德后，下一步便着手解决他们愚昧无知和缺乏文化的问题。在卡斯提和阿拉贡的每一个大教堂全体教士会里，都为学者设置了两个领俸职位，一个为教会法的研究者设立，另一个为神学专家设立。在一次对教士的专门“视察”中，那些极为愚昧无知的教士被从他们的职位上清除掉了。新的神学学校建立起来。在中世纪的萨拉曼卡大学和巴利亚多利德大学之外，希梅内斯又在阿尔卡拉、塞维利亚和托莱多建立了大学。在阿尔卡拉和巴利亚多利德建立的学校是首要的神学学校，那里除旧有的教义神学和伦理学研究外，还开设了圣经注释学的课程。所教授的神学是托马斯·阿奎那的神学，而排斥约翰·邓斯·司各脱和奥卡姆的威廉对经院神学后来的发展。托马斯神学中的奥古斯丁因素被给予了特别的研究；不久便兴起了一门新的
492 神学学派，称为新托马斯主义，这一学派变得十分强大，后来成为耶稣会教师的主要对手。另外还出现了企图在旧神学的范围里利

用新学的尝试。希梅内斯在阿尔卡拉召集了一批学者在他的监督下准备著名的合参本康普路屯圣经[①]。

伊拉斯谟的工作引起上述西班牙运动的领导者的共鸣。教会首脑们乐于称自己为他的朋友。即使伊拉斯谟对修道生活的罪恶进行了最为猛烈的抨击,他们也不允许西班牙的僧侣攻击他。他在宫廷里得到尊重。那些围绕在年轻的尼德兰君主、西班牙国王查理身边的人,称他们自己为伊拉斯谟派。假如我们相信伊拉斯谟给这些伊拉斯谟派所写的文字的话,——这几乎不可能,——那么伊拉斯谟宣布,希梅内斯领导下的西班牙的工作是教会改革中最好的类型。

但是西班牙对教会和教士的净化还存在另外的恐怖的一面。宗教裁判所被重新组织起来,每一种与中世纪教会不合的观点和做法都被无情扑灭,以使之不复存在。这一严酷的镇压是西班牙宗教改革理想的非常现实的部分。

西班牙对教会进行革新的政策并不是如下意义上的一种宗教改革:为某种新的宗教经验提供空间。它的唯一目标是在中世纪确定下来的界限之内重振宗教生活。教阶制度以及中世纪对教士和圣礼的理解要保留下来;教皇继续被承认为受尊敬的教会首脑;
"宗教仪式、教令、训令和宗教习惯"[②]都要原封不动地保留;中世 493
纪教会的教义神学要在所有基本点上与以前保持一样。唯一的新

① 康普路屯圣经(Complutension Polyglot)是第一本多种语言对照的合参本圣经,它是在西班牙的阿尔卡拉编辑的,该地的拉丁语名为康普路屯,故有此称。——译者

② 参看查理五世在沃姆斯帝国议会上宣读的文件。——Werde, *Deutsche Reichstagsakten unter Kaiser Karl V.* (Gotha, 1896), ii. 595.

的地方，唯一的接受正在流传的新思想的标记，是教皇对西班牙教会事务的干涉大大受到限制，而这是在下面这种情形下发生的：教皇制已经变得极度世俗化，教皇已彻底忘却他们的真正职责是精神权威。西班牙对新时代及其新思想方式唯一的认可，是建议欧洲国家承担起教皇已经明显疏忽了的职责。也许还应当指出，稍稍尊敬新学，认可需要原始圣经的确切版本，审慎允许俗界人士阅读圣经，这些也带来了某些新的精神。但是这些与中世纪教会的虔诚信徒所可以默许的东西相比，并没有什么重大的不同。

第三节　西班牙人和路德

虔诚的西班牙人会赞同路德早期的许多著作。他们会同情路德对赎罪券的攻击，只要他们不深究暗含在《论纲》中的原则——这些原则路德本人直到莱比锡辩论之前也几乎没有承认。他们的心灵因路德早期著作中强烈的宗教真诚和高度的道德论调而产生共鸣。即使他们不能完全赞同路德所说的一切，他们也欢迎路德的出现，他们希望路德的话能够对他们所期望出现的那种宗教改革产生推动力。红衣主教希梅内斯领导之下的西班牙的宗教改革，既让我们明白了为什么路德早年的表现几乎受到了普遍的欢迎，也让我们明白了为什么路德后来遭到了许多他早年的支持者的反对。以下事情也能进一步对这一反对做出解释。查理皇帝本
494 人全盘接受了西班牙宗教改革的原则，这些原则是由他尊敬的私人教师灌输进他年轻的心灵的，后来查理皇帝将这位老师扶上了圣彼得的宝座，即艾德里安六世。艾德里安六世在他很短的在位

时间里，企图将西班牙的宗教改革推广到整个西方天主教的范围。

如果有可能认为皇帝的忏悔神父格拉皮昂在路德出现在沃姆斯前夕对萨克森选侯的总理大臣布吕克博士所作的陈述，是一份真实反映了查理五世的安排和愿望的文献，那么就可以说他们确实做出了努力，以观察路德本人是否可以作为将西班牙的宗教改革推行到整个德国的手段。格拉皮昂声称他既代表皇帝也代表自己讲话。他对路德的早期作品有极大的兴趣；相信他是能为教会结出丰硕果实的“荣誉树”。但是，他对《教会被囚于巴比伦》感到震惊；不相信它出自路德之手；他不像路德通常的文风；如果路德是该书的作者，那一定是出于对教皇训令的一时愤怒，因该书并未署名，很容易予以否定；如果不否定，也是能说得通的，因为它的词句看来可以用天主教教义解释。如果这样做了，如果路德撤回他那激烈反对教皇的书，就没有任何理由达不成和解。教皇训令会很容易克服，可以以路德从未经过公正审判为理由予以撤销。假如认为皇帝没有强烈感到有改革教会的必要，那是错误的；他对教皇的忠诚有一个限度；皇帝相信，如果他不打算改变基督教会的悲惨局面，他将受到上帝的惩罚。这些都是格拉皮昂所说的话。问题是他说话的真实程度如何，他又在多大程度上代表皇帝讲话。
萨克森的弗里德里克既不相信他的真诚，也不相信他代表了皇帝 495
的真实意见；而路德则拒绝与格拉皮昂进行任何私人会面。然而有一点大概是可以肯定的，即格拉皮昂确实表达了许多热心认真的西班牙教会人士抱有的真实想法。在孔拉德·佩利坎与西班牙方济各会在巴塞尔的首领弗朗西斯科·德·洛斯·安赫莱斯所进行的会谈中，我们发现了对这一点的有趣印证。这位方济各会士

表达了几乎与格拉皮昂一样的想法。[①]

1521 年，三股势力在沃姆斯帝国议会上相遇了：德国由路德发动的要求宗教改革的运动，由查理五世代表的西班牙的宗教改革，以及由教皇使节阿莱安德为发言人的罗马教廷的感觉迟钝的惯性力量。只有当路德后退，采取他在莱比锡辩论之前的立场，第一股和第二股势力才能联合起来。如果路德拒绝后退，那么必然的结果就是皇帝和教廷在相互攻击之前会联合起来对付路德。这是两种不同的宗教改革理念，它们的区别如下。西班牙的宗教改革理念试图唤醒麻木不仁的形式主义的中世纪教会，使之开始新的宗教生活，而同时保持其特征不变——僧侣集团，在最高首领为教皇的教阶制之下可以看到的外部团结，由普世基督教公会议的决议确定的教义；而另一种宗教改革理念则希望将人的精神从教会当局的桎梏下解放出来，通过一切信众在精神上都是教士这一信条重新振作教会的生命力。前一种改革理念寻求世俗政权的帮

496 助来肃清民族教会，恢复教会纪律，但总是向罗马主教彬彬有礼地表示服从，并且非常实在地信赖大公会议的至高无上和永无谬误。而后一种改革理念准备一股脑地否定罗马主教的权威，乐于看到中世纪的教会分解为领土教会或者民族教会，并且认为每一个领土教会或者民族教会都是有形的整个公教会的一部分。但是，尽

① “他是皇帝的一位亲属，是从沃姆斯派来的特使，立即敦促这些西班牙人控制一个骚动。那位骑马的人，与他的随从一起在圣诞守夜时到来，待了两整天三夜，给我讲了太多的关于路德事件的问题，它大部分使得这个善良而又有学识的人很高兴，除了《教会被囚于巴比伦》那本书外。他怀着悲伤和不满在沃姆斯读了它，而我还没有读过。”(Riggenbach, *Das Chronikon des Konrad Pellikan*, p. 77, Basel, 1877)

管两者间不同倾向可以通过作上述简单的对比显示出来，人们还是应当认为，假如路德这位改革者能够承认公会议的永无谬误性，那么查理是会原谅路德的。当路德坚持公会议犯了错误并且说他能够证明这一点时，查理富有戏剧性地一挥手，结束了特里尔宗教法庭庭长厄克与路德之间的争论，也结束了德国的运动可以用来帮助普遍推广西班牙式的宗教改革这一梦想。如果正在推行改革的西班牙教会人士和政治家们的理想可以重振中世纪教会，那么就得寻找其他迫使人们接受这种改革的途径。

第四节　教皇艾德里安六世和西班牙的宗教改革

机会似乎来临了。由于有势力的红衣主教之间争斗不休，由于查理五世对红衣主教团施加了巨大的压力，乌特勒支的艾德里安被选为教皇。这位新教皇在学识和虔诚上声名远扬。他无所畏惧地谴责盛行的教士腐化，这表现了他的勇气。同时他还研究了中世纪神学中的棘手的难题。它不赞同教皇无错误或永无谬误这一新的罗马教廷主义的思想，也不赞同意大利教会法学者多次宣称的教皇高于一切教会法的说法。他宁可相信正是这些思想应当
为教会的堕落负责，并认为如果不扫除教皇的圣职授予保留权、豁 497
免权和其他可以让教皇逃避宗教法规的明白规定的全部制度，教会的改进就是不可能的。公众非常信赖他的虔诚、正直和学识，尼德兰人将他们年轻的君主托付给他以接受宗教教育，而且任何其他老师对查理的思想的影响都不如艾德里安的影响大。

艾德里安是荷兰的希梅内斯。他对教会改革抱有同样的充满热情的愿望，对于教会应当如何改革，他也抱有同样的思想。他赞美禁欲生活；他渴望看到修会和教区神父以最严格的方式接受训诫；他对托马斯·阿奎那有着深深的敬仰，特别是对这位伟大学者的教导中反映圣奥古斯丁思想的方面怀有敬仰。他的抱负非常精确地再现了西班牙宗教改革者的愿望，以致红衣主教卡瓦哈尔（卡瓦哈尔充满他的民族的激情，当时正忙于这一堂吉诃德式的任务：将西班牙的宗教改革推荐到罗马）极想将他带到罗马当他的左膀右臂。他对西班牙宗教改革的黑暗面也完全赞同。在西班牙逗留期间，他成为宗教裁判所的首领之一，并且坚定地反对宗教法庭的严酷出现任何松懈。现在艾德里安坐在圣彼得的宝座上，皇帝和西班牙教会的首脑就可以希望看到他们类型的宗教改革被采纳来治愈教会正在遭受的病痛。

当艾德里安开始他清洗奥吉亚斯牛圈的工作而没有将革命的洪流引向它时，这位新教皇在意大利并不缺乏支持者。红衣主教卡瓦哈尔在欢迎他时致词。如果说这致词令卡瓦哈尔所代表的同僚们不高兴的话，那么这致词是反映了他本人的想法的。一份由奥古斯丁隐修会会长埃基狄奥起草的备忘录呈送到艾德里安面
498 前，这份备忘录实际上体现了新教皇所希望推行的宗教改革。[①]
他的改革计划既广阔且彻底。其中的大部分都可以与路德在《致德意志民族基督教贵族公开书》勾勒的宗教改革相对照。他反对

① 卡瓦哈尔的讲话和埃基狄奥的备忘录见 Höfler, “Analecten z. Geschich. Deutschlands und Italiens” (*Abhandlungen der Münch. Akad.* IV. iii. 57—89)。

从民族教会的基金中抽取薪俸以增加罗马天主教红衣主教收入的做法。他厌恶教皇圣职授予保留权、特权赐予[1]、豁免权、预期这一整套制度，这套制度在教皇约翰二十二世的培育下把罗马教廷变成了从西欧各地搜刮钱财的巨大机器。[2] 他反对那种鼓励诉讼越过当事人本地的教会法庭而直接将案件呈送教皇法庭的制度。但是这些改革措施中的每一项都将削减收入来源。这意味着几百个饥饿的意大利人文主义者将失去他们的补助金，并且将有许多支笔撰写嘲讽教皇的文章，因为教皇企图将面包从他的孩子们那里夺走。这意味着几百个用他们的积蓄买到教廷职位的教会法律师将变得贫穷起来。这意味着教会诸侯的收入将以无法计算的数目缩小。艾德里安以自己为榜样，告诉人们如何应付即将发生变化。他将他原来的佛兰德农妇管家带到罗马，满足于她为他所做的简单饭食，并在梵蒂冈山上他的巨大宫殿的角落过着隐居般的生活；但是这种方式的榜样并不比戒律起的作用更大。对这位头脑简单的荷兰学者而言，改革教会看来是很容易的：教会法已经提 499
供了一切，只要将教会法的规定予以实施就行了。他在西班牙的经历使他相信这项任务是有可能的完成的。但是他在罗马发现的一套文书院法规体系并不能一鼓作气地予以清除掉。没有很方便地组织起来的宗教裁判所，以让他清除阻挡他道路的反对者；也没有总是愿意支持教会人士改革的世俗政权。

① 特权赐予可以从下面这个例子中得到最好的解释：根据布尔日宗教会议(1438)的规定，法国的主教只能由主教座堂的教士会选举产生；但是教皇尤金四世给予查理七世任命几位指定的主教的权利；教皇授予这种特权的行为称为特权赐予。

② Cf. vol. i. 12 f.

他从哪里开始呢？赎罪券的整套做法看来是最需要改革的。它的泛滥已经在德国引起了风暴。清除贩卖赎罪券的做法将显示出他的认真。他清楚地知道这一点。他曾就赎罪券问题写过文章,曾从各个方面研究了赎罪券。他非常清楚,赎罪券是珍贵的东西。赎罪券显示,仁慈的上帝如何赋予他的教会以权力宣布,他慷慨地原谅了罪孽;此外,教会在进行赎罪券交易时还宣称(任何其他教会惯例都没有这样表述过),由于所有信徒都是兄弟,于是强者可以帮助弱者,圣人可以帮助罪人,所有的人都可以通过互相承担义务来履行基督的法律。只是应当记住,每一次原谅都需要人们真心实意地忏悔,并且不应当沾染肮脏的金钱。但是——对可怜的艾德里安而言总是存在“但是”——艾德里安发现,教廷离开通过贩卖赎罪券而轻松获得的钱财就几乎不能维持。他一开始就觉得十分为难;他意料之外的大量的账单问题,阻碍了每一项努力。他就像一个处于噩梦中的人,困于最厚重的荆棘中,没有任何力量能砍断荆棘让他出来,他衣衫破烂,四肢流血,直至最后筋疲力尽,等待着死亡将他从不可能的任务中解放出来。艾德里安是西班牙宗教改革一位著名的殉道者。历史注意到艾德里安的失败之处,这些失败非常明显。人们嘲笑他的简单。他将基雷加蒂派
500 到德国去声明,教廷是困扰中世纪教会的多数罪恶的渊薮,但同时却要求处死路德—— 一个最早以所有人都能理解的方式指出这一事实的人。人们很少谈论成功会适时到来。基雷加蒂不能制伏已在德国深深扎根的福音派宗教改革。但是他的出使和他有关教廷是教会罪恶的根源的诚实声明,却标志着一个反动时期的开始,一个要以含混的思想按照中世纪的路线进行改革的真正的罗马教

派别的出现。这应当被视为德国反宗教改革的起点。艾德里安的榜样也的确鼓舞了意大利为数不多的保持精神纯洁的教会人士，其效果可以从保罗三世在位期间兴起的整肃教会的热情中看到。

501 第三章　意大利自由主义的罗马天主教徒和他们的宗教改革观念

第一节　意大利的宗教状况

意大利在反宗教改革中的重要性仅次于西班牙。我们能在西班牙和德国找出各自的宗教运动所具有的一定的一致性，但是16世纪上半叶意大利的宗教状况正如它的政治状况一样五花八门。几乎不能将意大利人作为一个整体来谈论。意大利曾是文艺复兴的国度，但是那伟大的智识理性运动从未像在德国、法国和英格兰那样在人民心中深深扎根。

意大利的农民是远离市民的阶级，与其他地方的农民不一样。他们的宗教通常是稍加掩饰的多神教。在他们的信仰中，到处是精灵鬼怪，它们有善有恶，通过使用咒文、护身符、咒符和各种仪式
502 可以感谢、讨好、哄诱或者予以胁迫。他们的异教祖先的神祇已经被当地的圣人取代，并受到同样的崇拜。为他们的信仰而战斗从来没有像西班牙人那样成为他们的传统；他们并不像北方国家的人们那样，为任何有关罪孽的持续的感觉而烦恼；但是他们对超自然的力量有着强烈的恐惧，他们对神父的信仰是无限的，因为神父能够站在他们和那看不见的恐怖之间。善对他们发生的作用就像

对其他人的作用一样。但是他们的宗教引导者的不道德却没有使他们感到难堪；一个坏神父与一个好神父一样具有法力。唯一能够给他们留下印象并吸引住他们的基督教便是阿西西的方济各的基督教。对意大利农民而言，方济各是基督徒精神的最高体现者；他对这个半岛的人民留下的印象是深远的；像方济各这样生活的云游四方的信仰复兴主义传道士所做的一切总是能给人留下最深刻的印象。卡皮斯特拉诺的约翰之所以有力量，就是因为他总是保持阿布鲁兹农民的身份。在整个文艺复兴时期，农民以及为乡村服务的教士都被位于他们之上的人用轻蔑乃至憎恶的眼光来看待。如果我们要在这一时期的所有文献中寻找有关应当力图将农民引导向更虔诚的信仰和更纯洁的生活的想法的话，那么我们将是徒劳的。意大利的整个农民人口被认为只会安于该时代的宗教生活状况，而不会达到要求更高宗教生活的层次。[①]

城市展现出来的是一幅完全不同的画卷。有一种一致性将所 503
有市民人口联系在一起。由对财产的或多或少的占有或者社会地位决定的通常的等级区分是存在的，但是这并没有妨碍形成共同的思维方式。我们能从各个城市的工匠、小店主、富商和城市贵族那里找到相同的思想。没有任何国家像意大利这样表现出这么多

---

① 中世纪的歌谣告诉我们，这种对农民的憎恶早在文艺复兴之前就存在了：

“如果任何人想了解
遭诅咒而又无名的
可怜而又肮脏的
农民之本性
请看下文”

Carmina Medii Ævi (Florence, 1883), p. 34；这是一首13世纪的歌谣。

的地方差异；然而，无论威尼斯、佛罗伦萨、米兰或者那不勒斯的居民是多么的不同，他们在精神思想领域都处于同一水平上。他们花很多时间思考宗教问题；他们对教会和教士的道德堕落忧心忡忡；他们渴望看到某些改善，假如这只是发生在他们自己的城市的话。他们清楚地知道，教会的不幸来自罗马教廷的影响；他们对改革这个邪恶的教廷不抱任何希望，在这一时期的绝大多数编年史中都能看到一种明确的失望情绪。宗教的外在方面与他们的城市生活紧密地交织在一起。俗界的统治者总要与他们城墙之内的教堂、修道院和其他教会组织打交道。他们对教义没有兴趣；他们所希望的是改善教士和人民的道德生活。当一个意大利城市有幸得到一位善良虔诚的主教时，你会看到整个城市居民是怎样感人地聚集在他周围。

当我们转向意大利半岛上的杰出人物时——这些人的观点保存在他们的著作或者通信中——我们马上就发现，形形色色的宗教观点的共同之处就是对当时教会抱有公然的敌意。教会是一种必然的邪恶，它在政治斗争中扮演了重要角色，但对宗教生活毫无作用。这种感觉几乎是普遍存在的，既存在于那些与既存教会仅仅维持表面关系的人当中，也存在于那些确实信仰基督教并将他
504 们的身心都交给基督教的人当中。教廷压迫这些人；这些人对教会的改革不抱任何希望，但是不进行改革，则宗教及其社会崇拜和仪礼的复兴的希望都很渺茫。这种不抱希望的感觉到处都很明显；最深层的精神渴求和体验被当作圣洁的秘密藏在心里，而没有说出来。然而，萨沃纳罗拉的工作并没有被焚烧这位殉道者的烈火完全吞噬掉，有关路德的最初消息已在许多意大利人的心中引

起了共鸣。

第二节　意大利罗马天主教改革家

没有证据表明路德的全部学说得到了广泛的接受。几乎没有
人认可路德的这种观点：教会可以被看作上帝和人之间的一种伙
伴关系，这种关系依赖于上帝高深莫测的目的，而独立于所有看得
见的外在的组织；也没有人接受这种思想：有形的天主教会完整而
不可分割地以多种形式存在着，人们在这些形式中联合起来倾听
讲道，表露信仰。对于这些虔诚的意大利人来说，天主教会连同它
的教阶制和其看得见的首脑罗马主教，是伟大的历史制度和客观
制度。教会改革对他们而言意味着这些制度的改革。既然他们不
愿意改革这些制度，他们就可以永远在他们自己的心灵圣殿里进
行崇拜，他们还可以与想法相近的朋友交谈。因此虔敬的意大利
人之间出现了一些小圈子，他们互相鼓励，谋求在教会内部恢复宗
教信仰。人文主义在所有这些人的身上都留下了的烙印，他们依
据早期文艺复兴柏拉图学会（Platonic academies）的旧例，将他们
的联合称为学会（academies）。第一个学会在利奥十世去世前就
产生了，这是一个由虔诚的世俗人士和高级教士组成的团体，在罗
马台伯河彼岸的圣西尔维斯特和多罗蒂小教堂聚会。它的成员有
50 多人，他们都因热爱新学、过着非常纯洁的生活以及钟爱圣奥 505
古斯丁的神学而闻名。1527 年罗马遭劫掠后，他们流散开来，但
是这个圣爱会导致了许多类似组织的产生，那些最初的成员建立
起由意气相投的人组成的协会。

最重要的协会建立在威尼斯，其最重要的成员有：卡斯帕罗·孔塔里尼，是有名的元老院成员，后被吸收为红衣主教；红衣主教卡拉法，他当时已经在考虑走另一条道路；还有当时的圣乔治—马焦尔修道院院长格雷戈里奥·科尔泰塞。这些朋友在修道院美丽的花园中聚会。在这个圈子里所有的观点都被提出来，人文主义者和教会人士就教会改革问题交换意见。因为享有这种交流气氛，雷吉纳德·波尔乐于在远离故乡英格兰的地方度过他的时光。萨莱诺大主教、红衣主教弗雷戈索以他为中心在热那亚建立了一个类似的团体。维罗纳主教吉贝尔蒂召集了一些意气相投的朋友谈论宗教改革的可能性的问题。摩德纳和帕多瓦也有它们自己的基督徒学会。那些出身很好的、有教养的和虔诚的世俗女士也不应当被忘记。

费拉拉公爵夫人、法王路易十二的女儿勒妮完全接受了宗教改革的思想，并且完全信服加尔文的教导。他与这位伟大的法国人以及布林格保持通信联络。她保护那些受到迫害的意大利新教徒，或者将他们安全地送到瑞士去。[①] 在能够发现善的地方，她都能够看到善。她饱含基督徒高尚情怀的书信不禁让人们想起她的亲戚纳瓦尔的玛格丽特；她对那些渴望意大利新生的男士和女士充满同情；如果注意一下更有天分的维多利亚·科隆纳如何依赖于她，将是很有意思的事情。与维多利亚相比，她精神上的洞察力
506 更为深邃，她的心灵因经受了各种考验而非常纯洁，她以她对宗教事务的决断通过了这些考验。

---

① Herminjard, *Correspondance*, etc. viii. 161.

克莱芒教皇的堂外甥女、卡梅里诺的亲王夫人卡泰丽娜·奇博，乌尔比诺公爵夫人埃勒诺尔·贡萨加，那不勒斯的尤利娅·贡萨加，维泰博和罗马的维多利亚·科隆纳，形成了一个由非常有学问和非常虔诚的妇女组成的圈子。这些女性的通信和交往鼓励了那些为意大利教会的新生而工作的男子。

他们之间的通信网络覆盖了从威尼斯到那不勒斯、从热那亚到卡梅里诺的意大利，纳瓦尔的玛格丽特和维多利亚·科隆纳之间的往来书信将该协会的影响传播到半岛以外。这些通信者无论男女，都将他们自己看作这样的一群人：他们互相保证共同为教会和社会的改革而工作。描写他们的具体目标并不容易，因为他们大多数时候仅仅满足于含糊的愿望；他们也都有心中的好恶。不可能怀疑他们的诚挚，但这只是高贵的平静的诚挚。这里没有特雷萨的西班牙式的兴奋，或者路德的德国式的激烈，或者加尔文的几乎不用精密逻辑加以掩盖的法国式的热情。他们都崇敬圣方济各，但是他们对普通人民没有什么同情心，他们以稍稍惊讶的心情来看待禁欲主义，并且对于这种类型的对基督的模仿没有热情。维多利亚·科隆纳的确发现维泰博修道院有时候是隐居上几个星期的好地方。有时候她可能会叹息着说，也许修女们都是圣母马利亚，她们选择了较好的部分。当然她只有对这个不可理喻的世界的堕落感到厌烦的时候才会有这种感觉。他们的通信表现出意大利文艺复兴早期学会的气息，在那里，有关理念的学说让位给有关称义的教义，圣彼得的书信取代了柏拉图的对话录。在他们的思维习惯中有浅涉文艺的倾向，在他们的交往中有18世纪沙龙的风格。他们渴望在宗教纷争的各派别之间进行调解，这些宗教纷 507

争震撼了阿尔卑斯山以北的欧洲，还有可能侵入意大利；但是他们并不胜任这一任务。真正的中间道路（via media）只有对争端双方都有清晰洞见的人才能找到，那些对双方都看不清的人是找不到的。例如，萨多莱托宣称他能够在德国宗教改革中看到许多值得崇敬的东西，但是他所赞成的只是来自人文主义的外表部分，而不是那些使得这场运动成为一场宗教复兴运动的因素。他讨厌路德，但是对布塞尔和梅兰希通表现出很大的敬意。的确，这位意大利红衣主教可以被称为罗马天主教的梅兰希通。梅兰希通尽管在新教中扎根，但是出于知识分子的同情和谦卑，他相信在罗马天主教中也存在某些善的东西，并力图找到它们；萨多莱托扎根于罗马天主教，但是也勉勉强强对新教神学抱有同情心。然而，他完全缺乏精密的思维。在他的分析下，一条教义有可能不知不觉滑向另一条，甚至滑向它的反面。他捍卫和称赞秘密忏悔，因为这是基督徒谦卑的样板；他捍卫和称赞圣徒崇拜，因为这表现了灵魂的不死。他有被新教徒作为取乐的对象和被天主教徒当作叛徒的危险。而他的命运也果然如此。

与圣爱会的这些衍生物同时代发生的还有意大利一些隐修会的复兴，这些隐修会与上述协会的某些成员有明显的联系。

对人民的宗教生活影响最大的修会是卡普勤修会。该修会的兴起源于马特奥·德·格拉西斯，这个人并没有学识上的力量，但生就了比意大利普通农民更甚的固执性格。他和方济各本人一样，是瓮布里亚人。他出身的地区具有强大的中世纪信仰复兴运动的传统，这种传统几代人以来父子相传。其中一个说法认为圣
508 方济各曾经戴着尖顶的而不是像当时僧侣的头巾式样那样的圆顶

兜帽。马特奥宣称,圣方济各曾经在他面前现身并说修会的众位会友应当“逐字逐句地、逐字逐句地、逐字逐句地”遵守他的规定。马特奥说他就决心遵守那些规定。他扔掉了他的圆顶兜帽,戴上了尖顶兜帽。农民们不接受这一新奇的事物,并用石头将他赶走;他的会友同他争辩,并对他老拳相加;但是马特奥仍坚持戴着他的尖顶兜帽。帽子的式样没有什么意义,但是修会创立者的命令却非常重要。马特奥宁愿死也不愿意戴圆顶兜帽,因为圆顶兜帽并没有被方济各奉为神圣。卡泰丽娜·奇博亲王夫人很同情这个遭到围攻的人,并在自己的小国里为他提供庇护,在那里,他可以平静地戴着尖顶兜帽。他一度从默默无闻中脱颖而出,现在又很快陷入默默无闻。但是方济各会士中正在激荡着新的生命力。许多人对修会的松弛不满,渴望对修道生活进行改革。自中世纪以来,每一个修道院复兴的警句都是“回到创立者的规定”。尖顶兜帽是小事情,但是它标志着回归方济各的严格纪律。人们听说卡梅里诺成了那些不满修会高层松懈的方济各会士的避难所,就逐渐聚集到这个小君主国来。维多利亚·科隆纳早就对真实的修道生活的废弛痛惜不已,她鼓动她的朋友卡泰丽娜亲王夫人恳求她的教皇堂舅允许戴尖顶兜帽,于是方济各会的一个新的分支逐渐形成了,称为卡普勤修会,卡普勤修会使圣方济各的传统得以复兴,并像他们的前辈那样到乡村里传道。方济各曾经告诉他的弟子,布道的时候要慎用书籍;他建议他们,当妇女在溪边洗衣服(这是
意大利人的习惯)的时候与妇女交谈,在泥瓦匠砌砖的时候与泥瓦 509
匠交谈,在工匠工作的时候与工匠交谈,搞清楚他们的宗教困难是什么,在他们的生活中是什么阻碍他们成为真正的基督徒,然后再

与他们谈论他们曾听过的事情。这种原来的方济各会士的传道方法被卡普勤修会恢复了，卡普勤修会在将意大利人民拉回名誉扫地的教会这一点上比其他任何人所做的贡献都大。但他们被指控为异端。这难道不是方济各会的“改革”吗？他们被称为路德派；路德福音教会的许多教义在他们的布道中不知不觉地流露出来；但是他们总是能够引用圣方济各的话来为他们所说的一切作辩护；而谁又能否认方济各教导过的东西呢？

这个修道复兴运动影响到了老百姓；另一个则向受过教育的阶层发出呼吁。早在1504年人们就曾试图重新组织庞大的本笃会，一些本笃会修道院联合起来组成一个修道会区，组成后不久就取名为卡西诺山本笃会母亲修道院。圣爱会的成员之一格雷戈里奥·科尔泰塞参加了这一运动，他是法国海滨的勒兰岛上的本笃会修道院院长，后来又当了威尼斯的圣乔治—马焦尔修道院院长，他率领僧侣们努力表明，他们的修道院是为教会服务的知识的中心。他自己对历史研究特别感兴趣，他的目的是维持教会的历史述说，因为教会的历史述说已经开始被当时尚处于萌芽状态的历史批判主义所动摇。

与修道僧团的改革相比，教区神父状况的改进对意大利的教会来说要重要得多。圣爱会的两个成员乔万尼·皮特罗·卡拉法和加埃塔诺·达·蒂内开始了这项工作。他们的想法是，在每一个教区中都应当有为数不多的一部分人做教区神父所做的工作，但是他们应当与修道士一样立誓并由此受到约束。他们的这一想
510 法来自奥古斯丁的做法，即和他的部分教士一起过修道士那样的生活；他们在特阿蒂纳僧团（the order of the Theatines）中实践了他

们的想法。该名字源于特阿特(基耶蒂)教区,卡拉法是这个教区的主教。这些挑选出来的教士之于这位主教就像参谋之于他们的将军。特阿蒂纳僧团的成员人数并不很多,没有包括一个教区的全部教区神父;但是他们为戒律尤其是为榜样所激励,企望过真正的教士生活。他们的这一想法流传开来,类似的组织在整个意大利建立起来。①

以上是意大利为反宗教改革所做的准备。只要教皇克莱芒七世仍然活着,就没有整肃教会的希望。克莱芒七世竭尽全力阻止公会议的召开,而查理五世却是越来越将召开公会议视为结束德国宗教纷争的唯一途径。

保罗三世的上台(1534)看来为那些身居罗马天主教中心的改革的鼓吹者开启了充满希望的新时期。这位新教皇将卡斯帕罗·孔塔里尼、卡拉法、萨多莱托和波尔提升为红衣主教。1536年1月,在教廷元老院宣读了一份没有公开的教皇训令,大略描绘了改革教廷的可能性。教皇任命了一个由9个成员组成的委员会,让他们就改革的必要性做出汇报。人们普遍将这个委员会视为公会议的筹备委员会,认为该委员会成员是被任命来调查并制定必要的改革纲领,以提交给宗教大会的。这些委员有:孔塔里尼、卡拉法、吉贝尔蒂、萨多莱托、波尔、弗雷戈索,他们都是圣爱会的成员;阿莱安德,他曾是沃姆斯帝国议会的教皇使节;托马索·巴迪亚,圣殿导师。他们召开会议,起草了一份报告,并于1537年

① 特阿蒂纳的名称也广为流传。耶稣会在西班牙和法国有时便被称为特阿蒂纳。

呈送给教皇。这份报告以《红衣主教代表及其他高级教士关于改进教会的建议》(*Consilium delectorum cardinalium et aliorum proelatorum de emendanda ecclesia*)的名称为人所知。不可想象,与这份报告相比,还会有别的文字对罗马天主教的状况进行更加猛烈的
511 斥骂和控诉,还会有别的人更加急切地陈述根本改革的必要性。这份报告的彻底性令人惶恐不安。该报告揭露了如此多的与教皇统治相关的丑行,以致当事人决定不将它公布于众。但是它作为一份秘密报告被印刷出来;其中一份不知怎么流传到德国,马上就在那里公开发表了,同时还附有评论,述说教皇自己的委员会如何证明了德国改革教会的全部要求都是正当的。在罗马,改革行动持续不断。孔塔里尼、卡拉法、阿莱安德和巴迪亚被委派去调查教廷中与该 9 人委员会的报告详细披露的丑行关系最为密切的部门——文书院、教廷官员资格与圣俸审查官署、反省院等机构,亦即掌管赦免、豁免等事务的机构——的工作情况。他们于 1537 年秋提交了他们的报告。报告的题目是《保罗三世选定的四位代表关于改革神圣的罗马教会的建议》(*Consilium quattuor delectorum a Paulo III. super reformatione sanctœ Romanœ Ecclesiœ*)。但是孔塔里尼显然感到教皇还需要催逼。还是在任命 9 人委员会的时候,教皇便在一份于 1536 年 5 月 29 日发表的训令中宣布将于 1537 年 5 月在曼图亚召开公会议,并于同年 9 月发表了一份改革训令。这次公会议没能举行,查理五世和弗朗西斯一世之间的战争阻止了它的召开。教皇又下令在维琴察召开公会议,但是会议再次被延期。皇帝对在意大利召开公会议没有兴趣,而教皇也决意不在德国召集公会议。在这种情况下孔塔里尼发表了他的《关于教皇使

用钥匙权的信》(*Epistola de potestate Pontificis in usu clavium*)和《就教皇豁免金收费权至教皇保罗三世的信》(*De potestate Pontificis in Compositionibus*)。①

对于保罗三世对待教会改革是否真心实意,历史学家的意见 512
有分歧,也有存在两种观点的空间。他的意大利政策是反对哈布斯堡,德国的天主教诸侯在一切事情上都不相信他的真诚,并且认真地考虑是否遵循亨利八世的榜样。驻德国的教皇使节、红衣主教莫罗内毫不掩饰在德国保持罗马天主教的地位是多么困难,并不断催促在意大利进行实质性的改革,不断表明召开一次公会议的必要性。也许正是这些有力的信息促使教皇重新开始他在罗马的行动,促使教皇认识到针对阿尔卑斯山以北的路德派制定出明确的政策的必要性。1540 年 4 月,任命了几个委员会来改革教廷中的若干官署——最高法庭、文书院和反省院。为讨论如何应付德国的宗教状况,召开了若干次协商会议。当时意大利比较开明的宗教改革家的想法占据着优势地位。查理决定将这个问题搞个水落石出:是否还有可能将德国四分五裂的教会重新联合起来?还准备同路德派神学家领袖一起召开会议。教皇决定拒绝维也纳

① 这两篇文章可以在 *Bibliotheca Maxima Pontificia*(Rome, 1790), pp. 178 ff. 找到。第二封信的内容浓缩在快结尾时的一句话中:"在法律里面,意志不应成为规则"(p. 183)。第一封信催促教皇结束因售卖豁免金而引致的丑闻:"豁免者不能出售不是他自己的、而只能是主的东西的东西。在豁免时也不得侵犯主的权力……基督在福音书中清楚地教导:你们白白地得来,也要白白地舍去"(p. 79)。信的末尾急切地说:"至圣的父亲,您已经进入了基督的道路,大胆地行事……全能的上帝指引您的脚步和那些所有您的人民。他将是您家庭的保护者,也会将您置于所有他的良善事物之上,正如他自己在福音书里许诺给他忠实的仆人,将他置于他的家庭之上。愿主为我们保守您的圣洁长期不受伤害。"

主教法贝尔的建议，决定忍住不对提交给他进行谴责的路德派教义做出公开判断。应皇帝的急切督促，红衣主教孔塔里尼被允许越过阿尔卑斯山，与路德派的显要人物共同探讨，看看是否能达成某些双方都同意的条款，以备将来作为纲领提交给公会议——大家都认为必须马上召集公会议。

513 第三节　红衣主教孔塔里尼和卡拉法

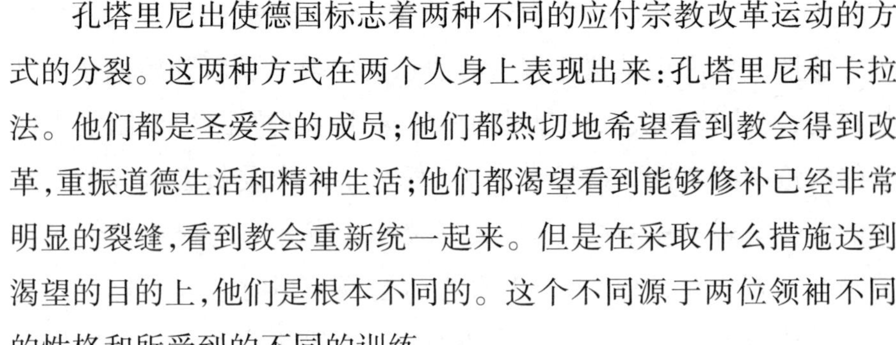

孔塔里尼出使德国标志着两种不同的应付宗教改革运动的方
式的分裂。这两种方式在两个人身上表现出来：孔塔里尼和卡拉
法。他们都是圣爱会的成员；他们都热切地希望看到教会得到改
革，重振道德生活和精神生活；他们都渴望看到能够修补已经非常
明显的裂缝，看到教会重新统一起来。但是在采取什么措施达到
514 渴望的目的上，他们是根本不同的。这个不同源于两位领袖不同
的性格和所受到的不同的训练。

卡斯帕罗·孔塔里尼出身于威尼斯一个古老的显贵家族，他一生的大部分时间都服务于共和国。他被视为共和国政治家中最有才干和最正直的一位。他对新学有着很深的造诣，尽管他不能被称为人文主义者。他曾经在帕多瓦学习，在那里他研究了经院哲学，并学会了欣赏经院哲学。他曾经被训练成威尼斯的政治家，并坚持中世纪法学的政治思想。他完全被中世纪的思维包围并服膺于中世纪的思想。基督教徒是一个伟大的共同体，体现了三个伟大的关于帝国的思想——一个尘世的王，即皇帝；一个尘世的神父，即教皇；一门神圣的学问，即处于神学这一知识女王之下的经

院哲学。他以一种开阔的心态和宽容的方式持有这些思想。在皇帝之下存在基督徒国家的共同体的空间,在教皇之下存在民族教会的兄弟关系的空间,在经院哲学之下存在新学的空间,允许新学丰富人类的心智思想。

伊拉斯谟曾经嘲笑经院哲学;孔塔里尼的朋友科尔泰塞称经院哲学为混杂不堪之物;路德曾说经院哲学听起来空洞无物,因为处于经院哲学中心的总是一些含糊的异教哲学,而不是曾经在耶 514
稣基督中启示其心灵的圣父;然而孔塔里尼认为经院哲学极其宏大壮丽,相信它是非常可靠的,不愿意做任何事情去破坏它。但是这丝毫不妨碍他对路德的因信称义的教义抱有强烈的同情心;也不妨碍他相信,可以在中世纪神学思想中为这一教义和其他新教思想找出存在的空间。对于他的某些朋友例如红衣主教波尔等所表现出来的对柏拉图的狂热,他并没有同感。对他而言,亚里士多德是人类系统思维的伟大导师和奠基者;但是他所认识的亚里士多德并不是在希腊文文献或对希腊文文献的注解中显示出来的那位贤者(尽管他对两者都有研究),而是使托马斯·阿奎那和大阿尔伯特着迷的那位亚里士多德。他坚信,罗马主教是教会的首脑,因此不能将他从他在基督徒世界的政治体系中拥有的位置上去掉,否则就会严重危及既存的社会结构;但是他将教皇视为立宪制君主,教皇本人必须遵守以他的权威施诸基督教世界的教会法律。他相信,路德在他的早期著作中已经认可了这一点,因此,进行重新调解并将基督徒再次统一起来是有可能的。另一方面,他对加尔文的《基督教要义》则既钦佩又恐惧。他认为,《基督教要义》是新教运动所产生的最优秀的著作;但是他又认为,这部著作浸透着

基督徒民主的思想，强调历代传递的神的目的，并以特有的方式教导神恩预定，——他认为，如果人们接受这些观念的话，将危及人类的政治统治。

他从不渴求得到教会中的地位或权力，并因为这种想法而满
515 足。教皇说服他答应担任红衣主教，因为圣座需要他的效劳。他有意识地表现出一种自豪的谦卑，因为他被普遍认为是这一代意大利人中最杰出的一位，他的一些狂热的朋友在谈到他的学识和德行时说他“超出凡人而至于神圣”。他更多想到的是他自己威尼斯城市元老和该共和国受人信赖的顾问的身份，而不是他在罗马教廷中的职位。他认为威尼斯共和国的政治体制体现了当时最好的政治原则。“说实话，我本人认为红衣主教的红顶并不是我的最高荣誉”，这句话已成为他的口头禅。这就是意大利天主教徒的开明领袖，他受教皇之请和皇帝的催促去访问德国，去以他的说服力结束教会的分裂。

乔万尼·皮特罗·卡拉法，这位孔塔里尼的密友、对手和排挤者，出身于那不勒斯一个非常古老的贵族家庭。他的家族与教会关系密切，一百多年来他家族的成员担任那不勒斯大主教，其中几位还成为红衣主教。卡拉法的命运注定是要与教会联系在一起的。还是孩子的时候他就渴望进入修道院，还曾一度计划加入多明我修会。但是他的家人对他另有打算。18 岁那年他被送到教廷，很快就脱颖而出，被授予各项职务。他在那不勒斯时就已经受过很高的教育，并浸淫于新学。在亚历山大六世和尤利乌斯二世的人文主义教廷里，他学习了希腊文和希伯来文，并成为一位渊博的神学家。1504 年，在违反他意愿的情况下，他被任命为基耶蒂（特阿特）小教区的

主教。基耶蒂位于荒凉的阿布鲁兹地区，大约在罗马的正东方，坐
落在亚平宁山脉最高峰倾向亚得里亚海的山坡上。他发现，由于存
在世仇，那里民风败坏，而当地的神父比老百姓还要糟糕。卡拉法
决心在他刁蛮的教区恢复秩序，他开始了说服工作；随后他发现言 516
辞的作用很小，他便不断用宗教谴责和严厉的绝罚来驱使当地的人
民和教士，企图使他们达到某种比较体面的层次。他采取的措施反
映了他本人的特性。他的才干属于太高的层次，他受他家族的影
响太深，这使得他不适于在这个不开化的教区逗留。他被作为教
皇使节派到英格兰，后来又派到西班牙。对西班牙的访问给他坚
强的性格带来不可磨灭的印记。他为他的家乡那不勒斯的独立而
进行的热情请愿，但遭到年轻的国王查理的轻蔑拒绝，这位被激怒
的那不勒斯人怀着永不消逝的仇恨跟随皇帝。但是更为重要的
是，他在西班牙的驻留让他的脑子里充满西班牙宗教改革的思想。
他是一个非常鲜明的意大利人，他是教皇权至上信条的极为坚定
的信奉者，他不能接受世俗力量干预教会事务的想法。但是除此
之外，西班牙人革新教会的方法却深深吸引了他的灵魂和精神。一
直沉睡在他体内的狂热的种子被唤醒了，此后从未消退过。他赞同
艾德里安六世的计划，在艾德里安六世短暂的在位时间里，他是这
位教皇的坚定支持者。克莱芒七世在位时，他很少在公共事务中露
面，但他支持一切将新的生活带进修道僧团的尝试。他以些许怀疑
的目光看待为安抚德国而做出的努力；他怀着警惕的心情看待孔塔
里尼在雷根斯堡与新教徒打交道的结果。

孔塔里尼以和解方式重新统一教会的努力迟了20年。在德国除皇帝外是否还有人对宗教会议能促进统一抱有很大的信心，

这是值得怀疑的。莫罗内作为梵蒂冈的使节曾多年驻留奥地利的费迪南德的宫廷,长期以来他一直催促教皇召集公会议;但是自从哈格瑙会议之后,他开始担心,召开公会议可能更有利于新教徒而
517 不是天主教徒。孔塔里尼本人也曾说,制伏德国的运动所需要的既不是宗教会议也不是对信条的讨论,而是对道德进行革新。教廷将孔塔里尼的出使看作危险的试验。教廷在给他的指示信中对他作了尽可能的限制。他应当告知皇帝,在与其他国家协商之前,任何教廷使节,包括教皇本人在内,都不能因为德国人的问题而修改教会的信条;他应当竭尽全力阻止德国的民族宗教大会的召开。他听到来自巴黎的消息说,法国的天主教徒认为他要把教会出卖给异端分子。除了他圈子里的密友,没有人鼓励他。那些他将要与之合作的人,格兰维尔红衣主教和厄克博士,以狐疑的目光看待他和他的履历。然而,他自然而坚定的乐观精神鼓励他承担起这一任务。

大致说来,若从当时谙熟中世纪教会神学和制度的人的眼光来看,当时的形势并不像对我们这些知道随后的历史的人看起来的那么毫无希望。大量的中世纪教条都没有被整理成法规形式。它们直到特兰托宗教会议之前都没有得到如此整理。教皇专制主义的支持者们的极端论断——大致可以由如下简短的话语来表达:普世教会集中为罗马教会,罗马教会由教皇代表——只是为对付最初的路德宗运动,新近才出现的。教廷主义差不多正好可以说与路德所提出的学说一样是与中世纪的教会理论相反的。假如能够找到和确认的话,那么确实存在一条中间道路。那些虔诚地坚守中世纪教会观念,信仰教会的普世性,坚持教会的教条、习惯、仪式和教阶制

的人,他们对教会的一般概念,不可能比下面这一段话表现得更好 518
了。据说这是查理五世对他的妹妹玛丽亚(他的尼德兰总督)说的一段对话:

> "在一次圣施洗约翰节的前夜,皇帝在庭院设宴。当时,玛丽亚王后问他,他打算怎样处理《告白》(奥格斯堡)及其所代表的人,他回答说:'亲爱的妹妹,当我被推为神圣罗马帝国的首脑的时候,就有人向我强烈抱怨,说信仰这种教义的人比魔鬼还要邪恶。但是塞维利亚主教进言道,我不能考虑像暴君一样行事,而应当确认这教义是否与基督教信仰(《使徒信经》)相左。我对这个建议感到很合意,并发现这些人并不像他们被说的那样邪恶;争论的问题并不是《十二信条》,而是这些条款之外的问题,因此我把这些问题交给学者们讨论了。如果他们的教义与《十二信条》相抵触的话,那么我就不得不考虑举起利剑了。'"①

被称为《十二信条》的《使徒信经》在西方教会中一直占有特殊的地位。人们认为其中包了全部启示神学。即使对立学派的学者(托马斯·阿奎那和约翰·邓斯·司各脱)也惯于从《使徒信经》中推导出十四个命题,七个关于上帝,七个关于道成肉身,并认为其中包含了启示神学的概要;此外的都是自然神学,对于这些问题人们可以有不同意见,而不必因此被认为是抛弃了基督教信仰

---

① Kawerau, *Johann Agricola*(1881), p. 100.

的本质。查理五世起初被告知(也许是被阿莱安德喋喋不休地告知),路德否定了部分启示神学;后来他认识到他得到了错误的信息;因此宗教会议和教派调解是可能的。

像查理五世和孔塔里尼这样的人可能老老实实地相信,只要关涉的只是教条问题,那么妥协就是有可能的。

519

第四节　雷根斯堡会议

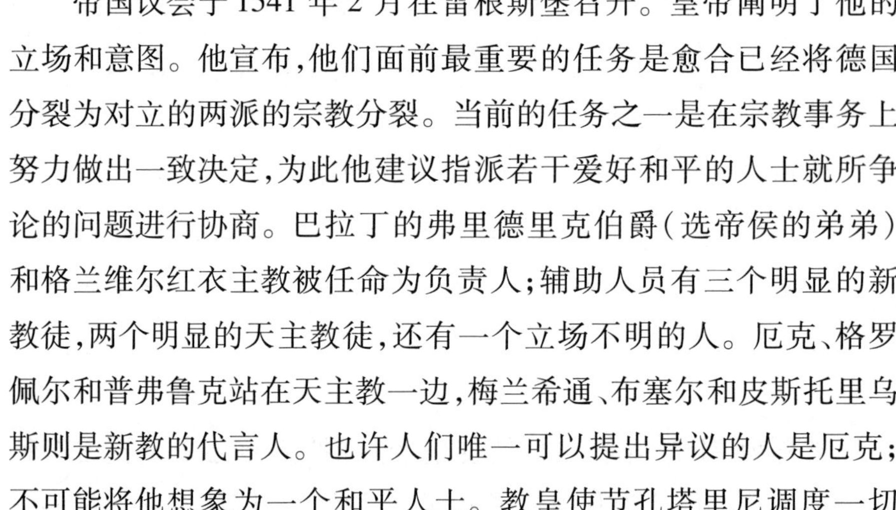

帝国议会于1541年2月在雷根斯堡召开。皇帝阐明了他的立场和意图。他宣布,他们面前最重要的任务是愈合已经将德国分裂为对立的两派的宗教分裂。当前的任务之一是在宗教事务上努力做出一致决定,为此他建议指派若干爱好和平的人士就所争论的问题进行协商。巴拉丁的弗里德里克伯爵(选帝侯的弟弟)和格兰维尔红衣主教被任命为负责人;辅助人员有三个明显的新教徒,两个明显的天主教徒,还有一个立场不明的人。厄克、格罗佩尔和普弗鲁克站在天主教一边,梅兰希通、布塞尔和皮斯托里乌斯则是新教的代言人。也许人们唯一可以提出异议的人是厄克;不可能将他想象为一个和平人士。教皇使节孔塔里尼调度一切事务。

在几次预备会议上,针对若干实际问题达成了谅解,这有助于保持意见一致的表象。他们考虑,在德国可以允许教士结婚和允许俗人领圣杯;教皇可以被尊为教会首脑,但是要明确这一点,即教皇的地位并没有给予教皇不断干涉民族教会事务的权力;如果教区的司法权由主教的一位代理人和世俗当局任命的一位博学的世俗人士共同行使的话，那么教阶制还是可以保留的。

而讨论那些被认为使两派分裂的深层次的神学问题才是这次会议的主题。所以在会议之初代表们便开始探讨有关称义思想的问题。

代表们一致同意，在人类的最初状况里，恩典的规定与本性的 520
规定之间没有区别。这就意味着否定了超自然的恩赐和自然的恩赐之间的区别，这一点曾被经院哲学闹得沸沸扬扬，并在很大程度上曾是贝拉基主义思想的基础。天主教神学家明确承认，人类由于堕落而丧失了最初的自由意志——这一让步与后来召开的特兰托公会议的决议直接相反。[1] 对有关原罪起源而达成的一致观点的声明几乎就是用《奥格斯堡告白》的文字做出的，并与该告白的意思一致。这一坚持原罪的教条几乎与路德的主张没有什么不同，而路德的主张曾遭到教皇利奥十世的《主起来吧》(*Exurge Domine*)训令[2]的谴责。在针对这一头等重要的教条所进行的讨论中和所做出的结论里，新教神学的结论得到了充分的维护。

在称义问题上存在更多的困难。由天主教神学家和梅兰希通提出的两个定义相继遭到否定，据说后来由孔塔里尼本人提出的一个定义在经过讨论后被接受。这一定义是用路德宗神学家所不习惯的语言表达的。它包含了波尔、孔塔里尼和意大利其他开明天主教人士自己创造的措辞。而德国的新教徒在其中没有看到与

---

① 雷根斯堡的条款说：“受造的自由在人的堕落中已经失去”；而特兰托会议的信条说：“如果谁敢说自从亚当犯罪以后，人的自由意志就失去并灭绝了，让他受诅咒。”(Denzinger, *Enchiridion Symbolorum et Definitionum*, etc., 9th ed. p. 192)

② 雷根斯堡的条款说：“尽管否认肉体上的罪在洗礼后仍存”；而该教皇训令是这样谴责路德的第二种异端邪说[the second heresy of Luther]的：“否认儿童在洗礼后罪恶仍存，就是蔑视保罗和基督。”(同上，p. 176)

他们所珍爱的称义思想相抵触的东西，他们也就欣然接受这一定义。这一定义反复指出，恩典是上帝给出的赠与物，而不是对我们
521 善功的奖赏，这表达了新教徒最深层的思想，并完全将具有可奖赏性质的教会的善功排除了。他们看到自己的思想被由天主教神学家提出的语言表达出来，他们除了高兴还能怎样呢？[①] 厄克同意这一定义，但看起来他不想在上面签字，然而格兰维尔强使他将自己的名字签署在这份文件上。[②]

天主教成员和新教成员在这次会议上就称义问题达成了一致的条款，这让孔塔里尼在意大利的朋友非常高兴。红衣主教波尔相信，统一道路上所有的障碍都被清除了，并且对前景抱有很大的期望。[③]

① 加尔文参加了这次会议，他在一封给法雷尔的信中对此总结道："我们在委员会里的朋友没费什么力气就就原罪问题达成了一致；接下来就自由意志问题展开了讨论，是根据奥古斯丁的著作起草的；它们与我们的没有什么差别。关于称义的教义争论比较激烈。最终，起草了一个信条，在这个基础上，经过一定的修改，为双方所接受。我肯定，当你读到摘录的副本时，你会觉得惊奇，我们的对手做出了这么大的让步。这个副本是根据最后改正过的文稿形成的，随本信寄给你。我们的朋友因而也还保持着真正教义的本质，因此从中可以理解到的内容没有不见诸我们著作中的。我知道，你会渴望有一个更加明确的表述及对教义的声明，而且在这方面，你将发现我完全赞同你的想法。但是，如果你考虑到我们是在与些什么人就这个教义达成一致，你就会承认成就已经很多了。"（*Corpus Reformatorum*, xxxix. 215）开始时加尔文对孔塔里尼有些怀疑："孔塔里尼渴望以不流血的方式让我们臣服；为此他想方设法在简便的基础上解决问题，而不是诉诸武力。"（同上，xxxix. 176）

② 在将梅兰希通著作的第四部分呈献给勃兰登堡的约阿希姆二世时，著作的编者波伊克尔说："格兰维尔逼迫厄克这样做，因为厄克作为这个信纲的作者，理应被作为见证加到这份文件上，尽管他闪烁其词，狡猾地避免这么做。"厄克身体粗糙，声音低沉而尖厉，喜欢欺凌弱小，为人虚伪，遭到大家的普遍厌恶；纽伦堡的皮克海默称他为"野兽"、"被刨平的犄角"。

③ *Epistolarum Reginaldi Poli, S. R. E. Cardinalis* (Brixiæ, 1744—1757), iii. 25—30.

会议的新教成员则对到那时为止他们取得的结果感到完全满意。

会议然后转向讨论有关教会的组织和礼拜的问题。

令新教徒有些吃惊的是，他们发现他们的对手在教会的内涵
以及教会的独特特征方面总体上愿意接受他们的理论。在定义基 522
督教会时，并没有涉及作为其尘世的永久首脑的教皇。这一定义披露后，在罗马方面引发了强烈的异议。在探讨教会的权力时，由于无望在这一点上达成一致，会议决定暂时忽略这一条款。①

圣餐礼问题激起了几乎是不可解决的矛盾。这是必然的。因为在这一点上新的福音信仰和中世纪信仰之间的根本差异要在实际中表现出来。认为精神上一切信众皆教士的福音思想，与认为需要居中的教士，这教士能够给予或者保留上帝的眷顾这一信念之间的冲突，是无法调和的。一些教义也许可以用能够掩盖这一根本区别的术语来表达；可以容许新教徒持有唯信称义的定义；但是任何与圣餐礼中神父施行的奇迹有关的思想，都会被一派否定而被另一派坚持。

开始时事情进展得相当顺利；人们认为，分发圣餐的独特方式是无关紧要的小事，但是当变体论问题出现的时候，事情就遇到了死结。孔塔里尼在处理两派之间关键问题时总是浮光掠影，也许这就是他的特点，他从不探讨深层次问题。他为变体论辩解时的理由是，一项已经为人们赞同了如此之久的重要信条不应当被质

① 加尔文说：“接下来是教会问题：就定义来说他们的意见相合；关于教会的权力问题他们开始持不同意见。当他们无论如何无法达成共识时，似乎最好略去那一条。”

疑。[1] 与会的新教徒单独召开了一次会议，会议要求新教神学家轮
523 流就此问题发表意见。在会上，加尔文说道，考虑到变体论的思想意味着敬拜，因而决不能接受。他的坚定立场得到一致赞同。梅兰希通草拟了他们的共同意见，并以书面形式交给格兰维尔，但是格兰维尔以强硬的措辞拒绝接受，会议便就此结束了。弥撒的献祭性质和私人弥撒等更为困难的实际问题没有讨论。[2]

雷根斯堡会议简直可以说是分道扬镳之点。直到1525年，路德领导之下的运动还表现为德国整个教会之内的宗教改革。从1525年至这次会议，还一直存在这样的期望：将已经形成领土教会的路德宗包括进整个德国教会的总体改革里。勃兰登堡的约阿

① Nunquam Legatum assensurum, ut conspicua fidei decreta tot sœculis culta in dubium adducerentur.

② 这次会议的过程在 *Acta Ratisbonensia* 中有详细记载。但是迄今所知最为简洁的记载见于加尔文1541年5月11日至法雷尔的信中。他谈到了有关圣餐礼的讨论："关于圣礼，有些不和谐的意见；但是当我们这边的人在那些无关紧要的问题上认可他们的仪式时，他们进一步提出考虑圣餐礼礼仪问题。不可逾越的障碍阻止了前进的道路。变体论，将圣体重新放到圣体柜里，请出圣餐以便敬拜，以及其他迷信形式的崇拜完全被拒绝了。这是我们的对头们绝对不会容忍的。我的同事满怀热情地渴望达成一致，他们开始嘀咕并变得愤怒起来，因为这些无理的问题久拖不决。梅兰希通确实倾向于相反的观点，当停滞不前达到一个高峰时，他将会切断和解的所有希望。我们的朋友们商议过后，把我们召集到一起。我们被要求一个接一个地阐明我们的观点；大家一致认为，变体论只不过是一个杜撰，祝圣过的饼是圣体复原的说法不过是一片迷信，敬拜圣饼是偶像崇拜，或至少是危险的，因为这没有来自上帝之道的依据。我还不得不用拉丁文表达了我自己的感受。尽管我听不懂其他任何人的话(因为他们用德语讲的)，我还是有意地诅咒了那种特殊的局部临在论，根本不怕冒犯谁；我宣布敬拜行为完全是无法忍受的。相信我，在这类问题上，要激励和坚定他人，大胆是绝对必要的……菲利普接着起草了一份正在撰写的文件，当这份文件呈交给格兰维尔时，当即被言辞激烈地加以拒绝，因为那三位委员已经让我们意识到了他们。恰恰在紧要关头，当这样的事发生时，你可以想见私人弥撒、弥撒献祭以及圣餐中的圣杯问题会有多么棘手！要是考虑精神上临在的公开忏悔时又该会怎样？”(*Corpus Reformatorum*, xxxix. 215, 216)

希姆二世在1541年之后很久还抱有这种想法;查理五世也仍然坚持认为,不能由相互妥协实现的东西也许可以通过由具有权威的皇帝施加于所有人的调解性信条来实现。但是妥协在雷根斯堡失败了,以后再也没有继续妥协的希望。 524

雷根斯堡会议的重要性质马上就在意大利显示出来。会议的失败使得希望以妥协结束宗教纷争的那一派意大利天主教人士垮台了。当孔塔里尼返回意大利时,他发现他的影响已荡然无存。他被派去管理波伦亚城,这样他就被排挤出了事务的中心。不久后他就去世了(1542年8月24日),没有留下任何人取代他的位置。16个月后吉贝尔蒂也去世了。卡拉法与他以前的朋友越来越疏远,萨多莱托、波尔和莫罗内留下来,他们都是知识分子,都缺乏成为引领时代的领袖的素质。波尔后来为弥补他自由开明的过失,便对英格兰的宗教迫害煽风点火;莫罗内在特兰托宗教会议结束的时候成为教皇至上主义者。天主教宗教改革的概念消失了;取而代之的是反宗教改革的思想。

525 第四章　伊格纳修斯·罗耀拉和耶稣会

第一节　在曼雷萨

西班牙的山区小省吉普斯夸位于比斯开湾的拐角，毗邻法国，这个省产生了西班牙最伟大的儿子之一，伊尼戈·德·雷卡尔德·德·罗耀拉，耶稣会的建立者。标志他家族所在位置的那座塔至今依然矗立着，这座塔粗糙而没有窗户，就像苏格兰人的边境守望台，仅仅在门口有一块石头作为装饰，石头上雕刻着这个家族的徽章——两只搜寻猎物的狼。吉普斯夸从未被摩尔人征服过，当地的贵族尽管生活在贫瘠的高地上，但是他们自豪地宣称，他们的血管中流淌着最纯正的哥特人的血液。雷卡尔德家族属于当地最古老的贵族之列，拥有很大的特权，成员有受召出席莱昂国王加冕典礼

526 的权利。国王很欢迎这个家族年轻的儿子在宫廷做侍从，然后当战士；年轻的伊尼戈就是费迪南德宫中的一名侍从。他受到良好的教育，目的是把他培养成一个西班牙贵族；他能读能写，还会谱写歌曲；还会画小画像装饰抄本手稿。他大部分空闲时间都在阅读当时非常流行的骑士传奇文学。长大以后他像他的兄长一样也成了一名军人。

1521 年 28 岁时（生于 1493 年[①]），他成为潘普洛纳驻军中最年轻的军官，并受命抵抗一支由入侵的法国兵和反叛的西班牙人组成

① 罗耀拉实际应生于 1491 年。——译者

的军队。阵前敌人在人数上占绝对优势，以致除了这位年轻的军官，大家都想不战而降。伊尼戈以激昂的话语激励大家展开了殊死的保卫战。当时部队中没有神父；西班牙人按照他们的习惯互相告白，誓与阵地共存亡。当这位年轻的军官站在阵地上鼓励大家时，一颗子弹击中了他。他倒下了，这使敌人获得了胜利。

伊尼戈异常勇敢的精神赢得了他的敌人的尊敬。他们将他从死人堆中扒拉出来，并将他送到他古老家族的城堡去。在那里他的断腿接得很糟糕，这使他不再能胜任军人职业。他的腿断了两次，又两次接上。肉体长期遭受折磨却无济于事；他不得不相信，他再也不能骑在马背上征战了。参与征服——当时西班牙所有他这样年纪的人都认为这是摆在他们国家面前的使命——的梦想不得不放弃，他的身体成了一具朽木。

但是伊尼戈是一位巴斯克省份的贵族，并且最大程度地拥有他的种族的特性——既沉默寡言又充满热情，即具有非常丰富的想象力又具有顽强的实干精神。他自己曾说，一旦他确信他再也不能成
为一名出色的战士，他就询问自己，自己是否还能变成多明我或者 527
方济各这样的著名圣徒，并且这个念头并不是产生自精神的追求，而仅仅是出于死前赢得声望的决心。那时他整天卧床不起，思考了很多，梦想得更多。他突然发现，一个人不可能变成圣徒，除非他生活得离上帝很近，但是他的生活却并不是这种类型。他马上决定他要改变；他要像神圣的隐士那样吃素；他要像虔诚的朝圣者那样去耶路撒冷。他告诉我们，这些誓言是他的灵魂朝向上帝的最初的有意识的运动。他很快就在他的第一次启示中得到了回报。圣母马利亚手抱耶稣圣婴出现在他的梦里。他醒了过来，一骨碌翻身下

床，蹒跚地走到他的塔楼房间的小窗户边向外张望，大地笼罩在模糊的黑影里；而暗蓝色的天穹上缀满了数不清的星星。这景象是一个寓言，是一种灵感。他叫喊道："大地是多么阴暗，上天是多么光明！"他感到他必须做点什么以接近上帝。他得独自呆在一个神圣的地方，用他自己的心灵思考出点什么。他哥哥的仆人将这具曾经属于出色战士的残废身体扶上一头毛驴，他一只脚穿着靴子，另一条受伤的腿上仍然裹着绷带，脚上穿着一只软拖鞋，离开了古老的城堡，决心到阿拉贡的圣山蒙塞拉特去过隐居生活。

在蒙塞拉特的圣母教堂，他决心实行《高卢的阿马迪斯》这一中世纪的关于骑士的经典著作中描述的所有仪式，献身效劳圣母。他将他的胳膊垂放在教堂的祭坛上，在整个漫漫长夜中，他或站或跪，进行着他的守望，向圣母敬献骑士侍奉。天破晓时，他穿上一件隐士衣服，将他的骑士服给了他遇到的第一个乞丐，然后他骑上驴子，启程到曼雷萨的多明我修道院去，他不再是伊尼戈·雷卡尔德·德·罗耀拉，而仅仅称为伊格纳修斯。

528 在曼雷萨他过着最严格的苦行生活，他希望自己在精神和灵魂上变得适于圣徒的生活，那正是他期望的生活方式。然后就开始了未曾预料的、猛烈而漫长的精神上的冲突时期，正像路德在爱尔福特修道院所经历的那样。他是谁，他过去是怎样的人，以致他居然冒昧地想象上帝将接受他并将他列于他的圣徒之列？他不知疲倦地运用中世纪全部有关恩典的方法；他竭尽全力进行忏悔；他不停地一次次地寻求精神上的指导，但是都不能丝毫减轻啮噬他灵魂的怀疑情绪。正如路德一样，教会的整套机制对他几乎没有帮助：它不能给良心以平静。他自己记载道，在这段漫长的灵魂煎

熬时期他所得到的唯一真正的帮助来自一位老妪。忏悔不仅没有使他得到抚慰,反而使他陷入无法忍受的怀疑的深渊。为了使自己的忏悔更加彻底,为了知道自己的真实面目,他将自己的忏悔写出来,这样他的罪恶就可以白纸黑字地从纸上注视他。他绝食以至生命垂危;他每天祷告七次,鞭笞自己三次。但是仍然没有得到安宁。他告诉我们,他经常向上帝高声呼喊,告诉上帝只有他自己才能帮助他,因为任何造物都不能使他得到安慰。他述说道,只要他能见到上帝,再大的艰难险阻也算不得什么。“哦,主啊,向我指出,我哪里能找到您?只要我知道救赎的道路,我就会像一条狗一样沿着它走下去。”他的痛苦使他产生了轻生的念头。他说,他不止一次地打开他的窗户,企图一头栽下去,在那里结束自己的生命;但是他对自己罪孽和这些罪孽的后果的恐惧阻止了他这样做。他曾读到一个圣徒的故事,这个圣徒立誓绝食,直到他被赐予真福直观为止,因此他在祭坛旁领受圣餐,绝食了整整一周;但是这一切都以徒劳和精神上的苦恼而结束。

这时,突然出现了确定的启示,他决意请求上帝的宽恕,上帝 529
长期以来的怜悯心将原谅他的罪孽。这就是转机。安宁最终到来,他新的精神生活开始了。他不再考虑他的过去;他不再在忏悔中提及他以前的那些罪孽;宽恕的确定性在他的内心开始了新的生命;他可以重新开始。我们在阅读伊格纳修斯的叙述时不可能不为伊格纳修斯的精神历程和路德所说的因信称义之间的相似性而吃惊;这两位伟大的宗教领袖所用的言语是不同的,但是通过请求上帝宽恕而获得宽恕的经历则是相同的。

正如路德的情形一样,新的精神生活令人满心欢喜。冥想和内省曾经是苦恼的渊薮，但现在变成强烈的欢乐的源泉。伊格纳修斯感到他正在进步。他说："上帝对我就像老师对学生一样；我不能怀疑他总是同我在一起。"自兰克以降的许多历史学批评家都因路德和伊格纳修斯经历之间的相似性而吃惊。但下面这一点马上就能显示出他们的重大区别。那位谦逊而安静的德国人，一旦新生活唤醒了他，就毫不张扬地投身于日常生活的普通事务；而这位激昂的雄心勃勃的西班牙人则马上试图征服一切奥秘，试图用强攻夺取这些奥秘，好像它们是被包围的要塞一样。

他有着与以前一样的幻象，但是它们不再是撒旦的诱惑，不再是怀疑和折磨的根源。他相信，他实际上能够用他的肉眼看见神圣的奥秘，而这些奥秘是理智所不能理解的。在长时间的祈祷——所有官能都集中到长久的凝视上——以后，他确定地感到，他能够看到圣餐变体的奥秘确确实实在发生。在最紧要的时刻他看见耶稣化作一道白光进入祝圣的面包并将之变成神圣的受难体（圣体）。他宣称，在兴奋的心绪中，神学中最费解的奥秘，道成肉
530 身、三位一体、撒旦的个性，就都变成看得见的明白易懂的征象。这些幻象使他神魂颠倒，他开始以简单的文体将它们写下来，供自己愉悦和启导之用。

研究16世纪西班牙宗教生活的人在上述事情中会看到一种神秘的献身精神，这正是那个半岛上的民族的特性。无论我们是研究这块土地上产生的浪漫的骑士精神，还是研究他们指导宗教的文字，都可以看出，西班牙人的性格充满了激情。这种性格非常热烈，易于兴奋，彻底由暂时的情绪贯穿和控制。在任何别的国家，民族激情和宗教激情都没有如此彻底地融合在一起，统一在一

起。与摩尔人的长期战争，他们对格拉纳达的成功夺取，使宗教和爱国主义成为同一事情。神父总是伴随着军队前进，并与军队并肩战斗。人们相信，康波斯特拉的圣雅各[①]在这个国家到处游荡，只要呼唤他的名字，他就会为那些与摩尔人交锋的士兵带来不停息的支援。在庆祝胜利时，人们举行庄严的仪式，将胜利归功于上帝和圣母，是他们将敌人送到信仰者的手上。西班牙人这种强烈的性格，这种用武力而不是温文尔雅体现出来的脾性非常容易产生出迷信和炽烈的献身精神，而这两者为影响到社会每一阶级的神秘主义的过度发展提供了肥沃的土壤。希梅内斯这些国务活动家，更不要说一般老百姓，都受到贝阿托埃（Beatoe）——献身于宗教生活而没有正式进入修会的妇女——的劝诫或者预言的影响，并因此而改变他们的政策。人们普遍相信，这些信仰者，无论男女，通过投身祈祷，过戒绝一切尘世思想和行为，通过实行最严格的禁欲主义，都能够受到神圣的启示，能够达到与上帝密切交往的状态，如果不是实际上与上帝融合起来的话。人们认为，达到这种神秘性的结合， 531
就能在梦中、催眠状态和入迷状态中看到神圣的奥秘的景象。

西班牙宗教裁判所的头头们以极大的不安注意着在这个半岛如此盛行的神秘主义。热烈的信众可以通过个人行为与上帝直接

① 《圣经》中有五个雅各，分别是以色列人的始祖雅各（Jacob）、耶稣的养父约瑟的父亲雅各（Jacob）、西庇太的儿子雅各（James）、亚勒腓的儿子雅各（James）、耶稣的兄弟雅各（James）。第三和第四个雅各都位居十二使徒之列，为示区分，西庇太的儿子雅各称大雅各（St. James the Greater）。传说大雅各曾到西班牙传播福音，死后遗体又被运至西班牙的康波斯特拉。因此，这位圣雅各成为西班牙基督徒的庇护者，康波斯特拉在中世纪也成为西班牙基督徒的一处圣地。——译者

交往，甚至与上帝融合的思想，偏离了教会的正常机制，连根砍断了中世纪的悔罪制度——这一制度的前提条件是，人们需要教士的中介。假如信众可以在自己寂静无声的灵魂中与上帝相遇，那么神父有什么用呢？按照中世纪的观念，神父必须站在上帝和悔罪者中间，通过他的行为牵着信徒的手，将信徒的手放到神圣的万能者的手上。还有其他的危险。神秘主义者宣称，他们如同教会一样，从同一个来源获取了关于圣事的知识，他们所得的启示具有同样的权威。确实，诸如圣特雷萨这样的多数西班牙神秘主义者，都非常谦逊地将自己置于教会的指导下，但是并非所有的情况都是如此。一些男女预言者宣布他们是独立的，这些被称为“光照者”(illuminati)的人，散布着不满情绪和异端思想。因此宗教裁判所对所有神秘主义者抱有一种怀疑观察的态度。圣特雷萨，圣胡安·德·拉·克鲁兹以及伊格纳修斯本人，都是不信任的对象，直到经历了一系列的磨难之后，才赢得了教会的认可。

有必要指出这一事实，即伊格纳修斯与西班牙神秘主义者有着根深蒂固的联系。他的幻象，他的方法，以及《精神的操练》本身，如果脱离开与成为他的国家和他的时代宗教上的特征的神秘主义的密切联系，是无法理解的。

然而，伊格纳修斯不是普通的神秘主义者。那些对特雷萨或者奥苏纳而言意味着全部或者结束的东西，对他而言只是一部分，
532 或者只是达到更好东西的手段。当他领受到赐予他的景象并因之而喜悦的时候，他也进行了最诚挚的内省。他观察并分析在哪种情绪和状态中那些景象最容易出现或者最不容易出现，并将这些情况全部记录下来。哪些身体姿势和形态有助于或者妨碍了景象

的领受或者有利于对所启示的东西进行冥想，他也记录下来。他发现，通过训练和控制精神和肉体，并像对士兵进行战争技术训练的操练一样，通过使心灵和肉体受到精神的操练，他就能够使那些景象再次产生或者至少是有助于它们再次产生。从这些独自在曼雷萨经历的幻象、内省、比较、试验中，经过长期的逐步发展和精心工作，产生了著名的《精神的操练》，它可以称作反宗教改革的灵魂，正如路德的《基督徒的自由》包含了新教的本质一样。

伊格纳修斯在曼雷萨度过了将近一年的时间。他达到了他的目标——与上帝和解。剩下的事情就是履行他朝圣的誓言。他把他的隐士袍和禁欲苦行的实践搁置起来；但是他相信，弃绝一切财产并绝对贫穷地生活是他的职责。他把他所有的钱都放到一条板凳上，然后步行到巴塞罗那，沿途乞讨。在那里他被允许乘船到威尼斯，然后他乘船朝圣地前进。他的激情，特别是他要在土耳其人中传道的计划，使耶路撒冷方济各会的头领大为惊恐，并坚持要将他送回意大利。他返回巴塞罗那，决心开始学习，以使自己能够了解神学。他从未学过拉丁文，而拉丁文是全部神学知识的门径，于是这位三十多岁的男子进了学校，与男孩子们一起坐在板凳上。他去了阿尔卡拉和萨拉曼卡，并进了那里的学校。在他离开曼雷
萨之前，他就开始向其他人讲述他的幻象，并劝说他们投身《精神 533
的操练》中的精神训练。巴塞罗那的一些妇女成了他忠实的门徒。在阿尔卡拉和萨拉曼卡，他努力使别人追随他的体系。这些地方的教会当局唯恐这是一种新的危险的神秘主义，就逮捕了他，他在主教区的宗教裁判所被关押了两次。如果不是一些成为他门徒的有名望的妇女的干涉，他可能就要倒大霉了。他的两次监禁时间

都很短，但是他被禁止对不可饶恕的大罪和可以宽恕的小罪做出区别（如果他要成为精神导师，这就是非常重要的事情），直到他完成四年的神学学习为止。

第二节　伊格纳修斯在巴黎

伊格纳修斯做出了及时的军事服从，决定到巴黎学习神学。他于1528年初到达这个城市，他赶着一头毛驴，毛驴上驮着他的书籍和衣物。自然，他来到蒙泰居学院，该学院在院长诺埃尔·贝达的领导下，是巴黎最正统的学校；但是由于他一切事情都坚决要自己体验和判断，他马上就获准转到圣巴尔博学院，这是最自由的学校之一，当时乔治·布坎南是学监之一①。

① “伊格纳修斯·罗耀拉在圣巴尔博学院发生了下面这样一件事情，这件事既体现了他个人的精神，也体现了那个时代的风貌。他到巴黎旨在学习；但是他不能抵挡使别人追随自己的伟大使命这种诱惑。在这些追随者中，有一个叫作阿马多尔的西班牙人，他是巴尔博学院一位优秀的哲学学生。这位阿马多尔，罗耀拉将他从一位勤奋的学生转化成如同他一样狂野的幻想家，对他的大学特别是对他的同胞充满义愤。那时，罗耀拉恳请转到圣巴尔博学院学习哲学。他接受了以下这一明确条件，就是他不能企图改变他同伴的良心。在阿马多尔身上，罗耀拉恪守了自己的承诺，但是他还是禁不住将自己的幻象告诉其他人。学监以将会引致的后果三番五次向他发出警告，最后向院长（雅克·德·古韦阿）抱怨此事。古韦阿大发雷霆，下令次日对罗耀拉处以学院所能施加的最可耻的惩罚。这一惩罚称为 la salle（法语，意为房间、厅室、剧场内的观众等。——译者），其做法是这样的：午饭后，全体学生到齐了，老师们则每人手上一根戒尺站成两排。过失者的上身被扒光，然后穿过这两列老师，接受老师的鞭打。这就是罗耀拉，在他快40岁时，作为该学院的一名学生，将要接受的丢脸的惩罚。有关他将遭受的惩罚的风声传入他的耳朵，在与别人的私下交谈中，他透露了从古韦阿的惩罚下溜掉的想法…… 这发生在1529年，即布坎南进入圣巴尔博学院的那一年。”（P. Hume Brown, *George Buchanan, Humanist and Reformer*, Edinburgh, 1890, pp. 62 f.）

在巴黎的逗留不可能不使这位已届中年的西班牙人，这位怀 534
着巨大的激情决心在最微小的细节上维持旧宗教并摧毁异端和不服从者的人，产生深刻的印象。两种激情抓住了他，都具有鲜明的西班牙特色。他能够对圣特雷萨说，他受够了路德宗教徒的作为——洗礼曾经使他们成为教会的一员，但他们现在却丧失了自我——以至于如果他有几条命的话，他愿意给出来拯救哪怕一位路德宗教徒，使他免遭正等待着他们的可怕的惩罚；但是他又相信，上帝惩罚那些违背了他的话的人，这正体现着上帝的尊严，而且所有忠于上帝者都应成为上帝进行复仇的工具。

他强烈而务实的天性正符合巴黎（城市和大学）的宗教局面，并预示了他的人生道路。他看到了罗马天主教民众在面对宗教改革时所具有的力量，他看到，只要他们组织起来，并接受比军事训练更为严格的操练，那么他们就会变得非常强大。伊格纳修斯在巴黎的时候，正是党派热情高涨的年代。

弗朗西斯一世从气质和经历上来说属于文艺复兴时代的人。他乐于别人称他为文士的保护者，并乐于将自己想象成这样的人。他以他自私、世俗的天性所能允许的程度，忠心耿耿地信服于他的姐姐昂古莱姆的玛格丽特，并因她的缘故而赞助诸如勒菲弗尔和 535
“莫城小组”等宗教改革家。他对索邦神学院和巴黎高等法院心怀怨恨，因为它们企图破坏1516年的宗教协定；同时他也承认这两大势力集团所拥有的权力。他是一位反索邦派人士（指巴黎大学著名的索邦神学院），但又害怕索邦派，并且禁不住表现出他的害怕。他一直梦想着建立一所法兰西学院，一个由学识渊博的人组成的自主团体，由此可以引进新学，并形成一个对抗支配着巴黎

大学的索邦神学院的派别。这一计划以各种形式体现出来，但是直到弗朗西斯时代过去很久以后，它才结出丰硕的成果；但是开初的行动已经足以鼓励宗教改革家并激起索邦神学院支持者的愤慨。该神学院当时受诺埃尔·贝达的控制，他没有多大的学识才干，憎恨一切看起来威胁到中世纪信仰的事物。他拥有顽固的勇气和从不退缩的果敢，并且极为坚定地相信他自己是正确的，因此他能够针对新学和任何表现的宗教改革发动无情的战争。他能够屡次挫败国王的企图，并且多次通过国王的姐姐玛格丽特抨击国王。他的全部态度和行为使他成为两代人后罗马天主教同盟的先驱，并且如同这个同盟一样，他将他的权力建立在对存在于巴黎民众和索邦神学院学生中的罗马天主教狂热进行组织的基础上。所有这一切，当时待在巴黎的罗耀拉尽收眼底。他听到索邦神学院的学生唱着他们凶恶的歌曲：

大家抓住光荣的国王，
让他遇见地狱群犬，
人们不再记得他，
甚至连冢中的枯骨也留不下，
烧死他！烧死他！这是他们的标记，
正义要得伸张，上帝容许这样做。

536 以及蔑视性的回答：

索邦大学，盲信者，

索邦大学,闭嘴!
它的伟大主人,亚里士多德,从人们面前滚开,
它交的税钱,绝不会让它满足,
索邦大学,盲信者,
索邦大学,闭嘴!

教会的学者都是在自吹自擂,
一切学说都是蠢话,
人们一定会忘了它,
索邦大学,盲信者,
索邦大学,闭嘴!①

置身于由斗志昂扬的学生和老师构成的激昂人群当中,伊格纳修斯走着,沉默着,注视着,观察着每一件事情。他很少关注神学思辨,他是一位真正的典型的西班牙人。中世纪神学的教条对于他操练过的心灵而言仅仅是军事命令;所有的事情都要这样问:懂,还是不懂。异端就是军队中的哗变。他拥有洞察他人灵魂的不可思议的天赋;他每天进行内省并把经过自己心灵的无论好坏的事物记录下来,从而培养和加强了这一天赋。据说,在与别人一起时他很少讲话,只是静静地记下别人说的内容,他有着观察细节

① *Bulletin de la société de l'Histoire de Protestantisme Français*, xii. 129.

和储存细节的非凡天才。[①] 他想了解巴黎和法国以外的生活和思想状况，于是就旅行到低地国家和英格兰，仍然说话少，思考多，观
537 察更多。在所有这些时期，他都赢得了同伴学生的信仰，并且不辞劳苦地做了很多工作去考验和检测他们的性格和才能。他与一些人玩台球，为另一些人交学费，他慢慢地耐心十足地将下面这样的年轻人挑选出来：他认为他们是实施他复兴基督教世界的计划的可靠的合适人选，并且可以在《精神的操练》施加给他自己的灵魂的戒律中同他联合起来。[②]

他最后遴选出由9位门徒组成一个小团体：彼得·法贝尔、迭戈·莱内兹、方济各·沙勿略、阿隆佐·萨尔梅隆、尼古拉斯·博阿勃迪拉、西蒙·罗德里格、保罗·布罗埃、克劳迪·热伊以及让·科杜尔。科杜尔很早就死了。法贝尔是最早被选中的门徒，他是萨伏依人，是一位穷苦农民的儿子，具有百折不挠的意志和高地居民狂热的宗教妄想。这个小团体中没有人比他还要忠于其领袖了。方济各·沙勿略和罗耀拉一样，出身于古老的巴斯克家族；这位高傲的西班牙小伙子是所有人中最难争取的一个。莱内兹和萨尔梅隆是卡斯提人，他们曾是罗耀拉在阿尔卡拉时的同伴同学。莱内兹永远是一位学习的天才，“一位拥有古代智者头脑的年轻人”。争取他也是非常困难的事情，因为他不属于那种会轻易受人

---

① 罗耀拉最早的传记作者之一理巴德奈拉记载道，罗耀拉曾以巨大的热忱欢迎他在印度的弟子讲述他们生活中最细微的事情，有一天他说：“如果可能的话，我想清楚地知道，每天晚上有多少只跳蚤咬了他们。”

② 罗耀拉早就放弃了守贫穷的誓言；他的忠实信徒们——巴塞罗那的贵妇，赠送给他大量的钱财，他还从在法国和低地国家的西班牙商人那里收到大量财物。

鼓动的人；但是一旦追随了罗耀拉，他就成为这个小集团中最重要的成员。萨尔梅隆是莱内兹的早期同伴，他的冲动、急躁正如莱内兹的冷静、有条理一样著名。他是这个团体中能言善辩的布道者。博阿勃迪拉也是西班牙人，永远精力充沛，为保持他与其他兄弟的接触，需要对他施以最严格的纪律。罗德里格是葡萄牙人，热伊来自日内瓦，这两个人说话富含玄机，注定是这个小团体的外交家。布罗埃，这群热烈的南方人当中的一位沉着冷静的尼德兰人，因他亲切的纯洁的灵魂而受到所有人的喜爱。

以上就是罗耀拉于1534年圣母升天节时召集到当时还在巴
黎城墙之外的蒙马特尔圣马利亚教堂的人。他们在那里起誓说，538
如果没有受到不可克服的困难的阻碍，他们就要一起到巴勒斯坦去为了人类的福祉而工作。如果这一点不可能实现，他们就要请求教皇免除他们的誓言，并且投身于神圣教皇指示给他们的为了灵魂的福祉而进行的任何工作。这里，并没有建立修会；也没有发守贫愿和服从愿；这是一个大学生团体，他们之间互相视为兄弟，他们许诺离开家庭和朋友，“没有多余的钱财”，为了教会的复兴而共同工作。法贝尔已经领有神父的身份，主持了弥撒；这个团体在圣德尼共同进餐。这就是后来成长为耶稣会的团体的静悄悄的开始。

同伴们分散开，计划一个季度后在威尼斯会面。

第三节　精神的操练

所有这9个同伴都服从于伊格纳修斯的精神指导，并投身于

《精神的操练》一书中所描述的训练。这种对灵魂进行军事化训练的手法可能在蒙马特尔集会（1534）时尚未完善，因为我们知道罗耀拉从1522年到1548年一直在对这本书进行修订，直到1548年教皇保罗三世批准了它；但是在这里描写一下这部非凡的著作也许是很合适的，这是一部注定要对反宗教改革产生重大影响的著作。[①]

认为精神上的感觉和机能可以通过祈祷、冥想等规定好的方式的不断重复而予以激励和加强这种想法并不新鲜。不要说别
539 的，14世纪德国的神秘主义者对跟随他们的人实行的就是这种训
练。而这种做法在多明我修会中也很普通。1500年蒙塞拉特修道院院长加西亚·德·西斯内诺曾撰写过相关书籍《对精神生活的操练》（dela vida spirital），很有可能伊格纳修斯在曼雷萨时曾经研读过这本书。但这丝毫不能损伤《精神的操练》一书显著而独特的原创性；无论在写作计划上、内容上还是在目的性上，这本书都是独树一帜的。[②] 这本书是罗耀拉长期精神斗争的产物，是他

---

① *Exercitia Spiritualia S. P. Ignatii Loyolæ, Fundatoris Ordinis Societatis Jesu* 及其不可缺少的姊妹篇 *Directorium in Exercitia Spiritualia B. P. N. Ignatii*，可在 *Insti. Soc. Jesu* 的第四卷中找到。本书所使用的《精神的操练》为安特卫普1676年版，《指南》（*Directory*）为罗马1615年版。

② 通过对《精神的操练》、《指南》、罗耀拉的通信以及由他的早期及同时代传记作者记录下的他的言论进行仔细研究，我确信，这部书主要从罗耀拉在曼雷萨期间内省时所作的大量笔记中取材，而他在编纂该著作时所使用的唯一的书是康比的托马斯·阿·肯皮斯所写的《效法基督》，这本书伊格纳修斯以为是格尔松所写。我们知道，伊格纳修斯对这本书评价很高。当他访问卡西诺山修道院时，他给那里的每一位修士都带了一本；这是他放在自己床头小桌上的一本书；而且这是新入会者在进行精神的操练头一周里唯一一本可以阅读的书："不过，如果导师能够在第一周自由阅读格尔松的《效法基督》。"（*Directory*, iii, 2）

在怀疑和痛苦的日子里对自己的灵魂进行冷酷内省的产物。其最终目的是引导灵魂通过罗耀拉曾无助地忍受过的漫长的一系列经历,引导灵魂到达他所找到的宁静。

人们普遍承认,伊格纳修斯一直具有军事训练的观念。他希望像军队教官训练身体一样操练精神。《精神的操练》不是一本为企图通过冥想之梯达到与上帝密切交流境地的独居信众撰写的隐居手册。在这里,操练导师所起的指导作用是不可或缺的。导师必须掌握这种方法一切纷繁复杂的方面;此外,导师还必须尽可能地详细地了解他的学生在精神上的优点与弱点。掌握这方面的 540
详情还算比较容易,难的是在让某位门徒进行这种操练之前,已经将他差不多完全争取过来了。他必须顺从一位忏悔神父;必须已经让他明白,抛弃自身从而全身心地投入操练是绝对必要的;他必须绝对许诺服从指导者的命令;他必须以不断的忏悔来暴露心灵的最深处,并仔细交待掠过他心灵的哪怕最琐屑的念头;最重要的是,在这种长时间的历练中,他必须进入这种状态,即最热烈地期待他因全心全意实施所规定的操练科目而会产生的巨大益处。[①] 操练导师对他所施加的训练细节具有很大(尽管作了严格的限制)的决断权。

操练过程持续四个星期[②](25 天)。在此过程中要针对四个主

① Cf. *Directory*, i. ii. v.

② 在这里,"星期"并不是指一段时间即七天,而是一个明确的冥想主题。一个主题的操练可能在七天或八天之内完成;整个过程有可能超过 25 天。第一个冥想主题是所有冥想主题的根基,这一冥想有可能反反复复地进行,直至灵魂受到充分的改观。(*Directory*, xi. 1)

题进行漫长而仔细的冥想：罪和良心；人间的基督王国；耶稣受难；与主升天的荣耀同在的上帝之爱。① 在这整段时间里受操练的学生都必须完全独居。他不得接触来自生命和行为的世界的任何景象和声音并因此受扰。应当劝诫他，除他所应当全身心投入的冥想外，他要清除他心灵上的一切思想；将全副精力投入内省，使之生气十足，并竭尽全力使得与上帝的对话无阻滞地进行。

541 伊格纳修斯认为，真正的冥想应当包括四个方面：预先祷告；proeludia，或者说协调心灵和感觉的方法，协调两者的目的是将与教条相关的过去的历史场景或者教条的具体化景象有条不紊地、栩栩如生地带到学生的灵魂面前；puncta，或者说每一冥想的明确要点，思想应当集中到这些要点上，而且记忆力、智力和意志力各方面都要运用到这些要点上；colloquia，或者说与上帝进行的入迷状态对话，没有这一点任何冥想都不能说圆满，受训学生将耶稣受难像摆放在自己面前，在入迷状态中与上帝谈话，并听到上帝回答他的声音。

如果仔细研究灵魂被引导在这些冥想中经历漫长的精神之旅的过程，人们不难发现，整个过程的各个阶段都体现了粗陋的物质

---

① “第一周包括思考各种罪，以便我们了解其可憎之处，并以应有的悲伤和带着改正的目的憎恨之。第二周则将我们置于基督的生命之前，以便在我们的内心里培养起一种效法他的强烈愿望；为了使这种效法尽可能完美，拣选的方法也给了我们，以便我们选择这样一种与上帝的意志最相符合的生活状态；或者，如果我们现在还不能自由地做出这样的一个选择，我们也得到了一些教导，以便革新我们身处其中的那种生活状态。第三周是沉思基督的受难，从中产生怜悯、悲伤和耻辱，并极大地燃起我们效法他的愿望。最后第四周是基督的复活，还有其荣耀的显现，以及上帝赐给我们的恩惠，并其他被算作能在我们心中燃起他的爱之类的事宜。”（*Directory*，xi. 2）.

主义。受训学生被要求在自己的想象之镜中看见无穷的地狱之火，看见包裹在燃烧着的躯体内的灵魂；要听见尖叫声、号叫声和咒骂声；要闻到硫黄味和不忍卒闻的恶臭味；要尝到眼泪的咸味，要感到大火烧灼的疼痛。① 当客西马尼园的场景成为冥想主题时，受训学生必须在一间暗室里想象自己处于一个园子里，园子大小无所谓，他看到四周的围墙，不断地凝视，直到看出基督在哪里，众位使徒在哪里睡觉，觉察到淌下的汗珠，并触摸到基督的衣
服。② 当他冥想圣婴诞生时，他必须想象出约瑟、马利亚、圣婴以 542
及一位女仆的形象，听到他们的家庭谈话，看见他们做日常劳动。③ 同样的粗陋的物质主义也体现在对圣餐礼教义的冥想上。对道成肉身的思考完全孩子般地仅限于想象三位一体中的三位，他们凝视广阔的大地上人类突然要毁灭，便决定派三位中的第二位降临人间拯救人类；并想象天使加百列和圣母交谈的情景。④

这种冥想程式的第二个特点是冥想的范围受到极其严格的限制。受训者的注意力被限制于我主基督和圣母马利亚的生活中的为数不多的景象。任何源于旧约的功课都是不允许的。一切神学思辨都被严格排斥。其目的是形成一种强烈而集中的印象，并且

---

① “第一点将是用想象的眼睛观看到那些大火和仿佛包裹在火的躯体之内的灵魂。第二点将是用想象的耳朵倾听针对我主基督以及其所有圣徒的嚎叫、哀号、哭泣和亵渎。第三点将是用嗅觉感知烟雾、硫、污秽和腐败之物。第四点将是用想象的味觉品尝泪水之苦、悲伤以及良心的悔恨。第五点将是用想象的知觉感受席卷并焚烧灵魂的火焰。”（*Exercitia Spiritualia*, *Quintum Exercitium*（pp. 105, 106 in Antwerp edition of 1676））

② *Exercitia*, *Tertia Hebdimada*, ii. Contemplatio（p. 157）.

③ *Exercitia*, *Tertia Hebdimada*, ii. Contemplatio, pp. 125, 126.

④ 同上，p. 121。

终生不忘。受训者的灵魂一时受到恐怖景象的折磨，一时又因天堂幸福的景象而得到抚慰，两者交替出现。“想要达到的效果是，产生出 25 天之久的栩栩如生而富于变化的催眠梦幻，受训者将永远也不可能使自己完全从这种梦幻中摆脱出来。”①

然而，《操练》和《指南》透露出的最引人注意的一点是：这帮人显示出对精神处于狂喜入迷状态时身体的状况以及伴随现象有着细致入微的了解，并且不断地——即使不说毫无顾忌地——运用肉体上的手段使人达到精神上的放弃。他们通过操纵躯体来控制精神。这并不是说，自我反省、忠诚而细致地承认自己面对诱惑时的罪孽和弱点等等，在这一漫长的训练过程中便没有地位。相反，这一点得到反复灌输，而且施以指导，使之得以非常详细、非常强有力地，而且几乎可以说是科学地进行。受训学生受命每天自我反省两次，一次在下午，一次在晚上，他要自己弄清楚当天所犯的每一个罪恶，所出现的每一次懈怠。他被教导要逐日将上述罪

543 恶和懈怠记录下来，这记录将以算术般的精确向他自己和他的忏悔神父显示他的道德状况。但是当伊格纳修斯自己在曼雷萨经受精神上的斗争和压抑时，尽管他的灵魂受到极度痛苦的折磨，他也一直在记录伴随着他的精神状态而出现的肉体上的状态；当他因上帝的景象及上帝的恩典而欢喜不已时，他也进行了同样的内省。《操练》和《指南》中充满了对肉体状况的细致说明，描述了他通过经验发现什么样的肉体状况最适合什么样的冥想主题。过去，虔诚的佛教徒得到指导，通过凝视自己的肚脐而进行的简单的催眠

① J. A. Symonds, *The Renaissance in Italy*, *The Catholic Reaction*, i. 289.

过程使自己达到精神恍惚状态;伊格纳修斯的训导则要复杂得多。白昼耀眼的天光,黎明时模糊的蒙影,夜里的黑暗,全都派上用场;有些科目要一动不动地笔直站着默想,有些科目要在斗室中来回走动,时而要坐着,时而要跪下,时而要趴在地上;有些科目要在禁食得四肢虚弱时进行冥想,有些则要在饭后马上进行;诸如早晨、晚上、半夜等特别的时间被说成是最适合某种冥想科目的时间,而这又因受训者的年龄和性别而有变化。伊格纳修斯认识到,人是各不相同的,并明确指出,一般原则并不总是适用于每一具体情况。因此,操练导师得到告诫,要研究受训者的不同个性,并根据他们的精神状况和肉体状况而对训练作相应的改变。

主要是因为这样运用了通过肉体状态影响心灵的手段,所以伊格纳修斯能够向他的追随者许下诺言,那些迄今为止只成为少数受恩宠的圣徒的特权的狂喜入迷状态,他们也可以达到。宗教改革使世界变得民主了,而反宗教改革则邀请群氓来分享圣凯瑟琳或圣特雷萨的狂喜和幻象。

一方面伊格纳修斯清楚地认识到肉体状况会对所谓精神状态
产生很大的影响,另一方面,他运用这一认识来创造或者激发这些 544
精神状态。将这两个方面联系起来看,人们不由得产生疑问。人们很容易理解,神秘主义者尽管不注意身体对灵魂施加影响的各种神秘方法,但他们有可能在因许多不眠之夜和长时间禁食而产生的狂喜迷醉状态中欢欣鼓舞。人们也不难理解,某人在受到教育后就会以鄙视的目光抛弃这些通过肉体影响灵魂的把戏。但是人们难以理解的是,一个人在洞察这一机制发生作用的原理的情况下,还能够认为真正的虔诚可以从这种机制中产生出来。有些

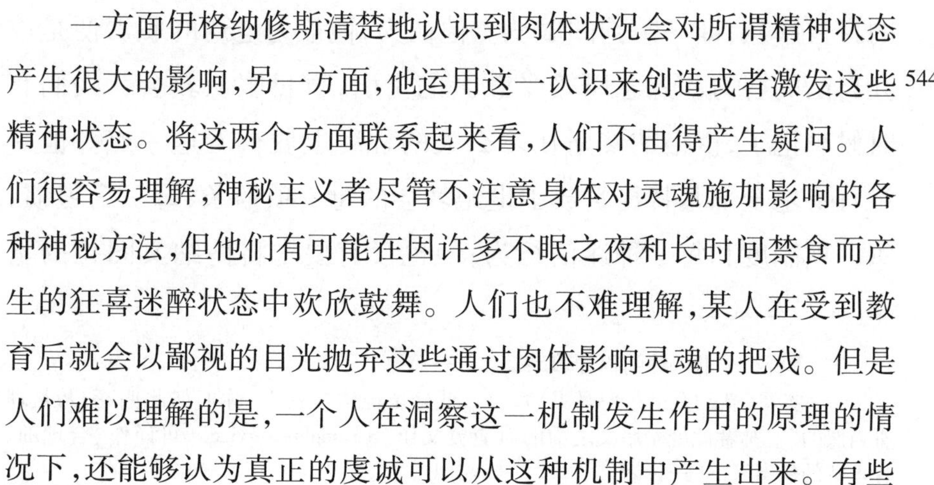

人认为伊格纳修斯的目标就是奴役人类，像伟大的军事统帅控制人类生命一样地控制人类的灵魂。但是这种观点是难以接受的，也是偏狭的。任何人，只要他阅读过罗耀拉的书信集，都会看到，这个人是一位虔敬而诚挚的基督徒，他渴望在他的同时代人中掀起一场道德革新。也许当我们记起下面这一点时，这个谜就解开了：与早期的神秘主义者不同，罗耀拉从未想过他的操练过程所产生的狂喜与恐怖本身即是目的。他们只是达到随后目的的手段。伊格纳修斯坚信，全部真正宗教的本质就是盲目服从他所称的“基督的真正的配偶和我们神圣的母亲，即正统的、普世的和教阶制的教会”。我们曾听到他在曼雷萨极度痛苦时的叫喊：“哦，主啊，向我指出，我哪里能找到您？只要我知道救赎的道路，我就会像一条狗一样沿着它走下去。”他毫厘不爽地实践了他的誓言。他从来没有理解我们的主所说的这句话：“以后我不再称你们为仆人……我乃称你们为朋友”①；他也没有理解圣保罗所说的“合理的侍奉”（λογιμὴ λατρεία）②。他所知道的唯一的服从便是不由理智控制的盲目服从，即一条狗的服从。他认为，他最为迫切的职责便是放

545 弃自己的智力和意志以接受教会的指引，盲目服从教会。人们有时候忘记了，伊格纳修斯在多么大的程度上履行着这一点。他并没有要求全部基督徒赞成中世纪教会的每一项信条、每一个习惯、每一项制度和每一种迷信行为；他也没有要求将博纳文图拉的圣

---

① 《新约全书·约翰福音》15:15。——译者

② 参看《新约全书·罗马书》12:1。此处圣经中文版作“你们如此侍奉，乃是理所当然的”。林赛此处希腊文之前的对应英文作“reasonable service”，可译作“合理的、有理智的侍奉”。——译者

托马斯的哲学，《箴言四书》的哲学以及“其他近世神学家”的学说看成如同圣经一样的权威；①但是“如果教会宣布一种我们看来为白色的东西是黑色的，我们必须马上说它是黑色的”②。对他来说，这是最完美的结果；而且他认为《精神的操练》所引致的长时间的催眠状态下的迷醉是达到这一结果的最佳工具。

第四节　伊格纳修斯在意大利

1537 年初，伊格纳修斯等 10 人汇聚到威尼斯。当时威尼斯共和国与土耳其人之间进行的战争使得他们乘船前往巴勒斯坦的计划难以实现；他们留了下来，在与期望教会从道德上更新的人们的交往中找到了安慰。孔塔里尼为他们做了很多事情；维多利亚·科隆纳非常赞成他们的事业；只有卡拉法冷冷地袖手旁观。伊格纳修斯的心里这时充满了改善社会和教会道德的计划——乡村教堂每天都要祈祷，各种靠运气决定胜负的游戏应当从法律上禁止；禁止神父的姘妇像忠实的妇女一样穿着，等等——所有这些孔塔里尼和维多利亚也在考虑。

在短时间停留威尼斯后，伊格纳修斯、莱内兹和法贝尔三人前往罗马，其他人则在复活节期间（1538）与他们会合。没有任何教皇像保罗三世这样好接近，这三人得以觐见，并陈述了他们的传道 546

① 这些以及其他类似的说法见 *Exercitia Spiritualia* 最后一章 *Regulæ aliquot servandæ ut cum orthodoxa Ecclesia vere sentiamus*。

② 同上，“Si quid, quod oculis nostris apparet album, nigrum illa (ecclesia catholica) esse definierit, debemus itidem, quod nigrum sit, pronuntiare”（*Regula*, 13, p. 267）。

计划。但是这次在意大利所作的旅行最终让伊格纳修斯及其同伴产生了新想法。到巴勒斯坦朝圣的计划被明确放弃了，他们为此筹集的钱财也归还给了捐赠者。他们来到维琴察附近一个废弃的修道院里，商讨他们的未来。这次会议可称作耶稣会形成的第二阶段。他们都同意采纳几条简明的生活原则——他们要依靠行乞过活；他们要两个两个地行动，其中一个要一直作为另一个的仆人行事；他们到公共医院住宿，目的是随时准备照顾病人；他们要发誓，他们的主要任务是向那些不去教堂的人讲道并教育年轻人。

很快，意大利的城镇中出现了一群新型的布道者，他们运用了著名的受欢迎的即兴诗人（improvisatori）的做法。他们站在街道拐角的镶边石上；他们挥舞着帽子；他们向过往行人高声叫喊。当一小群人聚拢过来后，他们便开始讲道。他们并不宣讲神学。他们宣讲十戒中规定的上帝简单明了的命令，宣称一切罪恶都将在此世或来世遭到惩罚。他们阐明教会的规定。他们描绘地狱的痛苦和天堂的欢乐。围拢来的人群只能部分听懂他们所听到的意大利语和西班牙语的奇异混合语言。但是整个中世纪意大利民众总是能轻易地受到包含激情的宗教呼吁的感染，于是这些传道者在各城镇的群众当中创造出某种类似宗教热情复兴的局面。

基于这一经验，伊格纳修斯决定成立一个耶稣连。当时的意大利处于军事性团体盛行的年代，而伊格纳修斯的心灵总是能够对意味着士兵生活的东西产生回应。其他的修会可能以其创立者
547 命名；伊格纳修斯则决定，他的个性应当被吸收进受难的主的个性中。建立新修会的想法很合他的 9 位同伴的心意。他们搁下传道工作，各自取道回到罗马，他们每个人都对将要起草并呈送教皇的

修会章程作了深入思考。

他们迅速制定了章程的草稿。已成为罗耀拉的朋友的红衣主教孔塔里尼正式将他们介绍给教皇。在接见时，伊格纳修斯解释了自己的计划，呈上拟建新修会的章程草案，说明新修会如何能够成为一个立誓永远与一切教皇制度的敌人作斗争的战斗队，其中一条誓言是这样的："修会成员将把他们的生命献给持续的对基督的效劳及对教皇的效劳上；将在十字架的旗帜下战斗，将以如下方式为主及作为上帝在人间代理人的罗马教皇效劳——对于在位教皇及其后继者为了灵魂的利益或者为传播信仰而对他们下达的一切命令，他们都有责任迅速地、毫不迟疑地、不带任何借口地执行，并且无论教皇把他们派到哪里，无论是到土耳其人中间或是到其他异教徒中间，到遥远的印度，还是到异端分子、教会分裂者或是任何不信教者的地区，他们都要这样做。"保罗三世深切感到，在教皇制遭遇重重压力的时候，这个拟议中的修会将给教皇制带来巨大的支持。据称他说他从呈送到他面前的提议中认出了圣灵，他还说他知道他们一行在意大利及在罗马民众中都很受欢迎。但是整个这样的计划在正式批准之前还得先提交给三位红衣主教组成的委员会。

然后，罗耀拉的麻烦就开始了。左右梵蒂冈意见的精明的政治家们对这一运动表示怀疑。他们对将西班牙的神秘主义组织成一支战斗力量没有特别大的兴趣；他们不喜欢该"连"的头领大权 548
在握；他们认为教会已因修会大量增多而受苦不浅；过了 8 个月，所有这些困难才被扫除干净。伊格纳修斯记录说，这是他一生中最艰苦的几个月。

保罗三世在持续时间很长的接见过程中,发现莱内兹和法贝尔拥有渊博的学识。保罗三世就聘请这两位(不久后又加上萨尔梅隆)做罗马大学的神学教师,他们在那里获得交口赞誉。伊格纳修斯则忙于修订他的《操练》,向有影响的人物讲解其中的内容,并吸引许多人前来尝试着用其中的方法影响自己的灵魂,孔塔里尼经过恳求得到一份该书的手稿抄本。查理五世在罗马的大使奥尔蒂兹博士投身于这一训练,并成为热情的支持者。伊格纳修斯说道:“正是在那个时候,我首次赢得了有学识的有影响的人的青睐和尊敬。”然而反对势力也是颇为强大的。以前斥之为异端的声音又活跃起来。伊格纳修斯要求单独觐见教皇并获得许可。他在自己的一封信中描叙了这次会见。[1] 他与教皇在教皇的私室里长谈了一个多小时;他阐述了他和他的同伴的观点和意图;他告诉教皇他曾经在西班牙和巴黎几次被控为异端,甚至在阿尔卡拉和萨拉曼卡还遭监禁,但是每一次通过详细调查都证明他是清白的;他说他很清楚,希望进行传道的人会招致对上帝和人类的巨大责任,他们必须远离每一错误教条的侵染;他恳请教皇对他进行仔细检
549 查和彻底考验。[2] 1540 年 9 月 27 日,名为“军旅教会”(*Regimini militantis ecclesioe*)的教皇训令颁布了,耶稣会就此成立。当年在

① *Cartas de san Ignacio de Loyola, fundador de la compañia de Jesus*(Madrid,1874, etc.),No. 14.

② 伊格纳修斯喜欢提及这些指控及指控的消除。在一封著名的致葡萄牙国王的信中他说,他曾 8 次被指控为异端,但又 8 次证明他是清白的。而提出这些指控的真正原因,不是因为他与教会分裂派、路德派或阿鲁姆布拉多派(异端神秘主义派别)有联系,而是因为他们对如下事实感到吃惊:一个蒙昧无知的人竟然敢于谈论神圣事务(*Cartas de san Ignacio*,etc.,No. 52)。

蒙马特尔的学生组织，在维琴察旨在复兴宗教的传道者组织，如今成为一个新的修会，一个发誓在各个地方和不惜一切代价为保护教皇制度、反对教皇制的敌人而斗争的神圣的战斗队。在训令中该会人数被限制为60人，这是因为对反对者作了让步，还是与伊格纳修斯的心意相符，已无从考证。或许原因是后者。在该会的鼎盛时期，其正式会员的数目也不是很大——大约不超过总人数的百分之一。[①] 不过，无论这一限制是出于什么原因，它在1543年3月14日的第二份训令“命令我们”（*Injunctum nobis*）中被取消了。

第五节　耶稣会

1541年4月4日，耶稣会10位创始成员中的6位（另外4人不在罗马）开会选出他们的会长；不在的人中有3位送来他们的书面选票；伊格纳修斯被一致选出。他拒绝了这一荣誉，但4月7日又再次当选。他遂让步，并于4月22日（1541年）在城墙外的圣保罗教堂接受了其同伴的宣誓。

新修会马上就声名远扬；许多人都想加入进来；伊格纳修斯发现自己不得不接受比他所愿意的更多的人入会。他感到进入他修会的人数越多，修会的活动范围越广，就越发需要一个严格的体制
来管理修会。所有其他修会的僧侣都有他们的规章制度，规定他 550

① 到伊格纳修斯死时（1556年），“发过四愿”——这是最严格意义上的该会会员并享有管理该会资格——的人只有35个。

们的职责，他们共同生活的方式，并阐明将他们联系到一起的共同感情。而耶稣会从一开始就意图拥有最为严格的军事化纪律，并且成为其成员即意味着成为一个附属于一部庞大的、受被选为他们会长的人操纵的机器的零件，因此耶稣会就比其他修会更需要类似的规章制度。于是伊格纳修斯便着手制定章程。我们所知道的、由10个原始成员在觐见教皇时呈送给保罗三世的最初的章程，已包括在教皇建立该修会的训令中，但是显然它还比较笼统。然而，其中包含的四个特征（如果将第四个起誓即发誓特别服从教皇包括进来，或许是五个）是全新的。该会要成为一个战斗修会，成为一个神圣的战斗组织；它要为宣传信仰而开展工作，尤其是要通过教育年轻人来宣传信仰；该会成员不要穿专门的或与众不同的衣服；置于该会会长手中的权力比其他隐修会首领可允许拥有的权力要大得多。同时，章程也规定了对会长权力予以限制的制度，这一点类似于其他修会。应当有一个由多数成员组成的委员会，并规定会长应当在全部重大问题上与该委员会协商；在其他次要问题上他应当采纳身边兄弟的建议。在教皇训令《然而牧灵职责所系》(*Licet debitum pastoralis officii*)（1549年10月18日）和教皇训令《牧灵职责所需》(*Exposcit pastoralis officii*)（1550年7月21日）中对上述限制性制度作了改动，旨在使该会会长免受这些措施的限制，但是这两份教皇训令本身表明，该会章程甚至到那时还未确定其最终的形式。很有可能由伊格纳修斯拟定的完备章程直到他死时也没有颁布给耶稣会。

伊格纳修斯的工作方式表明这个人既非常实际又具有狂野的幻想。首先他致力于做好相关安排，以便开始修会立志要承担的

教育工作，他将修会成员划分为不同的级别[1]；然后他便转而制定 551
章程。他让莱内兹、萨尔梅隆、布罗埃和热伊四个在罗马的原始会员仔细检视他们向教皇所作的一切承诺，看其中可能包含着什么意思，并由此出发草拟章程。他只给予四人一条指示，以指导他们的工作：他们要保证，千万不要制定可能暗含有如下意思的规定——以后改动修会的规章制度就是犯死罪。他的修会的基础目标与其他一切修会都不同。这个修会不像本笃会那样由身置世外以图拯救自己灵魂的人组成；它也不像多明我会那样只是为了建成一个传道社团；它也不仅仅像方济各会那样是个博爱组织。它的目标是以一切可能的方式帮助同类（fellow-men）；而在伊格纳修斯那里同类是指普世教阶制教会的听话的孩子们。要运用一切可用的手段同上帝在人间的代理人的敌人作斗争。其他修会的规则因而对伊格纳修斯没有太大的帮助。所有的一切他都必须自己思索出来。在这些岁月里伊格纳修斯记有日记，他像记账似的记录下心灵的状态、经过心灵的思想、他所看见的幻象，还有他感受到这些状态、思想和景象的时刻。[2] 任何一个与他的修会的章程有关的可能的问题他都煞费苦心地予以思索。他花了一个月时间进

① 耶稣会成员分成以下四个级别：(1)新入门者（Novice），他们被严格遴选来做(a)神父，或(b)世俗事务，或者(c)尚未确定其专门职责——即随机派遣者（Indifferent）；(2)研习学问者（Scholastic），他们已经通过了两年的入门期，还须花五年时间进行相关学习研究，还要做五年第一级会员的老师；(3)助理（Coadjutor），一种是宗教性的，一种是世俗性的，前者参与耶稣会的全部传道工作，讲道或者授课，后者承担相关世俗事务；(4)发四愿者（the professed of the Four Vows），他们是耶稣会的精英，只有他们才参与修会管理。大学和驻地的首领由第三级人员担任。

② Vigilio Nolarci 在他的 *Compendio della Vita di S. Ignatio di Loiola*（Venice, 2nd ed., 1687）第 197—211 页使用了该日记。

552 行深思，才明确应当如何规定耶稣会与财产的关系。每一个解决方案出现在他的脑海里就像启示的闪现，通常是在弥撒即将开始时出现。他记载道，有一次这种闪现发生“在大街上，当时我从红衣主教卡尔皮处返回”。他就是以这种方式拟定章程的，他相信无论是章程还是《操练》，都是建立在上帝的直接启示之上的。

这就是莱内兹向选举他为罗耀拉的继任者的大会（1558 年 7 月 2 日）提交的章程。这位新会长另外增加了一份他自己的评注或称《指南》（*Directorium*），也为大会所接受。它得到了庇护四世的批准。

在这份耶稣会章程中，耶稣会是一个由从新入门者经过研习学问者、助理、发四愿者直至作为其首脑的会长的人员组成的精心设计的教阶制度，其中会长是一位独裁者，控制着这部庞大机器的每一个部分，甚至是最细微的部分。名义上他受制于章程，但是这一精巧律法体系的内在原则却因实践中最大程度的松弛而大大减弱。章程中最为确定的原则在《指南》中得到了解释或者被巧辩过去，通过这样煞费苦心地制造例外情况，章程被证明不再是会长意志的障碍。会长手握操纵杆，能够随心所欲地通过这部巨大的机器为所欲为，他只要轻轻一触，整部机器的每一部分都会立即回应。他拥有几近无限的权力，他“可以免除繁文缛节，可以解除义务，可以缩短或延长入会时间，可以延缓或加速成员的晋升”。耶稣会每一位成员都必须服从他们的直接上级，对这些成员而言他们的直接上级仿佛站在耶稣的位置上一样；耶稣会的每一位成员还要达到这种程度：只要会长让他们去做什么事，即使他们认为这件事是错的，也要马上去做；只要会长愿意把黑的说成白的，他们

就要相信黑的是白的。会长驻于罗马，掌握耶稣会一切事务，接收
有关每一位成员的隐秘的、私人的事情的报告，按照自己的心意对 553
待最高级的或者最低级的属下。

“然而耶稣会的会长，像威尼斯的总督一样，受制于一些尽管看不见但却微妙地起作用的束缚。他无论昼夜每时每刻都处于五个起过誓的间谍的监视下，他们被专门任命来防止会长改变修会的类型或者忽视修会事务。这些官员中的第一位称作主管，他通常也是会长的忏悔神父，他要告诫会长保持忠顺，要提醒会长必须为了上帝的荣耀而做一切事情。在耶稣会的术语里，忠顺和上帝的荣耀意味着保持住耶稣会。其他四个人称作助手。他们负责各主要地区的事务：一位负责印度，一位负责葡萄牙和西班牙，一位负责法国和德国，一位负责意大利和西西里。总管及四位助手均由全体大会（由发过四愿的人员组成）任命，未经全体大会批准不得撤职或替换。他们的职责是管理会长的日常生活，将他的私人开销控制在他们确定的规模上，规定好他应当吃什么喝什么，指定他的睡觉时间、进行宗教科目时间、处理事务的时间。……耶稣会就这样建立在相互之间的和无孔不入的监视之上。新入门者在入会时要将他的行为、习惯及个人品质全部记录下来。当他获得晋级时，他周围忌妒的兄弟认为他们有责任向上司汇报他哪怕最细小的不足。上司之间则互相监督并受到下级的监督。大量的秘密信息不断涌进会长的密室里；而会长自己的吃饭、睡觉、祷告、工作和行动则处于十只机警眼睛的有

力注视下。”①

历史学家已激烈指出耶稣会在全世界所犯的罪恶、它的赤裸裸的政治目标、它的扼杀了其精神生命的世俗性、它的道德的堕
554 落——这一切大大侵蚀了17和18世纪的道德生活。人们经常说头脑冷静的莱内兹要为这些罪恶中的大多数负责，自他担任会长以后，耶稣会就起了变化。在曼雷萨的神秘主义者、维琴察的宗教复兴传道士、罗马的真正彻底的布道事业和耶稣会狡猾、残忍、世俗的政治活动之间，似乎存在一条巨大的鸿沟。然而几乎所有这些变化都可以追溯到一个根源，即伊格纳修斯对真正宗教的理解。对他而言，所谓真正的宗教从头至尾都意味着不用理智控制地、盲目地服从统括一切的、教阶制的教会的命令。正是这一点败坏了那些赋予罗耀拉的意图以力量的品德，并从一开始就带入一种无人性的因素。

他开始时怀着为了同类的幸福这一崇高思想；但是他的宗教观念限制了他的视野。他的“邻人”观念从未越出这一思想——邻人就是那些完全服从罗马教皇的人，其他一切人都处于人类兄弟情谊的范围之外，正如穆罕默德的门徒之于早期十字军战士一样。布永的戈弗雷是位既虔诚又善良的人，然而当他作为征服者骑马走上满是被屠杀的穆斯林的尸体的耶路撒冷大街时，他看见一个婴儿在死去母亲的乳房上蠕动，便弯下身去抓起婴儿的脚踝，

① Symonds, *The Renaissance in Italy*, *The Catholic Reaction* (London, 1886), i. 293, 294.

将婴儿的头猛地向墙上甩去。对伊格纳修斯而言，就像对戈弗雷一样，所有在统括一切的、教阶制的教会之外的都不是人，而是狼。

伊格纳修斯抱有这一英雄思想：他的修会要在尘世生活的每一个领域帮助他们的同类，同时政治上的考虑赶走了其他一切方面的考虑，因为政治包括了人类生活于其中的一切领域。因此，尽管就他本人而言他偏向于修会由有学识的和虔诚的人组成，但是他那巴斯克人的敏锐头脑马上就看到了这种人的局限性。耶稣会史学家奥尔兰迪诺告诉我们，伊格纳修斯从那些洞悉世事、拥有较好社会地位的人当中挑选修会成员。当实施《操练》中的训练时，555
他非常恰当地禁止禁欲主义的虔诚，认为这是愚蠢的行为；只有当激情衰退或者不驯服的征兆显露时，才会强调这种愚行。这时会长就会下令进行第二阶段的训练，就像一位医生将他的病人送到某个温泉胜地疗养一样。章程规定，新入门者要从这样的人中挑选：他们要长得眉清目秀仪表堂堂，记忆力好，性情温顺，观察力敏锐，而且从不轻易献身于某一信仰。耶稣会既要同新教又要同文艺复兴作斗争，它从敌人那里借来关于一般文化的思想，训练灵魂和肉体的每一部分，并塑造出精于世故的人。

一个人如果看不到蕴藏于这位西班牙战士身上与生俱来的敏感，就无法读懂伊格纳修斯的书信。这不仅仅是以多种方式表现出来的情感；这一点在他对罗马城中堕落妇女所抱的无限的怜悯以及援救工作的明智方法中最明显地表现出来。正是这种敏感使他犯下了他的最大的错误。他坚持认为，如果一个人没有被带入卑微地顺从教阶制下天主教会的状态，那么他就不可能得到拯救；这种顺从是真正的德性可以种植并成长的唯一土壤。而且他坚

信，能够彻底地改造“普通人”并使之进入这种顺从状态的道路就是通过忏悔室和主管上司，因此任何人都不应当因过分的严厉而惧怕忏悔或者不敢再信赖导师。他殷切希望为最大多数的人谋取这些不可估价的利益，因此他反反复复向他修会的成员强调，在对他们的任何一位忏悔者做出他们犯下不可宽恕的罪孽这一结论时，一定要极其谨慎。这就是耶稣会士决疑法（casuistry）几近天真无邪的开端，但它发展到最后几乎成了这个样子：一个声明顺从的人不会犯不可宽恕的罪孽，并引致对著名的法国导师、神父博尼
556 （Father Bauny）的渎神描述：“博尼通过定义把世界上的罪拿走了。”

如此组织起来的耶稣会马上就变得十分强大。它在意大利发展迅速。莱内兹被派到威尼斯去，同那里、布雷西亚和瓦尔泰利纳的安睡的新教作斗争。热伊被派至费拉拉以抗衡该地公爵夫人法国的勒妮的影响。萨尔梅隆去了那不勒斯和西西里。意大利各主要城市都欢迎这个新修会的各位成员的到来。高贵而虔诚的夫人向他们提供帮助。大学建立起来了；所开设学校的教育不仅自由，而且优于其他通常的学校，因此很快便挤满了学生。罗马是耶稣会的中心和根据地。

葡萄牙很快便被争取过来。沙勿略和罗德里格被派到那儿。他们赢得国王约翰的支持，后者很快就成为他俩忠实的门生。约翰将他在科英布拉新建的大学交到这两人手里，包括乔治·布坎南在内的人文主义教师遭到迫害、驱逐，并被耶稣会教师取代。

西班牙比较难以争取。这个国家是多明我会的根据地，若干代人以来一直如此；并且他们不愿意接纳任何闯入者。但是这个

新修会很快便赢得了地盘。耶稣会是天生适合这块土地的。耶稣会扎根于神秘主义，而神秘主义盛行于整个半岛。伊格纳修斯争取到一个重要人物——弗朗西斯·博尔贾，他是坎迪亚公爵和加泰罗尼亚总督。他将他建立的大学交到耶稣会手里。他加入了耶稣会，并成为第三任会长。他的影响抵消了对宣誓效忠梵蒂冈的人没有好感的查理五世的疑虑，耶稣会很快便在人民中站稳了脚跟。

在法国他们进展缓慢。巴黎大学和巴黎高等法院反对他们，索邦神学院还发布庄严的声明来反对他们的教条。但是他们仍然能够在圣奥默尔、杜埃和兰斯建立大学。

伊格纳修斯从一开始就十分注意德国。他渴望在异端的诞生 557
地同异端战斗。博阿勃迪拉、法贝尔和热伊不久就被派到那里。博阿勃迪拉赢得了巴伐利亚公爵威廉的信任；热伊打入奥地利的费迪南德的顾问之列，而法贝尔由于为耶稣会争取到彼得·卡尼西乌斯，就在这三个人中为耶稣会做出了最重要的功绩。卡尼西乌斯是内伊梅根一位城市贵族的儿子，素得人文主义熏陶，内心深处赞同基督教神秘主义者陶勒的观点，但仍坚守中世纪教会的神学。法贝尔很快就意识到他在德国所做的工作还远远不够。他的第一次亮相是在沃姆斯宗教会议上，在那里他处于同加尔文和梅兰希通直接面对面的境地，而他的同道厄克和科希莱乌斯则很是为他感到羞耻。这位富于激情的萨伏依人几乎缺乏一切必要的东西来坚守他的会长命令他坚守的位置。从那时起，他就在德国仍然保持忠于罗马的地方到处游走，寻找能够信仰耶稣会说教的人，特别是寻找能够对伊格纳修斯所希望在这个国家进行的事业起推

动作用的人。指出如下这一点在某种程度上是颇有趣味的，即几乎所有受到他的吸引而加入这个新修会的德国罗马天主教徒都倾向于 14 世纪的神秘主义者——例如科隆加尔都西修会修道院院长格拉德·哈蒙德这样的人。法贝尔就是用他的神秘主义征服卡尼西乌斯的。法贝尔在美因茨遇到卡尼西乌斯，向他讲解了《精神的操练》，诱导这位年轻人经历其中描述的训练过程，并为罗耀拉和耶稣会赢得了他。法贝尔向伊格纳修斯写道：“他就是我一直在找的人——假如他是一个人，而不是上帝的天使的话。”

伊格纳修斯很快就看出了这位新手的价值。他认识到卡尼西乌斯不应是那种长期被置于修会低级别人员之列的人，他给予卡尼西乌斯的行动自由比他给予他最初同伴的还要大。法贝尔曾向
558 伊格纳修斯写报告悲叹德国事务的状况。他写道：“使罗马教会丢城失地的原因不是对圣经的错误解释，不是貌似有理的论证，不是路德派的布道与劝说，而是教会神职人员的丑恶生活。”他感到无助。他是个外国人，而德国人不喜欢外国人。他不会讲他们的语言，而他的拉丁语使他少有听众。民众和教士将他看作向罗马汇报他们弱点的间谍。当他谈论《操练》并劝诱人们进行尝试时，人们指责他图谋建立“新的宗教”。当他企图组织学生与耶稣会建立联系时，人们说他要在教会仪式之外组织“秘密集会”。但是卡尼西乌斯的加入改变了一切。卡尼西乌斯是德国人，是他们自己中的一员；他的正统性是不容置疑的；他是一位杰出的学者，是科隆大学最优秀的年轻学者，是该大学最有前途的一群学生的领袖。在他的指导下，学生社团迅速壮大；年轻人追随他的榜样投身《操练》中的训练。罗耀拉意识到他获得了一个得力的助手。他渴望

在罗马亲自见到卡尼西乌斯；但是他非常相信卡尼西乌斯的实践智慧，就让卡尼西乌斯自己决定是去意大利还是留在德国。卡尼西乌斯决定留下来。当时科隆的事态正处于关键阶段。科隆大主教-选帝侯赫尔曼·冯·维德偏向于宗教改革。他想将他的选侯区世俗化，如果他的计划成功，另外的教会选帝侯就可能效尤，那么下一位皇帝就可能是位新教徒。卡尼西乌斯将民众、教士和大学当局组织起来反对这一计划，并且成功地挫败了大主教的意图。他在科隆完成了他的功勋后，便去了维也纳。在那里他成为奥地利的费迪南德的忏悔神父和私人顾问，在一段很长的主教空位时期管理维也纳主教区的教务，协助建立了耶稣会的大学，并在因戈 559
尔施塔特也建立了一座。这些大学成为耶稣会在德国发挥影响的中心，推动了耶稣会力量的扩展。但是尽管有上述种种活动，直到特兰托会议召开之后的年代还不能说耶稣会在德国已十分强大。

耶稣会士在国外的传道活动经常为人们所描写，而耶稣会早期的许多进展被归功于方济各·沙勿略及其同伴所做的令人钦佩的工作。这一点无疑是真实的；但是在最初阶段正是在大本营传道的成功吸引了最大多数人的注意和同情；而这些通常不为人们所提及。

对于拒绝接受宗教改革运动的虔诚的人们来说，最让他们痛心疾首的是所有国家的绝大多数罗马天主教神父状况堪忧，并且无论僧俗，都道德堕落。伊格纳修斯被这两方面的丑行深深触动，从一开始就决心尽全力治愈它们。正是这种决心以及伴随着这一决心的坚韧干劲为伊格纳修斯在意大利赢得了那些盼望改造民众和教士的道德生活的人们的尊敬和支持，并使耶稣会和孔塔里尼、吉贝尔蒂、维多利亚·科隆纳等意大利宗教改革者一致起来。他的大学系统和他对教育的全面利用只会导致这样的结果——赋予罗马教会以受过教育的教士。这是卡拉法和加埃塔诺·达·蒂内的工作在大众中的延伸。对在罗马推行道德革新，伊格纳修斯也有清晰的眼光。像路德一样，他强调道德改良应当从个人生活开始，而且不能靠严厉的立法产生出来；“应当始于个人，延及家庭，然后渗及整个城市”。但是同时还应当采取一些措施以治疗社会上最严重的弊病。像路德一样，伊格纳修斯将注意力集中到如下
560 三点上——儿童教育的荒废、乞讨现象的蔓延以及那被称为“社会丑恶现象”的东西；如果说他在与社会弊病作斗争上成功的程度远远不及路德的话，那么他的失败与意大利状况的过度腐败有一定的关系。

他的社会改革的第一个措施是将罗马城的孤儿或是被父母遗弃的孩子收罗集中起来。他们得到无偿的食宿，受到简单的教育，并被教给各种一技之长，以使他们能够养活自己。在短短的时间里，伊格纳修斯将两百多男女孩子收容到他的两所技工学校里。

如何治理乞丐成灾这一殃及所有罗马天主教国家的现象——这一社会弊病应由中世纪教会的说教负主要责任①——自罗耀拉1535年短暂访问他的出生地后他就开始思考了。那时他企图让阿斯佩蒂亚的市议会禁止在该城辖区内行丐，并用该城的财政来支持应当得到帮助而无助的穷人。他催促罗马的头面人物实行同样的政策。当他这一庞大的社会计划遭到失败后，他便试着通过

① Cf. vol. i. p. 142.

与耶稣会有联系的、由耶稣会扶植的慈善团体来实现他的意图。

然而最激起罗耀拉同情心的是所有意大利大城市中堕落妇女的数目及状况。他最初深受触动是在威尼斯，他在那里说，他愿意献出自己的生命去阻止哪怕一天这些不幸的人的罪孽。在罗马，这种罪恶现象之巨令他惊骇不已。他感到这种罪恶实在太大，以致他不可能着手对其整体进行改变。然而他可以做某些事情，并且他也做了。在罗马——这里聚集了大批仅仅因为与教会有某种关系而发誓独身的人——，卖淫通常掩盖在婚姻的外衣下：丈夫依靠妻子的邪恶生活过活。许多遭到遗弃的妻子也不断加入这些不幸的人的行列。罗耀拉为那些可能希望离开她们堕落生活的妇女提供栖身之地。一开始她们只是被安排到在罗耀拉劝说下接受她 561
们的家庭里。但被援救人的数目增加很快，以致需要专门的房舍。伊格纳修斯称这些房舍为“马大之家”。这并不是修道院。当然在这些地方有监督，但是宗旨是为这些妇女提供一个光明的家，她们在这里可以挣得她们的生活费用或至少大部分生活费用。这样的方式扩展至意大利的许多大城市，并且有很多女士应征前来帮助她们堕落的姊妹。

罗耀拉的各种团体还为身陷穆斯林手中的基督徒俘虏提供赎金，罗耀拉还曾努力劝诫人们不要决斗，罗耀拉的各种机构还为穷人提供货款——这些都只能简略提及了。正是这种基督徒的慈善事业无疑使耶稣会立即在阿尔卑斯山以南的大部分地区赢得了它所希望的同情与支持。

几乎所有早期修会都在其组织中为妇女提供了位置。修女的修会与僧侣的修会相对应。很少有修会的建立者像伊格纳修斯这样如此多地受惠于妇女。巴塞罗那一些女士是他最早的门徒，是第一批经历《操练》中的训练的人，那时《操练》尚处于不完善阶段，但正是这些女士对他及他的计划的信赖极大地鼓舞了他，而当时正是他最需要鼓舞的时候。[①] 她们其中一位叫伊莎贝拉·罗塞的贵妇(胡安·罗塞的妻子)，听了伊格纳修斯最初的布道并深受感染，以致她和她丈夫将他邀请到家里住下来，伊格纳修斯接受了这一邀请。伊莎贝拉·罗塞支付了伊格纳修斯在西班牙到学校和大学中去的全部费用。当伊格纳修斯去巴黎时，这位贵妇和她的友人还送给他一大笔钱。如果没有她的同情与帮助，恐怕伊格纳
562 修斯永远也不可能实施他的计划。尽管如此，罗耀拉还是很早便做出结论：他的修会最好少指导妇女的灵魂，越少越好(他抱怨说，这耗费太多的时间)；妇女太容易动感情，以致不能忍耐《操练》中的全部训练；永远也不应当有耶稣会修女。他为耶稣会确定的事业要求进行坚韧而紧张的行动——他说一位耶稣会士必须只用一只脚站在地面上，另一只脚他必须抬起来，准备随时向他被派遣的地方开拔——而这不适合妇女。这是他的坚定决心，他也要忍受因此带来的一切。

1539 年他曾写信给伊莎贝拉·罗塞说，假如他忘记了她为他所做的一切，那么他希望上帝不会计较；可能是信中的某些语句(在写信者一方本是无意的)让这位现在已成为寡妇的贵妇相信，她注定要对这位方济各扮演克拉拉的角色。不管怎么说，(1543

---

① 罗耀拉的许多信是致以下女士的：*Cartas*, i. pp. 1, 4, 23, 致 Inés Pascual; pp. 16,63,112, 279, 致 Isabella Roser; pp. 34, 44, 177, 致 Teresa Rejadella de St. Clara, 一位修女。

年）她在两位友人的陪同下来到罗马，随身带来了一大笔钱，而这正是伊格纳修斯在罗马为发四愿者设立住所所急需的。作为回报，伊莎贝拉一行请伊格纳修斯抽点时间在精神事务上给予她们以指教。伊格纳修斯应约做了，但是既不细致，时间也不如她们所期望的长。伊格纳修斯说，指导三位女士的灵魂三天花去了他照管整个修会一个月所花的精力。随后似乎伊莎贝拉·罗塞要求更多的东西。她是一个具有卓越天赋的女性，并不是一个软弱的易动感情的狂热者。她曾广泛深入地研究过神学。她的学识和才能给那些她曾会面并交谈过的红衣主教们留下了深刻的印象。她向伊格纳修斯提议建立耶稣会修女会并由她担任首领。当她遭到拒

绝后，一场大争吵爆发了。她要求取回她给出的钱财；当这一要求被拒绝后，她向罗马的法庭提出了申诉。她输掉了官司，愤愤不平地返回了西班牙。[1] 可怜的伊莎贝拉·罗塞——她不是一个被社

会抛弃的人，灵魂的医师对他兴趣索然；但是她像其他人一样需要抚慰。她原谅了她的老朋友，他们的通信重新开始了。她死于伊 563
格纳修斯去世前一年。

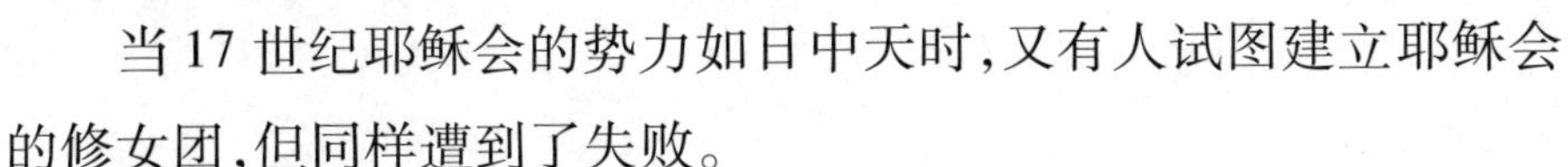

当17世纪耶稣会的势力如日中天时，又有人试图建立耶稣会的修女团，但同样遭到了失败。

伊格纳修斯65岁时死去，在他投身宗教35年后，在他的修会被教皇批准16年后。他的修会成为复活的罗马教会内最强大的力量；他的修会在很大程度上决定了特兰托会议的神学；而且看上去他的修会似乎要将德国争取回来了。耶稣会以极为迅速的方式

---

① Cf. *Cartas*, i. pp. 291, 470, 471.

扩张自己。伊格纳修斯在世时已经有 12 个教省建立起来——葡萄牙、卡斯提、阿拉贡、安达卢西亚、意大利(伦巴第和托斯卡纳)、那不勒斯、西西里、德国、佛兰德、法国、巴西和东印度。

第五章　特兰托会议 564

第一节　会议的召开

皇帝和教皇之间曾多次协商的公会议，最终决定于 1545 年在特兰托召开。[①] 该城是一个小小的主教封邑的首府，它的世俗领 565
主是蒂罗尔伯爵，蒂罗尔伯爵的代理人驻在该城。特兰托是一座边地小城，大约有一千幢房子，其中有四五座漂亮的建筑和一座较大的主教封君的宫殿。该城有七座教堂，其中有一座圣母大堂，宗教会议就准备在那里召开。[②] 该城的居民部分是意大利人，部分是德意志人。这两个民族的人住在不同的城区，保持着他们独特的风俗和服饰。相对于召开宗教大会而言，这个地方太小了，接待不了一次宗教大会通常带来的访客。

教皇使节们于 1545 年 3 月 13 日正式进入特兰托。庄严宏伟

---

① 这些协商及 1542 年 11 月 1 日虚假开始的记载，见 W. Maurenbrecher, "Tridentiner Concil, Vorspiel und Einleitung," *Historisches Taschenbuch*, Sechste Folge, 1886, pp. 147 – 256；并见 *Cambridge Modern History*, ii. 660 ff.。大约可以肯定，对德国可能召开民族宗教会议的担心以及仿效英国的亨利八世而形成独立于罗马的德国民族教会的可能性，最终迫使教皇保罗三世决定召开宗教会议。Cf. i. pp. 378, 379.

② 该教堂的北墙上现在还有一幅表现由当年是宗教会议成员的神学家组成的唱诗班的图画。

的队列被倾盆大雨搞得不成样子。他们受到当地教职人员的热烈欢迎，但是普通百姓的表现却极为冷淡。到会议开幕之前，又好几个月过去了。教皇使节到来时，别的代表很少到达。皇帝的代表和威尼斯的代表来得稍早；主教们则稀稀拉拉地在4月、5月及随后的月份里姗姗来迟。直到12月11日，大会必需的教皇书信才到达特兰托，于是公会议在13日正式开幕。这种拖拖拉拉松松垮垮的开端对这次公会议的历史来说具有标志性的意义。会议进程前后跨越18年：教皇保罗三世时1545—1547年，包括第1至第10次会议；教皇尤利乌斯三世时1551—1552年，包括第11至第16次会议；教皇庇护四世时1562—1563年，包括第17至第25次会议。①

566 教皇使节有吉安·玛丽亚·乔科奇，蒙特的红衣主教，托斯卡纳人，早年便进入罗马教廷服务，他是一位学识渊博的法学家，性情急躁，57岁（第一位主席）；马尔切洛·切尔维尼，圣克罗切的红衣主教；还有红衣主教、英格兰人雷吉纳德·波尔。他们三人代表了意大利教界三种不同的倾向。第一个人属于这样的派别，他们坚守原来的未曾改革的教廷，不希望任何变化。切尔维尼代表了教会中不断壮大的一部分人，他们视红衣主教卡拉法为领袖。他们热切而真诚地渴望在生活和品性上实行改革，特别是在教士中推行这种改革；但是他们拒绝在教义、仪式和制度方面向新教徒作

① 会议1545年12月13日至1547年3月11日在特兰托进行（第1—8次会议）；1547年4月21日至6月2日在波伦亚进行（第9—10次会议）；1551年5月1日至1552年4月28日在特兰托进行（第11—16次会议）；1562年1月18日至1563年12月3日在特兰托进行（第17—25次会议）。

任何让步。与更具改革气息的西班牙和法国的教会首领不同,他们讨厌世俗当局干涉,并认为教皇应当拥有更大的权力而不是更小的权力。雷吉纳德·波尔是宽容开放的罗马天主教徒之一,红衣主教孔塔里尼是他们出类拔萃的首领。或许波尔被任命为教皇使节是为了让他来安抚其同伴的。他为多数人所喜欢,没有人害怕他——他是切尔维尼这样的外交家手中的一个无害而温顺的工具。新出现的耶稣会由莱内兹和萨尔梅隆代表,他们以教皇神学家的尊贵身份出席会议,这一头衔给了他们特殊的地位和影响。

根据皇帝和教皇之间达成的协议,召集公会议的教皇训令宣布,这次会议的目的有三:克服宗教分裂;改革教会;号召全体基督教徒联合起来,向不信教者发动进攻。鉴于普遍形成的共识,这次会议的工作仅限于前两个目的。表达会议目的的言辞极为含糊,足以掩盖人们在会议将要进行什么工作这一问题上的意见的分歧。

几乎所有的人都相信,改革教会的问题和处理宗教反叛运动 567
的问题是密不可分地联系在一起的;但是当讨论如何处理分裂时,分歧马上就显露出来。

许多虔诚的罗马天主教徒认为,路德宗运动是对教会罪孽的天罚,如果教会彻底改革其生活和道德,路德宗运动就会消失。但至于运用什么力量进行改革,他们有分歧。追随红衣主教卡拉法的意大利派坚持认为教皇应当掌握所有的权力;非意大利派,尤其是西班牙人,认为只要教廷——它本身是最严重的腐败的基地——没有改革,就不可能指望任何此类的宗教改革,并认为应当允许世俗当局拥有更多的革除教会丑行的权力。

皇帝查理五世一直坚信，在路德宗和天主教的教条之间没有不可逾越的分歧，并认为互相之间进行解释以及做出和接受解释的真诚愿望，再加上对人人痛惜的各种丑行的清除，就会治愈宗教分裂。他从未看出，路德宗有关在精神上一切信众皆教士的教条已经在新教和中世纪的教义、仪式之间造成了鸿沟。[①] 查理五世曾做了许多努力召集特兰托会议，并指望这次会议达成宗教和解；在特兰托会议的进程使他感到没有指望看到这种和解很久以后，他还坚持上述信念。《奥格斯堡宗教妥协》（1548）表明，他所考虑的事情可能已经实现了。[②] 他在特兰托得到的支持十分可怜。唯一真心实意支持他观点的主教是马德鲁佐，特兰托的主教封君；他的代表迭戈·德·门多萨，在会议开幕后不久就病倒了，而代替他的弗朗西斯科·德·托莱多直到1546年3月才到达特兰托。

570 568 第二节　会议议程

三个教皇使节中最能干的切尔维尼，已经为会议议程制订了明确的计划。他非常清楚，需要对教士的生活和道德进行重大改革，需要使教廷纯洁化；但是，由于巴塞尔和康斯坦茨公会议的先例仍记忆犹新，他极为担心教皇和宗教会议发生冲突，并且他坚信，只要宗教会议自己着手改革教廷，那么类似的争吵就会一触即发。按照他的想法，宗教会议应当承担有用的或者说甚至是必要

---

① 对他而言，新教徒遵守《十二信经》（《使徒信经》）便足够了。Cf. i. 264 n.; and ii. 517, 518.

② Cf. i. 390.

的任务,就是说把教会的教义编纂成条律形式,以便所有的人都能很容易地辨别什么是真正的天主教信仰。在进行这项工作的同时,给予教皇自己改革教廷的机会——如果有了宗教会议的支持,切尔维尼完成这一使命就会显得容易一些。他并不掩瞒自己的观点,即编纂整理教义使之条律化的工作不能向新教徒作任何让步,而是要向他们显示,与天主教信仰对抗是没有希望的。他并没有建议对那些他所认为的是路德宗的谬误的观点进行任何总体的谴责;他希望对由路德宗提出的教义上的各个独立之点——称义、圣经的权威、圣礼——进行仔细的考察并做出权威的定义。按照这种方式行事,就能在不点名、不专门谴责具体个人的情况下,使异端分子受到教育。他向这次会议说明了他对会议议程的计划。

他的建议没有得到与会代表的普遍接受。有关将改革交付教皇的提议激起了西班牙主教的反对,他们激烈责骂教廷;而由于他公然表现出了要无可挽回地将路德宗排除出去的意图,他的有关整理教会信条使之条律化的提议当然也不为多数人喜欢。

1月18日发生了激烈的争论,这一情况向这位教皇使节表明,可能多数代表都不赞成他提议的会议程序。擅于言辞的特兰
托主教封君、红衣主教马德鲁佐作了长篇发言,他宣称公会议不应 569
匆匆想当然地认为路德宗信徒是不能和解的。他们应当坦白承认,中世纪教士道德的败坏在很大程度上招致了不满,并应当认为反叛有理。因此,他们应当承认,正是教会应当负责的这些邪恶导致了分裂。他们应当视新教徒为兄弟并邀请新教徒来到他们当中。他们应当向这些人——无疑这些人在教义问题上入了歧途——显示,天主教会将真诚严肃地革除生活和道德中猖獗的邪

恶，大家应当在兄弟般的情谊下，一起友好地探究使得彼此分离的教条上的分歧。这位富于口才而心胸开阔的红衣主教在他的演讲中将他的意见浓缩在一句话里："鉴于教会被败坏的习俗已给予路德分子杜撰错误说教的机会，一旦起因消除了，影响也就更容易消除；最好是，我们像邀请朋友和兄弟那样，写信邀请那些抗议者，以便他们也可以参加会议，也允许他们自己得到革新。"[1]据我们所知，他的发言在代表中间引起巨大的热情，教皇代表们难以阻止他的提议被广泛接受。他们最多能够做到阻止在这次会议结束时就议程问题达成明确的结论。切尔维尼看到，他不能够让他的方式为人接受。他同意，有关改革的提议和有关使教条条律化的提议应当同时讨论。他对神学性质的认识告诉他，一旦他让这么多神学家对教义进行讨论，两件事就将肯定随之而来：他们的热情将使他们忽视其他一切事情；他们的论战本能将带着他们越过与新教

570 徒和解所要求他们停下来的那一点。事情就是这样的。公会议开始忙于对天主教教条进行整理和界定。费尔特雷主教（托马斯·坎佩焦）的建议被采纳了，他建议对教条的讨论和对改革的提议应当分别由两个委员会讨论，他们的报告要轮流提交给宗教大会。教皇使节在采纳这一建议时获得了多数人的支持，马德鲁佐抗议也没有用。

着手讨论改革问题的决定大大为教皇不能接受。他甚至让他的使节废除这一决定；但是这是不可能的，教皇于是满足于切尔维尼的保证——没有什么真正的危害会产生。

---

① （Theiner）*Acta genuina ss. œcumenici concilii Tridentini*, p. 40.

这个重要问题解决后，公会议便开始确定议程的细节。宗教大会被分成三个部分或委员会，每一个都被分派了各自任务。每个问题首先由专门的神学家和教会法规专家准备，然后在被委托讨论该方面问题的专门委员会里讨论。如果该问题得到通过，那么就将它提交给整个宗教大会的全体会议讨论。如果它通过了这次复查，那么它将在这次公会议的某次正式会议上颁布。

第三节 重申教义

在描叙本次宗教会议有关教义问题的工作之前，应当说明，在特兰托所做的工作并不是要对中世纪全部的教义传统都给予公会议的认可。那时候，天主教教义方面的形势发生了全面的变化，其中中世纪晚期普遍流行的大量的神学思想被逐字否定，这种否定在司各脱派神学上表现最为明显，司各脱派在宗教改革前流行一时，但遭到路德的猛烈抨击。司各脱派神学及其神学上的怀疑论至少名义上大部分被否定了，——其精神实质是否也遭到排斥则 571
是另一个问题，这个问题后面还要论及。不管当事人是否意识到，中世纪晚期不为人知的许多思潮对参加特兰托会议的神学家产生了很大的影响，这在他们有关教条的工作上反映出来。尽管会议上神学家们公开说出的意图是要击败人文主义和宗教改革，但是他们不可避免地受到这两个运动的影响。人文主义引导他们中的许多人去研究早期教会的教父，而他们在这样做时不可能避过奥古斯丁。他们被许多道路引导到奥古斯丁那里。多明我修会的神学家在完全独立于宗教改革的情况下，开始研究他们修会的大神

学家,而托马斯则让他们回溯至奥古斯丁。宗教改革强调了关于原罪、称义和预定论的教义,由此唤醒了对这些教义的,从而对奥古斯丁的新的兴趣。新托马斯主义——其背后是奥古斯丁主义——成为时代的特征,是对汇集于特兰托的神学家影响最大的思潮。这必然使得他们在教义上得出的结论与路德在爱尔福特修道院受业于约翰·纳廷时所学的神学采取极为不同的形式。基督教神秘主义也复兴起来,这在西班牙和意大利最为显著,在一些经过重组的修会中表现明显。如果说它对教义只有较小的影响的话,那么它对教会的精神观念则影响颇大。被称为教廷主义(Curialism)的理论,即宣扬教皇在有关教会的生活、做法和信仰的一切方面都具有无上权力的理论,也是影响前来与会的某些神学家的强大因素。但最重要的是,聚集在特兰托的神学家受到了路德宗教改革的思潮和运动的影响。他们讨论神学问题的次序、他们挑选的论题和他们所遗漏的论题,都明显表明了这一点。以上所述将有助于我们理解,特兰托宗教会议的神学是如何地特别,如何
572 地独立,它既不同于被笼统地称为中世纪神学的神学,也不同于现代的罗马教会的神学。①

① Loofs 在他的 *Leitfaden zum Studium der Dogmengeschichte* (Halle a. S. 1893) 中提出,16 世纪天主教会中的如下趋势影响了特兰托公会议的决议:西班牙教会在伊莎贝拉和费迪南德国王统治下严格按照中世纪精神所作的改组;托马斯主义神学的复兴,这在多明我修会中表现突出;神秘主义虔诚的形成,这在新建的和改组的修会中表现突出;人文主义对神学地位的抬高及其影响,这直接或间接地引导神学家回归奥古斯丁;在教廷主义兴起的背景下教皇统治的加强;世俗君主因教会所涉及的利益而普遍做出的对教廷主义的反对。他认为,新建立的耶稣会为上述第一、三、四、五种趋势提供了汇集场所。(pp. 333—334)

在特兰托会次的第3次会议中，重申了加上了“和子句”的尼西亚—君士坦丁堡信经，并明确地称之为“神圣罗马教会所用的信经”，从而为教义工作奠定了基础。这样做以后，便为教义条律化、明确界定教义做好了准备。

1546年4月18日，准备这一论题的委员会作了报告，宗教会议便着手讨论神学知识或者说信仰之规的来源。会议优先处理这一论题，并且声明即将做出的结论将包含“福音的纯洁”，这些都表明了宗教改革的影响。公会议对新教的反对强调了如下四个方面。

公会议将亚历山大本圣经（即七十贤士译本）所包含的全部卷次（由此包括了旧约的外经的全部卷次）都当作正经，而没有顾及这一事实：通俗拉丁文本圣经（后被定为标准本）的编者哲罗姆非常轻视那些外经。宗教改革家们抱着回到最原始最纯粹的来源的意愿，声明他们赞成希伯来文本的正经。公会议不顾哲罗姆的做法，接受了中世纪的一般传统。

公会议宣布，除圣经各卷外，它“以同等的虔诚和敬意接受无 573
论是有关信仰的还是有关道德的，无论是由基督还是由圣灵口授的，并在天主教会中连绵不绝得以保存的传统”。[①] 这一说法中的某些因素是全新的，它实际上是断言在教会里存在一种永无谬误

---

① “Nec non traditiones ipsas, tum ad fidem, tum ad mores pertinentes, tanquam vel oretenus a Christo, vel a Spiritu Sancto dictatas, et continua successione in Ecclesia catholica conservatas, *pari* pietatis affectu ac reverentia suscipit et veneratur.” 对特兰托会议决议的引证取自 Denzinger, *Enchiridion Symbolorum et Definitionum quœ de rebus fidei et morum a conciliis œcumenicis et summis Pontificibus emanarunt* (Würzburg, 1900), p. 179。

的正确的解释圣经的模式，这就给予教会当局（无论他是谁）一种武器，教会当局依靠这种武器可以挡开新教仅仅以圣经为基础所作的任何抨击。公会议小心地回避了这一问题——指明谁是这一教义传统的监护者，但是在结尾处它通过轻易可循的步骤归结到教皇庇护九世的声明上："吾即传统"（*Io sono la tradizione*），并决定把教皇的说法"由宗座权威"（*ex cathedra*）置于上帝之道的水平。

公会议宣布，通俗拉丁文本圣经包含了圣经的权威文本。这一点也是新的，而且与中世纪教会最平常的习惯相反。公会议抛弃了文艺复兴以来中世纪教会内部和外部形成的全部学术成果，认为它们不仅无用，而且有害；在尊崇一种文本的名义下，将圣经降为一具木乃伊，没有生命，毫无生气。[①]

公会议强调，每一位虔诚的信徒都必须接受教会所宣讲的圣经的意义，任何人不得违反教父们的一致意见——但这里没有明
574 确说明什么是教会，没有指明谁是教父。[②] 这一决议的整个倾向就是把对圣经的权威解释放到教皇手里，尽管当时公会议缺乏这样明说的勇气。

人们不应当认为，达成这些决议前没有经过大量讨论。某些与会成员原本是倾向于希伯来正经的。基奥贾的主教纳奇安蒂抗

---

① "规定并宣布上述古老的暨通行本，经过许多代长期的使用，已经在教会里得到认可，应当在公开讲座、辩论布道和解释中被视为真实的；任何人不得胆敢或以任何借口加以拒绝。"（Denzinger, *Enchiridion*, etc. p. 179）

② "任何人不得……擅自解释该《圣经》，不得与圣教会的解释相左，不得与其已经持有和持有的观点相左；或与教父们众口一致同意的相左。只有圣教会才拥有判断《圣经》的真义和解释的权利。"（同上，p. 180）

议将传统置于同圣经一样的地位;①另一些人希望对使徒传统和其他传统做出区别;但是最终的决议得到了大多数人的支持。然而,意见冲突最为激烈的来自这一条,即宣布通俗拉丁文本圣经是唯一权威的版本。有人认为这一决议就意味禁止将圣经翻译为母语。在西班牙,尽管翻译为西班牙语的圣经已经普遍使用,而且这种使用还得到鼓励,但是西班牙主教们希望禁止阅读所有以西班牙语写成的圣经。德国人对此提出抗议。争论趋于白热化。特兰托的马德鲁佐雄辩地宣称,禁止将圣经译为德语会成为一件公开的丑行。难道不能用孩子们能够理解的语言教他们主祷文吗?有人援引教皇保罗二世的一件训令来反对他。他反驳说,教皇曾经犯过错误,并且很有可能犯错误;但是使徒保罗没有犯过错误,他曾经下令,圣经应当为每一个人阅读,而如果不翻译圣经就无法做到这一点。于是一个折中方案提了出来,建议每个国家应当自己决定是否翻译圣经。然而最终,通俗拉丁文本圣经被宣布为唯一可靠的上帝之言。

在第五次(1546 年 6 月 17 日)和第六次(1547 年 1 月 13 日) 575
会议上,公会议研究了原罪和称义的思想。宗教改革运动曾向罗马教会发出挑战,质问天主教会究竟还有没有精神上的信仰;或者认为天主教会仅仅是这样一种机构,它宣称掌握了救赎的秘笈,无论是神父还是一般信徒,只需要通过一些仪式而很少需要或根本不需要精神生活,就能获救。这一挑战需要做出回应,这不仅仅是

① “我不能允许宗教会议以同等的虔诚,像它接受圣经那样采纳传统;因为这样做,我可以诚实地说,是不敬的。”

由于新教方面的原因，而且因为虔诚的罗马天主教徒也认为必须这么做。回应的答案在有关原罪和称义的教义中给出来，特兰托会议对两者作了界定。它们都值得不惜笔墨详加考察。

教皇代表感到，公会议当时的人员构成可能做出给予新教教义以空间的决议，便请求教皇派遣更多的意大利主教来，他们的表决或许可以与北方意见相抗衡（1546 年 6 月 2 日）。他们对公会议处理这两项教义的可能的方式忧心忡忡。

前一项即对原罪的定义看来激烈拒斥了那种贝拉基主义或者半贝拉基主义，这种理论是后期经院哲学——路德在爱尔福特修道院便受的这种教育——的特征。对原罪的定义似乎以奥古斯丁的福音思想为基础并表达出了这种思想。但是如果全面仔细考察，就会发现该定义非常模棱两可。——有意留下了漏洞以保留半贝拉基的思维模式。本书篇幅不允许我们进一步探讨它们，但是可以从其第一章中挑一个例子出来。在那里是这样说的：亚当丧失了他在其中被构成的神圣和正义。为什么不是被创造？所用的词语可以意味着创造，并且参加公会议的全部托马斯主义者都毫不迟疑地按照这种方式解读它。由于堕落，人类丧失了托马斯——追随奥古斯丁的说法——所称的非创造的正直。但是在其中被构成（*in*
576 *qua constitutus fuerat*）这一词组可以很容易地解释为表示人类所丧失的是追加的超自然恩赐（*dona supernaturalia*），而它的丧失并不损害人性；而如果这样解释，就为贝拉基主义留下了空间。[①] 而

① “如果谁敢不承认，第一个人亚当，当他在伊甸园里违反了上帝的戒令后，就立即丧失了他与生俱来的神圣和公义……他当受到诅咒。”（Denzinger，*Enchiridion*，etc. p. 180）

且，尽管看上去是要宣讲奥古斯丁有关堕落的教义，但是又说在原罪中自由意志没有灭绝，尽管活力减弱（*liberum arbitrium* is *minime extinctum viribus licet attenuatum*），这是半贝拉基主义的表述。[①] 整个定义在结尾处声明说，该定义不适用于圣母马利亚，有关她的教义已经在已故教皇西克斯图四世的规章中表明了。[②]

关于称义的教义所作的声明是神学上的机敏的杰作，值得尽可能地仔细研究。如何处理这一主题，在公会议之外有很大的焦虑。一方面，皇帝查理五世对公会议的进程非常失望，看到与新教徒和解的机会日渐缩小，于是想延缓全部讨论；而教皇打定主意要使新教徒回归成为不可能，他希望公会议以任何新教派都不可能接受的方式对这一重要教义做出界定。皇帝的意愿很快被否决了；但是这并不意味着教皇使节可以容易地实施教皇的意图。罗马教会中有大量的福音派教义需要处理。这些教义是如此之多，以致有一次梵蒂冈实际上提议批准《奥格斯堡告白》的第一部分以赢得新教徒。这种提议的日子已经过去了；但是新托马斯主义 577
在教会中是一股力量，并且也许是特兰托公会议上最强大的神学力量，因此也要加以应付。如果新教关于称义的观念仅仅被当作一种教义对待——实际上不是，这其实是比任何语言形式所包含的内容都还要深还要广的一种灵性感受——，如果它用经院哲学

① “尽管自由意志的权能被削弱，也弯曲了，但绝没有灭绝。”位于称义信条的第一段。（Denzinger, *Enchiridion*, p. 182）

② “不过，这同一个神圣的宗教会议还是宣布，在讨论原罪时，该法令无意把神圣的、纯洁的童贞女马利亚，上帝之母包括在内；但是已故教皇西克斯图四世的规章里已经做出了规定，需予以遵守，否则将受到该规章所定之惩罚，本法令予以重申。”（同上，p. 182）

的方式来表述，那么它就可以表达的与新托马斯主义神学的称义教条没有明显的不同。在1541年的雷根斯堡会议上，孔塔里尼就能够起草一份符合诸如加尔文和厄克这样的对手的心意的有关教义的声明。[①] 哈尔纳克曾指出，两种教义之间的真正不同看上去是这样的："正是由于称义的教义，新教徒将罗马教会的习惯做法视为异端并与之斗争，而奥古斯丁派的托马斯主义者不能理解，为什么不可能将两者统一起来。"[②]但是声明的相似性表明，教皇使节在引导公会议制定为教皇所满意的信纲时存在困难。他们主要依靠耶稣会士莱内兹的机敏能干完成了这一任务。

讨论显示出分歧非常深刻。一些神学家准备接受唯信称义这一纯粹路德宗的观点。他们是少数派，被嘈杂的喧嚣声打断了。他们中的一个，拉卡瓦的主教、那不勒斯人托马斯·德·圣菲利奇奥，与一位希腊主教扭打起来。讨论于是集中到孔塔里尼的调和性的教义观点，他的观点曾在他的《论称义》中鼓吹过，可以说是代表了新托马斯主义者的立场。看来孔塔里尼的观点得到了多数代表的认可。这一派的首领是乔拉莫·塞里潘多(1493—1563)，
578 他从1539年起担任奥古斯丁隐修会会长，路德曾经属于该修会。[③]塞里潘多区分了转归之义和天生之义，这一区分对应着预先的恩典和协作的恩典，并且在某种程度上与后来新教神学中称义和成圣之间的区分相类似。就前者而言，由基督转归的义是人类唯一

① Cf. above, pp. 520, 521.

② *History of Dogma* (English translation), vii. 57.

③ 塞里潘多1561年被教皇庇护四世提升为红衣主教，并于当年把他派到特兰托公会议上作为教皇的一位使节。

的希望；天生之义以转归之义为基础，没有转归之义就毫无作用。塞里潘多的博学和坦诚是引人注目的；他的主张看来要使得公会议跟着他走，此时莱内兹横插进来，要为极端教皇派挽救局势。这位耶稣会神学家接受了对转归之义和天生之义的区分；他甚至承认前者在称义中单独起作用；但是他宣称，在实践中至少两种义互相影响，并认为如果将它们完全区分开来，就会对实践的神学产生危害。他条理清晰的似乎很有道理的论证产生了巨大的效果，他讲话的模棱两可则在信纲对该教义所作的界定的不严密中表现出来。

公会议采纳的对称义信条的定义极为冗长。它共有 16 章，随后还有 33 条宗规。它自然地分成三部分：第 1—9 章，论述什么是称义，第 10—13 章，论述称义的增加；第 14—16 章，论述称义丧失时如何恢复。几乎每一章的措辞都极为含糊。

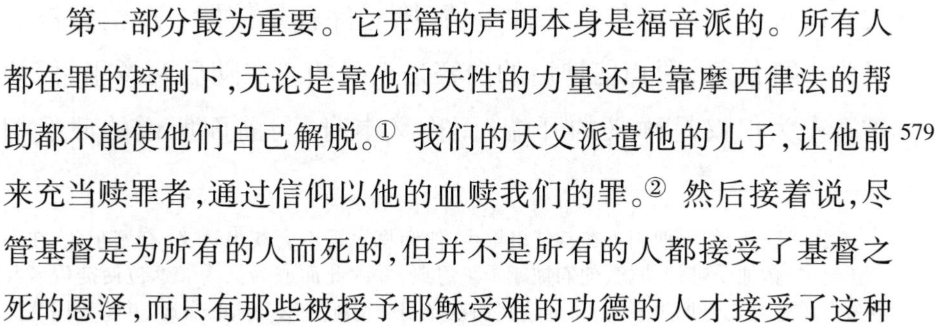

第一部分最为重要。它开篇的声明本身是福音派的。所有人都在罪的控制下，无论是靠他们天性的力量还是靠摩西律法的帮
助都不能使他们自己解脱。[①] 我们的天父派遣他的儿子，让他前 579
来充当赎罪者，通过信仰以他的血赎我们的罪。[②] 然后接着说，尽管基督是为所有的人而死的，但并不是所有的人都接受了基督之死的恩泽，而只有那些被授予耶稣受难的功德的人才接受了这种

① “而所有的人在亚当的推诿中丧失了纯洁，变成不洁的，不但外邦人只藉本性，甚至犹太人藉摩西律法的文字本身，都无法得到解放或者站起来。”（Denzinger, *Enchiridion*, etc. 182）

② “上帝把他作为赎罪者，藉他血中的信，赎我们的罪。”（Denzinger, *Enchiridion*, etc. p. 183）

恩泽。这段声明的后面接着一句相当含混的句子,表明了但没有点明奥古斯丁的拣选论。[①] 随后接着说,称义就是人类从在其中出生的状况通过我们的救主耶稣基督到恩典状况的转换;又加上一句说,在福音的天启下发生的这种转换,离开洗礼或受洗的意愿是不可能发生的。[②] 尽管有若干含糊的成分,这头四章还是带有明显的福音派思想的色彩;但是从第 5 章开始起了变化。尽管某些句子看上去还维持着前面出现的福音派思想,但已经明显为贝拉基的功—义说开辟了空间。例如,在这里有这样的说法:称义是通过预先的恩典或者召唤起作用的,在这两种状态里,成年人受到召唤,而同他们自己的功德无关。但是然后又加上了这样一句:这种召唤的目的是,罪人由于上帝的激励性的和帮助性的恩典的作用,为了自己的称义,自由地赞同上帝的恩典并与上帝的恩典协作,以便皈依上帝。[③] 这一点是莱内兹的建议。罪人被置于其中
580 的好的境况被认为包括几件事情,第一件就是信仰——信仰被定义为一种信念,即相信神启的内容是正确的。在随后两章里,信仰被宣布为仅仅是称义的开端;而称义本身,与前面所说的截然相

---

① “因此,如果他们不在基督里重生,他们将永远不会获得称义;有鉴于此,在那个新生中,藉他受难的功德,他们被赋予了恩典,并因此而成为义人。这位使徒告诫我们为了此恩惠要更加感恩圣父,他使我们在光明中得配分享圣徒的命运,并将我们从黑暗的权柄中解放出来,还将我们转移到他所钟爱的圣子的国度,我们正是在他里面才得到救赎和赦罪的。”(Denzinger, *Enchiridien*, etc. 183)

② “是藉耶稣基督,我们的救主,从人所出生的状态转变到……恩典并过继为上帝的儿子的状态。这个转变,自福音宣布以来,如果没有重生的涤荡或强烈的愿望,是不可能有效的。”(同上, p. 183)

③ “因此,那些因罪与上帝疏离的人可以藉他警醒和帮助的恩典,通过自由地赞同上述恩典并与上述恩典合作,自行皈依到他们自己的称义中。……”

反,不再是一种状态向另一种状态的转换,它的意思变成了这样的:它变成一个罪人实在地、逐渐地向义人转变。已经没有必要再进一步探讨这一定义了。这已经足以说明,特兰托的神学家看来丝毫没有弄明白宗教改革者的信仰到底意味着什么,也似乎从未看到存在宗教经验这样的事物。

论述称义的增加以及称义通过告解礼而恢复的第二和第三部分,是以更为强调的语气在一种反福音教派的精神里写成的,尽管这里或者那里也显示了对教会中奥古斯丁情感的让步。其结果是教皇得到了他想要的东西,即一个使得与新教徒的和解成为不可能的定义。新托马斯主义者也在教令中维持了足够的奥古斯丁神学,这就为将来的詹森主义提供了存在的可能性;而占优势地位的贝拉基主义或者半贝拉基主义,已有征兆预示着它将被耶稣会神学推翻。

在讨论和确定这些神学上的定义的时候,公会议也着手处理改革问题。他们开始对布道和教义问答制定规章,而这就使他们不知不觉地走到免除主教控制这一问题上。几个世纪以来,教皇一直力图削弱主教的权威,其手段是在主教区里安置处于主教控制之外的修会圣职人员或僧侣,他们的修道院设在该主教区,这种对主教控制的免除已成为许多教会纷扰的原因。对此进行了冗长而激烈的讨论。最后以妥协告终。

有关称义的问题解决以后,公会议在教皇使节的引导下,开始
讨论有关圣事的信条,他们的意图是更彻底地阻止教义上任何与 581
新教徒和解的可能性。这一行为招致来自皇帝的抗议,教皇被当时皇帝在德国的胜利进展吓坏了,他急于将公会议彻底撤出德国。

他给教皇使节发令，让他们努力说服在特兰托的与会者赞成将会址迁往波伦亚。在波伦亚，教皇的影响强大得多，并且很容易在宗教会议上形成由柔顺的意大利人构成的多数派。由于特兰托出现了瘟疫，迁动会址的借口也找到了。尽管以特兰托的马德鲁佐为首的一个强大的少数派反对该计划，但多数人(38 对 14)仍决定他们必须离开特兰托，到那个意大利的城市去开会。然而西班牙众主教留在特兰托，等候皇帝的指令。

查理五世对他努力召集的这次公会议已经历诸多失望，而上述行动则使他丧失了全部耐性。他命令西班牙众主教不可离开特兰托；奥格斯堡帝国议会拒绝承认已前往波伦亚的教会人士组成公会议。在踌躇再三之后，教皇保罗三世被迫中止了在波伦亚的会议议程(1549 年 9 月 17 日)。这就结束了本次公会议会期的第一次集结。

第四节　公会议的第二次集结

教皇保罗三世死于 1549 年 11 月 10 日。在随后进行的选举教皇的红衣主教会议上，公会议的资深教皇代表、蒙特的红衣主教被选为教皇，并取号尤利乌斯三世(1550 年 2 月 7 日)。他和皇帝很快达成协议，公会议应返回特兰托。于是公会议于 1551 年 5 月 1 日在特兰托再次召开。马尔切洛·克雷申蒂奥被任命为唯一的教皇使节，另外还有两个副手，希蓬托的大主教和维罗纳的主教，共同组成教皇使团。公会议的第二次集结并没有什么好的前景。
582 教皇同意，要采取某些措施安抚新教徒，并且本次公会议先前的决议是否不要修改这一问题应当是一个开放的问题。但是在开会之前教皇的策略再次与皇帝发生冲突,而新教徒已经不再指望什么了。会议代表们对前往会议地点几乎没有表现出热忱。会议被迫延期,直到9月1日才开始工作。

这次集结初期的会议进程表明,几乎没有采取安抚措施的希望。没有做出修改先前决议的努力,会议在它中断的地方重新开始了自己的工作:编纂教条,着手改革。

在第一次集结的最后几个月里,会议开始讨论圣事问题,而就整个第二次集结的关注点来看,可以说会议的全部神学工作都限于这一主题之内。

会议几乎没有花费任何苦心去安抚争取新教徒。新教徒的全部主张都在傲慢不恭的沉默中被忽略过去,决议就这样达成了。圣事同圣经及上帝的许诺之间的关系,同接受者的信仰之间的关系,没有解释。总体上概括圣事论的13条宗规以及从这些宗规里必然得出的诅咒,充分体现了公会议对整个新教运动的反对。

但是公会议在做出定义时还是遇到了巨大困难,这些困难来自较早的、更具福音派色彩的托马斯主义同较晚的司各脱主义及唯名论神学之间的对立。看上去,特兰托的教父们对下面这一点已经绝望了:协调总体上论述圣事性质的汗牛充栋的经院哲学理论。他们没有冒险提出某项教令,而在大多数情况下只是满足于消极的界定。他们宣布,有七宗圣事,既不多也不少,都是由基督 583
明确确立的。他们割断了信仰与圣事之间的密切联系,而赋予圣事以玄妙的、神秘的力量。他们事实上否定了一切信众皆教士(宗规第10条)。也许最重要的宗规是最后一条:“对于天主教会领受的、认可的，在实施圣事过程中普遍运用的仪礼，如果有人胆敢宣称，人们可以藐视它们，或者可以被神职人员任意遗漏而没有罪过，或者可以被任何一位教会牧师更改为新的形式，那么这个人就将被诅咒。”（宗规第 13 条）这使得我们能够看出，公会议如何在没有越出托马斯主义神学的定义在字句上的限制的同时，通过将罗马教会的惯例和习惯提升到教条层次，为随后的对教义的偏离提供了空间。

在对单个圣事做出界定时，公会议力图并且也确实是以佛罗伦萨公会议（1439 年）的《对亚美尼亚人的指示》（*Decretum pro Armenis*）为基础，该文献收在教皇尤金四世的训令《你们欢悦于天主吧》（*Exultate Deo*）里。洗礼定义的真正要旨可以在宗规第 3 条中找到，该条宗规宣布，“罗马教会是所有教会的母亲和主妇，拥有洗礼的正确教义”。由主教施行的惯常做法，本是主教作为宗教信众的牧者这一原初地位的历史见证，现在被提升到教条之列。关于圣餐礼的教令和宗规则是由一些灵巧的严丝合缝的句子构成的、混合了不同经院哲学学说的马赛克拼图。只有一个细节值得我们注意。多数到场的神学家都希望将否认平信徒领圣杯这一条提升为教义，而且确实也为此准备了一项教令。但是俗界诸侯和广泛的舆论使得神学家们迟疑起来，于是这个问题是到后来的一次集结（第 21 次会议，1562 年 7 月 16 日）才解决的，而且用的是一种灵巧机敏的模棱两可的方式。该教令宣称，“自基督教之始，使用两种圣餐物就已经不是罕见的了”，但是该教令接着说，不允许任
584 何一位平信徒以天主的命令为由要求领圣杯（ex Dei praecepto），
或者在该要求遭到拒绝后认为教会不是依照公正和严肃的理由行

事,或者“在只领受一种圣餐物时”认为没有领受到“整个的完整的基督”。这项教令及其相关宗规居然说中世纪教会的这种或者那种做法是自始就存在的,还很少有其他声明像这样不顾历史。

告解礼的教令是构建得最为细致,因而也是最不模糊的教令之一。这确实是对经院哲学学说的条律化。只是在一个地方需要做出机敏的手脚,该教令也接受了这一点。不彻底的忏悔这一邪恶的观念被在字句上放弃,而在实际上保留下来。痛悔是神圣的悔恨,并被宣布为必要的,而不彻底的忏悔被宣布为只是有益的准备。但是如此确立起来的两者之间的真正区别,由于将不彻底的忏悔称为不完善的痛悔,由于在痛悔本身和更为完善的痛悔——由爱所完成的痛悔——之间作了区分,就立即被取消了;由此就为重新引入晚近的司各脱主义神学家的邪恶概念开辟了空间。①

如果对照过去的经院哲学的论争以及16世纪罗马天主教的各种起作用的原则来仔细阅读特兰托公会议的神学教令和宗规,那么人们很难不做出这样的结论:尽管较老的更为具有福音派气息的托马斯主义神学获得了言辞上的认可,但是真正的胜利是站在现在由耶稣会代表的司各脱主义派一边的。从其活动的一个方面来看,司各脱主义神学一般而言一定会产生所谓的“神学怀疑主义”——它是这样的一种心态,这种心态驱使自己在精神思想上对中世纪教会众多教义中的绝大多数持异议,同时却由于教会所拥有的外在权威而接受它们——这表明,教条中不存在真正永恒的原则,但同时到处都存在着参照一个永恒的外在的权威源泉这样

① Cf. i. 222 f.

585 的需要，这个权威源泉不是别人，正是教皇。

教廷主义的立场——普世教会由罗马教会代表，而罗马教会正如实际中的情形那样，集中体现为教皇——不仅仅局限于管辖权领域。它还具有神学的一面。教廷主义认为，圣经应当依据教会的传统来解释，而且只有教皇才能决定这种传统真正是什么。因此，神学愈不确定，它所包含的永恒原则愈少，教皇权威就变得愈是不可缺少，从而信仰就能与对教会的盲目的非理性的服从愈发彻底地同一起来，而教会本身又被认为与教皇是同一的。这就是依格纳修斯·罗耀拉的思想；将心智训练到这样一种绝对服从状态，便是他的《精神的操练》的动机；出席公会议的耶稣会神学家莱内兹和萨尔梅隆，做了大量工作以确保司各脱主义神学赢得实际胜利，尽管事实上相关教令的词语来自他们对手的神学。

特兰托会议的第二次集结终于1552年4月28日。奥格斯堡和约（1555年）表明，新教徒在帝国范围内已经取得了单独的法律地位，许多人认为公会议的工作是白费了。事情看上去就像它从未发生过那样。教皇保罗三世[①]死于1555年3月24日，红衣主教团选举切尔维尼为教皇，称马切罗二世。新教皇在当选后三周就去世了。他由红衣主教卡拉法，即保罗四世接任，反宗教改革由此在诚挚认真中开始了。

保罗四世，这位憎恨西班牙人的人，正体现了西班牙人的宗教改革思想。他坚信，改革工作由他教皇自己比由任何公会议推行都好得多，他以体现他性格的彻底性开始着手这一工作。对中世

① 应为尤利乌斯三世。——译者

纪教会的信条惯例和制度不得有任何破坏。异端和教派分立主义 586
应当遭到宗教裁判所的严厉打击,新思想的传播应当通过严格检查一切书籍予以阻止,并销毁那些含有认为教皇对人类精神或道德是不健康的等内容的书籍。但是教会需要彻底改革;教士特别是高级教士的生活,必须予以改进;潜入教会管理层的腐败行为必须予以清除。

有一段时间,任何一项真正的改革都因这位教皇的众位侄儿的影响而遭到延误,他们利用年迈的教皇对西班牙人的憎恨,轻易地说服他,他的首要职责是将西班牙人驱逐出意大利半岛。但是这些家族内部人所做的邪恶勾当逐渐传到了他的耳朵里。在1559年举行的一次关于宗教裁判所问题的会议上,红衣主教帕切科告诉他,“改革应当从我们开始”。这位老人退回到他的房间,制定了一项调查他诸侄儿行为的命令,他在一个月之内剥夺了他们的职位和薪水,并将他们逐出罗马。从这一家庭干扰中解脱出来后,教皇便开始严格推行他的宗教改革计划。教皇国的世俗事务管理得到彻底清洗。任命了一个委员会,以对教会腐败行为进行检查、分类和开展弥补工作。教廷的许多弊端被清除了。耶稣会告诫他——尽管他并不十分喜欢这个修会——精神服务不应当为了金钱而予以出售。他禁止从举行婚礼中收取费用。他是高级教士道德的严峻的检查官。在他短暂的统治时期内,罗马变得体面了,如果不能说变得有道德的话。他恢复了曾被教皇取消了的主教的若干特权。他纯洁教条的热诚使得他自始至终竭力督促宗教裁判所和禁书目录发挥出可怕的力量。他一个也不宽恕。红衣主教莫罗内,这个为数极少的幸存下来的开明派罗马天主教徒中

587 的一位，被囚禁起来，而对所有开明自由思想进行镇压的措施都得到严厉推行。①

第五节　公会议的第三次集结

保罗四世死于1559年8月18日。他的继任者为乔万尼·德·美第奇(1559年12月26日)，这是一个与保罗四世有很大差异的人，称为庇护四世。新教皇曾受到成为律师而不是神学家的培训，并且精于外交。他承认罗马教会面临困境，而他的任何一位前任都没有这样承认过。路德宗已经在德国赢得政治上的承认，斯堪的纳维亚和丹麦已经毫无希望地丧失了。英格兰已经成为新教的，而苏格兰也几乎必定会仿效她的强大得多的邻居的榜样。菲利普和阿尔瓦也制服不了低地。德意志瑞士的大部分已经宣布赞同宗教改革。日内瓦已经成为新教的堡垒，加尔文的思想在整个法兰西瑞士都赢得地盘。法国毫无希望地分裂了。波希米亚、匈牙利和波兰疏离了罗马，说不定很快就会共同反叛。这位教皇确信，召开一次公会议以将仍然站在罗马天主教会一边的力量重新联合起来，是非常必要的。他认识到，如果不与信仰罗马天主教的君主达成协议，他就不可能实现这一点。这是专制时代。他吁请建立专制君主的同盟以对抗和抵挡新教革命。他企图劝说皇帝

① 他将红衣主教波尔列为异端；维多利亚·科隆纳受到怀疑，因为她是“异端分子波尔的精神产儿和学生”；而在维泰博的圣卡特琳娜修道院的修女则因为她们与维多利亚关系密切被称作“可疑者”(*Carteggio di Vittoria Colonna*, pp. 433 ff.; Turin, 1889)。

（现在是费迪南德）、法国的弗朗西斯二世和西班牙的菲利普相信，主教的独立统治是与君主制敌对的封建制度的一个方面，教皇应当与国王携手合作。随着时间的推移，他的陈述逐渐有了收效。588

一份教皇训令（1560 年 11 月 29 日）下令在 1561 年 4 月 6 日在特兰托召开公会议。五个人被任命为教皇使节出席，为首的是曼图亚的红衣主教埃尔科利·德·贡萨加。他们于 1561 年 4 月 16 日到达特兰托，受到吕多维科·马德鲁佐的欢迎，后者继任了他红衣主教叔叔的主教职位。代表们姗姗来迟。第一次会议（总第 17 次）直到 1562 年 1 月 18 日才召开，并且无足轻重。真正的工作始于第二次会议（总第 18 次），召开于 1562 年 2 月 26 日。

新教徒曾被邀请与会，但大家都知道他们不会来；会议代表了罗马天主教的各派势力，而且仅仅代表了他们的势力。它的目标不是安抚新教徒，而是组织罗马教会。然而，罗马天主教的不同势力对于应当怎样进行这种重组却有着不同的想法。

皇帝知道，一方面有许多不热心的新教徒，另一方面有许多冷漠的天主教徒。他相信前者可以争取过来，而通过对教会惯例进行若干重大的修改，也会使后者的信仰得以坚振。他给他的特使的指示中包含的改革计划非常广泛。其中包括允许平信徒领圣杯，允许神父结婚，减轻所规定的斋戒，将教会的部分收入用来为穷人开办学校，修订祈祷书，肃清其中的传说故事，在公共祈祷时唱德语赞美诗，出版一部良好的简明的教义问答以引导年轻人，改革修道院，依据康斯坦茨公会议的精神削减罗马教皇的权力。这些在皇帝的书信中得到诚挚的表达的改革方案，受到几乎全部德国罗马天主教徒的支持。

589 以洛林红衣主教为首的法国主教们，支持德国的主张。他们尤其渴望批准平信徒领圣杯，用法语施行圣事，在公共祈祷时用法语唱赞美诗，在举行弥撒时须总是伴以教导和布道。他们也要求依据巴塞尔公会议的决议限制教皇的权力。

而另一方面，西班牙人坚决反对对教会的教义和惯例做任何改动。他们不希望平信徒可以领圣杯；他们憎恶教士结婚；他们反对宗教礼仪或者其中的任何一部分用母语施行这一想法。但是他们期望全面改革教廷，改革整个豁免体系；他们希望限制教皇的权力，希望看到教会的主教们恢复古代的特权。

法国和德国期望把本次会议看作一次新的宗教会议；西班牙和教皇则认为这只不过是此前在特兰托召开的各次会议的继续。

这些难题应当使教皇很是灰心丧气，但是这位平稳的外交家直面这种局势，相信主要靠他自己的能力就可以成功地解决这些问题。他知道他必须握有对公会议的控制权，为了达到这个目的，主要依靠教皇使节的机敏调度，通过了几项决定。如果在形式上没有，那么也是在实际上做出了决定：本次宗教会议只是 1545 年开始在特兰托召开的公会议的继续。这就马上去掉了大量的艰难的教义讨论，并确认所有的教条都必须依照此前诸次会议定下的路线来讨论。有一项决定规定，对会议的任何代理都是不允许的。这就使得教皇能够一直保持意大利主教的多数地位，他们的数量超过了其他国家与会主教的总和。通过一项聪明的计谋，公会议被诱导着赞成了这项决定：只有教皇使节才有向公会议提出决议
590 案的特权。这就使得向公会议提交任何一项为教皇所反对的议案成为不可能。

然而，教皇清楚地知道，无论公会议做出什么结论，只要天主教大国不承认，那么这些结论就不起丝毫作用。因此在公会议开会的同时，教皇与皇帝、西班牙国王和法国国王进行了周密的磋商，并与他们拟定了将要采纳的教令的措辞。他的策略很简单，在整个公会议期间都没有改变，并最终获得了成功。他不惜一切代价保证宗教大会上按他的旨意表决的人员占多数。其办法是系统地选派意大利主教去特兰托。其中许多穷困的主教由红衣主教西蒙内塔资助，他的任务就是保证这种自动的多数，并指挥他们如何表决。教皇使节独占性地拥有提出决议案的权利；信使将各委员会草拟的议案送到罗马，在这些议案提交全体公会议表决之前，教皇要对他们进行修订；教皇的耳目为教皇刺探情报，告诉他法国、西班牙或德国的主教们反对的理由何在，然后教皇便不辞劳苦地采用一切有影响力的手段压服他们，使他们倾向于自己的意见；如果这样做不能成功，那么他就阻止这些议案提交公会议，直到他通过特别代理人与各君主磋商并达成协议为止。装满所提议的教令或宗规的邮包，在这些教令和宗规被提交公会议之前，已经在欧洲诸宫廷周游了一遍，而主教们所谈论的和所表决的东西，已经背着他们，在他们不知情的情况下被确定了。

尽管有这些机敏的操纵，但是由各色人等组成的公会议运行
得并不十分顺利。教皇的外交努力有时候增加了混乱。人们想到
自己只不过是傀儡，想到那些他们被召集起来予以讨论的东西早
已不可更改地确定了，就气恼不已。一个西班牙主教说：“不如从 591
未到这里来过，这还胜过只做旁观者。”特兰托会议后期出现了少
见的激烈场面，很少有其他宗教会议能出其右。

最终，教皇的外交努力成功了。教皇庇护四世那调停安抚者的姿态帮助他渡过了诸多难关，而换一个人很可能就已经失败了。在那些他认为非本质的事情上，他比任何人都愿意准备随时让步；他所允诺的东西他则一丝不苟地履行。这次公会议最后一次集结的成功有赖于讨价还价和巧妙的说服工作。当关键时刻来临时，当公会议似乎要四分五裂时，他的代理人莫罗内和彼得·卡尼西乌斯，这位伟大的德国耶稣会士，争取到费迪南德站到教皇一边。同样的说服性外交努力保住了洛林红衣主教的影响。甚至西班牙的菲利普也被说服并相信，西班牙主教们要求得太多了。

人们也必须记住，尽管庇护四世拒绝容忍教皇权利或特权的任何丧失，但是他同意并且尽了最大的努力进行了不计其数的有益改革；并且，特兰托会议不仅改组了天主教会，而且极大地净化了天主教会。他的前任保罗四世在改革方面所取得的几乎全部有益的成果，都被纳入特兰托公会议的教令宗规。

教皇和绝大部分非意大利主教之间发生争端的一个特殊问题关涉到天主教会众主教与被公认为众主教之首的罗马主教之间的关系。西班牙、法国、德国主教强烈反对教皇至上的教义，而这一点已经被罗马教廷的宗规专家孜孜不倦地至少教导了两个世纪，该理论被称为教廷主义。教廷主义认为，教皇是教会的主人，全部
592 教士都是教皇的仆人，主教只是教皇作为自己的副手、为进行监督而任命的助手。无论主教们拥有什么样的权限，它们都来自教皇，而且仅仅来自教皇。而相反的观念，即在特兰托由北方主教和西班牙主教们坚持的、在康斯坦茨和巴塞尔公会议上得以主张的观念则认为，任何一个主教所拥有的权力均直接来自基督，而教皇，

尽管他是教会统一体的代表并由此被承认为众主教的首领，也只是同侪之首（*primus inter pares*），并从属于在公会议上集中起来的作为整体的主教团。本次公会议涉及改革问题时，在所有各次讨论中，该问题被一而再、再而三地提出来。早在第 5 次会议（1546 年 6 月 17 日）时这一问题就开始了，后来就持续不断地进行下去；但只是到了公会议后期它才变得白热化起来。

该问题产生自实际的情况。主教不在任所长期以来是中世纪教会的一个弊端。西班牙和北方主教强烈要求公会议宣布，主教驻留任所是必要的事情。这一要求得到了一致响应。主教的职责是监督他们的教区，而只有当他们驻留任所时才能做到这一点。但是这该如何强制推行呢？强令主教们驻留任所可能使得罗马教廷人烟稀少，并使教廷变得非常贫困。来自欧洲各国的主教被吸引到罗马教廷，而他们得自他们辖区所在国的薪俸则被送到罗马，对教皇随从人员的壮观富丽的排场推波助澜。改革者感到在实践的背后存在一个理论问题，并认为主教的监督和驻任源于神法（*de jure divino*），而不仅仅是源于教会法规（*de lege ecclesiastica*）——因此是上帝喜悦的事情，从而超越了教皇可以做出变更的范围。这种说法的背后存在着一种首先由西普里安提出的思想，即每一位主教在他的教徒中间或教区里都是基督的代理人[1]，并且最终只对基督负责。由此，在康斯坦茨和巴塞尔得以主张的老的公会议观念在特兰托直面着教廷的观念；双方都很强大，从而不可能彻底 593

① 基督的代理人的原文是 Vicar of Christ，天主教中这个词主要指教皇。——译者

让步。教皇尽管拥有意大利人多数,但还是不能获得直接否决“源于神法”理论的多数。在最终表决中,66 位主教赞成“源于神法”理论,而另外 71 人或者反对,或者认为应当提请教皇裁决。教皇不敢利用 5 票多数赋予他的自由裁决权。如果他做出裁决,那么他将面对德国、法国、西班牙等欧洲天主教势力——他们都支持老公会议派的观点。由此,该理论问题在特兰托并没有解决,但是教皇的外交努力成功地创造了有利于教廷主义思想的先入之见,从而使教皇相对主教团而言获得了比历次公会议所赋予的都强大得多的地位。

公会议的决议赋予罗马(亦即教皇的)教会以卓越地位。首先强调了君士坦丁堡(尼西亚)信经[①];插入了“上帝自己在世上的代理人”一词[②];责令各教会首脑、各首席主教、各大主教、各主教以及其他所有依照权利和习惯应出席地方宗教会议的人士……均应允诺和声明真心服从至尊的罗马教皇[③];《特兰托信仰告白》(*Professio Fidei Tridentinoe*)第 10 条写道:“我承认神圣的统括一切的使徒的罗马教会是所有教会的母亲和主妇;我保证并起誓真心服从罗马主教,使徒之首圣彼得的继承人,耶稣基督的代理人”;公会议最后一次会议(1563 年 12 月 4 日)把公会议教令的批准权及
594 为推行教令而采取相应措施的权力完全置于教皇手里;在公会议

① “Symbolum fidei quo sancta Romana Ecclesia utitur.”(神圣罗马教会所用的信经)

② “通过上帝的仁慈和上帝自己在世上的代理人的精心照顾”。Session vi. de reform. c. 1.

③ Session xxv. de reform. c. 2.

平静的默许下，教皇庇护四世在教皇训令《应受赞美的天主》(*Benedictus Deus*)中为自己保留了公会议教令的解释权①。——这一切都证明了教廷主义思想在特兰托公会议上的胜利。罗马天主教已经变成“教皇的家业”，这一点以前从未像现在这样得到举世认可。

本次公会议，召集的时候是如此的迫切，召开时却如此的拖拉，两次解散，遭受政治世界风暴的折磨，甚至在末期的会议上也曾面临诸多的险情，但还是在天主教各民族的普遍满意中结束了。当这些高级教士 1563 年 12 月 4 日最后一次聚集在一起的时候，昔日的对手互相拥抱，许多人老泪纵横。

本次公会议为罗马天主教会做了三件事情。会议提供了一份致密的教义体系，屏除了经院哲学的奇谈怪想，并且还反对了新教的学说。罗马天主教有了它自己的赖以站立的智识基础。会议在可以称作几乎是全新的基础上重建了教阶制度，并且使它得到平衡。会议确立了一份改革大纲，如果这份大纲被后继教皇们执行的话，将使教会从许多人们怨声载道的邪恶中解放出来，而正是这些邪恶赋予新教运动巨大的力量。会议强调教士应当有教养，并为此作了安排——有教养的教士，这也许是 16 世纪中叶罗马教会最需要的。

---

① “我们因着使徒的权威禁止一切人…… 在未取得我们授权的情况下擅自以任何形式发表任何涉及上述公会议教令的注释、评注、注解、注疏或其他任何类型的解释；或以任何口实确认任何相关之点。……但是假如有任何一点于任何人而言表达得或规定得比较模糊…… 由此产生了解释或裁决的需要，那么让他去到我主已选定的地方，也就是说，到使徒教区那里，到一切信仰的主人那里去，他的权威是宗教大会也已恭敬地承认的。”

所有这一切主要应归功于统治罗马的那个人。教皇庇护四世，出身于精明的意大利中间阶级，几乎不关注神学，从不以虔敬
595 而著称，但他了解教会的需要，并通过灵巧的外交手腕获得了它。一个更为强硬的人会拉断那些将所有派别联系到一起的线绳；一个更为热诚的人会缺乏他那无限的耐性；一个非常虔诚的人不可能使用他不断运用的那些手段。他受到新兴的耶稣会的强力襄助。在特兰托，没有任何神学家像莱内兹和萨尔梅隆那样具有影响力；如果在莫罗内与皇帝磋商时没有卡尼西乌斯给予的帮助，公会议也许早就破产了。

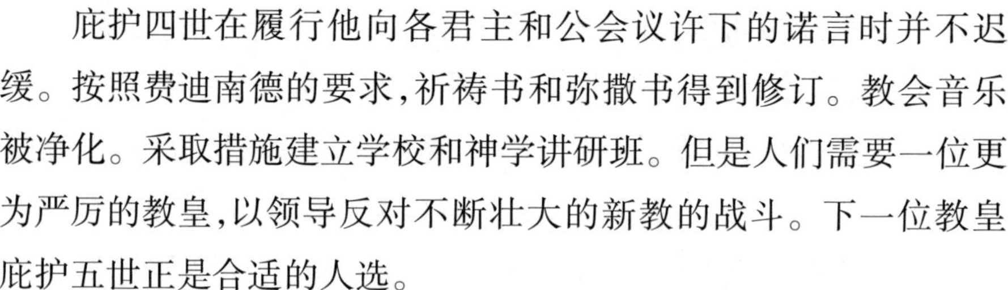

庇护四世在履行他向各君主和公会议许下的诺言时并不迟缓。按照费迪南德的要求，祈祷书和弥撒书得到修订。教会音乐被净化。采取措施建立学校和神学讲研班。但是人们需要一位更为严厉的教皇，以领导反对不断壮大的新教的战斗。下一位教皇庇护五世正是合适的人选。

庇护四世虔诚的外甥、红衣主教博罗梅奥在红衣主教团中的影响很大，他尽力保证了亚历山德里亚的红衣主教米凯莱·吉斯利里的当选，称庇护五世。新教皇 14 岁时曾入一家多明我修道院，并全心全意地过着修会所规定的最为严格的生活。他热切主张坚守严格的正统，这体现了多明我修士的特征。他有着从不宽恕自己的禁欲主义，他对经常玷污教会生活的不道德和破坏戒律的行为厌恶至极。他带着修道院里的这些脾性来到了梵蒂冈。他从不缺席教会所规定的各种宗教仪式，而且在他的投入中没有任何虚伪的痕迹。他是个要领导新的罗马教(Romanism)的教皇，该教对异端怀着强烈的憎恨，决意改良道德生活，并蔑视文艺复兴及

其一切作品。西班牙的菲利普二世给红衣主教博罗梅奥送来一封 596
专门的贺信，感谢他在红衣主教团中做出的努力。

新教皇十分彻底地相信镇压的作用。他准备用宗教裁判所和禁书目录来同宗教改革战斗；这两项工具被毫不宽恕地运用起来。

597 第六章　宗教裁判所和禁书目录[①]

第一节　宗教裁判所在西班牙

宗教裁判(所)这一词语中包含的意思是通过肉体的痛苦和处罚来惩罚精神上的或与教会相关的罪行。它在基督教会中并不是新观念。自从君士坦丁时代起,这一观念就存在了。在涉及中世纪教会时,历史学家大致上区分了主教的、教皇的和西班牙的宗

600 教裁判所。在中世纪早期半野蛮教会的时代,当时在教会当局和政权之间存在着一种奇妙的交易政策,教会和国家之间达成了似乎一贯的谅解。可以这样概括地说:人们公认,指出异端是教会的职责,惩罚异端则是国家的职责——教会由诸位主教代表。这种主教宗教裁判所表现为多种形式,而在镇压异端这一点上从来不是非常有效的工具。

1203 年,教皇英诺森三世对法国南部和意大利北部异端的扩散感到非常震惊,他发表了一份教皇训令,批评主教对此漠不关

---

① Llorento, *Histoire critique de l'Inquisition d'Espagne* (Paris, 1818); Lea, *A History of the Inquisition of the Middle Ages* (London, 1888); Reusch, *Der Index der Verbotener Bücher* (Bonn, 1885); Lea, *The Spanish Inquisition* (London, 1906); Symonds, *Renaissance in Italy*, *The Catholie Reaction* (London, 1886).

心，任命西多的修道院长为他处理异端问题的特派员，给予他审判
和惩罚异端的权力，这是宗教裁判所作为独立机构的开始。这是 598
一种教皇中央集权的行为，是对主教裁判权的明显侵犯。教皇宗教裁判所就这样开始了，并扎下根来。它并没有取代原来的主教管辖的宗教裁判所；两者同时并存；但是“镇压异端的使徒法庭”是有效得多的武器。它通常由多明我和方济各修会操纵。

西班牙的宗教裁判所在 15 世纪行将结束时兴起。多位教皇都期望将教皇宗教裁定判所引入西班牙，但是这种要求总是为西班牙君主所拒绝，他们十分提防教皇的干涉。教皇西克斯图四世甚至于给予他的使节尼科洛·佛朗哥以“彻查和惩罚那些在施行洗礼后仍举行犹太教仪式的假基督徒的完全的宗教裁判权”，但是伊莎贝拉和费迪南德没有允许他施行这些权力。然而，conversos——那些名义上改宗基督教的犹太人——的势力和财富使得他们遭到西班牙人的憎恶，大部分教士都叫喊着要打倒他们。女王的忏悔神父托马斯·德·托克马达，狂热地要求他的女王忏悔者建立宗教裁判所，最终君主请求教皇发布训令，以让他们能够在西班牙建立一种特殊的宗教裁判所。它与一般的教皇宗教裁判所的不同之处在于，它处于王室的严密控制之下，君主任命宗教裁判所成员，罚没和充公财物上缴王室金库。教皇训令颁布了（1478 年 11 月 1 日），但是西班牙君主对运用该训令所传达的权利尚存疑虑。在延缓一年之后，任命了两个王家宗教裁判官（1480 年 9 月 17 日），第一次判决仪式（*auto-da-fé*）发生在 1481 年 2 月 6 日，6 个人被烧死。在接下来的年份里，圣职部（Holy Office）的章程进
行了许多修改；最终组织了一个委员会，由总宗教裁判官托马斯· 599

德·托克马达领导。这个人冷酷而狂热，严厉而残忍，并且独断专横；他将自己的本性烙在他所领导的宗教裁判所上。宗教裁判所被允许制定自己的法规。这就使宗教裁判所实际上处于独立状态，而同时国家的全部资源都被置于它的支配之下。在某位宗教裁判官上任的时候，官员们都要宣誓辅助他消灭一切他认定为异端的人，宣誓遵守并强使所有的人遵守教令集《消灭异端》、《绝罚》、《宗教裁判所的职责》、《愿宗教裁判所的工作》（*Ad abolendum*，*Excommunicamus*，*Ut officium Inquisitionis*，*and Ut Inquisitionis negotium*）——13 世纪的教皇立法，这些让国家全心全意为宗教裁判所服务，并要求任何被怀疑在信仰上有问题或者支持异端的人都不得担任官职。此外，所有居民都要集合起来听宗教裁判官的训导，然后所有的人都被要求面对十字架和福音书宣誓帮助宗教裁判所、不以任何方式或借口妨碍它。它的行事方法和程序也取自教皇宗教裁判所。宗教裁判官持有书面特许状，他们由卫兵和书记官簇拥着一个城镇接一个城镇地巡视。他们的开销由他们所经地方的财政承担。受到国家保护的密探和耳目，不断向他们通风报信。法庭开庭了；证人被盘问；被告被宣告无罪或发现有罪。判决宣布了；俗界的陪审法官给予形式上的批准；被告被移交给世俗当局惩罚。托克马达改组西班牙宗教裁判所时，有关其工作程序的一系列法规被制定出来，这些法规规定，在秘密状态中行使权力，甚至剥夺被告运用任何合理的辩护手段的权利；严密组织司法手段，甚至不给那些说明愿意公开认错的人留下漏洞；大大增加罪名，使得异端嫌疑分子甚至死后也会被当作顽固不化者并使得他
600 们的财产得以没收。西班牙宗教裁判所与教皇宗教裁判所的不同

之处在于：西班牙宗教裁判所与世俗当局的密切关系，它可怕的秘密状态，它的残酷无情，并且它排除了主教们哪怕是名义上的对其工作的参与。如此组织起来后，西班牙宗教裁判所便成为不幸的西班牙最可怕的诅咒。在它存在的头 139 年里，这个国家的人口减少了 300 万之巨。它已经强大到足以威压君主、废立主教、藐视教皇的程度。它的受害者的人数只能推测。略伦特曾计算，在托克马达任头领的 18 年里，有 114000 人遭受控告，其中 10220 人被活活烧死，97000 人被判处终身监禁或者公开悔罪。宗教裁判所就是这样一个残酷无情的恐怖工具，西班牙运用它来迫使西班牙人民与西班牙宗教改革保持一致，来摧毁低地国家的新教。西班牙宗教裁判所还扩展到科西嘉和撒丁；但是当西班牙总督提出在那不勒斯和西西里设立西班牙宗教裁判所时，那里的人民成功地抵制了它的引入。

第二节　宗教裁判所在意大利

红衣主教卡拉法（后来成为教皇保罗四世），这位宗教改革运动的坚韧敌人，看到这种西班牙宗教裁判所在消灭异端方面很成功，便于 1542 年敦请教皇保罗三世同意在意大利按照西班牙的模式改组教皇宗教裁判所。教廷当时对意大利的宗教改革运动惊惧不已。他们得到情报说，小规模的新教群体已经在意大利的一些市镇形成，并且异端正在以令人吃惊的方式扩散。卡拉法宣称，“整个意大利已经受到路德派异端的传染，路德派异端既为国务活动家也为教会人士广泛赞同”。伊格纳修斯·罗耀拉和耶稣会士

们高度赞扬这一建议，并且他们得到红衣主教博罗梅奥这位虔诚
601 的颇受信任的教皇外甥的支持，势力强大。1542 年，圣职部专门委员会在罗马成立，包括红衣主教卡拉法和托莱多在内的 6 位红衣主教被任命为总宗教裁判官，在阿尔卑斯山两侧都拥有权力审判一切异端案件，捉拿和监禁嫌疑人员，并任命拥有同样的或者受到某些限制的权力的较低级别的宗教法庭。这样做的目的是改造教皇宗教裁判所，赋予其西班牙宗教裁判所的最大特征，即彻底性。但是教皇的猜忌阻碍了圣职部在意大利开展同在西班牙一样的独立行动。新的宗教裁判所马上就在教皇国内开展工作了，在经过若干协商之后在意大利其他君主国也引入了新的宗教裁判所。威尼斯一直拒绝圣职部，直到最后商定，圣职部将严格服从世俗当局时，才同意引入。

意大利的圣职部尽管是按照西班牙圣职部的模式建立的，但是从未表现出同样的残忍行为；而且在意大利也没有这个必要。意大利人在信仰上从未表现出体现为西班牙人特征的那种严格的一贯性。人们普遍发现，只要解决了首领的问题，就足以使他们的追随者发生改变。尽管如此，圣职部的记录和同时代目击者的记录仍然记叙了发生在罗马和其他城市的连续不断的审讯和火刑。在威尼斯，淹死代替了烧死 。受害者被置于一块搭在两艘贡多拉上的木板上；两只船划开了，不幸的殉难者落入水中淹死。曾在波伦亚、法恩扎、费拉拉、卢卡、摩德纳、那不勒斯、锡耶纳、威尼斯和维琴察建立起来的新教团体被驱散了，在这一过程中，只留了很少的血或并没有流血。而建在卡拉布里亚中北部的科森扎城附近的韦尔多派的一个移民区，则是由信仰坚定得多的人组成。什么都

不能使他们回心转意，于是他们被刀剑砍杀，被从峭壁上扔下去，
被长期监禁在死囚牢里，被绑在火刑柱上，被发配到矿井下，被送
到西班牙大船上做划船苦工。在蒙塔尔托，一百名老妪先是遭到 602
毒打，然后被屠杀。妇孺中的幸存者被卖为奴隶。这就是意大利
反宗教改革的功勋，这就是意大利反宗教改革很大程度上赖以成
功的手段。

第三节　禁书目录

在意大利的像教皇保罗四世和庇护四世这样的反宗教改革领袖决定，不仅仅只是要驱散新教群体，惩罚甚至杀死福音思想的传教士。他们决心摧毁那些他们很正确地认为是新教的种子和温床的东西——独立的思考和无先入之见的学问的培养和形成。他们企图根绝文艺复兴的一切痕迹。15 世纪和 16 世纪上半期，意大利曾是欧洲其他地方的“思想工场”、知识工场（officina scientiarum）。宗教裁判所在意大利犹如在西班牙一样，打击各学术团体和知识流派，首先是要打击那些藏有过去知识的图书馆和日复一日传播新思潮的印刷所。他们有托克马达为先例，托克马达曾于 1490 年在萨拉曼卡以传播巫术为借口，焚烧了 6000 卷图书。

下令焚烧异端著作并非新事物。整个中世纪这种行为都在不断继续。主教宗教裁判所、大学、教皇宗教裁判所都努力地找出并销毁那些他们认为危及教会教义的著作。印刷术发明以后，这种杀戮思想的行为变得不那么容易了；但是教会当局仍然竭尽全力。美因茨大主教就是一个例子。由于出现了以母语印刷的数量众多

的圣经，美因茨大主教于 1486 年发布了他那道大名鼎鼎的命令，企图建立书籍检查制度。[①]

603 教皇西克斯图四世 1547 年曾命令科隆大学进行监督，勿使任何一本书（libri, tractatus aut scripture qualescunque）未经事先许可就被印刷，并且授权地方当局对一切未经批准的书籍的印刷者、购买者和读者施以惩罚。亚历山大六世曾于 1501 年向科隆、美因茨、特里尔和马格德堡的大主教发布了同样的命令。一份 1515 年在拉特兰公会议上通过的利奥十世的法令宣布，在罗马，未经该宫主人的明确批准，在其他地方，未经该教区主教或该地区宗教裁判官的批准，任何书籍都不得印刷；这一点得到了特兰托公会议的确认。[②] 1543 年罗马的教皇宗教裁判所得到改组后，承担起这一书籍检查工作。

在教皇国之外，围绕书籍而进行的镇压及印刷书籍须得教会许可的要求只有通过与世俗当局的合作才能实行；他们自然需要对所谴责的书籍采取一致行动。这就需要开列所禁书籍的名单——在卢万（1546 年和 1550 年），在科隆（1549 年），在索邦（1544 年和 1551 年）（该机构负责法国北部的宗教裁判所工作）。教皇保罗四世于 1559 年提出了第一份教皇禁书目录。该目录非

---

① 该文献见 Gudenus, *Codex Diplomaticus*, iv. 469。

② “希望也通过一项……对印刷者……的限制法令，无论他们是谁，都不得在没有得到教会许可的情况下印刷圣经及注解、注释……（本次宗教会议）规定并发布命令，从今以后，圣经，特别是前述古老的通俗拉丁文本圣经，应以最正确的方式来印刷；不署名而印刷或让人印刷任何有关圣事的书籍对任何人而言都是非法的；不许出售或保留这些书籍，除非它们事先通过主教的审查和批准，否则按上一次拉特兰公会议之教规处以绝罚或罚款。”（第 4 次会议）

常严厉，它过分的严厉阻碍了它的成功实施。[①] 这份禁书目录得 604
到由特兰托公会议任命的一个委员会的讨论。[②]

该委员会起草了一份共 10 条的规则，以便据此开列禁目录，而将该书目的实际开列工作留给了教皇。这份新的禁书目录（特兰托禁书目录）由教皇庇护四世于 1564 年公布。他的继位者庇护五世任命了一个由红衣主教组成的专门委员会来处理禁书问题。该委员会叫作禁书目录委员会，尽管与宗教裁判所区别开来，但是与它并肩工作。该委员会的工作做得非常彻底。在半岛延伸的地方，意大利的学术横遭杀戮。西班牙和葡萄牙的学术也被摧毁。新知识不得不到阿尔卑斯山和比利牛斯山以北寻求庇护。禁书工作进行得如此彻底，甚至连罗马天主教的作家也遇到重重困境，以致帕莱里亚将这整套系统称为“暗杀一切学术人士的出鞘匕首”，保罗·萨尔皮则称之为“迄今为止发现的运用宗教实现愚民目的的最精巧的秘密”；教皇统治的斗士拉提尼称这种制度“威胁到书籍的存在本身”。

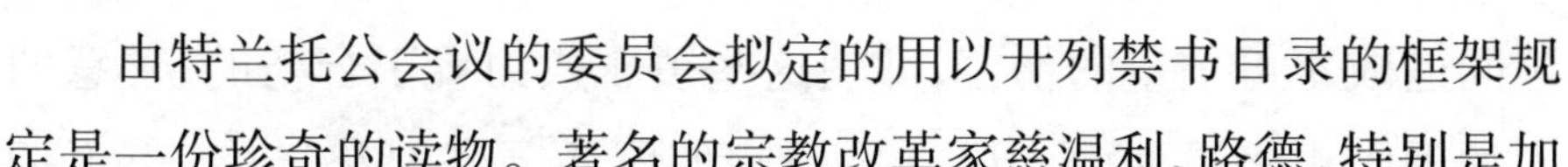

由特兰托公会议的委员会拟定的用以开列禁书目录的框架规定是一份珍奇的读物。著名的宗教改革家慈温利、路德，特别是加

① 教皇保罗四世最初的禁书目录开列了不少于 61 位的印刷商，并禁止阅读任何一本由他们印刷的书籍。他后来收回了这一条款。但是他的禁书目录给出了长长一串作者名单，他们的全部著作都被禁止阅读。这个名单除了一个有名的例外，只列了姓名。但它有这样的语句：“鹿特丹的德希德里乌斯以及他的所有注解、注释、批注、对话、书信、评论、翻译、书籍和手稿，即便其中没有任何与宗教相左或与宗教有关的内容。”

② 第 18 次会议——关于书籍的选择；第 25 次会议——关于禁书目录、教义问答、祈祷书、弥撒书。

尔文的著作，被绝对禁止。通俗拉丁文本圣经是唯一认可的圣经标准本，是唯一的可以当作受到圣灵启示的文本而予以引用的版本。在得到其教会上级允许的情况下，学者可以持有另外的版本，
605 但它们不得被当作可靠本引用。母语版本的圣经绝不可引用。圣经词典，索引，有关神学争论的书籍，在出版之前须通过检查官最严格的审查。检查官要尽最大的可能仔细审查，不仅要检查正文，而且还要检查全部提要、注释、索引、前言、献辞，以搜寻每一个异端词汇或者那些由于行文疏忽而容易引起异端想法的语句，搜寻一切对任何一种教会行为的批评，搜寻一切对教士或宗教仪礼的讽刺。所有诸如此类的段落均应删去。

禁书目录在阿尔卑斯山以北的效果很小。在宗教改革运动已牢固确立起来的地方，禁书目录无能为力；在法国，在德国的教皇尚有势力的地区，在北意大利，有一个大胆的书贩子阶层，他们将被禁的小册子、圣经和宗教文字带到这些地方。

特兰托的法令中确立的重大的镇压措施不可避免地对思想和学问造成不可估量的伤害，即使这些镇压权力置于合格的、善意的人的手中也将是如此。但是检查官们既不具备合格能力，也不拥有高尚心灵。学者们拒绝执行这种可憎的任务。对教父著作所作的注疏由那些只懂很少的拉丁文、几乎不懂希腊文和完全不懂希伯来文的人阅读。这些人从不幸的作者那里勒索钱财，向售书者征收保护费，并听取书商的忌妒的对手的告密。

学问知识在意大利遭到如此有效的杀戮，以致当教皇在 16 世纪末力图重振教会学术并在罗马将那些能够用他们的笔捍卫教皇制的人召集到一起时，他所能召来的学者都是些无能之辈。巴罗

尼乌斯撰写了他的《编年史》，而拉提尼编纂了拉丁教父的著作，可两人都对希腊文一窍不通，并且都受到书籍检查制度的折磨。

反宗教改革的某些比较卓越的领导人看到了潜藏在这一纯粹镇压体制中的危险。伟大的德国耶稣会士卡尼西乌斯，他曾为了罗马天主教在德国的维持和复兴做过比别人多得多的工作，他指出，606
毁灭并不能带来永久的益处。人民应当拥有书籍，而教会应当为他们提供书籍。他为此做出努力并在某种程度上取得了成功。

第四节　耶稣会和反宗教改革

无论是宗教裁判所还是禁书目录都不能说明反宗教改革。压迫可能在南欧根绝了宗教改革家；但是要使罗马教会能够采取攻势，就需要信仰、激情、无私的和自我否定的工作。这些在很大程度上是由伊格纳修斯·罗耀拉的追随者提供的。

罗马天主教在庇护四世任内陷入最低潮。它到处都采取守势，看着自己一个又一个据点落入胜利的新教手中。庇护四世的继任者庇护五世是为了新的罗马天主教而战斗的第一个教皇。在他身后，有特兰托公会议决定的对教会的重新组织；有罗马天主教中世纪虔诚的复活，其中卡洛·博罗梅奥、菲利普·内里和弗朗西斯·德·萨莱斯是最杰出的代表；有宗教裁判所和禁书目录委员会；而且最重要的是，有耶稣会。罗马天主教在他的领导下明显采取了攻势。

1564 年时，似乎整个德国都可能变成新教的。仍然承认教皇权威的国家布满了新教群体。根据当时的记载，巴伐利亚、莱茵诸省、奥地利公国本身，已经成为半新教的地区或者有过之而无不及。几乎所有讲授专门知识的教席都为新教徒占据。天主教的维也纳大学和英戈尔施塔特大学的学生几乎跑光了。在彼得·卡尼西乌斯灵活而富于激情的领导下，主要由于耶稣会士的努力，这种局面得到了很大的改观。他们进入巴伐利亚和奥地利。他们作为
607 教育的先驱者和给予者出现在那里，并掌握了年轻的一代。他们在所有主要的人口聚居中心都建立了他们的学校。他们是优秀的教师；他们制作了近代类型的学校课本；由卡尼西乌斯亲自撰写的教义问答在他们所有的学校里得到使用（将路德宗系统的教义问答翻写成罗马天主教的教义问答）；他们不收学费；他们很快就把教导罗马天主教孩童的事务掌握在自己手里。城市和乡村的人们惊奇地看到他们的孩子开始参与朝圣活动，就像近代主日学校的活动一样，孩子们在优秀的老师的带领下，参观著名的教堂、圣地、神圣的十字架、能创造奇迹的水井，等等。父母们被劝导着去拜访老师；拜访引致忏悔，忏悔引致受教导。随之而来的就是《精神的操练》中的训练，它们通常为适应忏悔者的承受能力而被缩短。整个地区都被引导着回到忏悔上——父母跟随着孩子。

高等教育也没有被忽视。耶稣会的学院在维也纳和英戈尔施塔特建立起来，为衰落的大学输入了新生力量，并赋予它们以新的生命。按照卡尼西乌斯在科隆创建的模式，各种学生协会建立起来了，并隶属于耶稣会。朝圣的学生奔赴著名圣地；天资聪颖的学生让自己的灵魂服从耶稣会教父的指导，并共同享受着《精神的操练》课程所赋予的催眠性的迷醉状态。一代热烈的灵魂被训练出来的为罗马教会积极服务，并发誓与新教战斗，至死不渝。

耶稣会还有另一个同样重要的工作领域。奥格斯堡和约将城市或诸侯国宗教的处理权置于世俗统治当局手里。教随国定(Cujus vegio ejus religio)的原则将许多地方的居民的宗教信仰的选择置于一个人的手里。许多天主教诸侯不愿意施行迫害,更不愿意看到在他们的诸侯国因驱逐措施而导致人口减少。他们其中一些人便保证给予良心自由,并给予其新教臣民有限的礼拜权。耶稣 608
会士则要着手改变这种局面。对于教皇制下驯服的善男信女来说,他们能够成为令人着迷的忏悔神父和讨人喜欢的导师。他们受邀指导许多诸侯特别是德国诸侯的灵魂。他们蛊惑、命令最后威胁他们的忏悔者。他们把对新教徒的宽容描述成不可原宥的罪孽。在很多情况下,他们成功地促使天主教统治者收回他们直到当时还给予新教徒的保护,这些新教徒如果信仰坚定的话,就只好背井离乡,到一个新教地区寻求托身之地。

就这样一面公开地,一面秘密地,罗马天主教的反动浪潮向北卷过德国,为教皇统治赢回一个又一个地方。反宗教改革的这个第一时期可以说结束于16世纪;它的包括三十年战争在内的第二时期,不在我们的探讨之列。

法国以圣巴托罗缪节大屠杀为其顶点的野蛮争斗并不属于新罗马天主教范畴,也位于我们严格指称的反宗教改革之外。这一新的侵略性运动的力量首先体现在神圣同盟上,该同盟的目的是阻止纳瓦尔的亨利登上法国王座。该同盟是这一反宗教改革在法国的标志。直到玛丽·德·美第奇掌权之前,耶稣会士从未在该国取得重大影响;但是他们是神圣同盟的精力充沛、冷酷无情的组织者。耶稣会教士奥热、昂利·索米耶,首先是克劳德·马蒂厄,被称为同盟的使者，不知疲倦地为该同盟工作。耶稣会散布他们的印刷所印刷的小册子，宣称人民拥有不可剥夺的统治权利和选择他们的统治者的权利。他们教导说，上帝一方面将精神权力交
609 到一个人即教皇手里，另一方面将世俗权力授予了很多人。他们宣称，国王并不是依据任何通过世袭而继承的神授王权而统治的，而是依据人民的意志和教皇的意志而统治的，因此所有法国天主教徒都有理由推翻纳瓦尔国王而让他的叔叔、波旁的红衣主教取代他的位置。

他们提交给英格兰人民的论证则建立在完全不同甚至与上述说法相矛盾的基础上。在那里他们对世袭和正统继承大加称颂。伊丽莎白不是正统，而苏格兰的玛丽拥有英格兰王位的神授王权。无须赘述反宗教改革的领袖们将英格兰拉回教皇治下的努力——在杜埃的学院，在罗马的英格兰学院，它们建立的目的都是培养致力于反对异端女王的传教士；也无须赘述耶稣会士帕森斯和坎皮恩的传道活动。历史专业的学生不可能不注意到一件事——西班牙无敌舰队的起航标志着反宗教改革第一时期的高潮。在那支著名的舰队毁灭之后，反动的第一波看来已经筋疲力竭了。在法国，同盟遭到失败，亨利四世在南特敕令里保障了他的新教臣民的权利。荷兰人从他们漫长的解放战争中走了出来，取得胜利。甚至在德国，无敌舰队的失败也大致上表示罗马天主教反动的冲力完结了。德国的新教再次采取了攻势，精神饱满的进攻性的加尔文宗弥补了路德宗宗教改革踌躇不前的特性。

西蒙兹先生在他论述罗马天主教反动的势力构成的著作中，认为耶稣会士在反宗教改革中的作用不是没有得到充分认识，而

是被夸大了。“如果没有发轫于特兰托公会议的教会改革；如果没有西班牙的黄金和刀剑；如果没有宗教裁判所的火刑柱和牢狱；如果没有禁书委员会发动的针对思想的战争，——光凭耶稣会士是不可能如此从容地引导天主教的复兴的。”[①]这种说法也许是正确 610
的；但是如果离开耶稣会的活动，这一切又将会如何呢？它们只不过是一套机械装置，只有激情以及产生于激情的不屈不挠的工作才能赋予它灵魂。严酷、无情、野蛮的镇压能够做很多事情。它能够制造一片荒漠并称之为和平；但是它不能以再生的生命使人们振作起来。卡洛·博罗梅奥温文尔雅的虔诚，弗朗西斯·德·萨莱斯温柔而感伤的敏感，在罗马天主教反动中清晰可见的中世纪神秘主义的复兴，这一切既没有信仰深度也没有信仰持久性，而这两者正是时代所需要的。伊格纳修斯将西班牙的精神——既富于狂野的幻想又极具实用性——赋予耶稣会，耶稣会士们又将这种精神输入反宗教改革的教会——高贵的献身精神、任何挫折都磨灭不了的坚韧精神以及不能熄灭的信仰希望。他们就像灵魂统治身体一样来支配这种西班牙精神。

这是一个西班牙占支配地位的年代。西班牙人夺取了新世界并希望驯服旧世界。她的战士在欧洲是最优秀的。他们除了征服从不梦想别的什么。耶稣会士将西班牙精神带入教会。其他人也许在计划，在期望，在惊叹，他们却在行动。他们获得了丰收，这是艰苦的和坚持不懈的劳动在每一块田地上所获得的丰收。艾德里安和教廷其他要人将路德称作又一个穆罕默德并非没有意义；这

① Symonds, *The Renaissance in Italy*: *The Catholic Reaction*, i. 301.

个词语在每一个西班牙人的胸膛里都点燃了他们对几个世纪之久同穆斯林所进行的战争以及对其胜利结局的回忆。如果说西班牙的黄金和刀剑曾为反宗教改革效劳,那么正是体现于耶稣会身上的西班牙精神使得枯骨复生。

我们必须记住,在罗马天主教反动的第一时期,我们所面对的是16世纪的耶稣会士,我们必须将随后两个世纪里该修会的历史
611 从我们心中排除出去,该修会最恶劣的一面当时几乎还没有显露。它的或然说[1]——传教士们受这一理论的训练,将一切最坏的罪孽,甚至谋杀、奸淫和偷盗等,都转化为可以原谅的罪过,而且诡辩术成为全部精神指导的方法——属于后来的时期。直到17世纪时对罪孽的宽恕才被他们演化成一种高度精巧的艺术。当教会和修会的政治利益需要时就表现出来的对宗教和道德的厚颜无耻的轻视,也是后来的事情。16世纪心灰气馁的罗马天主教徒所看到的是一个由任何困难都吓不倒的人们组成的团体,这些人竭心尽力培养男女孩童并用宗教原则鼓舞他们;他们说服男孩子和年轻人去参加每天的弥撒,去进行每个月的忏悔,去学习他们信仰的各相关条款;他们将顺从——对于一代代被教导的人而言,顺从应给予教会的尘世首脑——提升到庄严的宗教原则的高度。

所有这一切,反宗教改革的罗马天主教都应当感谢那三个无名之辈,他们于1538年复活节通过波波洛港潜入罗马,恳求教皇保罗三世允许他们及他们的同伴为了捍卫信仰而将自己组织成一个新的修会。

---

① 或然说(Probabilism),基督教神学的一种道德理论,主要流行于天主教内。认为在面对道德和法律时若有两种以上的不同的可能性,人们便可自由选择其中一种行事。例如在救治难产妇女时,救婴儿还是救母亲便属于这样的问题。——译者

确实,人们永远不可能摆脱精神事务方面的个人责任,但是芸芸众生总是企图将担子置于他人身上。在处于这种精神状态的众多的人们当中,反宗教改革的精神生存着,发展着,并形成了自身的特质,他们自觉或不自觉地受到其宣讲者所教导的盲从原则的支撑。我们只要记住下面这些就足够了:个人责任感的任何削弱,迷信活动的任何数量,都不可能完全扑灭寻求着上帝的良心,都不可能阻挡人们仰望天堂里的圣父,而这仰望便蕴含着生机勃勃的信仰。

原著参考书目

第　三　编

第二章

第二节

SOURCES: O. Myconius, "Vita Huldrici Zwinglii" (in Neander's *Vitœ Quatuor Reformatorum*, Berlin, 1841); H. Bullinger, *Reformationsgeschichte* (Frauenfeld, 1838 – 40); Johann Salat, *Chronik der schweizerischen Reformation von deren Anfängen bis* 1534 (vol. i. *of Archiv für schweizerische Reformationsgeschichte*, Solothurn, 1868); Kessler, *Sabbata* (ed. by Egli, St. Gall, 1902); Strickler, *Actensammlung zur schweizerischen Reformationsgeschichte in den Jahren 1521 – 32* (Zurich, 1877 – 84); Egli, *Actensammlung zur Geschichte der Züricher Reformation, 1519 – 33* (Zurich, 1879); W. Gisi, *Actenstücke zur Schweizergeschichte der Jahre 1521 – 22* (vol. xv. of *Archiv für die schweizer. Geschichte*), pp. 285 – 318; Herminjard, *Correspondance des Réformateurs dans les pays de langue française* (Geneva, 166 – 93); Stähelin *Briefe aus der Reformationszeit* (Basel, 1887).

LATER BOOKS: Stähelin, *Huldreich Zwingli: sein Leben und Wirken nach den Quellen dargestellt*, 2 vols. (Basel, 1895 – 97); Mörikofer, *Ul-*

rich Zwingli nach den urkundlichen Quellen, 2 vols. (Leipzig, 1867–69); S. M. Jackson, *Huldreich Zwingli, 1484–1531* (New York, 1901); *Cambridge Modern History, II, X.* (Cambridge, 1903); Ruchat, *Histoire de la Réformation de la Suisse*, ed. by Vulliemin, 7 vols. (Paris, 1835–38).

第七节

Sources: E. F. K. Müller, *Die Bekenntnisschriften der reformierten Kirche* (Leipzig, 1903), pp. 1–100; Hospinian, *Historia Sacramentaria*, 2 vols. (Geneva, 1681).

Later Books: Ebrard, *Das Dogma vom heiligen Abendmahl und seine Geschichte* (Frankfurt a M. 1845–46), vol. ii.; Schweizer, *Die protestantischen Centraldogmen in ihrer Entwickelung innerhalb der reformierten Kirche* (Zurich, 1854–56); Hundeshagen, *Die Konflikte des Zwinglianismus, Lutherthums, und Calvinismus in den Bernischen Landkirchen 1522–1558, nach meist ungedruckten Quellen dargestelt* (Bern, 1842); compare also vol. i. 352 ff.

第三章

Sources: *Mémoires et documents publiés par la Société d'histoire et d'archœologie de Genève* (especially vols. ii. v. ix. xv. xx.); Froment, *Les Actes et gestes marveilleux de la cité de Genève* (ed. of 1854 by G. Revillod); La Sœur Jeanne de Jussie, *Le levain du Calvinisme* (ed. of 1865); G. Farel, *Lettres certaines d'aucuns grandz troubles et tumultes advenuz à Genève, avec la disputation faicte l'an 1534* (Basel, 1588);

Registres du Conseil de Genève(known to me only through the extracts given by Herminjard, Doumergue, and others) ; Herminjard, *Correspondance des Réformateurs dans les pays de langue française*, 9 vols. (Geneva, etc. , vols. i. ii. in a 2nd edition, 1878, vols. iii. – ix. 1870 – 97) ; Calvin, *Opera omnia*, vols. xxix. – lxxxvii. of the *Corpus Reformatorum* (Brunswick and Berlin, 1869 – 97) ; Bonnet, *Lettres françaises de Jean Calvin*(Paris, 1854) ; Bezs, *Vita Calvini*(vol. xlix. of the *Corpus Reformatorum*) ; Rilliet, *Le premier catéchisme de Calvin* (Paris, 1878).

LATRR WORKS: Doumergue, *Jean Calvin, les hommes et les choses de son temps* (only three vols. published, Lausanne, 1899, 1902, 1905) ; Bungener, *Jean Calvin, sa vie, son œuvre et ses écrits* (Paris, 1862 – 63) ; Kampschulte, *Johann Calvin, seine Kirche und seine Stadt in Genf* (Leipzig, 1869 – 99) ; A Boget, *Histoire du peuple de Genève depuis la Reforme jusqu'à l'escalade*(Geneva, 1870 – 83) ; Dunant, *Les relations politiques de Genève avec Berne et les Suisses de 1536 – 64*(Geneva, 1894) ; Ruchat, *Histoire de la Réformation de la Suisse*, ed. by Vulliemin (Paris and Lausanne, 1835 – 38).

第四章

SOURCES: Theodore de Bèze (Beza), *Histoire Ecclésiastique des églises réformées au Royaume de France* (ed. by G. Baum and E. Cunitz, Paris, 1883 – 89) ; J. Crespin, *Histoire des martyrs persécutez et mis à mort pour la vérité*(ed. by Benoist, Toulouse, 1885 – 87) ; Herminjard, *Correspondance des Réformateurs dans les pays de langue française*, 9 *vols.* (Geneva, 1878 – 91); Calvin's *Letters*, *Corpus Reformatorum*, vols. XXXVIII. ii. – XLVIII. (Brunswick, 1872, etc.); Bonnet, *Lettres de Jean Calvin*, 2 vols. (Paris, 1854).

LATER BOOKS: E. Doumergue, *Jean Calvin*, 3 vols. (published Lausanne, 1899 – 1905); H. M. Baird, *History of the Rise of the Huguenots* (London, 1880), and *Theodore Beza* (New York, 1899); Lavisse, *Histoire de France*, v. i. pp. 339 ff.; ii. 183ff.; VI. i. ii.; Hamilton, "Paris under the Valois Kings" (*Eng. Hist. Review*, 1886, pp. 260 – 70).

第五节

SOURCES in addition to those mentioned on p. 136: *Lettres inédites de Diane de Poitiers, publiées avec une introduction et des notes par* G. Guiffrey (Paris, 1866); *Mémoires de Gaspard de Saulx-Tavannes*, 1530 – 73 (published in the *Collection of Michaud and Poujoulat*, viii.) *Mémoires de François de Guise* (in the same collection, vi.); *Lettres de Catherine de Médicis* and *Papiers d'État du Cardinal de Granvelle* (in the *Collection des Documents inédits de l'Histoire de France*); *Lettres d'Antoine de Bourbon et de Jeanne d'Albret* (in the publications of the *Société de l'Histoire de France*); *Les Œuvres complètes de Pierre de Bourdeille, Seigneur de Brantôms* (edit. by L Lalanne for the *Société de L'Histoire de France*, important for the persons and morals of the times); C. Weiss, *La Chambre ardente, étude sur la liberté de Conscience en France, sous François I. et Henri II. 1540 – 50* (Paris, 1889). Layard, *Dispatches of Michele Suriano and Marcantonio Barbaro, Venetian Ambassadors at the Court of France* (Lymington, 1891,

pub. by the *Huguenot Society of London*). Teulet, *Relations politique de la France et de l'Espagne avec l'Ecosse* (Paris, 1862); and *Papiers d État relatifs a l'Histoire de l'Écosse* (*Bannatyne Club*, Paris, 1851); *Correspondance du Cardinal de Granvelle* (Brussels, 1877 – 96); *Calendar of State Papers, Venetian, 1558 – 80* (London, 1890, etc.)

LATER BOOKS in addition to those mentioned on p. 136: A. de Ruble, *Le Traité de Cateau-Cambrésis* (Paris, 1889); A. W. Whitehead, *Gaspard Coligny, Admiral of France* (London, 1905); the *Bulletin historique et littéraire de l'histoire du protestantisme français*, edited by Weiss, is a mine of information on all matters connected with the Reformation in France. A. de Ruble, *Antoine de Bourbon et Jeanne d'Albret* (Paris, 1881 – 82), and *Le Colloque de Poissy* (Paris, 1889); F. Decrue, *Anne de Montmorency* (Paris, 1885 – 89).

第十七节

Dialogue d'entre le Maheustre et le Manant; contenant les raisons de leurs débats et questions en ces présens troubles au royaume de France 1594; this rare pamphlet is printed in the *Satyre Menippée, de la vertu du Catholicon d'Espagne*, Ratisbon (Amsterdam), 1709, iii. 367 *ff*. *Mémoires de la Ligue, contenant les événemens les plus remarquables depuis 1576 jusqu'à la paix accordée entre le roi de France et le roi d'Espagne en 1598* (Amsterdam, 1758); Pierre de l'Estoile, *Journal de Henri III.* (Paris, 1875 – 84), and *Journal du règne de Henri IV.* (The Hague, 1741); Robiquet, *Paris et la Ligue* (Paris, 1886); Victor de Chalambert, *Histoire de la Ligue* (Paris, 1854); Maury, "La Commune de Paris de 1588"(in *Rev. des Deux Mondes*, Sept. 1, 1871).

第二十节

SOURCES: *Recueil des Lettres Missives de Henri IV.* (*Collection de Documents inédits*, Paris, 1843 – 72), 8 vols.; Alberi, *Relazioni degli Ambasciatori Veneti*(Florence, 1860, etc.); Charles, Duc de Mayenne, *Correspondance*, 2 vols. (Paris, 1860); Sir H. Upton, *Correspondence* (*Roxburgh Club*, London, 1847); Du Plessis-Mornay, *Mémoires*, 4 vols. (Amsterdam, 1624 – 52); Madame Du Plessis-Mornay, *Mémoires sur la Vie de Du Plessis-Mornay* (Paris, 1868 – 69, *Soc. Hist. de France*); Maréchal de Bassompierre, *Journal de ma vie 1579 – 1640*, 4 vols. (Paris, 1870 – 77, *Soc. Hist. de France*); *Satire Menippée*, 3 vols. (Ratisbon(Amsterdam), 1709); Bénoit, *Histoire de l'edit de Nantes.*

LATER BOOKS: Baird, *The Huguenots and Henry of Navarre* (London, 1887); Jackson, *The First of the Bourbons*, 2 vols. (London, 1890); Lavisse, *Histoire de France*, VI. i. ii. (Paris, 1904 – 5).

第五章

SOURCES: Brandt, *The History of the Reformation and other ecclesiastical transactions in and about the Low-Countries* (English translation in 4 vols. fol., London, 1720: the original in Dutch was published in 1671); Brieger, *Aleander und Luther* (Gotha, 1894); Kalkoff, *Die Despatchen des nuntius Aleander* (Halle, 1897); Poullet Piot, *Correspondance du Cardinal Granvelle.* 12 vols (Brussels, 1878 – 97); Weiss, *Papiers d'État du Cardinal Granvelle*, 9 vols. (Paris, 1841 – 52); Gachard, *Correspondance de Philippe II. sur les affaires des Pays Bas*, 5 vols. (Brussels, 1848 – 79); *Correspondance de Marguerite d'Autriche avec Philippe II. , 1554 – 68* (Brussels, 1867 – 87); *Correspondance de Guillaume le Taciturne, Prince d'Orange*, 6 vols. (Brussels, 1847 – 57); van Prinsterer, *Archives ou correspondance inédite de la Maison d'Oran ge-Nassau*, in two series, 9 and 5 vols. (Utrecht, 1841 – 61); Renon de France, *Histoire des troubles des Pays-Bas*, 3 vols. (Brussels, 1886 – 92); *Mémoires anonymes sur les troubles des Pays-Bas, 1565 – 80* (in the *Collection des Mémoires sur l'histoire de Belgique*).

LATER BOOKS: Armstrong, *Charles V.* (London, 1902); Motley, *The Rise of the Dutch Republic* (London, 1865); Putnam, *William the Silent* (New York, 1895); Harrison, *William the Silent* (London, 1897); *Cambridge Modern History*, Ⅲ. vi. vii. (Cambridge, 1904).

第六章

SOURCES:—*Calendar of the State Papers relating to Scotland and Mary Queen of Scots, 1547 – 1603* (Edinburgh, 1898, etc.); *Calendar of State Papers, Elizabeth, Foreign* (London, 1863, etc.); *Acts of the Parliament of Scotland*, ii. (1814); *Register of the Great Seal of Scotland* (Edinburgh, 1886); *Register of the Privy Council of Scotland*, i. (Edinburgh, 1877); Labanoff, *Lettres inédites de Marie Stuart* (Paris, 1839), and *Lettres, instructions et mémoires de Marie Stuart* (London, 1844); Pollen, *Papal Negotiations with Mary Queen of Scots* (Scottish Historical Socicty, Edinburgh, 1901); Teulet, *Papiers d'état... relatifs à l'histoire de l'Écosse*(Bannatyne Club,1851) ,and *Relations politiques de la France et de l'Éspagne avec l'Écosse*(Paris,1862) ;Lesley,*History of Scotland* (Scottish Text Society, Edinburgh, 1888); John Knox, *Works* (edited by D. Laing,Edinburgh,1846 – 55) ;*The Book of the Universal Kirk* (Bannatyne Club, Edinburgh, 1839); *Gude and Godlie Ballatis* (edited by Mitchell for Scottish Text Society, Edinburgh, 1897) ; (Dunlop) ,*A Collection of Confessions of Faith*, etc. ii. (Edinburgh,1722); Calderwood,*History of the Kirk of Scotland* (Woodrow Society, Edinburgh,1842 – 49) ; Row,*History of the Kirk of Scotland* (Woodrow Society, Edinburgh, 1842); Spottiswoode, *History of the Church and State of Scotland* (Spottiswoode Society, Edinburgh, 1851) ; Scott; *Fasti Ecclesiœ Scoticanœ* (Edinburgh, 1866 – 71) ; Sir David Lindsay, *Poetical Works* (edited by David Laing, Edinburgh, 1879) ;*The Book of Common Order of the Church of Scotland*(edited by Sprott and Leishman,Edinburgh,1868) ;*Rotuli Scotiœ*;*Calvin's Letters* (*Corpus Reformatorum*,*xxxviii. – xlviii.*).

LATER BOOKS: D. Hay Fleming,*Mary Queen of Scots from her birth until her flight into England*(London,1897) ,*The Scottish Reformation* (Edinburgh, 1904), and *The Story of the Scottish Covenants* (Edinburgh,1904) ;P. Hume Brown,*John Knox*(London,1895) ,and *George Buchanan* (Edinburgh, 1890); M ' Crie, *Life of Knox* (Edinburgh, 1840); Grub, *Ecclesiastical History of Scotland* (Edinburgh, 1861); Cunningham, *The Church History of Scotland* (Edinburgh, 1882); Lorimer,*Life of Patrick Hamilton*(Edinburgh,1857) ,*John Knox and*

the Church of England (London, 1875).

第　四　编

第一章

SOURCES: Læmmer, *Monumenta Vaticana historiam ecclesiasticam sœculi* 16 *illustrantia* (Freiburg, 1861); *Letters and Papers, Foreign and Domestic, of the Reign of Henry VIII.* (19 vols., London, 1860 – 1903); *Calendar of Venetian State Papers, 1520 – 26, 1527 – 33, 1534 – 54, 1555 – 56, 1557 – 58, 1558 – 80*; *Calendar of Spanish State Papers* (London, 1886); Furnivall, *Ballads from Manuscripts* (Ballad Society, London, 1868 – 72); Gee and Hardy, *Documents illustrative of English Church History* (London, 1896); Erasmus, *Opera Omnia*, ed. Le Clerc (Leyden, 1703 – 6); Nichols, *The Epistles of Erasmus from the earliest letters to his fifty-first year, arranged in order of time* (London, 1901 – 4); Pocock, *Records of the Reformation* (Oxford, 1870); Theiner, *Vetera Monumenta Hibernorum et Scotorum historiam illustrantia* (Rome, 1864); Wilkins, *Concilia*; *Chronicle of the Grey Friars of London*, (Camden Society, London, 1846); Holinshed, *Chronicles* (London, 1809); *London Chronicle in the times of Henry VII. and Henry VIII.* (*Camden Miscellany*, vol. iv., London, 1859); Wright, *Suppression of the Monasteries* (Camden Society, London, 1843); Foxe, *Acts and Monuments* (London, 1846); Ehses, *Römische Dokumente zur Geschichte des Heinrichs VIII. von England, 1527 – 34* (Paderborn, 1893); *Zurich Let-*

ters, 2 *vols.* (Parker Society, Cambridge, 1846 – 47); *Works of Archbishop Cranmer*, 2 vols. (Parker Society, Cambridge, 1844 – 46).

LATER BOOKS: Dixon, *History of the Church of England* (London, 1878, etc.); Froude, *History of England* (London, 1856 – 70; by no means superseded, as many would have us believe); Brewer, *The Reign of Henry VIII.* (London, 1884); Gairdner, *The English Church in the Sixteenth Century* (London, 1902); Pollard, *Henry VIII.* (London, 1905), *Thomas Cranmer* (*Heroes of the Reformation Series*, New York and London, 1904); Stubbs, *Seventeen Lectures on the Study of Mediœval and Modern History*, Lectures XI. and XII. (Oxford, 1900); *Cambridge Modern History*, II. xiii.

第二章

SOURCES in addition to those given on p. 313(应为315页,原作误。——译者): *Calendar of State Papers, Domestic Series, of the Reigns of Edward VI., Mary, and Elizabeth* (this Calendar is for the most part merely an index to documents which must be read in the Record Office); *Correspondance politique d'Odet de Selve: Commission des Archives Politiques*, (Paris, 1888); *Literary Remains of Edward VI.* (Roxburgh Club, London, 1857); *Narratives of the Reformation* (Camden Society, London, 1860); Wriothesley, *Chronicle* (Camden Society, London, 1875); Weiss, *Papiers d'État du Cardinal de Granvelle* (*Collection de Documents inédits*, Paris, 1841 – 52); Furnivall, *Ballads from Manuscripts* (Ballad Society, London, 1868); *Four Supplications of the*

Commons, and Thomas Starkey, *England under Henry VIII.* (Early English Text Society, 1871); Strype, *Ecclesiastical Memorials and Life of Cranmer* (Oxford edition, 26 vols. 1820, etc.); *Liturgies of Edward VI.* (Parker Society, Cambridge, 1844); *Stow Annals* (Loudon, 1631).

LATER BOOKS in addition to those given on p. 313(应为315页): Pollard, *England under Protector Somerset* (London, 1900); Burnet, *Histiory of the Reformation* (Oxford edition, 1865); Dixon, *History of the Church of England* (London, 1893); Gasquet and Bishop, *Edward VI. and the Book of Common Prayer* (London, 1890). *Cambridge Modern History*, ii. xiv.

第三章

SOURCES in addition to those on pp. 351: *Epistolæ Reginaldi Poli, S. R. E. Cardinalis*, 5 vols. (Brixen, 1744 – 57); *Chronicle of Queen Jane and of two years of Queen Mary, and especially of the Rebellion of Sir Thomas Wyat, written by a Resident in the Tower of London* (Camden Society, London, 1850); Garnett, *The Accession of Queen Mary; being the contemporary narrative of Antonio Guaras*, etc. (London, 1892).

LATER BOOKS: Stone, *History of Mary I., Queen of Englang* (London, 1901); Ranke, *Die römischen Päpste* (Berlin, 1854); Hume, *Visit of Philip II. (1554)* (*English Historical Review*, 1892); Leadam, *Narrative of the Pursuit of the English Refugees in Germany under Queen Mary* (*Transactions* of Royal Historical Society, 1896); Wiessner, *The Youth of Queen Elizabeth*, 1533 – 58 (English translation, London,

1879); Zimmermann, *Kardinal Pole sein Leben und seine Schriften* (Regensburg, 1893).

第四章

SOURCES: *Calendar of State Papers, Elizabeth, Foreign* (London, 1863, etc.); *Calendar of State Papers relating to Scotland and Mary Queen of Scots* (Edinburgh, 1898, etc.); *Calendar of State Papers, Hatfield MSS.* (London, 1883); *Calendar of State Papers, Venetian, 1558 – 80* (London, 1890); *Calendar of State Papers, Spanish, 1558 – 67* (London, 1892); Weiss, *Papiers d'état du Cardinal Granvelle*, vols. iv. – vi. (Paris, 1843 – 46); *Bullarium Romanum*, for two Bulls—the one of 1559 (i. 840) and the one deposing Elizabeth (ii. 324); *A Collection of Original Letters from the Bishops to the Privy Council, 1564* (vol. ix. of the *Camden Miscellany*, London, 1893); *Calvin's Letters* (vols. xxxviii. – xlviii. of the *Corpus Reformatorum*); *Zurich Letters* (two series) (Parker Society, Cambridge, 1853); *Liturgies and occasional Forms of Prayer set forth in the Reign of Queen Elizabeth* (Parker Society, Cambridge, 1847); Dysen, *Queene Elizabeth's Proclamation* (1618).

LATER BOOKS: Creighton, *Queen Elizabeth* (London, 1896); Hume, *The Courtships of Queen Elizabeth* (London, 1896); and *The great Lord Burghley* (London, 1898); Philippson, *La contre-révolution religieuse* (Brussels, 1884); Ruble, *Le traité de Cateau-Cambrésis* (Paris, 1889); Gee, *The Elizabethan Clergy* (Oxford, 1898); and *The Elizabethan Prayer-Book and Ornaments* (London, 1902); Tomlinson, *The Prayer-Book, Articles and Homilies* (London, 1897); Hardwick, *History of the*

Articles of Religion (Cambridge, 1859) ; Lorimer, *John Knox and the Church of England* (London, 1875) ; Neal, *History of the Puritans* (London,1754) ;Parker,*The Ornaments Rubric*(Oxford,1881) ;Shaw, *Elizabethan Presbyterianism*(*English Historical Review*,iii. 655) ;*Cambridge Modern History*,ii. 550 ff. ;Frere,*History of the English Church in the Reigns of Elizabeth and James*,*1558 – 1625*(London,1904).

第 五 编

第二章

SOURCES: *Magna Bibliotheca Veterum Patrum* (Coloniæ Agrippinæ,1618), xiii. 299 – 307; Sebastian Franck, *Chronica*, *Zeitbuch und Geschichtbibel* (Augsburg, 1565), pt. iii. ; Hans Denck, *Von der waren Lieb*, etc. (1527—republished by the *Menonitische Verlagsbuchhandlung*, Elkhart, Indiana, U. S. A.); Bouterwek, *Zur Literatur und Geschichte der Wiedertäufer* (Bonn,1864—gives extracts from the rarer Anabaptist writings such as the works of Hübmaier); *Ausbund etlicher schöner christlicher geseng*, etc. (1583); Liliencron, "Zur Liederdichtung der Wiedertänfer" (in the *Abhandlungen der köniġ. Bair. Akad. der Wissenschaften Philosophische Klasse*,1878) ;von Zezschwitz, *Die Katachismen der Waldenser und Bömischen Bruder* (Erlangen, 1863); Beck, *Geschichtsbücher der Wiedertäufer in Oestreich-Ungern*, *1526 bis 1785* (Vienna, 1883), printed in the *Fontes Rer. Austr. Diplom. et Acta*, xliii. ; Kessler, *Sabbata*, ed. by Egli and Schoch (St. Gall,1902) ;Bullinger,*Der Wiedertäuferen Ursprung*,*Secten*,etc. (Zur-

ich, 1560); Egli, *Actensammlung zur Geschichte der Züricher Reformation*(*Zurich*, 1879), *Die Züricher Wiedertäufer*(Zurich, 1878); Leopold Dickius, *Adversus impios Anabaptistarum errores* (1533); Cornelius, *Berichte der Augenzeugen über das Münsterische Wiedertäuferreich*, forming the 2nd vol. of the *Geschichtsquellen des Bisthums Münster* (Münster, 1853) and the Beilage in his *Geschichte des Münsterischen Aufruhrs*(Leipzig, 1855); Detmer's edition of Kerssenbroch, *Anabaptistici furoris Monasterium inclitam Westphaliœ metropolim evertentis historica narratio*, forming vols. v. and vi. of the *Geschichtsquellen des Bisthums Münster*(Münster, 1899, 1900); *Chroniken der deutschen Städte*, *Nurnberg Chronik*, vols. i. and iv.

LATER BOOKS: Keller, *Geschichte der Wiedertäufer und ihres Reichs zu Münster* (Münster, 1880), *Ein Apostel der Wiedertäufer*, *Hans Denck* (Leipzig, 1882), and *Die Reformation und die älteren Reformparteien* (Leipzig, 1885—Keller is apt to make inferences beyond his facts); Heath, *Anabaptism*, *from its rise at Zwickau to its fall at Münster*, *1521 –1536*(London, 1895); Belfort Bax, *Rise and Fall of the Anabaptists*(London, 1903); Rörich, "Die Gottesfreunde und die Winkeler am Oberrhein"(in *Zeitschrift für hist. Theol.* i. 118 ff., 1840); *Zur Geschichte der strassburgischen Wiedertäufer* (*Zeilschrift für. hist. Theol.* xxx. 1860); S. B. ten Cate, *Geschiedenis der doopgezinden in Groningen*, etc., 2 vols. (Leewarden, 1843); *Geschiedenis der doopgezinden in Friesland* (Leewarden, 1839); *Geschiedenis der doopgezinden in Holland en Guelderland*, 2 vols. (Amsterdam, 1847); Tileman van Braght,

Het bloedig Toeneel of Martelaars Spiegel der doopgesinde(Amsterdam, 1685) ;E. B. Underhill,*Martyrology of the Churches of Christ commonly ealled Baptist*(translated from Van Braght) ;H. S. Burrage,*A History of the Anabaptists in Switzerland* (founded on Egli's researches,Philadelphia,1881) ;Newman,*A History of Anti-Pedobaptism*(Philadelphia, 1897) ; Detmer, *Bilder aus den religiösen und sozialen Unruhen in Münster während des 16 Jahrhunderts*:i. *Johann von Leiden* (Münster, 1903) , ii. *Bernhard Rothmann* (1904) , iii. *Ueber die Auffassung von der Ehe und die Durchführung der Vielweiberei in Münster während der Taüferherrschaft*(1904) ; Heath, *Contemporary Review*, lix. 389 ("The Anabaptists and their English Descendants") ,lxii. 880("Hans Denck the Baptist") , lxvii. 578 (Early Anabaptism, what it meant, and what we owe to it) ,lxx. 247("Living in Community—a sketch of Moravian Anabaptism") ,541("The Archetype of the *Pilgrim's Progress*")lxxii. 105("The Archetype of the *Holy War*").

第三章

SOURCES:*Bibliotheca Fratrum Polonorum*(Amsterdam,1656)i. ii. *Racovian Catechism*(London,1818).

LATER BOOKS:Fock,*Der Socinianismus nach seiner Stellung in der Gesammtentwicklung des christlichen Geistes, nach seinem historischen Verlauf und nach seinem Lehrbegriff dargestellt* (Kiel, 1847); A Ritschl,*Jahrbücher f. deutsche Theologie*,xiii,268 *ff.* ,283 ,*ff.* ;*A critical History of the Christian Doctrine of Justification and Reconciliation* (Edinburgh,1872) ; Dilthey,*Archiv f. Geschichte d. Philos.* vi. ; Harnack, *History of Dogma*, vii. 118 *ff.* (London, 1899).

第　六　编

第一章

SOURCES: Læmmer, *Monumenta Vaticana historiam ecclesiasticam seculi 16 illustrantia* (Freiburg i. B. 1861); Weiss, *Papiers d'État du Cardinal Perronet de Granvelle* (in the *Collection des documents inédits de l'Histoire de France, 1835 – 49*); Fiedler, *Relationen Venetianischer Botschaften über Deutschland und Oesterreich im 16 ten Jahrhunderte* (in the *Fontes Rerum Austriacarum, Diplomatica et Acta*, xxx., Vienna, 1870); Friedensburg, *Nuntiaturberichte aus Deutschland, 1533 – 39* (Gotha, 1892 – 93); *Carteggio di Vittoria Colonna* (Rome, 1889).

LATER BOOKS: Maurenbrecher, *Geschichte der katholischen Reformation* (Nördlingen, 1880—only one volume published, which ends with 1534); also *Karl V. und die deutschen Protestanten* (Düsseldorf, 1865); Ranke, *Die römischen Päpste, ihre Kirche und ihr Staat im sechszehnten und siebzehenten Jahrhundert*; Gothein, *Ignatius von Loyola und die Gegenreformation* (Halle, 1895); Philippson, *La Contre-Revolution religieuse du 16e siècle* (Brussels, 1884); Ward, *The Counter-Reformation* (London, 1889); Dupin, *Historie de l'Église du 16e siècle* (Paris, 1701 – 13); Jerrold, *Vittoria Colonna* (London, 1906).

第三章

SOURCES: Contarini, *Opera* (Paris, 1571); *Correspondenz Contari-*

nis, ed. by L. Pastor (1880); Cortese, *Epistolarum familiarum liber* (Venice, 1573); Ghiberti, *Opera* (Verona, 1740); Sadoleto, *Epistolarum libri sexdecim* (Lyons, 1560); Pole, *Epistolæ, et aliorum ad ipsum* (Brescia, 1744 – 57), *Carteggio di Vittoria Colonna* (Turin, 1889); Vergerio, *Briefwechsel* (edited for the *Bibliothek des literarischen Vereins*, Stuttgart, 1875).

LATER BOOKS: Jaoob Burckhardt, *The Civilisation of the Period of the Renaissance* (Eng. trans., London, 1892); Symonds, *Renaissance in Italy. The Catholic Reaction* (London, 1886); Cantù, *Gli Eretici d'Italia* (Turin, 1865 – 67); Braun, *Cardinal Gasparo Contarini* (1903); Dittrich, *Gasparo Contarini* (Braunsberg, 1883); Duruy, *Le Cardinal Carlo Caraffa* (Paris, 1882); Gothein, *Ignatius Loyola und die Gegenreformation*, pp. 77 – 207 (Halle, 1895); v. Reumont, *Vittoria Colonna* (Freiburg i. B. 1881).

第四章

SOURCES: *Monumenta historica Societatis Jesu, nunc primum edita a Patribus ejusdem Societatis* (Madrid, 1894, etc.); *Cartas de San Ignacio de Loyola, fundador de la Compania de Jesus* (Madrid, 1874, etc.); G. P Maffei, *De vita et moribus Ignatii Loyolæ, qui Societatem Jesu fundavit* (Cologne, 1585); Ribadeneyra, *Vida del P. Ignacio de Loyola* (Madrid, 1594); Orlandino, *Historia Societatis Jesu, pars prima sive Ignatius*, etc. (Rome, 1615); Braunsberger, *Petri Canisii Epistolæ et Acta* (Freiburg i. B. 1896); *Decreta, etc.*, *Societatis Jesu* (Avignon, 1827); *Constitutiones Societatis Jesu* (Rome, 1558).

LATER BOOKS: Huber, *Der Jesuit-Orden nach seiner Verfassung und Doctrin, Wirksamkeit und Geschichte characterisirt* (Berlin, 1873); Gothein, *Ignatius von Loyola und die Gegenreformation* (Halle, 1895); Symonds, *Renaissance in Italy, The Catholic Reaction* (London, 1886); Cretinan-Joly, *Histoire religieuse politique et littéraire de la Compagnie de Jésus* (Paris, 1845 – 46); Maurice Martel, *Ignace de Loyola, Essai de psychologie religieuse* (Paris).

第五章

SOURCES: *The Canons and Decrees of the Council of Trent* (London, 1851); Theiner, *Acta genuina Concilii Tridentini* (1875); Döllinger, *Ungedruckte Berichte und Tagebücher zur Geschichte des Concils von Trient* (Nördlingen, 1876); Grisar, *Iacobi Laines Disputationes Tridentinæ* (Innsbruck, 1886); Le Plat, *Monumentorum ad historiam Concilii Tridentini potissimum illustrandum spectantium amplissima collectio* (Louvain, 1781 – 87); Paleotto, *Acta Concilii Tridentini, 1562 – 63*; Planck, *Anecdota ad Historiam concilii Tridentini pertinentia* (Göttingen, 1791 – 1818); Sickel, "Das Reformations-Libell Ferdinands I." (in *Archiv für österreichische Geschichte*, xiv., Vienna, 1871), *Catechismus Romanus* (Paris, 1635); Denzinger, *Enchiridion* (Würzburg, 1900).

LATER BOOKS: Maurenbrecher, "Tridentiner Concil, Vorspiel und Einleitung" (in the *Historisches Taschensbuch*, sechste Folge, 1886, pp. 147 – 256), "Begründung der katholischen Glaubenslehre" (in the *Hist. Tasch.* 1888, pp. 305 – 28), and "Die Lehre von der Erbsünde und der Rechtfertigung" (in the *Hist. Tasch.* 1890, pp. 237 – 330); Harnack, *History of Dogma*, vii. (London, 1899); Loofs, *Leitfaden zum studium der Dogmengeschichte* (Halle, 1893); R. C. Jenkins, *Pre-Tridentine Doctrine* (London, 1891); Froude, *Lectures on the Council of Trent* (London, 1896); Sickel, *Zur Geschichte des Concils von Trient* (Vienna, 1872), and *Die Geschäfts-ordnung des Concils von Trient* (Vienna, 1871); Milledonne, *Journal de Concile de Trente* (Paris, 1870); Braunsberger *Entstehung und erste Entwicklung der Katechismen des Petrus Canisius* (Freiburg i. B. 1893); Dejob, *De l'influence du Concile de Trente* (Paris, 1884); Paolo Sarpi, *History of the Council of Trent* (London, 1619); *Lettere di Fra Paolo Sarpi* (Florence, 1863).

索　引

（索引页码系原书页码，即本书边码）

A

Aare，阿勒河，美因茨和贝桑松两省的分界线，23。

Abjuration，*Act of*，断绝关系法案，荷兰独立宣言，267。

Abjuration of Papal Supremacy by the Church of England，英国国教会弃绝教皇至尊地位，332。

Act of Restraint of Appeals（England），限制上诉法案（英格兰），329。

Act abolishing Diversity of opinion（England），《废止不同意见法案》（英格兰），348。

Act of Uniformity（Edward VI.），*The First*，第一个《划一法案》（爱德华六世），357，360。

Act of Uniformity（Edward VI.），*The Second*，第二个《划一法案》（爱德华六世），363。

Act de heretico comburendo，《关于焚烧异端法案》，374。

Act of Uniformity（Elizabeth），《划一法案》（伊丽莎白女王），390 及以下，395，401 及以下，403，419。

Act of Supremacy（Elizabeth），《至尊法案》（伊丽莎白女王），390 及以下，393 及以下，397，401，408 及以下。

Acts completing England's secession from Rome，完成英国与罗马分离的诸法案，331。

Acts of Henry VIII. Revived by Elizabeth，被伊丽莎白女王恢复的亨利八世的诸法案，393 及注。

Adda，The（Val Tellina），阿达河谷（瓦尔泰利纳），50。

Adrian VI.，艾德里安六世，他认为需要宗教改革，496；荷兰的希梅内斯，497；一位宗教裁判官，497；在罗马，497；企图改革教廷，498；西班牙宗教改革的殉道者，499；在世时的失败，死后的成功，500；494，610。

Advertisements of Archbishop Parker，帕克大主教的《告示》,406，418 注。

Advoyer，伯尔尼的市长,41 注。

Agen,阿让,那里的改革派教会,166。

Agrarian troubles in England，英国的农业灾难,345，359，387。

Agrippa，Cornelius,阿格利帕,科尼利厄斯,64 注。

Aigle 艾格勒，沃州的一个区,67;法雷尔在艾格勒,67,69。

Albert of Brandenburg，勃兰登堡的阿尔贝特,3。

Alcala,阿尔卡拉,那里的大学,491 及以下,537。

Alciat，André，阿尔西亚特,安德烈,法律讲师,95。

Aleander，Hieronymus，阿莱安德,耶罗尼姆斯,在沃姆斯会议的教皇特使,在尼德兰,229。

Alençon,阿朗松公爵弗朗西斯至 1574 年,后为安茹公爵,179 注,203。

Alexander,of Arles,Peter,阿尔斯的彼得·亚历山大,358。

Alva，Ferdinando Alvarez de Toledo，阿尔瓦,费迪南多·阿尔瓦雷兹·德·托莱多公爵,193,255 及以下,259,262。

Amboise,昂布瓦斯,城市,146,310;密谋,176;敕令,192。

Ammonius，Andreas，Latin secretary to Henry III.，安蒙尼乌斯,安德列亚斯,亨利八世的拉丁文秘书,316。

Amsterdam，阿姆斯特丹，236，239。

Anabaptists,再洗礼派,在奥格斯堡和约之外,5;在苏黎世,35；再洗礼派,在尼德兰,224 及以下;他们的起源,235,423,432 及以下;避难所,238,451;试图在尼德兰获得一个城镇,238 及以下;旧的描述语气,430 及以下,431 注;同社会起义的联系,432;同兄弟会的关系,432;他们的组织,435;他们的赞美诗,435,449 及以下;他们坚强的个性,437;对消极抵抗的观点;438;他们的福音传道者,439;批判国教,442;他们“脱离”世界,443,461;迫害,236 及以下,445;在瑞士,445 及以下;在明斯特,459 及以下;他们中的多婚制,463 及以下;他们关于婚姻的观点,464。

Andelot，Francis de,昂德洛,弗朗西斯·德,海军上将科利尼的弟弟,172,194。

Anduze,安杜斯,胡格诺派的据点,201。

Angeles，Francisco de los,安赫莱斯，弗兰西斯科·德·洛斯,与路德,495。

Angers,昂热,那里的改革派教会,166。

Anhalt becomes Calvinist，安哈特成为加尔文派,3。

Anna Reinhard and Zwingli，安娜·莱茵哈

德与慈温利,36。

Annates (England), 上任头年俸(英格兰),328, 331。

Anne of Cleves, 克利夫斯的安妮,342, 347,349。

Anti-Trinitarians,反三位一体说,422,424 及以下。

Antoine de Bourbon,安托万·德·波旁,纳瓦尔王称号的拥有者,20,172,175,178, 181,186,192。见 *Bourbon* (波旁)。

Antwerp,安特卫普,234,254 及以下。

Apology, *The*, of William of Orange,奥兰治的威廉的辩护书,267。

Apostles,十二使徒(绰号),252。

Apostplic Tribunal (Inquisition),使徒法庭(宗教裁判所),598。

Appenzell,阿彭策尔,瑞士的一个州,22, 46,49。

Aquila , Bishop of, Ambassador of Philip II.,阿奎拉主教,菲利普二世的大使,386。

Archeteles,《始言与终言》,慈温利起草的论著,33。

Areopagitica,《论出版自由》,13。

Armada, Destruction of the Spanish, 西班牙无敌舰队的覆灭,212。

Arran, the Earl of,阿兰伯爵,281,283,298 注 。

Arthur, Prince of Wales, married to Catharine of Aragon, 亚瑟,威尔士王子,与阿拉贡的凯瑟琳成婚,322。

Articles of Geneva, 日内瓦条款,105 及以下,124。

Articles, *The Ten*,《十信条》,333 及以下。

Articles, *The Six*,《六信条》,348 及以下, 355, 358。

Articles, *The Forty-two*,《四十二信条》, 363, 411。

Articles, *The Thirty-eight*,《三十八信条》, 414 及以下。

Articles, *The Thirty-nine*,《三十九信条》, 363, 411 及以下, 415, 418.

Articles of the order and government of the Church, *The*,《教会管理与秩序之信条》,417。

Articles, Twenty-one,《二十一条款》(再洗礼派信徒),459,465。

Article, *The Twelve* (The Apostles' Creed),《十二信条》(《使徒信经》),518。

Arundel, the Constitutions of Thomas,《托马斯·阿伦德尔法规》,337。

Assembly of Notables (France), 显贵会议(法国),177。

Attrition and Contrition,不彻底的忏悔与痛悔,在特兰托会议上规定,584。

Aubenas, Huguenot stronghold,奥伯纳,胡格

诺派据点,201。

Aubigny,奥比涅,那里的改革派教会,166。

Augsburg, Peace of, Elizabeth's desire to take advantage of,《奥格斯堡宗教和约》,伊丽莎白希望利用它,397, 405 注, 408, 414。

Augsburg Confession,奥格斯堡告白,124, 341,397,415,576。

Augsburg Interim, 奥格斯堡宗教妥协, 567,20。

Ausberger, Jacob, 缪尔豪森的改革家雅各布·奥斯伯格,43。

Aventuriers, *les*,法国的"冒险家",144。

Aytta, Vigilius van, 艾塔,维吉留斯·范,尼德兰国家枢密委员会成员,243。

B

Babylonia Captivity of the Church of Christ,《教会被囚于巴比伦》,334,494。

Baden(瑞士),议会在巴登,47。

Bale, John, 贝勒,约翰,318。

Band subscrivit by the Lords,诸公签署的盟约,289。

Baptism, 洗礼仪式,根据改革派改变,69;日内瓦的首例,83;再洗礼派信徒的施行方式,435;在明斯特的方式,461。

Baptism, *Doctrine of*,洗礼的教义,在特兰托会议上确定,581。

Barcelona, Ladies of, Ignatius' earliest disciples,巴塞罗那的妇女成为伊格纳修斯的最早信徒,533,561。

Barlaymont, Baron de, 巴勒蒙特,男爵,(尼德兰的),243,250,255。

Barnes, 巴内斯博士, 在英格兰, 18, 340,349。

Barricades,法国的街垒日,211。

Barry, Godefroy de, Seigneur de la Renaudie,巴里,拉雷诺第的领主哥德弗鲁瓦·德,175。

Basel, 巴塞尔主教辖区,23,64。

Basel, 宗教改革城镇,38;接受加尔文派教义,60;规整道德,109;22,25,122。

Bastile, The, used as a prison for Protestants, 囚禁新教徒的巴士底狱,164。

Bauny, *qui tollit peccata mundi per definitionem*,法国神父博尼,556。

Bavaria, 巴伐利亚,48,再洗礼派在,449。

Bearnese,贝亚恩人,法国的亨利四世,218。

Beatœ, 西班牙神秘主义者群体贝阿托,530。

Beaton, David,比顿,大卫圣安德鲁斯的主教、红衣主教,282 及以下,345 注。

Beatus, Rhenanus, 比阿图斯,雷纳努斯,人文主义者,18 注。

Beda, Noel,贝达,诺埃尔,巴黎大学罗马天主教派的领袖,94,535。

Beggars, The, 乞丐,250 及以下,参看 wild-Beggars(森林乞丐)、Sea-Beggars(海上乞丐)。

Bekentones des globens und lebens der gemein Criste zu Monster,《明斯特全体基督徒信仰和生活之告白》,464。

Benedictines, Reformation among the, 本笃会的改革,509。

Bentheim Confession,《本特海默告白》,4 注。

Ber, Hans, 比尔,汉斯,再洗礼派布道者,439。

Bern, 伯尔尼,进行宗教改革,40;《十论纲》,42,45 及以下,103;保护瑞士新教徒,45,63;努力使西瑞士福音化,63,66,103 及以下;伯尔尼礼仪在法语区瑞士使用,69,117,118 及以下;要求在洛桑举行公开辩论,70;伯尔尼的宗教会议,73;保护日内瓦福音信徒,79 及以下;征服沃州,89;规整道德,109;要求在西瑞士的领导地位,116;宗教法庭,117 及以下;为加尔文同日内瓦调解,121 及以下;22,48,113,129。

Bernard, Jacques, 伯尔纳,雅克,日内瓦的牧师,131 注。

Berquin, Louis,贝尔坎,路易,一位法国路德派信徒,18,143。

Besançon,贝桑松,大主教辖省,23。

Bèze, Theodore de (Beza),95,155,313;贝泽(贝扎),特奥多尔·德,在普瓦西,186 及以下。

Bible, The English, 英文《圣经》,335, 337 及以下,389。

Biel, or Bienne,比尔,或比恩奈,瑞士的一个州, 46;成为加尔文教城镇,60。

Bishop's Book, *The*,《主教书》,10,319,336。

Blaarer(Blauer), Ambrose, 布拉勒尔(布劳尔),安布罗斯,43,47。

Blandrata, Giorgio, 布兰拉塔,吉奥吉奥,反三位一体派,426。

Blast … against the monstrous Regiment of Women,《反对妇人残暴统治的第一声号角》,292,296。

Blaurock(Brother Jörg), 布劳洛克(约格兄弟),446 及以下。

Blois,布卢瓦城,146,166。

Bloody Tribunal, The ,"血腥法庭",255。

Boabdilla, Nicholas, 博阿勃迪拉,尼古拉斯,耶稣会士,537,557。

Bockelson, Jan(Jan of Leyden), 巴克尔逊,简(莱登的简),到达明斯特,459;明斯特的领导人,463 及以下;提出多婚制,465 及以下。

Bocquet, Christopher, 博凯, 克里斯托夫,日内瓦一位多明我会传教士,75;被称为

路德派传教士,75 注。

Boekbinder, Bartholomaeus,伯克宾德尔,巴塞洛缪斯,简·马瑟斯的得意门生,459。

Boleyn,Anne,博林,安妮,324,331。

Bolsec, Jerome(Geneva),波尔塞克,杰罗姆(日内瓦)130。

Bonner, Edmund, Bishop of London,邦纳,爱德蒙,伦敦主教,369, 374 及以下,380 及以下,389。

Book of Common Order, *The* (Scotland),苏格兰的《公仪书》,306。

Book of Communion, *The* (England),《圣餐礼常规》(英格兰),356。

Book of Discipline, *The First* (Scotland),苏格兰的《第一宗规书》。307。

Books,Index of Prohibited,禁书目录,见 Index(目录)。

Borgia, Francis,Duke of Candia, a Jesuit 勃尔日亚,弗朗西斯,康迪亚公爵,耶稣会士,556。

Borromean League (Switzerland),波罗米奥同盟(瑞士),60。

Borromeo, Carlo, Cardinal,枢机主教卡洛·波罗米奥,60,595。

Bourbon,波旁

Antoine de,安托万·德·波旁,旺多姆公爵,(1518—1562)因其妻阿尔布雷特的让娜而享有纳瓦尔国王的名义称号,20,172,175,178,181,186,192。

Louis de,路易·德·波旁(1530—1569),安托万的弟弟,孔代亲王,先娶鲁瓦的埃勒阿诺尔,后娶奥尔良的弗朗索瓦,172,175,178 及以下,187 及以下,190 及以下。

Charles de,查理·德·波旁(1523—1590),安托万的弟弟,波旁的红衣主教,被天主教同盟推为国王,称查理十世,209,216,212 及以下。

Henry,亨利(1163—1610),安托万和阿尔布雷特的让娜的儿子,纳瓦尔国王,法国国王亨利四世,被推为胡格诺派的领袖,194;娶瓦卢瓦的玛格丽特,197;成为法国王位继承人,206;教皇宣布他无权继承,208;和亨利三世在图尔,214;继位为亨利四世,216;他的公告,217;成为罗马天主教徒,219 及以下,颁布《南特敕令》,221。

Henry de,亨利·德·波旁(1552—1588),孔代亲王路易和鲁瓦的埃勒阿诺尔之子,195,204,208。

Antoinette de(1494—1583)安托万内特·德·波旁,安托万·德·波旁之姑,嫁与吉斯公爵克劳德,是诸吉斯之母,190。

Bourg, Antoine du,布尔,安托万·德,掌

玺大臣,146;殉道,160,170,174 及以下。

Bourges,布尔日,加尔文在那里,95;那里的教会,166,249。

Breda,布雷达,249。

Brederode, Henry, Viscount,布雷德诺德,亨利,子爵,249 及以下。

Bremen becomes Calvinist,不来梅成为加尔文教城镇,3。

Bremen Consensus,不来梅公论,4 注。

Brès, Guido de,布雷,盖多·德,起草比利时告白,272。

Brethren, The,兄弟会教会,432 及以下,434,440,445。

Brethren of the Common Lot, The,共同生活兄弟会,226,228。

Brethren and Sisters of the Free Spirit, The,自由精神兄弟姐妹会,441。

Briçonnet, Guillaume,布里松内,纪尧姆,莫城主教,11,141 及注。

Brile(Briele) taken by the *Sea-Beggars*,布里勒被海上乞丐占领,260。

Broet, Paul,布罗埃,保罗,耶稣会士,537。

Brooks, James, Bishop of Gloucester,布鲁克斯,詹姆斯,格洛斯特主教,378,380。

Bruno, Giordano,布鲁诺,乔达诺,423。

Bucer, Martin,布塞尔,马丁,斯特拉斯堡的宗教改革家,43,73,149,358,507,519。

Buchanan, George,布坎南,乔治,281,533 及注,556。

Budé, Guillaume (Budæus),比代,纪尧姆(比代伊乌),12,95。

Buenzli, Gregory,布恩茨利,格里高利,慈温利的老师,25。

Bullinger, Henry,布林格,亨利,慈温利在苏黎世的继承人,关于教会的绝罚权,111;在英格兰的影响,360,364,402 及脚注,437;60。

Burgundy,勃艮第,见 *Charles the Bold*(大胆查理)。

Busche, Hermann von dem, of Marburg,布希,霍曼·冯·登,马堡的,457。

C

Cachi, Jean,卡西,让,罗马天主教徒,在日内瓦,86。

Caffard,托钵僧,80。

Cahiers, list of grievances presented to the States-General,陈情表,提交给三级会议,182,185。

Calvin (Cauvin), Jean,加尔文,让,其“万恶的圣餐礼”,1 页注,415;圣餐礼的信条,58 及以下,412 及以下;关于本质和临在,59,412;训练出的传教士,71;青年

时代和教育,92 及以下;在拉马赫和蒙太居学院;93;在福尔泰学院,95;在奥尔良和布尔日,95;转变,95,97;塞涅卡的《论仁慈》的编辑,12,96;关于古典和古代教父的知识,96,104,109;在巴黎参加新教徒社团,97;撰写"论基督教哲学",尼古拉·科普在巴黎大学宣讲,98;在巴塞尔,99;同法雷尔在日内瓦,102 及以下;在洛桑的公开辩论会上,103;致力于恢复最初三个世纪的教会习俗,109;他的教会戒律思想,108 及以下;认为世俗权力必须执行教会宣判,110;他的教会戒律思想未被日内瓦采用,112;他的《教义问答》,113,306;日内瓦人发誓遵守《信仰告白》,115;日内瓦城内反对加尔文,115—124;被控为异端,116;与伯尔尼仪式,118 及以下;在洛桑议会中,118 及以下;从日内瓦被驱逐,74 页注,120;在苏黎世议会中,122;在《奥格斯堡告白》上签字,124;定居于斯特拉斯堡,124;受邀返回日内瓦,125 及以下;返回,127;在日内瓦工作,培训牧师,132;教育计划,133;对法国新教教会的影响,153 及注,158;喜欢孩子,154;作为法文散文作家,155 及注;一位民主者,155 及以下;其神学对宗教改革的价值,156;对法国教会组织的影响,164;不鼓励在法国叛乱,175;撰文反对圣像破坏,183,191;勒内和米什莱论加尔文,159;对苏格兰教会的影响,305;在雷根斯堡会议,523 及以下;8 及以下,12,16,27,138,147 及以下,305,514,557,577。

Cambridge, 剑桥,17,276,320。

Campeggio, Thomas, Bishop of Feltre, a Cardinal,坎佩焦,托马斯,费尔雷特主教,红衣主教,在英格兰,323 及以下;提议玛丽公主应该与她同父异母兄弟里奇蒙德公爵结婚,323;在特兰托会议上,570。

Canisius, Peter, a Jesuit,卡尼西乌斯,彼得,耶稣会士,557 及以下,591,595,605 及以下。

Canon Law in the Elizabethan Church, 伊丽莎白女王时期的教会法,417 及以下。

Canus, Alexandre, 卡努斯,亚历山大,日内瓦的改革派传教士,79。

Cany, Madame de,卡尼夫人,158。

Capistrano, John of, a revival preacher in the Abruzzi,卡皮斯特拉诺的约翰,阿布鲁兹的信仰复兴主义传道士,502。

Capito, Wolfgang, 卡皮托,沃尔夫冈,38,43,64 注,453,456。

Capucins, a reformation of the Franciscans, 卡普勤,方济各会的宗教改革,507 及以下。

Caraffa, Giovanni Pietro, Cardinal and later

Pope Paul IV,卡拉法,乔万尼·皮特罗,红衣主教,后成为教皇,圣爱会的成员,505;特阿蒂纳僧团,509 及以下;性格及训练,515;一位宗教裁判官,601;作为教皇的行为,585 以下;510,545。

Carlyle, Thomas, 卡莱尔,托马斯,关于三十年战争,2。

Caroli, Pierre, 卡罗利,皮埃尔,指控加尔文犯有异端罪,116。

Carvajal, Juan de, Cardinal, 卡瓦哈尔,胡安·德,红衣主教,497。

Cassel, *Confession of*, 卡塞尔信仰告白,3,4 注。

Castellio, Sebastian, 卡斯特里奥,塞巴斯蒂安,130。

Catechism, *The Racoviam*, 拉科维亚教义问答,473,477。

Catechism of the Brethren, The, 兄弟会教会的教义问答,433。

Catechisms of the Reformed Church, 改革派教会的教义问答,海德堡教义问答,3,4 页注;加尔文的教义问答,113,306;克雷格的教义问答,306。

Catharine of Aragon,阿拉贡的凯瑟琳,321 及以下,324,330,342,388。

Catherine de' Medici,凯瑟琳·德·美第奇,法国国王亨利二世的妻子,开始统治,178;她的孩子们,179 注;女子偏坐马鞍,180 注;在普瓦西,186 及以下;法国天主教集团的首领,192;联姻政策,196; 去 世, 214; 173, 177, 180, 195, 211,313。

Cas communes and cas privilégiés,普通异端案件和公开丑行异端案件,162。

Cauvin, Gerard, 加尔文,杰拉德,加尔文的父亲,92 及以下;95。

Cecil, Sir william, afterwards Lord Burghley, 塞西尔,威廉,爵士,后来成为伯利勋爵,19,292,295,297 及以下,311 及以下,386 及以下,396。

Ceremonies of Bern, *The*, 伯尔尼礼仪,118 及以下。

Cervini, Marcello,切尔维尼,马尔切洛,圣克罗切的红衣主教,特兰托会议上的教皇使节,566,568 及以下。

Chablais, District of,沙布莱区,117。

Chambery,尚贝里, 65。

Chambre Ardente, The, 火刑法庭, 162, 169,290。

Chandieu, Antoine de,尚迪厄,安托万·德,巴黎的牧师,167。

Chapuis, Jean, 沙皮伊,让,罗马派,86。

Chapuys, Eustace, Ambassador of Charles V. in England, 查普伊斯,尤斯塔斯, 查理五世派驻英格兰的大使,330, 369。

Charles V., Emperor of Germany,德意志皇

帝查理五世，未批准伯尔尼辩论，41；他怎样继承尼德兰，225；巩固尼德兰的统治，226 及以下；在那里建立宗教裁判所，229；对新教徒日益严酷，231；他家里的路德教徒，233；在布鲁塞尔退位，240；和菲利普二世，240 及以下；劝诫新教徒和天主教徒重新联合的可能，518，523，567；225，327，358，368 及以下，371，377，496 及以下，581。

Charles IX，查理九世，法国国王，178，186，196，198，203 及以下。

"Charles X"，"查理十世"，法国天主教阵营的国王，参见 *Bourbon*（波旁）。

Charles the Bold，大胆查理，勃良第公爵，22 及以下，26，225。

Chateaubriand，*Edict of*，夏托布里昂敕令，161 及以下，169，296。

Chatelet，*The Grand and Petit*，大夏特勒监狱和小夏特勒监狱，164。

Christian Civic League（Protestant），基督徒市民联盟（新教），48，51。

Christian Philosophy，*Discourse on*，"论基督教哲学"，98。

Christian Union，*The*（Romanist），基督徒同盟，（罗马派的）48。

Christianœ Religionis Institutio，《基督教要义》。见 *Institutio*（《要义》）。

Church，*Calvin's Doctrine of the*，加尔文的教会教义，7，110，129。

Church，*Doctrine of the*，再洗礼派的教会教义，445。

Church，*Doctrine of the*，索齐尼派的教会教义，480 及以下。

Church，Doctrine of the，雷根斯堡会议上关于教会的教义，521 及以下。

Classis，ecclesiastical court in Dutch Church，地区教会委员会，荷兰教会的宗教法庭，271。

Clement，Jacques，assassinates Henry III，克莱芒，雅克，刺杀亨利三世的刺客，215 及以下。

Clement Ⅶ. 克莱芒七世，见 Popes（教皇）。

Clergy，教士，在日内瓦放荡的生活，90 页注；在英格兰遭到厌恶，319，326。

Codure，Jean，The Jesuit，科杜尔，让，耶稣会士，537。

Cognac，科尼亚克，胡格诺派的据点，194 及以下。

Colleges in Paris，巴黎的学院，拉马赫，93；圣巴布；98，533 及注；蒙泰居，94 及以下；福尔泰，95；德·纳瓦尔，97 注。

Colleges founded in Spain by Ximenes，由希梅内斯在西班牙建立的学院，491。

Colleges，French，seed-beds of the Reformation，法国的学院成为宗教改革的温床，151。

Colet, Dean, 科利特,圣保罗大教堂教团团长,319, 334。

Coligny, Gaspard de, Admiral of France,科利尼,加斯帕尔·德,法国海军上将,在显贵会议上,177;在三级会议上,182;在普瓦西,186;在拉罗歇尔,194 及以下;遭刺杀,197;被吉斯谋杀,199;172,184,191,196。

Colloquy,教务评议会,法国新教教会的教会法庭,168。

Colloquy at Marburg, 马堡会谈,50。

Colloquy at Poissy,普瓦西会谈,20,186 及以下。

Colonna, Vittoria,科隆纳,维多利亚,505 及以下,508,545,559,587 注。

Colporteurs, French Protestant,流动商贩,法国新教徒,152。

Commentary on the Psalms, Calvin's, 加尔文的《〈诗篇〉注释》,97,101。

Communism,再洗礼派中的共产主义,438,457,461 及以下各页。

Como, Lake of , 科莫湖,50。

Company of Jesus,耶稣连(耶稣会),开始,546,548 及以下;章程,550 及以下;551 及注;权力在会长手中,552 及以下;对他的权力的限制,553;迅速扩展,563;与特兰托会议,595;与反宗教改革,606;与教育,607。

Compromise, The(Netherlands), 和解协定(尼德兰),249。

Complutensian Polyglot, The,《康普路屯合参本圣经》,492。

Conciergerie, *Huguenot Prison in Paris*,孔西耶热里,巴黎囚禁胡格诺教徒的监狱,164。

Concordat, The Spanish, of 1482,西班牙 1482 年的协定,491。

Conference at Westminster, 在威斯敏斯特举行的会谈,20,400 及以下。

Confession, Augsburg, 奥格斯堡告白,1, 341, 415,576。

Confessions of the Reformed Churches,改革派的信仰告白,3,4 页注,6 页注;*Consensus Tigurinus*,《苏黎世的和解》60;*Confession of Geneva*, 日内瓦告白,114,迪朗斯河畔韦尔多派的告白,149,272 及以下,苏格兰告白,300,302 及以下; *Helvetic Confession* (Second),《第二瑞士告白》,413。

Congregation, *The* (in the Scottish Reformation Church),苏格兰宗教改革教会的礼拜会,289,290,299 及以下。

Congregation, *The* (in Western Switzerland), 礼拜会(在西瑞士),105 注。

Congregation of the Holy office, The (Inquisition),宗教裁判所圣职部,601。

Congregation of the Index,禁书目录委员会,604 及以下。

Consilium … de emendenda ecclesia,《改革教会……建议》,510。

Consilium … super reformatione sanctæ Romanæ Ecclesiæ,《……改革神圣的罗马教会的建议》,511。

Consistorial ecclesiastical organisation, 宗教法庭制度,4,7。

Consistory,宗教法庭,117,122;日内瓦的,128 及以下;法国教会的,165 及以下;荷兰教会的,270 及以下。

Constance, Bishop of, 康斯坦斯主教,30 及以下,33,34,41,47;康斯坦斯主教辖区,23;康斯坦斯市,47 及以下;康斯坦斯湖,48。

Consulta,顾问,尼德兰摄政的秘密顾问,243 及以下。

Contarini, Casparo, Senator of Venice and Cardinal,孔塔里尼,卡斯帕罗,威尼斯元老和红衣主教,圣爱会成员,505;性格和教育,513;和加尔文,514;作为教皇代表派到德国,516 及以下;在雷根斯堡会议上,519 及以下;回到意大利,524。

Continental Divines in England, 在英格兰的大陆神学家们,358 及注。

Convocation (England), 主教区会议(英格兰),327, 329 及以下,355,363 及以下,390, 411, 416, 418。

Cop, Nicholas, 科普, 尼古拉, 12, 95, 98,145。

Cope,“斗篷式长袍”,403 及以下,403 注,406 及注, 407。

Coraut,Elie,柯劳,艾利,日内瓦盲人宣教牧师,74 及以下,119 及注,120。

Cordier, Marthurian,科尔迪埃,马蒂兰,加尔文的老师,93 及注,94,154。

Cortese, Gregorio,科尔泰塞,格雷戈里奥,圣乔治-马焦尔修道院院长,505,509。

Council General of the Union of Catholics (France),天主教同盟总委员会(法国),213。

Council of Sens (France),(法国)桑斯会议,144。

Council of tumults, or the Bloody Tribunal (Netherlands),(尼德兰)血腥法庭,255。

Coutras, Battle of,库特拉战役,209。

Covenants in Scottish Church History,苏格兰教会史上的誓约,288 及以下,299。

Cox, Dr. , Bishop of Ely, 考克斯博士,伊利的主教,390, 402 注。

Cranmer, Thomas, Archbishop of Canterbury,克兰默,托马斯,坎特伯雷大主教,审讯与殉教,378 及以下;“改变信仰”,380;8, 318, 329 及以下, 338, 349, 371, 379。

Craw (Crawar), Paul,克劳,保罗,在苏格兰,277。

Crescentio, Marcello, Cardinal, 克雷申蒂奥,马尔切洛,红衣主教,特兰托会议第二次集结期间唯一的教皇使节,581。

Cromwell, Thomas, Earl of Essex, 克伦威尔,托马斯,埃塞克斯的伯爵, 332, 343, 347, 348。

Curia, 教廷, 30, 495, 498, 503, 511, 517,586。

Curialism,教廷主义,在特兰托会议上, 571,585,591;在特兰托会议上的胜利,593。

Cybó, Catherina, Princess of Camerino, 奇博,卡泰丽娜,卡梅里诺的公主, 506,508。

D

Dalbiac, Charles, 达比亚克,查理,法国新教牧师,181。

Damasus, Pope, 达马苏斯主教,130。

Danès, Pierre, 丹尼斯,皮埃尔,巴黎的“王家讲师”,96。

Daniel, Francis, 丹尼尔,弗朗西斯,加尔文的通信人,97 注。

Danube, River, 多瑙河,25。

Dathenus, Peter, 达腾努斯,彼得,荷译圣歌,252。

Dauphiné,多菲内,39 注,74。

Daventer, 达文特,充满再洗礼派,237 及以下。

Davidis, Francis, 达维迪斯,弗朗西斯,反三位一体者,429。

Declaration of Bremen, *The*, 不来梅声明,3。

Declaration of the Principal Articles of Religion (England),《重要宗教信条的声明》(英格兰),411。

Decretals, *The*,《教令集》,78。

Decretum pro Armenis, used at the council of Trent,对亚美尼亚人的指示,在特兰托会议上使用,583。

Defensor Pacis, *The*, of Marsiglio of Padua, 帕都亚的马斯格利奥的《和平的捍卫者》,434。

Delft, Town of, 代尔夫特镇,264。

Democracy and autocracy (Knox and Mary), 民主和专制(诺克斯和玛丽),313。

Denck, Hans, 登克,汉斯,人文主义者和再洗礼派信徒,424,435 及以下,442。

Dendermonde, 登德尔蒙德,255。

Dentière, Marie, wife of Froment, 丹提尔,玛丽,弗洛蒙的妻子,74 注。

Device, *The*(England),方案(英格兰),396。

Diane de Poitiers,普瓦提埃,迪亚娜·德, 151,173,296。

Dieppe,迪耶普,诺克斯在那里,291。

Diet, The Swiss, 瑞士议会,在卢塞恩,32;在巴登,47。

Dilemburg,The Synod of ,迪林柏格议会,4 注。

Discipline de l' excommunication, 绝罚戒律,106。

Discipline, ecclesiastical, 教会戒律,108 及以下,305;在日内瓦遭到反对,115;如何在日内瓦推行,129;通过世俗政权加以推行,8 及以下,111 及以下,489。

Discipline écclésiastique des églises reformées de France,法国改革派教会戒律,168,305。

Discipline, *First Book of* (Scotland),(苏格兰的)第一宗规书,301,304 及以下。

Disputation, *Public* 公开辩论,在苏黎世,34 及以下;在巴塞尔,39;在伯尔尼,40,68;在日内瓦,85 及以下,88;在洛桑,103;在苏黎世关于洗礼问题,445 及以下;在明斯特,454;关于洗礼问题,457;在莱比锡,495。

Divara, 戴瓦拉, 简 · 马瑟斯的妻子,467,469。

Divorce, *The* (Henry VIII.), 离婚案(亨利八世),324, 330 及以下, 340。

Dizenier,office in Geneva, 日内瓦城镇各区领导,115。

Dogmatic Tradition and the Inner Light, 教义传统以及灵光,423。

Dorne, John, bookseller in Oxford (1520),多尼,约翰,牛津书商(1520),320。

Dufour, Louis,杜伏尔,路易,受命劝说加尔文返回的日内瓦市民,125。

Dundee, 邓迪,17, 279, 293。

Dykes in the Netherlands, 尼德兰的沙堤,245,263。

E

Easter Day Communion in England,英格兰复活节日圣餐,398 及以下。

Ecclesiastical organization,教会组织,在日内瓦,128,132;在法国,164 及以下;在尼德兰,270 及以下;在苏格兰,307 及以下; 435。

Eck, Johann, the antagonisst of Luther,埃克,约翰,路德的反对者。见 Meyer(迈尔)

Economic changes in England, 英格兰的经济变化,345 及以下; 359, 387。

Edicts, French, concerning the Reformation,法国有关宗教改革的敕令,枫丹白露,147;夏托布里昂,161 及以下,169,296;孔皮埃涅, 163;罗莫朗丹, 177;昂布瓦斯, 192 及以下;圣日耳曼, 195;博利厄, 204;贝尔热拉克, 206; 尼穆尔,

208；南特，19，221 及以下。

Edinburgh，爱丁堡，293。

Edinburgh，University，爱丁堡大学，307。

Edward VI. of England，英格兰的爱德华六世，20，367 及以下，370，389。

Église plantée and église dressée，“种植的教会”和“竖立的教会”，165。

Egmont，Lamoral，Count of，拉穆尔，埃格蒙特，伯爵，243，247 及以下，254 及以下，258。

Egmont，Nicolas van，埃格蒙特，尼古拉·范，一位宗教裁判官，230。

Eidgenots of Geneva，日内瓦的艾德格诺特，62。

Einsiedeln，艾恩西戴恩，28，30。

Elders in the Scottish Church，appointed by the Congregation，由礼拜会任命的苏格兰教会长老，290。

Eléanore de Roye，wife of Louis of Condé，鲁瓦的埃勒阿诺尔，孔代的路易的夫人，172，184。

Elizabeth，Queen of England，伊丽莎白，英格兰女王，受到绝罚的威胁，414 及以下；占领西班牙宝船，259；诺克斯的《反对妇人残暴统治的第一声号角》，292，296；不喜欢加尔文的神学，296；在玛丽女王统治时期受到严密监视，369；查理五世力主处死她，371；继承王位，385；宣称自己是新教徒，386 及以下；被天主教列强视为私生子和异端，387；受到与纳瓦尔国王相同命运的威胁，388，414；第一个通告，388；向她的臣民显示她的新教信仰，389；宗教变革中的管理困难，390；在位时期的第一次届议会，391；在《奥格斯堡宗教和约》下寻求庇护，397，405 注，414；拜受两种“形式”的圣餐，399 及注；406，408，413，415，418，420。

Emden，埃姆登，尼德兰新教徒们的集会地点，271。

Emden Catechism，埃姆登教义问答，4 注。

Episcopal government in Switzerland，瑞士的主教政府，23。

Episcopus Universalis，总主教，332。

Epistolæ obscurorum virorum，《鄙人书翰》，317。

Erasmians，the Spanish，西班牙的伊拉斯谟派，492。

Erasmus，伊拉斯谟与改革派教会，9 及以下，152；论赎罪券，16；25，27 及以下，30，96，152，226，230，316，320，334，337，353，478，492，513。

Erasmus circle at Basel，巴塞尔的伊拉斯谟小组，436。

Erastians，埃拉斯图派，123，129。

Escadron volant de la Reine，女王的游击分

舰队,203,309。

Esch, Johann, 埃施,约翰,尼德兰的殉道者,224,230。

Este, cardinal Hippolito de,埃斯特,伊波利托·德,红衣主教,188。

Estienn, Robert, Parisian printer, 埃斯坦纳,罗伯特,巴黎印刷商,93,148。

Excommunication,绝罚。见 Discipline(戒律)。

Excommunication among the Anabaptists, 再洗礼派的绝罚,443。

Exercitia Spiritualia, 精神的操练,见 *Spiritual Exercises*(《精神的操练》)。

Exhorters in the Scottish Church,苏格兰教会中的劝勉者,305。

F

Faber, Johann, Archbishop of Vienna, see Heigerlein, Johann,法贝尔,约翰,维也纳大主教。见海格林,约翰。

Faber, Peter, the Jesuit,法贝尔,彼得,耶稣会士,537,545,548,557。

Face of a Church, the "Congregation" assumes the,"礼拜会"采取教会的面貌,290。

Fagius(Büchlein), Paul,法吉乌斯(布克林),保罗,358。

Farel, William, 法雷尔,威廉,在巴塞尔,39;早年的生活,39 注;被称为路德派传教士,16 注;在艾格勒,67 及以下,69;法语区瑞士的传道士,67;给来自天主教徒的皈依者施洗,68 注;组织福音传播团体,71 及注;在瓦兰甘,72;受伯尔尼派遣到日内瓦,80;围城期间在日内瓦,84;试图毒死他,84 及注;在日内瓦大教堂布道,86;敦促日内瓦议会废止弥撒,88;同城中罪恶进行斗争,90;性格和婚姻,91;加尔文加入,102;在洛桑辩论会上,103;他的集会,105 注;从日内瓦被驱逐,74 及注,115—124;12,45 注,97,109,118 及以下,143。

Feckenham, Abbot of Westminster, 费肯汉,威斯敏斯特修道院长,400 注。

Ferdinand of Austria, 奥地利的费迪南德,与伊丽莎白一世的绝罚,1 注;关于维也纳的新教徒,2;与再洗礼派,447,449。

Feria, Count de, Ambassador of Philip of Spain, 费里亚伯爵,西班牙的菲利普的大使,388, 400。

Ferrar, Robert, Bishop of St. David's, 费拉尔,罗伯特,圣大卫教堂主教,378。

Ferrara, Renée, Duchess of,费拉拉公爵夫人勒妮,101,505。

Ferriere, Sieur de la,费里埃的领主,165。

Ficino, Marsiglio, and Marguerite of Navarre,菲奇诺,马尔西利奥,与纳瓦尔的

玛格丽特,137。

Flag of the Swiss Confederacy, 瑞士联邦的旗帜,21。

Flying Squadron,游击分舰队,见 *Escadron*,女王的游击分舰队。

Fontainebleau, Edict of, 枫丹白露敕令,147,184 及以下。

Foxe, Edward, Bishop of Hereford, 福克斯,爱德华,赫里福德主教,340 及以下。

Foxe, John, the Martyrologist, 福克斯,约翰,殉教学学者,332。

Francis I. of France,法国的弗朗西斯一世,在保护和迫害宗教改革者之间摇摆,143 及以下,145,147 及以下;加尔文致他的信,147;在巴黎创建"王家讲师习";534 及以下。

Francis of Assisi,阿西西的方济各,506 及以下,527。

Franciscans and the Reformation ,方济各会与宗教改革,305。

Franciscans, reformation among the,方济各修会中的改革,508 及以下。

Frankfurt congregation of English exiles,法兰克福的英国流亡人士礼拜会,287;20。

Frankfurt Conference, 法兰克福会议,124。

Frankfurt Fair,法兰克福市集,18。

Frederick, Elector of the Palatinate, 巴拉丁选侯弗里德里克成为加尔文教信徒,3,4 注。

Fregoso, Fred. , Archbishop of Salerno,弗雷戈索,弗雷德,萨莱诺大主教,505,510。

Freiburg, 弗莱堡,瑞士的州,强硬的罗马派,43,65,75 注,76,84;21。

Frenchman, this(*iste Gallus*), 这位法国人,102 及注,153。

Friesland, East, 东弗里斯兰,一个再洗礼派的避难所,238。

Forest Cantons,森林州,和宗教改革,41,50;同苏黎世的战争,49;22。

Froben, printer at Basel, 弗洛本,巴塞尔的出版商,27。

Froment, Antoine, 弗洛蒙,安东尼,在瓦兰甘,72;在日内瓦,74 及以下;他的妻子是一位传教士,74 注;同菲尔比蒂辩论,78 及以下;在日内瓦围城期间,84。

Furbiti,Guy, 菲尔比蒂,居伊,日内瓦的罗马派传教士,78 及以下。

G

Gallars, Nicholas des, minister of French Protestants in London,加拉尔,尼古拉·德,伦敦的法国新教徒牧师,186。

Gallen, St. , 圣加仑, 22, 47, 48, 60, 122, 437,440。

Gardiner, Stephen, Bishop of Winchester,

加德纳,斯提芬,温切斯特主教,349,352,369,371,375。

Geelen, Jan van,吉伦,简·范,一位再洗礼派的领导人,239。

Gemblours,吉穆布洛斯,266。

Geneva, city of,日内瓦城,历史和城市体制,61 及以下;城中的党派,62;伯尔尼和弗莱堡,63;西瑞士之门,63,89;城镇委员会,63;日内瓦城中路德的著作,64 注;城中暴乱的牧师,77 及注;菲尔比蒂事件,78—82;密谋攻占该城,82;被主教和萨伏依公爵包围,83;试图在城中对改革派牧师投毒,84 及注;在日内瓦的公开辩论,85 及以下;弥撒被临时废止,87;完全废止,89;在议会中的辩论,88;成为一个独立的共和国,89;黑暗之后的光明标志,89;城内罪恶的生活,90 及注;日内瓦的《条款》,105 及以下;采用伯尔尼礼仪,118 及以下;驱逐加尔文和法雷尔,120 及以下;请求加尔文返回,125 及以下;《日内瓦教会法令》,128;日内瓦宗教法庭,128 及以下;日内瓦的牧师,131 及以下;加尔文为日内瓦所做的,130 及以下;作为避难城市,134;"日内瓦的狗",187;向尼德兰派出特使,233,249;6,8,45,152。

Geneva, Bishop of,日内瓦主教,61 及以下,77,116 及以下;萨伏依的阿马德乌斯八世,62;皮埃尔·德·拉·鲍默,77,82 及以下,85,89。

Geneva, Vidomne of,日内瓦伯爵,62,117。

Gentili,金特利,反三位一体者,426。

German National Council feared by the Pope,教皇对德国民族宗教会议的担心,565 注。

German Protestant opinon of Henry Ⅷ.,德国新教徒对亨利八世的看法,341。

German Vulgate,通作德译本圣经,434。

Germany and the Counter-Reformation,德国和反宗教改革,606 及以下。

Germany, name given to an Inn at Cambridge,"德国",在剑桥的一家小酒店以此命名,320, 330。

Gex, district of,热克斯区,117。

Ghent, city of,根特城,265,267。

Glapion,格拉皮昂,查理五世与路德的忏悔神父,494。

Glareanus(Heinrich Loriti),格拉里恩努斯(海因里希·洛里蒂),见 Loritic(洛里蒂)。

Glarus,格拉鲁斯,一个瑞士州,22,27 及以下。

Goch, John Pupper of,戈克的约翰·普珀尔,226,230。

Goderick, English lawyer, and his *Advice*,戈德里克,英格兰大律师,及他的建议,389。

Gonzaga, Elenore, Duchess of Urbino,贡萨加,埃勒诺尔,乌尔比诺公爵夫人,506。

Gonzaga, Ercoli di, Cardinal of Mantua,贡萨加,埃尔科利·德,曼图亚的红衣主教,教皇在特兰托会议第三次集结期间的主要使节,588。

Gonzaga, Julia,贡萨加,尤利娅,506。

Grace, pilgrimage of, 神恩朝圣,346。

Grandson, 格兰德森,在沃州,43,67,72。

Granvelle, Antoine Perronet de, Cardinal and Bishop of Arras,格兰维尔,安托万·佩罗内·德,红衣主教和阿拉斯主教,243,519,521。

Graphæus, Cornelius,格拉费厄斯,科尼利厄斯,230。

Grassis, Matteo, founder of the Capucins,格拉西斯,马特奥·德,卡普勤修会的创立者,507 及以下。

Graubunden, the,格劳本登,22,49 及以下。

Grebel, Conrad,格雷比尔, 康拉德,人文主义者和再洗礼派,436,446 及以下。

Grey, Lady Jane,珍妮·格雷女士,371。

Gribaldo, Giovanni Valentino, 格里巴尔多,乔万尼·瓦伦蒂诺,426。

Grindal, Edmund, afterwards Archbishop of Canterbury, 格林德尔,爱德蒙,后来的坎特伯雷大主教,402 注, 404。

Groot, Gerard, and the *Brethren of the Common Lot*, 格鲁特,杰勒德,以及世俗团体共同生活兄弟会,226,228。

Guest, Edmund, letter to Cecil,盖斯特,爱德蒙,致塞西尔的信,398 及注。

Gueux, *Les*,参看 Beggars(乞丐)。

Guipuzcoa,吉普斯夸,罗耀拉出生的地区,525。

Guises, the family of the, 吉斯家族,151,173 及注,180,209,283,295,297。

Guises,吉斯。

Francis, Duke of,弗朗西斯·吉斯公爵,170,173,177 及以下,187,189,191 及以下,296。

Charles, brother of Francis, Cardinal of Lorraine,查理,弗朗西斯的弟弟,洛林的红衣主教, 163, 170, 173, 177, 187, 312,588。

Louis, brother of Francis, Cardinal of Guises,路易,弗朗西斯的弟弟,吉斯的红衣主教,189,213。

Henry, the Duke of, son of Francis,亨利,吉斯公爵,弗朗西斯的儿子,198 及以下,208,212 及以下。

Charles, Duke of Mayenne, son of Francis,查理,马延公爵,弗朗西斯的儿子,213 及以下,218。

H

Haarlem, Town of, 哈连姆镇,236 及以下各页,261。

Hagenau, *Conference* at,阿盖诺会议,124。

Hague, The, 海牙,236。

Haller, Berthold, 哈勒,伯图尔德,伯尔尼的改革家,40 及以下,64 注,68。

Hamilton, Patrick,汉密尔顿,帕特里克,279 及以下。

Hanseatic League,汉萨同盟,279。

Hapsburg (the place), 哈布斯堡(地点),21。

Heath, Dr., Archdeacon of Canterbury, 希思博士,坎特伯雷副主教,340 及以下(哈格)。

Hegius (Haag), Alexander,赫吉乌斯(哈格), 亚历山大,226。

Heidelberg Catechism, 海德堡教义问答,3,4 注。

Heigerlein, Johann (Faber), 海格林,约翰(法贝尔),26 及注,30,34,512。

Helvetic Confession, *First*,第一瑞士信纲,6 注。

Henry Ⅱ. of France,法国国王亨利二世,坚定地镇压新教徒,151。

Henry Ⅲ.,亨利三世,204,214。

Henry Ⅳ.,亨利四世,见 *Bourbon*(波旁)

Henry Ⅷ., of England,英国国王亨利八世,他对苏格兰的政策,282 及以下;曾反击教廷派主张,321,真的怀疑其婚姻的效力,322 及以下;需要一位男继承人确保王国安全,323;期望教皇宣布其婚姻无效,324;向大学呼吁,326;教会最高首脑,327;利用上任头年俸压迫教会,328;从罗马分出来,330 及以下;与德国新教徒,340 及以下,347;其神学学习,347;其遗愿,352;与慈温利,10;315 及以下,370,417。

Henry of Condé,孔代的亨利,见 *Bourbon*(波旁)。

Hesse Cassel becomes Calvinist, 黑森—卡塞尔成为加尔文教城市,3。

Hildegard of Bingen,宾根的希尔德加德,142 注。

Hoen, Cornelius van (sacramental controversy),霍恩, 范,(圣礼争论),53。

Hoffmann, Melchior, 霍夫曼,梅尔基奥尔,236 及以下,438,442,444,458。

Homilies, *The Twelve* (England),《十二条说教》(英格兰),353。

Hoogstraten, 洪格斯垂登,249。

Hooper, John, Bishop of Gloucester, 胡珀,约翰,格洛斯特主教,318, 353, 359,364 及以下, 377 及以下。

Hopital, Michel de l', Chancellor of France, 洛比塔尔,米歇尔·德,法国掌玺大臣, 177,181,186。

Hopkins, Thomas, metrical version of the Psalms, 霍普金斯,托马斯,韵文《诗篇》,355。

Hübmaier, Balthasar, 休伯迈耶尔,巴尔诺萨,再洗礼派信徒,434 及以下,442。

Hulst, Francis van de, 赫斯特,弗朗西斯·范·德,(宗教法庭)法官,230。

Humanism,人文主义,和改革派教会,9;和意大利改革者,504,507。

Humanism, Christian, 基督教人文主义,319。

Hus, John,胡司,约翰,31。

Hussites,胡司派,92。

Hut, Hans, Anabptist,胡特,汉斯,再洗礼派信徒,439。

Hymn-book of the Brethren, 兄弟会教会的赞美诗集,435,449 及以下。

I

Iconoclasm ,破坏圣像运动,在瑞士,72, 87;在法国,145,183,191;在尼德兰, 253,267;在苏格兰,294;在明斯特,453。

Ignatius Loyola,伊格纳修斯·罗耀拉,家庭和早年生活,525;在病床上,527;在曼雷萨,527 及以下;幻象,527,529,532, 552;和路德,529,532,559;他的神秘主义,530;在巴塞罗那的学校,532;被当作异端受到监禁,533;在巴黎,533 及以下;将信条看作军事命令,536;在意大利,545 及以下;他在意大利的传道士, 546;建立耶稣会,548 及以下;被选为会长,549 及以下;企图赢回德国,556 及以下;在家乡传道,559;一个受过教育的教士,559。

Iles de Saintonge, Church at,圣东热岛的教会,166。

Illiteracy of English clergy, 英格兰教士中的文盲,353 及以下。

Images, miraculous, destroyed, 圣像,不可思议的,被毁坏的,344 及注; 352, 409。

Index of Prohibited Books,禁书目录,602 及以下;焚毁书籍,602 及以下;各种书单, 603; 231 及以下;对知识的影响,605。

Indulgence, 赎罪券,在日内瓦,64;在尼德兰长期遭到反对,228;16,28。

Injunctions in England, 英格兰的"指令", 1536 年(亨利八世),334, 339;1538 年(亨利八世),335, 340;1547 年(爱德华六世),352;1554 年(玛丽女王),374;伊丽莎白女王时期,407, 410。

Inner Light, *The*, 灵光,423 及以下,456。

Inquisition,宗教裁判所,三种类型,597;西

班牙,598;提议在法国建立,163,169;在尼德兰,229,256;在意大利,470,600 及以下;489,492,497,531。

Institutio, Christianæ Religionis,《基督教要义》,以使徒信经为基础,100;论教会管理,129;对宗教改革的影响,156 及以下;99 及以下,147,156,159,305,514。

Instruction, Zwingli's,慈温利的指示,35。

Interim, The Augsburg,《奥格斯堡宗教妥协》,567。

Irish missionaries in Switzerland, 瑞士的爱尔兰传教士,23。

Isabella of Castile and the Spanish Reformation,卡斯提的伊莎贝拉和西班牙宗教改革,490。

Isoudun,伊苏丹,166。

Italian heretic Friars, 意大利异端修士,386 注。

Italy,意大利,宗教状况,501 及以下;农民,501;城市,503。

Ivry, Battle of,伊弗里战役,218。

J

James V. of Scotland,苏格兰国王詹姆斯五世,281。

Jarnac, Battle,雅尔纳克战役,194。

Jay, Claude, Jesuit,热伊,克劳迪,耶稣会士,537,556,557。

Jeanne d' Albert, daughter of Margaret of Navarre, wife of Antoine de Bourbon and mother of Henry Ⅳ of France,让娜·德·阿尔布雷特,纳瓦尔的玛格丽特的女儿,波旁的安托万的夫人,法王亨利四世的母亲,宣布自己为新教徒,185;在拉罗谢尔,194;同意儿子与凯瑟琳·德·美第奇的女儿瓦卢瓦的玛格丽特的婚事,197;172,189,195。

Jeanne de Jussie, chronicler nun of Geneva 让·德居谢,日内瓦的修女编年史家,65 注,74 注,79 及注,83 注,117。

Jesuits,耶稣会,见 Company Jesus(耶稣连)。

Jesuits,耶稣会,在法国,608;在德国,606。

Jewel, John, Bishop of Salisbury, 朱厄尔,约翰,索尔兹伯里主教,391, 402 注,404, 407, 413 及注。

John Casimir, 约翰·卡什米尔,在尼德兰,266。

John Frederick of Saxony and Henry Ⅷ.,萨克森的约翰·弗里德里克与亨利八世,340,347。

John George of Anhalt,安哈尔特的约翰·乔治,3。

Joinville,儒安维尔,城堡,190;条约,207;亲王,213。

Jon, Francis du, 乔恩,弗朗西斯·迪,249。

Joyeuse entrée of Brabant, 布拉班特的愉快的进入,246。

Jud, Leo, 朱迪,利奥,111。

Jurisdictionis potestas, 司法权,332。

Jus episcopale of Civil Rulers, 世俗统治者的主教法权,9。

Justification of the Prince of Orange, 奥兰治亲王的辩护书,258。

Justification, *The Doctrine of*, 称义的教义,在雷根斯堡会议上,519 及以下,577;在特兰托会议上,568,576 及以下。

K

Kaiser, 凯泽,一位在施威茨被作为异端烧死的苏黎世牧师,49。

Kampen, 坎平,237。

Kappel,《卡佩尔第一和约》,49;《卡佩尔第二和约》,51;卡佩尔战役,51;卡佩尔条约,51。

Kata-Baptists, 反洗礼派,423,434。

Kessler, Johnann, 凯斯勒,约翰,47。

Kibbenbroick, Gerhard, Anabaptist burgomaster of Münster, 基宾布劳克,格哈德,明斯特的再洗礼派市长,460。

Kinds, taking the communion in both, a sign of Protestantism, 拜受两种"形式"的圣餐,新教徒的标志之一,20,399,405 注。

King's book, *The*,《国王书》,10,337,349。

Kirkcaldy of Grange, Sir William, 格兰奇的科尔卡迪,威廉爵士,284。

Kirk-Session, ecclesiastical court in the Scottish Church, 教会—执行理事会,苏格兰教会的教会法庭,308。

Klein-Basel, 小巴塞尔,25。

Knipperdolling, Bernardt, Anabaptist, burgomaster of Münster, 克尼泊都林,伯纳德,再洗礼派,明斯特市市长,460,425(本页无此人,原作误。——译者),454以及注,468。

Knox, John, 诺克斯,约翰,早年经历,285;在法国做划船奴隶,286;在英格兰布道,286 及以下,360,362;在瑞士和德国,287;与马乔丽·鲍斯结婚,288;在苏格兰,293;在爱丁堡,299 及以下;工作迅速,308;和玛丽女王,309 及以下;和萨默塞特公爵,359。

Kolb, Francis, 科尔伯,弗朗西斯,在伯尔尼传教,42。

Krakau(Cracow), 克拉考(克拉科夫),索齐尼派的一个中心,472。

Kuiper, Willem de, 库伊珀,威廉·德,简·马瑟斯的一个门徒,459。

L

Lainez, Diego, Jesuit,莱内兹,迭戈,耶稣会士,188,537,455,548,552,556,577 及以下,595。

Lambert, Francis,兰伯特,弗朗西斯,64 注。

Lasco, John à, Polish refugee in England, 阿拉斯柯,约翰,在英格兰的波兰避难者,358。

Latimer, Hugh, Bishop of Worcester, 拉蒂默,休,伍斯特主教,371, 378, 382。

Laud, Archbishop, 劳德大主教,355。

Lausanne, Bishop of, 洛桑主教,拒绝参加伯尔尼辩论,41,44。

Lausanne, Bishopric of, 洛桑主教辖区,23,67,70。

Lausanne, part of the Pays-de-Vand,洛桑,沃州的一部分,67,113,116,152;在洛桑的宗教改革,70,89,125。

League, 同盟, 永久同盟(森林诸州),21;布伦内同盟,21;上帝之家联盟,22;格雷联盟,22;十辖区联盟,22;雷提安永久同盟,22;基督徒市民联盟,48; 波罗米奥同盟,60;及对胡格诺派的同盟,它如何兴起,205 及以下;变得不忠,207,209,212,608;巴黎同盟,207;"十六人",210。

Leclerc, Jean, French Protestant martyr, 勒克莱尔,让,法国新教殉教者,143。

Leclerc, Pierre, Minister at Meaux,勒克莱尔,皮埃尔,莫城主教,150。

Lecturers, Royal, 王家讲师, 见 Royal(王家)。

Lefèvre d'Etaples, Jacques (Faber Stapulensis),勒菲弗尔·戴塔普勒,雅克,(法贝尔·斯塔普朗西),和人文主义,11;和路德,15,74,97;希望恢复最初三个世纪教会的实践,109;激励"莫城小组",141;先于路德,141;将圣经译成法文,142;神秘主义者,142 注。

Leib, Kilian, Salzburg chronicler, and the Anabaptists,莱布,基利恩,萨尔茨堡的编年史家,再洗礼派,448。

Leith,利斯,17,279,291。

Lenten Fasting, 四旬斋期间的禁食,31。

Lesley,Norman,莱斯利,诺曼,284。

Lethington, William Maitland of. See Maitland,莱辛顿的威廉·梅特兰,见 Maitland(梅特兰)。

Leyden, 莱登,再洗礼派试图夺取,239;攻占莱登,263;莱登大学,264。

Leyden, Jan of., 莱登的简,见 Bockelson(巴尔克逊)。

Libertines in Geneva,日内瓦的自由派,116。

Lindau,林道, 48。

Lindsay, Sir David, Scottish satirist,大卫·

林赛爵士,苏格兰讽刺作家,278。

Lollards,威克里夫派/罗拉德派,在英格兰,316 及以下,374;和再洗礼派,440 及以下。

Lords of the Congregation (Scotland),礼拜会诸公(苏格兰),289,293,299,420。

Loriti, Heinrich of Glarus(Glareannus),格拉鲁斯的海因里希·洛里蒂(格拉里恩努斯),瑞士人文主义者,18 注,25 注,29。

Lorraine, The Cardinal of,洛林的红衣主教,见 Guise(吉斯)。

Louis of Condé,孔代的路易,见 Bourbon(波旁)。

Louis of Nassau,拿骚的路易,见 Nassau(拿骚)。

Louise of Savoy, mother of Francis I.,萨伏依的路易丝,弗朗西斯一世的母亲,137,144。

Louvain, University of, and list of Prohibited Books,卢万大学和禁书目录,603。

Loyala, Ignatius,罗耀拉,伊格纳修斯,见 Ignatius(伊格纳修斯)。

Lupulus,鲁普卢斯,见 Wölflein(沃尔夫林)。

Luther, 路德,关于教士婚姻,37;对改革派教会的影响,13 及以下;其学说的先声,15,141;与慈温利,27,50;圣餐理论,56,412 及以下;16 及以下,24,53,124,141,148,154,341,354,405 注,421,452,473,493,507,529,570,578。

Luther's Writings,路德的著作,在法国,142,在英格兰,320;在日内瓦,64 注;在苏格兰,279。

Lutheran theologians invited to France,路德派神学家被邀请去法国,146。

Lutheran, a name applied to all Protestants,"路德派"被用来称呼所有的新教徒,16 及注,65,79 注,150,330,600。

Lutherans lost part of Germany to the Reformed,路德派在德国把部分地盘丢给改革派,3。

Lutzern, 卢塞恩,22,47 及以下;Diet at,议会在卢塞恩,32。

Lyons, Church at,里昂的教会,166。

M

Maçon, Jean le, first protestant minister in paris,马松,让·勒,巴黎第一位新教牧师,166。

Macronius, Martin,麦克罗尼乌斯,马丁,364。

Madruzzo, Bishop of Trent and Cardinal,马德鲁佐,特兰托主教和红衣主教,567 及以下,574,581。

Madruzzo, Ludovico, Bishop of Trent, 马德鲁佐,吕多维科,特兰托主教,588。

Mainz, Archiepiscopal Province of, 美因茨大主教省,23。

Maitland, William, of Lethington, 莱辛顿的威廉·梅特兰,19,304,310,312。

Mamelukes (in Geneva), 玛穆鲁克(在日内瓦),62。

Mangin, Étienne, of Meaux, 芒让,艾蒂安,莫城的,150。

Manresa, 曼雷萨,那里的多明我修道院,527;伊格纳修斯·罗耀拉在曼雷萨,528。

Mantes, Assembly of French Protestants at, 芒特,法国新教徒的会议在那里召开,221。

Manuel, Nicholas, artist in Bern, 曼内尔,尼古拉斯,伯尔尼的艺术家,40。

Manz, Felix, 曼茨,费里克斯,瑞士再洗礼派殉道者,446 及以下。

Marsais-Saint-Germain, Rue de, 马莱—圣日耳曼街,174。

Marburg Colloquy, the, 马堡会谈,50。

Marcourt, Antoine, author of the Placards, 马尔库尔,安托万,揭帖的作者,146。

Margaret of Parma, 帕尔玛的玛格丽特,242,248,250,252,257。

Marguerite d'Angoulême, sister of Francis I., 昂古莱姆的玛格丽特,弗朗西斯一世的姐姐,嫁给纳瓦尔国王,教育和性格,136及以下;她的基督教柏拉图主义,137;与布里索内的关系,138;与路德和加尔文,138;七日谈,140;被控为异端,145;11,74 注,97 注,136 注,143,505 及以下,534 及以下。

Marguerite de Valois, daughter of Catherine de' Medici, 瓦卢瓦的玛格丽特,凯瑟琳·德·美第奇的女儿,嫁给亨利四世,197。

Marignano, Battle of, 马里拿诺战役,28。

Marnix, John de, 马尼克斯,约翰·德,254。

Marot, Clement, 马罗,克莱芒,他的法文赞美诗在日内瓦,106 注,148;在巴黎,172;93,146。

Marriage, regulations for, 婚姻规则,在日内瓦,105 及以下;有关教士结婚的规定,355;"教士的"婚姻,36;33,42。

Marsiglio Ficino, 马尔西利奥·菲奇诺,137。

Marsiglio of Padua, 帕都亚的马尔西利奥,434。

Martha Houses (Jesuit), 马大之家(耶稣会),561。

Martyr Vermigli, Peter, 马特·弗米格里,彼得,358。

Martyrs，殉教者，在玛丽女王统治下的英格兰，376 及以下；在尼德兰，224，230 及以下；在苏格兰，280 及以下；在法国，148 及以下。

Mary of Burgundy，勃艮第的玛丽，大胆查理的女儿，查理五世的祖母，马克西米连的妻子，225。

Mary of Guise or Lorraine，吉斯或者洛林的玛丽，吉斯公爵弗朗西斯的姐姐，苏格兰的詹姆斯五世的王后，20，290，293 及以下，386。

Mary of Hungary，Regent of the Netherlands，匈牙利的玛丽，尼德兰德摄政，233，240，518。

Mary，Queen of England，玛丽，英格兰女王，她治下的反动，368 及以下；嫁给西班牙王子菲利普；恢复教皇权威，373；天主教立法，373 及以下；对拥有教会地产的顾虑，382；去世，383 及以下；292，346，380。

Mary，Queen of Sctland，玛丽，苏格兰女王，在法国的教育，283；“小女王”，283；拒绝批准改革派等级会议的法案，309；在苏格兰，309 及以下；对她归来的恐惧，309；281，292，310。

Massacres，屠杀，在瓦西镇，190；在桑斯，190；在图卢兹，190；在鲁昂，190；在巴黎，190；圣巴托罗缪大屠杀，198 及以下，261，608；在祖特芬，261；在哈连姆，261。

Matthew，*Thomas*，of Matthew's Bible，马修，托马斯，马修的《圣经》，339。

Maubert，Place，where the Protestants were burnt，莫贝尔广场，新教徒被烧死的地方，148。

Mayenne，Duke of，马延公爵，见 Guise（吉斯）。

Meaux，*The Group of*，莫城小组，11 及以下，67，97，109，137 及以下，145。

Meaux，*The Fourteen of*，莫城十四君子，148，150。

Meaux，Protestant Church in，莫城的新教会，165 及以下。

Mechlin burnt by the Spaniards，梅赫林被西班牙人焚毁，261。

Medici，Giovanni Giacomo de'，a condottiere，美第奇，乔万尼·贾克谟·德，一位雇佣军队长，50。

Meersberg，梅尔斯堡，47。

Melanchthon，梅兰希通，4 注，148，154，340，507，519 及以下，557。

Melchiorites，The，梅尔基奥尔派，438；在明斯特，458；关于“分离”的思想，465。

Mendoza，Pedro，Archbishop of Toledo and Cardinal，门多萨，佩德罗，托莱多的大主教和红衣主教，490。

Merindol, *Arrét de*,逮捕梅兰多尔村民的命令,149。

Merlin, Jean Raymond, 梅兰, 让·雷蒙 184。

Meyer, Johann, of Eck, 厄克的约翰·迈耶,26。

Meyer, Sebastian, Reformer of Bern,迈耶,塞巴斯蒂安,伯尔尼的改革者,40。

Michelet, Jules, on Calvin,米什莱,朱尔,论加尔文,159。

Milhaud, a Huguenot stronghold,米洛,胡格诺的据点,201。

Milton, John, 弥尔顿,约翰,13。

Ministry in the Reformed Churches, 改革派教会的牧师,131。

Mirabel, a Huguenot stronghold,米拉贝勒,胡格诺的据点,201。

Miroir de l'Ame pécheresse,《罪恶灵魂的镜子》,97 注,98。

Molard, The, in Geneva, 日内瓦的摩拉大街,77。

Monasteries, The dissolution of the,解散修道院,343。

Moncontour, Battle of,蒙康杜尔战役,195。

Monnikendam,蒙尼肯丹,237。

Montauban, Huguenot stronghold, 蒙托邦,胡格诺的据点,195,201 及以下,223。

Monte Cassino,卡西诺山,509。

Monte, Gian Maria Giocchi, Cardinal del, Later Pope Julius III. ,蒙特的红衣主教,吉安·玛丽亚·乔科奇,后来的教皇尤利乌斯三世,566,581。

Montmor, The family of, 蒙特默家族,加尔文在此受到教育,92。

Montmorency, The Constable de,王室总管蒙莫朗西,151,170,173,178,189,191,193。

Montpellier, Huguenot stronghold, 蒙彼利埃,胡格诺的据点,223。

Montpensier, Duchess of, a Leaguer,蒙庞西埃公爵夫人,天主教同盟成员。210,216。

Montrose,蒙特罗斯,279

Morals,道德,与之相关的城市立法,108,123 注,129;西瑞士的道德水平很差,113。

Morat 莫拉,沃州的一部分,43,47。

Moray, James Stewart, Earl of,默里伯爵,詹姆斯·斯图尔特,291,310。

More, Sir Thomas, 莫尔,托马斯,爵士,317, 319, 321, 325, 337 及以下。

Morel, minister in Paris,莫雷尔,巴黎的牧师,186。

Morgarten, the battle of, 莫加顿战役,21,26。

Mornay du Plessis, Madame,普莱西的莫尔

内夫人，她的发型，168 注。

Morone, Giovanni de Cardinal，莫罗内，乔万尼·德，红衣主教，512，516，524，586，591，595。

Mortal sin, Jesuits wary of charging their penitents，不可宽恕的罪孽，耶稣会谨慎对待忏悔者，555。

Muète, Guérin，穆埃特，盖兰，日内瓦一位福音派领导人，76。

Mühlhausen，缪尔豪森，43，60，122。

Müller, Hans of Medikon，梅迪科恩的汉斯·缪勒，再洗礼派，441。

Mundt, Dr. Christopher, Cecil's agent in Germany，蒙德特，克里斯托弗博士，塞西尔在德国的代理人，296 及注。

Municipal life in the Netherlands，尼德兰的都市生活，225。

Münster, Bishop of，明斯特的主教，453，454。

Münster, city of，明斯特城，加入施马尔卡尔登同盟，455；在再洗礼派的整个统治期间受到围困，462；陷落，468。

Münster, *Kingdom of God in*，神国明斯特，431，438，451 及以下。

Mysticism, *Spanish*，西班牙的神秘主义，490，530 及以下，547，571。

N

Nacchanti, Bishop of Chioggia, on Tradition and Scripture，纳奇安蒂，基奥贾的主教，论传统和圣经，574。

Nancy，南锡，207。

Nantes, Edict of，南特敕令，19，221 及以下。

Nassau Confession，拿骚信仰告白，4 注。

Nassau, *William* of, Prince of Orange，拿骚的威廉，奥兰治亲王，在查理五世的退位典礼上，240；尼德兰国务会议成员，243；抗议对尼德兰采取的措施，247；没有被菲利普的口是心非蒙骗，253；他的辩护书，258；被选为执政，260；17 省的总督，266；悬赏刺杀他，267；他的辩护书，267；被暗杀身亡，268；他如何获得奥兰治—查龙的领地，268 及注；他的妻子们，269 注；他的性格，268 及以下。

Louis of，拿骚的路易，249，252，260，263。

Nassouwen, *Wilhelmus von*，“拿骚的威廉”，261。

National characteristics reappear in the various Reformed Churches，民族特征重现在各种改革派教会中，19。

Nemours, Duchess of，内穆尔公爵夫人，

216。

Nerac, capital of French Navarre,讷拉克,法国纳瓦尔的首府,139,185。

Neuchâtel,纳沙泰尔 43,73,89,125,146。

Neuville, 纽维尔,89。

New Learning, *The*,新学,26,137,141,359,492,515。

Nicene Creed, 尼西亚信经,130; 在特兰托会议上,593。

Nimes,尼姆,165,201,202。

Nisbet, Murdoch, 尼斯比特,默多克,将新约译成苏格兰语,277 注。

Northumberland,John Dudley, Duke of,诺森伯兰伯爵,约翰·杜德利,359。

Notables, *Assembly of* (France),显贵会议(法国),177。

Notables, *Assembly of* (England),显贵会议(英格兰),326。

Novara, Battle of, 诺瓦拉战役,28。

Noyon, Birthplace of Calvin, 努瓦荣,加尔文的出生地,92。

Nuns,修女,在日内瓦,90;耶稣会士中没有修女,561。

O

Ochino, Bernardino, 奥基诺,贝尔纳迪诺,358。

Oebli, Hans, Landamann of Glarus, 奥伯利,汉斯,格拉鲁斯州的政府主席,49。

Oecolampadius, Johannes (Heusgen),厄科兰帕迪乌斯,约翰内斯(霍伊斯根),在巴塞尔,39;论绝罚,112;149,320。

Oldenbarneveldt, John of, 奥登巴恩维尔特,约翰·范,269。

Olevianus, Caspar, 奥勒维亚努斯,卡斯帕尔,4 注。

Olivétan, Pierre Robert, 奥立维坦,皮埃尔·罗伯特,《圣经》法文译者,95。

Ollon,奥隆,沃州的一部分,67。

Orange, Prince of,奥兰治亲王,见 Nassau(拿骚)。

Orange, Principality of Orange-Chalons, 奥兰治,奥兰治—查龙的领地,268 注。

Oratory, *Chambers of* (Netherlands), 雄辩协会(尼德兰),226。

Oratory of Divine Love, *The*,圣爱会,505,509 及以下页。

Orbe, 奥尔伯,沃州的一部分,67。

Ordinis Potestas, 授职,332。

Ordonnances écclesiastiques de l'église de Genève,《日内瓦教会法令》107,128 及以下,131。

Orleans,奥尔良,加尔文在那里,95;那里的教会,166;146,181。

Ormonts,奥蒙,沃州的一部分,67。

Oxford,牛津,17,276,320。

P

Pacification of Ghent, 根特和解协定,265 及以下,267。

Palatinate, becomes Calvinist, 巴拉丁成为加尔文派,3。

Pampeluna,潘普洛纳,罗耀拉在那里的战斗,526。

Pane, Roletus de,帕纳,罗莱蒂·德,日内瓦的罗马派,88。

Pantheist Mysticism, 泛神论神秘主义,422,424。

Paraphrases, Erasmus',伊拉斯谟的《圣经释义》,在英格兰教会那里,353。

Paris,巴黎,路德的著作在那里,18 及注;揭帖事件,145;监狱,164;巴黎同盟,207 及以下。

Paris students songs,巴黎大学生的歌谣,535 及以下。

Parker, Dr. Matthew, Archbishop of Canterbury, 帕克,马修博士,坎特伯雷大主教,404, 409, 417。

Parkhurst, John, Bishop of Norwich, 帕克赫斯特,约翰,诺里奇主教,402 注, 416。

Parlements, of Paris and the Reformation,巴黎高等法院和宗教改革,142 及以下,144,146,160,162 及以下,169,170,171,174,185,213,220,535,556。

Parlement,高等法院,埃克斯的,147,149;波尔多的,147,217;第戎的,176;鲁昂的,147;图卢兹的,147,171。

Parlement, French,法国的高等法院,163 注,217。

Parliament for the enormities of the Clergy,"处置教士的罪恶议会",326,327。

Parma, Alexander Farnese, Duke of,帕尔玛公爵,亚历山大·法尔内斯,218,220,249,266。

Parma, Margaret of,帕尔玛的玛格丽特,见玛格丽特(Margaret)。

Patrick's Places,"帕特里克的地方",280 注。

Patrimony of the Kirk,教会财产,306。

Paul IV., Pope,保罗四世,教皇,1 注,163,169。见 Caraffa(卡拉法)。

Paul, Martin, of the Graubünden,格劳本登的马丁·保罗,50。

Payerne 佩耶纳, 64,89。

Pays de Vaud,沃州,66,84,89,103,109,116 及以下页。

Peace of Monsieur,"大人和约",204。

Peasantry, Italian,意大利的农民,宗教状况,501;追随阿西西的方济各及其模仿者,502。

Peasants' War, *The*, 农民战争,54。

Penance, *Doctrine of*, at the Council of Trent,特兰托会议上关于忏悔的信条,584。

Penney,彭尼, 117。

Penz, Jörg, pupil of Albrecht Dürer, Anabaptist, 彭茨,乔格,阿尔伯特·丢勒的学生,再洗礼派,436。

Picards, 皮卡迪派,11,92。

Picardy, 皮卡迪人的性格,92。

Pictures in Churches (Zurich), 教堂中的图画(苏黎世),35,42。

Philip of Hesse and the Anabaptists, 黑森的菲利普和再洗礼派,447,455,458。58。

Philip II. of Spain, 菲利普二世,和查理五世相比较,240 及以下;根除新教徒的政策,241;熟知尼德兰事务,243 注,244。

Pius V. ,庇护五世,196,595。

Placard's (manifestoes),揭帖(告示),在日内瓦,64 及以下;在巴黎,关于弥撒,145。

Placards (Government proclamations against the Protestants) in the Netherlands, 诏令(政府宣布反对新教徒),在尼德兰,242,245,247,256,265。

Platonism, *Christian*, 基督教柏拉图主义,11,137。

Poissy, 普瓦西,会谈,20,186 及以下,313;会议,188;敕令,188。

Poitiers, Church at,普瓦提埃,那里的教会,166 及以下。

Pole, Reginald, Archbishop of Canterbury, Cardinal,波尔,雷吉纳德,坎特伯雷大主教,红衣主教,圣爱会的成员,505;特兰托会议上的教皇使节,566;372,377,381 及以下,510,524,587 注。

Politiques Les,政治派,203。

Polonorum, *Bibliotheca Fratrum*,波兰,兄弟会从书,472。

Polygamy, 多婚制,在明斯特,463 及以下。

Post tenebras lux,"黑暗之后的光明",89。

Pope,教皇,教皇的最高权力,33,492;教皇的瑞士卫兵,23;权力受到奥格斯堡宗教和约的限制,1 及注,405, 414;和特兰托会议上的众位主教,592 及以下。见 Curialism(教廷主义)。

Popes mentioned ,本书提到的教皇:

- Innocent III. , 英诺森三世(1198—1216),597。
- Julius II. , 尤利乌斯二世(1503—1513),322, 371。
- Leo X. , 利奥十世(1513—1521),180,319 及以下。
- Adrian VI. , 艾德里安六世(1522—1523),494,496 及以下。
- Clement VII. , 克莱芒七世(1523—

1534),64, 324; 建议亨利八世重婚, 325, 510。

Paul III., 保罗三世(1534—1549),他领导下的改革,510,512;345,357,470,500,510,548,550,581;和特兰托会议,565 及注,581。

Julius III., 尤利乌斯三世(1550—1555),他领导下的特兰托会议,565 及注,581。

Marcellus II.,马切罗二世(1555),585。

Paul IV.,保罗四世(1555—1559),他领导下的特兰托会议,565 及注,591,594;245。

Pius IV.,庇护四世(1559—1565),他对宗教改革的政策, 595。

Pius V.,庇护五世(1566—1572),196。

Sixtus V.,西克斯图五世(1580—1590),208。

Præmunire, Statutes of, 蔑视王权罪的法令,325。

Pragmatic Sanction of Bourges,布尔日国事诏书,183。

Prayer-Book of King Edward VI., The First, 国王爱德华六世的第一祈祷书,356 及以下, 361, 403 注。

Prayer-Book of King Edward VI., The Second, 国王爱德华六世的第二祈祷书,287,290 及注,361 及以下, 395 及以下, 398, 401, 403 及注, 405。

Prayer-Book of Elizabeth, 伊丽莎白女王时期的祈祷书,396 及以下, 401, 404, 419。

Praying Circles or *Readings* among the Brethren, 兄弟会中的祷告或阅读团体,433。

Pre-aux-clercs, The, Psalm-singing at,在普雷奥克莱尔克唱颂《诗篇》,172, 183; 165。

Presence of the Body of Christ in the Sacrament of the Supper, 圣餐礼中基督身体的临在,411 及以下。

Privas, a Huguenot Stronghold,普里瓦,胡格诺据点,201。

Privileges of Nobles in France in the Sixteenth Century,16 世纪法国贵族的特权,171。

Processions expiatory, in Paris,巴黎的赎罪游行,146。

Proclamations about religion, by Mary, 玛丽女王时期的《关于宗教的公告》,370; by Elizabeth, 伊丽莎白女王时期的《关于宗教的公告》,388。

Psalms, Calvin's Commentary on the, 加尔文的《〈诗篇〉注释》,97,101。

Psalms, Singing of the, 唱诗篇,使用本国语,106 及注,183,251 及以下;使用荷兰语,251;在英格兰,355;克莱芒·马洛的法译诗篇,172 及注,252。

Pseaumes included religious canticles，包括宗教颂歌的诗篇，107 注。

Purgatory, *The Docrine of*，炼狱的教义，受到攻击，31，33，42。

Puritanism, the beginnings of，清教的开端，364。

Puy, Cardinal du, Prefect of the Inquisition，普伊，杜，红衣主教，宗教裁判所总监，378。

Q

Queen, *The little*，小女王，282 及以下。

Quignon, Cardinal, a liturgist，奎格龙，红衣主教，公祷文权威，357。

Quintin, Dr., speaker for the clergy at the States-General of 1560，坎坦博士，1560 年三级会议教士等级的发言人，182。

R

Randolph, Sir Thomas, Elizabeth's Ambassador in Scotland，伦道夫，托马斯，爵士，伊丽莎白在苏格兰的大使，303，311。

Ratisbon，见 Regensburg（雷根斯堡）。

Readers in the Scottish Church，苏格兰教会中的读经师，305。

Readings，读圣经，433。

Re-baptism，再洗礼，68 注；424，447。

Reformation of the Mediæval Church demanded by all，所有的人都要求对中世纪的教会进行改革，484。

Reformed Churches, Confraternity among the，改革派教会（或译归正宗）中的兄弟情感，20；改革派的信仰告白，见 confessions（信仰告白）。

Reformers in Italy，意大利的改革者，503 及以下。

Regensburg, *The Conference at*，雷根斯堡会议，519 及以下；分道扬镳之点，523。

Regents in the Netherlands，尼德兰的摄政，奥地利的玛格丽特，225；匈牙利寡居的女王玛丽，233，242；帕尔玛的玛格丽特，242；248；250，252，257；阿尔瓦公爵，见 Alva（阿尔瓦）；帕尔玛公爵亚历山大·法内塞，见 Parma（帕尔玛）。

Relics destroyed in England，在英格兰遭毁坏的圣物，343，344 及注。

Religion, *Those of the*，那些“宗教中”的人，160。

Religion, *The alteration of*，“宗教变更”，396。

Renaissance, The，文艺复兴，6，8。

Renan, Ernest，勒南，埃内斯特，论加尔文，159。

Renard, Simon, envoy of Charles V. in England，雷纳，西蒙，查理五世派驻英格兰

的特使,377。

Renato, Camille, 雷纳托,卡米洛,426。

Renaudie, Godefroy de Barry, Seigneur de la,戈德弗鲁瓦·德·巴里,拉雷诺第的领主,175。

Renée, Duchess of Ferrara,费拉拉公爵夫人勒妮,见 Ferrara(费拉拉)。

Requesens-y-Zuniga, Don Louis, 瑭·路易·列揆生-朱尼加,262。

Request, *The*(Netherlands), 请愿书(尼德兰),250。

Reservatio ecclesiastica, 宗教保留权,2。

Restitution, *The*, 恢复,在明斯特为多婚制辩护,467。

Rhætia, 雷提安,22。

Richmond, Henry Fitzroy, Duke of, 里奇蒙公爵,亨利·菲茨罗伊,323。

Ridley, Nicholas, Bishop of London, 里德利,尼古拉斯,伦敦主教,318, 359, 360, 364 及以下, 371, 378, 382。

Riots in Geneva, 日内瓦的骚乱,81,87。

Rocco di Musso, on the Lake of Como, 卢克·迪·穆索,科莫湖的重要据点,50。

Rocheblond, Sieur de la, founder of the Paris League,德·拉罗歇布隆大人,巴黎同盟的建立者,207 及以下。

Rochelle, La, Huguenot stronghold,拉罗谢尔,胡格诺据点,194 及以下,201,223。

Rodriguez, Simon, Jesuit,罗德里格,西蒙,耶稣会士,537,556。

Rogers, John, 罗杰斯,约翰,339, 377。

Roll, Heinrich, 罗尔,海因里希,再洗礼派,456。

Roman Civil Law and ecclesiatical rule, 罗马民法和教会统治,8。

Romanist reaction in Europe, 罗马天主教在欧洲的反动,387。

Roser, Isabella,罗塞,伊莎贝拉,和伊格纳修斯·罗耀拉,561 及注,562。

Rothmann, Bernhard, 罗思曼,伯恩哈德,再洗礼派在明斯特的领导人,452 及以下;他的论纲,454;关于圣餐的教义,455 及以下;艰难地接受多婚制,465 及以下;逝世,468。

Rotterdam, 鹿特丹,11。

Rotuli Scotiœ, *The*,苏格兰卷,276。

Röubli, William, 朗布利,威廉,第一个结婚的瑞士教士,37。

Rouen, Church at,鲁昂,那里的教会,166。

Rough, John, Scottish preacher,拉夫,约翰,苏格兰传道者,285。

Roussel, Gerard, 鲁塞尔,杰拉德,97,109。

Royal Lecturers in Paris, 巴黎的王家讲师,95,98。

Rubric, *the Black*, on kneeling at the Lord's Supper, 黑色礼拜规程,有关跪着拜受圣

餐的规定,362, 405 注。

Rubric, *Ornaments*, of 1559, 1559 年的《礼拜规程》,405 及注。

Rule of Faith, *Doctrine of the*,关于信仰之规的教义规则,在特兰托会议上,568,572 及以下。

Ruysbroec, Jan van, the Mystic, 茹斯布诺克,简·范,神秘主义者,226。

S

Sacrament of the Holy Supper,圣餐礼,应当每周施行,105 及注;拜受两种"形式"的圣餐,355, 394;在雷根斯堡会议上的讨论,522 及以下;在特兰托会议上确定圣餐礼教义,568,582 及以下。

Sacramental Controversy, 圣礼之争,伯尔尼辩论和圣礼之争,52;在尼德兰和莱茵诸省,52;卡尔施塔特的观点, 53;慈温利的观点弥漫在德国城市中,53;争论因政治观点不同而错综复杂,54;关于圣餐礼的一般思想,54;圣餐和弥撒,55;慈温利的理论,55;路德的理论,56;加尔文的理论为瑞士接受,59;为部分德国城市接受,60。

Sacramentarians, name given to the followers of Zwingli,"圣餐象征论者",给予慈温利的追随者的称呼,146。

Sadoleto, Giacomo, Cardinal,萨多莱托,贾科莫,红衣主教,507,510。

Saint-André, Marshal,圣安德烈元帅,184,190,192。

Saint-Andrews,圣安德鲁斯,285。

Saint Bartholomew,Massacre of, 圣巴托罗缪大屠杀,198;罗马为此制作纪念牌,200 及注。

Saint-Denis,圣德尼,亨利四世在那里加入罗马天主教,219;圣德尼之战,193。

Saint Germains,圣日耳曼,185。

Saint Jacques, Rue de, in Paris,巴黎的圣雅克大街,167,171。

Saint Omers, 圣奥麦尔,254。

Saint Aldegonde, Philip de Marnix, lord of,圣奥尔德贡的领主菲利普·德·马尼克斯,249。

St. Gallen. 圣加仑。见 Gallen(加仑)。

Salamanca, University of, 萨拉曼卡大学,491。

Salic Law, 萨利克法典,在法国, 206;确信在英格兰适用,323。

Salmeron, Alonzo, Jesuit,萨尔梅隆,阿隆佐,耶稣会士,537,548,556,566,595。

Salzburg, Anabaptists in, 萨尔斯堡,再洗礼派在那里,448;48。

Sam, Conrad, of Ulm, 萨姆,康拉德,乌尔姆的,53。

Samson or Sanson, Benhard, a seller of Indulgences, 参孙或桑塞姆,伯恩哈德,一位贩卖赎罪券的人,29。

Sancerre, Huguenot stronghold, 桑塞尔,胡格诺的据点,201。

Sandilands, Sir James, 桑迪兰兹,詹姆斯,爵士,291。

Sandys, Edwin, Archbishop of York, 桑兹,埃德温,约克大主教,404。

Saunier, Antoine, 索尼耶,安东尼,瑞士福音派, 82 注。

Savoy, 萨伏依,48;萨伏依公爵,62,64,66,77,89,116。

Schaffhausen, 沙夫豪森,瑞士州,22,46,43,48,60,122。

Schifanoya, *Il*, Venetian agent in England, 希伐诺亚,伊尔,威尼斯在英格兰的代理人,392, 399 及注。

Schmalkald, 施马尔卡尔登,340, 347。

Schmalkald, *Defender of the*, 施马尔卡尔登同盟的捍卫者,341。

Schmalkald League, *The*, and Münster, 施马尔卡尔登同盟,和明斯特,455。

Schröder, Johann, 施罗德,约翰,再洗礼派在明斯特的传教士,459。

Schwenkfeld, Caspar, 施文克费尔德,卡斯帕,423,453,456。

Schwyz, Forest canton, 施威茨,森林州,将苏黎世牧师凯泽作为异端烧死,49;21 及以下,48。

Scot, Bishop, 斯科特,主教,400 注。

Scotland, 苏格兰,和海德堡教义问答,4 注;宗教改革的准备,275;古老凯尔特教会的影响,275 及以下;罗拉德派在苏格兰,276 及以下;镇压宗教改革的议会法案,281;法国同盟或者英格兰同盟,281 及以下,294;在欧洲形势中的地位,295;英格兰的入侵,298;《信仰告白》、《宗规书》、《公仪书》,302 及以下。

Scoto-Pelagian Theology, 司各脱—贝拉基神学,474,570。

Scottish Church and Civil supremacy, 苏格兰教会和世俗权的至高无上,8。

Scottish Liturgy and English alliance, 苏格兰公祷文和英格兰的同盟,298;306。

Scripture, Holy, 圣经,见 Rule of Faith(信仰之规)。

Sea-Beggars, The, 海上乞丐,攻占布里尔,260;击败西班牙舰队,261,263;救援莱登,264,201。

Secular control over ecclesiastical matters, 世俗当局对教会事务的控制,8,129;在西班牙,489。

Sempach, 塞姆帕赫,战役,26。

Seneca, *De Clementia*, 塞涅卡,《论仁慈》,12,96。

Senlis, Battle of,桑里之战,214。

Sens, The French Council of,法国桑斯宗教大会,144。

Seripando, Giorlamo, General of the Augustinian Eremites,塞里潘多,乔拉莫,奥古斯丁隐修会会长,论称义,578。

Servede(Servetus) Miguel de, 米歇尔·德·塞尔维德(塞尔维特),对他的赎罪纪念碑,130 及以下;424 及注,471。

Seville, College at,塞维利亚,那里的大学,491。

Signa exhibitiva and representativa,标记,展示的和代表的,59。

Simon,Preacher at Aigle, 艾格勒的牧师西蒙,69。

Simonetta, Luigi, Caidinal,西蒙内塔,路易吉,红衣主教,在特兰托会议上的职责,590。

Simons, Menno, 西蒙斯,门诺,组织浸礼派教会,422,469。

Sin, *Doctrine of*,原罪的教义,在雷根斯堡会议上,519 及以下;在特兰托会议上,575 及以下。

Singing, congregational, 礼拜会上的歌唱,105。

Sion, The Bishop of, 西翁教区的主教,68。

Sixteen, *The*,"十六",211,213,218。

Sixtus V., Pope,西克斯图五世,教皇,208 及以下。

Socinianism,索齐尼派,源于对教义的批判,473;与人文主义,474;与司各脱主义神学,474;其信仰思想,475;圣经观念,476;上帝是"绝对统治",477 及以下;多余的救赎,478;教会的教义,480 及以下。

Socinians called the *Polish Brethren*,索齐尼派,称为波兰兄弟会,473。

Soleure, 索勒尔,73。

Solothurn, Swiss Canton, 索洛图恩,瑞士州,22。

Somerset, Edward Seymour, Duke of,萨默塞特公爵,爱德华·西摩,英格兰护国公,283,299,352,359。

Sommières,索米耶尔,胡格诺的据点,201。

Sorbonne, The, the theological faculty in the University of Paris,索邦,巴黎大学神学院,撰写了一系列反对加尔文《基督教要义》的文章,147;开出的禁书目录,148,603;95,139,142,144 及以下,146。

Sozzini, Fausto, 索齐尼,福斯托,索齐尼派教会的创始人,422,429,471;发现波兰的一神论派是再洗礼派,472。

Sozzini, Lelio, 索齐尼,莱利奥,427 及注,470 及以下,473。

Space, *Presence in*, 空中的临在,57,59,412 及以下。

Spaniards and Luther，西班牙人和路德，18,493 及以下。

Spanish Fury, The，西班牙恐怖,265。

Spanish treasure ships seized by Queen Elizabeth，西班牙商船被伊丽莎白女王拦截，259。

Spanish troops in the Netherlands，西班牙军队在尼德兰,245,265。

Spanish idea of a reformation,西班牙人对宗教改革的想法,488 及以下。

Speyer，斯拜耶尔,41。

Spiritual Exercises, The,《精神的操练》，532,537,538—545,548,555,561,585。

Stäbler or *Staffmen, The, Anabaptists*,拿棍子的人,再洗礼派,441。

Stadt,Karl，卡尔施塔特,关于圣礼之争，53。

Stafford Book, The,《斯塔夫特书》,4 注。

Staprade，Anabaptist preacher in Münster，斯塔普拉德,明斯特的再洗礼派宣道士，456。

States General, The，三级会议,法国的，177,180 及以下,185 及以下,206,212;尼德兰的,241,266。

Stipends of clergy，牧师薪金,69。

Stoicism and the Reformed theology，斯多葛哲学和改革派神学,13。

Straelen，Anthony von，斯特拉伦,安东尼·范,255。

Strassburg，斯特拉斯堡,20,43,48,60,101,124 及以下,129,144,152,453。

Submission of the Clergy (England)，教士的服从(英格兰),327。

Substance and Presence，本质与临在,59,412 及以下。

Superintendents in the Scottish Church,苏格兰教会的教长,305,308。

Supper，doctrine of the Holy,圣餐礼教义，在雷根斯堡会议上,522 及以下;在特兰托会议上,583 及以下。

Supreme Governor of the Church (England)，国教会的至尊管理者(英格兰),393,418 及以下。

Supreme Head of the Church (England)，“教会的至尊领袖”(英格兰),327, 331,393 及注。

Swiss soldiers，瑞士雇佣兵,23 及以下,32。

Switzerland，瑞士,政治状况,21 及以下;如何基督教化,23;宗教战争,49。

Synod of the *Brethren*,兄弟会教会的宗教会议,435。

Synod of the *Socinians* at Krakau，索齐尼派在克拉科夫举行的宗教会议,472。

Synods of the Reformed Churches,改革派教会的宗教会议,在伯尔尼,73,118;在洛桑,118;在苏黎世,121;在法国新教会，

167,168;在芒特,221;在荷兰教会,271;难以召集全荷兰宗教会议,272;在苏格兰,304。

T

Talavera, Fernando de, Confessor to Isabella of Castile,塔拉韦拉,费尔南多·德,卡斯提的伊莎贝拉的告解神父,490。

Temples(churches),礼拜堂(教堂),184。

Ten Articles, *The*, of the English Church, 英国教会的《十信纲》,10,333 及以下。

Teresa, Saint,圣特雷萨,506,531,543。

Testament and Complaynt of the Papyngo,鹦鹉的遗言和怨言,278。

Theatre, French, and the Reformation,法国的戏剧和宗教改革,151。

Theses, Zwingli's *Sixty-seven*, 慈温利的《六十七条论纲》,33。

Theses of Bern, *The Ten*, 伯尔尼的《十论纲》,42,45 及以下。

Thèse des évangéliques Genève, *The*, 日内瓦的福音派论纲,85。

Thèses, *évangéliques of Lausanne*, 洛桑的福音派论纲,103。

Theses, Luther's, 路德的《九十五条论纲》,17。

Theses, Rothmann's, 罗思曼的论纲,454。

Thirty-eight Articles,《三十八信条》,见 *Articles*(《信条》)。

Thiry-nine Articles,《三十九信条》,见 *Articles*(《信条》)。

Thirty Years' War, 三十年战争,2。

Thomas Aquinas, St.,圣托马斯·阿奎那,78,82,491,575。

Thomas of Canterbury, St., 坎特伯雷圣托马斯圣地,345。

Thomism, *The New*,新托马斯主义,在西班牙的兴起,491 及以下;在特兰托会议上,571,577,580,582。

Thorens, Seigneur de,托伦斯先生,他在日内瓦的住宅被福音派使用,83 注。

Throckmorton, Sir Nicholas, Elizabeth's Ambassador in Paris,思罗克莫顿,尼古拉,爵士,伊丽莎白在巴黎的大使,296 及以下。

Thyez, The people of, and secular excommunication, 提兹区的人民和俗界绝罚,112 注;117。

Tiger of France, *Epistle sent to the*,《致法兰西虎书》,176。

Tithes, attacked, 什一税,受到攻击,31,446。

Toggenburg Valley, 托根堡山谷,24。

Toledo, College at,托莱多,那里的大学,491。

Torquemada, Thomas de, Inquisitor,托克马达,托马斯·德,宗教裁判官,598 及以下。

Tournelle, *La*, criminal court of the *Parlement* of Paris,巴黎高等法院刑事法庭,170。

Tournon, Cardinal de,图尔农的红衣主教,149,187。

Tours, 图尔,那里的教会,166;图尔之战,214;亨利四世在图尔,214,216,220。

Tradition, *Dogmatic*,信条传统,423,573 及以下。

Transubstantiation,变体论,333,412。

Trent, City of,特兰托城,564 及以下。

Trent, Council of,特兰托会议,第一次集结,564—581;教皇使节在那里,565 及以下;天主教国家的分歧,566 及以下;关于程序的讨论,568 及以下;第二次集结,581—587;对圣礼的定义,582 及以下;第三次集结,587 及以下;对改组教会的不同观点,588 及以下;是以前公会议的继续,589;程序,589 及以下;红衣主教西蒙内塔的工作,590;会议对罗马天主教的贡献,594;会议提出的禁书目录,604;211;247 及以下,416,517。

Triumvirate, *The*, Montmorency, St. André and Guise,三头执政同盟,蒙莫朗西,圣安德烈和吉斯,184,190,193。

Tschudi, Peter, 一位人文主义者,18 注。

Tulchan, *Bishops*, 牛皮主教们,360 及注。

Tunstall, Cuthbert, Bishop of Durham, 腾斯托尔,卡斯贝尔特,多哈姆主教,371,373。

Twelve Article, *The* (The Apostles' Creed),《十二信条》(《使徒信经》),518。

Twenty-one Articles, *The*, 再洗礼派的二十一条款,459,465。

Tyndale, William, 廷代尔,威廉,279,317,319, 337 及以下, 377。

U

Ubiquity, *Doctrine of*,"普遍存在"教条,4,7,57,412 及以下。

Udall, Nicholas, 尤德尔,尼古拉斯,将伊拉斯谟的《圣经释义》译成英文,353。

Ulm, 乌尔姆,53。

Uniformity,《划一法案》,见法案(*Act of*)。

Unterwalden, 翁特瓦尔登,一个森林州,21 及以下,47。

Uri,乌里, 一个森林州,21 及以下,47。

Ursinus, Zachary, 乌尔西努斯, 扎哈里亚斯,4 注。

Utrecht protests against Alva's taxation, 乌特勒支反对阿尔瓦的税收政策,259。

V

Vadianns，瓦第阿努斯，见 *Watt*（瓦特）。

Valais，The，瓦莱斯，22，48；瓦莱斯区的主教，41。

Valladolid，University of，巴利亚多利德大学，491。

Val Tellina，The，瓦尔泰利纳，50，556。

Vargas，Juan de，瓦尔加斯，胡安·德，255。

Vassy，Massacre at，瓦西镇屠杀，189 及以下。

Vatable，Francis，瓦塔布勒，弗朗西斯，巴黎的一位王家讲师，96。

Vax，Antonia，瓦克斯，安东尼娅，试图对法雷尔和其他人投毒，84 及注。

Vermigli，Peter Martyr，弗米格里，彼得·马特，358。

Vestments（*Ornaments*），Controversy about，法衣（礼拜用物），对它的争论，364，403，405 及注。

Vicar-General（England），代理监督（英格兰），332。

Vidomne of Geneva，日内瓦的伯爵，62，117。

Vienna，University of，维也纳大学，25，607。

Viret，Pierre，维雷，皮埃尔，在日内瓦，81 及以下，112。

Visitation，Spanish Crown had the right of ecclesiastical，"视察"，西班牙君主对教会拥有的权利，491。

Visitations of the Church in England，对英格兰国教会的视察，332；353，407，410。

Vlissingen（Flushing），弗利辛根（弗拉辛根）被海上乞丐攻占，260。

Voes，Heinrich，沃斯，亨利，尼德兰的殉道者，224，230。

Volkertz，Jan，沃尔克兹，简，再洗礼派殉道者，236。

Vulgate，*The Latin*，and the Council of Trent，通俗拉丁文本圣经，和特兰托会议，573 及以下。

W

Wagner，Sebastian，瓦格纳，塞巴斯蒂安，43 及注。

Walcheren，Island of，瓦切雷恩岛，254，260。

Waldenses，瓦尔登派（韦尔多派），92，148。

Waldshut，瓦尔兹胡特，兄弟会集会地点，434。

Wallen，Jan，瓦伦，简，再洗礼派殉道者，236。

War，战争，法国的贵族战争，19；法国宗教战争,191 及以下;瑞士的战争,49 及以下。西班牙的莫尔人和基督徒之间的战争,488。

Warham, William, Archbishop of Canterbury, 沃汉姆,威廉,坎特伯雷大主教,18, 317, 320, 322, 329, 338。

Watt, Joachim de(Vadianus), 瓦特,约阿希姆·德(瓦第阿努斯),一位人文主义者,25 及注,47。

Watteville, M. de, 瓦特维尔,M. 德,伯尔尼的主席,44;瓦特维尔,尼古拉斯·德,45 及注;瓦特维尔,J. J. 德,伯尔尼的主席,45 注,73。

Weekly Exercise, *The*(Scotland),每周功课(苏格兰),308。

Welches, *La Dispute de*,为陌生人举行的辩论,44。

Werly, Pierre, 威利,皮埃尔,日内瓦的一位暴乱的教士,65,76 及注,77 注。

Wesen, 维森,25。

Wessel, John of, 韦塞尔,约翰,15,226。

Westminster, Conference at, 在威斯敏斯特举行的会谈,20,400 及以下。

Wiclif 威克里夫,19,317 及以下;对苏格兰的影响,277。

Wiclifites, 威克里夫派教徒,92,317。

Wieck, van der, Lutheran Syndic of Münster, 威克,范·德,路德派在明斯特市的行政官,456 及以下,460。

Wied, Hermann von, Archbishop of Köln, 维德,赫尔曼·冯,科隆大主教,3,558。

Wild-Beggars, *The*, 森林乞丐,257。

Wildermuth, 维尔德姆斯,伯尔尼的一个士兵,91。

Wildhaus, Zwingli's birthplace, 维尔登豪斯,慈温利的出生地,24。

Wilhelmus van Nassouwen, 拿骚的威廉,261。

Willebrock, 威勒布鲁克,255。

William of Orange. 奥兰治的威廉,见 Nassau(拿骚)。

Wishart, George, Scottish martyr, 威沙特,乔治,苏格兰殉道者,284。

Wittenberg, 维滕贝格,6,11,453。

Wittenberg Articles, *The*, 维滕贝格信纲,341。

Wittenberg, *Concord*, 维滕贝格协议,60。

Wölflein, Heinrich (Lupulus), 沃尔夫林,海因里希(鲁普卢斯),25。

Wolmar, Melchior, 沃尔玛,梅尔基奥,在布尔日教加尔文,95。

Wolsey, Cardinal, 沃尔西,红衣主教,18, 319, 320, 324, 325, 343。

Works, *Merit in*, 善功的价值,33。

Worms, Conference at, 沃姆斯,会议,124, 125,126。

Worms, Diet of 沃姆斯帝国议会,三股势力相遇,495。

Würtemburg, 符腾堡,48。

Wyatt, Sir Thomas, 怀亚特,托马斯爵士,371。

Wyttenbach, Thomas, 威登巴赫,托马斯,10,27,38,46。

X

Xavier, Francis 沙勿略,方济各,537,556,559。

Ximenes de Cisneros, Francesco, Cardinal 希梅内斯·德·西斯内罗斯,弗朗西斯科,红衣主教,490 及以下,493,497,530。

Y

Yaxley, Francis, agent of Mary of Scotland, 雅克斯莱,法兰西斯,苏格兰的玛丽的代理人,420 注。

Ypres, 伊普尔,254。

Z

Zug,楚格, 瑞士州,22,47。

Zurich, 苏黎世,大议会在苏黎世,29,33 及以下;在苏黎世的公开辩论,34 及以下;同森林诸州的战争,49;《苏黎世和解》,60;苏黎世会议,122;苏黎世的教会戒律,129;再洗礼派,441。

Zutphen burnt by the Spaniards, 祖特芬被西班牙军队焚毁,261。

Zutphen, Hendrick of, 祖特芬的亨德里克,228,230。

Zwickau Prophets, 茨维考的先知,431。

Zwingli, Bartholomew, Dean of Wesen, 慈温利,巴托罗缪,维森的教长,25 及以下。

Zwingli, Huldreich, the Elder, 老慈温利,胡尔德利希,25。

Zwingli, Huldreich, 胡尔德利希·慈温利,青年时代和教育,24;道德性格,37;人文主义和慈温利,10,37;与路德,27,55 及以下;到苏黎世,28 及以下;他的《六十七条论纲》,6 注,33;与安娜·莱茵哈德,36;世俗控制教会的理论,8,111,112,129;论赎罪券,16;关于圣餐礼的观点,55;论教会的绝罚,111 及以下,129;与再洗礼派,445。

Zwinglianism, 慈温利主义,411。

Zwolle, 兹沃勒,充满了再洗礼派,237。

下卷译后记

本书是英国史学家托马斯·林赛所著《宗教改革史》中译本的下卷,上卷由商务印书馆在1992年出版。现将上下卷合在一起,作为商务印书馆“汉译世界学术名著丛书”的一种,重新出版。本书能够问世,算是给读者诸君的一个交代,也希望能稍稍弥补孔祥民先生生前的心愿。有几个问题,需要说明一下。

第一,版本问题。本书初版于1906—1907年,同时由英国爱丁堡的T. & T. 克拉克出版社和纽约的查尔斯·斯克里布纳之子出版公司出版。1907—1908年,T. & T. 克拉克出版社修订再版,并多次重印。与第一版相比,克拉克出版社的第二版改正了部分校印错误,参考书目和注释有几处调整,正文个别地方稍有调整。本书依据纽约查尔斯·斯克里布纳之子出版公司1910年版译成,校订时对照了克拉克出版社的修订版。这个版本的上卷标出了第二版的字样,正文中改正了若干印刷和校排错误。注释中的书目和注文有几处调整,但与克拉克出版社的第二版不完全一致。下卷未标第二版,是初版的重印。林赛的这本《宗教改革史》是学术界公认的名著,被誉为到当时为止的英文出版物中最优秀的宗教改革史专著。这本书虽然是公认的名著,也有不少校印错误,章节目的安排及注释等也显仓促。关于这些瑕不掩瑜的具体问题,已有评论者指出,读者可以参考(William Walker Rockwell,“Review

of Books", *The American Historical Review*, Vol. 12:4 [Jul., 1907], pp. 874—876)。中译本已经将发现的错误改正过来，不再注明版本。

第二，注释问题。本书原文虽为英文，但正文和注释里有不少拉丁文、德文、法文等史料。英法德等引文多为16世纪的，与现当代的差距较大，无形中加大了翻译的难度。下卷这部分资料的翻译处理如下：拉丁文部分由刘林海借助工具书和互联网，通过查找相应的英文译本加以解决。美国哈佛大学历史系博士库巴·库巴拉(Kuba Kubala)帮助将部分无英译本的拉丁文译成英文，哈佛大学历史系迈克尔·麦考密克(Michael McCormick)教授也提供了有益的帮助和指导。德文资料由徐洋翻译，法文资料由周思成、庞冠群翻译。对他们的热心帮助表示感谢！

第三，著录格式问题。本卷的著录格式尽量与上卷保持一致。相关参考书目统一放到正文后面；注释书目信息未加翻译，以便读者进一步检索。下卷注释正文及引文统一译成中文。全书译名进行了统一。上卷除改正校(排)印错误、统一格式和译名以及订正发现的误译外，均保持初版原貌，以尊重原译者的著作权。不便之处，敬请读者见谅。

第四，翻译分工。本卷的翻译分工如下：刘林海：第三编第二章、第三章；徐洋：第三编第四章、第六章、第六编；秦远好：第三编第五章、第五编；姜守明：第四编。本卷的前言和第三编第一章的翻译初稿是由孔祥民、石洪波完成的。本书的翻译及校订过程中，赵红权、石洪波、张一帅、王建、于翔、魏阳、左帆等协助核对了译名等。张艳丽女士为本书的编辑出版付出了心血。对他们的帮助一并表示感谢!

本书译稿系多人合作,从初稿译成到最后定稿,前后 20 多年,时间拖得很长。加上当时的资料条件有限,初稿译文问题较多。纳入出版计划后,译者又对译稿做了多次修改,最后由刘林海、徐洋校订全文。徐洋为全书的校订工作付出了大量的劳动。虽然如此,因译者学力有限,舛误难免,诚请读者批评指正!

刘林海

2014 年 12 月 16 日于美国哈佛大学

2016 年 2 月 20 日改于北京师范大学

图书在版编目(CIP)数据

宗教改革史．下卷，瑞士、法国、尼德兰、苏格兰及英格兰的宗教改革，再洗礼派及索齐尼派运动，反宗教改革／(英)托马斯·马丁·林赛著；刘林海等译．—北京：商务印书馆，2017
(汉译世界学术名著丛书：120 年纪念版：珍藏本)
ISBN 978－7－100－14419－3

Ⅰ．①宗… Ⅱ．①托… ②刘… Ⅲ．①宗教改革运动—宗教史—欧洲—16 世纪 Ⅳ．①B979.5

中国版本图书馆 CIP 数据核字(2017)第 153140 号

汉译世界学术名著丛书
(120 年纪念版·珍藏本)
宗教改革史
下卷
瑞士、法国、尼德兰、苏格兰及
英格兰的宗教改革，再洗礼派
及索齐尼派运动，反宗教改革
〔英〕托马斯·马丁·林赛 著
刘林海 徐洋 秦远好 姜守明 译

商务印书馆出版
(北京王府井大街 36 号 邮政编码 100710)
商务印书馆发行
北京中科印刷有限公司印刷
ISBN 978－7－100－14419－3

2017 年 12 月第 1 版　　开本 710×1000 1/16
2017 年 12 月北京第 1 次印刷　　印张 43
定价：218.00 元